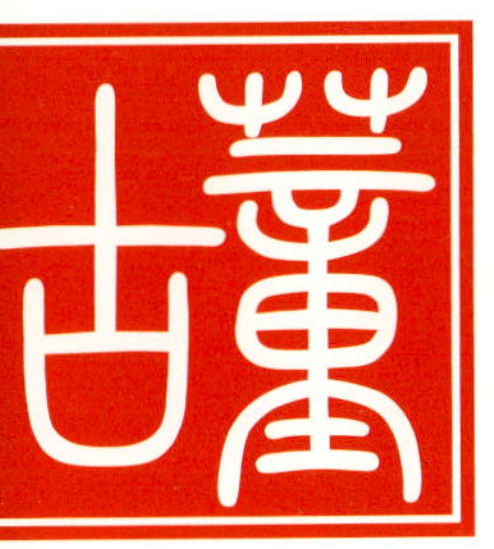

2013ANTIQUES AUCTION RECORDS

拍卖年鉴 全彩版

2012.1.1～2012.12.31

杂项

图书在版编目(CIP)数据

2013古董拍卖年鉴·杂项 / 欣弘主编.—长沙：湖南美术出版社，2013.3
ISBN 978-7-5356-6086-2

I. ①2… II. ①欣… III. ①历史文物－拍卖－价格－中国－2013－年鉴 IV. ①F724.787-54

中国版本图书馆CIP数据核字(2013)第028681号

2013古董拍卖年鉴·杂项

主　　编：欣　弘
策　　划：李志文　易兴宏
责任编辑：李　坚

湖南美术出版社出版发行(长沙市东二环一段622号)
湖南省新华书店经销
深圳雅昌彩色印刷有限公司制版、印刷
(本书采用CTP工艺制版、印刷)
开本：787×1092　1/16　印张：22
2013年2月第1版　2013年2月第1次印刷
ISBN 978-7-5356-6086-2
定价：148.00元

邮购联系：0731-84787105　邮编：410016　网址：http://www.arts-press.com/
电子邮箱：market@arts-press.com
如有倒装、破损、少页等印装质量问题，请与印刷厂联系斢换。

目 录

凡　例

1.《2013古董拍卖年鉴》分瓷器卷、玉器卷、杂项卷、书画卷共四册。收录了纽约、伦敦、香港、澳门、台北、北京、上海、广州、昆明、天津、重庆、成都、安徽、云南、南京、西安、沈阳、济南等城市或地区的几十家拍卖公司上百个专场的2012年度拍卖成交记录与拍品图片。

2.本书内文条目原则上保留了原拍卖记录，按拍品号、朝代、品名、估价、成交价、尺寸、拍卖公司名称、拍卖日期等排序，部分原内容缺或不详的，即不注明，书画卷内文条目还有作者姓名、作品形式、创作年代、钤印等内容。

3.因境外拍卖公司宿地不同，本书拍品中有多种币种：RMB人民币，USD美元，EUR欧元，GBP英磅，HKD港币，TWD台币。但本书所有拍品估价与成交价均采用按汇率转换成RMB(人民币)币种。

4.需查看更多图片资料，请登陆“www.artron.net”进入“中国艺搜”栏目，输入要查看拍品的完整名称或名称的关键词语点击搜索即可。

竹 雕

153 清初 竹根雕石榴摆件
估　价：RMB 250,000
成交价：RMB 862,500
长9cm 上海大众 2012.8.4

3343 明 竹雕降龙罗汉
估　价：RMB 1,600,000～2,800,000
成交价：RMB 1,840,000
高19.5cm 中国嘉德 2012.5.14

789 清乾隆 竹根圆雕神农氏像
估　价：HKD 2,000,000～3,000,000
成交价：RMB 3,151,460
高15.3cm 保利香港 2012.11.25

144 清 竹雕寿星摆件
估　价：RMB 2,800,000
成交价：RMB 8,050,000
高24cm 上海大众 2012.8.4

361 清 竹雕韩愈至蓝关摆件
估　价：RMB 500,000～800,000
成交价：RMB 575,000
高13.7cm 西泠拍卖 2012.12.28

2576 清 喜鹊登梅竹山子
估　价：RMB 500,000～800,000
成交价：RMB 1,150,000
高20.2cm 中国嘉德 2012.5.12

3416 清中期 竹雕山水人物瓶
估　价：RMB 1,200,000～1,500,000
成交价：RMB 1,380,000
高37.2cm 北京翰海 2012.12.9

3421 明 竹根雕梅花杯
估　价：RMB 350,000～400,000
成交价：RMB 402,500
高10.8cm 北京翰海 2012.12.9

2575 清 庭园美人图 竹香笼
估　价：RMB 500,000～800,000
成交价：RMB 2,300,000
高26.5cm 中国嘉德 2012.5.12

1281 清 湘妃竹尺二大折扇
估　价：RMB 250,000～300,000
成交价：RMB 280,000
长40cm 北京荣宝 2012.11.25

4006 18世纪 竹雕人物圆柱香筒
估　价：HKD 1,200,000～1,800,000
成交价：RMB 991,860
高26cm 香港佳士得 2012.5.30

1227 清乾隆 竹贴黄万寿无疆盖盒
估　价：RMB 800,000～1,200,000
成交价：RMB 1,150,000
直径42.2cm 北京匡时 2012.6.4

2573 清 蜻蜓万代竹盒
估　价：RMB 1,500,000～2,200,000
成交价：RMB 4,715,000
宽4.8cm；高9.3cm 中国嘉德 2012.5.12

3394 清早期 竹根雕山水人物大笔筒
估　价：RMB 600,000～1,200,000
成交价：RMB 690,000
高19.6cm 中国嘉德 2012.5.14

793 清康熙 “东海道人”(吴之璠)款竹刻梅竹笔筒“东海道人”款
估　价：HKD 400,000～600,000
成交价：RMB 556,140
高13.5cm 保利香港 2012.11.25

6988 清咸丰 筠谷山人制竹雕赤壁图诗画笔筒
估　价：RMB 150,000～200,000
成交价：RMB 1,437,500
高12.5cm 北京保利 2012.6.6

5668 清中期 王梅邻制秋声赋读书图笔筒“梅邻制”款
估　价：RMB 500,000～800,000
成交价：RMB 2,530,000
高16cm 北京保利 2012.12.5

4281 18世纪 竹雕高士人物笔筒
估 价：HKD 1,200,000～1,800,000
成交价：RMB 1,772,340
高16.8cm 香港佳士得 2012.5.30

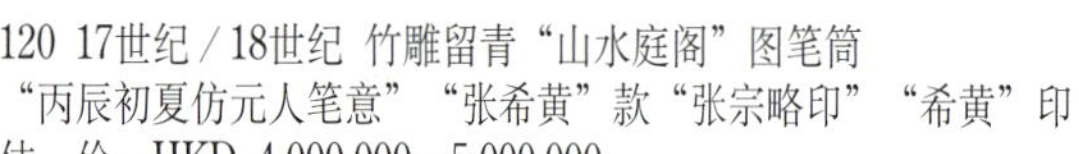

120 17世纪／18世纪 竹雕留青“山水庭阁”图笔筒
“丙辰初夏仿元人笔意”“张希黄”款“张宗略印”“希黄”印
估 价：HKD 4,000,000～5,000,000
成交价：RMB 3,918,660
高12cm 香港苏富比 2012.4.4

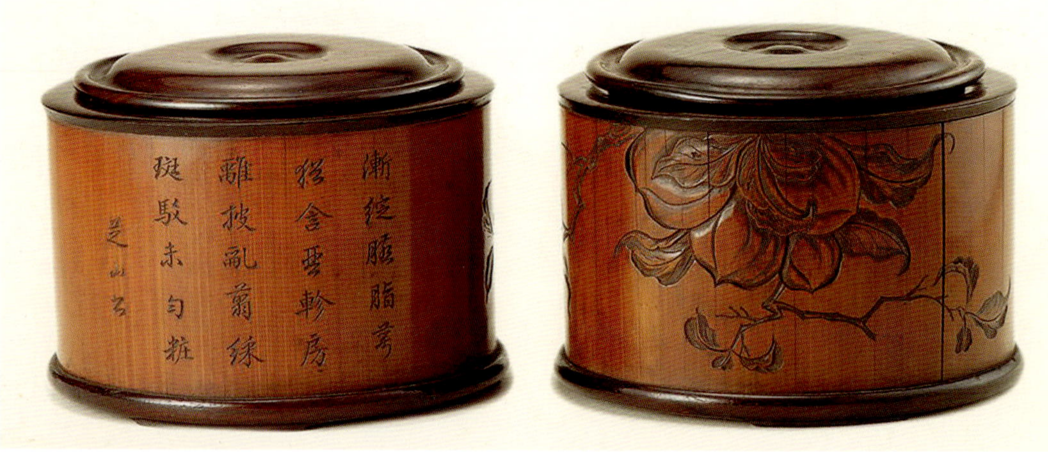

2631 清 芝山制竹雕石榴梅子诗文围棋罐(一对)
估 价：RMB 180,000～250,000
成交价：RMB 322,000
直径12cm 西泠拍卖 2012.7.7

3571 清 竹雕耕织图笔筒“臣天章恭制”款
估 价：RMB 6,000,000～8,000,000
成交价：RMB 9,200,000
高17cm 北京翰海 2012.12.9

木 雕

5594 明 木雕金漆关帝座像
估 价：RMB 1,000,000～1,500,000
成交价：RMB 2,185,000
高101cm 北京保利 2012.12.5

2268 明 韦驮菩萨立像
估 价：RMB 5,000,000～8,000,000
成交价：RMB 6,382,500
高120cm 北京翰海 2012.5.27

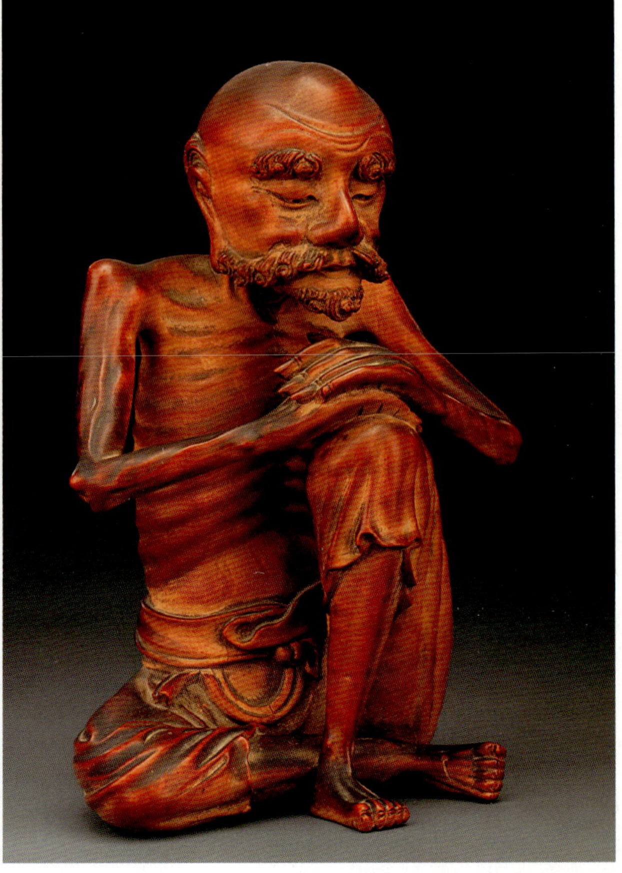

3312 明末清初 黄杨木雕瘦骨罗汉
估 价：RMB 800,000～1,500,000
成交价：RMB 1,092,500
高12.9cm 中国嘉德 2012.5.14

77 清初 黄花梨佛龛
估 价：RMB 350,000
成交价：RMB 805,000
高38cm 上海大众 2012.8.4

1578 清初 奇楠沉香雕桃花源图山子
估 价：RMB 1,500,000～2,000,000
成交价：RMB 1,610,000
上海嘉泰 2012.10.25

1725 清康熙 沉香木雕四臂观音像
估 价：RMB 900,000～1,000,000
成交价：RMB 2,530,000
高26cm 中贸圣佳 2012.7.22

289 沉香龙
估　价：RMB 8,000,000～12,000,000
成交价：RMB 9,520,000
高95cm 宁波富邦 2012.2.11

22 屠杰 2002年作 黄花梨达摩祖师木雕
估　价：RMB 2,600,000～2,800,000
成交价：RMB 2,990,000
33.6cm×17.5cm×64.9cm 朵云轩 2012.7.22

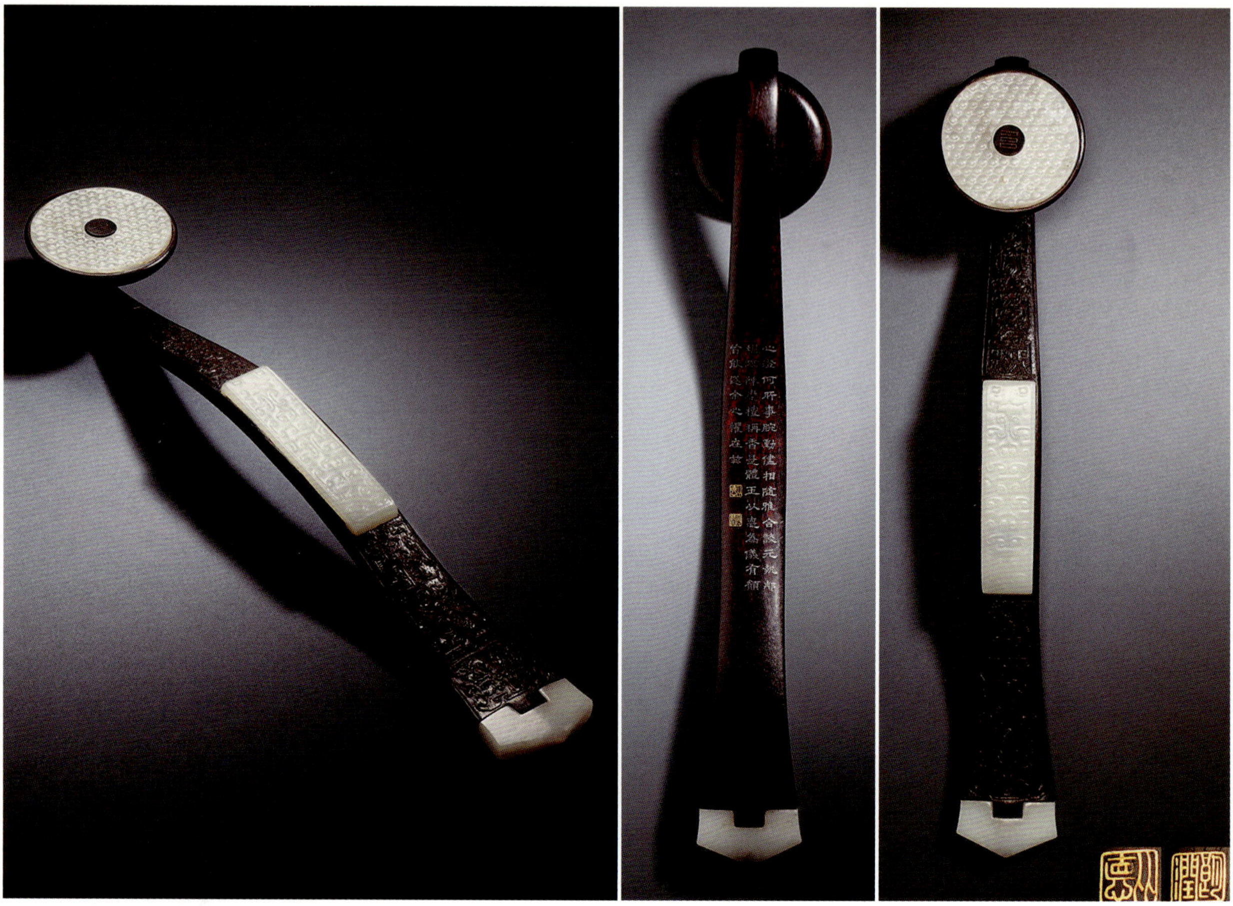

5662 清乾隆 紫檀三镶古玉御题诗如意“比德”“朗润”款
估　价：RMB 8,000,000～12,000,000
成交价：RMB 13,800,000
长39.5cm 北京保利 2012.12.5

2616 清 沉香木雕千秋如意
估　价：RMB 950,000～1,200,000
成交价：RMB 1,322,500
长54cm 西泠拍卖 2012.7.7

1083 清 沉香木雕八仙捧寿大如意
估　价：RMB 800,000～880,000
成交价：RMB 1,725,000
高5cm 北京歌德 2012.12.1

1214 明早期 紫檀雕蜀葵纹敞口尊
估　价：RMB 350,000～400,000
成交价：RMB 402,500
高13cm 北京匡时 2012.6.4

1859 明 江春波制奇楠香雕山水人物故事纹杯
估　价：RMB 800,000～1,200,000
成交价：RMB 977,500
长9.5cm；重170g 北京匡时 2012.12.5

3363 明末清初 沉香木山水纹杯成对
估　价：RMB 580,000～880,000
成交价：RMB 667,000
高8.5cm 中国嘉德 2012.5.14

3417 清初 沉香木雕松下人物杯
“癸丑仲冬江春波制”楷书款
估　价：RMB 800,000～1,000,000
成交价：RMB 920,000
高10.5cm 北京翰海 2012.12.9

1929 清乾隆 沉香木雕山水诗文方杯
款识：“从古”、“十”
估　价：RMB 300,000～400,000
成交价：RMB 368,000
长10.8cm 中贸圣佳 2012.7.22

2618 清早期 沉香木雕山水人物杯
估　价：RMB 300,000～450,000
成交价：RMB 437,000
高12.7cm 西泠拍卖 2012.7.7

1320 明末/清中期 黄花梨弦纹碗
成交价：RMB 157,725
直径28.2cm 纽约佳士得 2012.3.22

3369 清早期 紫檀错金银双联盘
估 价：RMB 380,000～680,000
成交价：RMB 437,000
长26.5cm 中国嘉德 2012.5.14

2559 明 周制 暗香疏影紫檀香盒
估 价：RMB 800,000～1,200,000
成交价：RMB 3,450,000
直径8.2cm 中国嘉德 2012.5.12

179 明嘉靖 紫檀嵌玉石人物图长方盖盒
估 价：HKD 18,000,000～25,000,000
成交价：RMB 16,926,660
14.2cm×58.4cm×26.5cm
香港苏富比 2012.4.4

2553 明 宣德御制 折枝山茶填漆香盒
估 价：RMB 500,000～800,000
成交价：RMB 2,070,000
直径7.2cm 中国嘉德 2012.5.12

3873 清早期 黄花梨瓜棱围棋盒成对
估　价：RMB 180,000～280,000
成交价：RMB 713,000
直径12.5cm；高9cm 中国嘉德 2012.10.29

3384 清早期 黄花梨双耳方炉
估　价：RMB 350,000～550,000
成交价：RMB 402,500
长19.7cm 中国嘉德 2012.5.14

2003 清乾隆 红木嵌百宝多宝盒(一对)
估　价：RMB 1,800,000～2,000,000
成交价：RMB 2,070,000
36cm×20cm×36cm×2 北京匡时 2012.12.5

2390 晚清 伽南木十八子寿串
估　价：HKD 150,000～200,000
成交价：RMB 241,800
长24.5cm 香港佳士得 2012.11.28

1687 清18世纪 紫檀云龙纹长方盖盒
成交价：RMB 1,378,517
19cm×28.5cm 纽约佳士得 2012.3.22

1825 清早期 奇楠十八子手串连原装盒
估　价：RMB 250,000～280,000
成交价：RMB 943,000
重52g 北京匡时 2012.12.5

2558 明 周制 鱼龙海兽紫檀笔筒
估　价：RMB 12,000,000～18,000,000
成交价：RMB 55,200,000
直径14.6cm；直径11.7cm；高16.5cm
中国嘉德 2012.5.12

3353 明晚期 紫檀渔家乐山水人物笔筒
估 价：RMB 800,000～2,000,000
成交价：RMB 1,380,000
高17cm 中国嘉德 2012.5.14

2862 清初 紫檀百宝嵌人物笔筒
估 价：RMB 200,000～300,000
成交价：RMB 1,265,000
高15.5cm 北京翰海 2012.5.27

2856 明 黄花梨莲瓣螭龙献瑞笔筒
估 价：RMB 180,000～280,000
成交价：RMB 966,000
高19.7cm 北京翰海 2012.5.27

4169 清 陈鸿寿款树瘿笔筒
估 价：RMB 20,000～50,000
成交价：RMB 483,000
高23.2cm 中国嘉德 2012.10.29

2003 清中期 沉香群仙祝寿笔筒
估　价：RMB 1,800,000
成交价：RMB 2,070,000
高14.7cm 北京翰海 2012.12.21

1309 清18世纪 黄花梨桩形画筒
成交价：RMB 1,454,225
高26.5cm 纽约佳士得 2012.3.22

1577 清 沉香雕山水纹笔筒
估　价：RMB 500,000～800,000
成交价：RMB 728,000
高15cm 北京荣宝 2012.6.24

1058 越南富森熟结红土水沉
估　价：RMB 220,000～260,000
成交价：RMB 943,000
长36.5cm；重392g 北京匡时 2012.6.4

6320 清晚期 戴耀忠制紫檀金丝诗文鸟笼
“辛缘居士”款
估　价：RMB 1,000,000～1,500,000
成交价：RMB 1,495,000
高25cm 北京保利 2012.12.6

牙 雕

719 宋 象牙雕善财童子
估　价：HKD 400,000～600,000
成交价：RMB 370,760
高19cm 保利香港 2012.11.25

64 晚清 象牙雕罗汉摆件
成交价：RMB 241,775
高25.7cm 伦敦苏富比 2012.5.16

62 清 象牙雕“十八罗汉”图兽耳活环瓶
成交价：RMB 229,050
高17.1cm 伦敦苏富比 2012.5.16

652 清晚期 象牙上彩十八罗汉立像
估　价：HKD 700,000～900,000
成交价：RMB 789,880
高25.5cm 香港邦瀚斯 2012.11.24

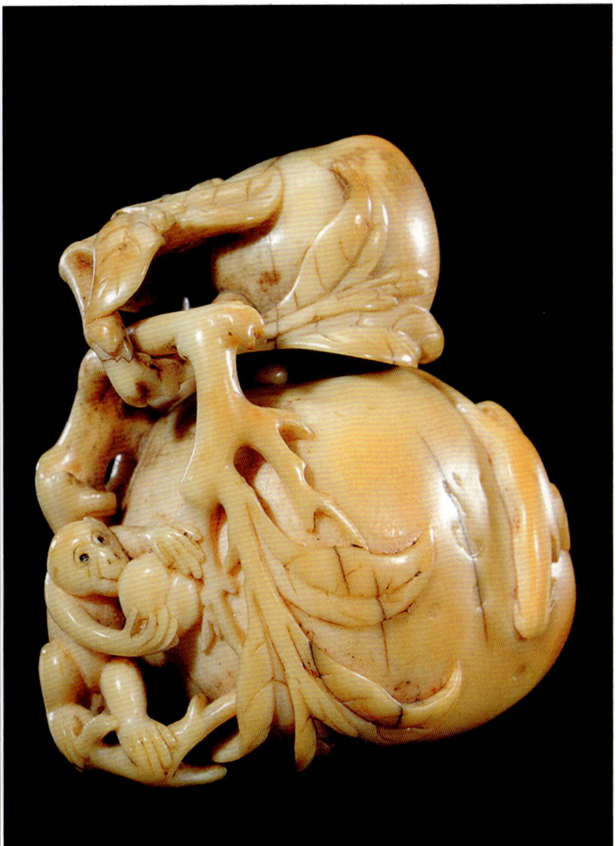

1073 清 乾隆皇帝御玩“灵猴献寿”盖盒御用雕刻家杜士元“仙传”款
估　价：HKD 1,800,000～2,200,000
成交价：RMB 1,639,404
高4cm 香港富得 2012.12.26

49 清 象牙雕“婴戏图”双耳活环方瓶
成交价：RMB 696,821
高15cm 伦敦苏富比 2012.5.16

304 清约1850年 广东制象牙雕“人物楼阁”图八方盖盒
成交价：RMB 125,725
长29cm 伦敦苏富比 2012.11.7

46 清 象牙雕“仕女泛舟采莲”图笔筒
成交价：RMB 152,700
高13.4cm 伦敦苏富比 2012.5.16

56 清17世纪 象牙雕“番奴戏狮”钮方印
成交价：RMB 1,051,085
高8.5cm 伦敦苏富比 2012.5.16

521 清乾隆 镶宝玉石鸟笼
估 价：RMB 600,000～800,000
成交价：RMB 920,000
高33cm 上海崇源 2012.10.19

1385 清晚期 象牙雕人物故事电话
估 价：RMB 220,000～250,000
成交价：RMB 253,000
21cm×18cm×20cm 北京匡时 2012.6.4

角 雕

199 明末清初 犀角杯
成交价：RMB 3,233,363
长18.7cm 纽约苏富比 2012.3.20

2091 犀角摆件
款识：清
估 价：HKD 2,600,000
成交价：RMB 2,445,820
高20cm 中联国际 2012.10.2

4165 17世纪 犀角杯
估 价：HKD 1,500,000～2,500,000
成交价：RMB 3,430,860
高19cm 香港佳士得 2012.5.30

3059 明万历 犀角雕“和合二仙”坐像
“大明万历年制”款
估 价：HKD 2,000,000～3,000,000
成交价：RMB 1,979,560
高12.1cm 香港苏富比 2012.10.9

4162 清康熙 犀角水注
估　价：HKD 4,000,000~6,000,000
成交价：RMB 4,504,020
长19cm 香港佳士得 2012.5.30

2089 犀角如意
款识：清
估　价：HKD 1,800,000
成交价：RMB 2,822,100
高26cm 中联国际 2012.10.2

3057 清18世纪 犀角雕仿古“饕餮”螭龙纹杯“胡星岳作”款
估　价：HKD 2,500,000~3,500,000
成交价：RMB 4,728,040
高18cm 香港苏富比 2012.10.9

石雕

314 北魏 石雕坐佛
成交价：RMB 226,305
高32.2cm 伦敦苏富比 2012.11.7

810 元或更早 “天水赵氏”铭太湖石赏石
估　价：RMB 200,000～300,000
成交价：RMB 460,000
高55cm 荣宝斋(上海) 2012.9.9

387 元末明初 汉白玉浮雕莲瓣纹石盆及座
估　价：HKD 360,000～600,000
成交价：RMB 545,606
直径64cm；高20cm；直径47cm；高36cm
中国嘉德 2012.10.7

2150 元 青石莲瓣纹石盆
估　价：RMB 450,000～1,000,000
成交价：RMB 1,138,500
长136cm 西泠拍卖 2012.7.7

320 隋 白石武士俑
估 价：HKD 500,000～600,000
成交价：RMB 463,450
高51cm 大唐国际 2012.11.24

389 明末清初 汉白玉浮雕花鸟纹须弥座成对
估 价：HKD 660,000～960,000
成交价：RMB 1,881,400
39cm×96cm×31cm 中国嘉德 2012.10.7

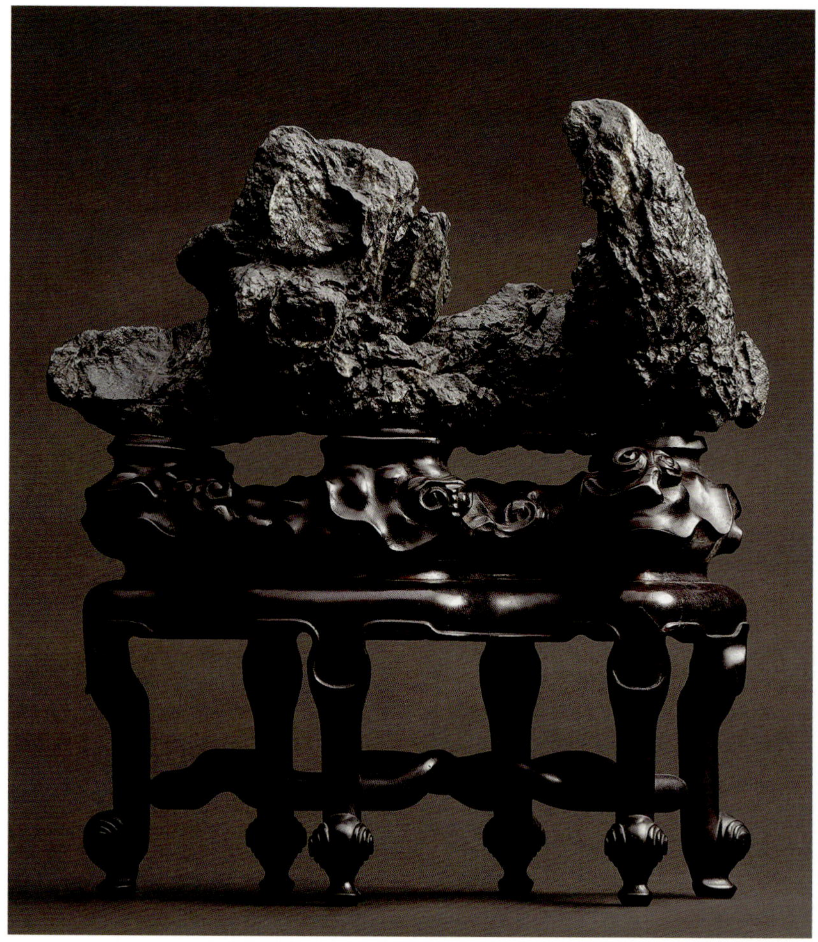

2551 明 浮云岫 英石砚山
估 价：RMB 200,000～300,000
成交价：RMB 828,000
宽37.6cm 中国嘉德 2012.5.12

2179 明 汉白玉镇宅狮(一对)
估　价：RMB 1,500,000～3,000,000
成交价：RMB 2,645,000
102cm×72cm×225cm 西泠拍卖 2012.7.7

136 17世纪 寿山石雕“伏狮罗汉”像
估　价：HKD 2,500,000～3,000,000
成交价：RMB 2,455,260
高10.4cm 香港苏富比 2012.4.4

735 清早期 芙蓉石雕童子拜观音像
估　价：RMB 480,000～520,000
成交价：RMB 552,000
高18.1cm 北京永乐 2012.12.15

565 清乾隆 田黄灵芝云龙纹摆件
估　价：RMB 1,500,000～1,800,000
成交价：RMB 2,070,000
高4cm；宽11cm 上海崇源 2012.10.19

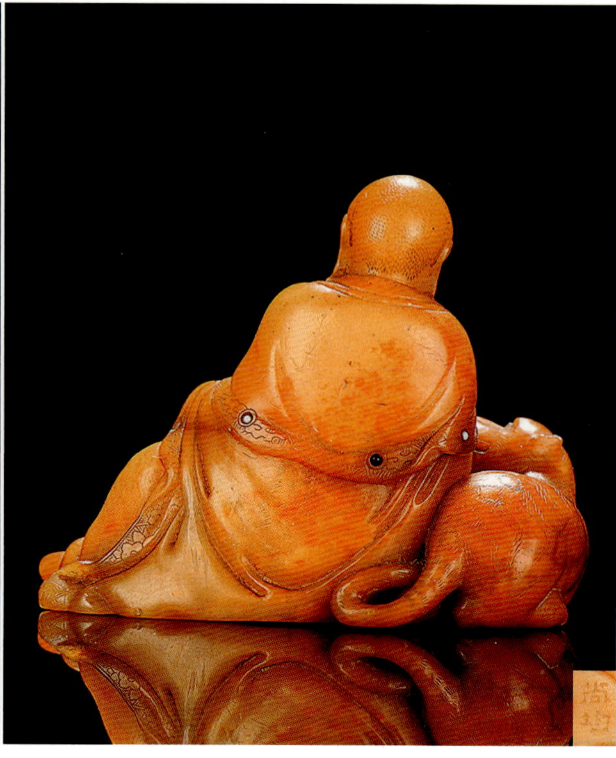

6922 清康熙 尚均制田黄伏虎罗汉
估　价：RMB 2,800,000～4,800,000
成交价：RMB 4,255,000
长6.7cm 北京保利 2012.6.6

6217 清康熙 黄寿山雕祥云托宝象摆件
估　价：RMB 400,000～600,000
成交价：RMB 1,380,000
长4.8cm 北京保利 2012.6.5

1179 清中期 “吉庆有余”灵璧石磬
估　价：RMB 400,000～600,000
成交价：RMB 1,696,250
高69cm；长81.2cm 荣宝斋(上海) 2012.6.17

1012 清代 “尚均”款田黄雕弥勒佛
估　价：RMB 4,600,000～5,800,000
成交价：RMB 5,175,000
高4cm；重130g 古天一 2012.12.2

1955 清 田黄持经罗汉
估　价：RMB 6,000,000～8,000,000
成交价：RMB 7,475,000
高13cm 北京翰海 2012.12.8

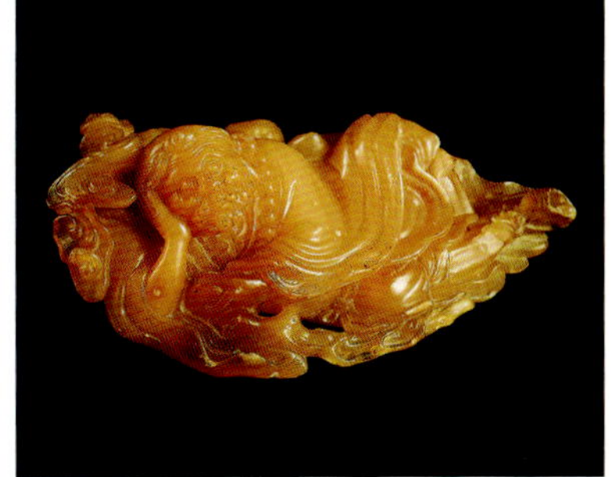

1992 清 田白雕罗汉卧像
估　价：RMB 700,000～800,000
成交价：RMB 805,000
长7.8cm 北京匡时 2012.12.5

2714 清 寿山石雕补衣罗汉
估　价：RMB 260,000～300,000
成交价：RMB 299,000
高12.1cm 西泠拍卖 2012.7.7

2197 清 青石三狮戏球抱鼓门枕石(一对)
估　价：RMB 380,000～680,000
成交价：RMB 517,500
长108cm 西泠拍卖 2012.7.7

708 五岳寻仙摆件
估　价：RMB 1,600,000～1,800,000
成交价：RMB 1,840,000
长43.6cm 福建静轩 2012.7.5

619 吴昌硕铭“画奴”熨纸石
估　价：RMB 100,000～150,000
成交价：RMB 1,035,000
长8.4cm 西泠拍卖 2012.7.7

957 王祖光作寿山荔枝冻石持经观音摆件
估　价：RMB 500,000～600,000
成交价：RMB 2,185,000
高23.6cm 西泠拍卖 2012.7.7

72 旗降石梦摆件
估　价：RMB 15,000～20,000
成交价：RMB 44,800
15.5cm×15cm×11.5cm 福建国石 2012.5.13

330 吴昌硕 田黄石
估　价：RMB 3,000,000～4,000,000
成交价：RMB 5,750,000
长6.5cm 福建东南 2012.5.20

243 田黄 清朝顺治皇帝爱新觉罗·福临雕像
估　价：HKD 25,000,000
成交价：RMB 26,178,600
高10cm；长6cm 澳门中信 2012.6.3

4771 寿山田黄石薄意摆件
估　价：RMB 2,000,000～3,000,000
成交价：RMB 4,370,000
长9.5cm 中国嘉德 2012.10.30

6618 田黄薄意雕“秋山行旅图”摆件
估　价：RMB 1,800,000～2,800,000
成交价：RMB 2,990,000
高9.5cm 北京保利 2012.6.6

1180 巴林鸡血童子戏弥勒山子
估　价：RMB 800,000～1,000,000
成交价：RMB 1,840,000
高38cm 上海嘉泰 2012.6.23

1179 巴林鸡血松下七贤图山子
估　价：RMB 1,000,000～1,200,000
成交价：RMB 4,082,500
高29.5cm 上海嘉泰 2012.6.23

697 林寿煁作田黄石香山九老薄意摆件
估　价：RMB 7,000,000～9,000,000
成交价：RMB 10,350,000
高7.7cm 西泠拍卖 2012.7.7

其他雕刻

2006 清代 玳瑁雕瓜瓞绵绵盖盒
估　价：HKD 280,000
成交价：RMB 269,940
长11.8cm 澳门龙禧 2012.1.8

57 18世纪晚期 玳瑁雕帽章
成交价：RMB 684,605
长37.5cm 伦敦佳士得 2012.5.15

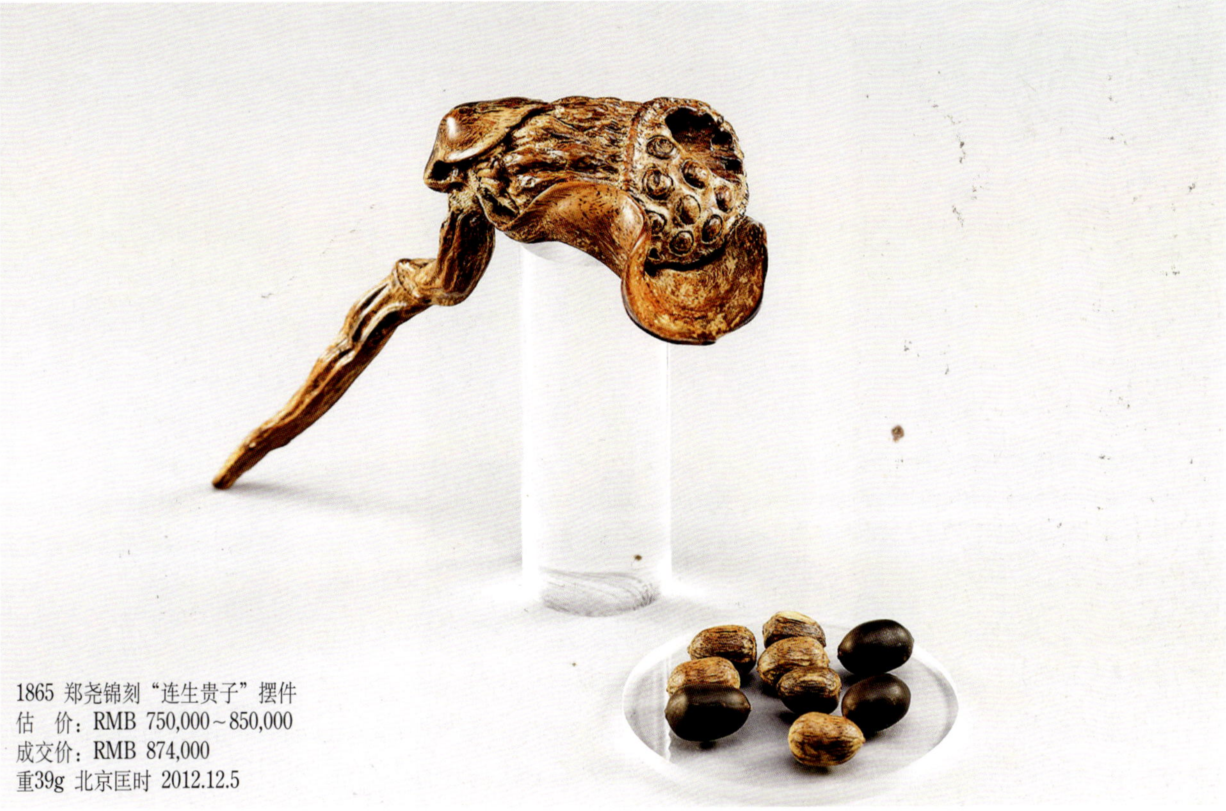

1865 郑尧锦刻“连生贵子”摆件
估　价：RMB 750,000~850,000
成交价：RMB 874,000
重39g 北京匡时 2012.12.5

钟 表

4881 FRANCK MULLER
18K白金镶钻石三问万年历陀飞轮腕表
估 价：HKD 960,000～1,400,000
成交价：RMB 1,577,220
直径42mm 香港佳士得 2012.5.30

1279 18世纪英国威廉姆森为中国皇室定制音乐木钟
估 价：RMB 1,600,000～2,600,000
成交价：RMB 2,016,000
高56.6cm；宽50.8cm 北京荣宝 2012.6.24

2159 GREUBEL FORSEY 铂金四体陀飞轮腕表
估 价：HKD 2,200,000～3,500,000
成交价：RMB 2,863,000
香港苏富比 2012.10.8

2312 GREUBEL FORSEY 玫瑰金双陀飞轮腕表
估 价：HKD 1,400,000～1,800,000
成交价：RMB 1,284,540
直径44mm 香港苏富比 2012.4.4

5122 Harry Winston及Grubel Forsey
白金 双陀飞轮 手动上弦腕表 限量生产6枚，编号5/6，型号Opus 6，2006年制
估 价：HKD 2,560,000～4,000,000
成交价：RMB 2,357,700
香港佳士得 2012.5.30

2311 PHILIPPE DUFOUR 玫瑰金自鸣手表
估　价：HKD 2,200,000～3,200,000
成交价：RMB 3,918,660
直径41mm 香港苏富比 2012.4.4

2952 百达翡丽 18K金双拨时钟手表
估　价：HKD 18,000,000～32,000,000
成交价：RMB 20,391,800
直径73.2mm 香港佳士得 2012.11.28

4980 爱彼AUDEMARS PIGUET
18K白金镶钻三问陀飞轮计时腕表
估　价：HKD 1,400,000～2,000,000
成交价：RMB 2,065,020
香港佳士得 2012.5.30

4953 百达翡丽 双拨号18K白金腕表
估　价：HKD 7,200,000～12,000,000
成交价：RMB 8,185,284
直径43mm 香港佳士得 2012.5.30

5086 百达翡丽 铂金三问闰年陀飞轮腕表
估　价：HKD 5,400,000~8,000,000
成交价：RMB 5,284,500
直径41mm 香港佳士得 2012.5.30

2179 百达翡丽 铂金双表盘腕表 5002P型号
估　价：HKD 8,000,000~12,000,000
成交价：RMB 8,602,088
香港苏富比 2012.10.8

3491 法国 LEROY 约1686年至1759年制
路易十五风格铜鎏金嵌玳瑁及牛角菱形布勒天文座钟
估　价：RMB 1,400,000~2,000,000
成交价：RMB 1,265,000
高86cm 北京保利 2012.12.4

2412 积家 白金长方形可翻转表盘手动上链镂空球体陀飞轮腕表
估　价：HKD 1,200,000~1,800,000
成交价：RMB 1,832,320
香港苏富比 2012.10.8

2344 江诗丹顿Vacheron Constantin 钻石链带腕表 型号Lord Kalla
估　价：RMB 1,800,000～2,300,000
成交价：RMB 2,070,000
直径24mm 中国嘉德 2012.5.13

14 萧邦CHOPARD限量男装腕表 型号171914—9001
估　价：RMB 2,700,000～5,000,000
成交价：RMB 2,300,000
北京艺融 2012.11.19

2310 芝柏Girard Perregaux三金桥三问陀飞轮腕表，型号Three Golden Bridge, The Opera One
估　价：RMB 1,500,000～1,800,000
成交价：RMB 1,725,000
直径39mm 中国嘉德 2012.5.13

2062 卡地亚 女装黄金及全钻鹰形手镯腕表
估　价：HKD 1,900,000～2,800,000
成交价：RMB 2,961,160
宽59mm 香港苏富比 2012.10.8

铜 器

48 春秋晚期 蟠龙纹镈钟
估　价：HKD 1,500,000～2,000,000
成交价：RMB 2,966,080
最大件通高31.5cm；宽21.5cm；最小件通高19cm；宽11.5cm 大唐国际 2012.11.24

218 西汉 鎏金说唱俑(一组)
估　价：HKD 800,000～1,200,000
成交价：RMB 834,210
高约5cm 大唐国际 2012.11.24

231 南朝 铜鎏金神兽
估　价：HKD 320,000～380,000
成交价：RMB 304,023
通高9cm 大唐国际 2012.11.24

230 元 铜猎狗
估　价：HKD 500,000～600,000
成交价：RMB 463,450
通高24cm；长35cm 大唐国际 2012.11.24

87 汉 斗兽树形神灯
估 价：HKD 2,500,000~3,500,000
成交价：RMB 3,429,530
通高96cm 大唐国际 2012.11.24

374 明 石叟制嵌银丝观音像
估 价：RMB 600,000~800,000
成交价：RMB 1,046,500
高47cm 西泠拍卖 2012.12.28

1983 明或更早 铜错银瑞兽摆件
估 价：RMB 300,000~350,000
成交价：RMB 368,000
长13.5cm；高7.5cm 北京匡时 2012.12.5

2562 明 永乐御制 鎏金宝瓶瑞象尊
估　价：RMB 5,000,000～8,000,000
成交价：RMB 15,525,000
长19cm；宽12.2cm；高25.4cm 中国嘉德 2012.5.12

8165 明 铜童子立像
估　价：RMB 350,000～550,000
成交价：RMB 575,000
高24cm 北京保利 2012.6.7

3411 清 铜鎏金南吕镈钟
估　价：RMB 6,000,000～8,000,000
成交价：RMB 17,250,000
高53.5cm 北京翰海 2012.12.9

2253 清康熙 御制鎏金铜交龙钮八卦纹「无射」编钟
铸“康熙五十四年制”楷书铭款
估　价：HKD 4,000,000～6,000,000
成交价：RMB 3,788,200
高31.5cm 香港佳士得 2012.11.28

188 清乾隆 铜花瓶(一对)
成交价：RMB 6,690,805
高76.5cm 伦敦佳士得 2012.5.15

3021 清乾隆 铜镀金嵌宝石塔式乐钟
估　价：HKD 3,500,000～4,000,000
成交价：RMB 2,764,840
高33cm 香港苏富比 2012.10.9

6208 清中期 铜洒金双铺兽活环耳三足瓶(一对)
“宣德年制”款
估　价：RMB 1,000,000～1,500,000
成交价：RMB 1,150,000
高24.5cm 北京保利 2012.6.5

1226 商晚期 青铜尊
成交价：RMB 9,051,143
高30cm 纽约佳士得 2012.9.13

6211 清乾隆 铜兽面凤鸟铺首衔环大尊“福寿禄”款
估 价：RMB 1,500,000～2,500,000
成交价：RMB 2,990,000
高91cm 北京保利 2012.6.5

1232 商晚期 青铜尊
成交价：RMB 5,345,663
高24.5cm 纽约佳士得 2012.9.13

88 西周早期 兽面夔龙纹方尊
成交价：RMB 35,222,200
高27.7cm；口径23cm
大唐国际 2012.11.24

4136 战国时期 扁壶
估　价：HKD 1,200,000～1,800,000
成交价：RMB 1,674,780
高37cm 香港佳士得 2012.5.30

823 明或更早 铜错金银蟠龙纹双耳壶
估　价：HKD 1,500,000～2,000,000
成交价：RMB 1,668,420
高48.5cm 保利香港 2012.11.25

2254 清乾隆 御制铜铸云龙戏珠纹双龙活环耳壶
“大清乾隆年造”铭款
估　价：HKD 2,000,000～3,000,000
成交价：RMB 1,950,520
高47cm 香港佳士得 2012.11.28

12 商代 青铜觚
成交价：RMB 1,227,101
高25.1cm 纽约苏富比 2012.3.20

4131 商代晚期 兽面纹鼎
估　价：HKD 2,800,000～4,000,000
成交价：RMB 3,723,540
高18cm 香港佳士得 2012.5.30

85 商早期 兽面纹扁足鼎
估　价：HKD 1,800,000～2,500,000
成交价：RMB 4,819,880
高16.5cm 大唐国际 2012.11.24

3405 清雍正 铜鎏金羊羊得意桃形盒“雍正年制”楷书款
估　价：RMB 800,000～1,200,000
成交价：RMB 943,000
长17.2cm 北京翰海 2012.12.9

443 汉代 青铜鸟首提梁壶
估　价：HKD 1,200,000
成交价：RMB 1,390,350
高23cm；底径8.3cm 澳门中信 2012.12.28

73 西周中期 凤纹提梁卣
估　价：HKD 3,000,000～4,000,000
成交价：RMB 3,244,150
高16cm 大唐国际 2012.11.24

13 商代 青铜鸮卣
成交价：RMB 7,939,877
高14.3cm 纽约苏富比 2012.3.20

2230 商 青铜「作册次」卣
估　价：HKD 1,500,000～2,000,000
成交价：RMB 3,111,160
高29.5cm 香港佳士得 2012.11.28

8 商代 爵杯
成交价：RMB 1,681,349
高20.3cm 纽约苏富比2012.3.20

45 春秋中期 交龙纹匜
估　价：HKD 600,000～1,000,000
成交价：RMB 954,707
长34cm 大唐国际 2012.11.24

1256 明晚期 铜点金爵杯
估 价：RMB 380,000～450,000
成交价：RMB 632,500
高22cm 北京匡时 2012.6.4

801 西周 青铜窃曲瓦纹簋
估 价：RMB 4,500,000～6,500,000
成交价：RMB 10,695,000
高27.8cm 北京翰海 2012.5.25

3866 西周 青铜龙耳匜
估 价：RMB 1,800,000～2,800,000
成交价：RMB 3,910,000
长38.1cm 中国嘉德 2012.10.28

6150 西周夷王 青铜伯家父簋
估 价：RMB 2,200,000～3,200,000
成交价：RMB 3,680,000
宽35cm 北京保利 2012.6.5

6151 西周成王 疐簋
估　价：RMB 3,200,000～5,200,000
成交价：RMB 6,325,000
宽29.5cm 北京保利 2012.6.5

58 西汉 神人骑龙博山炉
估　价：HKD 380,000～450,000
成交价：RMB 352,222
高19.5cm 大唐国际 2012.11.24

831 清中期 铜瑞兽香熏
“乾清宫”楷书款
估　价：RMB 600,000～800,000
成交价：RMB 828,000
高29cm 北京翰海 2012.5.25

827 宋 婴戏铜熏炉
估　价：HKD 300,000～500,000
成交价：RMB 278,070
高13cm 保利香港 2012.11.25

826 唐 铜鎏金镂空五足香熏炉
估 价：HKD 800,000~1,200,000
成交价：RMB 741,520
高12.5cm 保利香港 2012.11.25

158 明成化 铜嵌金银线“水波游龙”图三足双耳炉
“大明成化年万家造”款
估 价：HKD 3,500,000~4,500,000
成交价：RMB 3,430,860
高14.6cm 香港苏富比 2012.4.4

2518 明 正德款阿拉伯文筒式炉
“大明正德年制”款
估 价：RMB 800,000~1,200,000
成交价：RMB 920,000
高9.3cm 西泠拍卖 2012.7.7

2511 明崇祯 崇祯己卯尧叟氏家藏款蚰耳炉
估 价：RMB 2,000,000~2,500,000
成交价：RMB 2,300,000
长18.9cm 西泠拍卖 2012.7.7

2564 明 鎏金浮雕云龙兽耳宣炉
估　价：RMB 1,200,000～1,800,000
成交价：RMB 1,495,000
宽19.4cm 中国嘉德 2012.5.12

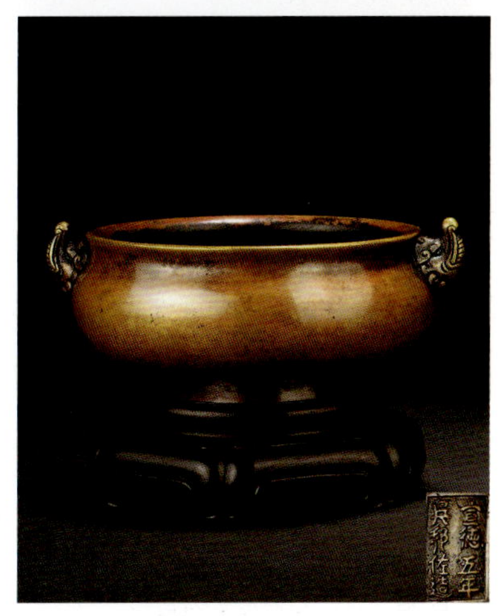

1251 明 铜象耳宣德炉
“宣德五年吴邦佐造”楷书款
估　价：RMB 800,000～1,000,000
成交价：RMB 1,391,500
直径10.5cm 荣宝斋(上海) 2012.6.17

2567 明 胡文明制鎏金浮雕花卉炉
估　价：RMB 300,000～500,000
成交价：RMB 1,265,000
炉直径9.7cm 中国嘉德 2012.5.12

2563 明 榴皮红蚰耳宣炉
估 价：RMB 200,000～300,000
成交价：RMB 2,357,500
宽21.4cm 中国嘉德 2012.5.12

829 清初 铜兽面纹金钢杵双耳四足炉
“大明宣德年制”楷书款
估 价：RMB 800,000～1,200,000
成交价：RMB 1,380,000
高13.3cm 北京翰海 2012.5.25

146 17世纪 洒金铜双环耳香炉 连座
估 价：HKD 200,000～300,000
成交价：RMB 1,382,100
高16.5cm 香港苏富比 2012.4.4

2492 明晚期 玉堂清玩款戟耳炉
“玉堂清玩”款
估 价：RMB 850,000～1,000,000
成交价：RMB 977,500
长11.6cm 西泠拍卖 2012.7.7

2498 清早期 宣德款马槽炉
“宣德年制”款
估 价：RMB 300,000～400,000
成交价：RMB 345,000
高6.8cm 西泠拍卖 2012.7.7

1835 清早期 铜鳝鱼黄雪花金双耳炉连座
估　价：RMB 1,200,000～1,500,000
成交价：RMB 2,472,500
直径20.5cm 北京匡时 2012.12.5

1339 清早期 铜双蚰耳炉“宣德年制”款
估　价：RMB 600,000～800,000
成交价：RMB 1,035,000
宽33cm 北京保利 2012.10.25

2504 清雍正 雁翎法盏炉“大清雍正年制”款
估　价：RMB 8,000,000～9,000,000
成交价：RMB 9,775,000
长17.7cm 西泠拍卖 2012.7.7

163 清雍正“长春居士”款冲耳铜香炉
估　价：RMB 200,000～300,000
成交价：RMB 805,000
宽10.26cm 北京诚轩 2012.5.13

6209 清乾隆 铜太平有象三足炉
估　价：RMB 400,000～600,000
成交价：RMB 862,500
高42cm 北京保利 2012.6.5

6210 清乾隆 铜洒金双耳炉
“大明宣德年制”款、“乾字第九号”款、“工部臣吴邦佐监制”款
估　价：RMB 1,000,000～1,500,000
成交价：RMB 1,380,000
宽27cm 北京保利 2012.6.5

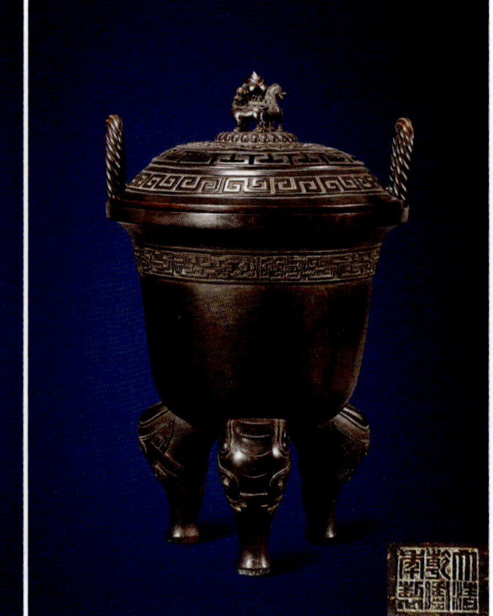

3409 清乾隆 铜兽钮绳纹耳象足供炉(二件)
“大清乾隆年制”篆书款
估　价：RMB 1,500,000～2,000,000
成交价：RMB 1,725,000
高72.5cm 北京翰海 2012.12.9

294 铜胎三足炉
“宣德”款
估　价：HKD 1,000,000
成交价：RMB 2,337,375
高8.5cm 澳门中信 2012.6.3

2605 清 椅桃款扳耳簋式炉
估　价：RMB 300,000～350,000
成交价：RMB 368,000
长17.5cm 西泠拍卖 2012.7.7

6288 清中期 铜鎏金洒金双兽耳炉
“大明宣德年制”款
估　价：RMB 500,000～800,000
成交价：RMB 575,000
宽35cm 北京保利 2012.12.6

1403 战国 龙鸟纹铜镜
成交价：RMB 189,270
直径19.5cm 纽约佳士得 2012.3.22

587 战国 蟠螭龙纹镜
估 价：RMB 30,000～50,000
成交价：RMB 115,000
直径18.7cm 上海崇源 2012.10.19

1406 战国晚期 三山纹铜镜
成交价：RMB 378,540
直径12.2cm 纽约佳士得 2012.3.22

1425 西汉 多乳兽鸟纹铭文镀银铜镜
成交价：RMB 772,853
直径19cm 纽约佳士得 2012.3.22

1410 西汉晚期/新 上太山铭四神博局镀银铜镜
成交价：RMB 659,291
直径31.7cm 纽约佳士得 2012.3.22

129 北齐 贴金镶琉璃镜
估 价：HKD 300,000～400,000
成交价：RMB 278,070
直径7.5cm 大唐国际 2012.11.24

1433 隋 淮南起照铭十二生肖纹铜镜
成交价：RMB 507,875
直径24cm 纽约佳士得 2012.3.22

1462 唐 双鹤江崖海水纹葵花式镀银铜镜
成交价：RMB 3,044,093
直径20.6cm 纽约佳士得 2012.3.22

1453 唐 天马鹦鹉纹葵花式铜镜
成交价：RMB 999,977
直径22.5cm 纽约佳士得 2012.3.22

3061 清 双鸾仙山镜
估 价：RMB 1,000,000～1,500,000
成交价：RMB 1,380,000
直径22.5cm 北京翰海 2012.12.9

598“明逾满月”内八瑞兽外跑兽铭带镜
估 价：RMB 1,000,000～1,500,000
成交价：RMB 4,025,000
直径24cm 上海崇源 2012.10.19

599 “盘龙丽匣”八瑞兽铭带镜
估　价：RMB 600,000～800,000
成交价：RMB 1,725,000
直径20.2cm 上海崇源 2012.10.19

1255“千秋万春”盘龙镜
估　价：RMB 1,000,000～2,000,000
成交价：RMB 1,725,000
直径24.cm 北京匡德 2012.6.5

1907 “宜子孙”铭七乳神兽镜
估　价：RMB 800,000～1,000,000
成交价：RMB 920,000
直径14.1cm 北京翰海 2012.5.26

64“张氏”龙虎镜
估　价：RMB 1,000,000～1,500,000
成交价：RMB 1,725,000
直径13.3cm 北京保利 2012.6.6

1047 黑漆古宽边七乳镜
估　价：RMB 350,000～650,000
成交价：RMB 805,000
直径14.1cm 北京匡德 2012.6.5

1727 双凤纹镜
估　价：RMB 150,000～500,000
成交价：RMB 4,025,000
直径32cm 中国嘉德 2012.5.18

1185 瑞兽葡萄十二生肖纹镜
估　价：RMB 1,500,000～3,500,000
成交价：RMB 3,680,000
直径20.6cm 北京匡德 2012.6.5

2020 四山镜
款识：汉
估　价：HKD 1,000,000
成交价：RMB 1,505,120
直径16cm 中联国际 2012.10.2

1202 鹦鹉花卉纹镜
估　价：RMB 600,000～1,500,000
成交价：RMB 1,495,000
直径26.8cm 北京匡德 2012.6.5

918 海兽葡萄镜
估　价：RMB 1,200,000～1,500,000
成交价：RMB 1,495,000
直径17cm 上海泓盛 2012.6.24

1856 海兽葡萄镜
估 价：RMB 8,000,000～10,000,000
成交价：RMB 14,950,000
直径21.3cm；重1425.1g 北京翰海 2012.5.26

86 西周早期 觥
估 价：HKD 5,000,000～7,000,000
成交价：RMB 5,376,020
高29.5cm；长31cm 大唐国际 2012.11.24

70 商晚期 兽面纹大铙
估 价：HKD 2,000,000～3,000,000
成交价：RMB 3,244,150
高49.5cm 大唐国际 2012.11.24

3670 金元 雕花玉柄铜鎏金如意勺
估 价：RMB 1,600,000～2,600,000
成交价：RMB 2,070,000
长38cm 北京翰海 2012.12.9

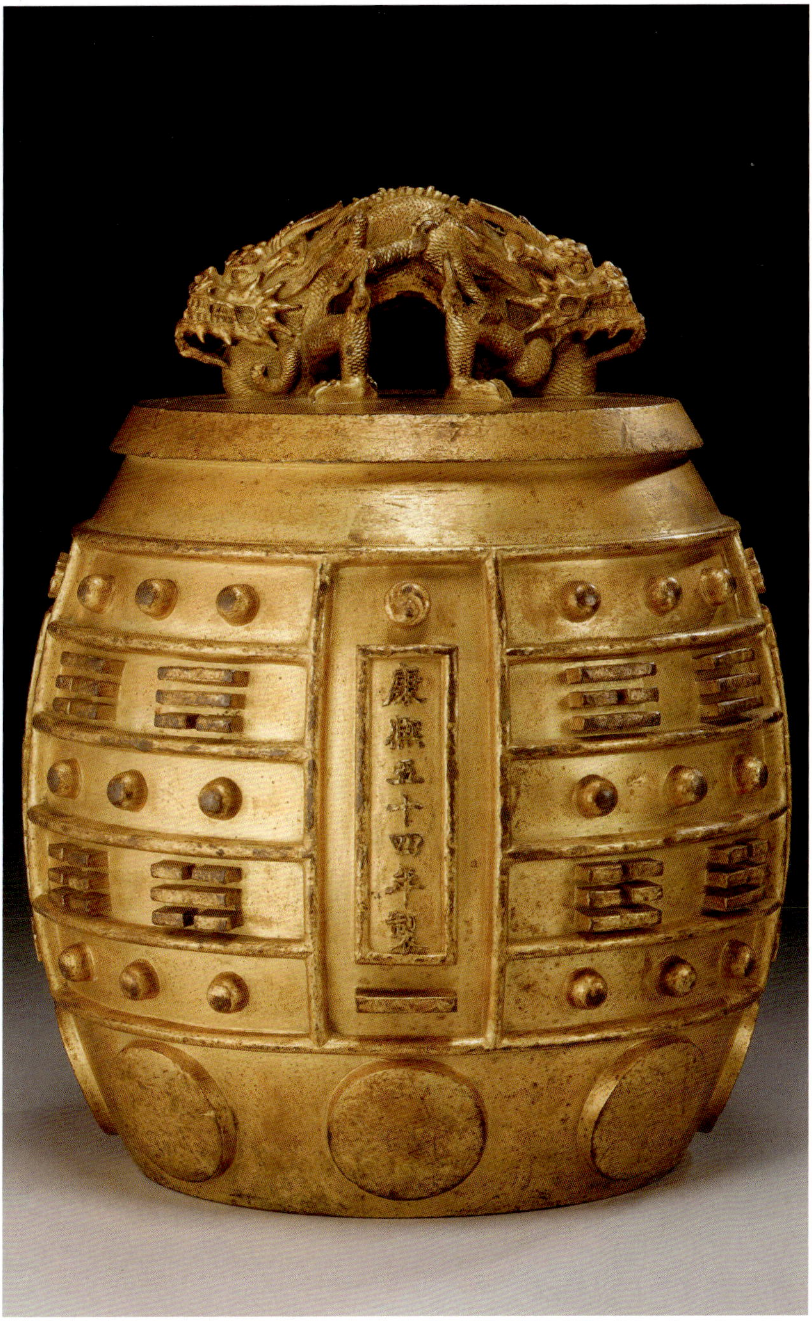

70 青铜仿古鎏金寺钟
成交价：RMB 5,163,917
高30.5cm 纽约苏富比 2012.3.20

159 清乾隆 御制铜铸“赶珠云龙”图烛台
“大清乾隆年造”款
成交价：RMB 1,112,165
高52.3cm 伦敦苏富比 2012.5.16

176 明17世纪 局部鎏金铜嵌银线“庭阁人物”图笔筒 连座
估 价：HKD 300,000～400,000
成交价：RMB 845,520
高13.1cm 香港苏富比 2012.04.04

铁 器

6304 元 铁错金龙纹带钩
“大都十号家吉’款
估 价：RMB 80,000～120,000
成交价：RMB 195,500
长11.5cm 北京保利 2012.12.6

6631 19世纪 错金银楼阁山水口包银铁壶
估 价：RMB 400,000～600,000
成交价：RMB 460,000
长16.5cm 北京保利 2012.12.6

735 江户-明治时期 初代亀文波多野正平作素体灵芝兽口铁瓶
估 价：RMB 1,600,000～2,000,000
成交价：RMB 1,840,000
高19cm 上海春秋堂 2012.4.22

1356 明治时期(1868年-1912年) 富贵花开
估 价：RMB 800,000～1,000,000
成交价：RMB 1,725,000
高19.6cm 上海宝龙 2012.6.26

1696 四世藏六识箱龟文堂初代波多野正品造四君子开光汉诗麟首铁壶“龟文堂造”款
估 价：RMB 1,300,000～1,500,000
成交价：RMB 1,495,000
高18.5cm 北京匡时 2012.12.5

锡 器

7416 清道光 四家合璧刻诗文锡壶
估 价：RMB 350,000～450,000
成交价：RMB 517,500
宽18.5cm 北京保利 2012.6.6

2924 清早期 沈存周锡制诗文四方茶叶罐(一对)
估 价：RMB 150,000～220,000
成交价：RMB 517,500
中国嘉德 2012.5.13

紫 砂

2304 明末 仲美 紫砂佛像
估　价：RMB 250,000～300,000
成交价：RMB 241,500
高18cm 北京保利 2012.6.3

616 紫砂泥塑任淞云小像
估　价：RMB 800,000～1,200,000
成交价：RMB 3,680,000
塑像高16cm 西泠拍卖 2012.7.7

787 清 彩泥堆绘山林幽居图兽耳方瓶
估　价：RMB 850,000～1,000,000
成交价：RMB 1,955,000
高34.3cm 上海春秋堂 2012.4.22

1650 徐秀棠 四季美人瓶
估　价：RMB 1,500,000～2,500,000
成交价：RMB 1,265,000
高31cm 北京翰海 2012.5.26

1251 宜兴紫砂仿古牺尊
成交价：RMB 1,151,393
长28cm 纽约佳士得 2012.3.22

617 清 紫泥泥绘山水大盖罐
估　价：HKD 100,000～120,000
成交价：RMB 284,550
高65cm 香港邦瀚斯 2012.5.27

1242 清乾隆 宜兴段泥团龙纹碗
成交价：RMB 621,437
直径19.7cm 纽约佳士得 2012.3.22

725 清雍正-乾隆 杨季初制紫砂泥绘唐人诗意笔筒
"杨季初"款
估　价：HKD 3,200,000～5,200,000
成交价：RMB 4,634,500
高15.5cm 保利香港 2012.11.25

2988 清早期 荆溪川石山人款梨皮红泥蒲包口长方盆
估　价：RMB 1,800,000～2,200,000
成交价：RMB 5,175,000
长35cm 西泠拍卖 2012.7.7

548 清乾隆 杨季初段泥彩绘人物山水纹笔筒
估　价：HKD 2,000,000～3,000,000
成交价：RMB 5,479,620
高15.8cm 香港邦瀚斯 2012.5.27

2970 清早期 色泥堆绘长方盆
估　价：RMB 1,200,000～1,500,000
成交价：RMB 3,450,000
长34.5cm 西泠拍卖 2012.7.7

3163 顾景舟 蝠纹水盂
估　价：RMB 1,300,000～1,600,000
成交价：RMB 1,610,000
15.4cm×11cm×4cm 中国嘉德 2012.5.13

3162 顾景舟“玉露”诗文五头茶具
估　价：RMB 5,000,000～6,000,000
成交价：RMB 6,900,000
长15cm；高8.5cm×4 北京匡时 2012.12.7

245 汪寅仙 松竹梅文具(一套)
估　价：RMB 2,000,000～3,000,000
成交价：RMB 3,680,000
尺寸不一 北京匡时 2012.6.3

2306 明 时大彬 1612年作 调砂笠帽壶
“时大彬制”款
估　价：RMB 800,000～1,000,000
成交价：RMB 1,265,000
长26cm 北京保利 2012.6.3

911 汪寅仙 供春套组(九件)
估　价：RMB 380,000～500,000
成交价：RMB 1,150,000
尺寸不一 北京保利 2012.12.3

272 顾景舟制 谭海泉刻段泥四方烟灰缸
估　价：RMB 250,000～350,000
成交价：RMB 1,495,000
长12cm 北京匡时 2012.6.3

1519 明晚期 陈和之制四方菱花壶
估　价：RMB 1,500,000～2,000,000
成交价：RMB 2,912,000
长14cm 北京荣宝 2012.6.24

1242 清早期 佚名 大狮钮壶
估　价：RMB 500,000～600,000
成交价：RMB 1,495,000
高24.2cm 上海宝龙 2012.6.26

1556 清雍正 玉佐款炉钧釉螃蟹钮龙嘴紫泥圆壶
估　价：RMB 900,000～1,300,000
成交价：RMB 1,150,000
23.5cm×11.5cm 西泠拍卖 2012.12.29

4267 清乾隆 邵玉亭制紫泥泥绘御制诗文荷塘三足壶
估 价：RMB 600,000～800,000
成交价：RMB 2,645,000
宽15cm 中国嘉德 2012.10.30

清乾隆 笨岩制紫泥泥绘山水诗文瓜棱壶
估 价：RMB 100,000～150,000
成交价：RMB 805,000
宽14.5cm 中国嘉德 2012.5.13

6523 清乾隆 御制诗文描金山水楼阁六方壶
估 价：RMB 1,800,000～2,000,000
成交价：RMB 2,587,500
宽17.6cm 北京保利 2012.12.6

2930 清道光 杨彭年制段泥诗文花蝶葫芦形壶
估 价：RMB 1,000,000～1,500,000
成交价：RMB 1,955,000
宽14.3cm 中国嘉德 2012.5.13

4250 清道光二十五年 申锡制紫泥汉瓦壶
估 价：RMB 500,000~700,000
成交价：RMB 782,000
宽15cm 中国嘉德 2012.10.30

1239 清中期 王南林 龙纹彩釉壶
估 价：RMB 1,500,000~1,800,000
成交价：RMB 3,450,000
高14.7cm；宽22.2cm 上海宝龙 2012.6.26

1246 清中期 于廷 莲子壶
估 价：RMB 200,000~250,000
成交价：RMB 1,035,000
高11.6cm；宽7.5cm 上海宝龙 2012.6.26

1268 清中期 邵大亨 掇只壶
估 价：RMB 5,000,000~6,000,000
成交价：RMB 17,250,000
高13.3cm；宽16.5cm 上海宝龙 2012.6.26

960 清 笨严款御制虚扁壶
估　价：RMB 1,800,000～2,500,000
成交价：RMB 5,175,000
长16.5cm 北京保利 2012.12.3

303 清晚期“兰娟清品”款香雪壶
估　价：RMB 800,000～1,100,000
成交价：RMB 1,322,500
长17.5cm 北京匡时 2012.6.3

1270 清中期 杨彭年 曼生井栏壶
估　价：RMB 800,000～1,200,000
成交价：RMB 6,900,000
高9.7cm；宽15.4cm 上海宝龙 2012.6.26

3044 清晚期 梅调鼎铭 何心舟制 南瓜壶
估　价：RMB 400,000～500,000
成交价：RMB 954,500
长14.5cm；高8.5cm 北京匡时 2012.12.7

2572 清 路大荒旧藏杨彭年制锻泥提梁石铫壶
估　价：RMB 80,000～150,000
成交价：RMB 1,380,000
高13cm 西泠拍卖 2012.7.7

2586 清 瞿子治制 菊水壶
估　价：RMB 500,000～800,000
成交价：RMB 1,495,000
宽15.3cm；高7.8cm 中国嘉德 2012.5.12

2585 清 申锡制 瞿子冶铭 顾景舟配盖石瓢壶
估　价：RMB 1,500,000～2,200,000
成交价：RMB 3,680,000
宽15.4cm；高7.5cm 中国嘉德 2012.5.12

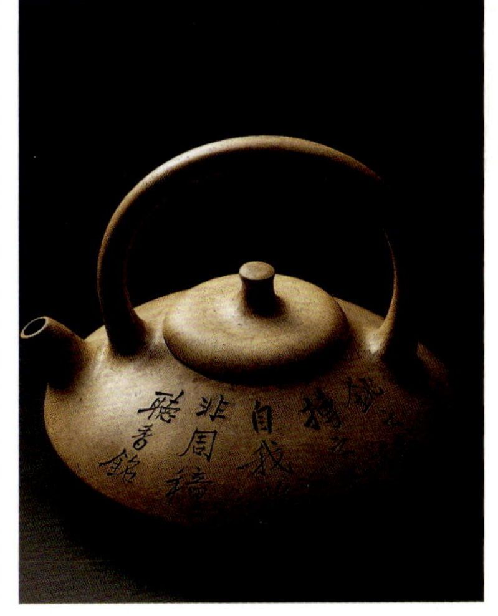

2583 清 杨彭年制 陈曼生为江听香铭 石铫壶
估　价：RMB 1,500,000～2,200,000
成交价：RMB 3,680,000
宽15cm；高11.5cm 中国嘉德 2012.5.12

959 清 御题诗山水人物纹阔底壶
估 价：RMB 1,800,000～2,500,000
成交价：RMB 4,715,000
长14.5cm 北京保利 2012.12.3

1714 陈国良 三友壶
估 价：RMB 600,000～900,000
成交价：RMB 1,035,000
高9.5cm 北京翰海 2012.5.26

109 陈曼生《乳鼎》壶
估 价：RMB 1,200,000～1,500,000
成交价：RMB 1,265,000
长15cm 长风拍卖 2012.9.17

3026 高振宇 玉鬲壶(一对)
估 价：RMB 800,000～900,000
成交价：RMB 2,300,000
高14.4cm；高18.2cm 中国嘉德 2012.5.13

216 顾道荣 特大松鼠葡萄桩壶
估 价：RMB 400,000～500,000
成交价：RMB 437,000
长22cm；高16cm 北京匡时 2012.6.3

5066 高振宇 金鬲对壶
估 价：RMB 800,000～900,000
成交价：RMB 2,530,000
高16cm；高13.5cm 中国嘉德 2012.10.30

2268 顾景舟 1980年作 顾泉壶
估 价：RMB 1,200,000～1,700,000
成交价：RMB 3,220,000
长11cm 北京保利 2012.6.3

5138 顾景舟 扁腹壶
估 价：RMB 1,800,000～2,200,000
成交价：RMB 5,980,000
高8.3cm 中国嘉德 2012.10.30

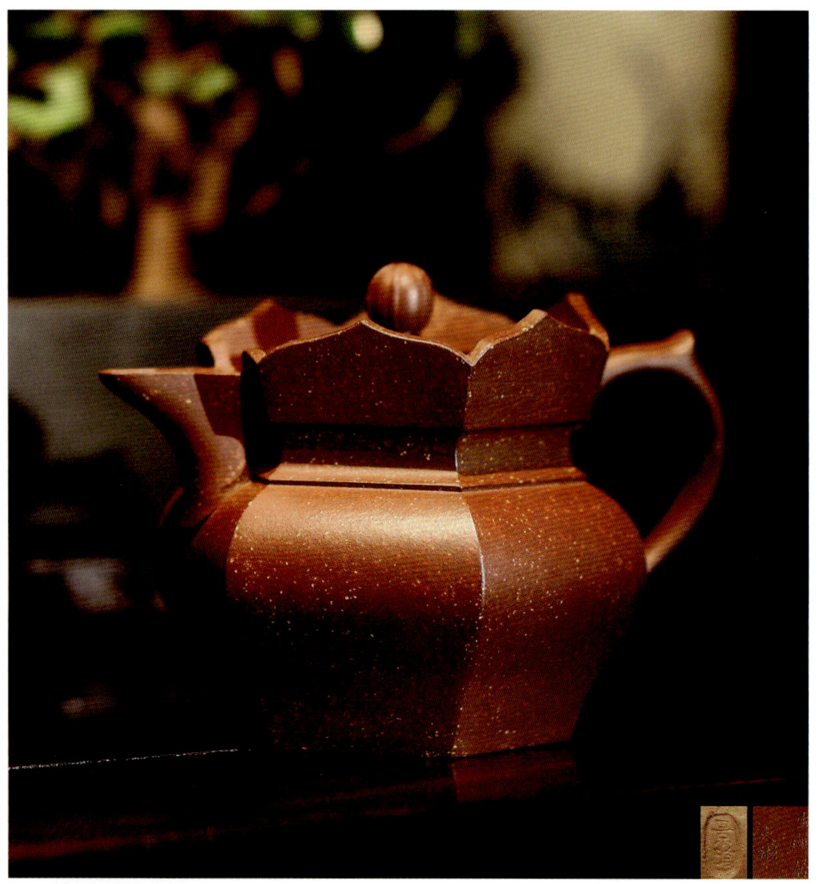

2267 顾景舟 矮僧帽壶
估 价：RMB 3,500,000～4,000,000
成交价：RMB 7,820,000
长12.5cm 北京保利 2012.6.3

917 顾景舟 华颖壶
估 价：RMB 1,800,000～2,200,000
成交价：RMB 5,290,000
长17cm 北京保利 2012.12.3

1678 顾景舟 大提壁壶
估 价：RMB 6,000,000～8,000,000
成交价：RMB 12,880,000
高14.5cm；宽18.5cm 北京翰海 2012.5.26

1641 顾景舟 虚扁壶
估 价：RMB 2,600,000～3,600,000
成交价：RMB 11,500,000
高7cm；宽15cm 北京翰海 2012.5.26

1697 顾景舟 双圈壶
估　价：RMB 3,500,000～5,000,000
成交价：RMB 9,430,000
高14cm；宽16cm 北京翰海 2012.5.26

1690 何道洪 集思壶
估　价：RMB 4,500,000～6,500,000
成交价：RMB 9,200,000
高26.5cm；宽26cm 北京翰海 2012.5.26

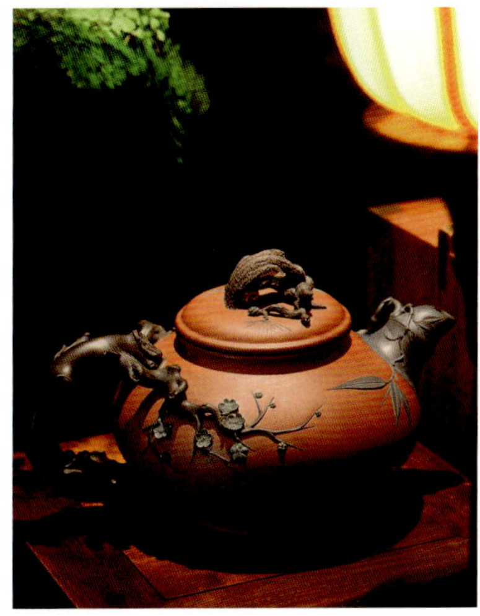

2253 何道洪 大松竹梅壶
估　价：RMB 3,500,000～5,000,000
成交价：RMB 8,050,000
长36.5cm 北京保利 2012.6.3

1653 何道洪 岁寒三友壶
估　价：RMB 3,500,000～4,500,000
成交价：RMB 5,175,000
高9.5cm 北京翰海 2012.5.26

1652 江建翔 竞媚清香壶
估 价：RMB 800,000～1,200,000
成交价：RMB 2,070,000
高17.5cm；宽23cm 北京翰海 2012.5.26

1556 吕俊杰 生生不息套壶
估 价：RMB 400,000～500,000
成交价：RMB 920,000
长16.7cm 中贸圣佳 2012.7.22

1664 华健 莲莲蹬高壶
估 价：RMB 80,000～100,000
成交价：RMB 575,000
高12cm；宽15.5cm 北京翰海 2012.5.26

218 蒋蓉制荷叶壶
估 价：RMB 220,000
成交价：RMB 728,000
上海云顶 2012.4.8

225 季益顺 汉风提梁壶
估　价：RMB 250,000~350,000
成交价：RMB 345,000
长15cm；高15.5cm 北京匡时 2012.6.3

1056 吕尧臣 奥运鸟巢壶
估　价：RMB 500,000~800,000
成交价：RMB 1,840,000
高5.5cm；长13cm 中投嘉艺 2012.1.4

350 裴石民 紫砂蟠桃壶
估　价：RMB 1,600,000
成交价：RMB 1,792,000
高11cm 上海中福 2012.6.3

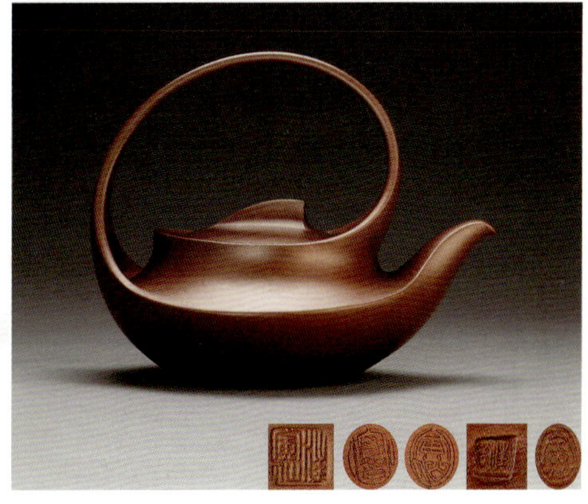

1677 汪寅仙 曲壶
估　价：RMB 2,200,000~3,000,000
成交价：RMB 3,680,000
高14.5cm 北京翰海 2012.5.26

5118 汪寅仙 三友同福壶
估 价：RMB 1,800,000～2,200,000
成交价：RMB 5,290,000
高13.8cm 中国嘉德 2012.10.30

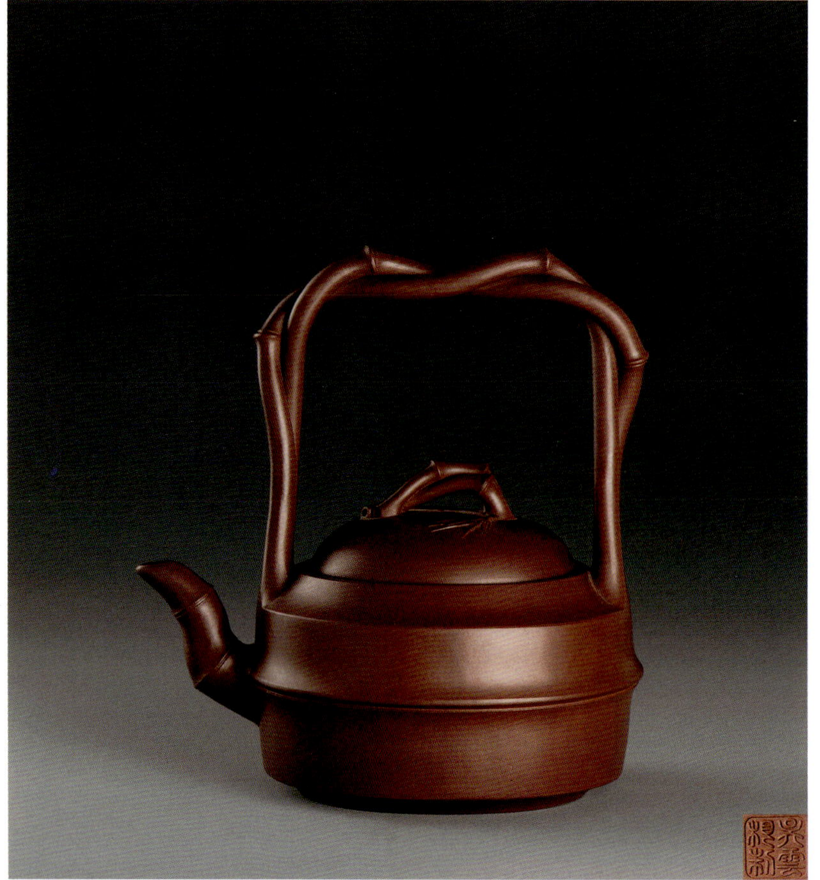

1136 吴云根 绞竹提梁壶
估 价：RMB 3,800,000～4,800,000
成交价：RMB 4,025,000
高22cm；长20cm 中投嘉艺 2012.1.4

1674 唐彬杰 龙头四方壶
估 价：RMB 150,000～250,000
成交价：RMB 529,000
高10cm；宽16cm 北京翰海 2012.5.26

1649 周桂珍、冯其庸 曼生提梁壶
估 价：RMB 500,000～800,000
成交价：RMB 1,955,000
高15cm；宽14.7cm 北京翰海 2012.5.26

漆 器

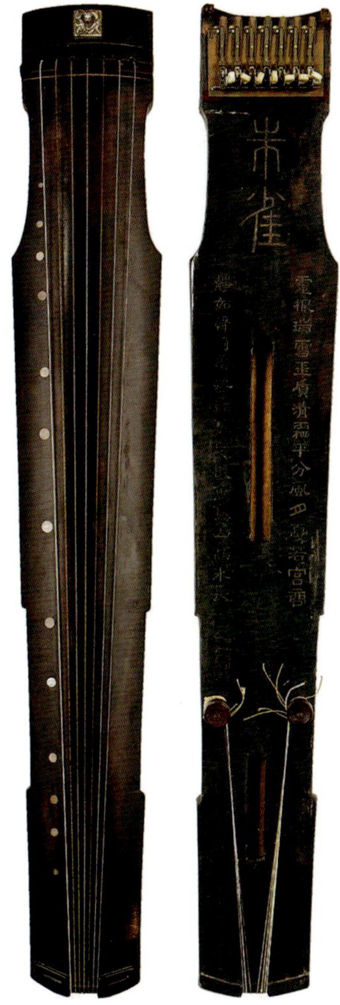

2648 明 汪舜臣制黄宗炎铭仲尼式朱雀琴
估 价：RMB 1,600,000～2,000,000
成交价：RMB 2,185,000
琴长123.5cm 西泠拍卖 2012.7.7

5748 清康熙 金漆十六臂观音
估 价：RMB 1,800,000～2,800,000
成交价：RMB 2,070,000
高82cm 北京保利 2012.12.5

3133 宋 朱砂杯
估 价：HKD 900,000～1,200,000
成交价：RMB 2,845,500
直径18cm 香港苏富比 2012.4.4

3015 清乾隆 黑漆戗金水波游龙图画盒
估 价：HKD 3,000,000～4,000,000
成交价：RMB 2,961,160
长78.5cm 香港苏富比 2012.10.9

5651 清乾隆 剔红三清茶御题诗碗
“乾隆年制”款
估 价：RMB 1,000,000～1,500,000
成交价：RMB 1,150,000
直径12cm 北京保利 2012.12.5

2082 宋 剔彩龙纹折沿盘
估 价：HKD 1,500,000～2,000,000
成交价：RMB 6,593,080
直径17.9cm 香港佳士得 2012.11.28

5953 元 张成作剔犀云纹椭圆盘
“张成造”款
估 价：RMB 800,000～1,200,000
成交价：RMB 2,990,000
长19.6cm 北京保利 2012.6.5

2097 明嘉靖 剔彩「货郎图」圆盘
“大明嘉靖年制”楷书款
估 价：HKD 2,000,000~3,000,000
成交价：RMB 3,111,160
直径32.2cm 香港佳士得 2012.11.28

5954 明初 剔红花卉大盘
“大明宣德年制”款
估 价：RMB 2,000,000~3,000,000
成交价：RMB 2,300,000
直径32cm 北京保利 2012.6.5

3200 明永乐/宣德 剔红龙纹圆形盒
估 价：HKD 12,000,000~15,000,000
成交价：RMB 11,463,300
直径23.5cm 香港苏富比 2012.4.4

3017 清康熙 黑漆嵌螺钿「鹿鹤庆寿」彩蝶花果纹香几
估 价：HKD 10,000,000~15,000,000
成交价：RMB 11,533,800
69.5cm×32.3cm×32.3cm 香港苏富比 2012.10.9

6237 清中期 剔红皮球花包袱式书箱
估　价：RMB 800,000～1,200,000
成交价：RMB 1,552,500
长34.5cm 北京保利 2012.6.5

匏器

115 清乾隆 御制模印葫芦高足杯
“乾隆赏玩”款
估　价：HKD 300,000～400,000
成交价：RMB 304,875
高14cm 香港苏富比 2012.4.4

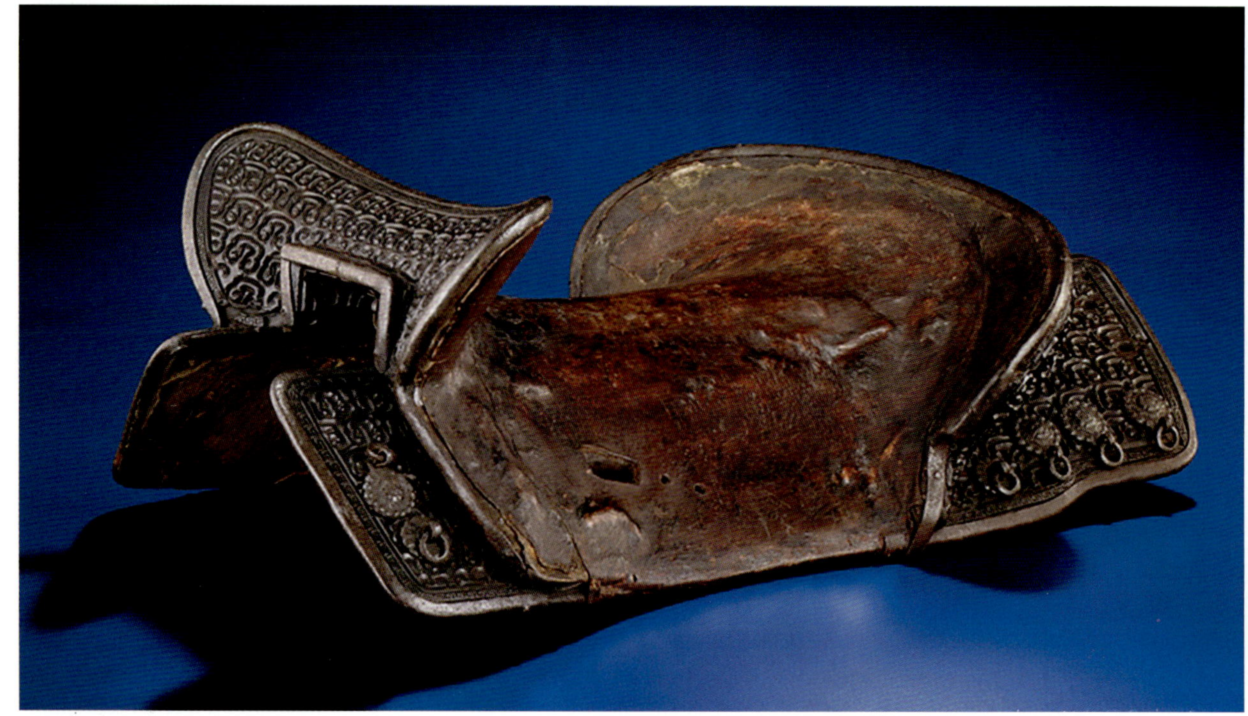

2086 元 嵌剔犀如意云纹马鞍
估　价：HKD 2,500,000～3,500,000
成交价：RMB 2,434,120
宽56.5cm 香港佳士得 2012.11.28

织 绣

303 辽代 亚麻革丝绢绣
估　价：HKD 9,900,000
成交价：RMB 9,256,005
52cm×106cm 澳门中信 2012.6.3

3018 清乾隆 御制缂丝「龙舟竞渡」图挂轴(一对)
估　价：HKD 6,000,000~8,000,000
成交价：RMB 7,083,880
缂丝96.2cm×56cm 香港苏富比 2012.10.9

5665 明 缂丝荷塘鸳鸯图
估　价：RMB 3,000,000~4,000,000
成交价：RMB 3,450,000
宽40cm；高105cm 北京保利 2012.12.5

286 清代 清三代御用龙袍
估　价：HKD 2,800,000
成交价：RMB 2,617,860
澳门中信 2012.6.3

836 清康熙 金绣群仙祝寿
估　价：RMB 300,000～600,000
成交价：RMB 2,530,000
125cm×71.5cm 北京翰海 2012.5.25

3198 清道光 御制黄地绣九龙纹袍
估　价：HKD 6,000,000～8,000,000
成交价：RMB 6,357,660
长139cm 香港苏富比 2012.4.4

3591 清 粤绣花鸟图四屏
估 价：RMB 800,000～1,200,000
成交价：RMB 1,035,000
113cm×44cm×4 中国嘉德 2012.5.14

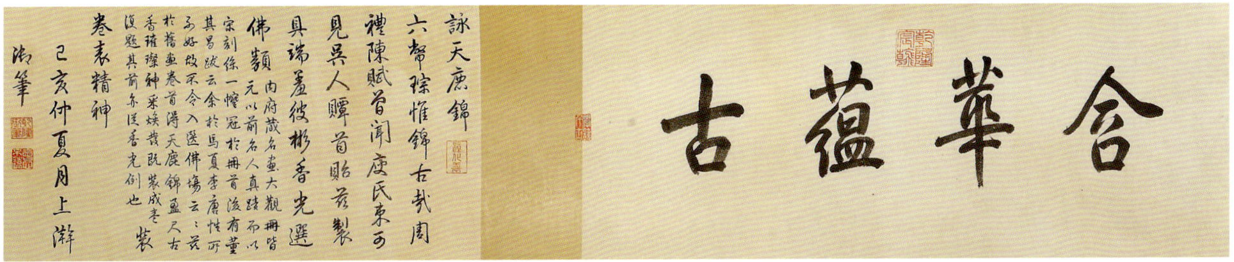

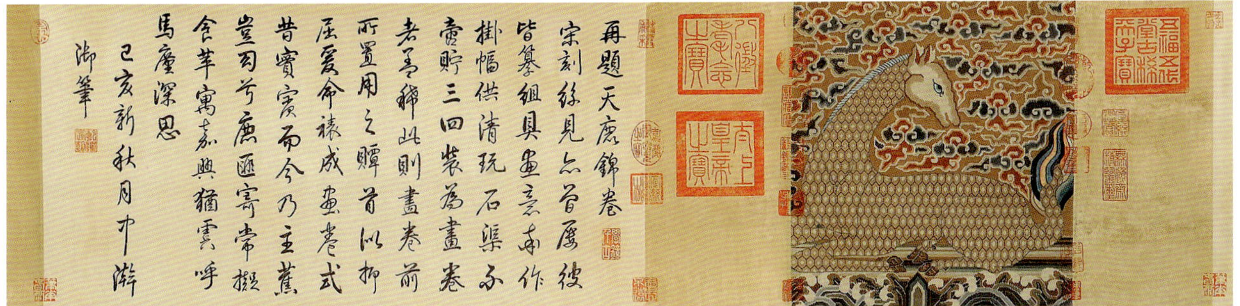

4090 纳纱天鹿锦手卷
成交价：RMB 5,175,000
29.5cm×271cm 中国嘉德 2012.6.16

2701 毛主席去安源羊毛挂毯
估　价：RMB 1,600,000～2,200,000
成交价：RMB 2,530,000
285cm×189cm 北京九歌 2012.6.29

2880 湘绣落地双面四屏《竹石图》
估　价：RMB 1,280,000～1,480,000
成交价：RMB 1,265,000
120cm×40cm 中贸圣佳 2012.3.4

玻璃器

3208 清雍正 仿琥珀玻璃瓶
估　价：HKD 2,000,000～3,000,000
成交价：RMB 3,138,180
高16.2cm 香港苏富比 2012.4.4

6148 清乾隆 鸡油黄料直颈瓶
估　价：RMB 1,200,000～2,200,000
成交价：RMB 1,380,000
高21.5cm 北京保利 2012.6.5

4118 清乾隆 玻璃葫芦瓶
估　价：HKD 600,000～800,000
成交价：RMB 1,382,100
高15.2cm 香港佳士得 2012.5.30

5730 清乾隆 粉红料刻花卉纹大碗
“乾隆年制”款
估　价：RMB 1,000,000~1,500,000
成交价：RMB 1,610,000
直径28.5cm 北京保利 2012.12.5

2124 清乾隆 料胎画珐琅四老图小笔筒
“乾隆年制”楷书刻款
估　价：HKD 6,000,000~8,000,000
成交价：RMB 39,348,920
高6.1cm 香港佳士得 2012.11.28

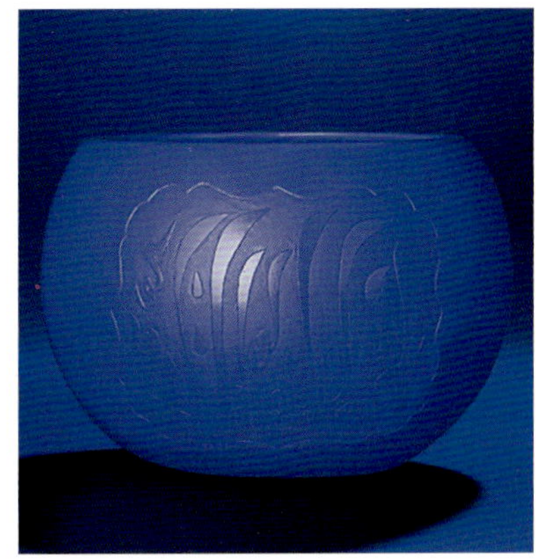

2156 清乾隆 天蓝色料阿拉伯文钵
“乾隆年制”楷书刻款
估　价：HKD 1,500,000~2,000,000
成交价：RMB 1,853,800
直径15.3cm 香港佳士得 2012.11.28

4017 清乾隆 玻璃水呈
估　价：HKD 600,000~800,000
成交价：RMB 2,552,820
高4.5cm 香港佳士得 2012.5.30

6146 清乾隆“乾隆年制”、“澄斋珍玩”扳指(一对)
估　价：RMB 400,000~600,000
成交价：RMB 575,000
直径3.5cm 北京保利 2012.6.5

金银器

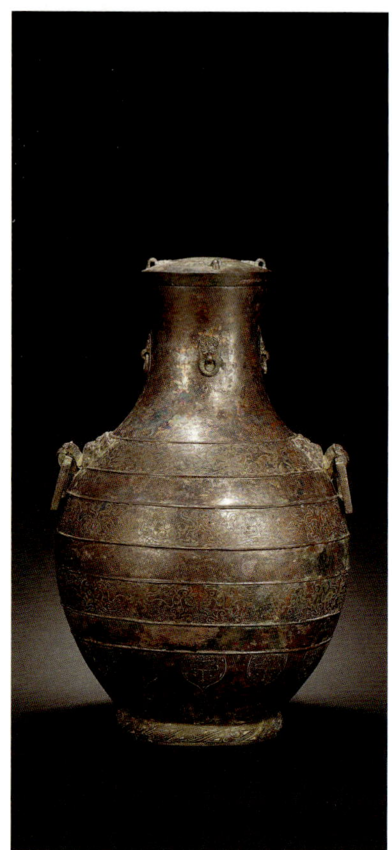

603 战国 虎噬蛇纹方耳壶
估　价：HKD 600,000~800,000
成交价：RMB 596,440
高44.8cm 香港邦瀚斯 2012.11.24

137 唐 银鎏金折枝花纹盘
估　价：HKD 600,000~800,000
成交价：RMB 741,520
直径22cm 大唐国际 2012.11.24

306 辽代金器(一套五件)
估　价：HKD 16,000,000
成交价：RMB 14,959,200
龙长20cm；凤高16cm；鱼高16.5cm；壶高12cm；炉高14.5cm
澳门中信 2012.6.3

651 明嘉靖 御赐银鎏金龙首丹匙
估　价：RMB 150,000~180,000
成交价：RMB 437,000
长40cm 北京永乐 2012.6.5

628 民国 银鎏金捶胎錾刻佛教故事图钵
估　价：RMB 80,000~100,000
成交价：RMB 3,105,000
直径19cm 北京永乐 2012.6.5

7434 19世纪 纯金凤首提梁壶
估　价：RMB 500,000～800,000
成交价：RMB 667,000
高16cm 北京保利 2012.6.6

2415 纯金五福捧寿嵌宝石如意
估　价：RMB 700,000～1,000,000
成交价：RMB 782,000
长29.7cm 中贸圣佳 2012.3.4

1847 藏六造纯金凤翔如意纹炉
估　价：RMB 600,000～800,000
成交价：RMB 747,500
重752g 北京匡时 2012.12.5

1710 二世藏六造凤首夔纹纯金金壶
估　价：RMB 1,600,000～1,800,000
成交价：RMB 1,840,000
高16.5cm；重1150g 北京匡时 2012.12.5

1116 工藤延年造饕餮纹龙纹玉盖银壶
估　价：RMB 1,000,000～1,200,000
成交价：RMB 1,840,000
高17.5cm；重494g 北京匡时 2012.6.4

1093 霰形纯金壶
估　价：RMB 600,000～700,000
成交价：RMB 1,035,000
高16cm；重576g 北京匡时 2012.6.4

1619 龚心钊旧藏银质酒器(一组)
估　价：RMB 1,600,000～3,000,000
成交价：RMB 4,197,500
尺寸不一 中国嘉德 2012.5.18

珐琅器

5984 明万历 掐丝珐琅万寿三足炉
“大明万历年造”款
估 价：RMB 1,000,000～1,500,000
成交价：RMB 1,495,000
高18cm 北京保利 2012.6.5

3921 16世纪 掐丝珐琅罐
估 价：HKD 400,000～600,000
成交价：RMB 1,186,980
高32cm 香港佳士得 2012.5.30

1717 明15世纪/16世纪 掐丝珐琅莲纹出戟尊
成交价：RMB 1,681,349
高33.4cm 纽约佳士得 2012.3.22

3219 明末清初 景泰蓝鱼缸
估 价：HKD 4,000,000～6,000,000
成交价：RMB 3,918,660
高38.5cm 香港苏富比 2012.4.4

3906 清康熙 掐丝珐琅烛台(一对)
估 价：HKD 2,500,000～3,500,000
成交价：RMB 5,382,060
高37.5cm×2 香港佳士得 2012.5.30

3907 清乾隆 掐丝珐琅象瓶
估 价：HKD 4,000,000～6,000,000
成交价：RMB 6,845,460
高52.5cm×2 香港佳士得 2012.5.30

2219 清乾隆 掐丝珐琅凤穿牡丹纹双连盖瓶
估 价：HKD 5,000,000～8,000,000
成交价：RMB 4,755,400
高45cm 香港佳士得 2012.11.28

2225 清康熙 掐丝珐琅夔龙穿莲纹象足葵瓣式熏炉
估 价：HKD 2,000,000～3,000,000
成交价：RMB 1,757,080
高55cm 香港佳士得 2012.11.28

12 清乾隆 御制铜胎掐丝珐琅双人托长方形炉
估　价：HKD 3,000,000～6,000,000
成交价：RMB 10,552,740
宽112cm×2 香港邦瀚斯 2012.5.27

1244 清乾隆 铜胎掐丝珐琅“太平有象”夔龙纹双耳三足盖炉
估　价：RMB 6,800,000～8,000,000
成交价：RMB 7,820,000
直径35cm；高56.5cm 北京匡时 2012.6.4

5781 清乾隆 掐丝珐琅荷塘水鸟大尊(一对)
估　价：RMB 2,000,000～3,000,000
成交价：RMB 2,300,000
高61.5cm 北京保利 2012.12.5

2223 清乾隆 掐丝珐琅凤穿牡丹纹折沿盆
估　价：HKD 1,200,000～1,800,000
成交价：RMB 1,660,360
直径55.5cm 香港佳士得 2012.11.28

3404 清乾隆 掐丝珐琅喜字纹璧玉烛台(二件)
估　价：RMB 2,000,000～3,000,000
成交价：RMB 2,300,000
高34.7cm 北京翰海 2012.12.9

1245 清乾隆 铜胎画珐琅福寿双全摆件
估 价：RMB 6,000,000~8,000,000
成交价：RMB 6,900,000
高77cm 北京匡时 2012.6.4

733 清乾隆 掐丝珐琅楼阁式大香熏
估 价：HKD 5,000,000~8,000,000
成交价：RMB 4,634,500
高92cm 保利香港 2012.11.25

1722 清 铜胎画珐琅花卉纹瓜棱盖盒
“乾隆年制”楷书款
估 价：RMB 350,000~450,000
成交价：RMB 402,500
长10cm 中贸圣佳 2012.7.22

3027 清乾隆 铜胎画北京珐琅开光式
「文士雅集」图双耳小杯
估 价：HKD 1,500,000~2,000,000
成交价：RMB 1,881,400
高9.8cm 香港苏富比 2012.10.9

438 掐丝景泰蓝镀金十三龙纹宝座
估 价：HKD 2,300,000
成交价：RMB 10,195,900
高106.5cm；长104cm 澳门中信 2012.12.28

3904 17世纪/18世纪 掐丝珐琅英雄瓶
估 价：HKD 1,200,000～1,800,000
成交价：RMB 3,723,540
高23cm 香港佳士得 2012.5.30

2061 铜胎掐丝珐琅捧盒
估 价：HKD 2,200,000
成交价：RMB 2,069,540
直径20cm 中联国际 2012.10.2

104 铜胎画珐琅婴戏纹花觚(一对)
“乾隆年制”款
估 价：RMB 20,000,000～28,000,000
成交价：RMB 20,000,000
高23cm 隆荣国际 2012.7.27

鼻烟壶

7234 清乾隆 御制白玉龙纹鼻烟壶“乾隆御制”款
估　价：RMB 700,000~1,000,000
成交价：RMB 1,380,000
高8.5cm 北京保利 2012.6.6

573 清乾隆 白玉鼻烟壶
估　价：RMB 800,000~1,000,000
成交价：RMB 1,955,000
高6cm 上海崇源 2012.10.19

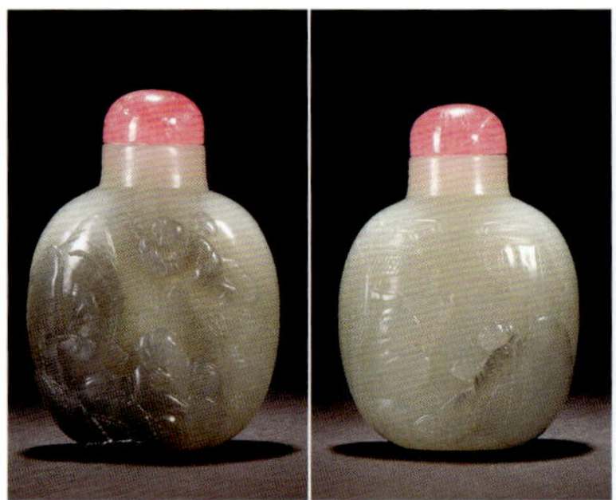

2445 清乾隆 苏作黑白玉雕山水人物纹鼻烟壶
估　价：RMB 10,000~20,000
成交价：RMB 368,000
高5.7cm 北京歌德 2012.6.3

7232 清中期 苏作松下人物白玉鼻烟壶
估　价：RMB 700,000~900,000
成交价：RMB 920,000
高9cm 北京保利 2012.6.6

80 清 红玉髓雕铺首耳诗文鼻烟壶
估 价：HKD 20,000~30,000
成交价：RMB 644,800
高6.1cm 香港邦瀚斯 2012.11.24

33 清乾隆 粉彩锦上添花缠枝勾莲纹鼻烟壶
“乾隆年制”篆书款
估 价：HKD 8,000~12,000
成交价：RMB 2,917,720
高5.3cm 香港邦瀚斯 2012.11.24

1087 苏作白玉雕松鹿纹鼻烟壶
估 价：RMB 550,000~570,000
成交价：RMB 1,092,500
高6.5cm 北京歌德 2012.12.1

6705 清雍正 青花高士图镂雕双耳鼻烟壶
“雍正年制”款
估 价：RMB 150,000~200,000
成交价：RMB 287,500
高5.2cm 北京保利 2012.12.6

476 清嘉庆 松石绿地粉彩描金开光花卉墨彩御制诗文鼻烟壶
"嘉庆年制"篆书款
估　价：RMB 760,000～900,000
成交价：RMB 1,725,000
高6.6cm 北京中汉 2012.10.30

7268 民国 叶仲三内画人物故事诗文鼻烟壶
估　价：RMB 300,000～400,000
成交价：RMB 425,500
高8.3cm 北京保利 2012.6.6

157 水晶内画大臣肖像鼻烟壶
估　价：HKD 350,000～400,000
成交价：RMB 943,080
高6.3cm 香港邦瀚斯 2012.5.27

6145 清乾隆 涅白料画珐琅凤凰安居乐业烟壶
“古月轩”款
估　价：RMB 1,800,000～2,800,000
成交价：RMB 2,070,000
高7cm 北京保利 2012.6.5

60 玻璃画珐琅描金开光花鸟鼻烟壶
“乾隆年制”楷书款
估　价：HKD 30,000～50,000
成交价：RMB 1,950,520
高5.2cm 香港邦瀚斯 2012.11.24

7264 清中期 料胎画珐琅花卉鼻烟壶
“古月轩”款
估　价：RMB 800,000～1,200,000
成交价：RMB 1,012,000
高7.7cm 北京保利 2012.6.6

2443 清乾隆 御制涅白地套蓝料
涅白地套粉红料花卉鼻烟壶(一对)
估　价：RMB 200,000～300,000
成交价：RMB 1,725,000
尺寸不一 北京歌德 2012.6.3

574 清雍正 画珐琅牡丹花荷包形鼻烟壶
估　价：RMB 4,000,000～4,500,000
成交价：RMB 5,175,000
高6cm 上海崇源 2012.10.19

138 犀鸟头盔麻姑送寿鼻烟壶
估　价：HKD 350,000～420,000
成交价：RMB 1,089,420
高5.85cm 香港邦瀚斯 2012.5.27

2448 清乾隆 御制翡翠雕饕餮纹鼻烟壶
估　价：RMB 150,000～250,000
成交价：RMB 2,530,000
高5.5cm 北京歌德 2012.6.3

38 铜胎画珐琅西洋母子图鼻烟壶
估　价：HKD 4,000,000～8,000,000
成交价：RMB 3,918,660
高5cm 香港邦瀚斯 2012.5.27

珠宝翡翠

6258 清中期 翡翠碧玉雕仙鹤摆件(一对)
估　价：RMB 800,000～1,200,000
成交价：RMB 1,265,000
高47cm 北京保利 2012.6.5

258 翡翠白菜摆件
估　价：RMB 1,000,000～1,500,000
成交价：RMB 1,150,000
北京艺融 2012.11.19

1271 民国 翠雕观音立像
估　价：RMB 400,000～600,000
成交价：RMB 805,000
高25cm 北京保利 2012.8.11

1388 翡翠童子观音
估　价：RMB 388,800,000
成交价：RMB 474,600,000
广东保利 2012.12.15

970 田贵平 翡翠雕十二圆觉
估　价：RMB 2,000,000～2,200,000
成交价：RMB 2,300,000
直径16.5cm；直径7.5cm 北京翰海 2012.5.26

1004 五鼠运财 翡翠摆件
估 价：RMB 5,000,000～8,000,000
成交价：RMB 9,200,000
长14cm 上海宝龙 2012.6.26

314 清中期 翡翠狮钮飞鸟衔环耳出戟式盖瓶
估 价：HKD 2,500,000～3,500,000
成交价：RMB 3,707,600
大唐国际 2012.11.24

1972 清乾隆 翡翠雕福寿纹螭龙耳四方瓶
估 价：RMB 2,800,000～3,000,000
成交价：RMB 3,220,000
北京匡时 2012.12.5

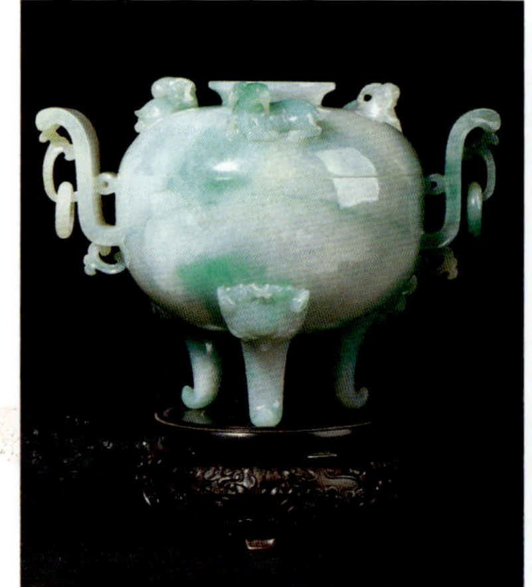

470 清 翡翠山羊兽面三足尊
估 价：RMB 650,000
成交价：RMB 1,265,000
高13cm 上海大众 2012.8.4

2344 晚清 翠玉雕龙戏珠纹双龙耳三足盖炉
估 价：HKD 4,800,000～6,000,000
成交价：RMB 4,465,240
香港佳士得 2012.11.28

1034 狮狃素瓶翡翠摆件
估 价：RMB 20,000,000～22,000,000
成交价：RMB 27,600,000
23cm×116cm×55cm 上海宝龙 2012.6.26

2324 18K金镶钻翡翠满绿观音挂件
估 价：RMB 2,600,000～3,000,000
成交价：RMB 14,145,000
5.9cm×3.4cm 北京九歌 2012.6.29

1852 清乾隆 翡翠三狮钮双兽衔环三足炉
估 价：RMB 2,800,000～3,200,000
成交价：RMB 3,220,000
北京匡时 2012.12.5

2346 18K金镶钻翡翠满绿水滴形吊坠
估　价：RMB 180,000～240,000
成交价：RMB 12,845,500
2.4cm×1.1cm 北京九歌 2012.6.29

1390 翡翠观音挂件
估　价：RMB 11,200,000
成交价：RMB 12,656,000
重37.8g 广东保利 2012.12.15

1384 翡翠瓜挂件
估　价：RMB 7,700,000
成交价：RMB 8,701,000
广东保利 2012.12.15

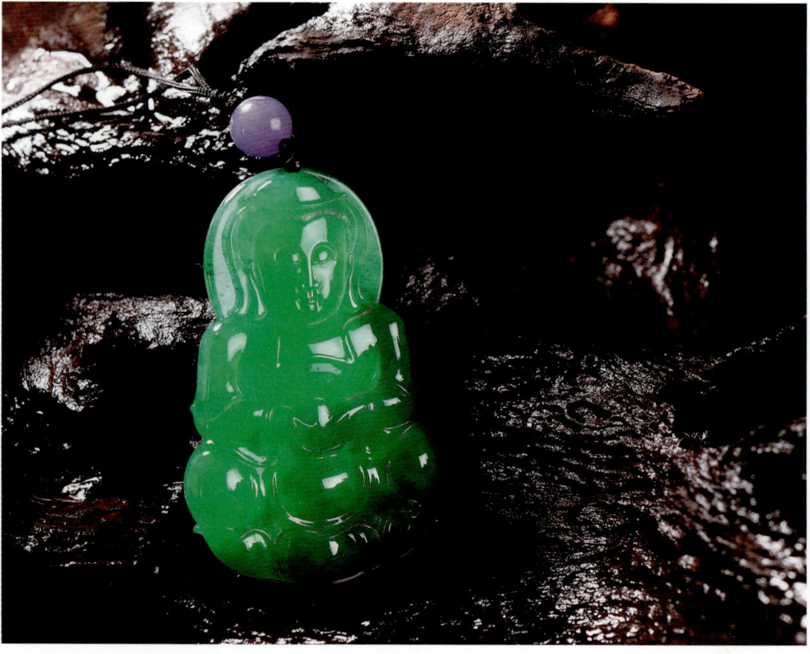

548 翡翠观音挂件
估　价：RMB 17,800,000～20,000,000
成交价：RMB 17,800,000
长6.869cm 隆荣国际 2012.7.27

1139 翡翠观音挂件
估 价：RMB 8,960,000
成交价：RMB 10,124,800
重40.37g 广东保利 2012.12.15

1391 满色翡翠福瓜挂件
估 价：RMB 10,500,000
成交价：RMB 11,865,000
重50.9g 广东保利 2012.12.15

549 翡翠玉叶挂件
估 价：RMB 15,000,000～18,000,000
成交价：RMB 15,000,000
长4.741cm 隆荣国际 2012.7.27

1385 辣椒挂件
估 价：RMB 10,850,000
成交价：RMB 12,260,500
重22.3g 广东保利 2012.12.15

2345 18K金镶钻翡翠满绿方牌吊坠
估　价：RMB 140,000～180,000
成交价：RMB 12,805,250
2.2cm×1.2cm 北京九歌 2012.6.29

1394 满色翡翠雕字大方牌
估　价：RMB 7,560,000
成交价：RMB 8,542,800
广东保利 2012.12.15

1395 满色翡翠雕竹大方牌
估　价：RMB 6,160,000
成交价：RMB 6,960,800
广东保利 2012.12.15

56 天然翡翠灵猴献寿牌
估　价：RMB 3,000,000～3,200,000
成交价：RMB 3,450,000
长6cm 北京歌德 2012.6.2

2385 朴载林 18K白金镶钻石男手链
估 价：RMB 100,000～140,000
成交价：RMB 7,061,000
钻石2ct 北京九歌 2012.6.29

2386 朴载林 18K黄金镶钻石男女带扣
估 价：RMB 77,000～100,000
成交价：RMB 8,165,000
钻石1.97ct 北京九歌 2012.6.29

376 《福运兴隆》古翡翠钢玉挂件连项链
估 价：HKD 20,000,000
成交价：RMB 16,684,200
澳门中信 2012.12.28

2310 18K金镶钻翡翠帝王绿项链
估 价：RMB 8,900,000～11,900,000
成交价：RMB 21,620,000
北京九歌 2012.6.29

2309 翡翠素面项链
估 价：RMB 6,900,000～9,200,000
成交价：RMB 19,320,000
北京九歌 2012.6.29

2378 朴载林 涟漪钻石项链
估 价：RMB 3,400,000～4,600,000
成交价：RMB 62,790,000
北京九歌 2012.6.29

2379 朴载林 月神之寰金珠黄金黑珍珠项链
估 价：RMB 1,100,000～1,500,000
成交价：RMB 70,725,000
北京九歌 2012.6.29

1904 缅甸天然鸽血红红宝石项链
估 价：HKD 28,000,000～44,000,000
成交价：RMB 32,127,160
香港佳士得 2012.11.27

1866 天然翡翠手镯
估 价：RMB 28,000,000～30,000,000
成交价：RMB 33,350,000
内径5.25cm 北京翰海 2012.12.8

2 蓝罗胸针
估 价：HKD 2,600,000～3,600,000
成交价：RMB 2,317,250
保利香港 2012.11.24

1403 翡翠手镯
估 价：RMB 16,520,000
成交价：RMB 18,667,600
广东保利 2012.12.15

7 凌波胸针
估 价：HKD 2,800,000～3,800,000
成交价：RMB 2,409,940
保利香港 2012.11.24

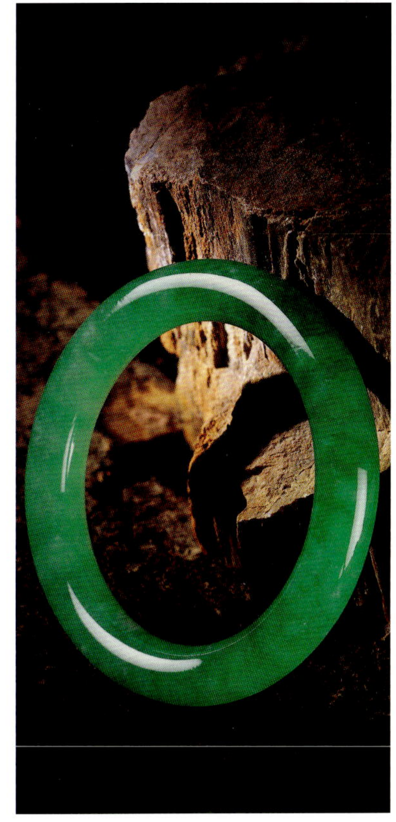

545 翡翠圆条手镯
估 价：RMB 29,000,000～39,000,000
成交价：RMB 29,000,000
直径5.8cm 隆荣国际 2012.7.27

245 6.43克拉粉色钻石戒指 IF净度
成交价：RMB 13,800,000
北京艺融 2012.11.19

2370 朴载林 海神女王蓝宝石镶钻戒指
估 价：RMB 6,000,000～8,000,000
成交价：RMB 9,200,000
蓝宝石38.209ct，戒指总重49.51g，钻石总重12.54ct 北京九歌 2012.6.29

1828 约8.59克拉长方形彩粉红色VS2钻石戒指
估 价：HKD 24,000,000～35,000,000
成交价：RMB 22,197,240
香港佳士得 2012.11.27

1894 5.30及5.02克拉圆形D/IF钻石耳环
估 价：HKD 11,000,000～18,000,000
成交价：RMB 10,461,880
香港佳士得 2012.11.27

2380 朴载林 彩色宝石镶嵌戒指
估 价：RMB 880,000～1,200,000
成交价：RMB 47,380,000
红宝石2.016ct，蓝宝石3.357ct，珍珠：9mm，钻石4.38ct，总重35.28g 北京九歌 2012.6.29

1440 18K金翡翠套装
估 价：RMB 38,000,000
成交价：RMB 42,940,000
广东保利 2012.12.15

1441 18K金翡翠套装
估 价：RMB 18,200,000
成交价：RMB 20,566,000
广东保利 2012.12.15

1898 约23.34及23.18克拉梨形哥伦比亚天然祖母绿耳坠
估 价：HKD 28,000,000～38,000,000
成交价：RMB 26,710,840
耳坠长度4.5cm 香港佳士得 2012.11.27

1899 约6.76及6.06克拉梨形D/IF Type IIa钻石耳环
估 价：HKD 9,500,000～15,000,000
成交价：RMB 11,815,960
耳环长度3.4cm 香港佳士得 2012.11.27

1903 约5.05及5.01克拉缅甸天然鸽血红红宝石耳坠
估 价：HKD 18,000,000～28,000,000
成交价：RMB 19,489,080
耳坠长度2.9cm 香港佳士得 2012.11.27

2308 18K金镶钻满绿翡翠葫芦形首饰(四件套)
估 价：RMB 1,600,000～2,200,000
成交价：RMB 25,530,000
单珠长：1cm-1.7cm 北京九歌 2012.6.29

5803 天然玻璃种帝王绿翡翠配钻石项链、戒指套装
成交价：RMB 18,975,000
项链最大颗蛋面1.551cm×1.378cm×0.636cm，
戒指蛋面1.515cm×1.27cm×0.783cm
北京保利 2012.6.5

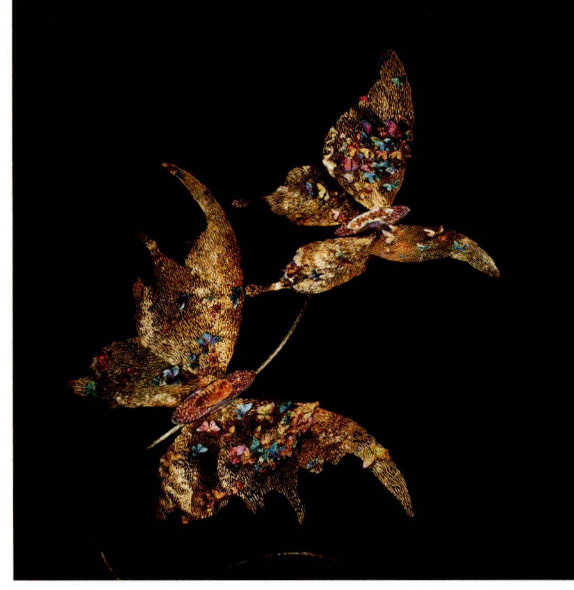

11 我还在飞舞
材料：钛金属、水晶、紫晶
估 价：HKD 5,800,000～7,500,000
成交价：RMB 5,468,710
保利香港 2012.11.24

古典家具

1137 明 黄花梨六柱架子床
估 价：RMB 3,500,000~4,500,000
成交价：RMB 4,830,000
217cm×147cm×229cm 北京传是 2012.5.19

3908 清早期 黄花梨万字纹四柱架子床
估 价：RMB 3,800,000~5,800,000
成交价：RMB 4,370,000
高219cm；宽221cm；深142cm
中国嘉德 2012.10.29

6251 清早期 黄花梨雕花架子床
估 价：RMB 5,000,000~8,000,000
成交价：RMB 5,750,000
长226.3cm；宽155cm；高232cm
北京保利 2012.6.5

2848 明晚期 黄花梨有束腰马蹄腿攒万字纹罗汉床
估 价：RMB 5,800,000~9,000,000
成交价：RMB 7,360,000
高72cm；长199cm；宽102cm 中国嘉德 2012.5.13

2870 清早期 紫檀三屏风攒接围子罗汉床
估 价：RMB 18,000,000～30,000,000
成交价：RMB 20,700,000
高87.3cm；长212.4cm；宽122cm 中国嘉德 2012.5.13

3901 清中期 黄花梨及黄杨木罗汉床
估 价：RMB 2,800,000～3,800,000
成交价：RMB 3,220,000
高80cm；宽189cm；深92cm 中国嘉德 2012.10.29

80 雕龙拔步床
估 价：RMB 3,800,000
成交价：RMB 6,050,000
204cm×204.8cm×250cm 浙江佳宝 2012.12.9

1138 明 黄花梨席面凉榻
估 价：RMB 800,000～1,500,000
成交价：RMB 1,150,000
202cm×96cm×47.5cm 北京传是 2012.5.19

2051 明末/清初 黄花梨方角柜(一对)
估 价：HKD 3,000,000～5,000,000
成交价：RMB 5,432,440
高103.1cm；宽89.5cm；厚44.3cm 香港佳士得 2012.11.28

356 清早期 黄花梨雕龙纹大方角柜
估 价：HKD 2,800,000～4,600,000
成交价：RMB 6,678,970
210cm×173cm×72cm 中国嘉德 2012.10.7

2018 清初 黄花梨圈口栏杆亮格柜(一对)
估 价：HKD 2,400,000～4,000,000
成交价：RMB 18,586,360
高190.5cm；长109.8cm；宽55.3cm 香港佳士得 2012.11.28

2862 明末清初 黄花梨圆角柜
估　价：RMB 3,800,000～6,800,000
成交价：RMB 9,660,000
高189.2cm；宽95.5cm；厚53cm 中国嘉德 2012.5.13

2853 清早期 黄花梨上亮格小柜
估　价：RMB 200,000～300,000
成交价：RMB 1,058,000
87cm×52.5cm×147.5cm
中国嘉德 2012.3.25

1141 清早期 黄花梨顶箱柜(一对)
估　价：RMB 3,500,000～4,500,000
成交价：RMB 5,750,000
142cm×65cm×276cm 北京传是 2012.5.19

2823 清早期 黄花梨无柜膛圆角柜
估　价：RMB 300,000～900,000
成交价：RMB 1,840,000
高148cm；宽84cm；厚47cm
中国嘉德 2012.5.13

3899 清早期 黄花梨方腿圆角柜成对
估 价：RMB 2,600,000～4,600,000
成交价：RMB 5,520,000
高155cm；宽105cm；深43cm 中国嘉德 2012.10.29

373 清早期 黄花梨无闩杆大圆角柜
估 价：HKD 3,800,000～5,800,000
成交价：RMB 4,703,500
185cm×106cm×50cm 中国嘉德 2012.10.7

5787 清中期 红木雕四季花卉大四件柜
估 价：RMB 3,200,000～5,200,000
成交价：RMB 4,025,000
长140cm；高294cm；宽63cm
北京保利 2012.12.5

1450 清 黄花梨圆角木轴柜(一对)
估 价：RMB 2,200,000～2,800,000
成交价：RMB 2,530,000
长57cm；宽34cm；高98cm
上海泓盛 2012.6.24

673 清 紫檀松鹤祝寿纹顶箱柜(一对)
估 价：RMB 5,800,000～8,800,000
成交价：RMB 5,635,000
95cm×48.5cm×214cm 南京经典 2012.7.15

173 海南黄花梨顶箱柜
估 价：RMB 18,000,000～30,000,000
成交价：RMB 20,900,000
海南泰达 2012.12.23

593 黄花梨炕柜(一对)
估 价：RMB 400,000～700,000
成交价：RMB 517,500
63cm×48cm×56cm 北京传是 2012.12.16

3933 紫檀嵌黄杨木千字文小四件柜
估 价：RMB 1,000,000～2,000,000
成交价：RMB 1,150,000
高74cm；宽42cm；深20.5cm 中国嘉德 2012.10.29

6252 田家青制紫檀多宝格(一对)
估　价：RMB 1,500,000～2,500,000
成交价：RMB 1,725,000
长228cm；宽44.5cm；高223cm 北京保利 2012.6.5

378 清乾隆 紫檀螭龙纹多宝阁成对
估　价：HKD 6,000,000～9,000,000
成交价：RMB 5,644,200
155cm×118.5cm×49cm 中国嘉德 2012.10.7

2824 清早期 黄花梨联三橱柜
估　价：RMB 300,000～1,000,000
成交价：RMB 667,000
131.5cm×45.5cm×80.5cm
中国嘉德 2012.5.13

1110 17世纪 黄花梨二联屉闷户橱
估　价：RMB 500,000～800,000
成交价：RMB 1,610,000
143cm×54cm×85.5cm 北京传是 2012.5.19

7562 明万历 朱红漆戗金凤凰牡丹纹大箱
估　价：RMB 500,000～800,000
成交价：RMB 575,000
55cm×96cm×55cm 北京保利 2012.12.7

3877 黄花梨有束腰带矮老三弯腿炕桌
估　价：RMB 800,000～1,200,000
成交价：RMB 1,035,000
高28cm；宽99cm；深64cm 中国嘉德 2012.10.29

3362 清乾隆 红木龙纹大盖盒
估　价：RMB 3,600,000～6,600,000
成交价：RMB 5,635,000
52cm×34cm×30cm 中国嘉德 2012.5.14

2016 明末/清初 黄花梨大衣箱
估　价：HKD 300,000～450,000
成交价：RMB 1,950,520
高33.5cm；宽102.6cm；厚51.1cm
香港佳士得 2012.11.28

2012 明末/清初 黄花梨炕桌
估　价：HKD 450,000～650,000
成交价：RMB 1,273,480
高31.7cm；长103.8cm；宽68.9cm 香港佳士得 2012.11.28

2861 明末清初黄花梨嵌瘿木无束腰马蹄腿霸王枨条桌
估　价：RMB 2,200,000～4,200,000
成交价：RMB 4,830,000
高79.5cm；长117.7cm；宽52cm
中国嘉德 2012.5.1

3882 明末清初 黄花梨无束腰攒罗锅枨马蹄腿画桌
估　价：RMB 2,800,000～3,800,000
成交价：RMB 3,680,000
高83cm；宽146cm；深74cm 中国嘉德 2012.10.29

3890 清早期 黄花梨雕竹叶纹方桌
估　价：RMB 2,800,000～3,800,000
成交价：RMB 3,220,000
高88.5cm；宽89cm；深89cm
中国嘉德 2012.10.29

2858 明末清初 黄花梨无束腰攒罗锅枨条桌
估　价：RMB 2,800,000～4,800,000
成交价：RMB 5,750,000
高82cm；长157.4cm；宽70cm 中国嘉德 2012.5.13

2829 清早期 黄花梨高束腰马蹄腿二屉桌
估　价：RMB 2,800,000～4,000,000
成交价：RMB 3,220,000
高86cm；长73cm；宽49cm
中国嘉德 2012.5.13

7132 清乾隆 紫檀嵌冰梅纹炕桌
估　价：RMB 6,000,000～8,000,000
成交价：RMB 6,842,500
长96cm；宽42cm；高42cm
北京保利 2012.12.6

3909 清乾隆 紫檀嵌掐丝珐琅西番莲纹画桌
估　价：RMB 6,000,000～9,000,000
成交价：RMB 6,900,000
高90cm；宽168cm；深64cm 中国嘉德 2012.10.29

2023 明末/清初 黄花梨如意云纹翘头案
估　价：HKD 3,000,000～5,000,000
成交价：RMB 7,270,120
高87.5cm；长218.5cm；宽47cm 香港佳士得 2012.11.28

3939 紫檀雕海水纹大画桌、紫檀雕西番莲纹扶手椅
估　价：RMB 5,600,000～8,600,000
成交价：RMB 6,440,000
高84cm；宽187cm；深86cm；高114cm；宽65cm；深52cm
中国嘉德 2012.10.29

362 清乾隆 紫檀有束腰板足螭龙纹条桌成对
估 价：HKD 3,600,000~5,800,000
成交价：RMB 3,950,940
85cm×112cm×33.5cm 中国嘉德 2012.10.7

2869 明末清初 黄花梨独板大翘头案
估 价：RMB 28,000,000~40,000,000
成交价：RMB 32,200,000
高92.1cm；宽325.2cm；深52cm 中国嘉德 2012.5.13

370 明末清初 黄花梨夹头榫圆腿大画案
估 价：HKD 3,600,000~6,000,000
成交价：RMB 5,550,130
82cm×208cm×75cm 中国嘉德 2012.10.7

2863 明末清初 黄花梨夹头榫小画案
估　价：RMB 2,800,000～4,500,000
成交价：RMB 9,430,000
高85cm；宽159.5cm；深70.4cm 中国嘉德 2012.5.13

374 明晚期 黄花梨独板雕灵芝纹嵌宝大翘头案
估　价：HKD 7,800,000～10,000,000
成交价：RMB 8,466,300
89cm×254cm×42.5cm 中国嘉德 2012.10.7

377 清早期 黄花梨镜三屏式镜台
估　价：HKD 400,000～600,000
成交价：RMB 1,599,190
81cm×51cm×32cm 中国嘉德 2012.10.7

367 清早期 黄花梨雕龙纹有屉带托泥翘头炕案
估　价：HKD 4,800,000～6,800,000
成交价：RMB 5,173,850
44cm×161cm×46cm 中国嘉德 2012.10.7

30 梳背式腿整木翘头案
估　价：RMB 1,200,000
成交价：RMB 7,700,000
260cm×46cm×90.5cm 浙江佳宝 2012.12.9

2005 明末/清初 黄花梨灯挂椅(一对)
估　价：HKD 450,000~600,000
成交价：RMB 1,176,760
高106cm；宽48.3cm；深38.1cm 香港佳士得 2012.11.28

2851 清早期 黄花梨夹头榫书案
估　价：RMB 1,300,000~2,800,000
成交价：RMB 1,610,000
155cm×52cm×81cm 中国嘉德 2012.5.13

3903 清早期 紫檀嵌黄花梨马蹄腿直枨带卡子花画案
估　价：RMB 4,300,000~6,000,000
成交价：RMB 4,945,000
高89.4cm；宽172.7cm；深67.5cm 中国嘉德 2012.10.29

2008 明末/清初 黄花梨大交杌
估　价：HKD 1,500,000~2,500,000
成交价：RMB 1,466,920
高54.9cm；宽62.1cm；深66cm 香港佳士得 2012.11.28

2026 明末/清初 黄花梨南官帽椅(一对)
估　价：HKD 5,000,000～7,000,000
成交价：RMB 4,368,520
高103.8cm；宽54cm；深43.7cm 香港佳士得 2012.11.28

2852 明末清初 黄花梨南官帽椅成对
估　价：RMB 1,600,000～3,800,000
成交价：RMB 2,760,000
高114cm；长61cm；宽48cm 中国嘉德 2012.05.13

402 明代 黄花梨罗锅帐矮老禅椅(一对)
估　价：RMB 800,000～1,000,000
成交价：RMB 784,000
长78cm 宽80.8cm 高86cm
云南典藏 2012.5.27

2857 明末清初 黄花梨仙鹤纹圈椅
估　价：RMB 680,000～1,500,000
成交价：RMB 2,990,000
高94.5cm；长59.2cm；宽45.7cm
中国嘉德 2012.5.13

361 明末清初 黄花梨瑞兽纹四出头官帽椅
估　价：HKD 1,600,000～3,000,000
成交价：RMB 3,762,800
109cm×65cm×49cm 中国嘉德 2012.10.7

2845 明末清初 黄花梨直后背雕鹰石图交椅
估　价：RMB 2,600,000～6,000,000
成交价：RMB 3,220,000
高91.5cm；长56cm；宽35cm
中国嘉德 2012.5.13

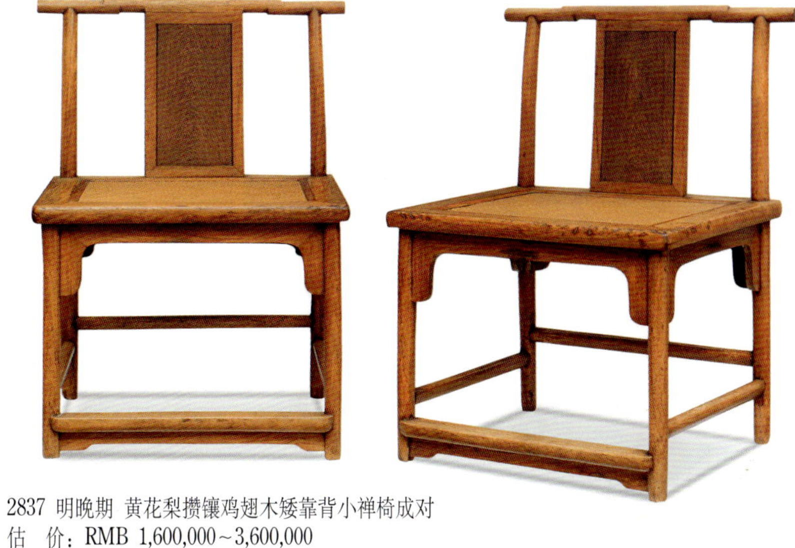

2837 明晚期 黄花梨攒镶鸡翅木矮靠背小禅椅成对
估　价：RMB 1,600,000～3,600,000
成交价：RMB 2,990,000
高74.5cm；长51.5cm；宽44.5cm 中国嘉德 2012.5.13

2836 明晚期 黄花梨灯挂椅
估　价：RMB 600,000～1,000,000
成交价：RMB 1,035,000
高93.5cm；长50cm；宽40.5cm
中国嘉德 2012.5.13

7117 清早期 黄花梨四出头官帽椅(一对)
估　价：RMB 2,800,000～5,000,000
成交价：RMB 3,220,000
长59cm；宽46cm；高118cm 北京保利 2012.12.6

3897 清早期 黄花梨有束腰外翻马蹄腿罗锅枨云龙纹圈椅成对
估　价：RMB 5,800,000～8,800,000
成交价：RMB 6,670,000
高99cm；宽60cm；深49cm 中国嘉德 2012.10.29

2025 清初 黄花梨镶乌木高扶手南官帽椅
估　价：HKD 1,500,000～2,500,000
成交价：RMB 1,563,640
高95.2cm；宽57.1cm；深45.6cm
香港佳士得 2012.11.28

6052 清乾隆 紫檀嵌桦木龙凤扶手椅(一对)
估　价：RMB 4,500,000～6,500,000
成交价：RMB 7,130,000
长64.5cm；宽50cm；高105.5cm 北京保利 2012.6.5

3919 清中期 紫檀螭龙纹扶手椅成对
估　价：RMB 1,800,000～3,200,000
成交价：RMB 2,415,000
高94.8cm；宽56.7cm；深43.3cm
中国嘉德 2012.10.29

1183 20世纪 黄花梨宫廷式圈椅(一套)
估 价：RMB 800,000～1,200,000
成交价：RMB 1,150,000
62.5cm×50cm×98.5cm 北京传是 2012.5.19

1188 20世纪 黄花梨镂雕花卉背靠椅一堂
估 价：RMB 2,500,000～3,000,000
成交价：RMB 3,450,000
62.5cm×47cm×99cm 北京传是 2012.5.19

3956 紫檀雕山水纹扶手椅成对、紫檀雕夔凤纹嵌瘿木芯方几
估 价：RMB 3,000,000～4,000,000
成交价：RMB 3,105,000
高98cm；宽70cm；深50cm；高80.5cm；宽44cm；深44cm 中国嘉德 2012.10.29

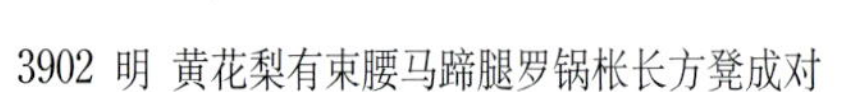

3902 明 黄花梨有束腰马蹄腿罗锅枨长方凳成对
估 价：RMB 500,000～800,000
成交价：RMB 1,610,000
高45.5cm；宽46cm；深42cm 中国嘉德 2012.10.29

405 明代 黄花梨束腰马蹄足罗锅帐长凳
估 价：RMB 3,000,000～4,000,000
成交价：RMB 3,472,000
长195cm×宽47.2cm×高48cm 云南典藏 2012.5.27

2855 明末清初 黄花梨圆裹腿带卡子花杌凳(成对)
估 价：RMB 380,000～900,000
成交价：RMB 1,840,000
高49cm；长50.3cm；宽46.7cm 中国嘉德 2012.5.13

3885 清早期 紫檀有束腰马蹄腿带托泥长方凳成对
估 价：RMB 950,000～1,800,000
成交价：RMB 1,610,000
高52.5cm；宽49cm；深42cm 中国嘉德 2012.10.29

3883 明 黄花梨无束腰马蹄腿瘿木芯长方香几
估 价：RMB 1,200,000～2,200,000
成交价：RMB 2,415,000
高80cm；宽84cm；深43cm 中国嘉德 2012.10.29

1107 明 黄花梨绿石禹门洞花几
估 价：RMB 1,800,000～2,200,000
成交价：RMB 2,185,000
38.5cm×38.5cm×78.5cm
北京传是 2012.5.19

2517 明晚期 大漆香几
估 价：RMB 1,500,000～1,800,000
成交价：RMB 1,725,000
高80.1cm；边长37.5cm；边宽37.8cm
西泠拍卖 2012.7.7

3950 紫檀雕山水纹宝座、紫檀雕拐子纹脚踏、紫檀拐子纹香几成对、紫檀雕海屋添筹图屏风
成交价：RMB 17,250,000
屏风：高277cm；宽298cm；深60cm；宝座：高109cm；宽108cm；深79cm
中国嘉德 2012.10.29

740 明天顺 黑漆嵌螺钿楼阁四足几
估　价：HKD 600,000～800,000
成交价：RMB 1,019,590
长58cm；宽50cm；高30.5cm 保利香港 2012.11.25

2011 明末/清初 黄花梨有屉炕几
估　价：HKD 500,000～700,000
成交价：RMB 983,320
高28.2cm；长56.5cm
香港佳士得 2012.11.28

2840 清早期 黄花梨无束腰罗锅枨直腿香几
估　价：RMB 1,800,000～3,800,000
成交价：RMB 3,450,000
高74.5cm；宽58.7cm；厚51.5cm
中国嘉德 2012.5.13

5786 清乾隆 紫檀巴洛克风格西番莲香几
估　价：RMB 1,500,000～2,500,000
成交价：RMB 1,955,000
长57.5cm；宽57.5cm；高75.5cm
北京保利 2012.12.5

3895 清中期 黄花梨高束腰三弯腿带托泥香几
估　价：RMB 1,600,000～2,600,000
成交价：RMB 1,840,000
高87cm；宽67cm；深37cm 中国嘉德 2012.10.29

3896 清中期 黄花梨大脸盆架
估　价：RMB 2,000,000～4,000,000
成交价：RMB 2,415,000
高186cm；宽65.5cm；深58cm 中国嘉德 2012.10.29

3880 明 黄花梨有束腰高火盆架
估　价：RMB 6,000,000～8,000,000
成交价：RMB 6,900,000
高60.5cm；宽60.5cm；深60.5cm 中国嘉德 2012.10.29

7109 明末清初 黄花梨卡子花栏杆架格
估　价：RMB 2,000,000～4,000,000
成交价：RMB 2,300,000
长84.5cm；宽41cm；高171cm 北京保利 2012.12.6

2868 清早期 黄花梨螭龙纹十二扇围屏
估 价：RMB 6,000,000～9,000,000
成交价：RMB 8,970,000
高305cm；宽710cm 中国嘉德 2012.5.13

2041 清中期 御制紫檀雕凤纹挑杆灯架(一对)
估 价：HKD 2,400,000～4,000,000
成交价：RMB 5,239,000
高259cm；高42.7cm 香港佳士得 2012.11.28

363 清乾隆 紫檀山水人物大座屏
估 价：HKD 3,600,000～6,000,000
成交价：RMB 3,950,940
116cm×84cm×38.5cm 中国嘉德 2012.10.7

204 清乾隆 碧玉雕猎虎图插屏
估 价：HKD 2,000,000～3,000,000
成交价：RMB 4,658,680
直径25.8cm×2 香港邦瀚斯 2012.11.24

5768 清乾隆 白玉山水人物圆插屏
估 价：RMB 10,000,000～15,000,000
成交价：RMB 12,650,000
直径21.5cm 北京保利 2012.12.5

6729 民国 何许人 粉彩四季山水长条瓷板挂屏（四屏）
成交价：RMB 22,425,000
81cm×22cm×4 北京保利 2012.6.6

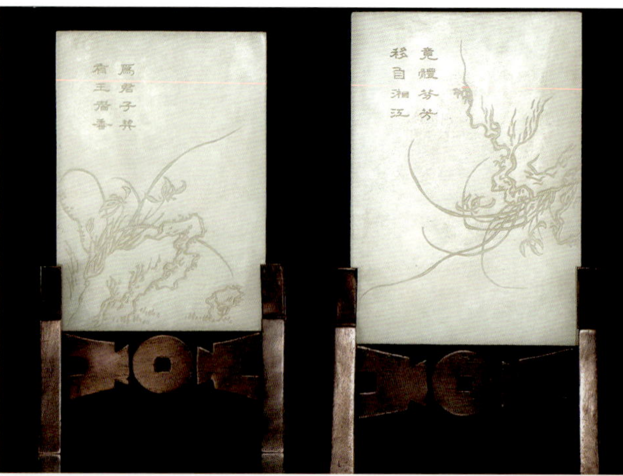

3442 清乾隆 白玉雕山水人物图插屏(一对)
估　价：RMB 650,000～850,000
成交价：RMB 2,357,500
21.5cm×15.5cm 中国嘉德 2012.5.14

1167 清 黄花梨镂雕花鸟纹窗(一对)
估　价：RMB 250,000～300,000
成交价：RMB 437,000
82cm×54.5cm 北京传是 2012.5.19

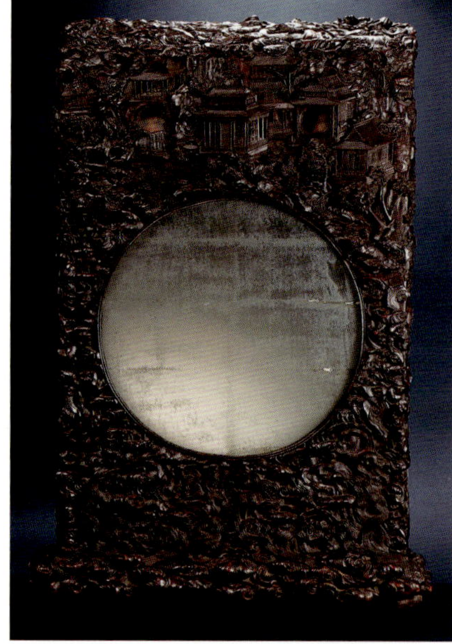

6051 清乾隆 沉香雕仙山楼阁嵌西洋镜座屏
估　价：RMB 6,000,000～9,000,000
成交价：RMB 20,700,000
长56cm；宽25cm；高81cm 北京保利 2012.6.5

6768 1990年 戴荣华 粉彩四美图花鸟双面釉长条瓷板屏风(四屏)
估　价：RMB 3,500,000～4,500,000
成交价：RMB 6,670,000
91cm×26cm×4 北京保利 2012.6.6

佛教文物

91 元 藏传佛教木雕佛像经板
估 价：RMB 20,000
成交价：RMB 246,400
72cm×24cm 瑞平国际 2012.4.28

2277 10世纪至11世纪 文殊菩萨
估 价：RMB 6,000,000~9,000,000
成交价：RMB 8,395,000
高61cm 北京翰海 2012.5.27

353 清乾隆 铜铸八宝供器
成交价：RMB 736,749
高32.8cm 伦敦苏富比 2012.11.7

2241 清嘉庆 银鎏金嵌宝石贲巴瓶
"大清嘉庆年制"篆书款
估 价：RMB 600,000~800,000
成交价：RMB 1,207,500
高32cm 北京翰海 2012.5.27

5981 明永乐 铜鎏金不动佛
“大明永乐年施”款
估　价：RMB 5,000,000～8,000,000
成交价：RMB 8,970,000
高23cm 北京保利 2012.6.5

3248 明 铜鎏金杨柳观音
估　价：RMB 1,600,000～2,000,000
成交价：RMB 4,025,000
高62cm 中国嘉德 2012.5.12

3478 明宣德 金刚萨埵坐像
估　价：RMB 3,000,000～3,500,000
成交价：RMB 9,890,000
高26cm 中国嘉德 2012.10.28

3409 14世纪-15世纪 西藏铜鎏金嵌银喜金刚
估 价：RMB 1,300,000～1,800,000
成交价：RMB 3,220,000
高22cm 中国嘉德 2012.10.28

3241 16世纪 铜鎏金大鹏金翅鸟
估 价：RMB 500,000～700,000
成交价：RMB 977,500
宽63cm 中国嘉德 2012.5.12

308 15世纪 铜鎏金佛像金刚总持座像
估 价：HKD 9,000,000～10,000,000
成交价：RMB 8,882,025
高30cm；长22cm 澳门中信 2012.6.3

2229 17世纪 阿旺罗桑嘉措
估 价：RMB 800,000～1,000,000
成交价：RMB 920,000
高36.5cm 北京翰海 2012.5.27

6991 17世纪 六臂大黑天
估 价：RMB 4,000,000～6,000,000
成交价：RMB 5,980,000
高130cm 北京保利 2012.12.6

3110 清乾隆 白救度佛母
“大清乾隆年敬造”款
估 价：RMB 2,500,000～2,800,000
成交价：RMB 10,120,000
高38cm 北京翰海 2012.12.9

1711 17世纪 铜鎏金财宝天王
估 价：RMB 6,000,000～8,000,000
成交价：RMB 6,900,000
高60cm 北京翰海 2012.3.23

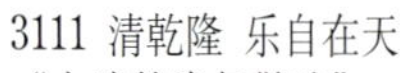

3111 清乾隆 乐自在天
“大清乾隆年敬造”、“乐自在天”、“无上阴体根本”款
估 价：RMB 750,000～850,000
成交价：RMB 4,485,000
高19cm 北京翰海 2012.12.9

310 清 大清乾隆御制观音座像
“大清乾隆御制”款
估　价：HKD 25,000,000
成交价：RMB 14,959,200
高36.5cm；长28cm 澳门中信 2012.6.3

2063 18世纪 胜乐金刚唐卡
估　价：RMB 2,800,000～3,500,000
成交价：RMB 3,220,000
长185cm；宽130cm
北京翰海 2012.9.28

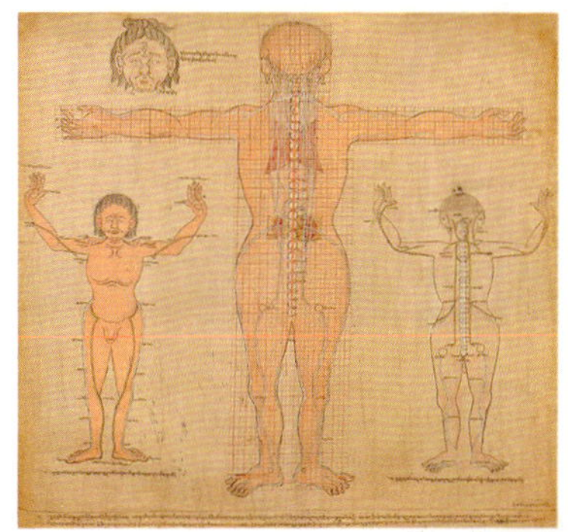

2064 18世纪 藏医度量唐卡(三幅)
估　价：RMB 2,600,000～3,000,000
成交价：RMB 2,990,000
长76cm；宽61cm 北京翰海 2012.9.28

2570 天保金佛
估　价：RMB 500,000～800,000
成交价：RMB 2,070,000
高7.9cm 中国嘉德 2012.5.12

299 明 佛舍利塔
估　价：HKD 15,000,000～25,000,000
成交价：RMB 14,491,725
高67cm；长35cm；宽35cm 澳门中信 2012.6.3

3111 明宣德 局部鎏金铜五股金刚铃
“大明宣德年制”款
估　价：HKD 800,000～1,000,000
成交价：RMB 801,640
高22.5cm 香港苏富比 2012.10.9

164 元 青铜苦行释迦牟尼佛坐像
估　价：HKD 200,000～300,000
成交价：RMB 552,840
高23.3cm 香港苏富比 2012.4.4

625 清 御制水晶镂银嵌宝骨制神面法器
估　价：RMB 650,000
成交价：RMB 1,064,000
高46cm 蚨策雅 2012.8.19

5568 明永乐 铜鎏金释迦牟尼像
“大明永乐年施”款
估　价：RMB 3,500,000～5,500,000
成交价：RMB 5,635,000
高18.7cm 北京保利 2012.12.5

2265 清康熙 鎏金铜观音菩萨坐像
估　价：HKD 1,000,000～1,500,000
成交价：RMB 4,271,800
高24cm 香港佳士得 2012.11.28

3113 清乾隆 欲帝明王和胜友护法
估 价：RMB 1,200,000～1,500,000
成交价：RMB 3,680,000
高37cm；高37cm 北京翰海 2012.12.9

649 18世纪 六世班禅
估 价：RMB 1,200,000
成交价：RMB 4,144,000
高52cm 天津文物 2012.5.11

962 2011年 曲智、扎西尖措 阿弥陀佛的极乐世界
估 价：RMB 3,000,000～3,500,000
成交价：RMB 4,485,000
126cm×89cm 北京保利 2012.12.3

6969 18世纪 财宝天王
估 价：RMB 3,800,000～4,500,000
成交价：RMB 5,520,000
高60cm 北京保利 2012.12.6

文房用品

3131 宋 剔红笔
估　价：HKD 250,000～300,000
成交价：RMB 386,175
长22.2cm 香港苏富比 2012.4.4

2557 明 万历御制 龙凤金漆笔
估　价：RMB 1,200,000～1,800,000
成交价：RMB 4,485,000
长24cm 中国嘉德 2012.5.12

1153 明 黄花梨笔海
估　价：RMB 200,000～300,000
成交价：RMB 425,500
高25cm；径25cm 北京传是 2012.5.19

1272 明末/清中期 沉香木花卉纹笔搁
成交价：RMB 220,815
长14cm 纽约佳士得 2012.3.22

1169 清道光 翡翠笔筒
估　价：RMB 280,000～360,000
成交价：RMB 1,161,500
高10.5cm 荣宝斋(上海) 2012.6.17

2561 元至明初 云龙鎏金笔格
估　价：RMB 500,000～800,000
成交价：RMB 1,150,000
长21.3cm 中国嘉德 2012.5.12

308 明嘉靖 紫檀嵌百宝胡人戏狮笔舔
估　价：HKD 500,000～800,000
成交价：RMB 934,960
高10.5cm 香港邦瀚斯 2012.11.24

487 清 紫檀嵌百宝花蝶纹笔舔
估　价：RMB 280,000
成交价：RMB 690,000
8.2cm×8.2cm 上海大众 2012.8.4

1221 清18世纪/19世纪 绿料仿碧玉桃形盖盒配随形碧玺笔掭
“濠园珍玩”篆书刻款
成交价：RMB 1,264,955
7.9cm；5.4cm 纽约佳士得 2012.3.22

6227 清乾隆 周芷岩制竹刻山水长题臂搁
估 价：RMB 400,000～600,000
成交价：RMB 1,058,000
长22cm 北京保利 2012.6.5

4326 清 竹留青山水诗文臂搁
估 价：RMB 10,000～20,000
成交价：RMB 184,000
长19.2cm 中国嘉德 2012.6.16

3325 明晚期 紫檀错银丝百宝嵌花鸟纹文具盒
估　价：RMB 600,000～1,500,000
成交价：RMB 920,000
26.9cm×16.2cm×9.7cm 中国嘉德 2012.5.14

150 清末 象牙浮雕“松干双蝉”臂搁
估　价：HKD 120,000～150,000
成交价：RMB 193,088
26cm 香港苏富比 2012.4.4

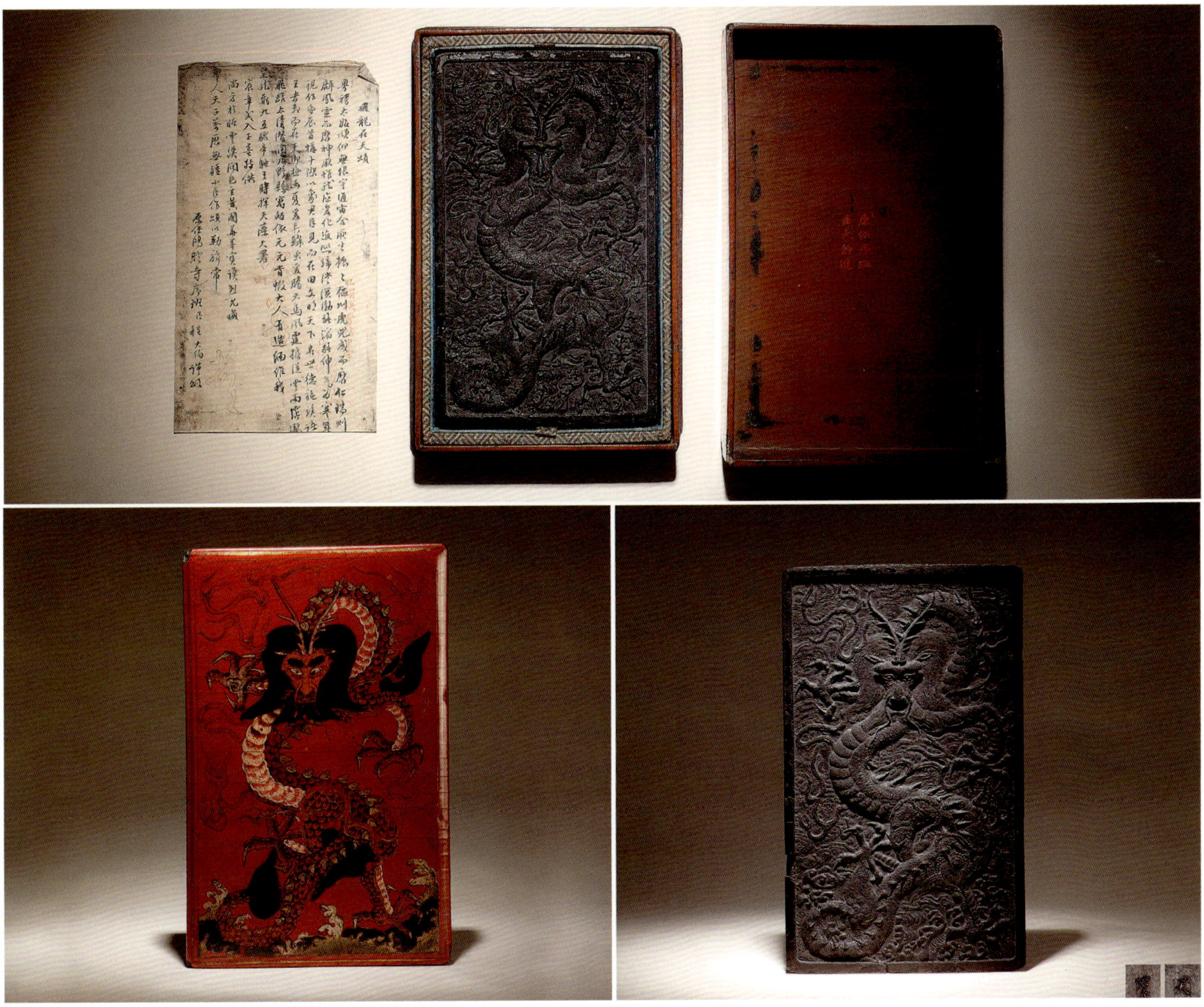

6004 明万历 程君房制“大国香”龙纹墨及红漆龙纹墨盒
“万历壬寅年墨”款；“君房制墨”款
估　价：RMB 400,000～700,000
成交价：RMB 1,610,000
长18.3cm；宽10.7cm 北京保利 2012.6.5

2556 明 葡萄花卉彩漆笔屏
估 价：RMB 800,000～1,200,000
成交价：RMB 1,955,000
长14cm；宽8.4cm；高16.2cm 中国嘉德 2012.5.12

2528 清乾隆 葡萄紫料印盒
“乾隆年制”楷书款
估 价：RMB 100,000～120,000
成交价：RMB 552,000
直径7.5cm 北京翰海 2012.5.27

2644 清 竹根雕葫芦形砚盒
估 价：RMB 150,000～180,000
成交价：RMB 345,000
高6cm 西泠拍卖 2012.7.7

722 清康熙 紫檀框掐丝珐琅山水楼阁砚屏(一对)
估　价：HKD 1,200,000～1,800,000
成交价：RMB 1,112,280
高17cm 保利香港 2012.11.25

5710 清乾隆 御制翡翠雕辟邪水丞
“乾隆年制”款
成交价：RMB 49,450,000
长38.2cm 北京保利 2012.12.5

1249 宜兴莲瓣式水丞
成交价：RMB 3,195,509
长14cm 纽约佳士得 2012.3.22

1518 晚商 青铜饕餮纹盂
成交价：RMB 2,059,889
直径24cm 纽约佳士得 2012.3.22

1019 明代以前 铜瑞兽砚滴
估 价：RMB 500,000～700,000
成交价：RMB 747,500
长17cm 古天一 2012.12.2

186 清18世纪 宜兴紫砂螭龙纹水丞
“陈子畦”款
估 价：HKD 400,000～600,000
成交价：RMB 1,869,900
长8.5cm 香港苏富比 2012.4.4

159 清康熙 模印葫芦六楞“莲托万寿”水盂
“康熙赏玩”款
估 价：HKD 180,000～250,000
成交价：RMB 426,012
长8cm 香港苏富比 2012.4.4

8230 明 角雕荷花小洗
“丁仁”款
估 价：RMB 350,000～550,000
成交价：RMB 414,000
宽9.5cm 北京保利 2012.6.7

1177 清 “乾隆年制”款琥珀料画珐琅水盂
估 价：RMB 320,000～380,000
成交价：RMB 437,000
高6.4cm 荣宝斋(上海) 2012.6.17

3047 明17世纪 犀角浮雕双叶“螳螂”图洗
估 价：HKD 700,000～1,000,000
成交价：RMB 1,047,040
长12.2cm 香港苏富比 2012.10.9

6129 清雍正 洋彩仿木釉绳纹洗
估 价：RMB 3,000,000～5,000,000
成交价：RMB 5,520,000
直径35cm 北京保利 2012.6.5

5780 清乾隆 掐丝珐琅夔龙纹三足洗
估 价：RMB 1,000,000～1,500,000
成交价：RMB 1,552,500
直径44.8cm 北京保利 2012.12.5

3026 清乾隆 铜胎画北京珐琅开光式“西洋人物”图三足洗
“乾隆年制”款
估 价：HKD 2,000,000～3,000,000
成交价：RMB 1,783,240
香港苏富比 2012.10.9

1213 明早期 铜鎏金麒麟镇纸
估 价：RMB 200,000～250,000
成交价：RMB 575,000
长8.2cm 北京匡时 2012.6.4

219 东汉 铜镶嵌红绿玛瑙熊形镇
估 价：HKD 1,000,000～1,500,000
成交价：RMB 1,112,280
高10cm 大唐国际 2012.11.24

2850 汉 建宁元年砖莂砚
估 价：RMB 15,000～25,000
成交价：RMB 184,000
16.5cm×8.3cm×4cm 西泠拍卖 2012.7.7

2901 南宋 钟形抄手歙砚
估 价：RMB 80,000～120,000
成交价：RMB 126,500
23.5cm×16.2cm×6cm 西泠拍卖 2012.7.7

738 宋 银星歙砚
估 价：RMB 160,000～190,000
成交价：RMB 299,000
长30cm；宽19.5cm；高6cm
荣宝斋(上海) 2012.9.9

6218 清康熙 黄寿山螭龙海兽镇
估 价：RMB 400,000～600,000
成交价：RMB 575,000
长8.3cm 北京保利 2012.6.5

2578 元至明 元至桂馥铭 大龙尾砚
估　价：RMB 500,000～800,000
成交价：RMB 1,552,500
长38.9cm；宽26cm；高6.5cm 中国嘉德 2012.5.12

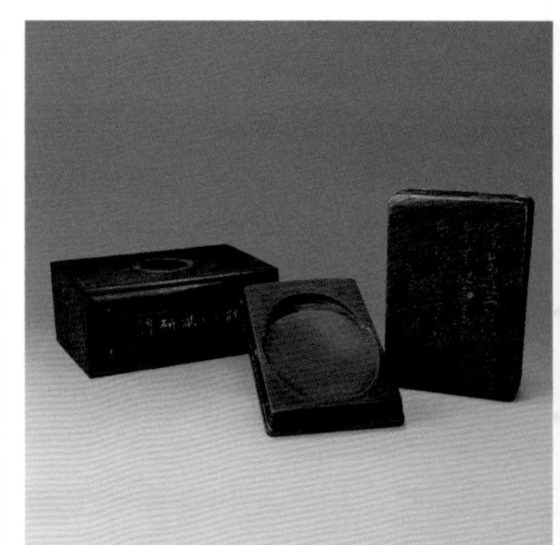

3468 明 祝枝山款素池歙砚
估　价：RMB 300,000～500,000
成交价：RMB 345,000
17.7cm×11.3cm×2cm 中国嘉德 2012.5.14

507 明末清初 朱彝尊制御用“神龙下窥”砚
估　价：RMB 850,000
成交价：RMB 2,016,000
长37cm；宽27cm 蚨笫雅 2012.8.19

7074 清早期 王岫君制端石随形砚
估　价：RMB 80,000～120,000
成交价：RMB 345,000
长19.5cm 北京保利 2012.6.6

3467 明 十八罗汉绿端砚
估　价：RMB 180,000～280,000
成交价：RMB 207,000
20.7cm×15.2cm×7cm 中国嘉德 2012.5.14

5657 清康熙 御制松花石双螭砚
“康熙年制”款
估　价：RMB 700,000～1,200,000
成交价：RMB 1,092,500
长7.9cm 北京保利 2012.12.5

6215 清雍正 御制羽觞形松花石砚、夔龙纹松花石砚盒
估　价：RMB 700,000～1,000,000
成交价：RMB 1,610,000
长10.3cm 北京保利 2012.6.5

2830 清乾隆 御铭仿宋天成风字澄泥砚
估　价：RMB 1,200,000～1,800,000
成交价：RMB 3,335,000
11.3cm×10.4cm×2cm 西泠拍卖 2012.7.7

1274 清乾隆 御制松花石雕龙纹砚配双兔呈祥盖盒
成交价：RMB 2,287,013
长6.4cm；长7.2cm
纽约佳士得 2012.3.22

6214 清乾隆 松花石龙凤双鹅砚
估　价：RMB 600,000～800,000
成交价：RMB 943,000
长11.7cm 北京保利 2012.6.5

1238 清 沈友石藏吴昌硕铭赵古泥刻端石砚板
估　价：RMB 200,000～400,000
成交价：RMB 747,500
长22cm 荣宝斋(上海) 2012.6.17

2581 清 康熙御制 松花石凤池砚
估　价：RMB 800,000～1,200,000
成交价：RMB 2,300,000
长10.6cm；宽7.1cm；高2.1cm 中国嘉德 2012.5.12

2579 清 纪晓岚铭 紫云砚
估　价：RMB 1,500,000～2,200,000
成交价：RMB 5,865,000
长12.8cm；宽8.8cm；高2.8cm 中国嘉德 2012.5.12

2577 清 天然魁星影石小砚
估　价：RMB 100,000～200,000
成交价：RMB 805,000
长5.3cm 中国嘉德 2012.5.12

1723 辽 铸金瑞兽钮后司之印
估　价：RMB 280,000～300,000
成交价：RMB 322,000
高2.6cm 中贸圣佳 2012.7.22

4196 民国 何许人绘瓷砚、王琦绘仕女插屏(一组两件)
估　价：RMB 300,000～500,000
成交价：RMB 1,633,000
砚9.8cm×6.8cm×2.9cm；插屏高26cm 中国嘉德 2012.10.29

133 明永乐 牙雕法轮钮方印玺
估　价：HKD 200,000～300,000
成交价：RMB 943,080
高4.5cm 香港苏富比 2012.4.4

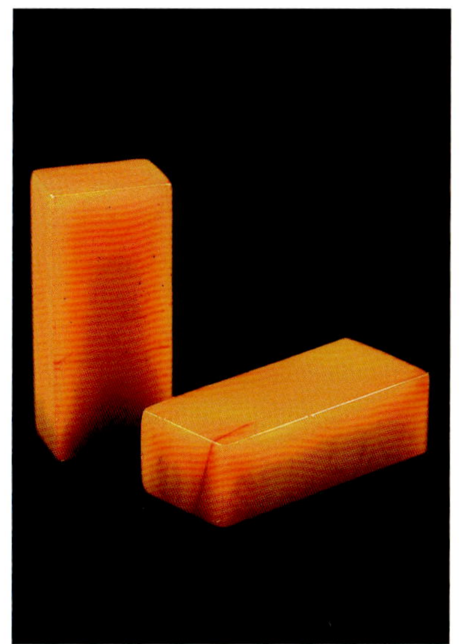

2118 清早期 田黄素方章(一对)
估　价：RMB 8,000,000～10,000,000
成交价：RMB 10,465,000
2.5cm×1.8cm×5.8cm×2；重146g
北京匡时 2012.12.5

2113 清早期 王光烈藏翁方纲邀桂馥为孔继榕制田黄随形方章
估　价：RMB 6,000,000～8,000,000
成交价：RMB 9,315,000
2.8cm×2.8cm×6.7cm；重124g 北京匡时 2012.12.5

1242 清乾隆 寿山石雕九龙钮“諴亲王宝”玺
估　价：RMB 8,000,000～12,000,000
成交价：RMB 9,775,000
8.6cm×9cm×8.8cm 北京匡时 2012.6.4

1618 清代 西藏鎏金官印
估　价：RMB 350,000～500,000
成交价：RMB 598,000
通高17cm 中国嘉德 2012.5.18

64 清康熙 沧门制田黄龙凤纹对章
估　价：RMB 5,000,000～6,000,000
成交价：RMB 7,820,000
高7.2cm；高7cm；重128.4g
北京东正 2012.5.11

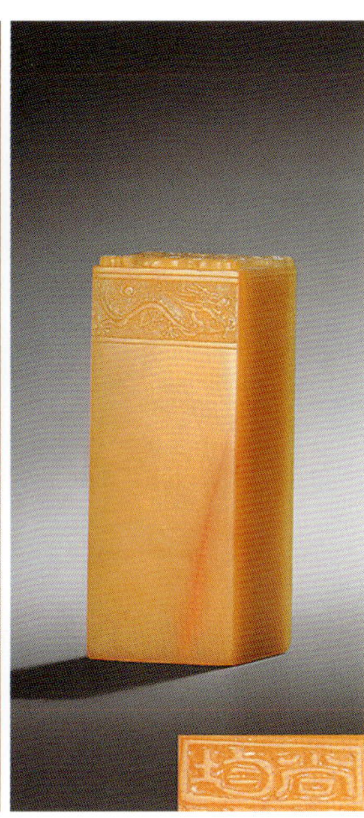

6221 清 黄寿山石龙钮方章
估　价：RMB 15,000～25,000
成交价：RMB 5,232,500
高6.1cm 北京保利 2012.6.5

1241 清 田黄素方章
估　价：RMB 7,800,000～8,800,000
成交价：RMB 9,200,000
高7cm；重195g 北京匡时 2012.6.4

807 清中期 翡翠瑞兽钮印章(一对)
估　价：HKD 1,800,000～2,800,000
成交价：RMB 2,595,320
高6.1cm 保利香港 2012.11.25

1348 清 曾国藩田黄自用印
估 价：RMB 180,000～380,000
成交价：RMB 1,610,000
2.2cm×1.5cm×4cm 朵云轩 2012.7.11

2291 清18世纪 田黄狮钮方印
估 价：HKD 400,000～600,000
成交价：RMB 2,143,960
高4.7cm 香港佳士得 2012.11.28

3537 巴林冻鸡血古兽钮对章
估 价：RMB 1,800,000
成交价：RMB 2,070,000
8cm×8cm×20cm×2 卓德国际 2012.6.17

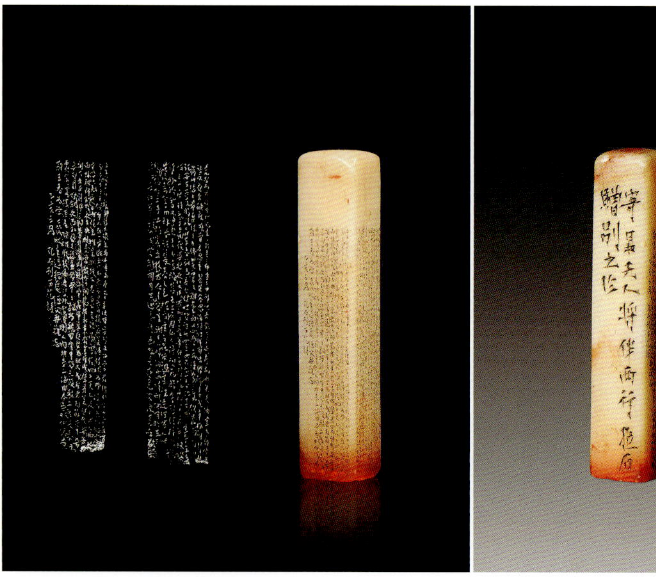

5519 傅抱石微刻方章
估 价：RMB 380,000～500,000
成交价：RMB 2,817,500
0.7cm×0.7cm×4cm 中国嘉德 2012.10.30

3120 清 田黄雕卧鹿钮长方玺
估 价：HKD 500,000~700,000
成交价：RMB 4,924,360
高7cm 香港苏富比 2012.10.9

3792 齐白石刻 方章(一件)
估 价：RMB 450,000~550,000
成交价：RMB 1,552,500
5cm×5cm×5.8cm 中国嘉德 2012.5.14

628 任伯年1881年自刻对章
估 价：RMB 30,000~50,000
成交价：RMB 1,322,500
3cm×3cm×6.6cm×2 西泠拍卖 2012.7.7

955 寿山冰糖地荔枝冻石子母狮钮章
估 价：RMB 320,000~380,000
成交价：RMB 943,000
3.1cm×3.1cm×10.1cm 西泠拍卖 2012.7.7

719 郭功森 太狮少狮钮章
估　价：RMB 3,800,000～3,850,000
成交价：RMB 4,370,000
6cm×4.6cm×10cm 福建静轩 2012.7.5

3805 钱松刻寿山石薄意山水方章(两件)
估　价：RMB 500,000～600,000
成交价：RMB 3,565,000
2.8cm×2.8cm×5.4cm；2.8cm×2.8cm×5.2cm 中国嘉德 2012.5.14

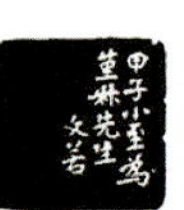

638 沙孟海1924年刻寿山石任堇自用对章
估　价：RMB 50,000～80,000
成交价：RMB 632,500
2.4cm×2.5cm×3.4cm×2
西泠拍卖 2012.7.7

6241 吴昌硕 寿山石“竹千蕙百庐”方章
估　价：RMB 300,000～500,000
成交价：RMB 977,500
3.6cm×3.6cm×5.8cm 北京保利 2012.12.6

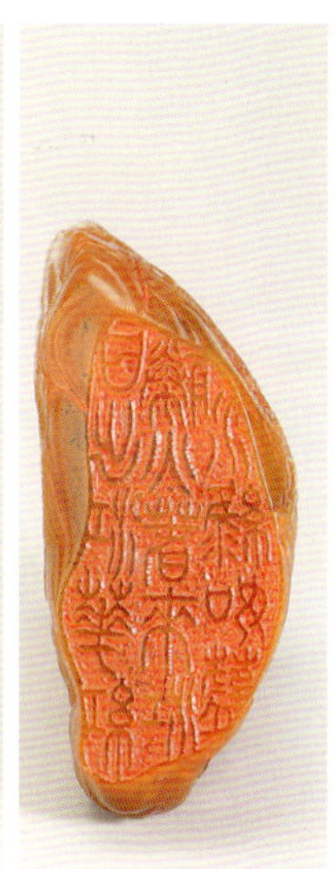

6614 乌鸦皮田黄薄意雕“红楼梦”故事随形大章
估　价：RMB 800,000～1,200,000
成交价：RMB 5,060,000
3.5cm×7.7cm×11.2cm 北京保利 2012.6.6

661 徐世章藏黄金黄田黄石扁章
估　价：RMB 1,000,000～1,500,000
成交价：RMB 3,795,000
4.5cm×2cm×5.6cm 西泠拍卖 2012.7.7

6135 明 方于鲁制“太平有象”图墨
估　价：RMB 1,000,000～1,500,000
成交价：RMB 1,265,000
直径9.1cm 北京保利 2012.12.6

4688 吴让之刻 寿山芙蓉石兽钮对章
估　价：RMB 500,000～600,000
成交价：RMB 3,450,000
2.4cm×2.4cm×6.5cm×2 中国嘉德 2012.10.30

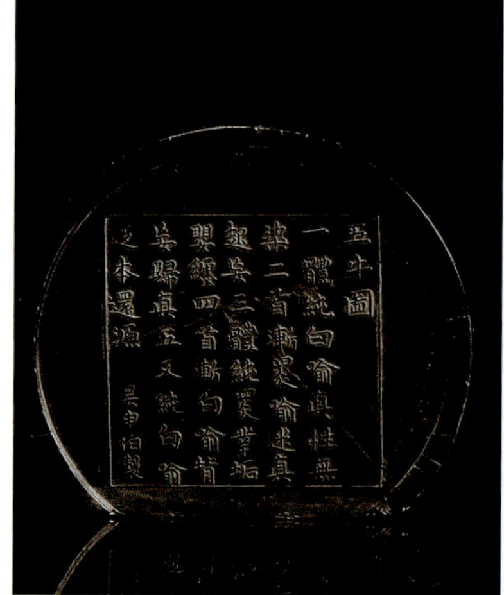

879 明万历 吴申伯制五牛图墨
估　价：RMB 50,000～70,000
成交价：RMB 201,250
8.9cm×7.7cm×1.3cm
北京诚轩 2012.10.28

696 郑则评作田黄石卧读南华薄意章
估　价：RMB 2,300,000～2,800,000
成交价：RMB 5,635,000
4cm×3.4cm×5cm 西泠拍卖 2012.7.7

2378 清乾隆三十年(1765) 御制“关槐山水”诗图圆墨
估　价：HKD 100,000~150,000
成交价：RMB 221,650
直径14cm 香港佳士得 2012.11.28

5571 砚墨朱砂墨(一组)
估　价：RMB 10,000~20,000
成交价：RMB 322,000
尺寸不一 中国嘉德 2012.10.30

1252 清乾隆 贡纸(一组二十封)
估　价：RMB 40,000~60,000
成交价：RMB 74,750
长70cm 荣宝斋(上海) 2012.6.17

钱币邮品

2022 战国时期赵国铸“晋化”直刀一枚
估　价：RMB 15,000～25,000
成交价：RMB 310,500
高9.75cm 北京诚轩 2012.11.25

593 新莽 “一刀平五千”
估　价：RMB 80,000～130,000
成交价：RMB 149,500
通长7.29cm 中国嘉德 2012.11.26

2018 战国时期“下阳”背“十七两”大型三孔布一枚
估　价：RMB 800,000～1,500,000
成交价：RMB 3,680,000
高7.35cm；宽3.7cm；重13.4g 北京诚轩 2012.11.25

137 战国 尖足布一组
估　价：RMB 100,000～380,000
成交价：RMB 425,500
北京翰海 2012.4.19

601 北宋 折二正样“靖康通宝”
估　价：RMB 500,000～1,000,000
成交价：RMB 1,058,000
直径2.96cm 中国嘉德 2012.11.26

2365 南宋 隆兴元宝(小平)
估　价：RMB 150,000～200,000
成交价：RMB 172,500
直径3.6cm 西泠拍卖 2012.7.7

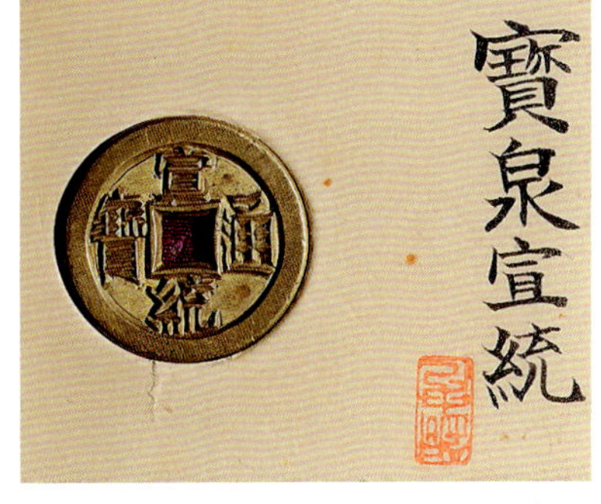

2250 清 “宣统通宝”背“宝泉”小平雕母
估　价：RMB 100,000～200,000
成交价：RMB 690,000
直径1.95cm 中国嘉德 2012.5.19

2380 明 天启通宝(背十一两星月)
估　价：RMB 80,000～100,000
成交价：RMB 103,500
直径5cm 西泠拍卖 2012.7.7

626 清 “咸丰元宝”背“宝泉当千”尔宝版样钱
估　价：RMB 350,000～700,000
成交价：RMB 862,500
直径6.29cm 中国嘉德 2012.11.26

2314 清 “祺祥重宝”背“宝源当十”
估　价：RMB 60,000～100,000
成交价：RMB 471,500
直径3.64cm 中国嘉德 2012.5.19

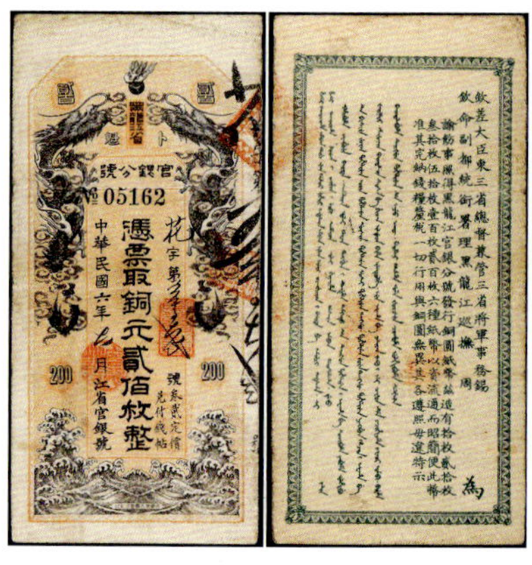

988 民国六年(1917年) 黑龙江省官银分号卜魁铜元贰佰枚
估　价：RMB 20,000～30,000
成交价：RMB 552,000
中国嘉德 2012.11.26

10581 己酉大清铜币中心汴字当制钱五文一枚
估　价：RMB 500,000～600,000
成交价：RMB 713,000
北京保利 2012.12.2

1798 宣统己酉中心“汴”一文黄铜样币一枚，存世仅二枚
估　价：RMB 600,000
成交价：RMB 1,840,000
上海崇源 2012.10.18

2109“壮泉四十”
估　价：RMB 8,000～100,000
成交价：RMB 230,000
直径2.3cm 中国嘉德 2012.5.19

211 楷书“泰和通宝”折五试铸
估　价：RMB 250,000～600,000
成交价：RMB 448,500
直径3.23cm 北京翰海 2012.4.19

2090“西周”圜钱
估　价：RMB 30,000～100,000
成交价：RMB 92,000
直径2.75cm 中国嘉德 2012.5.19

2204 “百涅”大型锐角布
估　价：RMB 80,000～150,000
成交价：RMB 345,000
长73mm 中国嘉德 2012.5.19

40 “南”字大型耸肩空首布
估　价：RMB 90,000～200,000
成交价：RMB 322,000
长14.5cm 北京翰海 2012.4.19

463 宋代“相五郎”重贰拾五两“十分金”六排戳记二十五两金铤
估　价：RMB 700,000～1,000,000
成交价：RMB 1,725,000
重930.2g 北京翰海 2012.4.19

2359 战国—楚国郢爰双联金块
估　价：RMB 65,000～100,000
成交价：RMB 138,000
长9.2cm 西泠拍卖 2012.7.7

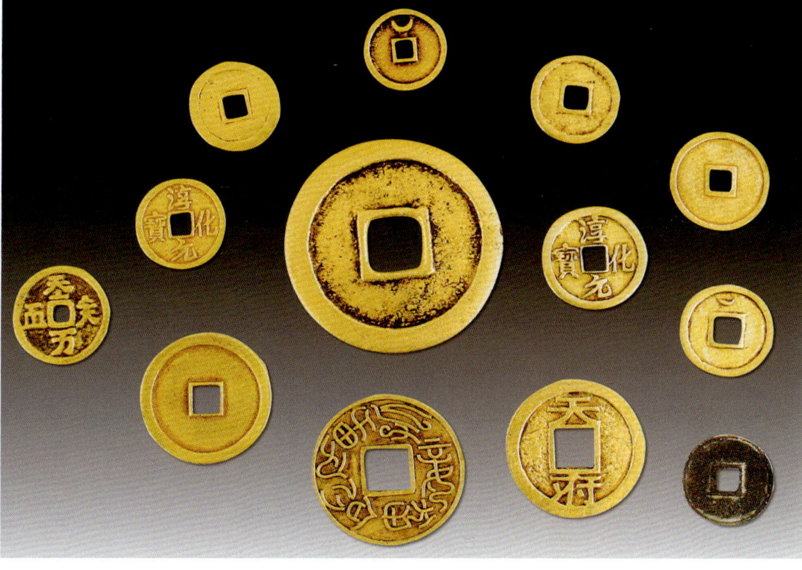

289 辽、宋、元 金币一套(13枚)
估 价：HKD 8,800,000
成交价：RMB 8,321,055
澳门中信 2012.6.3

152 北宋 “淳化元宝”背佛像金质供养钱
估 价：RMB 150,000～160,000
成交价：RMB 345,000
直径2.38cm；重12g 中国嘉德 2012.11.26

1609 1998年5盎司迎春图(第二组)金币
估 价：RMB 580,000
成交价：RMB 1,840,000
直径6cm 上海泓盛 2012.6.18

1991 唐代 五十两船形银铤
估 价：RMB 120,000～180,000
成交价：RMB 494,500
重2000g 中国嘉德 2012.5.19

500 民国 张作霖中华民国十六年伍拾圆纯金硬币
估 价：HKD 2,300,000～3,100,000
成交价：RMB 3,304,600
直径2.8cm 香港邦瀚斯 2012.11.24

2408 中华民国共和纪念币袁世凯像签字版银模金质样币
估　价：RMB 1,200,000～1,500,000
成交价：RMB 1,610,000
直径3.8cm 西泠拍卖 2012.7.7

2414 中华民国三年袁世凯全侧像壹圆签字版银模金质样币
估　价：RMB 750,000～900,000
成交价：RMB 862,500
直径4.4cm 西泠拍卖 2012.7.7

480 南宋“泉州免丁”五十两银铤
估　价：RMB 500,000～1,000,000
成交价：RMB 713,000
重1894.9g 北京翰海 2012.4.19

2001 金代 “解盐使司”五十两银铤
估　价：RMB 250,000～350,000
成交价：RMB 460,000
重1987g 中国嘉德 2012.5.19

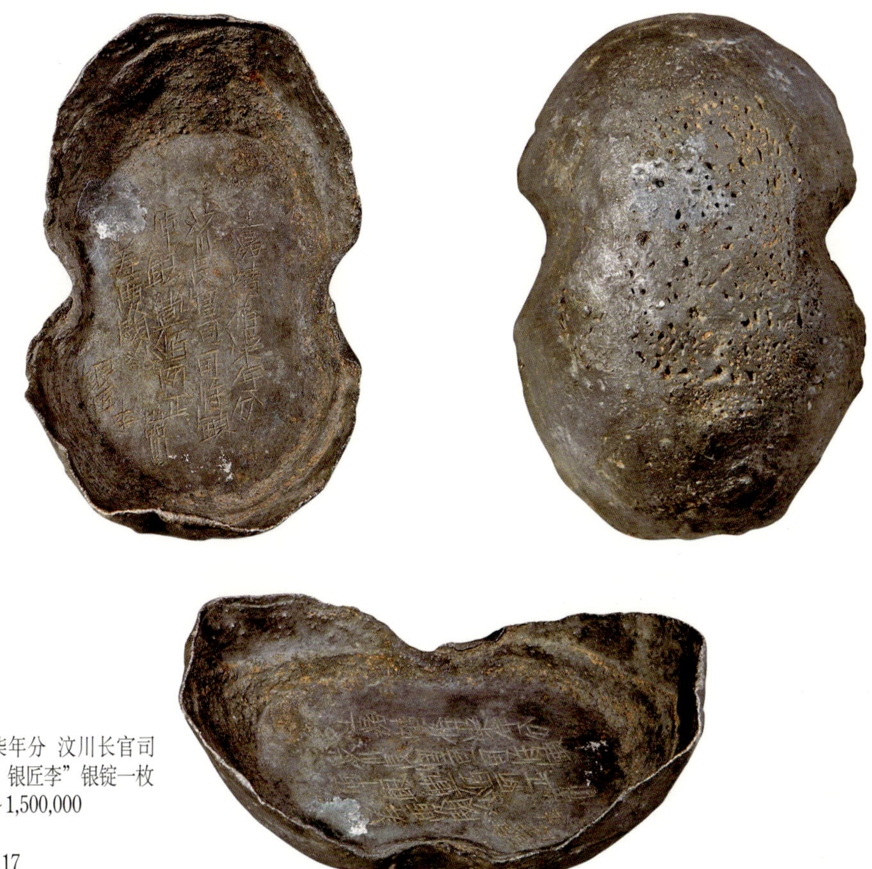

240 明代 四川“嘉靖拾柒年分 汶川长官司府 镇库银壹佰两正 差庆关 银匠李”银锭一枚
估　价：RMB 1,200,000～1,500,000
成交价：RMB 1,475,500
重3598g 雍和嘉诚 2012.5.17

2210 清顺治/康熙 河北阴刻“长芦伍拾两 杨文英”盐税大锭一枚 钱币
估　价：RMB 230,000～300,000
成交价：RMB 264,500
重1871.9g 北京诚轩 2012.5.18

1138 “平阳路”五十两银锭一枚
估　价：RMB 300,000
成交价：RMB 448,500
上海崇源 2012.10.18

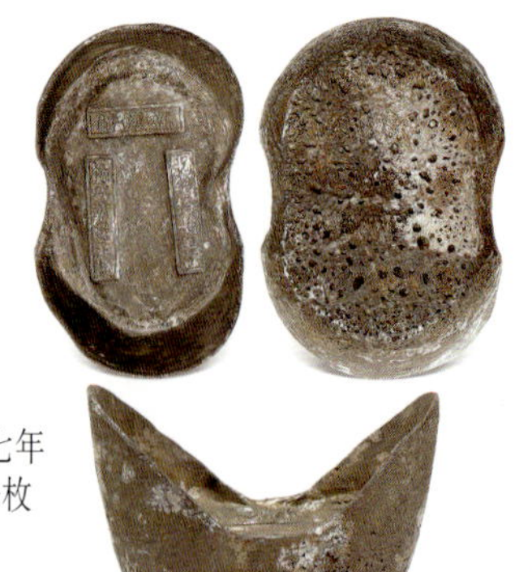

2107 清代 “江汉关”光绪十七年
“协成号匠王松”五十两银锭一枚
估 价：RMB 450,000
成交价：RMB 517,500
重1870g 上海泓盛 2012.6.18

1176 清代 湖“光绪三十年 十月
牙厘总局 官钱局”五十两银锭一枚
估 价：RMB 380,000
成交价：RMB 575,000
上海崇源 2012.10.18

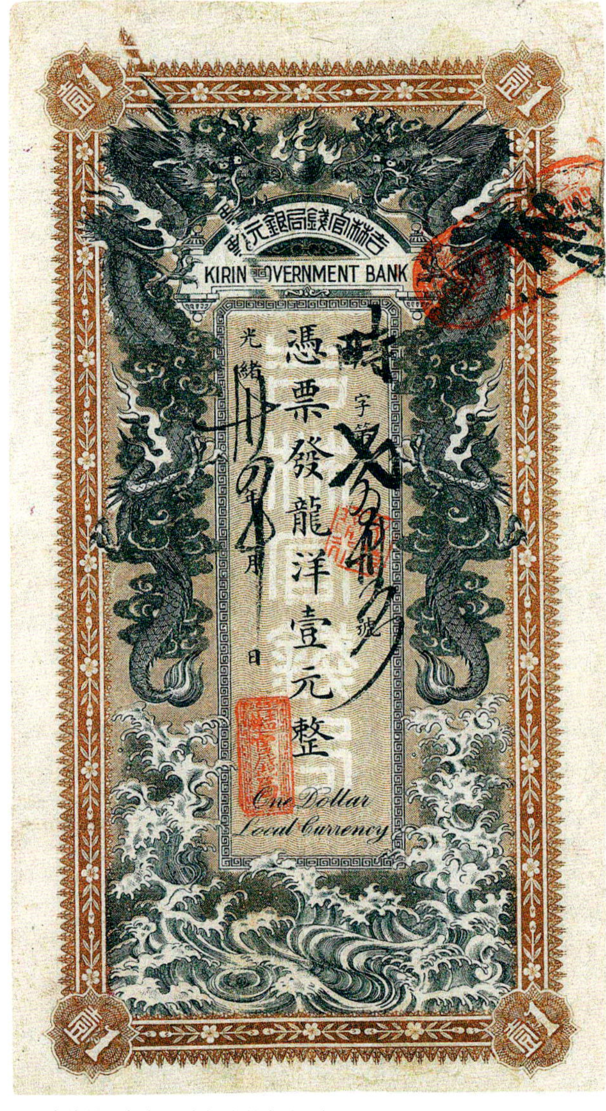

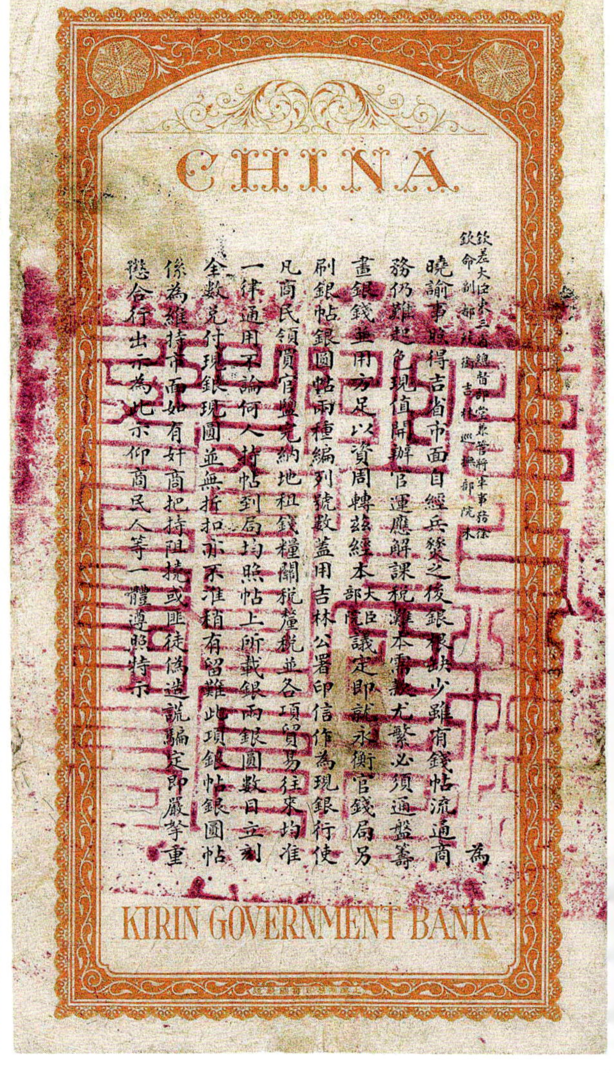

822 光绪卅四年(1908年) 吉林官钱局银元票龙洋壹元
估 价：RMB 400,000
成交价：RMB 1,035,000
上海泓盛 2012.3.30

499 民国河南“中华民国”“镇平县征收处”五十两银锭
估 价：RMB 400,000～800,000
成交价：RMB 977,500
重1873.4g 北京翰海 2012.4.19

3147 1914年袁世凯像共和纪念壹圆银币一枚
估 价：RMB 300,000～500,000
成交价：RMB 402,500
北京诚轩 2012.11.25

2978 宣统三年大清银币“长须龙”版壹圆银币样币一枚 钱币
估 价：RMB 1,000,000～1,500,000
成交价：RMB 1,150,000
北京诚轩 2012.5.18

2424 中华民国十五年版张作霖陆海军大元帅纪念币银质样币
估　价：RMB 1,300,000～1,600,000
成交价：RMB 1,610,000
直径3.8cm 西泠拍卖 2012.7.7

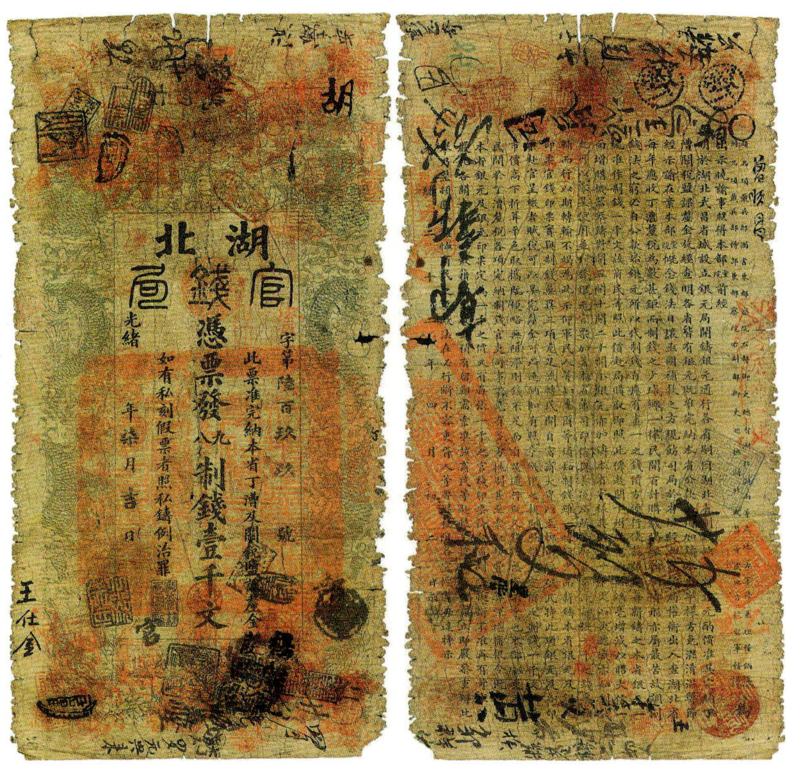

147 光绪丁酉年(1897年)湖北官钱局九八制钱壹千文
估　价：RMB 500,000
成交价：RMB 575,000
上海泓盛 2012.3.29

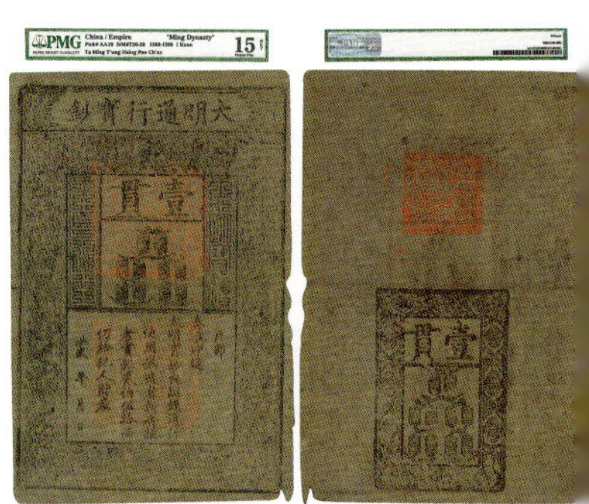

803 洪武年大明宝钞壹貫
估　价：RMB 100,000
成交价：RMB 138,000
八成新 上海泓盛 2012.3.30

801 元代·至元通行宝钞贰贯
估　价：RMB 100,000
成交价：RMB 253,000
上海泓盛 2012.3.30

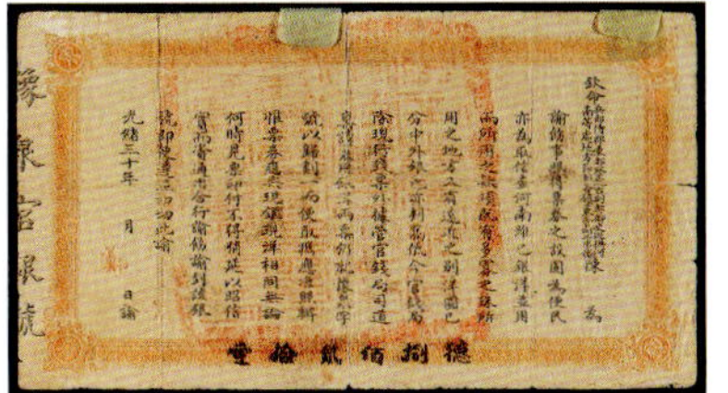

10327 光绪三十年河南豫泉官银号银圆票壹圆一枚
估　价：RMB 600,000～800,000
成交价：RMB 724,500
北京保利 2012.12.2

2016 1948至1951年第一版人民币六十枚大全套
估　价：RMB 4,000,000～4,800,000
成交价：RMB 4,025,000
八五成新 北京诚轩 2012.5.19

69 光绪三十三年(1907年)大清银行兑换券改大汉银行暂行军用手票伍圆
估　价：RMB 350,000～400,000
成交价：RMB 402,500
中国嘉德 2012.5.16

4249 第一版人民币
1951年蒙文版“蒙古包”伍仟元
估　价：RMB 500,000
成交价：RMB 782,000
九成新 上海泓盛 2012.6.16

759 第一版人民币1951年蒙文版“牧马图”壹万圆
估　价：RMB 1,500,000
成交价：RMB 2,990,000
九成新 上海泓盛 2012.3.29

843 清代双龙宝星头等第二勋章正、副章
估　价：RMB 300,000～350,000
成交价：RMB 340,500
雍和嘉诚 2012.5.19

1455 第一版人民币伍佰圆瞻德城
估　价：RMB 500,000～800,000
成交价：RMB 655,500
九五成新 中国嘉德 2012.5.17

2741 中华民国十年九月徐世昌“仁寿同登”纪念币一枚
估　价：RMB 80,000
成交价：RMB 184,000
上海泓盛 2012.6.18

3311 1897年红印花加盖暂作邮票大字4分二十五枚全格
估 价：RMB 100,000~150,000
成交价：RMB 908,500
北京诚轩 2012.11.26

478 清代双龙宝星头版金质二等第一勋章
估 价：RMB 800,000
成交价：RMB 1,078,250
雍和嘉诚 2012.11.26

3885 1956年特15首都名胜天安门图"放光芒"撤销发行邮票信销票一枚
估 价：RMB 550,000~650,000
成交价：RMB 632,500
北京诚轩 2012.11.26

4149 T46庚申年(猴)八方连
估 价：RMB 70,000~100,000
成交价：RMB 103,500
中国嘉德 2012.5.21

3558 全国山河一片红(撤销发行)邮票四方连
估　价：RMB 4,000,000～6,000,000
成交价：RMB 4,600,000
中国嘉德 2012.11.28

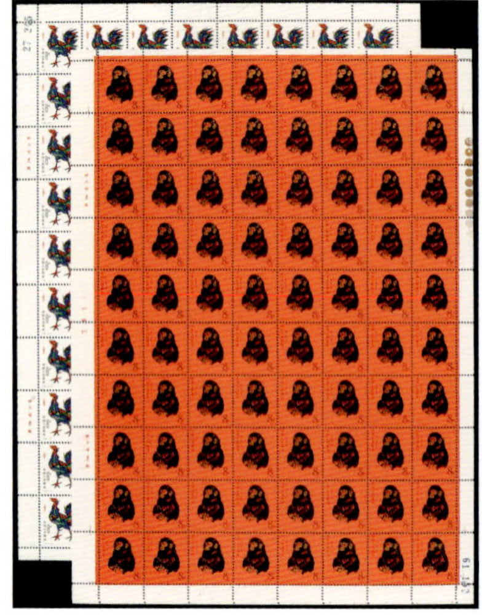

4056 1980-1991年第一轮生肖邮票
八十枚全张十二件
估　价：RMB 700,000～1,000,000
成交价：RMB 989,000
北京诚轩 2012.11.26

4119 无产阶级文化大革命的全面胜利万岁
(俗称“大一片红”)未发行邮票一枚
估　价：RMB 5,000,000～8,000,000
成交价：RMB 7,302,500
中国嘉德 2012.5.21

4033 PR 1953年黄军邮、紫军邮、
蓝军邮无齿样票各一枚
估　价：RMB 1,500,000～2,500,000
成交价：RMB 1,725,000
中国嘉德 2012.5.21

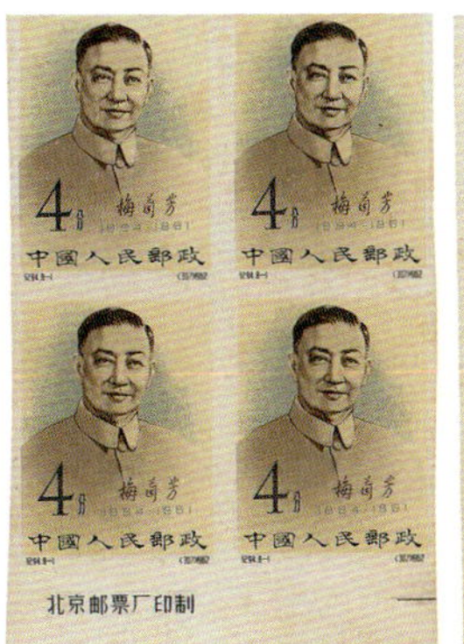

6575 1962年纪94B梅兰芳舞台艺术无齿新票全套四方连带厂铭
估 价：RMB 250,000
成交价：RMB 391,000
上海泓盛 2012.6.16

3208 COL 十二生肖版票册大全套
估 价：RMB 800,000～1,000,000
成交价：RMB 1,173,000
朵云轩 2012.12.30

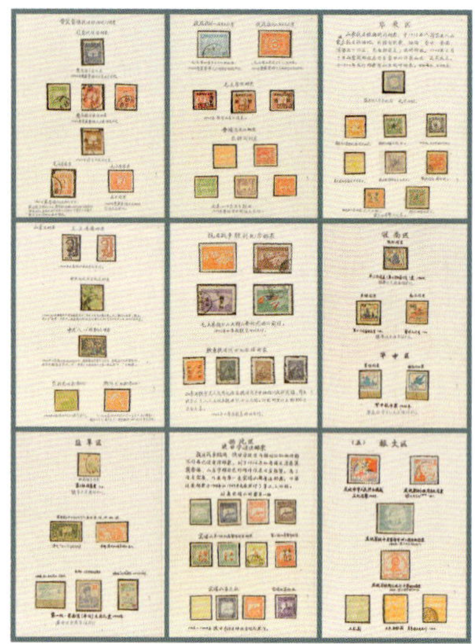

3281 COL 《解放区邮票选》邮集一部
成交价：RMB 724,500
中国嘉德 2012.11.28

521 国际足联世界杯举办国家和冠军国官方邮集一册全
成交价：RMB 586,500
北京保利 2012.12.2

3420 1913年伦敦版帆船邮票半分至10元试模样票十九枚全
成交价：RMB 862,500
北京诚轩 2012.11.26

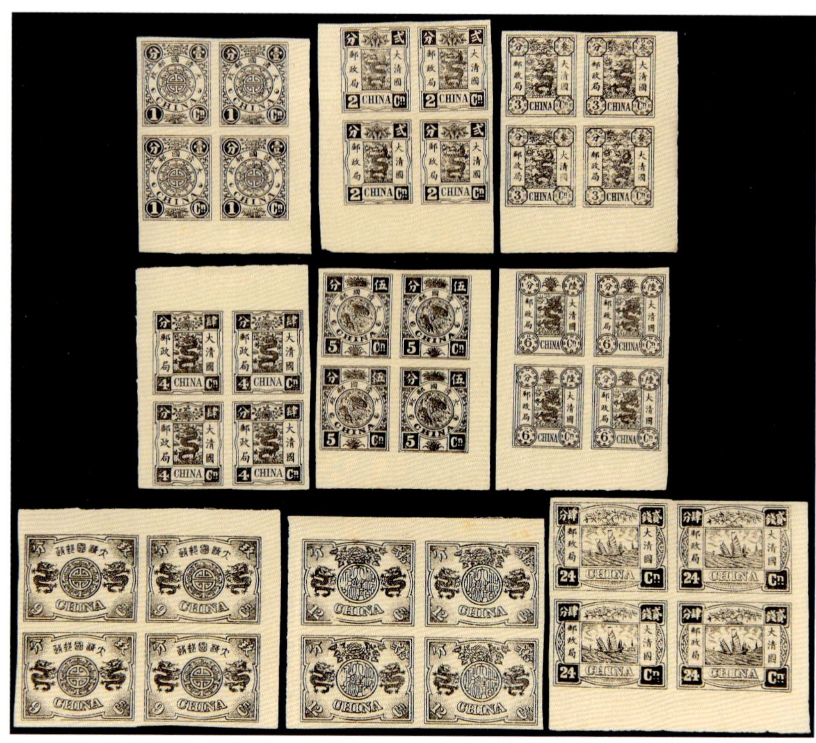

3329 1897年慈禧寿辰纪念邮票(改版)小型黑色子模无齿样票九枚全四方连
估　价：RMB 500,000～800,000
成交价：RMB 575,000
北京诚轩 2012.5.20

6701 1967年文1战无不胜的毛泽东思想万岁新票全套10套
估　价：RMB 200,000
成交价：RMB 632,500
上海泓盛 2012.6.16

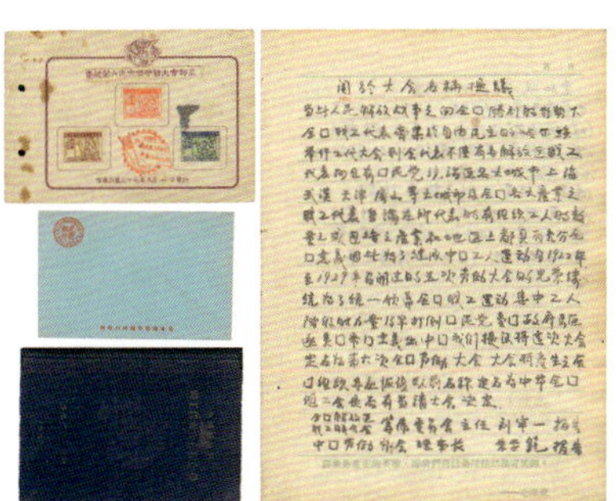

7065 1948年8月1日东北邮电管理总局发行“庆祝全国解放区职工代表大会免费邮件封”新一枚
估　价：RMB 50,000
成交价：RMB 437,000
上海泓盛 2012.6.16

3402 1957-1966年纪、特邮票中国集邮公司发行首日封大全套(不含小型张及无齿邮票首日封)
估　价：RMB 220,000～250,000
成交价：RMB 287,500
中国嘉德 2012.11.28

103 汉早期 五铢铜范
估　价：RMB 180,000～350,000
成交价：RMB 368,000
北京翰海 2012.4.19

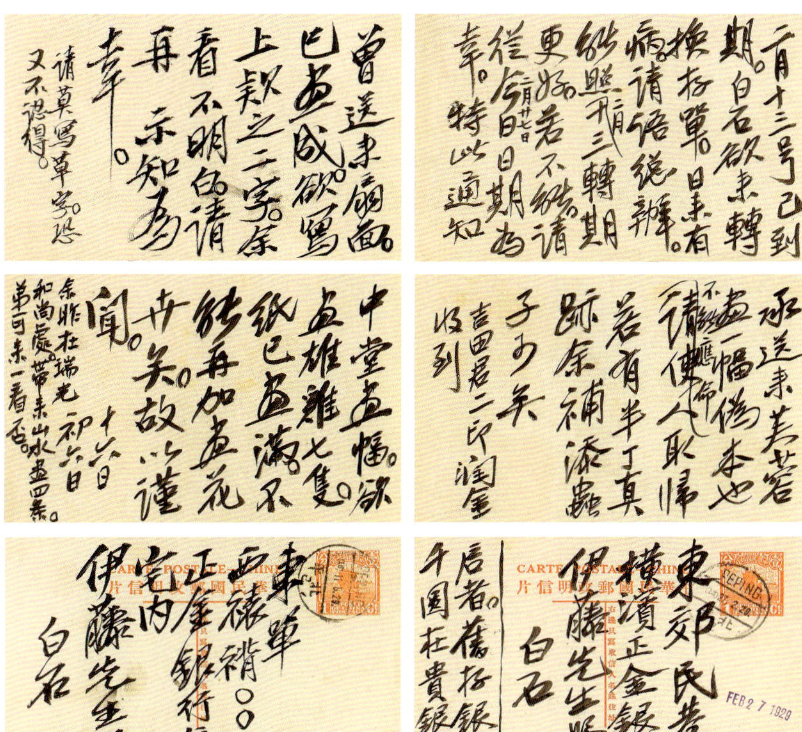

1803 齐白石 致伊藤为雄明信片 （四帧）
估　价：RMB 120,000～180,000
成交价：RMB 1,058,000
9cm×14cm×4 北京匡时 2012.6.5

3409 C 1968年河南信阳寄郑州封
估　价：RMB 600,000～1,500,000
成交价：RMB 977,500
中国嘉德 2012.11.28

2103 “货布”铜母范
估　价：RMB 40,000～120,000
成交价：RMB 483,000
中国嘉德 2012.5.19

2348 1969年第二版人民币未采用稿试铸样币1分、2分、5分硬分币各一枚
估　价：RMB 100,000～200,000
成交价：RMB 644,000
北京诚轩 2012.11.25

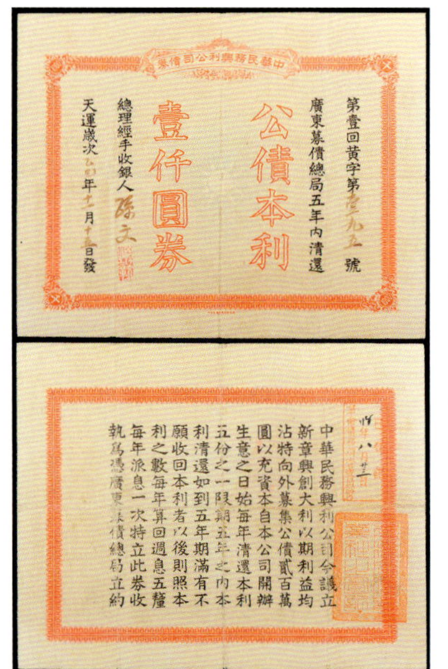

中華民務興利公司債券

第壹回黃字第壹九五號
廣東募債總局五年內清還
公債本利
壹仟圓券
總理經手收銀人孫文
天運歲次乙巳年十二月十五日發

中華民務興利公司今議立
新章興創大利以期利益均
沾特向外募集公債貳百萬
圓以充資本自本公司開辦
生意之日始每年清還本利
五份之一限期五年之內本
利清還如到五年期滿有不
願收回本利者以後則照本
利之數每年算回週息五釐
每年派息一次特立此券收
執爲憑廣東募債總局立約

1860 天运岁次乙巳年(1905年)中华民务兴利公司债券壹仟圆
估　价：RMB 300,000～600,000
成交价：RMB 586,500
中国嘉德 2012.11.27

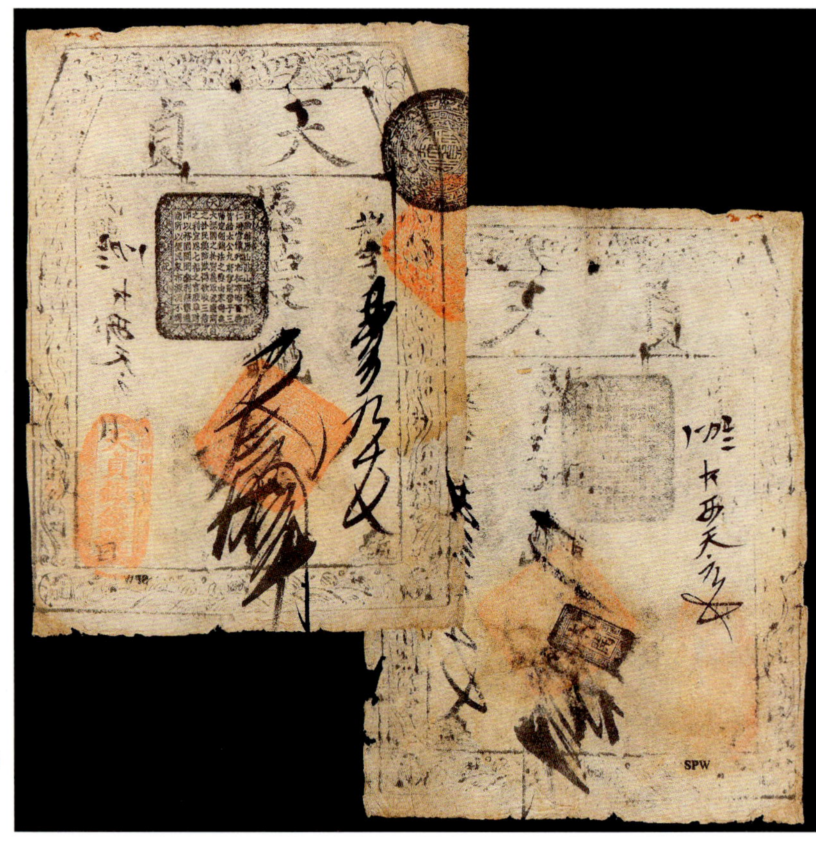

43 咸丰年天贞银钱号钱帖
估　价：RMB 80,000～150,000
成交价：RMB 437,000
中国嘉德 2012.5.16

古籍善本

813 初出土北魏高贞碑
估　价：RMB 400,000～550,000
成交价：RMB 805,000
泰和嘉成 2012.11.18

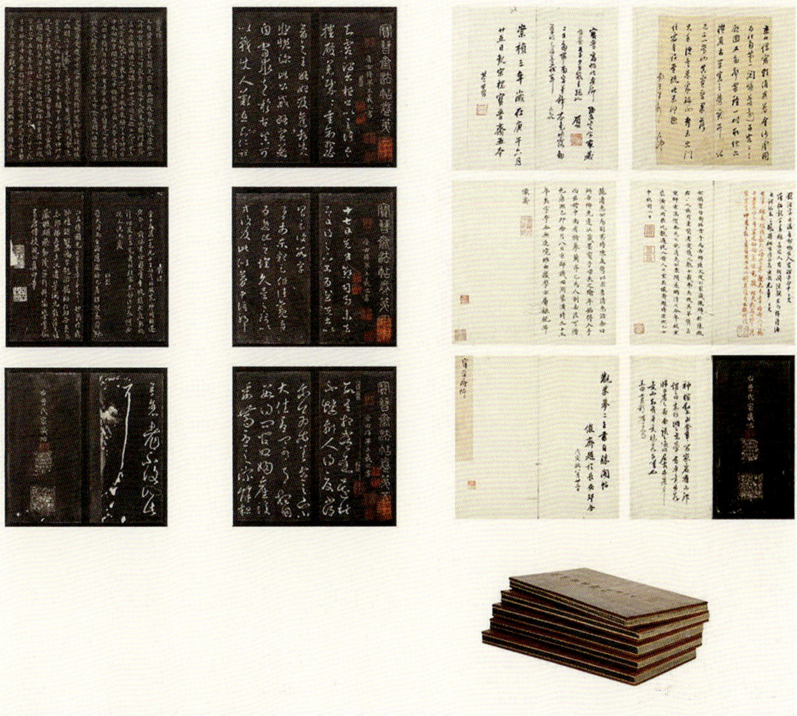

3118 宝晋斋法帖五卷(玉虹鉴真帖底本之一)
估　价：RMB 2,500,000～3,500,000
成交价：RMB 3,910,000
西泠拍卖 2012.7.7

444 爨宝子碑
估　价：RMB 60,000～80,000
成交价：RMB 1,104,000
北京匡时 2012.6.4

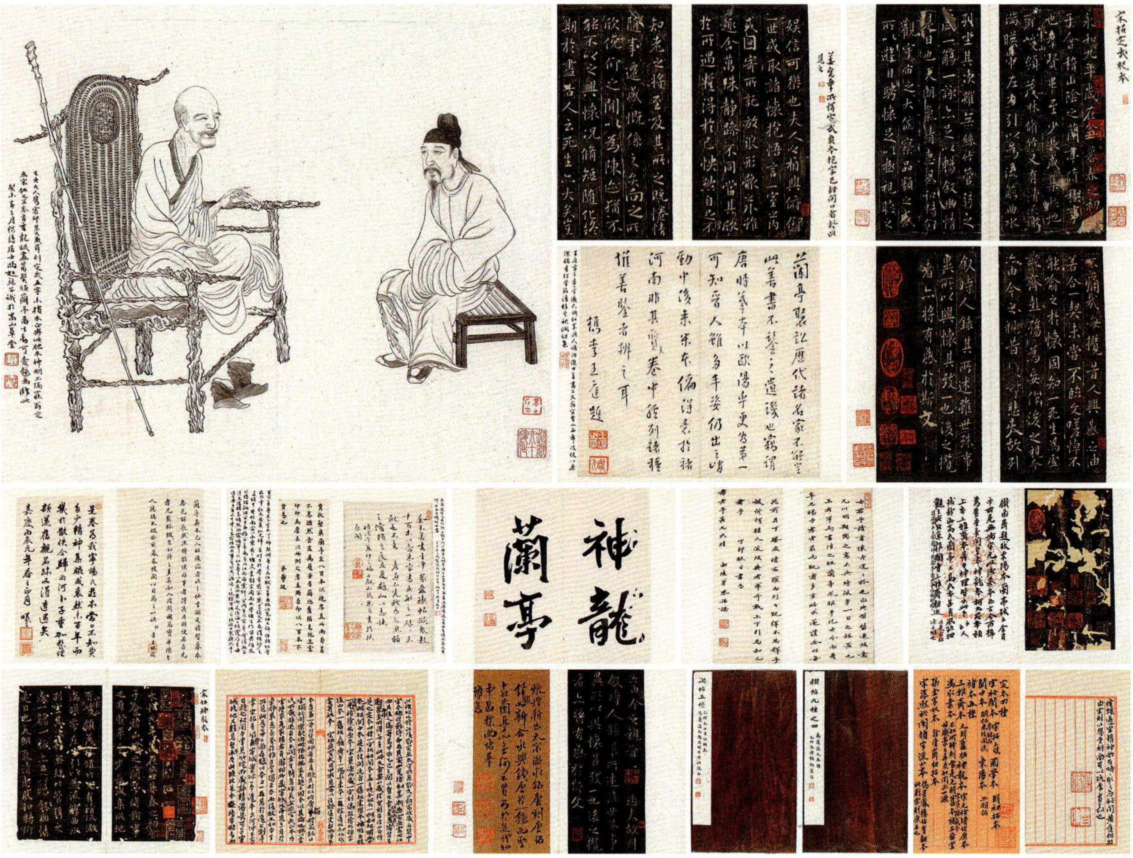

490 旧拓兰亭九种
估　价：RMB 150,000～200,000
成交价：RMB 3,335,000
上海工美 2012.3.4

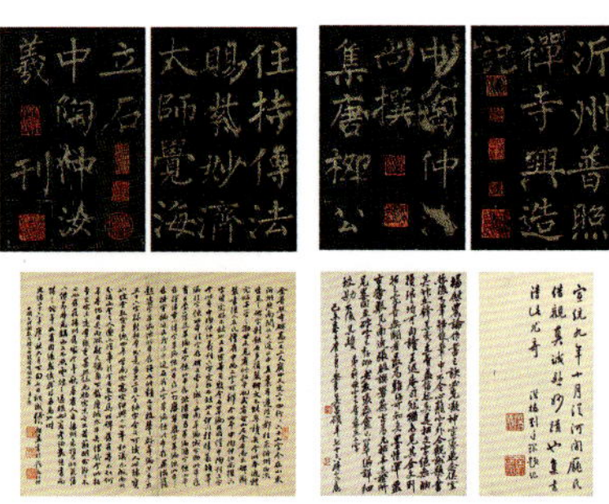

892 元 拓本金普照寺碑
估　价：HKD 150,000～200,000
成交价：RMB 741,520
香港佳士得 2012.11.26

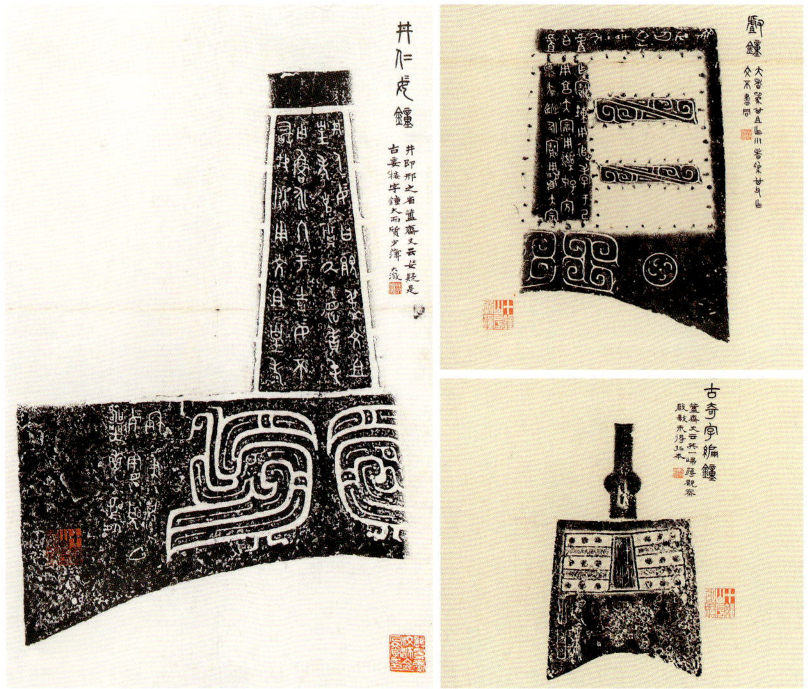

5751 簠斋彝器拓本
估　价：RMB 800,000～900,000
成交价：RMB 1,840,000
中国嘉德 2012.10.31

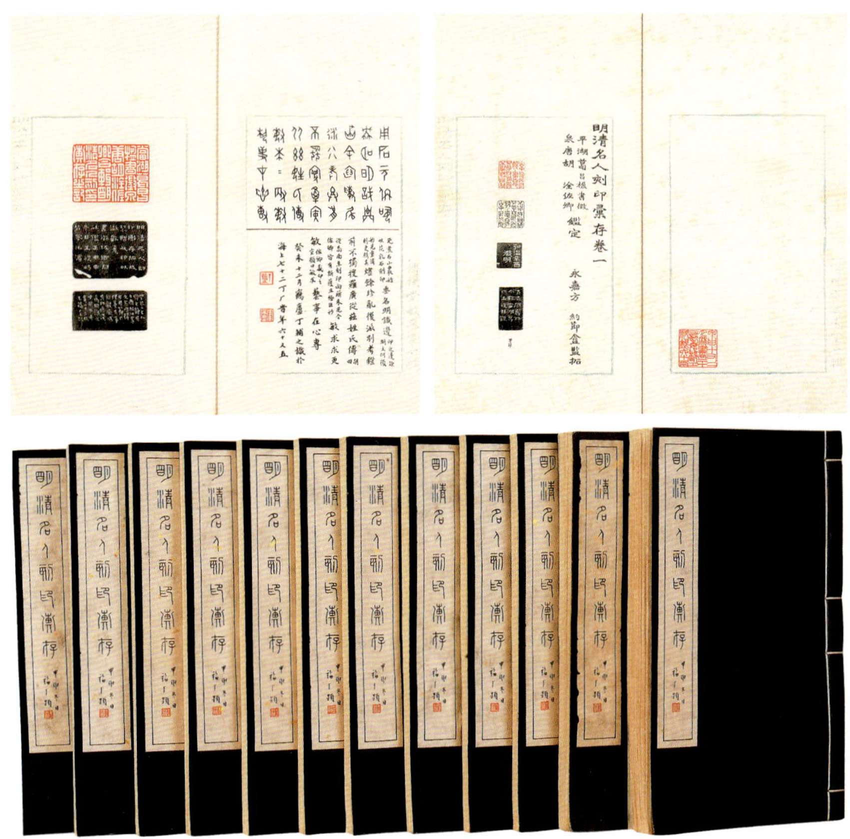

305 明清名人刻印汇存
估　价：RMB 600,000～650,000
成交价：RMB 1,058,000
中国嘉德 2012.5.12

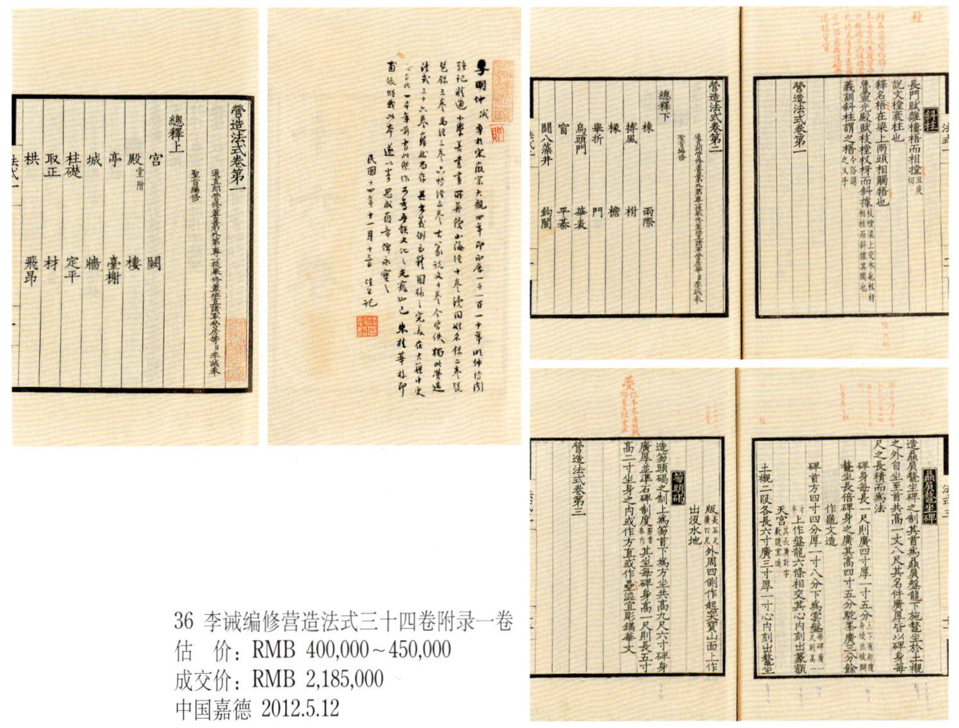

36 李诫编修营造法式三十四卷附录一卷
估　价：RMB 400,000～450,000
成交价：RMB 2,185,000
中国嘉德 2012.5.12

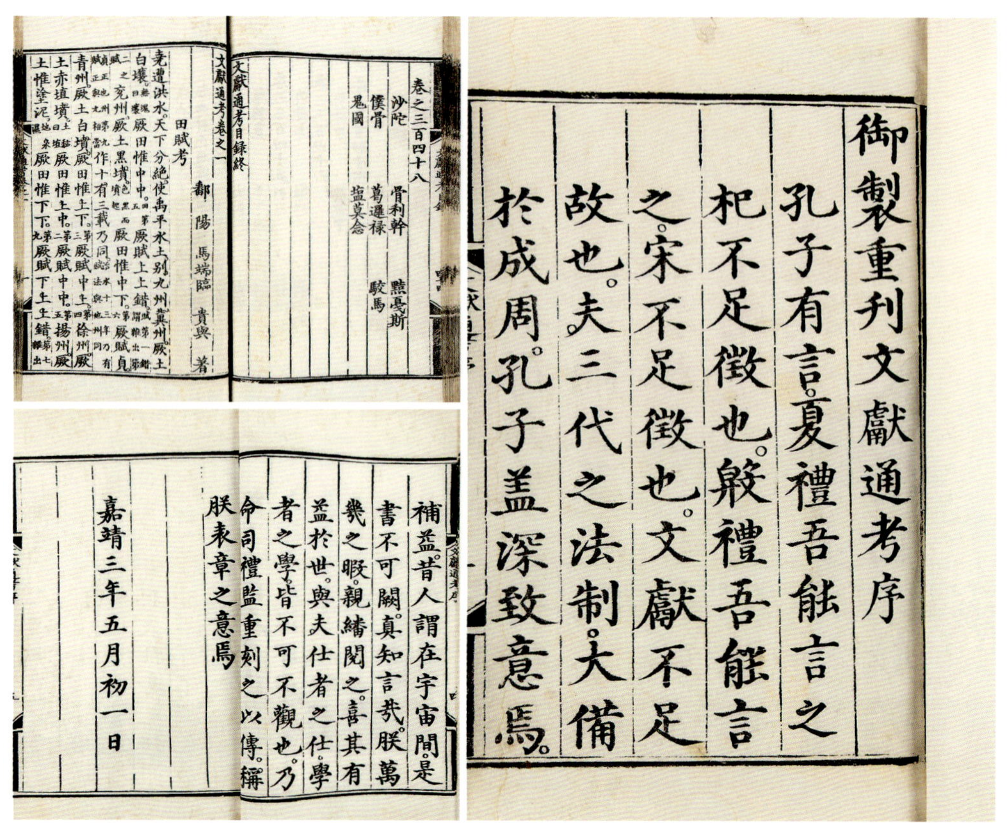

文獻通考卷之一

田賦考

鄱陽 馬端臨 貴與 著

堯遭洪水天下分絕使禹平水土别九州冀州厥土白壤厥田惟中中厥賦上上錯 兗州厥土黑墳厥田惟中下厥賦貞作十有三載乃同 青州厥土白墳厥田惟上下厥賦中上 徐州厥土赤埴墳厥田惟上中厥賦中中 揚州厥土惟塗泥厥田惟下下厥賦下上上錯

卷之三百四十八

文獻通考目錄終

御製重刊文獻通考序

孔子有言夏禮吾能言之杞不足徵也殷禮吾能言之宋不足徵也文獻不足故也夫三代之法制大備於成周孔子盖深致意焉

補益昔人謂在宇宙間是書不可闕真知言哉朕萬幾之暇親繙閱之喜其有益於世與夫仕者之仕學者之學皆不可不觀也乃命司禮監重刻之以傳稱朕表章之意焉

嘉靖三年五月初一日

832 文献通考三百四十八卷附考证三卷
估　价：RMB 1,200,000
成交价：RMB 2,702,500
上海工美 2012.12.24

4745 宋骏业 王原祁 冷枚等绘 朱圭刻 万寿盛典图

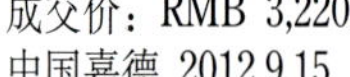

估　价：RMB 2,800,000～3,500,000
成交价：RMB 3,220,000
中国嘉德 2012.9.15

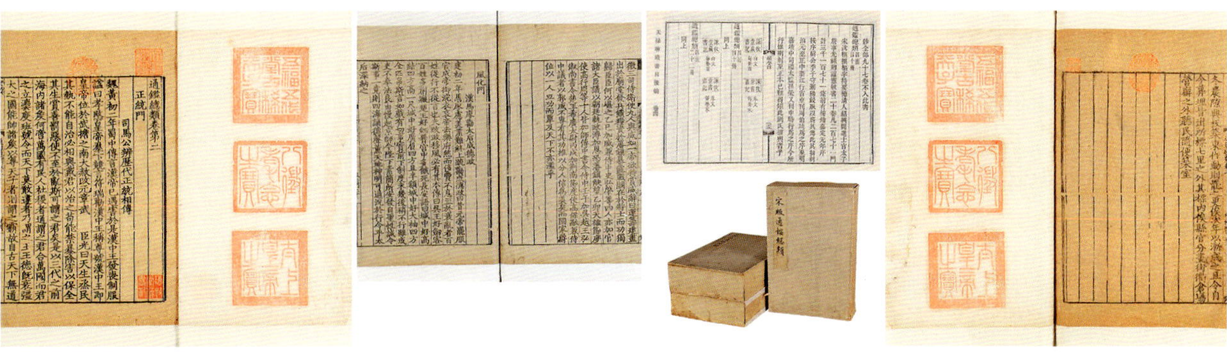

5675 沈枢撰 题宋版通鉴总类
估　价：RMB 12,000,000～15,000,000
成交价：RMB 13,800,000
中国嘉德 2012.10.31

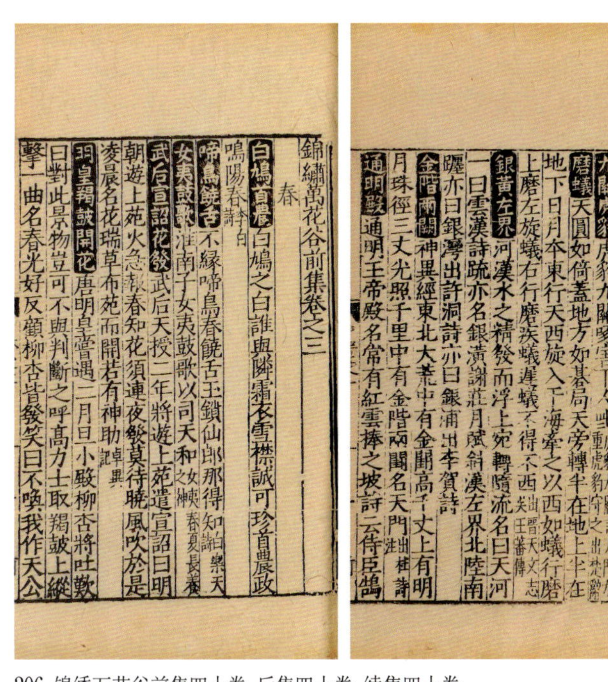

206 锦绣万花谷前集四十卷 后集四十卷 续集四十卷
估　价：RMB 350,000～380,000
成交价：RMB 1,897,500
中国嘉德 2012.5.12

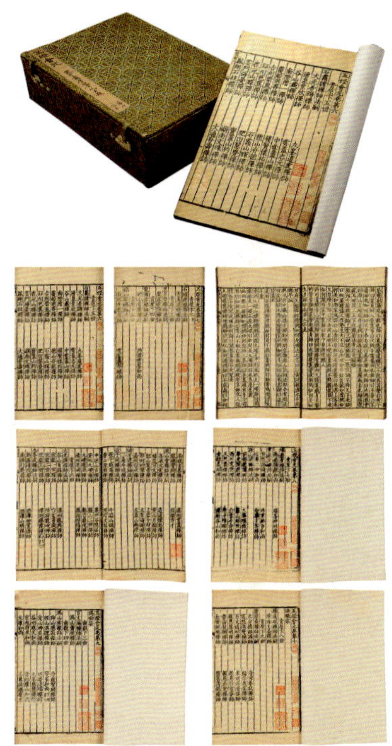

3863 释普济 五灯会元 存卷六至十卷 撰
估　价：RMB 8,800,000～12,000,000
成交价：RMB 10,120,000
中国嘉德 2012.10.28

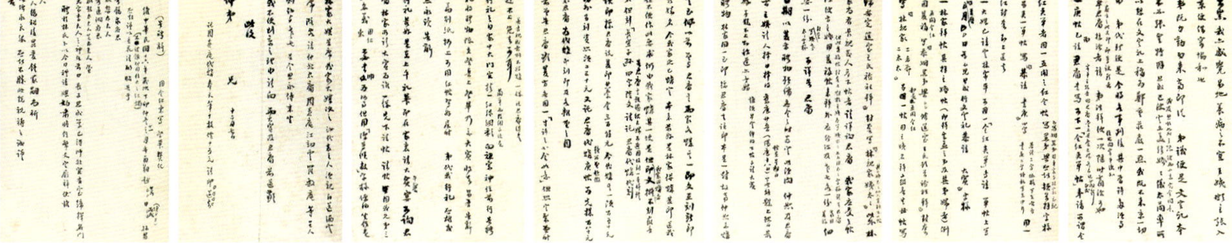

1149 梁思成 林徽因文定礼本
估　价：RMB 800,000～1,000,000
成交价：RMB 3,795,000
北京匡时 2012.12.6

1174 1915年前作 梁启超 手书李义山七言律诗
估　价：RMB 400,000～600,000
成交价：RMB 2,300,000
北京匡时 2012.12.6

1172 1916年作 梁启超 袁世凯之解剖
估　价：RMB 1,200,000～1,800,000
成交价：RMB 7,130,000
北京匡时 2012.12.6

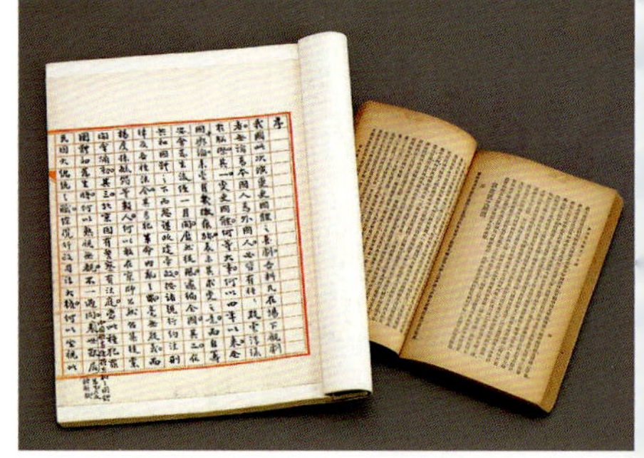

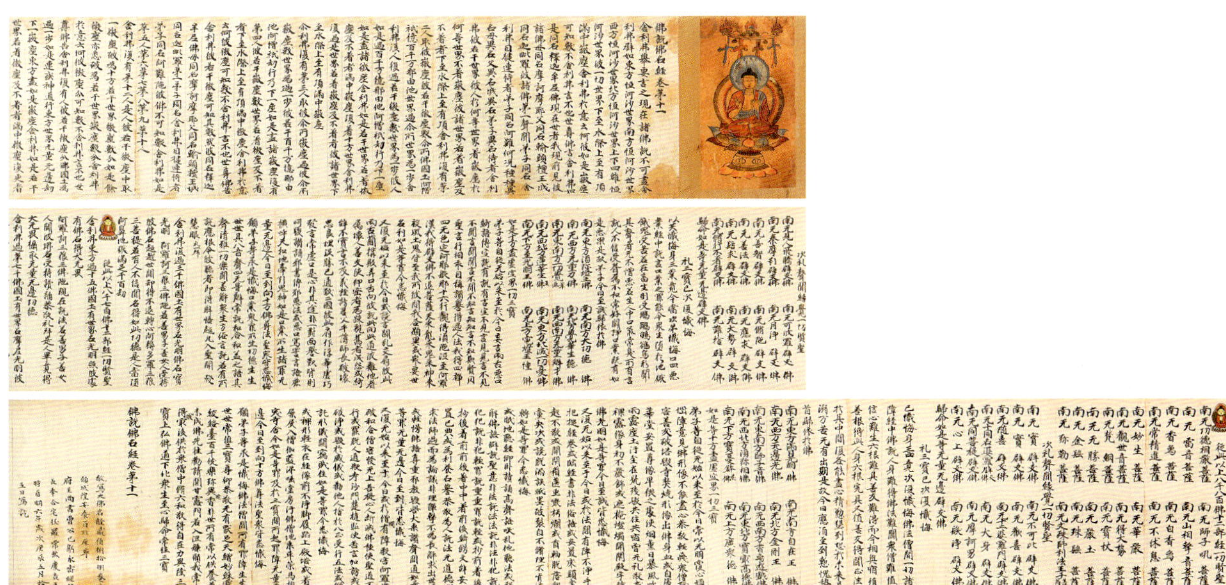

5700 佛说佛名经卷第十一
估　价：RMB 1,500,000～1,800,000
成交价：RMB 1,725,000
中国嘉德 2012.10.31

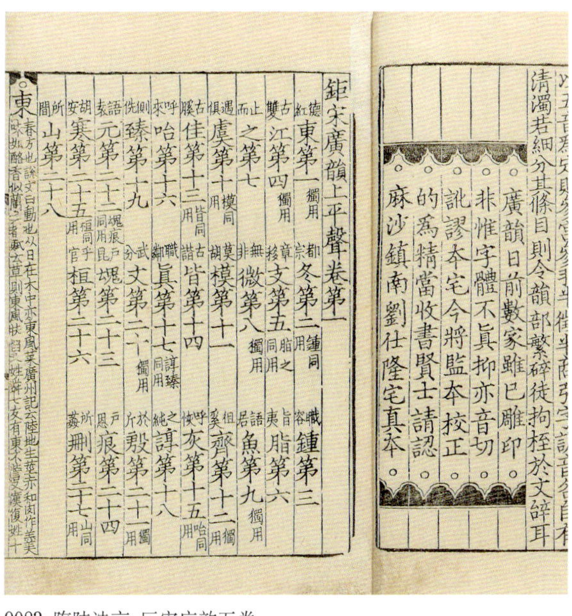

9083 隋陆法言 巨宋广韵五卷
成交价：RMB 34,500,000
北京保利 2012.12.7

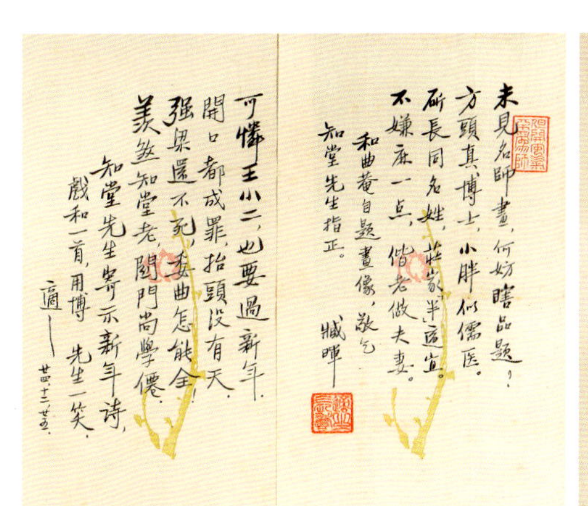

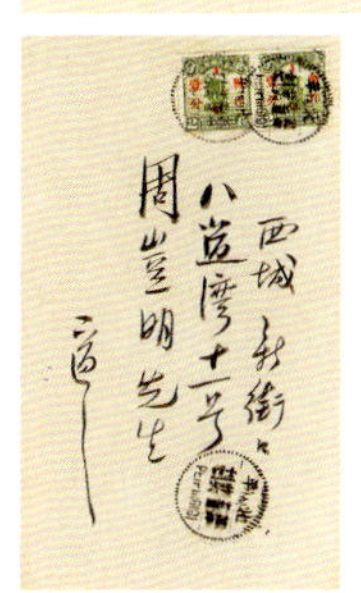

5603 胡适 撰书 胡适诗稿
估　价：RMB 150,000～200,000
成交价：RMB 1,955,000
中国嘉德 2012.10.31

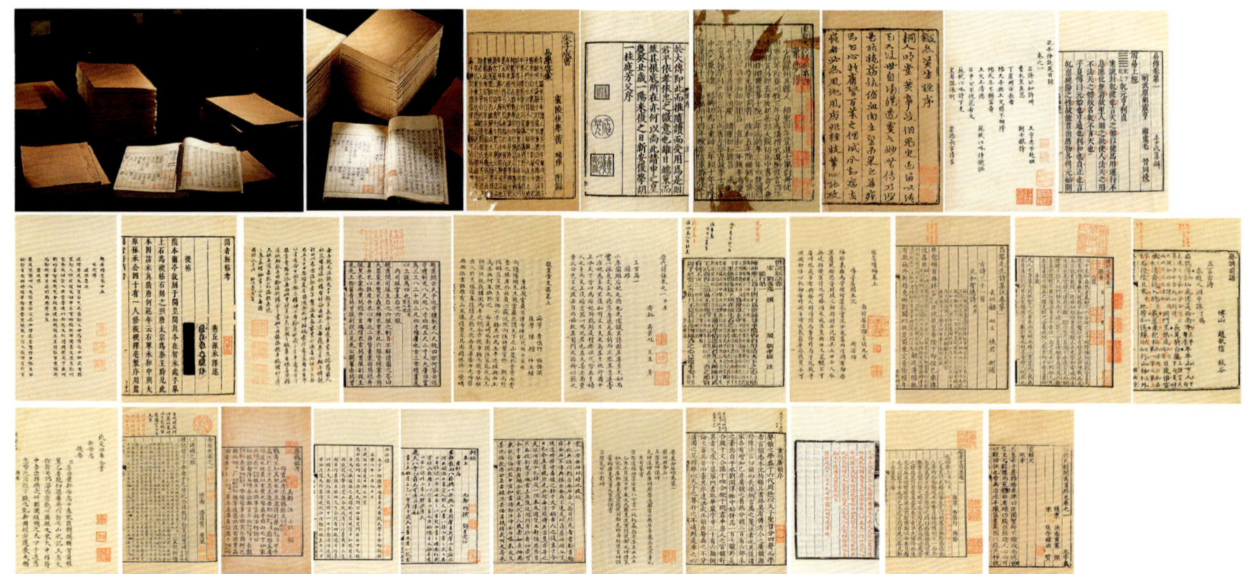

1661 过云楼藏古籍善本一百七十九种(一百七十九种选三十)
估 价：RMB 180,000,000
成交价：RMB 216,200,000
北京匡时 2012.6.4

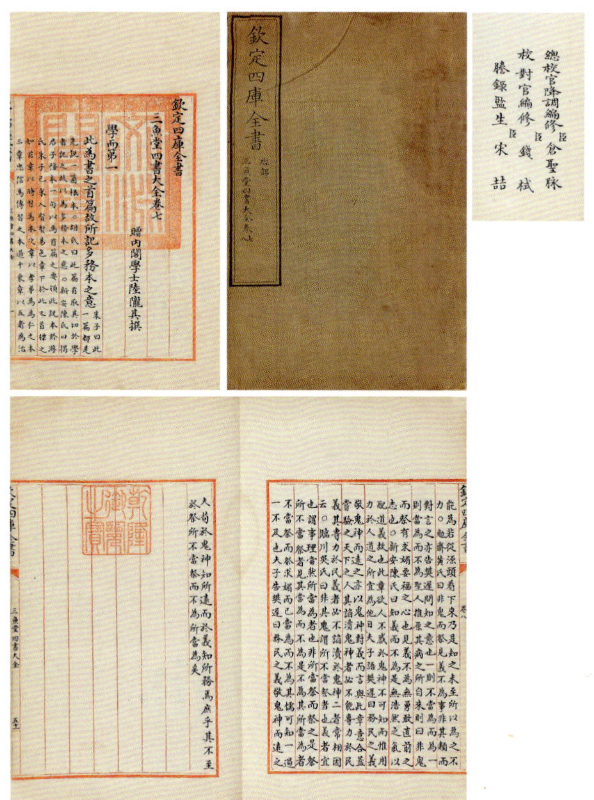

634 钦定四库全书
估 价：RMB 280,000～300,000
成交价：RMB 2,357,500
北京保利 2012.6.2

1095 毛泽东签名照片(红色铅笔 墨后填)
估 价：RMB 1,500,000～2,500,000
成交价：RMB 1,725,000
西泠拍卖 2012.7.7

4960 韩熙载夜宴图
估　价：RMB 80,000～100,000
成交价：RMB 920,000
中国嘉德 2012.9.15

9430 姚秦鸠摩罗什译 金刚般若波罗蜜多经
估　价：RMB 2,800,000～2,900,000
成交价：RMB 3,220,000
北京保利 2012.12.7

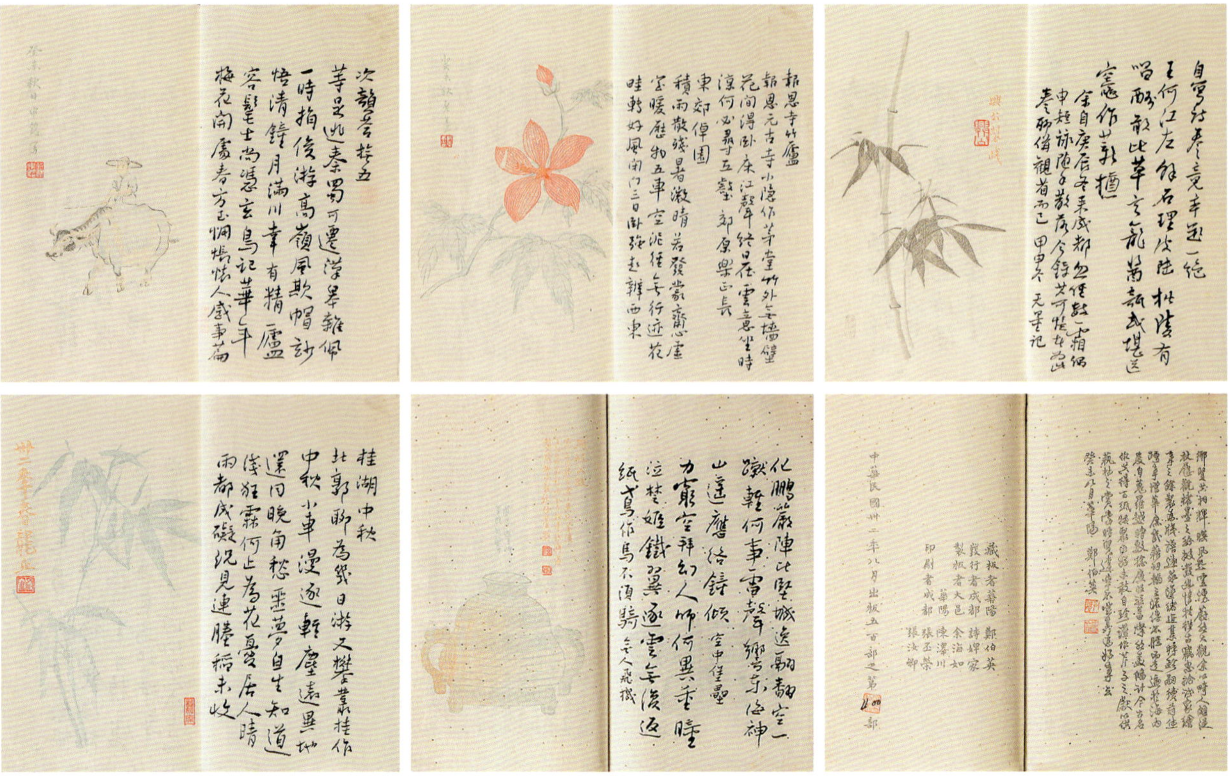

8455 成都诗婢家诗(谢无量题诗本)
估 价：RMB 140,000～150,000
成交价：RMB 747,500
北京保利 2012.12.6

607 高二适 致章士钊信札
估 价：RMB 800,000～1,200,000
成交价：RMB 5,635,000
南京经典 2012.1.8

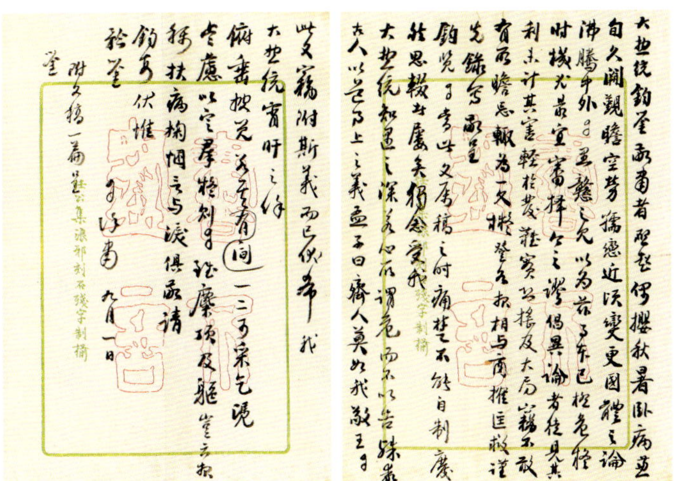

1063 反对袁世凯称帝
估　价：RMB 300,000～500,000
成交价：RMB 3,565,000
北京匡时 2012.12.6

5781 梁思成 林徽音 等摄制 梁思成、林徽因等摄中国营造学社考察古建筑照片集
估　价：RMB 1,250,000～1,500,000
成交价：RMB 4,025,000
中国嘉德 2012.10.31

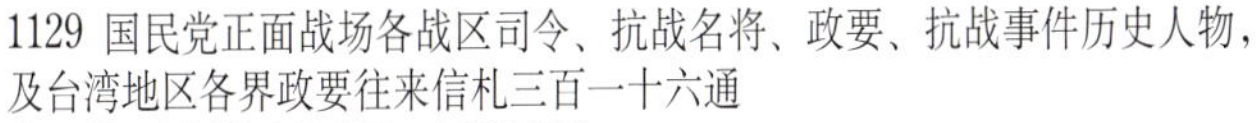

1129 国民党正面战场各战区司令、抗战名将、政要、抗战事件历史人物，及台湾地区各界政要往来信札三百一十六通
估　价：RMB 900,000～1,200,000
成交价：RMB 1,840,000
西泠拍卖 2012.7.7

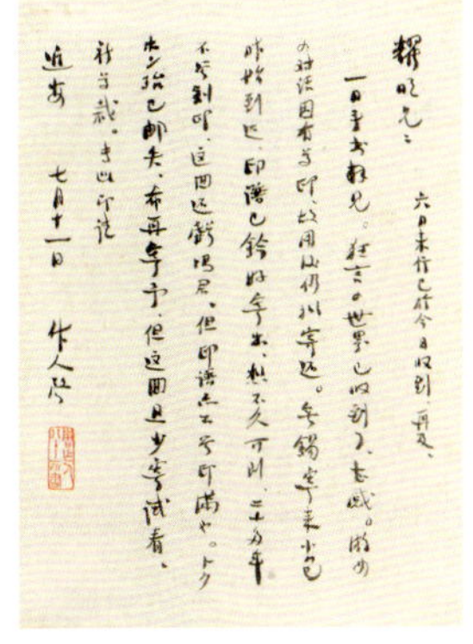

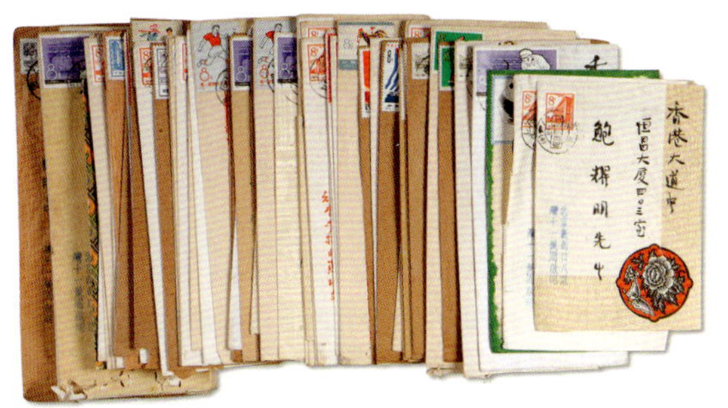

5606 周作人 撰书 周作人致鲍耀明书札
估　价：RMB 2,200,000～2,500,000
成交价：RMB 4,427,500
中国嘉德 2012.10.31

藏 酒

3527车轮牌土陶瓶茅台酒(1959年)1瓶
估　价：RMB 360,000～400,000
成交价：RMB 408,600
重851克 雍和嘉诚 2012.5.31

2689 贵州茅台酒(五星牌) 80年代初期 100瓶
估　价：RMB 1,000,000
成交价：RMB 4,945,000
540ml/瓶 北京歌德 2012.6.3

3238 汉帝茅台酒1992年 53度 1瓶
估　价：RMB 3,500,000～8,000,000
成交价：RMB 8,970,000
500ml 北京保利 2012.6.3

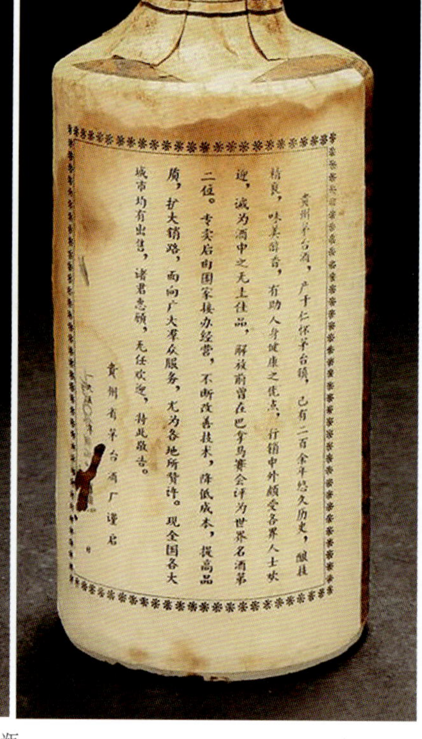

3287 五星牌贵州茅台酒(土陶瓶)(1960年1月)1瓶
估　价：RMB 250,000～350,000
成交价：RMB 402,500
540ml 西泠拍卖 2012.7.7

3243 五星牌贵州茅台酒1959年 1瓶 约54度
估　价：RMB 500,000~800,000
成交价：RMB 483,000
约837g 北京保利 2012.6.3

1136 英国格兰菲迪50年年份纪念酒(2011年)1瓶 46度
估　价：RMB 160,000~160,000
成交价：RMB 184,000
北京歌德 2012.6.2

1562 五粮液(交杯牌)1965年 1瓶
估　价：RMB 20,000
成交价：RMB 345,000
500ml 北京歌德 2012.6.3

3313 葵花牌贵州茅台酒(约1967年) 1瓶
估　价：RMB 300,000~500,000
成交价：RMB 575,000
270ml 西泠拍卖 2012.7.7

815 1952年泸州老窖老酒(两坛)
估　价：RMB 7,660,000
成交价：RMB 10,350,000
重185kg；重198kg 北京歌德 2012.12.2

1501 董酒-1981年千斤原封原坛原浆
估　价：RMB 3,000,000～3,000,000
成交价：RMB 6,095,000
北京歌德 2012.6.3

1587 长颈马爹利干邑30年代 12瓶
估　价：RMB 200,000～300,000
成交价：RMB 230,000
700ml/瓶 上海宝龙 2012.6.26

1022 拉菲1893 1瓶
估　价：RMB 66,000～100,000
成交价：RMB 75,900
750ml 北京歌德 2012.6.2

1123 法国路易十三黑珍珠(2011年) 1瓶 40度
估　价：RMB 150,000
成交价：RMB 184,000
北京歌德 2012.6.2

1024 木桐1945 拉菲1959 拉图1961 柏翠1982 奥比昂1989 玛歌1990 白马2000 欧颂2003
估　价：RMB 198,000～300,000
成交价：RMB 287,500
750ml/瓶 8 北京歌德 2012.6.2

1017 祖科葡萄酒1865 1瓶
估　价：RMB 80,000～120,000
成交价：RMB 92,000
750ml 北京歌德 2012.6.2

1068 法国马爹利三星(MARTELL)12瓶
估　价：RMB 100,000
成交价：RMB 115,000
700ml/瓶 北京传是 2012.5.17

1161 玛歌 1996 12瓶
估　价：RMB 92,000
成交价：RMB 109,250
750ml/瓶 北京歌德 2012.6.2

1527 琼浆(宝塔牌)1992年 5瓶
估　价：RMB 5,000
成交价：RMB 63,250
504ml/瓶 北京歌德 2012.6.3

茶 品

14 台湾老茶(四坛)
估　价：RMB 2,000,000～4,000,000
成交价：RMB 6,944,000
48000克 宁波富邦 2012.9.27

44 清朝御贡武夷大红袍(三坛)
估　价：RMB 3,600,000～7,200,000
成交价：RMB 9,856,000
宁波富邦 2012.9.27

42 皇家御贡普洱金丹(五坛)
估　价：RMB 4,600,000～9,200,000
成交价：RMB 10,976,000
宁波富邦 2012.9.27

445 1920-1930年 鸿泰昌圆茶
估　价：RMB 400,000～450,000
成交价：RMB 448,000
2800克 北京荣宝 2012.3.10

923 60年代 七子铁饼
估 价：RMB 200,000～250,000
成交价：RMB 280,000
2400克 北京荣宝 2012.8.26

442 1989年 财运亨通砖
估 价：RMB 80,000～120,000
成交价：RMB 112,000
4000克 北京荣宝 2012.3.10

兵器及刀剑饰

3569 清乾隆 御制金桃皮鞘[天字十七号][宝腾]腰刀
成交价：RMB 48,300,000
带鞘通长95cm；刀长87.7cm 中国嘉德 2012.10.29

77 晚清民国 铜鎏金竹节木杆仪仗兵器(一架11件)
估 价：RMB 500,000～650,000
成交价：RMB 805,000
兵器长188cm；底座80×120cm
中恒一品 2012.12.16

2043 铜鎏金鲨鱼皮嵌宝石大阅刀
估 价：RMB 300,000～400,000
成交价：RMB 345,000
长97cm 北京翰海 2012.6.29

385 清 沙鱼皮鞘士卫刀
估 价：RMB 50,000～60,000
成交价：RMB 402,500
广东益诚 2012.1.8

其他工艺品

290 元代 虎头军令牌
估　价：HKD 8,800,000
成交价：RMB 16,829,100
高15.3cm；长7.8cm 澳门中信 2012.6.3

2319 莲花天珠(一对)
估　价：RMB 4,000,000～4,500,000
成交价：RMB 8,050,000
长2.1cm；直径1.52cm；长2.15cm；直径1.55cm 北京翰海 2012.5.27

2325 金刚佛眼三眼天珠
估　价：RMB 2,500,000～3,500,000
成交价：RMB 6,325,000
长5.66cm；直径1.3cm 北京翰海 2012.5.27

179 清乾隆 仿雕漆珊瑚红地描金瑞蝠「穿云游龙」纹冠架
成交价：RMB 1,539,725
高26.5cm 伦敦苏富比 2012.5.16

2338 十二眼天珠
估　价：RMB 4,500,000～5,500,000
成交价：RMB 18,400,000
长6.25cm；直径1.21cm 北京翰海 2012.5.27

1357 泰迪 克努森(Teddy Knudsen)
手工制作石楠根星期斗(一套七支)
估　价：RMB 1,000,000～1,800,000
成交价：RMB 1,568,000
尺寸不一 北京荣宝 2012.6.24

666 限量版宾利欧陆飞驰轿车
估 价：RMB 5,000,000
成交价：RMB 6,900,000
北京艺融 2012.11.19

447 蛇皮
估 价：RMB 600,000～700,000
成交价：RMB 1,035,000
长1000cm 凤凰拍卖 2012.12.16

2104 徕卡 I
估 价：HKD 1,200,000～1,800,000
成交价：RMB 6,012,760
香港邦瀚斯 2012.11.23

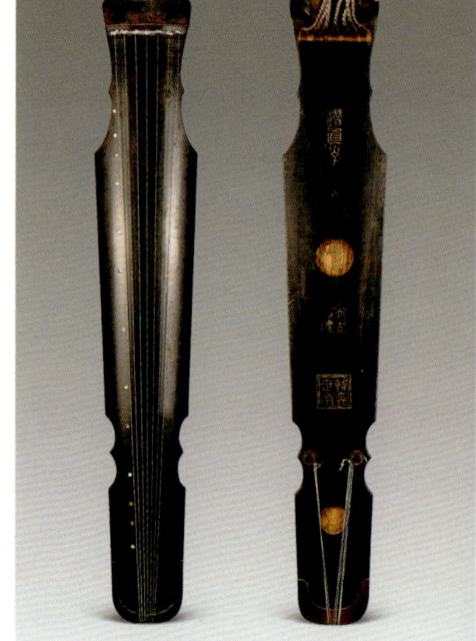

2182 潜真子伏羲式琴
估 价：RMB 3,000,000～320,000
成交价：RMB 3,450,000
长118cm 北京匡时 2012.12.5

2284 明永乐砖(一对)
估 价：RMB 300,000～400,000
成交价：RMB 805,000
53cm×53cm×7.5cm 西泠拍卖 2012.7.7

1425 泰迪 克努森(Teddy Knudsen)
手工制作光面烟斗
估 价：RMB 250,000～300,000
成交价：RMB 280,000
北京荣宝 2012.11.25

2012杂项拍卖成交汇总

(成交价RMB：5万元以上)

拍品名称	物品尺寸	成交价RMB	拍卖公司	拍卖日期
竹雕				
摆件				
明 朱小松竹根雕钟馗摆件	高17cm	552,000	上海大众	2012.08.04
明 竹雕降龙罗汉	高19.5cm	1,840,000	中国嘉德	2012.05.14
明末清中期竹雕高士雅集图小山子	长12cm	220,815	纽约佳士得	2012.03.22
明末清初 竹雕刘海戏金蝉	高10.5cm	55,959	香港富得	2012.10.27
明中期 竹雕伏虎罗汉像	高14cm	548,080	香港邦瀚斯	2012.11.24
清初 竹雕哈气罗汉	高7.5cm	563,500	上海大众	2012.08.04
清初 竹根雕东方塑坐像	高11.2cm	699,180	香港苏富比	2012.04.04
清初 竹根雕刘海戏金蟾摆件	长9.2cm	172,500	上海大众	2012.08.04
清初 竹根雕石榴摆件	长9cm	862,500	上海大众	2012.08.04
清早期 竹根雕佛手	长26cm	141,105	澳门恒瑞	2012.10.02
清早期 竹根雕刘海戏金蟾	高13.5cm	648,830	保利香港	2012.11.25
清早期 竹根雕寿星童子摆件	高16cm	71,300	北京永乐	2012.06.05
清早期 竹根雕渔樵耕读山子	高14.5cm	324,415	保利香港	2012.11.25
清早期 竹圆雕卧鹿衔灵宝杯成对	长10.2cm	575,000	中国嘉德	2012.05.14
清早期 竹雕太白醉酒摆件	高13.3cm	126,500	西泠拍卖	2012.12.28
清康熙 竹雕罗汉戏狮	高6cm	278,070	保利香港	2012.11.25
清乾隆 宫廷御用竹簧嵌佛家七珍如意		690,000	上海大众	2012.08.04
清乾隆 竹雕莲花题诗如意	长48cm	139,035	保利香港	2012.11.25
清乾隆 竹根雕嵌金丝观音	高23cm	517,500	北京保利	2012.06.05
清乾隆 竹根圆雕神农氏像	高15.3cm	3,151,460	保利香港	2012.11.25
清中期 竹雕佛手纹摆件	长14.2cm	74,750	北京东正	2012.05.11
清中期 竹雕关公像	高34cm	149,500	南京嘉信	2012.06.24
清中期 竹雕观音像	高10.2cm	230,000	北京东正	2012.05.11
清中期 竹雕罗汉	长8cm	92,000	北京翰海	2012.12.09
清中期 竹雕寿老立像	高20.5cm	126,500	北京保利	2012.06.06
清中期 竹雕童子牧牛摆件	长28cm	207,000	中国嘉德	2012.05.14
清中期 竹雕西川行旅图山子	高29.4cm	598,000	中国嘉德	2012.05.14
清中期 竹黄嵌松石如意	长35.5cm	80,500	北京匡时	2012.06.04
17世纪竹根雕「福禄寿三星」山子	长15cm	190,875	伦敦苏富比	2012.05.16
清 "用吉"款松下高士竹雕山子	高8.5cm	69,000	荣宝斋(上海)	2012.06.17
清 韩康 竹酷像	高14.7cm	667,000	中国嘉德	2012.05.12
清 喜鹊登梅竹山子	高20.2cm	1,150,000	中国嘉德	2012.05.12
清 竹雕八仙人物一组	尺寸不一	97,750	北京东正	2012.05.11
清 竹雕东方塑偷桃摆件	高14.5cm	115,000	上海崇源	2012.10.19
清 竹雕高士纹摆件	高12.5cm	55,000	隆荣国际	2012.07.27
清 竹雕关公	高34cm	195,500	凤凰拍卖	2012.12.16
清 竹雕刘海戏蟾	高16.6cm	451,360	香港邦瀚斯	2012.11.24
清 竹雕麻姑献寿摆件	高25cm	632,500	上海大众	2012.08.04
清 竹雕盘根文人摆件	长28.2cm	55,413	香港邦瀚斯	2012.11.24
清 竹雕螃蟹两只	高5.1cm；高3.7cm	69,000	西泠拍卖	2012.07.07
清 竹雕人物	高7cm	51,750	北京保利	2012.10.25
清 竹雕寿星摆件	高24cm	8,050,000	上海大众	2012.08.04
清 竹雕铁拐李	高13.7cm	333,500	荣宝斋(上海)	2012.06.17
清 竹雕小罗汉像	宽4.6cm	59,800	中国嘉德	2012.10.29
清 竹雕小松款东方朔	高6.5cm	57,500	荣宝斋(上海)	2012.06.17
清 竹雕渔家乐摆件	长34cm	172,500	北京保利	2012.06.06
清 竹根雕布袋和尚	高9.6cm	172,500	西泠拍卖	2012.07.07
清 竹根雕佛手摆件	长25cm	115,000	上海崇源	2012.10.19
清 竹根雕麻姑献寿摆件	高14cm	172,500	西泠拍卖	2012.07.07
清 竹根雕骑鹿寿星	高15.2cm	92,000	西泠拍卖	2012.07.07
清 竹根雕寿星摆件	高14cm	287,500	北京歌德	2012.12.01
清 竹根雕松石人物山子	高5.6cm	80,500	西泠拍卖	2012.07.07
清 竹根雕渔樵耕读山子	长11.7cm	109,250	北京诚轩	2012.05.13
清 竹雕采药老人像	高5.4cm	172,500	西泠拍卖	2012.12.28
清 竹雕韩愈至蓝关摆件	高13.7cm	575,000	西泠拍卖	2012.12.28
清 竹雕刘海戏金蟾摆件	高7.1cm	299,000	西泠拍卖	2012.12.28
清 竹雕如意童子摆件	高10.7cm	207,000	西泠拍卖	2012.12.28
清 竹雕山水楼台山子	高7.7cm	161,000	西泠拍卖	2012.12.28
清 竹雕太平有象摆件	高18cm	184,000	西泠拍卖	2012.12.28

拍品名称	物品尺寸	成交价RMB	拍卖公司	拍卖日期
清 竹根雕金蟾摆件	高3.5cm	86,250	西泠拍卖	2012.12.28
清17世纪／18世纪 竹雕和合二仙摆件	直径8.9cm	596,440	香港佳士得	2012.11.28
清17世纪／18世纪 竹根雕和合二仙之一	高17.8cm	699,180	香港苏富比	2012.04.04
清17世纪／18世纪 竹根雕卧兽	长6.1cm	552,840	香港苏富比	2012.04.04
清18世纪 竹根雕「刘海戏蟾」	高19cm	279,950	伦敦苏富比	2012.05.16
竹雕太白醉翁摆件	高5cm	115,000	上海驰翰	2012.04.27
竹杯				
明 竹雕梅桩式爵杯	高12.4cm	80,600	香港邦瀚斯	2012.11.24
明 竹根雕梅花杯	高10.8cm	402,500	北京翰海	2012.12.09
清初 竹根雕松纹杯	高8.3cm	69,000	荣宝斋(上海)	2012.06.17
清初17世纪／18世纪 竹根雕内银镶杯	高8.4cm	304,875	香港苏富比	2012.04.04
清 竹雕仿犀角螭龙纹杯	高11.5cm	115,000	北京永乐	2012.06.05
香筒				
明 张希黄刻香筒	长32cm	69,000	上海崇源	2012.10.19
明 竹雕西厢记香筒	高21cm	69,000	北京保利	2012.06.06
明末 竹雕荷蟹图香笼	高23.5cm	575,000	上海大众	2012.08.04
明末 竹香筒	高18cm	92,000	凤凰拍卖	2012.12.16
明末清初 竹雕仕女倚石纹香筒	高18.6cm	517,500	北京东正	2012.10.31
清初 竹雕仕女赏古纹香筒	高18cm	299,000	北京东正	2012.10.31
清初 竹雕松山论艺纹香筒	高29.2cm	1,150,000	北京东正	2012.05.11
清早期顾珏款竹雕瑶池祝寿图香筒	高17.6cm	92,000	中国嘉德	2012.09.17
清早期 竹雕吹箫引凤香筒	高21cm	115,000	北京保利	2012.06.06
清早期 竹雕仕女香筒	高19.7cm	138,000	北京保利	2012.06.06
清中期 竹雕老子出关纹香筒	高17.5cm	92,000	北京东正	2012.05.11
清 庭园美人图 竹香笼	高26.5cm	2,300,000	中国嘉德	2012.05.12
清 竹雕刘海戏金蟾香筒	高14cm	92,000	西泠拍卖	2012.07.07
清 竹雕松下人物香筒	高22.5cm	86,250	西泠拍卖	2012.07.07
清 竹雕莺莺待月图香笼	长21cm	218,500	上海大众	2012.08.04
清18世纪 竹雕「庭院仕女」图香筒	高24.3cm	101,800	伦敦苏富比	2012.05.16
18世纪 竹雕人物圆柱香筒	高26cm	991,860	香港佳士得	2012.05.30
晚明，16/17世纪 竹雕「瑞兽图」香筒	高25.9cm	941,141	伦敦苏富比	2012.05.16
诗筒				
清中期 竹雕泊舟听琴图诗筒	高12.2cm	115,000	北京诚轩	2012.10.28
清 知音图 竹诗筒	高10.7cm	460,000	中国嘉德	2012.05.12
清 竹雕东山捷报诗筒	高12.5cm	184,000	上海大众	2012.08.04
清 竹雕竹林七贤诗筒	高11cm	166,750	上海大众	2012.08.04
清 竹刻赤壁夜游小诗筒	高10.7cm	115,000	上海大众	2012.08.04
清乾隆 杨谦雕竹石图诗筒	高10.5cm	69,000	北京诚轩	2012.05.13
清 竹雕和谐诗筒	高12cm	63,250	上海大众	2012.08.04
扇骨				
明末 湘妃竹大扇骨	长41cm	747,500	上海大众	2012.08.05
清 尚斋摹、澹如刻钱币纹湘妃竹扇骨及湘妃扇骨 (两把)	尺寸不一	69,000	上海大众	2012.08.05
清 湘妃竹尺二大折扇	长40cm	280,000	北京荣宝	2012.11.25
清 湘妃竹扇骨 (两把)	长40.4cm；长38.2cm	66,700	中国嘉德	2012.09.17
清 湘妃竹一尺折扇	长34cm	168,000	北京荣宝	2012.11.25
清 竹刻古印文素扇	长33cm	66,700	中国嘉德	2012.09.17
清 紫花腊地湘妃竹扇骨	长31.5cm	63,250	北京传是	2012.12.16
民国 谭一民刻吴待秋画稿扇骨	长32.5cm	59,800	北京传是	2012.12.16
民国 王勋刻竹簧踏雪寻梅图扇	长40cm	86,250	上海大众	2012.08.04
民国 王勋刻竹簧庭园高士图扇	长40cm	57,500	上海大众	2012.08.04
吴湖帆 山水书法扇骨	高32cm	103,500	北京恒盛鼎	2012.09.17
湘妃扇骨		184,000	北京保利	2012.04.21
湘妃竹扇骨		80,500	上海工美	2012.03.04
杨惠义刊　湘妃竹诗文一尺折扇	长33cm	112,000	北京荣宝	2012.11.25
支慈盦 竹雕扇骨	高34cm	115,000	北京诚轩	2012.05.14
曹小弟制李宗贤刊　玉竹牧牛图九寸折扇	长30cm	56,000	北京荣宝	2012.11.25

*查看图片请参照凡例4方法

2012杂项拍卖成交汇总

(成交价RMB：5万元以上)

拍品名称	物品尺寸	成交价RMB	拍卖公司	拍卖日期
旧湘妃竹扇骨(二把)		115,000	上海工美	2012.08.18
齐白石 虾蟹扇骨	高31cm	103,500	北京恒盛鼎	2012.09.17
竹盒				
清乾隆 御制竹雕秋趣图葫芦盒	长10cm	552,000	上海大众	2012.08.04
清乾隆 竹黄连云纹「卍」字方胜盖盒	长10cm	152,438	香港苏富比	2012.04.04
清乾隆 竹贴黄万寿无疆盖盒	直径42.2cm	1,150,000	北京匡时	2012.06.04
清中期 竹雕瓜果纹盖盒	长10cm	51,750	北京东正	2012.05.11
清 蜻蜓万代竹盒	高9.3cm	4,715,000	中国嘉德	2012.05.12
清 寿字纹竹方盒	宽22.5cm	161,000	中国嘉德	2012.10.29
清 湘妃竹六方几连原装盒	长54.5cm	126,500	北京匡时	2012.12.05
清 竹雕诗文放古钱币盒	长24.5cm	63,250	上海大众	2012.08.04
笔筒				
明 竹雕蕉石图笔筒	高11.6cm	126,500	西泠拍卖	2012.12.28
明晚期 竹雕君臣一气图笔筒	高14cm	345,000	中国嘉德	2012.05.14
明晚期 竹雕仙女图笔筒	高15cm	207,000	中国嘉德	2012.05.14
清初 竹雕八仙祝寿笔筒	高17cm	437,000	上海大众	2012.08.04
清初 竹雕松山赏乐纹笔筒	高13.2cm	218,500	北京东正	2012.05.11
清初 竹雕松下高士纹笔筒	高15.2cm	207,000	北京东正	2012.05.11
清初 竹雕松下人物笔筒	高15cm	345,000	北京翰海	2012.05.27
清初 竹雕易安居士庭填词图笔筒	高15.5cm	402,500	上海大众	2012.08.04
清早期 于鳌图制竹根雕诗文笔筒	高12.4cm	115,000	中国嘉德	2012.05.14
清早期 竹雕八仙笔筒	高13cm	185,380	保利香港	2012.11.25
清早期 竹雕赤壁图笔筒	高15.8cm	86,250	中国嘉德	2012.12.17
清早期 竹雕林逋唤鹤图笔筒	高14cm	92,000	中国嘉德	2012.05.14
清早期 竹雕人物笔筒	高14cm	161,000	北京保利	2012.04.21
清早期 竹雕人物笔筒	高15.2cm	157,573	保利香港	2012.11.25
清早期 竹雕人物笔筒	高15cm	138,000	北京保利	2012.04.21
清早期 竹雕仕女图笔筒	高14.8cm	172,500	北京保利	2012.06.06
清早期 竹雕松溪纳凉图笔筒	高14.5cm	161,000	中国嘉德	2012.05.14
清早期 竹雕王质遇仙笔筒	高16cm	94,300	中国嘉德	2012.05.14
清早期 竹雕西园雅集图笔筒	高15.6cm	63,250	中国嘉德	2012.09.17
清早期 竹雕香山九老图笔筒	高11.7cm	82,800	北京诚轩	2012.10.28
清早期 竹雕雅集图笔筒	长15.3cm	391,000	北京保利	2012.06.06
清早期 竹雕渔家乐笔筒	高15cm	230,000	北京保利	2012.12.06
清早期 竹雕芷岩款人物笔筒	高9.5cm	115,000	北京保利	2012.04.21
清早期 竹根雕山水人物大笔筒	高19.6cm	690,000	中国嘉德	2012.05.14
清早期 竹刻东山报捷图笔筒	高18.5cm	195,500	中国嘉德	2012.05.14
清康熙 "东海道人"(吴之璠)款竹刻梅竹笔筒	高13.5cm	556,140	保利香港	2012.11.25
清康熙 顾珏风格竹雕雅集图笔筒	高15.2cm	345,000	北京保利	2012.06.05
清康熙 竹雕夜游赤壁纹笔筒	高13.5cm	920,000	北京东正	2012.10.31
清康熙 竹雕竹林七贤纹笔筒	高11.1cm	299,000	北京东正	2012.10.31
清康熙 竹黄「李白醉酒」图笔筒连紫檀木沿底	长12cm	267,225	伦敦苏富比	2012.05.16
清乾隆 竹雕柴门相送图笔筒	高14.9cm	118,294	纽约佳士得	2012.03.22
清乾隆 竹雕松鹤延年纹笔筒	高12cm	345,000	北京东正	2012.10.31
清乾隆 竹刻"陋室铭"笔筒	高12cm	115,000	上海大众	2012.08.04
清咸丰 筠谷山人制竹雕赤壁图诗画笔筒	高12.5cm	1,437,500	北京保利	2012.06.06
清中期 程筠雕二十四孝图笔筒	高16cm	51,750	北京传是	2012.07.08
清中期沈全林雕螳螂秋菘图竹笔筒	高14.3cm	483,000	中国嘉德	2012.05.14
清中期王梅邻制秋声赋读书图笔筒	高16cm	2,530,000	北京保利	2012.12.05
清中期 王梅邻制竹雕八仙小笔筒	高12.5cm	111,228	保利香港	2012.11.25
清中期 王衍铭竹雕佳果图笔筒	高17cm	184,000	北京永乐	2012.06.05
清中期 周芷岩款紫檀风竹纹笔筒	高13.6cm	172,500	北京东正	2012.10.31
清中期 竹雕赤壁图小笔筒	高12cm	101,200	北京永乐	2012.12.15
清中期 竹雕胡人射雕笔筒	高12cm	55,200	北京保利	2012.04.21
清中期 竹雕兰花诗文笔筒	高14.6cm	138,000	北京翰海	2012.05.27
清中期 竹雕梅花纹笔筒	高12cm	55,200	中国嘉德	2012.03.26
清中期 竹雕浅刻礁石博古纹笔筒	高12.8cm	59,800	北京东正	2012.10.31
清中期 竹雕人物笔筒	高13.7cm	218,500	北京保利	2012.12.06
清中期 竹雕人物故事笔筒	高14.5cm	71,300	北京保利	2012.06.06
清中期 竹雕山水人物诗文笔筒	高13.5cm	57,500	北京保利	2012.04.21
清中期 竹雕松山高士笔筒	高15.4cm	57,500	中贸圣佳	2012.07.22
清中期 竹雕踏雪寻梅图笔筒	高16.5cm	112,700	北京诚轩	2012.05.13
清中期 竹雕西园雅集图笔筒	高16.7cm	138,000	北京翰海	2012.12.09
清中期 竹雕婴戏笔筒	高16.3cm	138,000	北京保利	2012.06.06
清中期 竹雕竹林七贤笔筒	高16cm	805,000	北京保利	2012.12.06
清中期 竹透雕松下人物笔筒	高15.5cm	69,000	北京翰海	2012.12.09
清中期 竹透雕松下三翁图笔筒	高14.5cm	172,500	北京翰海	2012.05.27
清嘉庆 竹雕螳螂竹纹嵌银丝诗文笔筒	高13cm	161,000	北京保利	2012.04.21
清17世纪/18世纪 竹雕「山中放牧」图笔筒	高10.6cm	304,875	香港苏富比	2012.04.04
17世纪/18世纪 竹雕留青「山水庭阁」图笔筒	高12cm	3,918,660	香港苏富比	2012.04.04
18世纪 竹雕高士人物笔筒	高16.8cm	1,772,340	香港佳士得	2012.05.30
18世纪 竹雕香山九老笔筒	高15cm	69,000	上海嘉泰	2012.10.25
清 "时以成"款松溪泛舟图竹笔筒	高16.5cm	575,000	朵云轩	2012.12.29
清 程序伯款竹笔筒	高12cm	86,250	凤凰拍卖	2012.12.16
清 三松竹雕人物笔筒	高15cm	63,250	上海嘉泰	2012.06.23
清 少溪制竹雕浅刻踏春图笔筒	高11.3cm	51,750	西泠拍卖	2012.07.07
清王永芳竹雕山水人物诗文笔筒	高14cm	460,000	上海大众	2012.08.04
清 五耆儒松亭逸兴外销竹雕成对笔筒	尺寸不一	148,304	澳门中信	2012.12.28
清 芝山制竹雕白菜笔筒	高12.6cm	322,000	西泠拍卖	2012.12.28
清 朱文友制三老赏月竹雕笔筒	高14.4cm	782,000	西泠拍卖	2012.07.07
清 竹笔筒	高24.0cm	138,000	北京保利	2012.04.21
清 竹雕垂柳渔舟笔筒	高14cm	138,000	西泠拍卖	2012.12.28
清 竹雕道教人物笔筒	高12cm	115,000	上海大众	2012.08.04
清 竹雕二乔读书笔筒	高15cm	460,000	上海大众	2012.08.04
清 竹雕耕织图笔筒	高17cm	9,200,000	北京翰海	2012.12.09
清 竹雕韩康采药笔筒	高15cm	69,000	西泠拍卖	2012.12.28
清 竹雕漆金指日高升笔筒	高15cm	207,000	广东益诚	2012.01.08
清 竹雕秋山行旅图笔筒	高15.5cm	92,000	中贸圣佳	2012.07.22
清 竹雕人物笔筒	高15cm	161,000	北京翰海	2012.12.21
清 竹雕人物纹笔筒	高15.5cm	80,500	上海泓盛	2012.06.24
清 竹雕人物纹笔筒	高16.7cm	71,300	中国嘉德	2012.03.25
清 竹雕人物纹笔筒	高16cm	57,500	中国嘉德	2012.06.16
清 竹雕山水人物笔筒	高15.2cm	667,000	上海大众	2012.08.04
清 竹雕诗文笔筒	高12.3cm	57,500	北京九歌	2012.06.29
清 竹雕仕女窥卷图笔筒	高15cm	287,500	西泠拍卖	2012.12.28
清 竹雕松下三老图笔筒	高15.3cm	402,500	上海大众	2012.08.04
清 竹雕踏雪寻梅笔筒	直径9.6cm	109,250	北京歌德	2012.12.01
清 竹雕西园雅集笔筒	高15.5cm	138,000	西泠拍卖	2012.07.07
清 竹雕香山九老笔筒	高15.4cm	230,000	西泠拍卖	2012.07.07
清 竹雕芸谷款草虫花卉笔筒	高13cm	103,500	中国嘉德	2012.10.29
清 竹雕竹林七贤笔筒	高14.5cm	92,000	西泠拍卖	2012.12.28
清 竹高浮雕"访友图"笔筒	高12.5cm	92,000	云南典藏	2012.12.16
清 竹刻留青葡萄诗文笔筒	高13.5cm	172,500	上海大众	2012.08.04
清 竹刻竹石隐居图笔筒	高15.5cm	195,500	上海大众	2012.08.04
斑竹笔筒	高20.2cm	195,500	中国嘉德	2012.10.30
周笠 浴马图竹笔筒	高17.4cm	115,000	上海工美	2012.08.18
竹雕清文笔筒	直径10cm	75,256	中联国际	2012.10.02
竹雕人物笔筒	高15cm	97,750	北京歌德	2012.12.01
竹雕人物笔筒	高13.5cm	57,500	北京歌德	2012.06.03
竹雕山水人物笔筒	直径12cm	244,582	中联国际	2012.10.02
竹雕松间会友笔筒	高16.5cm	58,000	上海驰翰	2012.10.10
竹雕夜游赤壁笔筒	高15.3cm	115,000	上海驰翰	2012.04.27
竹黄六角花鸟纹笔筒	直径14cm	122,291	中联国际	2012.10.02
其他用品				
明 竹柄羽箒	长22.2cm	251,875	香港邦瀚斯	2012.11.24
清早期 竹雕人物长消息筒	长33.2cm	71,300	中国嘉德	2012.05.14
清乾隆 文竹斋戒佩	高6.6cm	207,000	北京翰海	2012.12.09
清乾隆 周芷岩制竹雕放鹤图牌	长5cm	126,500	北京保利	2012.06.06

拍品名称	物品尺寸	成交价RMB	拍卖公司	拍卖日期
清乾隆 竹雕梅花水盛	宽10.4cm×2	130,975	香港邦瀚斯	2012.11.24
清中期 竹雕山水人物瓶	高37.2cm	1,380,000	北京翰海	2012.12.09
清光绪 金士恒刻字竹制拐杖及草书对联	133×16cm	92,000	中国嘉德	2012.10.30
清 王勋竹刻"加官进爵"信筒	长18cm	189,750	文津阁	2012.06.01
清 湘妃竹冰梅纹茶棚	高37cm	109,250	上海大众	2012.08.04
清 湘妃竹茶量	长14cm	74,750	上海大众	2012.08.04
清 湘妃竹大茶台	长86cm	149,500	上海大众	2012.08.04
清 湘妃竹佛龛	高50cm	287,500	上海大众	2012.08.04
清 湘妃竹小茶台	长49cm	74,750	上海大众	2012.08.04
清 芝山制竹雕石榴梅子诗文围棋罐(一对)	直径12cm	322,000	西泠拍卖	2012.07.07
清 竹雕花卉臂搁	长13cm	57,500	广东益诚	2012.01.08
清 竹雕香炉	高13.0cm	57,500	北京保利	2012.04.21
清 竹根雕四狮戏绣球	高8cm	115,000	北京诚轩	2012.05.13
清 竹雕都承盘	长28cm	51,750	荣宝斋(上海)	2012.09.09
清 芭蕉形湘妃竹香盘	长62cm	126,500	西泠拍卖	2012.12.28
近代 潘行庸制竹雕百寿拐杖	长98cm	63,250	西泠拍卖	2012.12.28
1956年作 潘郯款竹刻山水人物诗文拐杖	长89.6cm	69,000	中国嘉德	2012.12.17
唐云自用竹鸟笼	高23.8cm	207,000	上海工美	2012.08.18
香妃竹茶盘(一套六件)	30cm×30cm	115,000	上海大众	2012.08.04
湘妃竹茶箱	35.5cm×30cm	195,500	上海大众	2012.08.04
湘妃竹茶则	15cm×5cm	69,000	上海大众	2012.08.04
竹雕人物花插	高9.5cm	92,000	北京歌德	2012.12.01

木雕

摆件

拍品名称	物品尺寸	成交价RMB	拍卖公司	拍卖日期
明初 黄杨木雕铁拐李站像	高32.5cm	207,000	上海大众	2012.08.04
明嘉靖李文进供木雕泥金观音坐像	高110cm	218,500	上海嘉泰	2012.10.25
明 沉香木雕岩间寿星像	高7cm	172,500	西泠拍卖	2012.07.07
明 黄花梨佛龛	高18cm	207,000	北京翰海	2012.05.27
明 黄花梨佛座	长36.5cm	92,000	北京保利	2012.12.06
明 黄杨随形根雕罗汉站像	高29.5cm	172,500	上海大众	2012.08.04
明 木雕金漆关帝座像	高101cm	2,185,000	北京保利	2012.12.05
明 韦驮菩萨立像	高120cm	6,382,500	北京翰海	2012.05.27
明 雅宜山人(王宠款)紫檀座灵芝	长38cm	195,500	凤凰拍卖	2012.12.16
明 紫檀高浮雕龙纹三镶玉如意	长46.7cm	161,200	香港邦瀚斯	2012.11.24
明16世纪 木雕佛坐像	高55.2cm	354,881	纽约佳士得	2012.03.22
明末 沉香木雕仙人乘槎摆件	长16.3cm	80,500	中贸圣佳	2012.07.22
明末/清初 黄杨木雕仙人立像	高18.7cm	55,204	纽约佳士得	2012.03.22
明末/清中期 沉香木雕醉翁摆件	长10.5cm	545,729	纽约佳士得	2012.03.22
明末/清中期 木漆金菩萨坐像	高106.8cm	299,678	纽约佳士得	2012.03.22
明末清初 黄杨木雕瘦骨罗汉	高12.9cm	1,092,500	中国嘉德	2012.05.14
明晚期 檀香木雕哪吒	高44cm	92,690	大唐国际	2012.11.24
清初 沉香木雕海螺摆件	长13.5cm	74,750	中贸圣佳	2012.07.22
清初 黄花梨雕深山访友图山子	长35cm	63,250	上海嘉泰	2012.10.25
清初 黄花梨佛龛	高38cm	805,000	上海大众	2012.08.04
清初 黄杨木雕观音像	高22cm	57,500	荣宝斋(上海)	2012.06.17
清初 黄杨木雕松山访友纹山子	长12.7cm	80,500	北京东正	2012.10.31
清初 奇南沉香雕桃花源图山子		1,610,000	上海嘉泰	2012.10.25
清初 沈大生奇楠沉香雕大吉羊	长11.5cm	172,500	上海嘉泰	2012.10.25
清早期 沉香雕观音童子立像	高23cm	391,000	北京保利	2012.12.06
清早期 檀香木漆金观音像	高24cm	92,000	南京嘉信	2012.06.24
清康熙 沉香木雕四臂观音像	高26cm	2,530,000	中贸圣佳	2012.07.22
清乾隆红木嵌火燎玉雕双龙纹插牌	高36.5cm	287,500	北京东正	2012.05.11
清乾隆 黄杨木雕周文王像	高16.8cm	115,000	北京东正	2012.05.11
清乾隆 木漆金释迦像	高26.5cm	66,700	中国嘉德	2012.06.16
清中期 沉香木雕持荷童子	高13.3cm	69,000	北京翰海	2012.12.09
清中期沉香木文殊、普贤菩萨(二件)	高15.5cm	207,000	北京翰海	2012.12.09
清中期 黄杨木雕福禄寿摆件	高50cm	460,000	中贸圣佳	2012.07.22
清中期 黄杨木刻灵芝如意	长29.2cm	201,500	香港邦瀚斯	2012.11.24
清中期 黄杨木瘦骨罗汉像	高21.7cm	92,000	中国嘉德	2012.12.17
清中期 紫檀雕六臂大黑天	高15cm	184,000	北京翰海	2012.12.09
清"杨维占恭制"紫檀如意云头熏	长26cm	230,000	上海嘉泰	2012.10.25
清 沉香雕松鼠葡萄、人物山子摆件(两件)	宽8cm	92,000	北京保利	2012.12.06
清 沉香伏虎罗汉	高10cm	345,000	凤凰拍卖	2012.12.16
清 沉香观音龛菩萨	高12cm	57,500	上海嘉泰	2012.06.23
清 沉香观音立像	高27cm	71,300	中贸圣佳	2012.03.04
清 沉香木雕观音	高23cm	207,000	广东益诚	2012.01.08
清 沉香木雕观音坐像	高16.5cm	92,000	北京保利	2012.12.07
清 沉香木雕花卉山子	高6.4cm	253,000	西泠拍卖	2012.07.07
清 沉香木雕刘海戏蟾摆件	高18cm	51,750	中贸圣佳	2012.07.22
清 沉香木雕山水人物摆件	长21cm	336,000	北京荣宝	2012.11.25
清 沉香木雕山水人物山子	长29.2cm	1,563,640	香港佳士得	2012.11.28
清 沉香木雕瘦骨罗汉摆件	高10.3cm	69,000	中贸圣佳	2012.07.22
清 沉香木雕仙人乘槎摆件	长17.5cm	92,000	荣宝斋(上海)	2012.06.17
清 沉香木山子	高35.5cm	80,500	北京容海	2012.03.26
清 沉香木山子	高15cm	69,000	北京容海	2012.03.26
清 沉香木松下高士图山子	高27.5cm	55,200	中国嘉德	2012.09.16
清 沉香木随形山子摆件	高38cm	100,000	隆荣国际	2012.07.27
清 沉香山子摆件	高40cm	92,000	北京保利	2012.10.25
清 沉香深山仿贤山子	高9.5cm	109,250	上海嘉泰	2012.10.25
清 红木嵌银丝佛龛	高55cm	51,750	中贸圣佳	2012.07.22
清 黄花梨山子座	高10cm	69,000	凤凰拍卖	2012.12.16
清 黄杨木雕长眉罗汉	高68cm	59,800	广东益诚	2012.01.08
清 黄杨木雕持经观音立像	高40cm	51,750	上海嘉泰	2012.03.11
清 黄杨木雕佛手	长15.5cm	92,000	荣宝斋(上海)	2012.06.17
清 黄杨木雕观音	高27cm	575,000	广东益诚	2012.01.08
清 黄杨木雕铁拐李像	带座高22.3cm	402,500	西泠拍卖	2012.12.28
清 黄杨木雕象生摆件(三件)	尺寸不一	80,500	北京保利	2012.12.06
清 黄杨木雕雪山大士	高6.5cm	172,500	西泠拍卖	2012.07.07
清 黄杨木汉钟离像	高27cm	69,000	南京嘉信	2012.06.24
清 黄杨木仙人乘槎摆件	长18.5cm	92,000	荣宝斋(上海)	2012.06.17
清 黄杨木雪山大士像	高17.2cm	57,500	中国嘉德	2012.03.25
清 黄杨竹节随形根雕	高30cm	109,250	上海大众	2012.08.04
清 木雕刘海戏金蟾	高24.6cm	287,500	西泠拍卖	2012.07.07
清 木雕漆金彩绘持经观音坐像	高47cm	230,000	上海嘉泰	2012.06.23
清 木雕仙人乘槎摆件	长29cm	69,000	北京翰海	2012.05.27
清 潘西凤沉香持经观音立像	高23cm	63,250	上海嘉泰	2012.06.23
清 檀香木雕铁拐李	宽26cm	172,500	广东益诚	2012.01.08
清 紫檀雕白度母座像	高20cm	322,000	中贸圣佳	2012.07.22
清 紫檀雕观音	高50cm	218,500	广东益诚	2012.01.08
清 紫檀雕招财罗汉	高17cm	115,000	广东益诚	2012.01.08
清 紫檀雕自在观音	高16cm	69,000	广东益诚	2012.01.08
清 紫檀观音	高89cm	1,265,000	北京容海	2012.03.26
清 紫檀满雕云纹须弥座	高24.5cm	80,500	上海嘉泰	2012.10.25
清 紫檀释迦摩尼佛	高17cm	63,250	北京传是	2012.12.16
清 紫檀释迦摩尼佛像	高24cm	172,500	凤凰拍卖	2012.12.16
清 紫檀透雕穿花龙佛龛	118cm×105cm	690,000	上海嘉泰	2012.10.25
清 紫檀站立菩萨	高36cm	69,000	北京保利	2012.10.25
清18世纪／19世纪 黄杨木雕刘海戏蟾立像	高19cm	126,180	纽约佳士得	2012.03.22
清18世纪 黄杨木雕佛手摆件	长9.5cm	149,839	纽约佳士得	2012.03.22
清18世纪/19世纪硬木雕三老图山子	高37.8cm	315,450	纽约佳士得	2012.03.22
清代 鱼篮观音	高45cm	89,600	天津文物	2012.11.09
17世纪 沉香随形山子供	高33cm	230,000	上海嘉泰	2012.06.23
18世纪 木雕漆金韦陀像	高120cm	253,000	北京东正	2012.10.31
民国 王伯全制黄杨木雕寿星	带座高16cm	115,000	西泠拍卖	2012.07.07
民国 朱子常制黄杨木雕布袋和尚	高12cm	368,000	西泠拍卖	2012.07.07
沉香雕文殊菩萨坐像	高55cm	109,760	北京荣宝	2012.08.26
沉香龙	高95cm	9,520,000	宁波富邦	2012.02.11
沉香木摆件	长80cm	322,000	北京翰海	2012.06.29
沉香木雕观音	高21cm	92,000	广东益诚	2012.01.08
沉香木雕灵芝	长11cm	56,097	香港普艺	2012.03.31
沉香木山子连座	高85cm	56,442	香港华辉	2012.10.05

2012杂项拍卖成交汇总

(成交价RMB：5万元以上)

拍品名称	物品尺寸	成交价RMB	拍卖公司	拍卖日期
沉香木山子连座	高60cm	56,442	香港华辉	2012.10.05
沉香木随形山子	高43cm	56,000	北京荣宝	2012.11.25
沉香木童子拜观音	高23cm	69,000	北京保利	2012.08.11
沉香松下人物纹山子	高23.5cm	195,500	中国嘉德	2012.03.25
沉香随形摆件	高46cm	368,000	北京传是	2012.12.16
沉香渔翁摆件	高13cm	101,200	北京翰海	2012.09.28
伽南香摆件	长10.6cm	92,000	北京保利	2012.12.06
红土沉香随形摆件		69,000	上海嘉泰	2012.10.25
黄花梨原木摆件	长189cm	161,000	北京保利	2012.08.11
黄花梨原木摆件	长190cm	126,500	北京保利	2012.10.25
黄杨木雕达摩像	高2.1m	575,000	北京艺融	2012.11.19
惠安棋楠山子摆件	高16cm	51,750	上海大众	2012.08.04
柬埔寨沉香摆件	长43cm	172,500	北京匡时	2012.12.05
江晓《观山图》沉香山子摆件	高21cm	368,000	福建东南	2012.10.28
江晓《竹笋》沉香摆件	高13.8cm	109,250	福建东南	2012.10.28
江晓 沉香一叶仙踪	长63cm	690,000	福建东南	2012.05.20
老惠安随形沉香摆件	长47cm	184,000	上海大众	2012.08.04
龙形富森土沉摆件	长67cm	149,500	北京匡时	2012.12.05
木雕	高55cm	66,080	上海中福	2012.06.03
木雕	宽83cm	50,400	上海中福	2012.06.03
木雕蛇形摆件	高28.4cm	575,000	西泠拍卖	2012.07.07
漆金木胎大威德金刚像	高22cm	57,500	上海崇源	2012.10.19
祁俊杰 沉香木雕达摩摆件	高16cm	89,600	北京荣宝	2012.11.25
祁俊杰 沉香木雕自在观音摆件	高28cm	89,600	北京荣宝	2012.11.25
檀香木西方三圣摆件	高75cm	92,000	北京传是	2012.12.16
屠杰2002年作黄花梨达摩祖师木雕	高64.9cm	2,990,000	朵云轩	2012.07.22
屠杰 2003年作 紫檀济公木雕	高49.2cm	1,380,000	朵云轩	2012.07.22
吴元星《诸子百家》黄杨木刻人物套件	高24cm	115,000	福建东南	2012.10.28
硬木仙人托桃	高45cm	57,500	北京歌德	2012.12.01
于坚、沉香雕件《暗香》	高46cm	55,200	凤凰拍卖	2012.12.16
俞开明 酒足饭饱人物摆件	高32.5cm	109,250	福建东南	2012.05.20
越南大叻横结巅峰摆件	高10cm	89,700	北京匡时	2012.12.05
越南大叻横结静思摆件	长13.2cm	82,800	北京匡时	2012.12.05
越南大叻横结一帆风顺摆件	长7cm	58,650	北京匡时	2012.12.05
越南芽庄沉香随形摆件	长39cm	126,500	北京匡时	2012.12.05
越南芽庄奇肉摆件	长32cm	207,000	北京匡时	2012.12.05
越南芽壮生黑木摆件	长15cm	103,500	北京匡时	2012.12.05
鹧鸪斑沉香随形山子	高53cm	95,200	北京荣宝	2012.08.26
郑尧锦刻越南土沉夏韵摆件	尺寸不一	1,380,000	北京匡时	2012.12.05
朱铭 1981年作 太极系列木雕	高81cm	1,268,280	罗芙奥	2012.05.28
朱铭 木刻关公像	高30cm	84,630	香港华辉	2012.11.24
如意				
明晚期 紫檀拂尘及根木雕灵芝如意	高33cm	100,750	香港邦瀚斯	2012.11.24
清乾隆 紫檀雕缠枝莲纹如意	长49cm	63,250	北京保利	2012.04.21
清乾隆 紫檀三镶古玉御题诗如意	长39.5cm	13,800,000	北京保利	2012.12.05
清乾隆-嘉庆 紫檀三镶白玉八吉祥双喜如意	长54cm	1,150,000	北京保利	2012.12.05
清中期 沉香木雕岁寒三友纹如意	长40cm	322,000	北京翰海	2012.05.27
清中期 沉香木雕喜鹊登梅如意	长44.5cm	184,000	北京翰海	2012.12.09
清中期 紫檀嵌云石三镶如意	长38cm	92,000	太平洋	2012.06.16
清 沉香木雕八仙捧寿大如意	高5cm	1,725,000	北京歌德	2012.12.01
清 沉香木雕福禄如意	长37.8cm	92,000	中贸圣佳	2012.07.22
清 沉香木雕千秋如意	长54cm	1,322,500	西泠拍卖	2012.07.07
清 沉香木雕神仙人物纹如意	长23cm	207,000	中贸圣佳	2012.07.22
清 沉香木雕喜鹊登梅如意	长40.1cm	172,500	中贸圣佳	2012.07.22
清 沉香人物纹如意	长55cm	138,000	中国嘉德	2012.03.25
清 大红酸枝如意	长50cm	299,000	凤凰拍卖	2012.12.16
清 红木三镶玉如意	长55cm	253,000	北京翰海	2012.03.23
清 黄花梨雕灵芝如意	长36cm	126,500	西泠拍卖	2012.07.07
清 黄杨木雕灵芝如意	高46cm	91,625	香港今是	2012.06.02
清 黄杨木雕如意	长39cm	138,000	西泠拍卖	2012.07.07
清 楠木雕灵芝形如意	长41cm	92,000	西泠拍卖	2012.07.07
清 紫檀白玉三镶花卉如意	长52cm	80,500	北京保利	2012.01.07
清 紫檀沉香木如意	长38cm	63,250	北京容海	2012.03.26
清 紫檀三镶嵌宝如意	长49cm	483,000	北京容海	2012.03.26
清 紫檀三镶如意	长47cm	57,500	中国嘉德	2012.12.15
清 黄杨木雕荷蟹如意	长36.4cm	138,000	西泠拍卖	2012.12.28
清18世纪／19世纪 黄杨木雕灵芝如意	长34.6cm	252,360	纽约佳士得	2012.03.22
清18世纪／19世纪 黄杨木镂雕「灵芝」题诗如意	长31.7cm	121,950	香港苏富比	2012.04.04
沉香木雕福寿如意	长24cm	322,400	香港佳士得	2012.11.28
越南大叻横结三峰如意摆件	重45g	63,250	北京匡时	2012.12.05
紫檀吉祥如意	长46cm	63,250	中贸圣佳	2012.03.04
瓶、尊、壶				
明早期 紫檀雕蜀葵纹敞口尊	高13cm	402,500	北京匡时	2012.06.04
明末/清中期 黄杨木铺首衔环耳小方壶	高10cm	59,147	纽约佳士得	2012.03.22
清乾隆 紫檀嵌白玉御制诗文壁瓶	高18cm	437,000	北京匡时	2012.12.05
清18世纪 紫檀葵式小瓶	高15.3cm	157,725	纽约佳士得	2012.03.22
杯				
明 沉香木雕山水纹杯	长11.2cm	51,750	中贸圣佳	2012.07.22
明 江春波制奇楠香雕山水人物故事纹杯	长9.5cm	977,500	北京匡时	2012.12.05
明末清初 沉香木山水纹杯成对	高8.5cm	667,000	中国嘉德	2012.05.14
清初 沉香木雕花卉纹杯	高9.5cm	184,000	北京翰海	2012.05.27
清初 沉香木雕松下人物杯	高10.5cm	920,000	北京翰海	2012.12.09
清早期 沉香木雕山水人物杯	高12.7cm	437,000	西泠拍卖	2012.07.07
清早期 沉香木雕松树杯	高11cm	126,500	北京保利	2012.12.06
清早期 沉香木雕松下高士杯	高13cm	287,500	北京保利	2012.12.06
清早期 根雕松树纹杯	宽12cm	74,750	北京保利	2012.10.25
清中期 沉香木雕松下人物杯	高7.1cm	172,500	北京翰海	2012.12.09
清中期 沉香木雕松下人物杯	高6.8cm	161,000	北京翰海	2012.12.09
清乾隆 沉香木雕山水诗文方杯	长10.8cm	368,000	中贸圣佳	2012.07.22
清 沉香雕菊石杯	高8cm	109,250	上海大众	2012.08.04
清 沉香雕人物杯	高11cm	172,500	上海大众	2012.08.04
清 沉香松下高士杯 (三件)	尺寸不一	80,500	北京保利	2012.04.23
清 嵌银沉香木雕荷塘清趣杯	高6.2cm	92,000	西泠拍卖	2012.07.07
清嵌银沉香木雕松树人物杯(一对)	尺寸不一	115,000	西泠拍卖	2012.07.07
清 紫檀雕螭龙杯	高11.3cm	322,000	西泠拍卖	2012.07.07
清 紫檀嵌银丝梅花杯	高4.8cm	51,750	西泠拍卖	2012.12.28
清末 沉香山水杯	高7.6cm	920,000	古天一	2012.12.02
小叶紫檀杯 (一对)	高9cm	552,000	广东益诚	2012.01.08
碗、盘				
明末/清中期 黄花梨嵌白铜折迭式象棋围棋两用盘	直径49cm	252,360	纽约佳士得	2012.03.22
明末/清中期 黄花梨弦纹碗	直径28.2cm	157,725	纽约佳士得	2012.03.22
明晚期 黄花梨净水碗	直径14.8cm	57,500	中国嘉德	2012.05.14
清早期 红木棋盘、棋盒 (一套)	棋盒长9cm；棋盘长32cm	80,500	北京保利	2012.12.06
清早期 紫檀错金银双联盘	长26.5cm	437,000	中国嘉德	2012.05.14
清乾隆 紫檀错银变体龙纹香盘	长22.6cm	299,000	北京匡时	2012.12.05
清 黄地龙纹格盘连紫檀木盒	直径41cm	61,707	香港富得	2012.03.30
清 山石皴法金丝楠木雕文盘	长38cm	55,200	荣宝斋(上海)	2012.06.17
清18世纪 紫檀木盘	长30cm	120,900	香港佳士得	2012.11.28
清 紫檀嵌湘妃竹香盘	长45.5cm	69,000	西泠拍卖	2012.12.28
清 瘿木香盘	直径41.5cm	57,500	西泠拍卖	2012.12.28
清 红木万字纹都承盘	边长35.5cm	51,750	西泠拍卖	2012.12.28
盒				
明 黄花梨长方拜盒	长31.5cm	207,000	北京翰海	2012.05.27
明 黄花梨提盒	长38cm	230,000	北京传是	2012.05.19
明 黄花梨折枝梅花香盒	直径9cm	207,000	中国嘉德	2012.05.12
明 宣德御制 折枝山茶填漆香盒	直径7.2cm	2,070,000	中国嘉德	2012.05.12
明 周制 暗香疏影紫檀香盒	直径8.2cm	3,450,000	中国嘉德	2012.05.12
明 紫檀镶嵌盖盒	长14cm	92,000	北京保利	2012.06.07

拍品名称	物品尺寸	成交价RMB	拍卖公司	拍卖日期
明嘉靖 紫檀嵌玉石「蒙人骑马」图盖盒	长11.9cm	376,013	香港苏富比	2012.04.04
明嘉靖紫檀嵌玉石人物图长方盖盒	14.2cm×58.4cm	16,926,660	香港苏富比	2012.04.04
明末/清初 黄花梨镂雕螭龙纹长方三层套盒	宽47.5cm	378,540	纽约佳士得	2012.03.22
明末/清中期 黄花梨围棋盖盒(一对)	直径14.6cm	205,043	纽约佳士得	2012.03.22
明末清初 黄花梨百宝嵌花鸟盖盒	长12.5cm	57,500	北京传是	2012.12.16
明末清初 黄花梨大书盒	宽48.5cm；深28cm	218,500	中国嘉德	2012.10.29
明末清初 紫檀书盒成对	长38.7cm	437,000	中国嘉德	2012.05.14
明晚期 紫檀雕太极葵花式盖盒	宽7.2cm×2	201,500	香港邦瀚斯	2012.11.24
明晚期 紫檀香盒	宽15.2cm×2	55,413	香港邦瀚斯	2012.11.24
清初 红木云石围棋(二盒)	高9.2cm	138,000	北京翰海	2012.05.27
清初 黄花梨提梁盒	长38.5cm	218,500	上海大众	2012.08.04
清初 木 云石围棋(二盒)	高9cm	287,500	北京翰海	2012.12.09
清初 紫檀木画盒	长58.4cm	230,000	北京翰海	2012.05.27
清早期 黄花梨仿雕漆荔枝盖盒	长18.3cm	92,000	北京保利	2012.06.06
清早期 黄花梨瓜棱围棋盒成对	直径12.5cm	713,000	中国嘉德	2012.10.29
清早期 黄花梨书盒成对	长55cm	368,000	中国嘉德	2012.05.14
清早期 黄花梨提盒	35cm×21cm	345,000	凤凰拍卖	2012.12.16
清早期 紫檀捧盒	长26.4cm	322,000	北京歌德	2012.12.01
清乾隆 红木嵌百宝多宝盒(一对)	长36cm×2	2,070,000	北京匡时	2012.12.05
清乾隆 紫檀《御笔修德修刑论》画盒	长42cm	517,500	北京保利	2012.06.05
清乾隆 紫檀长方盒	长16.3cm	126,500	北京翰海	2012.05.27
清乾隆 紫檀长方盒	长14.3cm	69,000	北京翰海	2012.12.09
清乾隆 紫檀方盒	长9.3cm	80,500	北京翰海	2012.05.27
清乾隆紫檀嵌百宝螭龙纹花口盖盒	直径6.5cm	460,000	北京匡时	2012.12.05
清乾隆 紫檀嵌银丝嵌白玉盖盒	长9.7cm	218,500	北京保利	2012.06.07
清乾隆 紫檀三层提盒	长21.5cm	287,500	北京匡时	2012.12.05
清乾隆 紫檀书形盖盒	长26.5cm	230,000	北京保利	2012.04.21
清中期 黄花梨三撞提盒	长29.5cm	92,000	北京永乐	2012.12.15
清中期 紫檀长方盒	长24.1cm	322,000	北京翰海	2012.05.27
清中期 紫檀瓜形围棋盒(二件)	高10cm	57,500	北京翰海	2012.05.27
清中期 紫檀龙凤纹盒	长41.5cm	230,000	北京保利	2012.12.06
清中期 紫檀嵌金银丝题诗盖盒	长12.2cm	92,000	北京保利	2012.12.06
清中期 紫檀透雕福禄绵绵盒	长29.5cm	80,500	上海嘉泰	2012.06.23
清同治 竹黄嵌紫檀高仕图叠盒	长17cm	69,000	上海嘉泰	2012.10.25
清晚期 紫檀雕山水楼阁套盒	高27cm	299,000	北京保利	2012.06.06
清晚期 紫檀镜盒	长32cm	89,700	上海泓盛	2012.06.24
清 百宝嵌黄花梨盒	长34cm	345,000	西泠拍卖	2012.07.07
清 沉香串珠配椰壳雕嵌玉盒	长60cm	207,000	北京保利	2012.12.06
清 红木及紫檀香盒(二件)	尺寸不一	51,750	上海大众	2012.08.05
清 红木圆盒	直径25.5cm	195,500	上海大众	2012.08.04
清 黄花梨长方盖盒	长35.8cm	63,250	北京歌德	2012.06.03
清 黄花梨方提盒	高16cm	92,000	中国嘉德	2012.09.17
清 黄花梨盖盒连座	长34cm	92,000	北京匡时	2012.12.05
清 黄花梨提盒	长36cm	609,500	荣宝斋(上海)	2012.06.17
清 黄花梨提盒	长31.3cm	207,000	北京翰海	2012.05.27
清 黄花梨提梁小盒	长16cm	69,000	西泠拍卖	2012.12.28
清 黄花梨香盒	长22cm	138,000	凤凰拍卖	2012.12.16
清 金丝楠木方盒	长19cm	51,750	北京容海	2012.01.09
清 梓檀圆盒	直径21cm	115,000	北京翰海	2012.12.21
清 紫檀瓜瓞绵绵盒	长13cm	126,500	朵云轩	2012.07.11
清 紫檀木雕福寿回纹盖盒(一对)	直径27cm	51,739	澳门恒瑞	2012.10.02
清 紫檀提盒	长34.2cm	345,000	荣宝斋(上海)	2012.06.17
清 紫檀提盒	长28.5cm	51,750	北京容海	2012.01.09
清 紫檀万字地螺钿云龙盒	长36cm	138,000	上海嘉泰	2012.10.25
清 紫檀镶八宝方盒(一对)	高17cm	112,884	澳门恒瑞	2012.10.02
清 紫檀镶百宝海棠形盒(一对)	直径20cm	65,849	澳门恒瑞	2012.10.02
清18世纪 紫檀圆盖盒	直径28.6cm	252,360	纽约佳士得	2012.03.22
清18世纪 紫檀云龙纹长方盖盒	19cm×28.5cm	1,378,517	纽约佳士得	2012.03.22

拍品名称	物品尺寸	成交价RMB	拍卖公司	拍卖日期
清18世纪 紫檀枕式盖盒	宽29.8cm	118,294	纽约佳士得	2012.03.22
黄花梨长方盒	长25.5cm	55,200	北京歌德	2012.06.03
黄花梨大提盒	高20.5cm	115,000	北京歌德	2012.12.01
嵌竹雕多宝盒	长24.6cm	115,000	福建东南	2012.05.20
紫檀云龙纹方盒 大漆花卉纹盒(两件)	尺寸不一	92,000	中贸圣佳	2012.03.04
紫檀制套盒	长28cm	112,000	品盛国际	2012.09.15
花插				
明晚期 紫檀及黄花梨花插(五件)	尺寸不一	126,500	中国嘉德	2012.05.14
清 沉香木雕松纹花插	高13.6cm	92,000	中贸圣佳	2012.07.22
清 紫檀雕葵口瓜棱花插	高11cm	63,250	上海大众	2012.08.04
清 紫檀葵花形花插	高17.9cm	51,750	中国嘉德	2012.09.17
清 紫檀螺旋形葵口花插	高14.5cm	92,000	上海大众	2012.08.04
民国 平津窑仿树形花插(一对)	高32cm×2	134,400	北京荣宝	2012.03.10
香炉、香筒、香薰				
明晚期 天然三足木香炉	高11.5cm	115,000	中国嘉德	2012.05.14
清早期 黄花梨双耳方炉	长19.7cm	402,500	中国嘉德	2012.05.14
清乾隆 紫檀雕松竹梅香筒	高12.5cm	50,000	隆荣国际	2012.07.27
清 沉香松林雅集香筒	高22cm	69,000	上海嘉泰	2012.06.23
清 黄杨木十八罗汉香筒	长39cm	51,750	中国嘉德	2012.10.29
清 窓斋铭紫檀透雕双螭穿芝香筒	高20cm	63,250	上海嘉泰	2012.06.23
清 紫檀木雕螭龙香筒	高21.4cm	207,000	西泠拍卖	2012.12.28
江晓《西厢记》沉香香筒	高27.2cm	287,500	福建东南	2012.10.28
木箱				
明 黄花梨官皮箱	长33.5cm	460,000	北京传是	2012.05.19
明 黄花梨官皮箱	高32.5cm	230,000	北京传是	2012.05.19
明 黄花梨官皮箱	长33cm	207,000	北京传是	2012.05.19
明 黄花梨经箱	长48.5cm	598,000	上海大众	2012.08.04
明 黄花梨手提七屉药箱	长36.5cm	253,000	北京传是	2012.05.19
明 黄花梨书箱	长43.5cm	287,500	中贸圣佳	2012.03.04
明 黄花梨书箱	宽41.5cm	138,000	北京传是	2012.05.19
明 黄花梨小衣箱	高40cm	86,250	上海大众	2012.08.04
清初 黄花梨官皮箱	长38cm	287,500	荣宝斋(上海)	2012.06.17
清初 黄花梨小箱	长38.1cm	221,650	香港佳士得	2012.11.28
清初 紫檀官皮箱	长35cm	460,000	北京翰海	2012.05.27
清早期 黄花梨双门药箱	高35.8cm	632,500	中国嘉德	2012.10.29
清早期 黄花梨铜包角带屉小箱	长37.2cm	276,000	北京保利	2012.06.06
清早期 黄花梨枕形箱	13cm×33cm	322,000	北京传是	2012.12.16
清早期 紫檀官帽箱	高46cm	414,000	北京匡时	2012.06.04
清早期 紫檀盝顶官皮箱	高37cm	287,500	中国嘉德	2012.10.29
清早期 紫檀提梁式五屉箱	26cm×24cm	105,800	北京诚轩	2012.10.28
清乾隆 剔彩万福庆寿纹文具箱	高44.5cm	499,720	香港佳士得	2012.11.28
清中期 紫檀官皮箱	高33.2cm	138,000	北京翰海	2012.05.27
清 红木嵌百宝五老图木箱	长41cm	57,500	北京保利	2012.04.21
清 红木提梁百宝箱	高22cm	345,000	北京翰海	2012.05.27
清 黄花梨官皮箱	高34cm	172,500	中国嘉德	2012.06.16
清 黄花梨官皮箱	高35cm	287,500	西泠拍卖	2012.07.07
清 黄花梨官皮箱	长36.5cm	172,500	北京保利	2012.12.06
清 黄花梨官皮箱	长33.7cm	109,250	荣宝斋(上海)	2012.09.09
清 黄花梨书箱	长39cm	57,500	北京保利	2012.01.07
清 黄花梨药箱	长34cm	138,000	北京保利	2012.12.06
清 金丝楠木瘿书箱	长33.5cm	89,700	凤凰拍卖	2012.12.16
清 紫檀镶百宝官皮箱	高32cm；直径32cm	84,663	澳门恒瑞	2012.10.02
清 紫檀小箱	长41.5cm	92,000	北京保利	2012.10.25
清 紫檀药箱	长19.7cm	552,000	北京传是	2012.12.16
清 紫檀提梁箱	长35cm	172,500	西泠拍卖	2012.12.28
清18世纪 紫檀木箱	宽41cm	224,950	香港苏富比	2012.10.09
20世纪 黄花梨官皮箱	高37cm	80,500	北京传是	2012.05.19
海南黄花梨官皮箱	高30cm；长30cm	110,000	海南泰达	2012.12.23
珠串				
清初 沉香木雕朝珠串(八十八粒)		207,000	北京翰海	2012.05.27

2012杂项拍卖成交汇总

(成交价RMB：5万元以上)

拍品名称	物品尺寸	成交价RMB	拍卖公司	拍卖日期
清初 沉香木手串(十八粒)		138,000	北京翰海	2012.05.27
清代 沉香珠串		58,240	北京荣宝	2012.06.24
清早期 奇楠十八子手串连原装盒	重52g	943,000	北京匡时	2012.12.05
清 沉香木朝珠(108粒)	直径1.4cm	253,000	北京诚轩	2012.10.28
清 沉香木朝珠串(108粒)		230,000	北京翰海	2012.12.09
清 沉香木朝珠串		74,750	北京翰海	2012.12.09
清 沉香木十八子手串	长24.5cm	71,300	中国嘉德	2012.10.29
清 沉香木手串	直径1.4cm	89,700	北京诚轩	2012.05.13
清 沉香木手串旧配戴春林锡盒	直径1.8cm	112,700	北京永乐	2012.06.05
清 沉香手串 18颗		100,800	天津文物	2012.05.11
清 紫伽楠十八子手串	长26.5cm	55,200	中国嘉德	2012.10.29
晚清 伽南木十八子寿串	长24.5cm	241,800	香港佳士得	2012.11.28
沉香朝珠(一套)		63,250	上海嘉泰	2012.10.25
富森红土水沉手串	重22.3g	207,000	北京匡时	2012.12.05
笔筒				
明 周制 鱼龙海兽紫檀笔筒	高16.5cm	55,200,000	中国嘉德	2012.05.12
明 沉香雕达摩面壁笔筒	高11.5cm	287,500	北京传是	2012.07.08
明 红木嵌螺钿花蝶诗文笔筒	高13.4cm	345,000	北京翰海	2012.05.27
明 黄花梨笔筒	高17cm	184,000	北京传是	2012.05.19
明 黄花梨笔筒	高22cm	138,000	北京歌德	2012.06.03
明 黄花梨笔筒	高18.5cm	115,000	北京传是	2012.05.19
明 黄花梨笔筒	高19.5cm	92,000	北京歌德	2012.06.03
明 黄花梨笔筒	高15.5cm	57,500	北京传是	2012.05.19
明 黄花梨笔筒	高18.5cm	55,200	北京容海	2012.01.09
明 黄花梨螭龙花口笔筒	高14.8cm	71,300	北京传是	2012.07.08
明 黄花梨大笔筒	高24cm	60,000	隆荣国际	2012.07.27
明 黄花梨大笔筒	高18.2cm	51,750	北京盘古	2012.11.30
明 黄花梨雕喜上眉梢根瘤型笔筒	高18.4cm	920,000	上海大众	2012.08.04
明 黄花梨花口大笔筒	直径21.2cm	149,500	北京保利	2012.06.06
明 黄花梨莲瓣螭龙献瑞笔筒	高19.7cm	966,000	北京翰海	2012.05.27
明 黄花梨山水纹笔筒	高22.8cm	402,500	北京歌德	2012.06.03
明 黄花梨树瘤笔筒	高17.2cm	230,000	北京翰海	2012.05.27
明 江春波沉香寿山安吉笔筒	高13cm	230,000	上海嘉泰	2012.06.23
明 木雕树瘤笔筒	高13.5cm	322,000	北京翰海	2012.05.27
明 沈香笔筒	高17.2cm	621,000	凤凰拍卖	2012.12.16
明 整挖金星紫檀笔筒	高15.2cm	195,500	北京保利	2012.06.06
明末 黄花梨雕随形大笔筒	高23.3cm	460,000	北京东正	2012.05.11
明末 黄花梨浮雕花鸟笔筒	高14.5cm	345,000	凤凰拍卖	2012.12.16
明末/清中期沉香木高士栖憩图笔筒	高7.4cm	157,725	纽约佳士得	2012.03.22
明末清初 黄花梨雕树瘤笔筒	直径20cm	172,500	中国嘉德	2012.05.14
明末清初 紫檀随形笔筒	高11.8cm	149,500	中国嘉德	2012.05.14
明晚期 黄杨木雕树段式笔筒	高15cm	230,000	北京诚轩	2012.05.13
明晚期 紫檀渔家乐山水人物笔筒	高17cm	1,380,000	中国嘉德	2012.05.14
清初 黄花梨大笔筒	直径24.2cm	264,500	北京歌德	2012.12.01
清初 黄花梨莲瓣螭龙献瑞笔筒	高19.2cm	471,500	北京翰海	2012.12.09
清初 紫檀八仙人物笔筒	高17.6cm	322,000	北京翰海	2012.05.27
清初 紫檀百宝嵌人物笔筒	高15.5cm	1,265,000	北京翰海	2012.05.27
清初 紫檀浮雕岁寒三友笔筒	高14.5cm	184,000	北京翰海	2012.12.09
清早期 黄花梨笔筒	高18cm	207,000	北京传是	2012.05.19
清早期 黄花梨笔筒	直径19.8cm	82,800	北京歌德	2012.06.03
清早期 黄花梨大笔筒	直径24cm	310,500	北京保利	2012.06.06
清早期 黄花梨大笔筒	高22cm	299,000	中国嘉德	2012.10.29
清早期 黄花梨雕树瘤形笔筒	高16cm	89,700	北京诚轩	2012.10.28
清早期 黄花梨根瘤笔筒	直径17.2cm	74,750	中国嘉德	2012.03.25
清早期 黄花梨花卉笔筒	高15cm	368,000	中国嘉德	2012.10.29
清早期 黄花梨弦纹笔筒	高14.4cm	89,700	北京诚轩	2012.05.13
清早期 黄花梨瘿子木小方笔筒	高10.5cm	207,000	中国嘉德	2012.05.14
清早期 黄花梨整挖笔筒	直径19cm	149,500	北京保利	2012.12.07
清早期 黄花梨整挖笔筒	高11.5cm	57,500	北京保利	2012.04.21
清早期 紫檀大笔筒	高21cm	402,500	中国嘉德	2012.10.29
清早期 紫檀仿树榴笔筒	直径11cm	74,750	北京歌德	2012.12.01
清早期 紫檀起线三足笔筒	高18.8cm	391,000	北京保利	2012.12.06
清康熙 紫檀大笔筒	直径22.6cm	276,000	上海道明	2012.06.29

拍品名称	物品尺寸	成交价RMB	拍卖公司	拍卖日期
清乾隆 1788年 紫檀镶口竹雕题诗笔筒	高14.3cm	190,875	伦敦苏富比	2012.05.16
清乾隆 黄杨木雕太白醉酒纹笔筒	高8.5cm	230,000	北京东正	2012.05.11
清中期 沉香雕雅集图大笔筒	高20.3cm	230,000	北京保利	2012.06.07
清中期 沉香梅椿笔筒	高10cm	86,250	上海嘉泰	2012.06.23
清中期 沉香木雕芦雁笔筒	高11cm	69,000	北京翰海	2012.12.09
清中期 沉香木雕山水笔筒	高18cm	230,000	北京保利	2012.06.07
清中期 沉香群仙祝寿笔筒	高14.7cm	2,070,000	北京翰海	2012.12.21
清中期 黄花梨笔筒	高17.8cm	171,275	香港佳士得	2012.11.28
清中期 黄花梨笔筒	高 19.3cm	100,750	香港佳士得	2012.11.28
清中期 黄花梨笔筒	高16.2cm	85,638	香港佳士得	2012.11.28
清中期 黄花梨嵌百宝花蝶纹笔筒	高14.5cm	172,500	中国嘉德	2012.03.26
清中期 黄杨木雕梅段笔筒	高16.5cm	230,000	北京诚轩	2012.05.13
清中期 紫檀笔筒	高20.5cm	230,000	北京翰海	2012.12.09
清中期 紫檀雕树瘤笔筒	高 21.6cm	171,275	香港佳士得	2012.11.28
清中期 紫檀人物故事笔筒	高13.5cm	57,500	北京传是	2012.12.16
清晚期 沉香木雕人物笔筒	高17cm	126,500	中国嘉德	2012.05.14
清 百宝嵌黄花梨笔筒	高16.2cm	57,500	西泠拍卖	2012.12.28
清 沉香笔筒	高16.4cm	218,500	荣宝斋(上海)	2012.09.09
清 沉香雕梅枝纹笔筒	高15.5cm	117,600	北京荣宝	2012.06.24
清 沉香雕山水人物笔筒	高9.8cm	69,000	西泠拍卖	2012.12.28
清 沉香雕山水纹笔筒	高15cm	728,000	北京荣宝	2012.06.24
清 沉香雕松下高士笔筒	高15cm	89,600	天津文物	2012.05.11
清 沉香木雕长亭送别笔筒	高16cm	138,000	上海嘉泰	2012.06.23
清 沉香木雕梅妻鹤子笔筒	高11.8cm	57,500	中贸圣佳	2012.07.22
清 沉香木雕牡丹寿带纹笔筒	高9.3cm	57,500	中贸圣佳	2012.03.04
清 沉香木雕深山访友笔筒	高13cm	74,750	中贸圣佳	2012.07.22
清 沉香木雕松荫抚琴笔筒	高12.9cm	207,000	中贸圣佳	2012.07.22
清 沉香木雕夜游赤壁笔筒	高17.5cm	172,500	中贸圣佳	2012.07.22
清 沉香木雕幽壑行旅图笔筒	高10cm	201,500	香港邦瀚斯	2012.11.24
清 沉香木雕云龙纹笔筒	高18cm	78,200	太平洋	2012.06.16
清 陈鸿寿款树瘿笔筒	高23.2cm	483,000	中国嘉德	2012.10.29
清 红木大笔筒	高19.5cm	51,750	北京翰海	2012.09.28
清 虎皮紫檀笔筒	高18.5cm	115,000	北京保利	2012.01.07
清 黄花梨百宝嵌花鸟纹笔筒	高19.4cm	173,600	中鸿信	2012.03.18
清 黄花梨百宝嵌松鹤延年笔筒	高14.5cm	74,750	北京传是	2012.05.19
清 黄花梨笔筒	高17.9cm	138,000	中国嘉德	2012.10.29
清 黄花梨笔筒	高15.7cm	126,500	荣宝斋(上海)	2012.09.09
清 黄花梨笔筒	直径17.8cm	126,500	中国嘉德	2012.10.29
清 黄花梨笔筒	直径20.5cm	92,000	北京保利	2012.10.25
清 黄花梨笔筒	高18cm	84,000	天津文物	2012.11.09
清 黄花梨笔筒	高17cm	74,750	北京翰海	2012.03.23
清 黄花梨笔筒	高26cm	57,500	北京容海	2012.03.26
清 黄花梨笔筒	高14.5cm	51,750	北京传是	2012.05.19
清 黄花梨大笔筒	直径22cm	126,500	北京歌德	2012.12.01
清 黄花梨大笔筒	直径20.2cm	78,200	北京歌德	2012.12.01
清 黄花梨雕多子多福纹笔筒	直径15cm	76,160	北京荣宝	2012.03.10
清 黄花梨瓜棱笔筒	高15.5cm	172,500	荣宝斋(上海)	2012.06.17
清 黄花梨花菱形笔筒	直径16.5cm	201,500	香港邦瀚斯	2012.11.24
清 黄花梨刻董其昌书《岳阳楼记》笔筒	高19cm	138,000	北京传是	2012.05.19
清 黄花梨起线三足笔筒	高19.5cm	138,000	荣宝斋(上海)	2012.06.17
清 黄花梨起线三足大笔筒	高23.5cm	51,750	北京盘古	2012.11.30
清 黄花梨秋菊图诗文笔筒	高16.5cm	368,000	上海崇源	2012.10.19
清 黄花梨树瘤笔筒	高21.6cm	460,000	荣宝斋(上海)	2012.06.17
清 黄花梨素身笔筒	高17.8cm	59,800	西泠拍卖	2012.12.28
清 黄花梨镶黄杨木喜雀登门四方笔筒(一对)	高18cm	57,500	广东益诚	2012.01.08
清 黄杨仿生竹节笔筒	高15cm	51,750	上海嘉泰	2012.06.23
清 黄杨木雕苍松笔筒	高14cm	207,000	广东益诚	2012.01.08
清 黄杨木雕根瘤形笔筒	高23.5cm	230,000	中贸圣佳	2012.07.22
清 黄杨木雕梅石笔筒	高10.3cm	69,000	西泠拍卖	2012.12.28
清 黄杨木雕人物骏马笔筒	高18.3cm	402,500	西泠拍卖	2012.12.28

拍品名称	物品尺寸	成交价RMB	拍卖公司	拍卖日期
清 黄杨木葵式笔筒	高13.6cm	92,000	西泠拍卖	2012.12.28
清 黄杨木松树笔筒	高11.5cm	101,200	中国嘉德	2012.10.29
清 鸡翅木雕山水诗文笔筒	高17cm	322,000	上海大众	2012.08.04
清 金廷标紫檀阴刻山水笔筒	高13cm	51,750	上海嘉泰	2012.10.25
清 晋瞻老人铭黄花梨诗文笔筒	高11.5cm	92,000	上海嘉泰	2012.06.23
清 李方膺款随形瘿木笔筒	高18.2cm	103,500	西泠拍卖	2012.07.07
清 木雕云龙纹笔筒	直径19.5cm	149,500	北京保利	2012.06.06
清 沈全林款沉香笔筒	高15cm	86,250	北京容海	2012.01.09
清 酸枝木梅花笔筒	高12.8cm	149,500	中国嘉德	2012.10.29
清 汪士慎铭紫檀梅花笔筒	高20.8cm	690,000	西泠拍卖	2012.12.28
清 翁方纲款紫檀梅竹题诗纹四方笔筒	高13cm	51,750	荣宝斋(上海)	2012.09.09
清 硬木百宝嵌三国故事图笔筒	高17.2cm	382,850	香港佳士得	2012.11.28
清 赵次闲郭麐铭梅花诗文笔筒	高9.7cm	437,000	西泠拍卖	2012.12.28
清 紫檀八仙乘槎笔筒	高17.5cm	460,000	北京传是	2012.12.16
清 紫檀笔筒	直径22.5cm	161,000	北京保利	2012.10.25
清 紫檀笔筒	直径14.5cm	149,500	中国嘉德	2012.10.29
清 紫檀笔筒	高20cm	97,750	凤凰拍卖	2012.12.16
清 紫檀笔筒	高10.1cm	60,450	香港佳士得	2012.11.28
清 紫檀笔筒	高12.4cm	59,800	中国嘉德	2012.12.17
清 紫檀笔筒	高14.2cm	57,500	北京歌德	2012.06.03
清 紫檀笔筒	高16cm	57,500	北京歌德	2012.06.03
清 紫檀笔筒	直径15.3cm	57,500	北京歌德	2012.12.01
清 紫檀笔筒	高17.5cm	51,750	南京嘉信	2012.06.24
清 紫檀大笔筒	高19.5cm	172,500	荣宝斋(上海)	2012.06.17
清 紫檀雕玉兰式笔筒	高15.2cm	218,500	上海大众	2012.08.04
清 紫檀刻金文葵口笔筒	高12cm	253,000	上海大众	2012.08.04
清 紫檀龙纹笔筒	高15.5cm	115,000	北京容海	2012.03.26
清 紫檀木雕桐荫高士笔筒	高16cm	207,000	西泠拍卖	2012.07.07
清 紫檀木葵式笔筒	高17.6cm	184,000	西泠拍卖	2012.12.28
清 紫檀嵌百宝福禄寿纹笔筒	高16cm	50,000	隆荣国际	2012.07.27
清 紫檀三足笔筒	直径11cm	51,750	北京歌德	2012.06.03
清 紫檀素面笔筒	高20cm	100,800	云南典藏	2012.05.27
清 紫檀素面笔筒	直径17cm	74,750	北京歌德	2012.12.01
清 紫檀随形梅桩笔筒	高18.5cm	57,500	荣宝斋(上海)	2012.06.17
清 紫檀童子戏弥勒笔筒	高21cm	52,000	隆荣国际	2012.07.27
清 紫檀整挖根榴笔筒	高18.5cm	115,000	上海大众	2012.08.05
17世纪/18世纪 黄花梨笔筒	高18.5cm	69,149	伦敦苏富比	2012.11.07
17世纪/18世纪 黄花梨树干形笔筒	高19.6cm	101,800	伦敦苏富比	2012.05.16
17世纪 江春波沉香木雕松下论道图笔筒	高17cm	172,500	上海嘉泰	2012.10.25
18世纪 沉香木雕山水人物纹笔筒	高14.3cm	560,000	北京荣宝	2012.11.25
清(18世纪) 黄杨雕梦笔生花风云际会笔筒	高15cm	437,000	北京保利	2012.06.07
清17世纪／18世纪 沉香木雕「苍松图」笔筒	高12.5cm	357,875	香港苏富比	2012.10.09
清18世纪／19世纪 黄花梨临《凉州刺史魏元丕碑》笔筒	高17.3cm	325,200	香港苏富比	2012.04.04
清18世纪／19世纪 紫檀木雕开光式「花鸟图」笔筒	高13.2cm	76,350	伦敦苏富比	2012.05.16
清18世纪 黄杨木雕梅树桩形笔筒	高10.2cm	205,043	纽约佳士得	2012.03.22
清18世纪紫檀「梅花图」题诗笔筒	高12.2cm	121,950	香港苏富比	2012.04.04
清18世纪 紫檀梅树桩形笔筒	高12.5cm	157,725	纽约佳士得	2012.03.22
民国 沉香木笔筒	高37cm	89,700	中国嘉德	2012.12.15
民国 黄花梨嵌银丝古币纹笔筒	高18cm	69,000	北京保利	2012.06.06
民国 黄花梨镶八宝群仙论道笔筒	高21.5cm	414,000	广东益诚	2012.01.08
民国 齐白石雕草虫沉香笔筒	高16.9cm	460,000	荣宝斋(上海)	2012.06.17
民国 紫檀笔筒	高22cm	67,800	南京经典	2012.07.15
笔筒及文玩(十六件)	尺寸不一	51,750	中国嘉德	2012.09.16
沉香雕山水人物纹笔筒	高13.8cm	67,200	北京荣宝	2012.03.10
陈加国 金丝鸟笔筒	高19.8cm	103,500	福建东南	2012.05.20
杜士元 黄花梨笔筒	直径17cm	84,000	上海阳浩	2012.07.15
黄花梨笔筒	直径18cm	150,512	中联国际	2012.10.02

拍品名称	物品尺寸	成交价RMB	拍卖公司	拍卖日期
黄花梨笔筒	直径15cm	94,070	中联国际	2012.10.02
黄花梨笔筒	高18.5cm	92,000	北京翰海	2012.06.29
黄花梨笔筒	直径19.9cm	69,000	北京歌德	2012.12.01
黄花梨葵口笔筒	直径14cm	115,000	北京歌德	2012.12.01
黄花梨镶沉香杂宝笔筒	高14cm	253,000	广东衡益	2012.03.04
檀香木笔筒	直径15cm	89,600	北京荣宝	2012.11.25
王文治款 紫檀诗文笔筒	高13.8cm	143,750	上海工美	2012.12.24
樱木笔筒	高24.7cm	51,750	上海驰翰	2012.04.27
梓檀笔筒	高20cm	69,000	北京翰海	2012.06.29
紫檀镶百宝笔筒	高12cm	184,000	广东益诚	2012.01.08
其他用品				
明 黄花梨灵芝纹帖架	长36cm	57,500	上海大众	2012.08.04
明 黄花梨围棋罐(一对)	直径16cm	218,500	北京保利	2012.12.06
明 黄花梨围棋罐(一对)	直径12cm	92,000	北京保利	2012.06.06
明末/清中期 黄花梨镂雕开光松鹿高士图长方立筒	高50.3cm	315,450	纽约佳士得	2012.03.22
明末/清中期鸡翅木凤凰花鸟图画筒	高27cm	189,270	纽约佳士得	2012.03.22
清初 剔红花鸟纹扇骨	长33cm	80,500	上海大众	2012.08.05
清早期 黄花梨雕佛手蜡扦(一对)	高35cm	345,000	北京传是	2012.05.19
清早期 黄花梨架子床残件(七件)	尺寸不一	264,500	中国嘉德	2012.03.25
清早期 黄花梨龙纹镜架	长42cm	92,000	北京传是	2012.05.19
清早期 黄花梨书贴	长31cm	86,250	北京保利	2012.01.07
清早期 黄花梨烛台及蜡烛成对	高55.6cm	126,500	中国嘉德	2012.05.14
清乾隆 丁敬刻奇南香把件	高11cm	368,000	文津阁	2012.06.01
清乾隆 紫檀错银丝琴扫	长27cm	138,000	中国嘉德	2012.05.14
清乾隆 紫檀雕西番莲蝙蝠纹镜框	85cm×68cm	345,000	上海大众	2012.08.04
清乾隆 紫檀浮雕螭龙纹镜框	100cm×70cm	575,000	上海大众	2012.08.04
清乾隆 紫檀刻"商带纹壶"器座	直径17cm	69,000	上海大众	2012.08.04
清乾隆 紫檀刻"乙汉行镫"器座	直径16cm	74,750	上海大众	2012.08.04
清乾隆 紫檀刻御题诗器座	直径26.5cm	218,500	上海大众	2012.08.04
清乾隆 紫檀器物座(三件)	尺寸不一	184,000	中国嘉德	2012.05.14
清乾隆 紫檀器座残件	直径27cm	69,000	上海大众	2012.08.04
清乾隆 紫檀嵌螺钿喜上眉梢图案	长35.5cm	172,500	中国嘉德	2012.06.16
清乾隆 紫檀瘿木架	高42.5cm	287,500	北京保利	2012.12.06
清中期 黄花梨嵌石小宝座	高13.1cm	57,500	北京翰海	2012.12.09
清中期 乌木嵌银丝花卉座	长16cm	63,250	北京保利	2012.04.21
清中期 紫檀荷塘情趣纹书靠架	长40cm	172,500	中贸圣佳	2012.07.22
清中期 紫檀神兽出戟觚(一对)	高28cm	103,500	上海嘉泰	2012.10.25
清晚期戴耀忠制紫檀金丝诗文鸟笼	高25cm	1,495,000	北京保利	2012.12.06
清 "真南蛮"沉香木	长22.5cm	195,500	北京保利	2012.06.06
清 阿拉伯文三足炉连木座及镶白玉盖顶及木盖	17×18cm	74,152	香港拍得高	2012.11.23
清 红木书册式文具匣	长28cm	69,000	西泠拍卖	2012.07.07
清 黄花梨琵琶	长103cm	368,000	北京传是	2012.05.19
清 木雕花卉框	高186cm	74,750	北京保利	2012.10.25
清 树根形画筒	直径35.5cm	50,375	香港佳士得	2012.11.28
清 硬木雕云雷纹"万年宝用"台	直径21.5cm	74,750	北京保利	2012.06.07
清 紫檀雕龙纹板等残件(六件)	尺寸不一	63,250	上海大众	2012.08.04
清 紫檀雕龙纹板等残件(七件)	尺寸不一	109,250	上海大众	2012.08.04
清紫檀雕年年有余纹板等残件(四件)	尺寸不一	126,500	上海大众	2012.08.04
清 紫檀雕云龙纹板等残件(二件)	尺寸不一	172,500	上海大众	2012.08.04
清 紫檀雕云龙纹板等残件(二件)	尺寸不一	161,000	上海大众	2012.08.04
清 紫檀海水纹器座	长23cm	86,250	上海大众	2012.08.04
清 紫檀红木枕	长67.5cm	57,500	朵云轩	2012.07.11
清 紫檀葫芦形博古架	高42cm	253,000	北京匡时	2012.12.05
清 紫檀器座残件(三件)	尺寸不一	172,500	上海大众	2012.08.04
清 紫檀嵌玉器等残件(九件)	尺寸不一	161,000	上海大众	2012.08.04
清 紫檀围棋罐(一对)	直径13cm	322,000	广东益诚	2012.01.08
清 紫檀乌木等残件(六件)	尺寸不一	103,500	上海大众	2012.08.04
清 黄花梨扇筒	直径28cm	138,000	西泠拍卖	2012.12.28
清18世纪 黄花梨桩形画筒	高26.5cm	1,454,225	纽约佳士得	2012.03.22
清19世纪 紫檀小座	直径24.2cm	59,147	纽约佳士得	2012.03.22
民国 松藤鸟笼架配紫檀鸟笼	高180cm	86,250	荣宝斋(上海)	2012.09.09

2012杂项拍卖成交汇总

(成交价RMB：5万元以上)

拍品名称	物品尺寸	成交价RMB	拍卖公司	拍卖日期
沉香木 灵山钟乳		184,000	南京嘉信	2012.06.24
器物座等(四十一件)	尺寸不一	69,000	中国嘉德	2012.09.16
黄花梨轿厢	长71cm	460,000	北京歌德	2012.12.01
黄花梨老板(一块)	270cm×42cm	920,000	北京歌德	2012.12.01
黄花梨整板木料(两件)	长219cm；宽39cm	747,500	北京保利	2012.12.07
江晓 沉香紫麋图	长32cm	109,250	福建东南	2012.05.20
王健制　明式乌木和尚头块金折扇	高31.5cm	89,600	北京荣宝	2012.11.25
瘿木随形雕文殊菩萨茶屏火钵白泥五德(一组三件)		138,000	北京匡时	2012.06.04
越南富森熟结红土水沉	长36.5cm	943,000	北京匡时	2012.06.04
越南绿奇沉水		2,016,000	宁波富邦	2012.09.27
越南芽庄熟结绿奇楠	长16.5cm	287,500	北京匡时	2012.06.04
越南芽庄鹧鸪斑生结水沉	长25.7cm	770,500	北京匡时	2012.06.04
牙 雕				
象牙摆件				
宋 象牙雕善财童子	高19cm	370,760	保利香港	2012.11.25
明代 象牙雕持扇人物像	高25cm	86,250	古天一	2012.12.02
明代 象牙雕持扇人物像	高20cm	57,500	古天一	2012.12.02
明代 象牙雕人物立像	高26.5cm	92,000	古天一	2012.12.02
明代 象牙雕人物像	高13.5cm	115,000	古天一	2012.12.02
明代 象牙雕人物像	高31cm	55,200	古天一	2012.12.02
明代 象牙雕仕女像	高15cm	115,000	古天一	2012.12.02
明代 象牙雕送子观音	高20cm	172,500	古天一	2012.12.02
明代 象牙雕文人像	高30.5cm	115,000	古天一	2012.12.02
清中期 象牙雕太平有象摆件连座连玉葫芦钮	高6.5cm	80,500	北京匡时	2012.06.04
清 象牙雕解空无垢尊者立像	高43cm	108,163	伦敦苏富比	2012.05.16
清 象牙雕托塔天王李靖立像	高31.7cm	76,350	伦敦苏富比	2012.05.16
清 象牙雕韦陀立像	高30.2cm	89,075	伦敦苏富比	2012.05.16
清代 象牙雕螭龙纹如意	长27cm	69,000	古天一	2012.12.02
清代 象牙雕莲花手菩萨随身佛	高8cm	56,649	香港富得	2012.07.06
清代 象牙雕麒麟送子	高9cm	69,000	古天一	2012.12.02
清代 象牙雕仙人骑龟	长18cm	126,500	古天一	2012.12.02
清晚期 象牙上彩十八罗汉立像	高25.5cm	789,880	香港邦瀚斯	2012.11.24
晚清 象牙雕罗汉摆件	高25.7cm	241,775	伦敦苏富比	2012.05.16
19世纪 象牙镂雕年年有余摆件	高31cm	84,663	香港华辉	2012.10.05
19世纪 象牙嵌百宝花鸟大摆件	高33cm	92,000	北京保利	2012.01.07
向家华 象牙雕佛	高9.6cm	112,194	澳门中信	2012.06.03
向家华 象牙雕佛	高13.6cm	82,276	澳门中信	2012.06.03
向家华 象牙雕佛	高11cm	82,276	澳门中信	2012.06.03
象牙雕千手千面观音立像	高52cm	99,105	香港富得	2012.03.30
牙雕寿星	高40cm	56,442	香港普艺	2012.10.06
象牙瓶				
清象牙雕「婴戏图」双耳活环方瓶	高15cm	696,821	伦敦苏富比	2012.05.16
清 象牙雕「十八罗汉」图兽耳活环瓶	高17.1cm	229,050	伦敦苏富比	2012.05.16
清 象牙雕「三国人物故事」图双耳活环瓶	高15.3cm	203,600	伦敦苏富比	2012.05.16
清 象牙雕「昭君出塞」图象耳活环瓶	高19.4cm	139,975	伦敦苏富比	2012.05.16
清 象牙雕「晋书」图四系盖瓶	高20cm	114,525	伦敦苏富比	2012.05.16
清 象牙雕「诗经人物」图双耳活环瓶(二支)	高11.7cm	127,250	伦敦苏富比	2012.05.16
民国初 “润生”款象牙雕亭台楼阁 活环双耳瓶	高55cm	793,500	古天一	2012.12.02
象牙盒				
清约1850年 广东制象牙雕「人物楼阁」图八方盖盒	长29cm	125,725	伦敦苏富比	2012.11.07
清约1850年 广东制象牙雕「人物楼阁」图长方盖盒	长20.8cm	113,153	伦敦苏富比	2012.11.07
清代 象牙雕花卉四方盒	长20cm	69,000	古天一	2012.12.02
清19世纪 象牙雕名片盒(五件)	最大10.9cm	81,721	伦敦苏富比	2012.11.07
清 乾隆皇帝御玩“灵猴献寿”盖盒御用雕刻家杜士元	高4cm	1,639,404	香港富得	2012.12.26
象牙笔筒				
清题字象牙雕墨彩「山水图」笔筒	高12.7cm	82,713	伦敦苏富比	2012.05.16
清象牙雕「仕女泛舟采莲」图笔筒	高13.4cm	152,700	伦敦苏富比	2012.05.16
清 象牙雕「西湖主」图笔筒	高15.2cm	63,625	伦敦苏富比	2012.05.16
清 象牙雕墨彩「沧浪亭」图笔筒	高15.5cm	53,445	伦敦苏富比	2012.05.16
清 象牙高浮雕通景山水人物笔筒	高20cm	150,512	香港华辉	2012.10.05
民国 吴湖帆款象牙雕山水人物图方笔筒	高10cm	94,070	澳门恆瑞	2012.10.02
向家华 微雕象牙笔筒	高13.5cm	65,447	澳门中信	2012.06.03
其他物品				
明代 象牙雕莲花筒	高15.5cm	149,500	古天一	2012.12.02
清乾隆 镶宝玉石鸟笼	高33cm	920,000	上海崇源	2012.10.19
清乾隆 象牙撇口杯(一对)	宽8.5cm	157,573	香港富得	2012.12.26
清 象牙雕「聊斋志异」图鼻烟壶	高11.3cm	58,535	伦敦苏富比	2012.05.16
清 象牙雕「婴戏图」香筒	高15cm	867,845	伦敦苏富比	2012.05.16
清 象牙雕观音牌	长6.5cm	92,000	广东益诚	2012.01.08
清 象牙配玳瑁鸟笼	高68cm	368,000	北京匡时	2012.12.05
清17世纪 象牙雕「番奴戏狮」钮方印	高8.5cm	1,051,085	伦敦苏富比	2012.05.16
清18世纪／19世纪 象牙雕「皇太后钥匙」牌	高11.4cm	67,033	纽约佳士得	2012.03.22
清代 象牙雕梅花纹花插	高22cm	63,250	古天一	2012.12.02
清代 象牙雕人物花鸟盘(一对)	长21cm×宽13cm	86,250	古天一	2012.12.02
清代 象牙雕弦纹筒	高19.5cm	109,250	古天一	2012.12.02
清代 象牙镂雕花卉信插	高29cm	74,750	古天一	2012.12.02
清代 象牙镂雕夔龙纹香熏	高10cm；直径10cm	63,250	古天一	2012.12.02
清 广东制彩绘「港口商行」图象牙扇	长52cm	50,290	伦敦苏富比	2012.11.07
清晚期 象牙雕人物故事电话	长21cm	253,000	北京匡时	2012.06.04
清晚期 象牙雕山水人物香熏	高26.5cm	56,442	澳门恆瑞	2012.10.02
民国 题诗象牙雕墨彩「山水图」碗(一对)	直径10.7cm	178,150	伦敦苏富比	2012.05.16
向家华 微雕象牙茶叶罐(一对)	高15.3cm	168,291	澳门中信	2012.06.03
象骨裁纸刀、藕形佩、扇柄(三件)	尺寸不一	126,500	西泠拍卖	2012.07.07
象牙象棋(一套)	棋直径6.5cm	150,512	中联国际	2012.10.02
角 雕				
明 犀角雕莲瓣纹圣水杯	长18cm	1,380,000	中投嘉艺	2012.01.04
明 御制犀角雕发簪「宫十二」字	长30cm	286,300	香港苏富比	2012.10.09
明17世纪 犀角雕「年年有余」图杯	长14.3cm	1,390,600	香港苏富比	2012.10.09
明17世纪 犀角雕凤凰杯	长7cm	850,720	香港苏富比	2012.10.09
明17世纪 犀角镂空浮雕「寿老八仙」图杯	长9.2cm	801,640	香港苏富比	2012.10.09
明末 犀角雕八仙贺寿杯	宽15cm	1,080,040	香港佳士得	2012.11.28
明末 犀角雕山水人物九龙杯	宽15cm	2,530,840	香港佳士得	2012.11.28
明末 犀角雕岁寒三友图杯	长17cm	1,757,080	香港佳士得	2012.11.28
明末 犀角光素奈何杯	高13.2cm	983,320	香港佳士得	2012.11.28
明末/清初 犀角雕百子图高足杯	高8.9cm	1,660,360	香港佳士得	2012.11.28
明末/清初 犀角雕海棠菊花纹杯	宽12.3cm	1,080,040	香港佳士得	2012.11.28
明末/清初 犀角雕莲叶螭龙纹杯	长8cm	302,250	香港佳士得	2012.11.28
明末/清初 犀角雕饕餮纹螭龙耳杯	长15.8cm	1,264,955	纽约佳士得	2012.03.22
明末/清初 犀角光素杯	长8.2cm	352,625	香港佳士得	2012.11.28
明末/清中期 犀角雕螭龙纹杯	直径14.9cm	545,729	纽约佳士得	2012.03.22
明末/清中期 犀角雕凤鹤花果纹杯	长16.7cm	1,075,685	纽约佳士得	2012.03.22
明末/清中期 犀角雕驯马图杯	高13.4cm	2,287,013	纽约佳士得	2012.03.22
明末清初 犀角杯	长18.7cm	3,233,363	纽约苏富比	2012.03.20
明万历 犀角雕「和合二仙」坐像	高12.1cm	1,979,560	香港苏富比	2012.10.09
清康熙 犀角杯	高15.8cm	2,943,060	香港佳士得	2012.05.30
清康熙 犀角水注	长19cm	4,504,020	香港佳士得	2012.05.30

拍品名称	物品尺寸	成交价RMB	拍卖公司	拍卖日期
清乾隆 犀角雕一束莲摆件	长16cm	322,000	北京保利	2012.01.07
晚清 巨型犀角镂雕花果杯	高47cm	934,960	香港佳士得	2012.11.28
清 犀角雕弥勒佛	高7cm	51,750	北京保利	2012.01.07
清 犀角刻般若波罗密多心经杯	直径5cm	89,367	澳门恆瑞	2012.10.02
清 犀角斋戒牌	长6cm	65,849	澳门恆瑞	2012.10.02
17世纪 犀角杯	高19cm	3,430,860	香港佳士得	2012.05.30
17世纪 犀角杯	直径21cm	3,138,180	香港佳士得	2012.05.30
17世纪 犀角杯	高14.8cm	3,040,620	香港佳士得	2012.05.30
清18世纪 犀角雕螭龙鼎	高15cm	282,210	澳门恆瑞	2012.10.02
清18世纪 犀角雕螭龙海水纹杯	宽14.1cm	1,080,040	香港佳士得	2012.11.28
清18世纪犀角雕螭龙纹玉兰花形杯	长15.2cm	470,021	纽约佳士得	2012.03.22
清18世纪 犀角雕仿古「饕餮」螭龙纹杯	高18cm	4,728,040	香港苏富比	2012.10.09
清18世纪 犀角雕佛手式杯	直径13.2cm	331,223	纽约佳士得	2012.03.22
清18世纪 犀角雕梅花形杯	宽15.3cm	644,800	香港佳士得	2012.11.28
清18世纪 犀角雕庭院仕女图杯	长16cm	1,757,080	香港佳士得	2012.11.28
清18世纪 犀角雕玉兰花形杯	宽14cm	1,273,480	香港佳士得	2012.11.28
清18世纪 犀角雕玉兰花形杯	宽11.4cm	838,240	香港佳士得	2012.11.28
清18世纪 犀角镂雕饕餮鸟纹螭龙柄八方杯	长11.3cm	1,080,040	香港佳士得	2012.11.28
清18世纪／19世纪 光素犀角杯	高5.5cm	173,498	纽约佳士得	2012.03.22
清18世纪初 犀角雕「东方朔盗仙桃」杯	长15.3cm	2,372,200	香港苏富比	2012.10.09
清18世纪初 犀角雕「鸟语花香」图杯	长14.3cm	2,568,520	香港苏富比	2012.10.09
清18世纪初 犀角雕长颈小瓶	10.5cm	654,400	香港苏富比	2012.10.09
清18世纪初 犀角镂雕仿古「双螭」图杯	长9.8cm	899,800	香港苏富比	2012.10.09
清19世纪 犀角素牌	长6cm	51,739	澳门恆瑞	2012.10.02
犀角摆件	高20cm	2,445,820	中联国际	2012.10.02
犀角人物杯	直径7.5cm	188,140	中联国际	2012.10.02
犀角如意	高26cm	2,822,100	中联国际	2012.10.02
犀角碗	直径15cm	752,560	中联国际	2012.10.02
犀牛杯	高13.2cm	2,056,890	澳门中信	2012.06.03
犀牛杯	长12cm	1,869,900	澳门中信	2012.06.03
石雕				
北魏 石雕坐佛	高32.2cm	226,305	伦敦苏富比	2012.11.07
北魏 石雕菩萨佛头	高34cm	74,750	上海嘉泰	2012.10.25
宋 汉白玉八面开光人物纹石盆	长56.5cm	172,500	西泠拍卖	2012.07.07
宋 汉白玉石狮	高24cm	51,750	西泠拍卖	2012.12.29
元末明初 汉白玉浮雕莲瓣纹石盆及座	直径64cm；直径47cm	545,606	中国嘉德	2012.10.07
元或更早 "天水赵氏" 铭太湖石赏石	高55cm	460,000	荣宝斋(上海)	2012.09.09
元 青石莲瓣纹石盆	长136cm	1,138,500	西泠拍卖	2012.07.07
元 汉白玉莲瓣纹石盆	长70cm	322,000	西泠拍卖	2012.07.07
元 汉白玉莲瓣纹石盆	直径67cm	230,000	西泠拍卖	2012.12.29
元 青白石莲瓣纹石盆	长94cm	184,000	西泠拍卖	2012.12.29
隋 青石狮子	高18cm	74,152	大唐国际	2012.11.24
隋 白石武士俑	高51cm	463,450	大唐国际	2012.11.24
明早期 汉白玉有束腰三足带托泥花卉纹圆座	高67cm	1,034,770	中国嘉德	2012.10.07
明晚期 汉白玉浮雕花鸟纹大盆	直径81cm	1,222,910	中国嘉德	2012.10.07
明天启辛酉元年刻李冲元《莲社十八贤图记》石刻	宽34cm	282,100	香港邦瀚斯	2012.11.24
明末清初 汉白玉浮雕花鸟纹须弥座成对	长96cm	1,881,400	中国嘉德	2012.10.07
明 "马全" 款太湖石供石	高67.5cm	448,500	荣宝斋(上海)	2012.06.17
明 白石瓜形石盆连英石立峰	高73cm	69,000	西泠拍卖	2012.12.29
明 白石麒麟花卉纹门枕石(一对)	长63cm	80,500	西泠拍卖	2012.07.07
明 白石双狮戏嬉纹石盆	长47cm	322,000	西泠拍卖	2012.07.07
明 白石素工门枕石 (一对)	长100cm	92,000	西泠拍卖	2012.12.29
明 芙蓉持经观音立像	高21cm	253,000	上海嘉泰	2012.10.25
明 浮云岫 英石砚山	宽37.6cm	828,000	中国嘉德	2012.05.12

拍品名称	物品尺寸	成交价RMB	拍卖公司	拍卖日期
明 汉白玉抱鼓门枕石 (一对)	长130cm	310,500	西泠拍卖	2012.12.29
明 汉白玉长方形石盆	长32cm	74,750	西泠拍卖	2012.07.07
明 汉白玉浮雕花卉纹长方形石盆	长57cm	241,500	西泠拍卖	2012.12.29
明 汉白玉浮雕双狮戏球团花纹门枕石 (一对)	高70cm	86,250	西泠拍卖	2012.07.07
明 汉白玉瓜棱形花卉纹石盆	长53cm	103,500	西泠拍卖	2012.07.07
明汉白玉葵口八面开光花卉纹石盆	长60cm	287,500	西泠拍卖	2012.07.07
明 汉白玉葵口瓜菱形石盆	长52cm	402,500	西泠拍卖	2012.07.07
明汉白玉莲瓣纹石盆连太湖石立峰	高160cm	172,500	西泠拍卖	2012.07.07
明 汉白玉披巾乳钉纹鼓墩连底座 (一对)	高47cm	195,500	西泠拍卖	2012.07.07
明汉白玉铺首乳钉纹鼓墩(一对)	高45cm	184,000	西泠拍卖	2012.07.07
明汉白玉铺首乳钉纹鼓墩(一对)	高41.5cm	103,500	西泠拍卖	2012.07.07
明 汉白玉铺首乳钉纹鼓墩连底座 (一对)	高53cm	287,500	西泠拍卖	2012.07.07
明 汉白玉铺首乳钉纹鼓墩连底座 (一对)	高50cm	241,500	西泠拍卖	2012.07.07
明 汉白玉铺首乳钉纹鼓墩连底座 (一对)	高58cm	161,000	西泠拍卖	2012.07.07
明 汉白玉铺首乳钉纹鼓墩连底座 (一对)	高44cm	149,500	西泠拍卖	2012.07.07
明汉白玉麒麟万寿纹门枕石(一对)	长70cm	97,750	西泠拍卖	2012.07.07
明汉白玉麒麟万字纹门枕石(一对)	长87cm	69,000	西泠拍卖	2012.12.29
明 汉白玉浅鹤鹿同春纹门枕石 (一对)	长98cm	448,500	西泠拍卖	2012.07.07
明 汉白玉乳钉纹海棠形石盆连太湖石立峰	长113cm	149,500	西泠拍卖	2012.07.07
明 汉白玉乳钉纹门枕石 (一对)	长81cm	74,750	西泠拍卖	2012.12.29
明 汉白玉束腰花卉纹须弥座	长81cm	92,000	西泠拍卖	2012.12.29
明 汉白玉束腰莲瓣纹石盆	长39cm	184,000	西泠拍卖	2012.12.29
明汉白玉双狮花卉纹门枕石(一对)	长76cm	138,000	西泠拍卖	2012.07.07
明 汉白玉双狮戏球万寿纹抱鼓门枕石 (一对)	长62cm	57,500	西泠拍卖	2012.07.07
明汉白玉双狮祥兽纹门枕石(一对)	长72cm	517,500	西泠拍卖	2012.12.29
明 汉白玉四面开光花卉纹长方形石桌	长184cm	632,500	西泠拍卖	2012.07.07
明 汉白玉四面开光花卉纹如意足长方形石盆	长57cm	460,000	西泠拍卖	2012.12.29
明 汉白玉素工长方形石桌	长160cm	161,000	西泠拍卖	2012.07.07
明 汉白玉万历叁年款狮子 (一对)	高134cm	701,500	西泠拍卖	2012.12.29
明 汉白玉镇宅狮 (一对)	高225cm	2,645,000	西泠拍卖	2012.07.07
明 汉白玉镇宅狮 (一对)	高176cm	1,150,000	西泠拍卖	2012.07.07
明 黑灵璧赏石	高42cm	230,000	上海大众	2012.08.04
明 灵璧石山子	高73.3cm	345,000	中国嘉德	2012.05.14
明 灵璧石山子	高46cm	115,000	北京传是	2012.07.08
明 灵璧石研山	高24.5cm	126,500	北京翰海	2012.12.08
明 青白石缠枝莲如意纹须弥座连太湖石立峰	高143cm	115,000	西泠拍卖	2012.07.07
明 青白石浮雕花卉纹瓜棱盆	直径79cm	235,175	中国嘉德	2012.10.07
明 青白石瓜楞葵形石盆	长57cm	126,500	西泠拍卖	2012.12.29
明 青白石花卉纹石盆	长66cm	69,000	西泠拍卖	2012.07.07
明 青白石如意纹须弥座连黄太湖石立峰	高204cm	460,000	西泠拍卖	2012.07.07
明青白石双狮披巾纹门枕石(一对)	长67cm	120,750	西泠拍卖	2012.07.07
明 青白石四面缠枝纹石盆连珊瑚石赏石	尺寸不一	575,000	西泠拍卖	2012.12.29
明 青白石四面开光如意纹方座连太湖石立峰	高169cm	103,500	西泠拍卖	2012.07.07
明 青石八卦纹井圈	长59cm	161,000	西泠拍卖	2012.07.07
明 青石方座连花卉纹石盆连笋石赏石		437,000	西泠拍卖	2012.12.29
明 青石花卉乳钉纹抱鼓门枕石 (一对)	长68cm	132,250	西泠拍卖	2012.07.07

2012杂项拍卖成交汇总

(成交价RMB：5万元以上)

拍品名称	物品尺寸	成交价RMB	拍卖公司	拍卖日期
明青石莲瓣纹葵形石盆太湖石立峰	高153cm	195,500	西泠拍卖	2012.07.07
明 青石镂雕如意纹石盆连红太湖石立峰	高195cm	322,000	西泠拍卖	2012.12.29
明 青石铺首乳钉纹鼓墩(一对)	高39cm	63,250	西泠拍卖	2012.07.07
明 青石麒麟花卉纹抱鼓门枕石(一对)	高105cm	97,750	西泠拍卖	2012.07.07
明 青石绕藤乳钉纹鼓墩(一对)	高49cm	195,500	西泠拍卖	2012.07.07
明青石如意足须弥座连太湖石立峰	高119cm	57,500	西泠拍卖	2012.07.07
明 青石束腰开光花卉纹石座连黄太湖立峰	高193cm	207,000	西泠拍卖	2012.12.29
明 青石线刻花卉乳钉纹门枕石(一对)	长117cm	92,000	西泠拍卖	2012.07.07
明 太湖石八棱形井圈	长73cm	97,750	西泠拍卖	2012.07.07
明 太湖石八面开光弘治款井圈	高47cm	69,000	西泠拍卖	2012.07.07
明 太湖石长方四柱海棠孔石座	长72cm	87,400	荣宝斋(上海)	2012.09.09
明太湖石莲瓣纹石盆连太湖石立峰	高154cm	57,500	西泠拍卖	2012.07.07
明 太湖石六面开光如意纹石盆连太湖石立峰	高190cm	345,000	西泠拍卖	2012.07.07
明 太湖石披巾祥兽纹井圈	长66cm	115,000	西泠拍卖	2012.07.07
明 太湖石祥云纹井圈	长54cm	115,000	西泠拍卖	2012.07.07
明 歙石水仙花盆	长18.5cm	74,750	凤凰拍卖	2012.12.16
明 玄武岩长石凳	长232cm	63,250	西泠拍卖	2012.07.07
明/清 板岩琴式摆件	长117.5cm	189,270	纽约佳士得	2012.03.22
17世纪 寿山石雕「伏狮罗汉」像	高10.4cm	2,455,260	香港苏富比	2012.04.04
清早期 田黄罗汉小坐像	长4.3cm	92,000	中国嘉德	2012.10.29
清早期 寿山石雕刘海	高23cm	57,500	中国嘉德	2012.10.29
清早期 寿山石雕持卷观音	高11.2cm	126,500	西泠拍卖	2012.07.07
清早期 石雕麻姑献寿立像	高37.3cm	74,750	北京保利	2012.12.07
清早期 青田石观音坐像	高19.5cm	230,000	中国嘉德	2012.09.17
清早期 芙蓉石雕童子拜观音像	高18.1cm	552,000	北京永乐	2012.12.15
清早期 白芙蓉瑞兽摆件	长16.3cm	57,500	北京翰海	2012.05.27
清早期 "安歧"铭菊花石盆景	高40cm	138,000	荣宝斋(上海)	2012.06.17
清顺治 白芙蓉送子观音像	高22cm	57,500	上海崇源	2012.10.19
清乾隆 田黄灵芝云龙纹摆件	宽11cm	2,070,000	上海崇源	2012.10.19
清乾隆 田黄雕薄意人物山水摆件	高6.2cm	355,688	香港邦瀚斯	2012.05.27
清乾隆 寿山石描金饕餮纹方笔筒	高10.5cm	92,189	澳门恆瑞	2012.10.02
清乾隆 寿山白芙蓉雕观音座像	高16cm	329,245	澳门恆瑞	2012.10.02
清康熙 杨玉璇制寿山石雕如意罗汉像	高9cm	402,500	北京保利	2012.12.05
清康熙 桃红寿山文殊骑狮像	高20cm	230,000	北京保利	2012.12.06
清康熙 寿山石雕渡海达摩立像	直径21.5cm	69,000	北京永乐	2012.12.15
清康熙 寿山芙蓉石加彩长眉罗汉像	高12.5cm	299,000	北京保利	2012.06.06
清康熙 尚均制田黄伏虎罗汉	长6.7cm	4,255,000	北京保利	2012.06.06
清康熙 黄寿山雕祥云托宝象摆件	长4.8cm	1,380,000	北京保利	2012.06.05
清康熙 "开通"款白芙蓉罗汉	高8cm	345,000	上海崇源	2012.10.19
清中期 英石山子	高38.5cm	322,000	中国嘉德	2012.05.14
清中期 寿山石雕罗汉	高11.8cm	92,000	北京翰海	2012.05.27
清中期 寿山石雕缠枝花卉大吉葫芦瓶	长16cm	155,250	北京翰海	2012.05.27
清中期 灵璧石"天籁"灵芝如意云形磬	高46cm	111,550	荣宝斋(上海)	2012.06.17
清中期 孔雀石雕花鸟山子	高24cm	370,760	保利香港	2012.11.25
清中期 芙蓉石雕汉钟离像	长15cm	310,500	北京东正	2012.10.31
清中期 白玉仿太湖石摆件(两件)	高18cm；高6.7cm	253,000	北京东正	2012.10.31
清中期 白寿山弥勒佛坐像	高10cm	69,000	北京翰海	2012.05.27
清中期 白芙蓉圆雕持卷观音立像	高22cm	805,000	北京匡时	2012.06.04
清中期 "吉庆有余"灵璧石磬	高69cm	1,696,250	荣宝斋(上海)	2012.06.17
清代 "尚均"款田黄雕弥勒佛	高4cm	5,175,000	古天一	2012.12.02
清初期 寿山石雕自在观音	高15cm	59,800	北京翰海	2012.03.23
清 "喝云"太湖石摆件	高33cm	55,200	中国嘉德	2012.05.14
清 "锦云"太湖石山子	高44cm	55,200	北京传是	2012.12.16
清 "乍海金牛"太湖石摆件	高142cm	115,000	中国嘉德	2012.05.14
清 白芙蓉加彩罗汉像	高8cm	57,500	中国嘉德	2012.06.16
清 白芙蓉罗汉像	高7.6cm	109,250	中国嘉德	2012.03.26
清 白石八面开光如意足石盆	盆长37cm	230,000	西泠拍卖	2012.12.29
清 白石长方形石盆	长89.5cm	126,500	西泠拍卖	2012.07.07
清 白石长方形石盆	长106cm	109,250	西泠拍卖	2012.12.29
清 白石长方形石盆(一对)	长65cm	287,500	西泠拍卖	2012.12.29
清 白石方形石盆	长56cm	126,500	西泠拍卖	2012.12.29
清白石浮雕花卉祥兽纹石板(一对)	高69cm×2	80,500	西泠拍卖	2012.12.29
清 白石瓜菱形葵口石盆	长50cm	63,250	西泠拍卖	2012.07.07
清 白石刻诗长方形石盆	长85cm	207,000	西泠拍卖	2012.12.29
清 白石刻诗文长方形石盆	长39cm	55,200	西泠拍卖	2012.07.07
清 白石梅枝纹长方形石盆	长58cm	149,500	西泠拍卖	2012.07.07
清 白石披巾乳钉纹鼓墩(一对)	高35cm	69,000	西泠拍卖	2012.12.29
清白石起线敞口长方形石盆(一对)	长69cm	184,000	西泠拍卖	2012.07.07
清 白石束腰莲瓣纹华表座连太湖石赏石	长183cm	793,500	西泠拍卖	2012.12.29
清 白石双铺首长方形石盆	长86cm	195,500	西泠拍卖	2012.12.29
清 白石双线长方形石盆	长119cm	109,250	西泠拍卖	2012.12.29
清 白石四面暗八仙纹长方形石盆	长30cm	69,000	西泠拍卖	2012.12.29
清白石四面开光瑞兽纹长方形石盆	长37cm	201,250	西泠拍卖	2012.12.29
清 白石祥兽纹门枕石(一对)	长102cm	253,000	西泠拍卖	2012.12.29
清 白石祥兽纹门枕石(一对)	长60cm	126,500	西泠拍卖	2012.12.29
清 白石祥云纹花几连石盆	高93cm	632,500	西泠拍卖	2012.12.29
清 白石拙莽款诗文长方形石盆	长41cm	97,750	西泠拍卖	2012.07.07
清白石坐面团花乳钉纹鼓墩(一对)	高41cm	103,500	西泠拍卖	2012.07.07
清 白寿山克勤郡王府供绿度母像	高23cm	184,000	上海嘉泰	2012.10.25
清 端石雕持经观音	高11.5cm	172,500	北京翰海	2012.12.08
清 段石雕般若波罗蜜多心经摆件	长40.6cm×2	243,900	香港邦瀚斯	2012.05.27
清 贡石摆件	高139cm	299,000	中国嘉德	2012.05.14
清 贡石摆件	高142cm	287,500	中国嘉德	2012.05.14
清 贡石山子	高51cm	51,750	北京翰海	2012.12.08
清 勾云灵璧石供石	带座高41.5cm	207,000	西泠拍卖	2012.12.28
清汉白玉暗八仙纹门枕石(一对)	高66cm	63,250	西泠拍卖	2012.12.29
清 汉白玉八面开光花卉纹花台(一对)	高52cm	287,500	西泠拍卖	2012.12.29
清 汉白玉抱鼓牌坊狮(一对)	高180cm	747,500	西泠拍卖	2012.12.29
清 汉白玉抱鼓牌坊狮(一对)	高165cm	253,000	西泠拍卖	2012.12.29
清 汉白玉长方形石盆	长95cm	103,500	西泠拍卖	2012.12.29
清 汉白玉长方形石盆	长38.5cm	57,500	西泠拍卖	2012.12.29
清 汉白玉敞口长方形石盆	长65cm	172,500	西泠拍卖	2012.07.07
清 汉白玉敞口长方形石盆	长99cm	51,750	西泠拍卖	2012.07.07
清 汉白玉方桌	高69cm	299,000	西泠拍卖	2012.07.07
清汉白玉浮雕京巴犬长方形石盆	长73cm	747,500	西泠拍卖	2012.12.29
清 汉白玉浮雕一路清廉纹园盆	长64cm	1,380,000	西泠拍卖	2012.12.29
清汉白玉高狮子戏球鼓墩(一对)	高43cm	460,000	西泠拍卖	2012.07.07
清汉白玉花卉纹长方形石盆(一对)	尺寸不一	287,500	西泠拍卖	2012.12.29
清 汉白玉皇家西番莲纹花台	长76cm	690,000	西泠拍卖	2012.12.29
清 汉白玉卷草纹长方形石盆	长87cm	184,000	西泠拍卖	2012.07.07
清汉白玉莲瓣纹长方形石座(一对)	长70cm	103,500	西泠拍卖	2012.07.07
清 汉白玉莲瓣纹圆座	直径82cm	69,000	西泠拍卖	2012.07.07
清 汉白玉满工祥兽花卉乳钉纹鼓墩(一对)	长46cm	184,000	西泠拍卖	2012.12.29
清汉白玉披巾花卉纹长方形石盆	长62cm	184,000	西泠拍卖	2012.12.29
清汉白玉铺首乳钉纹鼓墩(一对)	长43cm	115,000	西泠拍卖	2012.12.29
清汉白玉铺首乳钉纹鼓墩(一对)	长47cm	109,250	西泠拍卖	2012.12.29
清 汉白玉铺首双面开光多宝乳钉纹鼓墩(一对)	长47cm	172,500	西泠拍卖	2012.12.29
清 汉白玉铺首双面开光花卉乳钉纹鼓墩(一对)	长42cm	109,250	西泠拍卖	2012.12.29
清汉白玉麒麟花卉纹门枕石(一对)	长72cm	92,000	西泠拍卖	2012.12.29
清汉白玉人物祥兽纹门枕石(一对)	长68cm	368,000	西泠拍卖	2012.07.07
清汉白玉如意祥兽纹门枕石(一对)	长130c	184,000	西泠拍卖	2012.12.29

拍品名称	物品尺寸	成交价RMB	拍卖公司	拍卖日期
清汉白玉乳钉纹鼓墩连底座(一对)	高56cm	172,500	西泠拍卖	2012.07.07
清汉白玉乳钉纹鼓墩连底座(一对)	高51cm	149,500	西泠拍卖	2012.07.07
清汉白玉三面工八宝纹长方形石盆	长96cm	218,500	西泠拍卖	2012.07.07
清 汉白玉三面工多子多寿纹长方形石盆	长100cm	161,000	西泠拍卖	2012.07.07
清 汉白玉束腰灯座 (一套四件)	高64cm	575,000	西泠拍卖	2012.12.29
清 汉白玉双层莲瓣纹石盆	直径70cm	218,500	西泠拍卖	2012.12.29
清 汉白玉双面开光鹤鹿乳钉纹鼓墩连底座 (一对)	高53cm	161,000	西泠拍卖	2012.07.07
清 汉白玉双面开光祥兽纹鼓墩(一对)	高50cm	138,000	西泠拍卖	2012.07.07
清汉白玉双狮团花纹门枕石(一对)	长128cm	299,000	西泠拍卖	2012.07.07
清汉白玉四季花卉石板(一套四件)	长65cm	218,500	西泠拍卖	2012.07.07
清 汉白玉四面开光铺首花卉纹鼓墩连底座 (一对)	长57cm	264,500	西泠拍卖	2012.07.07
清 汉白玉线刻蝙蝠花卉乳钉纹鼓墩 (一对)	高50cm	253,000	西泠拍卖	2012.12.29
清 鹤顶红摆件	长19cm	85,100	北京传是	2012.12.16
清 黑白灵璧石山子摆件	长45cm	92,000	北京保利	2012.06.06
清 黑灵璧石山子	高54.6cm	181,350	香港佳士得	2012.11.28
清 黑英石山子	高45.7cm	201,500	香港佳士得	2012.11.28
清 红田原石	长4.5cm	51,750	北京传是	2012.12.16
清 洪范、查世燮旧藏英石供石	带座高21cm	333,500	西泠拍卖	2012.07.07
清 花岗岩三面开光花卉纹鱼缸	长87cm	51,750	西泠拍卖	2012.07.07
清 浣亭刻山水 牛角冻石印料	高12cm	402,500	北京保利	2012.04.21
清 黄芙蓉罗汉	高11.5cm	207,000	北京翰海	2012.12.08
清 金星料雕葫芦万代摆件	高23cm	149,500	北京保利	2012.10.25
清 镜峰含月灵壁石摆件	高33.7cm	71,300	荣宝斋(上海)	2012.06.17
清 林谦培高山唐后持桃立像	高17.5cm	63,250	上海嘉泰	2012.10.25
清 灵壁供石	长33cm	253,000	北京保利	2012.06.07
清 灵璧石摆件	高29cm	57,500	荣宝斋(上海)	2012.06.17
清 灵璧石供石	长59cm	69,000	荣宝斋(上海)	2012.06.17
清 灵璧石山子	高29.8cm	57,500	北京翰海	2012.05.27
清 灵璧石卧牛山子	长19.5cm	63,250	荣宝斋(上海)	2012.06.17
清 灵璧石一缕青山子	高54.2cm	195,500	荣宝斋(上海)	2012.09.09
清 灵璧横峰供石	长69cm	172,500	北京保利	2012.12.07
清 灵璧赏石	高25cm	69,000	上海大众	2012.08.04
清 灵璧赏石 (一组十二件)	尺寸不一	241,500	北京保利	2012.12.06
清 灵璧石摆件	高80cm	69,000	北京保利	2012.04.23
清 灵璧石供石	带座高24cm	69,000	西泠拍卖	2012.12.28
清 灵璧石挂件	高30.4cm	69,000	北京翰海	2012.12.08
清 灵璧石山子	高39cm	94,300	北京匡时	2012.06.04
清 灵璧石山子	高61cm	69,000	北京匡时	2012.06.04
清 灵璧石山子	宽18cm	66,700	北京保利	2012.08.11
清 灵璧石山子	长59cm	51,750	北京翰海	2012.12.08
清 灵璧石山子	高49cm	80,500	北京翰海	2012.12.08
清 灵璧石随形摆件	高63cm	55,200	中国嘉德	2012.05.14
清 灵璧石-探云	高25.5cm	92,000	上海工美	2012.08.18
清 祁阳石菊石图座镜	直径37cm	89,600	天津文物	2012.11.09
清 乾隆款汉白玉铺首乳钉纹鼓墩 (一对)	高40cm	172,500	西泠拍卖	2012.07.07
清 青白石敞口长方形石盆	长98cm	276,000	西泠拍卖	2012.07.07
清 青白石花卉纹圆形石盆	高41.5cm	310,500	西泠拍卖	2012.12.29
清 青白石满工祥兽花卉纹影壁座 (一对)	长125cm	3,220,000	西泠拍卖	2012.12.29
清青白石铺首乳钉纹鼓墩 (一对)	高38cm	109,250	西泠拍卖	2012.07.07
清青白石铺首乳钉纹鼓墩 (一对)	高43cm	109,250	西泠拍卖	2012.07.07
清 青白石如意足菱形石盆	长72cm	63,250	西泠拍卖	2012.07.07
清 青白石乳钉纹鼓墩	直径63cm	92,000	西泠拍卖	2012.12.29
清 青白石狮子门枕石 (一对)	长102cm	667,000	西泠拍卖	2012.12.29
清青白石束腰须弥座连汉白玉赏石	尺寸不一	448,500	西泠拍卖	2012.12.29
清 青白石四面花卉莲瓣纹石座	长50cm	161,000	西泠拍卖	2012.12.29
清 青白石四面花卉如意足石盆	长44cm	287,500	西泠拍卖	2012.12.29

拍品名称	物品尺寸	成交价RMB	拍卖公司	拍卖日期
清 青白石四面开光月洞门乳钉纹绣墩 (一对)	高60cm	80,500	西泠拍卖	2012.07.07
清 青白石四面团花太极纹石座	长58cm	322,000	西泠拍卖	2012.12.29
清 青石对狮门枕石 (一对)	长123cm	517,500	西泠拍卖	2012.07.07
清 青石花几	高46.5cm	57,500	荣宝斋(上海)	2012.09.09
清 青石开光花卉纹门枕石 (一对)	长60cm	86,250	西泠拍卖	2012.12.29
清 青石刻诗文长方形石盆	长84cm	103,500	西泠拍卖	2012.07.07
清 青石莲瓣纹石盆	长59cm	207,000	西泠拍卖	2012.07.07
清 青石趴狮乳钉纹门枕石 (一对)	高83cm	57,500	西泠拍卖	2012.12.29
清 青石狻猊门枕石 (一对)	高117cm	517,500	西泠拍卖	2012.07.07
清 青石铺首花卉纹鼓墩 (一对)	高37cm	195,500	西泠拍卖	2012.12.29
清青石三狮戏球抱鼓门枕石(一对)	长108cm	517,500	西泠拍卖	2012.07.07
清 青石三元井款井圈 (一组三件)	长57cm	126,500	西泠拍卖	2012.07.07
清 青石狮子 (一对)	高118cm	540,500	西泠拍卖	2012.12.29
清 青石狮子滚绣球门枕石 (一对)	高87cm	230,000	西泠拍卖	2012.12.29
清 青石狮子乳钉纹影壁座 (一对)	高81cm	368,000	西泠拍卖	2012.12.29
清 青石束腰凤穿牡丹纹石盆	高106cm	1,150,000	西泠拍卖	2012.12.29
清 青石双面兰花纹石盆	长38cm	103,500	西泠拍卖	2012.07.07
清 青石双狮鹤鹿纹抱鼓门枕石 (一对)	长126cm	195,500	西泠拍卖	2012.07.07
清 青石四面开光花卉纹石座	高33cm	55,200	西泠拍卖	2012.12.29
清 青石祥兽花卉纹门枕石 (一对)	长138cm	483,000	西泠拍卖	2012.12.29
清 青石祥兽花卉纹园缸	高67cm	172,500	西泠拍卖	2012.12.29
清 青石祥云纹石盆	长146cm	132,250	西泠拍卖	2012.12.29
清 青田石雕搔痒罗汉	高10.5cm	69,000	西泠拍卖	2012.07.07
清 青田石雕搔痒罗汉	高10.5cm	69,000	西泠拍卖	2012.07.07
清 赏石摆件	高123cm	379,500	中国嘉德	2012.05.14
清 赏石摆件	高71cm	63,250	中国嘉德	2012.05.14
清 沈白铭灵璧石砚山	长39cm	287,500	北京保利	2012.12.06
清 寿山白芙蓉石掏耳罗汉像	高11.6cm	207,000	荣宝斋(上海)	2012.06.17
清 寿山彩绘戏狮罗汉	高12.5cm	63,250	上海嘉泰	2012.10.25
清 寿山芙蓉石罗汉摆件	高13.6cm	218,500	中国嘉德	2012.05.14
清 寿山石雕补衣罗汉	高12.1cm	299,000	西泠拍卖	2012.07.07
清 寿山石雕布袋和尚	高11.3cm	80,500	西泠拍卖	2012.07.07
清 寿山石雕东方朔偷桃摆件	高46cm	253,000	上海大众	2012.08.04
清 寿山石雕观音像	高11cm	74,750	北京保利	2012.10.25
清 寿山石雕刘海戏蟾纹摆件	长10cm	57,500	北京东正	2012.05.11
清 寿山石雕罗汉	带座高8.2cm	74,750	西泠拍卖	2012.07.07
清 寿山石雕罗汉	高6.1cm	57,500	西泠拍卖	2012.07.07
清 寿山石雕罗汉像	通高6.1cm	230,000	朵云轩	2012.07.11
清 寿山石雕仕女立像	高41cm	69,000	北京保利	2012.10.25
清 寿山石雕送子观音摆件	高20.8cm	92,000	西泠拍卖	2012.07.07
清 寿山石雕亭台楼阁人物山子	高11.5cm	138,000	北京翰海	2012.12.08
清 寿山石雕献花提记尊者	高11.5cm	172,500	西泠拍卖	2012.07.07
清 寿山石雕云龙纹章料	高8.6cm	69,000	北京保利	2012.12.06
清 寿山石托钵罗汉	高13cm	52,900	上海嘉泰	2012.10.25
清 太湖大供石山子	高85cm	276,000	北京保利	2012.12.06
清 太湖石八菱形井圈	长58cm	51,750	西泠拍卖	2012.07.07
清 太湖石摆件	高124cm	345,000	中国嘉德	2012.05.14
清 太湖石供石	带座高27.2cm	57,500	西泠拍卖	2012.07.07
清 太湖石山子	高35.4cm	78,200	北京翰海	2012.05.27
清 腾云供石	带座高21.2cm	55,200	西泠拍卖	2012.07.07
清 田白雕罗汉卧像	长7.8cm	805,000	北京匡时	2012.12.05
清 田白伏虎罗汉像	通高2cm	115,000	朵云轩	2012.12.29
清 田黄薄意雕花卉章料	高4.8cm	230,000	北京保利	2012.12.07
清 田黄薄意山水诗文随形摆件	高8.6cm	1,207,500	北京匡时	2012.12.05
清 田黄持经罗汉	高13cm	7,475,000	北京翰海	2012.12.08
清 田黄雕三友纹山子	长7.5cm	4,600,000	北京东正	2012.05.11
清 田黄瑞兽摆件	高8cm	63,250	上海嘉泰	2012.06.23
清 田黄石把件	长6cm	126,500	北京容海	2012.01.09
清 田黄寿星	高6.7cm	207,000	北京翰海	2012.12.08
清 铜马槽方炉配供石	高32.5cm	51,750	北京保利	2012.12.07
清 退思轩铭红木小供桌配供石	高44cm	218,500	北京保利	2012.06.07

2012杂项拍卖成交汇总

(成交价RMB：5万元以上)

拍品名称	物品尺寸	成交价RMB	拍卖公司	拍卖日期
清 驼峰灵壁石供石	带座高43cm	1,207,500	西泠拍卖	2012.12.28
清 虚谷铭灵壁石山子	高48.2cm	74,750	荣宝斋(上海)	2012.09.09
清 玄武岩卷草纹长方形案几	长249cm	184,000	西泠拍卖	2012.07.07
清 英石摆件	高43cm	287,500	北京保利	2012.06.07
清 英石供石	带座高24.5cm	218,500	西泠拍卖	2012.12.28
清 英石横峰山子	高26.1cm	63,250	北京翰海	2012.05.27
清 英石横峰赏石	长22cm	80,500	上海大众	2012.08.04
清 英石立峰山子	高89cm	63,250	北京翰海	2012.12.08
清 英石山子	高72cm	322,000	荣宝斋(上海)	2012.06.17
清 玉雕寿山福海牌	长6cm	161,000	北京保利	2012.10.25
清 张鋆铭灵壁石供石	高68.5cm	66,700	荣宝斋(上海)	2012.09.09
民国 乌鸦皮田黄随形薄意摆件	高7cm	690,000	北京保利	2012.04.21
民国 田黄长条章料	高6.2cm	172,500	凤凰拍卖	2012.12.16
民国 "高山流水"灵璧石摆件	长82cm	126,500	中国嘉德	2012.05.14
70年代作 昌化鸡血石龙纹摆件	高52cm	50,000	隆荣国际	2012.07.27
巴林鸡血松下七贤图山子	高29.5cm	4,082,500	上海嘉泰	2012.06.23
巴林鸡血童子戏弥勒山子	高38cm	1,840,000	上海嘉泰	2012.06.23
巴林品种石 (一组十方)	尺寸不一	57,500	西泠拍卖	2012.07.07
昌化冻石雕件	高29.5cm	51,750	南京经典	2012.01.08
昌化鸡血对开章料	高7.3cm	75,900	北京恒盛鼎	2012.09.17
昌化鸡血六方组合章料	尺寸不一	126,500	北京恒盛鼎	2012.09.17
昌化鸡血藕粉冻地高浮雕狮啸人古摆件	尺寸不一	160,000	上海驰翰	2012.10.27
昌化鸡血石 如意人生摆件	高20cm	139,150	北京恒盛鼎	2012.09.17
昌化鸡血石把玩	高6.2cm	80,500	南京经典	2012.01.08
昌化鸡血石摆件	高57cm	1,472,000	南京经典	2012.01.08
昌化鸡血石摆件	高11.5cm	69,575	北京恒盛鼎	2012.09.17
昌化鸡血石雕件	长37cm	667,000	南京经典	2012.01.08
昌化鸡血石雕件	长35cm	598,000	南京经典	2012.01.08
昌化鸡血石雕件	长19cm	448,500	南京经典	2012.01.08
昌化鸡血石雕件	高20cm	287,500	南京经典	2012.01.08
昌化鸡血石雕件	高12cm	138,000	南京经典	2012.01.08
昌化鸡血石关公摆件	高11cm	57,500	中国嘉德	2012.10.30
昌化鸡血石巧雕山水人物摆件	长9.5cm	98,670	北京恒盛鼎	2012.09.17
昌化鸡血石原料	高8cm	126,500	北京恒盛鼎	2012.09.17
昌化鸡血章料	高8.7cm	65,780	北京恒盛鼎	2012.09.17
昌化牛角地鸡血石雕件	长19.5cm	425,500	南京经典	2012.01.08
昌化田黄龙形摆件	高5.5cm	126,500	北京恒盛鼎	2012.09.17
昌化田黄巧雕人物摆件	高7cm	506,000	北京恒盛鼎	2012.09.17
昌化田黄松下高士摆件	高10cm	63,250	北京恒盛鼎	2012.09.17
陈达 汶洋石	高13.1cm	287,500	福建东南	2012.05.20
陈达 汶洋石	高8.9cm	184,000	福建东南	2012.05.20
螭虎傍灵芝 寿山田黄石螭龙摆件	高2.5cm	105,800	中国嘉德	2012.10.30
赤霞云龙 巴林鸡血石摆件	高12.5cm	253,000	中国嘉德	2012.05.14
冯志杰作田黄石《报春图》摆件	高3cm	184,000	福建东南	2012.10.28
冯志杰作田黄石套件		126,500	福建东南	2012.10.28
芙蓉晶石古兽把玩件	长7.3cm	126,500	福建东南	2012.10.28
芙蓉石达摩摆件	长11.3cm	103,500	福建东南	2012.05.20
福至眼前 寿山田黄石云蝠摆件	高2.8cm	149,500	中国嘉德	2012.10.30
高山晶高浮雕太白醉酒摆件	高8.5cm	56,000	上海驰翰	2012.10.27
高山玛瑙冻石刘海戏金蟾摆件	高17cm	50,000	隆荣国际	2012.07.27
供石摆件	高135cm	149,500	中国嘉德	2012.10.29
供石横峰形摆件	宽100cm	207,000	中国嘉德	2012.10.29
古月松涛 寿山田黄石薄意摆件	高6.5cm	184,000	中国嘉德	2012.05.14
郭功森 善伯洞石	长11cm	368,000	福建东南	2012.05.20
郭功森作田黄石套件	长3.8cm	184,000	福建东南	2012.10.28
郭懋介作善伯洞石笑狮罗汉像	高7.2cm	414,000	福建东南	2012.10.28
郭懋介作田黄石《春江水暖鸭先知》薄意摆件	高6.3cm	1,380,000	福建东南	2012.10.28
郭懋介作田黄石《文君弹琴》薄意摆件	高5cm	172,500	福建东南	2012.10.28
郭懋介作田黄石童子摆件	高4.8cm	402,500	西泠拍卖	2012.12.28
郭懋介作乌鸦皮田黄石人物摆件	高3.6cm	747,500	西泠拍卖	2012.12.28
郭祥忍 芙蓉石	长9.8cm	517,500	福建东南	2012.05.20
郭祥忍作田黄石鳌龙摆件	长4cm	74,750	西泠拍卖	2012.07.07
郭祥忍作田黄石如意赐福挂件	长4.5cm×	230,000	西泠拍卖	2012.07.07
郭祥忍作田黄石套件	尺寸不一	241,500	福建东南	2012.10.28
郭祥雄 高山石	长6.5cm	264,500	福建东南	2012.05.20
郭祥雄作旗降石飞虎尊	高6.9cm	276,000	福建东南	2012.10.28
郭卓怀 田黄石牧童摆件	高5.5cm	218,500	福建东南	2012.05.20
郭卓怀作田黄石《春江水暖》薄意摆件	高3cm	149,500	福建东南	2012.10.28
郭卓怀作田黄石《渔樵耕读》薄意摆件	高4.3cm	299,000	福建东南	2012.10.28
郭卓怀作田黄石《竹林七贤》薄意摆件	高3.3cm	115,000	福建东南	2012.10.28
郭子伯 李红善伯洞石	高7.2cm	218,500	福建东南	2012.05.20
汉书下酒 寿山大山石人物摆件	长10cm	115,000	中国嘉德	2012.10.30
和田黄玉岁岁平安珮	长4.5cm	74,750	上海嘉泰	2012.06.23
黑田双罗汉摆件	高7cm×	552,000	凤凰拍卖	2012.12.16
红太湖石立峰	高135cm	105,800	中国嘉德	2012.10.29
黄白荔枝冻莲花观音	高6.0cm	414,000	上海驰翰	2012.04.27
黄金黄(田黄)金蟾吐水把件	长5.7cm	66,700	凤凰拍卖	2012.12.16
黄太湖石山子	长125cm	291,200	北京荣宝	2012.11.25
鸡血石百鸟争鸣摆件	高34.5cm	280,000	上海驰翰	2012.06.30
鸡血石摆件	尺寸不一	130,000	上海驰翰	2012.06.30
鸡血石刻山水诗文章料	高36cm	115,000	太平洋	2012.06.16
结晶芙蓉日出摆件	长7cm	184,000	北京保利	2012.06.06
劲竹 寿山田黄石摆件	高4.7cm	59,800	中国嘉德	2012.05.14
瞿利军 和田玉籽料仿太湖石摆件	高8.3cm	55,200	北京博观	2012.12.23
昆石(雪花)	高30cm	89,600	上海中福	2012.06.03
荔枝洞石太白醉酒人物摆件	高7.5cm	126,500	福建东南	2012.10.28
荔枝石童子弥勒摆件	高12.8cm	1,344,000	福建国石	2012.05.13
廖德良 水洞高山石	长6.8cm	345,000	福建东南	2012.05.20
林东作荔枝洞石节节攀升摆件	高26.5cm	782,000	福建东南	2012.10.28
林东作田黄石托珠弥勒摆件	高3.8cm	103,500	福建东南	2012.10.28
林东作乌鸦皮田黄冻石布袋弥勒摆件	高3.1cm	2,300,000	福建东南	2012.10.28
林发述作旗降石祖孙乐摆件	高10cm	109,250	福建东南	2012.10.28
林飞 二号矿石贵妃醉酒雕件	长26.5cm	460,000	福建东南	2012.05.20
林飞 芙蓉晶石贵妃醉酒摆件	长12.4cm	138,000	福建东南	2012.05.20
林飞 芙蓉石夏娃摆件	长26.5cm	109,250	福建东南	2012.05.20
林飞作田黄石醉三仙摆件	长6cm	494,500	西泠拍卖	2012.07.07
林清卿 都成坑石	尺寸不一	575,000	福建东南	2012.05.20
林荣基作田黄石梅兰竹薄意摆件	高4.6cm	287,500	福建东南	2012.10.28
林寿煁作田黄石《梅竹双清》薄意摆件	高3.3cm	862,500	福建东南	2012.10.28
林寿煁作田黄石香山九老薄意摆件	高7.7cm	10,350,000	西泠拍卖	2012.07.07
林文举 田黄留皮薄意花鸟随形摆件	高5.5cm	1,955,000	北京保利	2012.12.07
林文举 高山桃花洞石	高5.6cm	161,000	福建东南	2012.05.20
林文举作田黄石《高山流水》薄意摆件	高4.5cm	632,500	福建东南	2012.10.28
林文举作田黄石《竹石图》薄意摆件	高2.6cm	333,500	福建东南	2012.10.28
林文举作田黄石皆大欢喜薄意随摆件	高4.7cm	172,500	福建东南	2012.10.28
林文祥 善伯狮子滚球摆件	长7cm	57,500	上海驰翰	2012.04.27
林志峰作芙蓉石观音摆件	高8.2cm	126,500	福建东南	2012.10.28
林志峰作芙蓉石如意观音摆件	高9.2cm	115,000	福建东南	2012.10.28
林志峰作坑头石如意观音摆件	高14.1cm	184,000	福建东南	2012.10.28
灵壁横峰供石	长91cm	253,000	北京保利	2012.06.07
灵璧石 灵驹	长98cm	504,000	上海中福	2012.06.03
灵璧石 虚怀若谷	长36cm	873,600	上海中福	2012.06.03
灵璧石摆件	高30cm	57,500	中国嘉德	2012.03.25
灵璧石刻"心经"佛龛	宽50cm	264,500	北京保利	2012.10.25
灵璧石山石摆件	长40cm	69,000	北京保利	2012.12.07

拍品名称	物品尺寸	成交价RMB	拍卖公司	拍卖日期
灵璧石山子	高48cm	57,500	中国嘉德	2012.03.25
灵璧石山子	13cm×11cm	391,000	中国嘉德	2012.10.30
灵璧石山子摆件	高136cm	109,250	中国嘉德	2012.10.29
刘传斌田黄薄意雕摆件(一组五件)		65,000	上海驰翰	2012.10.10
刘恩同 冬日柴暖石刻澄石壶	高8.7cm	92,000	朵云轩	2012.07.22
刘恩同 渔家乐	长19.1cm	218,500	朵云轩	2012.07.22
刘恩同 竹园清趣石刻端石壶	高8.2cm	109,250	朵云轩	2012.07.22
罗汉 寿山杜陵石人物摆件	高9.5cm	80,500	中国嘉德	2012.05.14
罗汉寿山石摆件	高10.5cm	126,500	北京恒盛鼎	2012.09.17
墨石	高130cm	89,600	上海中福	2012.06.03
木化石山子	高36cm	126,500	中国嘉德	2012.10.30
潘惊石 芙蓉晶石	高5.6cm	402,500	福建东南	2012.05.20
潘惊石 荔枝洞石	长6.5cm	517,500	福建东南	2012.05.20
潘克照作松鹤同寿昌化羊脂地大红袍鸡血石摆件	高23cm	6,325,000	西泠拍卖	2012.12.28
濮森 田黄石	长4.7cm	7,935,000	福建东南	2012.05.20
三酸图 寿山石薄意摆件	高16.2cm	80,500	中国嘉德	2012.05.14
上坂田黄薄意春江水暖图把件	长4.3cm	57,500	中国嘉德	2012.12.17
石颠 田黄圆雕瓜瓞松鼠	高4cm	64,480	香港华辉	2012.11.23
石癫作田黄石圆雕四鬼运财摆件	高6cm	575,000	西泠拍卖	2012.12.28
石山子摆件	高145.4cm	59,800	中国嘉德	2012.03.25
石秀款昌化田黄摆件	高9.5cm	195,500	荣宝斋(上海)	2012.09.09
寿山豆耿石黑熊摆件	长15cm	82,800	中国嘉德	2012.10.30
寿山芙蓉结晶石章鱼把件(两件)	长6.5cm；长6cm	57,500	中国嘉德	2012.10.30
寿山芙蓉石巧雕齐心协力摆件	高10cm	63,250	荣宝斋(上海)	2012.09.09
寿山荔枝石、芙蓉石、月尾石、巴林鸡血石摆件(四件)	尺寸不一	69,000	中国嘉德	2012.10.30
寿山荔枝石人物摆件(三件)	尺寸不一	69,000	中国嘉德	2012.05.14
寿山旗降石白熊摆件	高21cm	287,500	中国嘉德	2012.10.30
寿山旗降石白熊摆件	长27.3cm	414,000	中国嘉德	2012.10.30
寿山善伯、荔枝石人物摆件(三件)	尺寸不一	69,000	中国嘉德	2012.10.30
寿山石 章料(三方)	尺寸不一	190,400	琴岛荣德	2012.05.27
寿山石 章料(三方)	尺寸不一	179,200	琴岛荣德	2012.05.27
寿山石"满载而归"山子	长57cm	1,035,000	北京九歌	2012.06.29
寿山石摆件	高22cm	244,582	中联国际	2012.10.02
寿山石雕罗汉坐像	高11cm	517,500	北京翰海	2012.06.29
寿山石人物摆件	高12.1cm	92,000	荣宝斋(上海)	2012.06.17
寿山石人物摆件	高20cm	169,326	中联国际	2012.10.02
寿山石山子	高12.5cm	55,200	荣宝斋(上海)	2012.06.17
寿山田黄石摆件(七件)	尺寸不一	69,000	中国嘉德	2012.05.14
寿山田黄石薄意摆件	长9.5cm	4,370,000	中国嘉德	2012.10.30
寿山田黄石薄意摆件(八件)	尺寸不一	57,500	中国嘉德	2012.10.30
寿山田黄石薄意山水摆件(两件)	高4.8cm	253,000	中国嘉德	2012.10.30
寿山田黄石金蝉摆件	高3.4cm	66,700	中国嘉德	2012.10.30
寿山田黄石罗汉摆件	长4.5cm	63,250	中国嘉德	2012.10.30
寿山田黄石人物摆件(三件)	尺寸不一	218,500	中国嘉德	2012.05.14
寿山田黄石渔翁摆件	高4.8cm	322,000	中国嘉德	2012.10.30
狩猎图 昌化鸡血石摆件	高13.3cm	161,000	中国嘉德	2012.05.14
双色芙蓉石狮章料	高9.8cm	55,200	荣宝斋(上海)	2012.06.17
水调歌头 寿山田黄石摆件	高5.3cm	2,875,000	中国嘉德	2012.10.30
松间问道 寿山田黄石薄意摆件	高4.3cm	80,500	中国嘉德	2012.10.30
太湖石山子	长150cm	51,750	中国嘉德	2012.09.16
太湖石山子摆件	高139cm	55,200	中国嘉德	2012.10.29
桃花冻石 旭日东升摆件	长5.5cm	51,750	上海驰翰	2012.04.27
陶昌鹏 多子多孙石刻端石壶	高6.8cm	57,500	朵云轩	2012.07.22
陶昌鹏 雨后春笋石刻端溪石壶	高6.2cm	57,500	朵云轩	2012.07.22
陶昌鹏 竹方兄石刻村石壶	高7.8cm	69,000	朵云轩	2012.07.22
天山古道行 寿山荔枝石摆件	高22.5cm	184,000	中国嘉德	2012.05.14
田黄 薄意雕摆件	长7cm	224,000	琴岛荣德	2012.05.27
田黄 薄意雕摆件	高6cm	168,000	琴岛荣德	2012.05.27
田黄 清朝顺治皇帝爱新觉罗福临雕像	高10cm	26,178,600	澳门中信	2012.06.03
田黄薄意雕"秋山行旅图"摆件	高9.5cm	2,990,000	北京保利	2012.06.06
田黄薄意雕山水随形摆件	长6cm	402,500	上海大众	2012.08.04
田黄布袋和尚摆件	高7.8cm	1,127,000	荣宝斋(上海)	2012.06.17
田黄冻薄意雕听琴图山子	高5.9cm	172,500	凤凰拍卖	2012.12.16
田黄冻章料(三方)	尺寸不一	224,000	琴岛荣德	2012.05.27
田黄高仕图印材	高3.5cm	80,500	广东衡益	2012.03.04
田黄石 心清闻妙香	重80g	3,472,000	福建国石	2012.05.13
田黄石 夜游赤壁雕件	高4.8cm	632,500	福建东南	2012.05.20
田黄石《春意盎然》薄意套件	高3.9cm；高4.2cm	126,500	福建东南	2012.10.28
田黄石摆件(一组九方)	尺寸不一	57,500	西泠拍卖	2012.12.28
田黄石薄意摆件	高3.8cm	920,000	福建东南	2012.05.20
田黄石薄意摆件	高3.6cm	161,000	福建东南	2012.05.20
田黄石薄意雕	高13.8cm	690,000	南京经典	2012.01.08
田黄石薄意雕	高9cm	253,000	南京经典	2012.01.08
田黄石薄意雕	高20cm	149,500	南京经典	2012.01.08
田黄石薄意雕	高9cm	103,500	南京经典	2012.01.08
田黄石薄意雕件	高20cm	212,750	南京经典	2012.01.08
田黄石雕件	高12.5cm	1,495,000	南京经典	2012.01.08
田黄石雕件	高17.5cm	425,500	南京经典	2012.01.08
田黄石和合二仙摆件	高6.5cm	1,840,000	西泠拍卖	2012.07.07
田黄石梅花薄意摆件	高2.3cm	483,000	福建东南	2012.10.28
田黄石弥勒摆件	高3.3cm	57,500	西泠拍卖	2012.12.28
田黄石牧童遥指杏花村薄意摆件	高4cm	207,000	西泠拍卖	2012.07.07
田黄石人物雕件(二件)	尺寸不一	55,200	西泠拍卖	2012.07.07
田黄石童子弥勒摆件	重92.1g	2,016,000	福建国石	2012.05.13
田黄石郑世斌 寒江独钓薄意摆件	高5.5cm	460,000	福建东南	2012.05.20
田黄石作云蝠瑞芝纹薄意挂件	高4.2cm	74,750	西泠拍卖	2012.07.07
田黄寿星	高6.3cm	57,500	北京保利	2012.06.06
田黄套件	尺寸不一	195,500	福建东南	2012.05.20
田黄套件	尺寸不一	161,000	福建东南	2012.05.20
童子献寿 寿山田黄石摆件	高3.6cm	172,500	中国嘉德	2012.10.30
王一帆 松柏岭石	长7.3cm	218,500	福建东南	2012.05.20
王一帆 田黄石君子节摆件	高6.7cm	218,500	福建东南	2012.05.20
王一帆作田黄石节节高升摆件	高8cm	1,495,000	福建东南	2012.10.28
王祖光 善伯洞石观音摆件	长10.8cm	103,500	福建东南	2012.05.20
王祖光作善伯洞石持经观音坐像	高19cm	333,500	福建东南	2012.10.28
王祖光作善伯洞石如意观音摆件	高14.4cm	115,000	福建东南	2012.10.28
王祖光作寿山荔枝冻石持经观音摆件	高23.6cm	2,185,000	西泠拍卖	2012.07.07
翁同龢款寿山石(一枚)	长6cm	172,500	荣宝斋(上海)	2012.06.17
乌鸦皮田黄伏虎罗汉	长6cm	299,000	北京保利	2012.06.06
吴昌硕 田黄石	长6.5cm	5,750,000	福建东南	2012.05.20
吴昌硕铭"画奴"熨纸石	长8.4cm	1,035,000	西泠拍卖	2012.07.07
西安绿石罗汉摆件	高6cm	180,000	隆荣国际	2012.07.27
贤隐深山 寿山田黄石薄意摆件	高3.2cm	55,200	中国嘉德	2012.05.14
咸阳宫 古石	长16cm	106,400	上海中福	2012.06.03
现代 田黄"竹林七贤"摆件	高8.7cm	287,500	凤凰拍卖	2012.12.16
谢麟作都成坑石犀牛望月摆件	高8.8cm	161,000	福建东南	2012.10.28
欣喜 寿山旗降石白熊摆件	高27.5cm	552,000	中国嘉德	2012.05.14
姚仲达 芙蓉石	长6.4cm	207,000	福建东南	2012.05.20
姚仲达 汶洋石	高8.8cm	552,000	福建东南	2012.05.20
野渡 寿山白田石摆件	高4.8cm	230,000	中国嘉德	2012.10.30
叶观荣 青田石雕花鸟摆件	高30cm	287,500	北京九歌	2012.06.29
叶星光 善伯洞石钟馗摆件	长15.2cm	172,500	福建东南	2012.05.20
叶宇彤作田黄石南极仙翁摆件	高4cm	69,000	西泠拍卖	2012.12.28
叶宇彤作田黄石寿仙摆件	高4.7cm	184,000	福建东南	2012.10.28
佚名 芙蓉晶石	高6.6cm	149,500	福建东南	2012.05.20
佚名 芙蓉石	长6.3cm	138,000	福建东南	2012.05.20
佚名 芙蓉石	长8.5cm	115,000	福建东南	2012.05.20
佚名 坑头天蓝冻石	长6.7cm	460,000	福建东南	2012.05.20
佚名 荔枝洞石	长12cm	1,035,000	福建东南	2012.05.20
佚名 荔枝洞石	长12.2cm	690,000	福建东南	2012.05.20

2012杂项拍卖成交汇总

(成交价RMB：5万元以上)

拍品名称	物品尺寸	成交价RMB	拍卖公司	拍卖日期
佚名 善伯洞石	高10.8cm	126,500	福建东南	2012.05.20
佚名 水洞高山石	长7.3cm	402,500	福建东南	2012.05.20
佚名 田黄石	长5.2cm	517,500	福建东南	2012.05.20
佚名 田黄石	高2.4cm	402,500	福建东南	2012.05.20
印石摆件	长21cm	61,600	上海中福	2012.06.03
英石	高33cm	72,800	上海中福	2012.06.03
英石	高41cm	56,000	上海中福	2012.06.03
英石	高38cm	56,000	上海中福	2012.06.03
俞世英作田黄石罗汉摆件	高3.5cm	161,000	西泠拍卖	2012.07.07
渔之乐 巴林石摆件	高9.3cm	57,500	中国嘉德	2012.05.14
渔舟唱晚 寿山乌鸦皮田黄石薄意摆件	高5.5cm	333,500	中国嘉德	2012.05.14
郑世斌作田黄石《赤壁夜游》薄意摆件	高7.8cm	747,500	福建东南	2012.10.28
郑幼林 田黄石笑佛	高6.2cm	552,000	福建东南	2012.05.20
郑幼林作田黄石布袋弥勒摆件	高3.2cm	586,500	福建东南	2012.10.28
其它雕刻				
清雍正 砗磲供盒	高22.3cm	287,500	北京翰海	2012.05.27
清乾隆 玳瑁镂刻忍冬纹方盒	长17cm	402,500	上海大众	2012.08.04
清乾隆 螺钿云蝠纹签盒	长10.5cm	57,500	上海道明	2012.10.25
清乾隆 漆雕牛头觥	高11cm	402,500	北京东正	2012.05.11
清中期 核雕十六罗汉手串	长13.5cm	207,000	北京保利	2012.12.06
清中期 匏模刻兰花诗文笔筒	高15cm	92,000	北京翰海	2012.12.09
清道光 崇恩铭牛骨随形笔筒	高12cm	78,200	北京诚轩	2012.10.28
清 玳瑁雕丹凤朝阳发饰	长21.3cm	57,500	北京匡时	2012.12.05
清 橄榄核雕渔舟	高1.8cm	69,000	北京诚轩	2012.05.13
清 海螺浮雕白财神供	长22cm	51,750	上海嘉泰	2012.06.23
清 灵芝摆件	宽60cm	57,500	北京保利	2012.06.06
清 螺印十八罗汉匏器瓶	高34.5cm	195,500	北京容海	2012.03.26
清 椰壳雕云龙纹盖盒	直径16cm	184,000	上海大众	2012.08.04
清 紫檀、螺钿、等残件(十五件)	尺寸不一	80,500	上海大众	2012.08.04
清 骨雕佛手如意	长24cm	57,500	西泠拍卖	2012.12.28
清代 玳瑁雕瓜瓞绵绵盖盒	长11.8cm	269,940	澳门龙禧	2012.01.08
清代 玳瑁雕芦雁穿花盖瓶	高10cm	269,940	澳门龙禧	2012.01.08
清代 玳瑁雕芦雁穿花牌	长6cm	134,970	澳门龙禧	2012.01.08
清代 玳瑁雕松鼠葡萄八方笔筒	高15cm	269,940	澳门龙禧	2012.01.08
清代 玳瑁雕松鼠葡萄纹笔筒	高11.7cm	224,950	澳门龙禧	2012.01.08
18世纪晚期 玳瑁雕帽章	长37.5cm	684,605	伦敦佳士得	2012.05.15
20世纪初 押花葫芦「秋菊」图撇口瓶	高13.5cm	162,600	香港苏富比	2012.04.04
端石琴形茶海	长120cm	63,250	中国嘉德	2012.12.15
各色扇骨(十把)		85,100	北京翰海	2012.09.27
鹤顶红手串	珠径1.5cm	246,400	北京荣宝	2012.11.25
向家华 玳瑁扇前后微书出师表(一对)	长35.6cm	82,276	澳门中信	2012.06.03
郑尧锦刻"连生贵子"摆件	重39g	874,000	北京匡时	2012.12.05
钟表(人民币成交价50万以上)				
1896年制 瑞士 拉斐尔名作《阿尔巴圣母》影对微绘珐琅表壳18K金 表冠上弦怀表 罕有自鸣及三问报时功能		920,000	北京保利	2012.06.04
18世纪瑞士 铜鎏金镶牛角螺钿壁挂布勒钟	高115cm	896,000	北京荣宝	2012.06.24
18世纪英国 威廉姆森为中国皇室定制音乐木钟	高56.6cm；宽50.8cm	2,016,000	北京荣宝	2012.06.24
19世纪法国 铜鎏金塞夫勒彩瓷三件套壁炉钟	高43.5cm	672,000	北京荣宝	2012.11.25
Alfred Emmanuel Louis Beurdeley 法国路易十六风格铜镀金镶碧玉浮雕座钟及八灯烛台(一对)	高64cm	1,012,000	中国嘉德	2012.05.13
AUDEMARS PIGUET 女式黄金红宝石镶钻手镯表 约1990年制	直径26mm	796,740	香港苏富比	2012.04.04
Daniel Vaucher/Robert Osmond法国铜镀金奖杯款音乐座钟	高67cm	1,035,000	中国嘉德	2012.05.13

拍品名称	物品尺寸	成交价RMB	拍卖公司	拍卖日期
F.P. JOURNE 钛金属及粉红金陀飞轮跳秒腕表		703,480	香港苏富比	2012.10.08
F.P.JOURNE 铂金计时腕表		556,240	香港苏富比	2012.10.08
FRANCK MULLER 18K白金镶钻石三问万年历陀飞轮腕表	直径42mm	1,577,220	香港佳士得	2012.05.30
FRANCK MULLER 铂金三问万年历陀飞轮双秒计时腕表	直径39mm	943,080	香港佳士得	2012.05.30
GREUBEL FORSEY 铂金四体陀飞轮腕表		2,863,000	香港苏富比	2012.10.08
GREUBEL FORSEY 玫瑰金双陀飞轮腕表	直径44mm	1,284,540	香港苏富比	2012.04.04
HARRY WINSTON & ANDREAS STREHLER 18K白金镂空动力储存腕表	直径45mm	747,960	香港佳士得	2012.05.30
HARRY WINSTON & ANTOINE PREZIUSO 铂金限量版镂空陀飞轮腕表	直径38mm	699,180	香港佳士得	2012.05.30
HARRY WINSTON & FELIX BAUMGARTNER铂金镶钻限量版腕表	直径46mm	1,284,540	香港佳士得	2012.05.30
HARRY WINSTON & VIANNEY HALTER 18K玫瑰金限量版腕表 NO.21/25		1,089,420	香港佳士得	2012.05.30
HARRY WINSTON 18K白色黄金钻石和红宝石限量版自动超大手表	直径45mm	747,960	香港佳士得	2012.05.30
HARRY WINSTON 18K玫瑰金镶钻限量版陀飞轮腕表	直径44mm	747,960	香港佳士得	2012.05.30
Harry Winston 及Grubel Forsey白金 双陀飞轮 手动上弦腕表 限量生产6枚，编号5/6，型号Opus 6，2006年制		2,357,700	香港佳士得	2012.05.30
HD3 限量版双轴陀飞轮腕表	直径46mm	650,400	香港佳士得	2012.05.30
MAITRES DU TEMPS 玫瑰金限量版陀飞轮腕表	直径62mm	845,520	香港佳士得	2012.05.30
PHILIPPE DUFOUR 玫瑰金自鸣手表	直径41mm	3,918,660	香港苏富比	2012.04.04
RICHARD MILLE 18K白金镶钻陀飞轮腕表	直径48mm	1,284,540	香港佳士得	2012.05.30
RICHARD MILLE 18K玫瑰金镂空陀飞轮腕表	直径45mm	562,596	香港佳士得	2012.05.30
RICHARD MILLE PVD涂层的陀飞轮手表	直径48mm	1,060,152	香港佳士得	2012.05.30
RICHARD MILLE PVD涂层的陀飞轮手表	直径48mm	991,860	香港佳士得	2012.05.30
RICHARD MILLE 限量版18K白金陀飞轮腕表	长45mm	757,716	香港佳士得	2012.05.30
ULYSSE NARDIN 白色金自动三问手表	直径39mm	699,180	香港苏富比	2012.04.04
爱彼 PT950铂金男装金发晶镂空手动上弦陀飞轮腕表		586,768	香港邦瀚斯	2012.11.23
爱彼 铂金镂空自动三问万年历计时腕表	直径42mm	796,740	香港苏富比	2012.04.04
爱彼 粉红金自动上链万年历追针计时三问腕表		1,488,760	香港苏富比	2012.10.08
爱彼AUDEMARS PIGUET 18K白金镶钻三问陀飞轮计时腕表		2,065,020	香港佳士得	2012.05.30
爱彼AUDEMARS PIGUET 18K金怀表	直径61mm	1,089,420	香港苏富比	2012.04.04
百达翡丽 18K白金万年历双秒计时码表腕表	直径37mm	1,479,660	香港佳士得	2012.05.30
百达翡丽 18K白金万年历双秒计时码表腕表黑色表盘	直径37mm	1,967,460	香港佳士得	2012.05.30
百达翡丽 18K白金限量版自动的年历腕表	直径39mm	504,060	香港佳士得	2012.05.30
百达翡丽 18K白金枕形万年历计时腕表	直径37mm	1,284,540	香港佳士得	2012.05.30

拍品名称	物品尺寸	成交价RMB	拍卖公司	拍卖日期
百达翡丽 18K白金自动上弦腕表 型号5039G	直径35mm	506,000	北京保利	2012.06.04
百达翡丽 18K白金自动世界时间掐丝珐琅表盘腕表 型号5131	直径39.5mm	972,348	香港佳士得	2012.05.30
百达翡丽 18K白金自动天文腕表	直径43mm	1,382,100	香港佳士得	2012.05.30
百达翡丽 18K白金自动万年历月相腕表	直径37mm	1,284,540	香港佳士得	2012.05.30
百达翡丽18K黄金分割秒计时手表	直径33mm	1,382,100	香港佳士得	2012.05.30
百达翡丽 18K金计时腕表	直径35mm	1,186,980	香港佳士得	2012.05.30
百达翡丽 18K金酒桶形自动三问万年历月相腕表	长度46mm	3,138,180	香港佳士得	2012.05.30
百达翡丽 18K金三问陀飞轮珐琅表盘腕表	直径33mm	2,162,580	香港佳士得	2012.05.30
百达翡丽 18K金三问万年历超大腕表	直径42mm	2,845,500	香港佳士得	2012.05.30
百达翡丽 18K金三问万年历双秒计时珐琅表盘码表	直径54mm	1,869,900	香港佳士得	2012.05.30
百达翡丽 18K金世界时间手表 型号1415	直径31mm	601,620	香港佳士得	2012.05.30
百达翡丽 18K金双拨时钟手表	直径73.2mm	20,391,800	香港佳士得	2012.11.28
百达翡丽 18K金万年历计时腕表	直径37.5mm	1,577,220	香港佳士得	2012.05.30
百达翡丽 18K金万年历计时腕表 型号5970	直径40mm	796,740	香港佳士得	2012.05.30
百达翡丽 18K金万年历手表 型号2497	直径36.5mm	1,089,420	香港佳士得	2012.05.30
百达翡丽 18K金万年历双秒计时码表腕表	直径37mm	1,284,540	香港佳士得	2012.05.30
百达翡丽 18K金万年历腕表	直径37mm	1,967,460	香港佳士得	2012.05.30
百达翡丽 18K金自动万年历腕表 型号3488	直径37mm	747,960	香港佳士得	2012.05.30
百达翡丽 18K金自动万年历月相腕表 型号3450	直径38mm	991,860	香港佳士得	2012.05.30
百达翡丽18K玫瑰金手表 型号2481	直径37mm	2,552,820	香港佳士得	2012.05.30
百达翡丽 18K玫瑰金万年历计时码表腕表 型号3970	直径36mm	650,400	香港佳士得	2012.05.30
百达翡丽 18K玫瑰金万年历计时腕表	直径40mm	777,228	香港佳士得	2012.05.30
百达翡丽 18K玫瑰金万年历月相腕表	直径33.5mm	1,089,420	香港佳士得	2012.05.30
百达翡丽 18K玫瑰金限量版自动的年历腕表 型号5350	直径39mm	601,620	香港佳士得	2012.05.30
百达翡丽 2000年制 950铂金18K玫瑰金自动上弦腕表一套 型号5026		690,000	北京保利	2012.12.04
百达翡丽 2006年制 铂金手动上弦腕表 型号5101P		1,437,500	北京保利	2012.06.04
百达翡丽 2009年制 铂金手动上弦腕表 型号3939HP		3,450,000	北京保利	2012.12.04
百达翡丽 2010年制 俄罗斯教堂铜镀金 掐丝珐琅座钟 型号1570M		690,000	北京保利	2012.12.04
百达翡丽 Celestial系列2009年制 玫瑰金自动上弦腕表 型号5102PR		1,610,000	北京保利	2012.12.04
百达翡丽 PT950铂金男装万年历、月相手动上弦计时秒表		934,960	香港邦瀚斯	2012.11.23
百达翡丽 白K金镶钻计时腕表 型号5071G	直径41.5mm	1,138,200	香港苏富比	2012.04.04
百达翡丽 白金长方形蓝色掐丝珐琅腕表 型号5076		845,520	香港佳士得	2012.05.30
百达翡丽 白金长方形手表 型号5076		621,132	香港佳士得	2012.05.30
百达翡丽 白金大三针万年历自动上链腕表 5159G型号		605,320	香港苏富比	2012.10.08

拍品名称	物品尺寸	成交价RMB	拍卖公司	拍卖日期
百达翡丽 白金酒桶形自动万年历腕表 型号5041	直径35mm	504,060	香港佳士得	2012.05.30
百达翡丽 白金万年历计时腕表	直径41mm	1,528,440	香港苏富比	2012.04.04
百达翡丽 白金万年历计时腕表 型号5970G	直径40mm	1,235,760	香港苏富比	2012.04.04
百达翡丽 白金追针计时万年历腕表 型号5004G		1,390,600	香港苏富比	2012.10.08
百达翡丽 白金自动上链世界时腕 型号5131G		997,960	香港苏富比	2012.10.08
百达翡丽 白金自动天文腕表 型号5102G	直径43mm	1,479,660	香港苏富比	2012.04.04
百达翡丽 铂金SPLIT秒针计时腕表		1,674,780	香港佳士得	2012.05.30
百达翡丽 铂金长方形手动上链陀飞轮腕表 5101P型号		1,292,440	香港苏富比	2012.10.08
百达翡丽 铂金及粉红金三问镂空万年历自动上链腕表 5104P型号		4,040,920	香港苏富比	2012.10.08
百达翡丽 铂金计时腕表	直径42mm	699,180	香港苏富比	2012.04.04
百达翡丽 铂金年历大三针自动上链腕表 5450P型号		556,240	香港苏富比	2012.10.08
百达翡丽铂金三问闰年陀飞轮腕表	直径41mm	5,284,500	香港佳士得	2012.05.30
百达翡丽 铂金双表盘腕表 5002P型号		8,602,088	香港苏富比	2012.10.08
百达翡丽 铂金陀飞轮腕表 型号5101P		1,430,880	香港苏富比	2012.04.04
百达翡丽 铂金万年历计时腕表	直径36mm	747,960	香港苏富比	2012.04.04
百达翡丽 铂金万年历计时腕表 3970EP型号		801,640	香港苏富比	2012.10.08
百达翡丽 铂金万年历三问陀飞轮腕表	直径37mm	4,016,220	香港佳士得	2012.05.30
百达翡丽 铂金万年历手动上链计时腕表 型号5970P		1,586,920	香港苏富比	2012.10.08
百达翡丽 铂金万年历双秒计时码表腕表	直径37mm	1,967,460	香港佳士得	2012.05.30
百达翡丽 铂金万年历腕表 型号5004P	直径36mm	2,065,020	香港苏富比	2012.04.04
百达翡丽 铂金限量版矩形手表	宽25mm	669,912	香港佳士得	2012.05.30
百达翡丽 铂金镶钻年历飞返计时自动上链腕表 5961P型号		948,880	香港苏富比	2012.10.08
百达翡丽铂金镶钻万年历计时腕表	直径40mm	1,577,220	香港苏富比	2012.04.04
百达翡丽 铂金镶钻万年历计时腕表 型号3970	直径36mm	699,180	香港佳士得	2012.05.30
百达翡丽 铂金追针计时腕表 型号5959P		1,685,080	香港苏富比	2012.10.08
百达翡丽 铂金自动三问珐琅表盘腕表 型号5078P	直径38mm	2,260,140	香港苏富比	2012.04.04
百达翡丽 铂金自动上链万年历腕表 型号5050P		624,952	香港苏富比	2012.10.08
百达翡丽 不锈钢计时腕表	直径33.5mm	991,860	香港佳士得	2012.05.30
百达翡丽 法国贵族LOUIS DANTIN公爵订制 铂金镶嵌珐琅钻石珍珠表冠上弦怀表约1910年制	直径36mm	529,000	北京保利	2012.06.04
百达翡丽 粉红金酒桶形三问万年历自动上链腕表 5013R型号		3,451,960	香港苏富比	2012.10.08
百达翡丽 粉红金万年历手动上链计时腕表 5970R型号		880,168	香港苏富比	2012.10.08
百达翡丽 黄金珐琅手动上链怀表 715/6型号		1,047,040	香港苏富比	2012.10.08
百达翡丽 黄金三问万年历手动上链怀表 型号881		1,292,440	香港苏富比	2012.10.08
百达翡丽 黄金世界时自动上链腕表 5131J型号		850,720	香港苏富比	2012.10.08
百达翡丽 黄金万年历手动上链计时腕表 5970J型号		850,720	香港苏富比	2012.10.08

2012杂项拍卖成交汇总

(成交价RMB：5万元以上)

拍品名称	物品尺寸	成交价RMB	拍卖公司	拍卖日期
百达翡丽 黄金自动三问腕表	直径42mm	3,235,740	香港苏富比	2012.04.04
百达翡丽 黄金自动上链三问腕表 5029型号		2,961,160	香港苏富比	2012.10.08
百达翡丽 黄金自动上链三问腕表 5079型号		2,372,200	香港苏富比	2012.10.08
百达翡丽 黄铜鎏金的太阳能供电的台式钟表	高22cm	747,960	香港苏富比	2012.04.04
百达翡丽 黄铜鎏金掐丝珐琅太阳能供电的台式钟 型号1361	高22cm	943,080	香港苏富比	2012.04.04
百达翡丽 金色怀表	直径47mm	1,186,980	香港苏富比	2012.04.04
百达翡丽 金镶蓝宝石及钻石炼带腕表		948,880	香港苏富比	2012.10.08
百达翡丽 玫瑰金三问陀飞轮腕表	直径33mm	3,040,620	香港苏富比	2012.04.04
百达翡丽 玫瑰金万年历计时码表手镯表		601,620	香港苏富比	2012.04.04
百达翡丽 玫瑰金万年历计时腕表	直径40mm	747,960	香港苏富比	2012.04.04
百达翡丽 玫瑰金万年历计时腕表 型号3970ER	直径36mm	601,620	香港苏富比	2012.04.04
百达翡丽 掐丝珐琅彩绘世界时间腕表 型号5131J		747,500	中国嘉德	2012.10.28
百达翡丽 双拨号18K白金腕表	直径43mm	8,185,284	香港佳士得	2012.05.30
百达翡丽 铜鎏金掐丝珐琅台式时钟		1,869,900	香港佳士得	2012.05.30
百达翡丽 万年历计时码表，型号5970J	直径40mm	862,500	中国嘉德	2012.05.13
百达翡丽 限量版铂金长方形腕表		504,060	香港苏富比	2012.04.04
百达翡丽 型号1530M 全球唯一铜镀金 掐丝珐琅太阳能座钟		1,035,000	北京保利	2012.12.04
百达翡丽 型号5077P 950铂金自动上弦珍藏款腕表 2011年制		805,000	北京保利	2012.12.04
百达翡丽 型号5078P 950铂金 自动上弦腕表 三问腕表 约2007年制	直径38mm	2,760,000	北京保利	2012.06.04
百达翡丽18K白金 自动上弦腕表 型号5131G 约2010年制	直径39.5mm	1,150,000	北京保利	2012.06.04
百达翡丽Patek Philippe Nautilus链带腕表，型号3800/108G		920,000	中国嘉德	2012.05.13
百达翡丽与蒂芙尼合作 18K黄金自动上弦腕表 型号5150 2001年制		609,500	北京保利	2012.06.04
宝机BREGUET男装腕表 型号3755PR		1,150,000	北京艺融	2012.11.19
宝玑 18K白金蓝宝石和钻石SET DATE母贝表盘自动上链计时腕表 型号5829	直径43mm	1,089,420	香港佳士得	2012.05.30
宝玑 18K玫瑰金陀飞轮计时腕表	直径43mm	552,840	香港佳士得	2012.05.30
宝玑白金镂空陀飞轮腕表型号3355	直径36mm	601,620	香港苏富比	2012.04.04
宝玑 铂金万年历陀飞轮腕表 型号3755	直径40mm	884,544	香港佳士得	2012.05.30
伯爵 白金长方形切割钻石手链腕表	宽17mm	796,740	香港苏富比	2012.04.04
伯爵 青金石限量腕表		862,500	北京艺融	2012.11.19
法国 LEROY 约1686年至1759年制 路易十五风格铜鎏金嵌玳瑁及牛角菱形布勒天文座钟	高86cm	1,265,000	北京保利	2012.12.04
法国拿破仑帝国时期铜镀金"荷加斯兄弟的宣誓"造像雕塑座钟	高58cm	920,000	中国嘉德	2012.05.13
法国拿破仑三世铜镀金座钟	高72.4cm	621,000	中国嘉德	2012.05.13
法国铜镀金人物座钟	高58.5cm	517,500	中国嘉德	2012.05.13
法兰克穆勒 TOURBILLON AETERNITAS 4系列 18K白金 自动上弦腕表 2009年制 型号888 T QPS	61mm×42mm	1,150,000	北京保利	2012.06.04
梵克雅宝 18K白色黄金及珐琅表盘镶钻双逆行腕表	型号38mm	582,108	香港佳士得	2012.05.30

拍品名称	物品尺寸	成交价RMB	拍卖公司	拍卖日期
海瑞温斯顿 粉红金镂空陀飞轮长方形自动上链腕表		703,480	香港苏富比	2012.10.08
豪爵 18K玫瑰金限量版的双陀飞轮腕表	直径45mm	601,620	香港佳士得	2012.05.30
积家 白金长方形可翻转表盘手动上链镂空球体陀飞轮腕表		1,832,320	香港苏富比	2012.10.08
江诗丹顿 18K金镶钻矩形的手镯腕表	直径24mm	1,577,220	香港佳士得	2012.05.30
江诗丹顿 LES COMPLICATIONS TOURBILLON系列 18K黄金手动上弦腕表 约1998年制	直径38mm	690,000	北京保利	2012.06.04
江诗丹顿 白金全镶钻计时腕表 型号47621	直径41mm	1,089,420	香港苏富比	2012.04.04
江诗丹顿 白金全钻炼带腕表		1,783,240	香港苏富比	2012.10.08
江诗丹顿 铂金三问腕表	直径36mm	796,740	香港苏富比	2012.04.04
江诗丹顿 高级珠宝定制女装表		2,070,000	北京艺融	2012.11.19
江诗丹顿 黄金方形手动上链腕表		507,160	香港苏富比	2012.10.08
江诗丹顿 镂空黄金及檀木"恒动力装置"座钟		752,560	香港苏富比	2012.10.08
江诗丹顿Vacheron Constantin 钻石链带腕表 型号Lord Kalla	直径24mm	2,070,000	中国嘉德	2012.05.13
卡地亚 18K白金钻石黑色蓝宝石和祖母绿SET珐琅表盘的限量版腕表	直径40mm	601,620	香港佳士得	2012.05.30
卡地亚 白金绿宝石镶钻手链腕表 1990年制		523,572	香港苏富比	2012.04.04
卡地亚 女装黄金长方形镶钻红宝石蓝宝石及祖母绿炼带腕表		605,320	香港苏富比	2012.10.08
卡地亚 女装黄金及全钻鹰形手镯腕表	宽59mm	2,961,160	香港苏富比	2012.10.08
蓝宝石女款珠宝腕表		1,058,000	北京艺融	2012.11.19
朗格 铂金飞返双追针计时腕表		507,160	香港苏富比	2012.10.08
朗格 铂金飞返追针计时腕表		605,320	香港苏富比	2012.10.08
朗格 限量版玫瑰金陀飞轮腕表	直径38.5mm	699,180	香港苏富比	2012.04.04
劳力士 18K黄金钻石红宝石和蓝宝石手表	直径40mm	991,860	香港佳士得	2012.05.30
劳力士 女装日志型珠宝表		805,000	北京艺融	2012.11.19
欧米茄 白金镶钻中央陀飞轮自动上链腕表		507,160	香港苏富比	2012.10.08
帕玛钱宁Parmigiani Bugatti限量生产腕表，型号Type 370		655,500	中国嘉德	2012.05.13
沛纳海 钛金属自动上链大三针原型腕表		782,008	香港苏富比	2012.10.08
19世纪 法国鸟音水法山子座钟	高69cm	649,600	北京荣宝	2012.08.26
19世纪法国 铜鎏金珐琅围屏钟	高62cm；宽46cm	560,000	北京荣宝	2012.06.24
万国 黄金三问万年历追针计时陀飞轮腕表		1,194,280	香港苏富比	2012.10.08
萧邦CHOPARD限量男装腕表 型号171914—9001		2,300,000	北京艺融	2012.11.19
英国维多利亚时代黑漆木楼嵌铜饰八日机芯刻点报时座钟	高60cm	690,000	中国嘉德	2012.05.13
英国御制铜鎏金珐琅单问皮套闹钟 1860年作	高17.8cm；宽14cm	672,000	北京荣宝	2012.06.24
芝柏 铂金手动上链音乐腕表		1,292,440	香港苏富比	2012.10.08
芝柏Girard Perregaux三金桥三问陀飞轮腕表，型号Three Golden Bridge，The Opera One	直径39mm	1,725,000	中国嘉德	2012.05.13
铜器				
陈设件				
春秋晚期 蟠龙纹镈钟	最大件通高31.5cm；	2,966,080	大唐国际	2012.11.24
西汉 鎏金说唱俑 (一组)	高约5cm	834,210	大唐国际	2012.11.24
南朝 铜鎏金神兽	通高9cm	304,023	大唐国际	2012.11.24

拍品名称	物品尺寸	成交价RMB	拍卖公司	拍卖日期
元 / 明 铜蹲虎	高13cm	80,500	北京诚轩	2012.10.28
元 铜猎狗	长35cm	463,450	大唐国际	2012.11.24
汉 斗兽树形神灯	通高96cm	3,429,530	大唐国际	2012.11.24
汉 铜嵌银丝錞于钟瑞兽钮	高13cm	127,250	伦敦苏富比	2012.05.16
宋 青铜大威德金刚坐水牛像	高22.5cm	80,600	香港邦瀚斯	2012.11.24
金 铜童子立像	高13cm	97,750	上海大众	2012.08.04
明或更早 铜错银瑞兽摆件	长13.5cm	368,000	北京匡时	2012.12.05
明 永乐御制 鎏金宝瓶瑞象尊	高25.4cm	15,525,000	中国嘉德	2012.05.12
明万历/嘉靖 青铜器 青铜达摩一苇渡江像	高29.4cm×2	480,376	香港邦瀚斯	2012.11.24
明 石叟制嵌银丝观音像	高47cm	1,046,500	西泠拍卖	2012.12.28
明 铜道教人物坐像	高48.5cm	207,000	上海大众	2012.08.04
明 铜二仙戏佛摆件	长11cm	207,000	北京匡时	2012.06.04
明 铜鎏金关公像 (一组)	尺寸不一	690,000	北京保利	2012.06.07
明 铜鎏金观音连座	高30cm	282,210	香港华辉	2012.10.05
明 铜鎏金观音坐像	高23.5cm	60,450	香港邦瀚斯	2012.11.24
明 铜鎏金胡人坐象	高20.5cm	80,600	香港邦瀚斯	2012.11.24
明 铜鎏金瑞兽	长9.5cm	92,000	中国嘉德	2012.06.16
明 铜鎏金兽面纹觯	高11.3cm	59,800	中国嘉德	2012.12.17
明 铜童子立像	高24cm	575,000	北京保利	2012.06.07
明 铸铜关公像	高29cm	552,000	中国嘉德	2012.05.14
明15世纪/16世纪 鎏金铜关羽立像	总16.8cm	102,250	香港苏富比	2012.10.09
16至17世纪 铺首门环 (一对)	直径14.2cm	138,000	北京翰海	2012.12.09
明末 洒金铜骏马 (一对)	长17.8cm	251,875	香港佳士得	2012.11.28
明末/清中期 鎏金铜象首如意	长38.2cm	110,408	纽约佳士得	2012.03.22
明末清初 文殊师利童子骑狮像铜香熏	高28.8cm	310,500	北京诚轩	2012.05.13
清早期 铜鎏金周仓像	高30cm	92,000	北京保利	2012.08.11
清康熙 御制鎏金铜交龙钮八卦纹「无射」编钟	高31.5cm	3,788,200	香港佳士得	2012.11.28
清乾隆 铜镀金嵌宝石塔式乐钟	高33cm	2,764,840	香港苏富比	2012.10.09
清乾隆 红铜鎏金夔龙灵芝狮耳香道具 (一组)	瓶高15cm	57,500	上海嘉泰	2012.10.26
清乾隆铜 "大鹏上乐王佛" 擦擦范	长10cm	552,000	北京保利	2012.04.23
清乾隆 铜鎏金无量寿佛坐像	高16.7cm	141,050	香港邦瀚斯	2012.11.24
清乾隆 铜嵌银丝「寿」字纹如意	长39cm	101,800	伦敦苏富比	2012.05.16
清雍正 铜御制针灸像连锦盒	长26.5cm	379,205	伦敦苏富比	2012.05.16
清中期 铜鎏金吉祥天母像	高30.2cm	422,344	香港邦瀚斯	2012.11.24
清中期 铜鎏金閰魔敌像	高13.6cm	171,275	香港邦瀚斯	2012.11.24
清中期 铜鎏金宗喀巴坐像	高10.5cm	50,375	香港邦瀚斯	2012.11.24
清 "正德" 款嵌银丝铜如意	长31.5cm	92,000	荣宝斋(上海)	2012.06.17
清 铜雕仙鹤 (一对)	高118cm	172,500	北京保利	2012.06.06
清 铜鎏金大鹏金翅鸟	宽22cm	287,500	中国嘉德	2012.05.14
清 铜鎏金甪端	高17cm	69,440	天津文物	2012.05.11
清 铜鎏金南吕镈钟	高53.5cm	17,250,000	北京翰海	2012.12.09
清 铜鎏金嵌青金百宝如意	长53cm	57,500	太平洋	2012.06.16
清 铜鎏金双龙首玉柄玛瑙如意太平车	长12.5cm	74,750	北京匡时	2012.12.05
清 铜泥金蒲牢钮龙纹倍应钟	高48cm	276,000	上海嘉泰	2012.06.23
清 铜制高士	带座高27.7cm	92,000	西泠拍卖	2012.07.07
清 铜铸骊龙抱珠供	高105cm	51,750	上海嘉泰	2012.06.23
约1880年 19世纪法国壶形青铜摆件 (一对)	高33cm	51,750	荣宝斋(上海)	2012.09.09
19世纪 铜狮子香熏摆件	高34cm	78,200	北京翰海	2012.06.29
铜鎏金交龙钮编钟	高29cm	76,160	云南典藏	2012.05.26
铜鎏金蛟龙钮钟	高25.8cm	71,300	中国嘉德	2012.09.16
铜鎏金嵌宝福禄寿如意	长48cm	112,700	中国嘉德	2012.10.29
铜鎏金狮子 (一对)	高63cm	161,000	中国嘉德	2012.03.25
铜鸭	长24cm	282,210	中联国际	2012.10.02
晚清 鎏金镶嵌翠玉万寿如意	长43.2cm	422,344	香港佳士得	2012.11.28
铜瓶				
明 回纹铜瓶	高20cm	145,600	天津文物	2012.11.09
明 石叟制银丝兽耳铜瓶	高10cm	138,000	西泠拍卖	2012.07.07
明 铜阿拉伯文瓶	高16.5cm	552,000	中国嘉德	2012.10.29
明 铜倭角八方双龙耳瓶	高14.5cm	195,500	北京保利	2012.06.06
明 宣德款天鸡耳香瓶	高14.3cm	80,500	西泠拍卖	2012.07.07
明晚期铜鎏金錾刻灵仙祝寿图香瓶	高13cm	80,500	北京永乐	2012.12.15
清乾隆 铜雕海水纹瓶	高51cm	517,500	北京翰海	2012.05.27
清乾隆 铜花瓶(一对)	高76.5cm	6,690,805	伦敦佳士得	2012.05.15
清乾隆 铜鎏金锦地嵌宝大吉瓶	高27cm	109,250	上海嘉泰	2012.10.25
清乾隆 铜鎏金錾花万寿宝瓶	高56cm	690,000	北京翰海	2012.12.09
清乾隆 铜绳纹瓶	高13cm	172,500	北京翰海	2012.12.09
清乾隆 铜制云龙纹胆瓶 (一对)	高30.5cm	207,000	北京华辰	2012.05.12
清乾隆 铜鎏金事事如意双联瓶	高9.1cm	345,000	西泠拍卖	2012.12.28
清中期 铜鎏金龙凤纹双联瓶	高16cm	345,000	北京翰海	2012.05.27
清中期 铜洒金绳纹瓶	高14cm	138,000	北京保利	2012.06.06
清中期 铜洒金双铺兽活环耳三足瓶 (一对)	高24.5cm	1,150,000	北京保利	2012.06.05
清 阿拉伯文铜香瓶	高16.5cm	92,000	西泠拍卖	2012.07.07
清 铜回纹双耳小瓶 (两件)	高14cm	184,000	北京翰海	2012.09.28
清 铜鎏金海水鱼化龙纹炉瓶	高12.8cm	97,750	西泠拍卖	2012.07.07
清17/18世纪 洒金铜螭龙耳瓶 (一对)	高25.5cm	501,365	伦敦苏富比	2012.05.16
18世纪 仿古铜瓶	高37.5cm	253,000	北京翰海	2012.12.09
铜鎏金嵌宝福寿纹瓶	高34cm	103,500	中国嘉德	2012.10.29
铜尊				
商晚期 青铜尊	高30cm	9,051,143	纽约佳士得	2012.09.13
商晚期 青铜尊	高24.5cm	5,345,663	纽约佳士得	2012.09.13
西周早期 □子尊	高26.5cm	2,012,500	西泠拍卖	2012.07.07
西周早期 兽面夔龙纹方尊	高27.7cm	35,222,200	大唐国际	2012.11.24
西周 叀肇諆父甲尊	高16.5cm	943,000	西泠拍卖	2012.12.28
明 铜蝉纹出戟尊	高160cm	632,500	上海嘉泰	2012.10.25
明末清初 铜嵌金银丝四方尊	高18cm	69,000	中国嘉德	2012.10.29
清康熙 宫廷御用铜百寿纹兽面纹方尊	高19cm	552,000	上海大众	2012.08.04
清康熙 铜飞金神面双龙耳尊	高27cm	276,000	上海嘉泰	2012.06.23
清乾隆 铜兽面凤鸟铺首衔环大尊	高91cm	2,990,000	北京保利	2012.06.05
清中期 铜太平有象尊	高45cm	207,000	北京翰海	2012.05.27
清 铜点金饕餮纹出戟方尊	高32.5cm	287,500	北京翰海	2012.03.23
清 铜鎏金百宝嵌英雄尊	高15.5cm	63,250	北京保利	2012.12.07
铜壶				
西周末青铜「古蚕纹」双耳方壶	高19.4cm	100,580	伦敦苏富比	2012.11.07
西周晚期 窃曲纹壶 (一对)	高38cm	1,204,970	大唐国际	2012.11.24
战国时期 扁壶	高37cm	1,674,780	香港佳士得	2012.05.30
战国 扁壶	通高37cm	324,415	大唐国际	2012.11.24
战国 蟠螭纹提梁壶	通高32cm	834,210	大唐国际	2012.11.24
汉代 青铜鸟首提梁壶	高23cm	1,390,350	澳门中信	2012.12.28
唐 青铜双龙耳盘口壶	高45cm	828,000	上海嘉泰	2012.06.23
宋/元青铜仿古夔龙鸟纹双兽耳壶	高38cm	245,400	香港苏富比	2012.10.09
明 铜贴金银仿古环带纹双兽耳壶	高36cm	193,088	香港苏富比	2012.04.04
明或更早 铜错金银蟠龙纹双耳壶	高48.5cm	1,668,420	保利香港	2012.11.25
明万历 西洋舞人形铜投壶	高42cm	460,000	北京诚轩	2012.10.28
明正德 铜鎏金暗刻麒麟纹执壶	高27cm	1,150,000	北京东正	2012.10.31
明正德 铜鎏金錾刻凤凰麒麟纹瑞兽钮执壶	高26.5cm	690,000	上海大众	2012.08.04
清乾隆 御制铜铸云龙戏珠纹双龙活环耳壶	高47cm	1,950,520	香港佳士得	2012.11.28
17世纪 铜错金银「兽面图」龙耳壶	高46cm	562,445	伦敦苏富比	2012.05.16
初代藏六造饕餮纹兽首铜包银壶	高17cm	287,500	北京匡时	2012.12.05
铜觚				
商晚期 兽面纹觚	高28.5cm	556,140	大唐国际	2012.11.24
商晚期 兽面纹觚	高28cm	556,140	大唐国际	2012.11.24
商代 青铜觚	高25.1cm	1,227,101	纽约苏富比	2012.03.20
明嘉靖 铜鎏金云鹤纹花觚	高21cm	690,000	上海大众	2012.08.04
明17世纪 局部鎏金铜饕餮纹觚	高32.9cm	223,575	香港苏富比	2012.04.04
铜鼎				

2012杂项拍卖成交汇总

(成交价RMB：5万元以上)

拍品名称	物品尺寸	成交价RMB	拍卖公司	拍卖日期
商 饕餮纹三足大鼎	通高39.5cm	1,483,040	大唐国际	2012.11.24
商代 青铜鼎	高18.7cm	1,605,641	纽约苏富比	2012.03.20
商代晚期 兽面纹鼎	高18cm	3,723,540	香港佳士得	2012.05.30
商晚期 兽面纹鼎	通高21cm	852,748	大唐国际	2012.11.24
商早期 兽面纹扁足鼎	高16.5cm	4,819,880	大唐国际	2012.11.24
战国 蟠龙纹鼎	大通高28.5cm	3,707,600	大唐国际	2012.11.24
战国 窃曲纹鼎	通高28cm；口径31cm	139,035	大唐国际	2012.11.24
战国早期 交龙纹大鼎	通高43.5cm	2,688,010	大唐国际	2012.11.24
西周 伯鬲	高17.1cm	1,886,000	西泠拍卖	2012.12.28
明16／17世纪 铜贴金银仿古双耳三足小盖鼎	高7cm	132,113	香港苏富比	2012.04.04
17/18世纪 局部鎏金铜「兽面图」方鼎	高21.2cm	440,285	伦敦苏富比	2012.05.16
铜 盒				
辽 铜鎏金童子坐莲花龟钮盒	长12.7cm	111,228	大唐国际	2012.11.24
清 铜阿拉伯文盖盒	直径11cm	80,500	北京保利	2012.04.23
清 铜鎏金刻八宝纹盒	高10cm	55,200	中贸圣佳	2012.03.04
清康熙 琴棋书画多宝纹铜香盒	直径7.5cm	115,000	西泠拍卖	2012.07.07
清乾隆 铜局部鎏金盖盒	长12cm	109,250	上海大众	2012.08.04
清乾隆 铜胎剔红花蝶九子盖盒	直径33cm	747,500	北京保利	2012.06.07
清雍正 铜鎏金羊羊得意桃形盒	长17.2cm	943,000	北京翰海	2012.12.09
清中期 铜鎏金鋬刻花鸟纹香盒	长9.3cm	57,500	北京永乐	2012.12.15
清同治 鎏金鋬刻花卉福寿纹盒	长32cm；宽32cm	1,023,500	上海道明	2012.10.25
铜卣 铜杯 铜匜				
商代 青铜鸮卣	高14.3cm	7,939,877	纽约苏富比	2012.03.20
商 青铜「作册次」卣	高29.5cm	3,111,160	香港佳士得	2012.11.28
西周中期 凤纹提梁卣	高16cm	3,244,150	大唐国际	2012.11.24
春秋中期 交龙纹匜	长34cm	954,707	大唐国际	2012.11.24
清中期 铜错金银兽面纹提梁卣	高23.5cm	51,750	北京中汉	2012.10.30
商代 爵杯	高20.3cm	1,681,349	纽约苏富比	2012.03.20
西周 青铜饕餮纹爵杯	宽17cm	80,600	香港华辉	2012.11.23
明晚期 铜点金爵杯	高22cm	632,500	北京匡时	2012.06.04
明中期 铜鎏金双龙纹方口把杯	宽8.2cm	69,000	北京诚轩	2012.05.13
清中期 铜鎏金山水花鸟纹杯盏	直径13.3cm	69,000	中国嘉德	2012.06.16
清中期 铜鎏金鋬刻福寿龙纹四方把杯	高3.5cm	74,750	北京中汉	2012.10.30
清中期 铜鎏金花卉鹤雀盏杯	直径13.4cm	138,000	西泠拍卖	2012.12.28
18世纪 固斯壶与盘	尺寸不一	218,500	北京翰海	2012.12.09
青铜兽面纹爵	高17.4cm	59,800	中国嘉德	2012.12.17
西周 青铜龙耳匜	长38.1cm	3,910,000	中国嘉德	2012.10.28
东周 青铜兽形匜	宽25cm	221,650	香港邦瀚斯	2012.11.24
铜簋 铜钵				
西周 青铜窃曲瓦纹簋	高27.8cm	10,695,000	北京翰海	2012.05.25
西周成王 䨻簋	宽29.5cm	6,325,000	北京保利	2012.06.05
西周夷王 青铜伯家父簋	宽35cm	3,680,000	北京保利	2012.06.05
西周早期 簋	整个手柄28cm	991,860	香港佳士得	2012.05.30
西周 青铜簋	宽33.3cm	161,200	香港邦瀚斯	2012.11.24
西周早期 兽面纹簋	高14cm	1,984,181	纽约苏富比	2012.03.20
西周早期 冉父己簋	高14.5cm	509,795	大唐国际	2012.11.24
清中期 铜洒金钵	高9.7cm	299,000	北京翰海	2012.05.27
清乾隆 铜鎏金鋬刻五龙净水钵	直径14cm	195,500	上海嘉泰	2012.06.23
清乾隆 铜簋	长29.5cm	195,500	中贸圣佳	2012.03.04
铜钵	直径15cm	100,000	隆荣国际	2012.07.27
长谷川丰国造火钵	高30cm	51,750	北京匡时	2012.06.04
铜香熏				
120年 铜嵌金银七宝香熏	高15cm	57,500	北京翰海	2012.06.29
明 铜嵌银丝高士香熏	高17.5cm	161,000	西泠拍卖	2012.07.07
明 铜鸭香熏	高36cm	115,000	上海崇源	2012.10.19
明晚 麒麟香熏	高17.8cm	69,000	荣宝斋(上海)	2012.09.09
清 梅花纹铜香薰	高22cm	69,000	中国嘉德	2012.05.14
清 双凤首铜香薰	高15cm	57,500	中国嘉德	2012.05.14

拍品名称	物品尺寸	成交价RMB	拍卖公司	拍卖日期
清 铜如意形香薰	长33cm	101,200	北京翰海	2012.03.23
清 五福捧寿狮钮三足铜香熏	高45cm	126,500	北京九歌	2012.06.29
清18世纪 铜仙鹤香熏(一对)	高42cm×2	345,000	北京匡时	2012.06.04
清乾隆 铜啾食空行母香熏盖	高12.6cm	85,638	香港邦瀚斯	2012.11.24
清早期 铜点金兔形香熏	高7.3cm	92,000	北京诚轩	2012.05.13
清中 铜瑞兽香熏(一对)	高47cm	560,000	云南典藏	2012.05.27
清中期 铜鎏金鋬胎内填珐琅香薰	高16.5cm	51,750	北京翰海	2012.03.23
清中期 铜瑞兽香熏	高29cm	828,000	北京翰海	2012.05.25
铜 炉				
西汉 神人骑龙博山炉	高19.5cm	352,222	大唐国际	2012.11.24
宋 婴戏铜熏炉	高13cm	278,070	保利香港	2012.11.25
唐 铜鎏金镂空五足香熏炉	高12.5cm	741,520	保利香港	2012.11.25
明早期铜鎏金凸雕云龙纹双龙耳炉	直径16.3cm	1,955,000	北京中汉	2012.12.17
明成化 铜嵌金银线「水波游龙」图三足双耳炉	高14.6cm	3,430,860	香港苏富比	2012.04.04
明弘治 镶银线铜方炉	宽18cm	105,800	广东益诚	2012.01.08
明正德 铜阿拉伯文炉	高11cm	63,250	上海嘉泰	2012.10.25
明正德 铜回纹三足炉	高9.8cm	287,500	北京翰海	2012.12.09
明中期 铜折枝梅花开光阿文三足香炉	直径19cm	437,000	云南典藏	2012.12.16
明隆庆 铜双凤耳炉	高7.8cm	690,000	北京翰海	2012.12.09
明万历胡文明制海水瑞兽龙首耳炉	直径15cm	690,000	上海嘉泰	2012.06.23
明万历鎏金铜嵌银线饕餮纹鬲式炉	高8.3cm	1,284,540	香港苏富比	2012.04.04
明崇祯 崇祯已卯尧叟氏家藏款蚰耳炉	长18.9cm	2,300,000	西泠拍卖	2012.07.07
明崇祯 壬午冬子俊制款冲耳炉	直径12.2cm;	690,000	西泠拍卖	2012.07.07
明崇祯 铜桥耳三足炉	宽14cm	713,000	北京保利	2012.06.07
明崇祯 铜洒金冲耳炉	腹径22cm	402,500	上海大众	2012.08.04
明崇祯三年(1630) 铜铸三足炉连荷叶式座	直径13.3cm	113,153	伦敦苏富比	2012.11.07
明 青铜仿古「鸟纹」出戟双耳三足炉	直径15.7cm	223,575	香港苏富比	2012.04.04
明 青铜器 青铜阿拉伯文香炉	宽23.6cm	181,350	香港邦瀚斯	2012.11.24
明 冲天耳铜炉	直径14cm	89,600	天津文物	2012.11.09
明 浮雕云龙冲耳宣炉	直径27cm	920,000	中国嘉德	2012.05.12
明 胡文明款铜鎏金簋式炉	长15.6cm	230,000	西泠拍卖	2012.07.07
明 胡文明制鎏金浮雕花卉炉	炉直径9.7cm	1,265,000	中国嘉德	2012.05.12
明 金带围鱼耳宣炉	宽12.8cm	517,500	中国嘉德	2012.05.12
明 凌云堂款簋式戟耳炉	长15.8cm	184,000	西泠拍卖	2012.07.07
明 榴皮红蚰耳宣炉	宽21.4cm	2,357,500	中国嘉德	2012.05.12
明 鎏金浮雕云龙兽耳宣炉	宽19.4cm	1,495,000	中国嘉德	2012.05.12
明 桥耳铜炉	直径25.5cm	336,000	天津文物	2012.11.09
明 双朋款蚰耳炉	宽12.5cm	402,500	中国嘉德	2012.10.29
明 铜错金银双鋬耳鬲式炉	直径10.5cm	253,000	北京匡时	2012.06.04
明 铜鬲式炉	口径12cm	92,000	上海大众	2012.08.04
明 铜鎏金海水八怪纹四足炉	高6.5cm	287,500	北京匡时	2012.12.05
明 铜鎏金兽面纹炉	长13.2cm	138,000	中国嘉德	2012.12.17
明 铜马槽炉	长12.5cm	552,000	上海大众	2012.08.04
明 铜暖手炉	长34cm	57,500	广东益诚	2012.01.08
明 铜平口三足炉	口径11.5cm	402,500	上海大众	2012.08.04
明 铜双耳炉	高7.1cm	253,000	北京翰海	2012.05.27
明 铜天鸡耳炉	直径10cm	161,000	北京保利	2012.12.06
明 铜犀形熏炉	长21.5cm	111,228	保利香港	2012.11.25
明 铜象耳宣德炉	直径10.5cm	1,391,500	荣宝斋(上海)	2012.06.17
明 铜蚰龙耳炉	直径9.0cm	253,000	上海大众	2012.08.04
明 玩竹斋款筒式戟耳炉	长12.2cm	287,500	西泠拍卖	2012.07.07
明 宣德款冲耳炉	直径16.1cm	172,500	西泠拍卖	2012.07.07
明 宣德款鬲式炉	直径9.2cm	92,000	西泠拍卖	2012.07.07
明 宣德款天鸡耳炉	长16.3cm	230,000	西泠拍卖	2012.07.07
明 余香堂款冲耳炉	长18.5cm	287,500	西泠拍卖	2012.07.07
明 正德款阿拉伯文鬲式炉	高8.5cm	690,000	西泠拍卖	2012.07.07
明 正德款阿拉伯文筒式炉	高9.3cm	920,000	西泠拍卖	2012.07.07
明 铜鎏金双螭耳麒麟童子熏炉	高28.2cm	2,530,000	西泠拍卖	2012.12.28

拍品名称	物品尺寸	成交价RMB	拍卖公司	拍卖日期
明 宣德款如意耳斗式炉	长19.8cm	287,500	西泠拍卖	2012.12.28
明16世纪 阿拉伯文三足香炉	长13cm	650,400	香港苏富比	2012.04.04
明17世纪 洒金铜鬲鼎式双耳三足炉 连座	高12.3cm	601,620	香港苏富比	2012.04.04
明17世纪初 铜贴金银双兽耳簋式香炉	长22.5cm	406,500	香港苏富比	2012.04.04
明代 冲耳炉	高7.3cm	667,000	古天一	2012.12.02
明代 鬲式炉	高12cm	1,610,000	古天一	2012.12.02
明代 如意耳三足炉	高6.5cm	345,000	古天一	2012.12.02
明代 狮耳三足炉	高6.5cm	69,000	古天一	2012.12.02
明代 狮首耳炉	高6.5cm	55,200	古天一	2012.12.02
明末 铜鬲式炉	腹径14.5cm	63,250	上海大众	2012.08.05
明末 铜如意铀龙耳炉	腹径13.5cm	483,000	上海大众	2012.08.04
明末/清初 铜双龙耳钵式香炉	长24.2cm	86,749	纽约佳士得	2012.03.22
明末/清初 铜胎双凤耳三足香炉	高8.8cm	161,200	香港佳士得	2012.11.28
明末/清中期 铜胡人抬锭式盖熏炉	长39.5cm	149,839	纽约佳士得	2012.03.22
明末/清中期 铜九龙纹熏炉	高27.3cm	507,875	纽约佳士得	2012.03.22
明末/清中期 铜铺首衔环猴足缸形香炉	高7.1cm	118,294	纽约佳士得	2012.03.22
明末/清中期 铜桥耳鬲式香炉	长28cm	173,498	纽约佳士得	2012.03.22
明末清初 瑞兽海八怪铜方熏炉	高26cm	240,994	保利香港	2012.11.25
明末清初 双蚰耳铜炉	宽17.6cm	207,000	中国嘉德	2012.05.14
明末清初 铜鎏金海八怪纹香炉	长10cm	230,000	上海大众	2012.08.04
明末清初 铜洒金双凤耳三足小炉	宽12.5cm	69,000	中国嘉德	2012.10.29
明-清 铜八卦太极香炉	高13.5cm	278,070	保利香港	2012.11.25
明清铜炉一组（三十件）	尺寸不一	644,000	古天一	2012.12.02
明晚期「大明宣德年制」款南式炉	直径15cm	94,300	上海泓盛	2012.06.24
明晚期 大明李大观制狮耳炉	长17cm	138,000	西泠拍卖	2012.07.07
明晚期 胡文明风格铜鎏金三足炉	直径10cm	166,842	保利香港	2012.11.25
明晚期 胡文明制铜鎏金洗式炉	高5.9cm	184,000	西泠拍卖	2012.12.28
明晚期 铜朝冠耳四方形炉	长19.5cm	402,500	北京永乐	2012.06.05
明晚期 铜胡人方炉	宽62cm	230,000	北京保利	2012.06.07
明晚期 铜鎏金海兽纹炉	宽17.6cm	69,000	北京保利	2012.12.07
明晚期 石叟制嵌银丝桥耳炉	高5.3cm	57,500	西泠拍卖	2012.12.28
明晚期 玉堂清玩款戟耳炉	长11.6cm	977,500	西泠拍卖	2012.07.07
16世纪-17世纪 宣德款冲耳炉	直径15.2cm	230,000	西泠拍卖	2012.07.07
17世纪 洒金铜双环耳香炉　连座	高16.5cm	1,382,100	香港苏富比	2012.04.04
17世纪 铜戟耳马槽炉	高8cm	57,500	上海嘉泰	2012.10.25
17世纪 铜铸「水波瑞兽」图长方盖炉连座	高28.5cm	525,797	伦敦苏富比	2012.05.16
清初 铜错金银三足炉	高18.5cm	172,500	中国嘉德	2012.10.29
清初 铜戟耳炉	直径9.5cm	109,250	上海大众	2012.08.04
清初 铜龙款冲天耳炉	直径9.5cm	69,000	上海大众	2012.08.04
清初 铜兽面纹金刚杵双耳四足炉	高13.3cm	1,380,000	北京翰海	2012.05.25
清初 铜象首耳簋式炉	长27.6cm	862,500	北京东正	2012.05.11
清初 铜蚰龙耳炉	腹径15cm	552,000	上海大众	2012.08.04
清初 铜制双螭耳香炉	长21cm	69,000	北京华辰	2012.05.12
清早期 陈最乐堂铜香炉	宽20cm	460,000	北京保利	2012.06.07
清早期 鬲式铜炉	高7.3cm	92,000	北京诚轩	2012.10.28
清早期 马槽琴炉、炉瓶、灰压、香筷	尺寸不一	126,500	西泠拍卖	2012.07.07
清早期 马槽式铜香炉	长12.5cm	207,000	北京诚轩	2012.05.13
清早期 铜钵式炉	直径15cm	690,000	北京永乐	2012.06.05
清早期 铜冲天耳炉	直径12.5cm	138,000	北京保利	2012.04.21
清早期 铜错银三足鼎式炉	高17cm	185,380	保利香港	2012.11.25
清早期 铜点金镂雕花卉纹盖炉	高8cm	155,250	北京匡时	2012.12.05
清早期 铜点金錾刻团龙纹索耳鬲式炉	高16.3cm	1,012,000	北京诚轩	2012.05.13
清早期 铜鬲式连座三足炉	直径8.8cm	86,250	北京永乐	2012.12.15
清早期 铜鬲式炉	直径14.1cm	299,000	中国嘉德	2012.03.26
清早期 铜鬲式三足炉	直径11.2cm	506,000	北京保利	2012.06.07
清早期 铜鬲式三足炉	直径15cm	126,500	北京保利	2012.12.07
清早期 铜鎏金钵式撇口香炉	直径12.8cm	92,000	北京永乐	2012.12.15
清早期 铜马槽式双耳炉	宽14cm	356,500	北京保利	2012.06.06
清早期 铜鳝鱼黄雪花金双耳炉连座	直径20.5cm	2,472,500	北京匡时	2012.12.05
清早期 铜兽足双耳炉	宽12.5cm	111,228	保利香港	2012.11.25
清早期 铜双耳三足炉	宽14cm	926,900	保利香港	2012.11.25
清早期 铜双桥耳炉	宽16.5cm	69,000	北京保利	2012.04.21
清早期 铜双蚰耳炉	直径20.7cm	126,500	北京中汉	2012.10.30
清早期 铜双蚰耳炉	宽33cm	1,035,000	北京保利	2012.10.25
清早期 铜小鬲式炉	直径10cm	172,500	北京保利	2012.06.07
清早期 铜蚰龙耳炉	直径24.1cm	172,500	北京永乐	2012.12.15
清早期 铜竹节式三足圆炉	宽29cm	352,222	保利香港	2012.11.25
清早期 宣德款冲耳炉	直径14.1cm	138,000	西泠拍卖	2012.07.07
清早期 宣德款鬲式炉	直径15.5cm	184,000	西泠拍卖	2012.07.07
清早期 宣德款鬲式炉	直径9.4cm	74,750	西泠拍卖	2012.07.07
清早期 宣德款鬲式炉	直径9.5cm	51,750	西泠拍卖	2012.07.07
清早期 宣德款马槽炉	高6.8cm	345,000	西泠拍卖	2012.07.07
清早期 宣德款天鸡耳鼎式炉	长18.8cm	230,000	西泠拍卖	2012.07.07
清早期 宣德款天鸡耳三元筒式炉	长10.1cm	69,000	西泠拍卖	2012.07.07
清早期 玉堂清玩款鬲式炉	直径9.4cm	115,000	西泠拍卖	2012.07.07
清早期 张鸣岐款提梁手炉	长18.5cm	69,000	西泠拍卖	2012.07.07
清康熙 佛家八宝纹索耳炉	长10.4cm	138,000	西泠拍卖	2012.07.07
清康熙 錾耳押经铜炉	宽20.5cm	82,800	北京诚轩	2012.10.28
清康熙 铜如意耳方炉	长18.5cm	345,000	北京东正	2012.05.11
清雍正 "长春居士"款冲耳铜香炉	宽10.26cm	805,000	北京诚轩	2012.05.13
清雍正 铜双戟耳小方炉	宽7cm	138,000	北京保利	2012.12.06
清雍正 宣德款如意耳炉	长17.2cm	172,500	西泠拍卖	2012.07.07
清雍正 雁翎法盏炉	长17.7cm	9,775,000	西泠拍卖	2012.07.07
清雍正 大清雍正年制冲耳炉	高5.9cm	287,500	西泠拍卖	2012.12.28
清乾隆 铜错金银「兽面图」如意耳长方四足盖炉	长36cm	476,933	伦敦苏富比	2012.05.16
清乾隆 铜鎏金缠枝花卉纹大暖炉	高34cm	230,000	北京诚轩	2012.10.28
清乾隆 铜鎏金仿古簋式炉	长17.5cm	230,000	西泠拍卖	2012.07.07
清乾隆 铜鎏金炉瓶各一套	尺寸不一	230,000	北京歌德	2012.06.03
清乾隆 铜鎏金蚰耳炉	宽17cm	195,500	北京保利	2012.06.07
清乾隆 铜如意耳象足炉	高8.3cm	391,000	北京翰海	2012.05.25
清乾隆 铜洒金双耳炉	宽27cm	1,380,000	北京保利	2012.06.05
清乾隆 铜兽钮绳纹耳象足供炉(二件)	高72.5cm	1,725,000	北京翰海	2012.12.09
清乾隆 铜双狮耳一炷香炉	宽6cm	74,750	北京保利	2012.04.21
清乾隆 铜太平有象三足炉	高42cm	862,500	北京保利	2012.06.05
清乾隆 铜筒式炉	高8.6cm	161,000	北京翰海	2012.12.09
清乾隆 铜五福捧寿狮钮香炉	高42.5cm	230,000	中贸圣佳	2012.07.22
清乾隆 铜云龙海水麒麟香炉连座	高19cm	483,000	北京匡时	2012.06.04
清乾隆 威震铜四方龙钮熏炉	高16cm	402,500	上海大众	2012.08.04
清乾隆 雪花金铜炉	直径16.5cm	575,000	北京东正	2012.10.31
清乾隆造办处铜鎏金錾花炉瓶三事	尺寸不一	230,000	中贸圣佳	2012.07.22
清乾隆(18世纪)铜兽首龙纹盖圆熏炉	宽28cm	352,222	保利香港	2012.11.25
清中期 琴书侣款铜炉	直径10.5cm	71,300	中国嘉德	2012.05.14
清中期 四桃足铜香炉	宽12.8cm	80,500	北京诚轩	2012.05.13
清中期 铜阿拉伯文香炉	宽16cm	368,000	中国嘉德	2012.10.29
清中期 铜朝冠耳四足炉	高12.8cm	414,000	北京中汉	2012.05.14
清中期 铜冲天耳小铜炉	直径10.3cm	149,500	北京永乐	2012.12.15
清中期 铜错金簋式炉	宽19.5cm	126,500	北京保利	2012.12.06
清中期 铜点金双耳炉	高11cm	132,250	北京翰海	2012.12.09
清中期 铜飞金童子足花筒炉	高14cm	55,200	上海嘉泰	2012.10.25
清中期 铜凤眼炉	直径15.5cm	57,500	中国嘉德	2012.09.17
清中期 铜瓜棱三足炉	高5.8cm	82,800	北京翰海	2012.12.09
清中期 铜海水龙纹手炉	高7.2cm	71,300	北京翰海	2012.05.27
清中期 铜鎏金洒金双兽耳炉	宽35cm	575,000	北京保利	2012.12.06
清中期 铜马槽炉	长14.5cm	57,500	中国嘉德	2012.12.17
清中期 铜铺首耳炉	高7.5cm	69,000	北京翰海	2012.05.27
清中期 铜铺首耳炉	高5.1cm	57,500	北京翰海	2012.12.09
清中期 铜洒金凤眼炉	直径13cm	184,000	中国嘉德	2012.09.17
清中期 铜洒金马槽炉	长16.8cm	138,000	中国嘉德	2012.09.17

2012杂项拍卖成交汇总

(成交价RMB：5万元以上)

拍品名称	物品尺寸	成交价RMB	拍卖公司	拍卖日期
清中期 铜三足炉	高3.5cm	368,000	北京翰海	2012.05.27
清中期 铜三足炉	高6.5cm	172,500	北京翰海	2012.12.09
清中期 铜双耳炉	高9.3cm	63,250	北京翰海	2012.05.27
清中期 铜双耳炉	高12.5cm	55,200	北京翰海	2012.05.27
清中期 铜双耳炉	高8.5cm	172,500	北京翰海	2012.12.09
清中期 铜双耳三足炉	高8.3cm	207,000	北京翰海	2012.05.27
清中期 铜双耳筒式炉	高6.5cm	138,000	北京翰海	2012.05.27
清中期 铜双戟耳炉	宽12.2cm	598,000	北京保利	2012.06.07
清中期 铜双狮耳炉	宽20cm	149,500	北京保利	2012.10.25
清中期 铜錾金婴戏纹子母瑞兽顶香炉	高29cm	57,500	北京华辰	2012.10.30
清中期 宣德款冲耳炉	直径15.6cm	57,500	西泠拍卖	2012.07.07
清 芳流四海款戟耳炉	长11.8cm	207,000	西泠拍卖	2012.07.07
清 蝴蝶连枝纹铜香炉	高6cm	138,000	广东益诚	2012.01.08
清 夔耳铜炉	直径19cm	336,000	天津文物	2012.05.11
清 龙纹铜香炉	口径25cm	57,500	广东益诚	2012.01.08
清 盘口铜炉	长14cm	145,600	天津文物	2012.05.11
清 平口鬲式炉	直径17.6cm	138,000	中国嘉德	2012.05.14
清 嵌金丝鼎式铜炉	高15.5cm	207,000	荣宝斋(上海)	2012.06.17
清 桥耳铜炉	直径23cm	179,200	天津文物	2012.11.09
清 清玩款压经炉	长15cm	207,000	西泠拍卖	2012.07.07
清 洒金双狮耳炉	宽13.7cm	92,000	中国嘉德	2012.05.14
清 狮钮兽纹铜炉	高48cm	71,300	中贸圣佳	2012.03.04
清 石叟铜熏炉	长30cm	92,000	广东益诚	2012.01.08
清 竖耳铜三足炉	长14cm	168,000	天津文物	2012.05.11
清 双螭耳三足铜炉	宽31cm	115,000	中国嘉德	2012.10.29
清 双耳鬲式铜香炉	口径11.7cm	138,000	北京传是	2012.12.16
清 双龙耳圆形三足炉	高11cm	126,500	中贸圣佳	2012.03.04
清 双兽耳铜炉	宽34.5cm	460,000	中国嘉德	2012.05.14
清 双兽耳宣德铜炉	高8cm	101,200	北京九歌	2012.06.29
清 双蚰龙耳铜炉	宽24.8cm	103,500	中国嘉德	2012.05.14
清 铜阿拉伯文双耳炉	宽30cm	80,500	北京保利	2012.04.23
清 铜钵式大炉	直径30cm	322,000	上海大众	2012.08.04
清 铜朝冠耳香炉	长12.5cm	230,000	上海大众	2012.08.04
清 铜朝天耳炉	直径11cm	92,000	中国嘉德	2012.06.16
清 铜冲耳三足炉	高11cm	161,000	上海大众	2012.08.04
清 铜冲天耳三足炉	宽18cm	126,500	北京保利	2012.10.25
清 铜错金小琴炉	高6.5cm	69,000	北京保利	2012.06.06
清 铜点金冲耳三足炉	宽16cm	51,750	北京保利	2012.08.11
清 铜雕山水"桐云斋"熏炉	直径12cm	437,000	朵云轩	2012.07.11
清 铜雕錾龙纹狮钮三足炉	高43cm	138,000	北京翰海	2012.03.23
清 铜鼎式炉 (三件)		57,500	北京翰海	2012.09.28
清 铜梵文铜炉	直径15cm	161,000	中贸圣佳	2012.03.04
清 铜凤纹方鼎式炉	高17cm	82,800	北京翰海	2012.09.28
清 铜鬲式三足炉	宽15cm	115,000	北京保利	2012.10.25
清 铜海水八怪龙凤纹熏炉	高16.5cm	230,000	上海大众	2012.08.04
清 铜回纹三足炉	高13cm	101,200	北京翰海	2012.12.09
清 铜夔面朝冠耳薰炉	宽50cm	287,500	上海嘉泰	2012.06.23
清 铜鎏金开光人物纹炉	高9.2cm	51,750	中国嘉德	2012.09.17
清 铜龙纹熏炉	高35cm	89,700	北京传是	2012.07.08
清 铜马槽炉	口径14cm	138,000	上海大众	2012.08.05
清 铜铺首耳炉	高10cm	103,500	北京翰海	2012.05.27
清 铜铺首衔环炉	宽10.7cm	74,750	中国嘉德	2012.05.14
清 铜桥耳炉	直径13cm	69,000	荣宝斋(上海)	2012.06.17
清 铜桥耳炉	直径28.5cm	63,250	中国嘉德	2012.03.25
清 铜琴炉	宽25cm	207,000	广东益诚	2012.01.08
清 铜洒金炉 铜嵌银丝兽面纹炉各一件	高15.2cm	71,300	中国嘉德	2012.03.25
清 铜洒金双耳三足炉	宽13.8cm	115,000	中国嘉德	2012.10.29
清 铜洒金双耳弦纹炉	直径22.5cm	184,000	北京保利	2012.06.07
清 铜三足炉	高3.5cm	57,500	北京翰海	2012.05.27
清 铜三足炉	高5.1cm	71,300	北京翰海	2012.12.09
清 铜三足炉	高5cm	143,750	北京翰海	2012.12.09

拍品名称	物品尺寸	成交价RMB	拍卖公司	拍卖日期
清 铜三足炉	高7cm	57,500	北京传是	2012.12.16
清 铜三足双耳鬲式炉	高6.8cm	368,000	北京匡时	2012.12.05
清 铜双耳炉	高8.3cm	69,000	北京翰海	2012.12.09
清 铜双耳炉	宽17cm	57,500	北京保利	2012.12.07
清 铜双耳三足炉	高7.8cm	138,000	北京翰海	2012.05.27
清 铜双耳三足炉	高8cm	92,000	北京翰海	2012.05.27
清 铜双耳三足炉	高8.5cm	66,700	北京翰海	2012.05.27
清 铜双戟耳炉	宽16.5cm	69,000	北京保利	2012.12.07
清 铜双龙耳三足炉	宽21cm	69,000	北京保利	2012.10.25
清 铜天鸡耳三足炉	宽12.5cm	86,250	北京保利	2012.04.23
清 铜筒式炉	直径8.8cm	92,000	中国嘉德	2012.03.26
清 铜压经炉	口径12cm	287,500	上海大众	2012.08.04
清 铜压经炉	长18.2cm	138,000	中国嘉德	2012.06.16
清 铜蚰耳炉	宽18cm	230,000	北京保利	2012.04.23
清 铜蚰耳炉	长18cm	161,000	北京九歌	2012.06.29
清 铜蚰耳炉	高8cm	63,250	上海嘉泰	2012.10.25
清 铜蚰耳炉	宽15.5cm	57,500	北京保利	2012.12.07
清 铜钻花蝶手炉	高10.5cm	57,500	北京翰海	2012.12.09
清 铜"弘亭"款双鱼耳香炉	高9cm	66,700	朵云轩	2012.12.29
清 铜雪花金戟耳炉	高11.8cm	322,000	朵云轩	2012.12.29
清 铜制天禄摆件 (一对)	高9.2cm	172,500	西泠拍卖	2012.12.28
清 宣德款冲耳炉	直径17.8cm	126,500	西泠拍卖	2012.07.07
清 宣德款冲耳炉	长12.5cm	66,700	西泠拍卖	2012.07.07
清 宣德款点金戟耳炉	长13.8cm	78,200	西泠拍卖	2012.07.07
清 宣德款点金桥耳炉	直径13.2cm	92,000	西泠拍卖	2012.07.07
清 宣德款狮耳龙纹鼓式三足炉	长13.5cm	115,000	西泠拍卖	2012.07.07
清 宣德款狮耳炉	长19.2cm	207,000	西泠拍卖	2012.07.07
清 宣德款双螭耳洗式炉	长20.5cm	115,000	西泠拍卖	2012.07.07
清 宣德款象足法盏炉	长19.5cm	92,000	西泠拍卖	2012.07.07
清 宣德款压经炉	长21.5cm	230,000	西泠拍卖	2012.07.07
清 宣德款点金冲耳炉	高10.1cm	57,500	西泠拍卖	2012.12.28
清 宣德款兽耳四足鼎式炉	高9.8cm	57,500	西泠拍卖	2012.12.28
清 椅桃款扳耳簋式炉	长17.5cm	368,000	西泠拍卖	2012.07.07
清 永世之宝款龙耳深腹簋式炉	长13.5cm	57,500	西泠拍卖	2012.07.07
清 蚰耳炉	高6.5cm	92,000	上海道明	2012.06.29
清 蚰耳铜炉	长18.5cm	207,200	天津文物	2012.11.09
清 鱼耳铜炉	高13.5cm	302,400	天津文物	2012.05.11
清 玉堂清玩款鬲式铜炉	宽13.5cm	94,300	中国嘉德	2012.05.14
清 玉堂珍宝款平口鬲式炉	直径10.6cm	82,800	中国嘉德	2012.05.14
清 月友琴居款冲耳炉	直径13.8cm	138,000	西泠拍卖	2012.07.07
清 戟耳炉	高7.2cm	1,150,000	古天一	2012.12.02
清 平口缶式炉	高5.5cm	207,000	古天一	2012.12.02
清 狮首衔环筒式炉	高5.3cm	86,250	古天一	2012.12.02
清 压经炉	高8.6cm	138,000	古天一	2012.12.02
清18世纪 铜马槽式香炉	高13.2cm	507,875	纽约佳士得	2012.03.22
清18世纪 铜双螭龙耳菊瓣纹鬲式香炉	长19.7cm	51,261	纽约佳士得	2012.03.22
清18世纪／19世纪 洒金铜冲耳三足香炉	长28.5cm	220,815	纽约佳士得	2012.03.22
水银古梨形天鸡耳炉	高8cm	94,300	凤凰拍卖	2012.12.16
铜炉 (两件)	尺寸不一	51,750	中国嘉德	2012.03.25
铜胎三足炉	高8.5cm	2,337,375	澳门中信	2012.06.03
铜太平有象炉	高48.5cm	55,200	中国嘉德	2012.03.25
晚明 局部鎏金铜云龙纹双龙耳簋式香炉	高22.2cm	157,725	纽约佳士得	2012.03.22
宣德款 铜香炉	直径15cm	84,000	上海阳浩	2012.07.15
冲天耳炉	高6.5cm	184,000	凤凰拍卖	2012.12.16
冲天耳炉	高10cm	57,500	凤凰拍卖	2012.12.16
点金戟耳炉	高6cm	69,000	凤凰拍卖	2012.12.16
雕龙双攀铜炉	直径31cm	50,400	上海阳浩	2012.07.15
花鸟兽纹铜制香炉	高46.5cm	82,800	上海泓盛	2012.06.24
鎏金戟耳炉	高8cm	172,500	凤凰拍卖	2012.12.16
原座夜半留香蚰龙耳炉	高11.5cm	230,000	凤凰拍卖	2012.12.16

拍品名称	物品尺寸	成交价RMB	拍卖公司	拍卖日期
原座蚰龙耳炉	高10cm	276,000	凤凰拍卖	2012.12.16
铜镜				
战国 龙鸟纹铜镜	直径19.5cm	189,270	纽约佳士得	2012.03.22
战国 蟠螭龙纹镜	直径18.7cm	115,000	上海崇源	2012.10.19
战国 镶嵌绿松石三活环镀银铜镜	直径9cm	102,521	纽约佳士得	2012.03.22
战国晚期 变形菱纹铜镜	直径16.1cm	126,180	纽约佳士得	2012.03.22
战国晚期 变形三鸟纹铜镜	直径23.7cm	59,147	纽约佳士得	2012.03.22
战国晚期 三山纹铜镜	直径12.2cm	378,540	纽约佳士得	2012.03.22
西汉 错金银龙鸟纹铜镜	直径22.7cm	354,881	纽约佳士得	2012.03.22
西汉 多乳兽鸟纹铭文镀银铜镜	直径19cm	772,853	纽约佳士得	2012.03.22
西汉 连弧龙纹镀银铜镜	直径14.6cm	59,147	纽约佳士得	2012.03.22
西汉晚期/新 上太山铭四神博局镀银铜镜	直径31.7cm	659,291	纽约佳士得	2012.03.22
西汉中期长毋相望铭龙纹镀银铜镜	直径17.5cm	59,147	纽约佳士得	2012.03.22
西汉中期 湅治铜华铭连弧纹镀银铜镜	直径17.1cm	70,976	纽约佳士得	2012.03.22
西汉中期 湅治铜华铭连弧纹铜镜	直径16.3cm	51,261	纽约佳士得	2012.03.22
西汉中期 星云连弧纹铜镜	直径13.4cm	67,033	纽约佳士得	2012.03.22
东汉 汉善铜铭博局铜镜	直径11.4cm	126,180	纽约佳士得	2012.03.22
东汉 吾作明镜铭神人神兽纹铜镜	直径11.6cm	63,090	纽约佳士得	2012.03.22
东汉/三国 鎏金神人神兽纹铜镜	直径14.2cm	149,839	纽约佳士得	2012.03.22
北齐 贴金镶琉璃镜	直径7.5cm	278,070	大唐国际	2012.11.24
隋 淮南起照铭十二生肖纹铜镜	直径24cm	507,875	纽约佳士得	2012.03.22
隋 练形神治铭团花纹镀银铜镜	直径16.7cm	67,033	纽约佳士得	2012.03.22
隋 十二生肖纹镀银铜镜	直径19.2cm	252,360	纽约佳士得	2012.03.22
隋/初唐 赏得秦王铭神兽纹铜镜	直径12.1cm	252,360	纽约佳士得	2012.03.22
隋/初唐 赏得秦王铭神兽纹铜镜	直径11.9cm	70,976	纽约佳士得	2012.03.22
隋/初唐湛若止水铭瑞兽纹镀银铜镜	直径16.1cm	252,360	纽约佳士得	2012.03.22
初唐 光流素月铭神兽纹铜镜	直径13.5cm	59,147	纽约佳士得	2012.03.22
唐 宝相花纹葵花式镀银铜镜	直径24.8cm	59,147	纽约佳士得	2012.03.22
唐 飞仙凤鹤纹方铜镜	直径12cm	507,875	纽约佳士得	2012.03.22
唐 海兽葡萄纹方铜镜	直径9.2cm	299,678	纽约佳士得	2012.03.22
唐 海兽葡萄纹镜	直径14cm	50,980	大唐国际	2012.11.24
唐 海兽葡萄纹铜镜	直径12.5cm	118,294	纽约佳士得	2012.03.22
唐 局部鎏金瑞兽纹菱花式铜镜	直径17cm	276,019	纽约佳士得	2012.03.22
唐 蟠龙纹铜镜	直径17cm	70,976	纽约佳士得	2012.03.22
唐 瑞兽葡萄纹镀银铜镜	直径17cm	596,440	香港佳士得	2012.11.28
唐 瑞兽双凤纹葵花式镀银铜镜	直径27cm	315,450	纽约佳士得	2012.03.22
唐 瑞兽纹葵花式镀银铜镜	直径15.9cm	394,313	纽约佳士得	2012.03.22
唐 双凤纹菱花式铜镜	直径28.7cm	205,043	纽约佳士得	2012.03.22
唐双鹤江崖海水纹葵花式镀银铜镜	直径20.6cm	3,044,093	纽约佳士得	2012.03.22
唐 双犀花卉纹葵花式镀银铜镜	直径22.2cm	432,167	纽约佳士得	2012.03.22
唐 天马鹦鹉纹葵花式铜镜	直径22.5cm	999,977	纽约佳士得	2012.03.22
唐 贴金鸳鸯纹铜镜	直径12.1cm	470,021	纽约佳士得	2012.03.22
唐 银壳鎏金鸟兽纹菱形镜	直径6cm	92,690	大唐国际	2012.11.24
唐 云龙纹铜镜	直径15cm	252,360	纽约佳士得	2012.03.22
宋煌丕昌天铭伙非斩蛟菱花式铜镜	直径18cm	394,313	纽约佳士得	2012.03.22
宋或以后局部鎏金瑞兽葡萄纹铜镜	直径28.7cm	236,588	纽约佳士得	2012.03.22
辽 青铜四神八卦纹圆镜	直径23.8cm	268,800	辽宁中正	2012.04.22
金 双鲤纹镀银铜镜	直径19.3cm	236,588	纽约佳士得	2012.03.22
明代 "匪鉴斯镜"钟形镜	长19.9cm；宽14.5cm	207,000	中国嘉德	2012.11.26
明代 "万历光轮"龙凤年号镜	直径96.0cm	115,000	中国嘉德	2012.11.26
清 "赏得秦王"四兽镜	直径17cm	230,000	北京保利	2012.12.02
清 八乳瑞兽铭文博局镜	直径18.8cm	483,000	北京翰海	2012.12.09
清 神兽纹规矩镜	直径14.3cm	115,000	北京保利	2012.12.02
清 双鸾仙山镜	直径22.5cm	1,380,000	北京翰海	2012.12.09
清 四叶铭文镜	直径13.2cm	92,000	北京保利	2012.12.02
清 髹漆莲花纹带柄铜镜	长19.2cm	69,000	西泠拍卖	2012.12.28
"不日可会"四乳草叶螭龙纹镜	直径20.5cm	241,500	中国嘉德	2012.05.18
"长宜子孙"铭四乳神兽镜	直径18.6cm	69,000	北京翰海	2012.05.26
"光流素月"瑞兽铭文镜	直径14.5cm	103,500	北京匡德	2012.06.05
"河澄皎月"蟠螭纹镜	直径24.1cm	287,500	北京匡德	2012.06.05
"金城记"款双鱼镜	直径19.5cm	184,000	北京匡德	2012.06.05
"湅冶铜华"双圈铭文镜	直径18.9cm	207,000	上海崇源	2012.10.19
"灵山孕宝"宝相花镜	直径18.3cm	69,000	中国嘉德	2012.05.18
"明逾满月"内八瑞兽外跑兽铭带镜	直径24cm	4,025,000	上海崇源	2012.10.19
"盘龙丽匣"八瑞兽铭带镜	直径20.2cm	1,725,000	上海崇源	2012.10.19
"泰言"铭六乳瑞兽纹镜	直径14.8cm	138,000	北京匡德	2012.06.05
"千秋万春"盘龙镜	直径24.cm	1,725,000	北京匡德	2012.06.05
"日有熹"铭单圈铭文镜	直径15.0cm	59,800	北京匡德	2012.06.05
"赏得"双鸾双兽镜	直径13.3cm	172,500	中国嘉德	2012.05.18
"上大山"博局镜	直径16.6cm	59,800	中国嘉德	2012.05.18
"尚方御镜"铭瑞兽规矩纹镜	直径20.8cm	552,000	北京匡德	2012.06.05
"尚方御镜"铭瑞兽规矩纹镜	直径21.4cm	109,250	北京匡德	2012.06.05
"天高丕皇"双剑宝鼎镜	直径15.1cm	287,500	北京匡德	2012.06.05
"天禄"镜	直径12.0cm	138,000	中国嘉德	2012.05.18
"宜子孙"铭七乳神兽镜	直径14.1cm	920,000	北京翰海	2012.05.26
"张氏"龙虎镜	直径13.3cm	1,725,000	北京保利	2012.06.06
"昭明"四乳四虺镜	直径18.8cm	92,000	中国嘉德	2012.05.18
"照日"五瑞兽镜	直径12.6cm	207,000	中国嘉德	2012.05.18
"作佳镜"四神博局镜	直径19.0cm	115,000	中国嘉德	2012.05.18
八龙镂空复合镜	直径8.15cm	92,000	上海崇源	2012.10.19
八乳禽兽狩猎纹镜	直径18.2cm	517,500	上海泓盛	2012.06.24
半圆方枚神人神兽镜	直径16.5cm	402,500	上海泓盛	2012.06.24
半圆方枚神人神兽镜	直径14.2cm	57,500	中国嘉德	2012.05.18
半圆方枚神兽镜	直径12.7cm	149,500	北京匡德	2012.06.05
宝镜铭瑞兽镜(一对)	直径14.8cm	253,000	上海泓盛	2012.06.24
宝相花菱花镜	直径12.5cm	172,500	上海泓盛	2012.06.24
变形对龙纹镜	直径13.7cm	57,500	上海泓盛	2012.06.24
彩绘铜镜	直径15.5cm	57,500	上海工美	2012.08.18
草叶纹镜	直径16.0cm	172,500	北京翰海	2012.05.26
缠枝宝相花镜	直径31.7cm	63,250	北京翰海	2012.05.26
大泉五十钱纹规矩镜	直径13cm	368,000	上海泓盛	2012.06.24
单龙镜	直径16.0cm	115,000	北京匡德	2012.06.05
单圈铭文镜	直径18.0cm	115,000	北京翰海	2012.05.26
单圈铭文镜	直径15.0cm	92,000	北京翰海	2012.05.26
方枚神人神兽镜	直径15.3cm	92,000	上海泓盛	2012.06.24
飞龙纹镜	直径15.8cm	149,500	北京匡德	2012.06.05
飞龙纹镜	直径15.2cm	57,500	上海泓盛	2012.06.24
凤凰纹镜	直径21.2cm	862,500	北京匡德	2012.06.05
龟钮双鱼镜	直径17.3cm	92,000	北京匡德	2012.06.05
规矩镜	直径13.6cm	172,500	北京翰海	2012.05.26
规矩镜	直径16.5cm	103,500	北京翰海	2012.05.26
海波纹镜	直径15.6cm	66,700	北京匡德	2012.06.05
海兽葡萄白光镜	直径13.5cm	184,000	北京匡德	2012.06.05
海兽葡萄方镜	边长9.3cm	57,500	上海泓盛	2012.06.24
海兽葡萄镜	直径21.3cm	14,950,000	北京翰海	2012.05.26
海兽葡萄镜	直径17cm	1,495,000	上海泓盛	2012.06.24
海兽葡萄镜	直径17.5cm	552,000	上海泓盛	2012.06.24
海兽葡萄镜	直径11.8cm	460,000	北京翰海	2012.05.26
海兽葡萄镜	直径15.3cm	345,000	北京翰海	2012.05.26
海兽葡萄镜	直径12.1cm	172,500	中国嘉德	2012.05.18
海兽葡萄镜	直径10.7cm	149,500	上海泓盛	2012.06.24
海兽葡萄镜	直径9.6cm	57,500	上海泓盛	2012.06.24
汉有名铜铭规矩镜	直径11.4cm	57,500	上海泓盛	2012.06.24
黑漆古宽边七乳镜	直径14.1cm	805,000	北京匡德	2012.06.05
交龙镜	直径13.5cm	86,250	上海泓盛	2012.06.24
镜	直径18cm	752,560	中联国际	2012.10.02
绝照铭四兽十二生肖镜	直径21.5cm	97,750	上海泓盛	2012.06.24
孔雀瑞兽葡萄纹镜	直径23.5cm	345,000	北京匡德	2012.06.05
孔雀瑞兽葡萄纹镜	直径14.3cm	149,500	北京匡德	2012.06.05
昆仑奴训狮双鸾镜	直径20.3cm	149,500	北京匡德	2012.06.05
力士骏马瑞兽葡萄对镜	直径11.0cm	402,500	中国嘉德	2012.05.18
菱纹四凤镜	直径11.6cm	483,000	北京翰海	2012.05.26

2012杂项拍卖成交汇总

（成交价RMB：5万元以上）

拍品名称	物品尺寸	成交价RMB	拍卖公司	拍卖日期
刘氏去王氏持铭规矩镜	直径15.2cm	345,000	上海泓盛	2012.06.24
鎏金神人神兽镜	直径13.8cm	402,500	上海泓盛	2012.06.24
龙虎画像镜	直径20.0cm	276,000	北京匡德	2012.06.05
鸾鸟瑞兽纹镜	直径18.3cm	63,250	北京匡德	2012.06.05
蟠螭纹镜	直径22.5cm	126,500	北京匡德	2012.06.05
蟠螭纹镜	直径16.1cm	97,750	北京匡德	2012.06.05
蟠龙镜	直径17cm	166,750	上海泓盛	2012.06.24
葡萄瑞兽镜	直径10.0cm	138,000	中国嘉德	2012.05.18
七乳神兽镜	直径17.6cm	172,500	中国嘉德	2012.05.18
千秋铭护珠龙镜	直径21cm	184,000	上海泓盛	2012.06.24
秦王铭瑞兽镜	直径9.6cm	69,000	上海泓盛	2012.06.24
秦有贤士铭规矩镜	直径14.2cm	115,000	上海泓盛	2012.06.24
人物故事镜	直径11.0cm	80,500	中国嘉德	2012.05.18
瑞兽规矩纹镜	直径11.5cm	55,200	北京匡德	2012.06.05
瑞兽孔雀葡萄镜	直径13.7cm	59,800	中国嘉德	2012.05.18
瑞兽鸾鸟花枝纹镜	直径27.5cm	253,000	北京匡德	2012.06.05
瑞兽葡萄镜	直径13cm	230,000	北京保利	2012.06.06
瑞兽葡萄镜	直径14.6cm	172,500	北京保利	2012.06.06
瑞兽葡萄镜	直径9.7cm	149,500	北京保利	2012.06.06
瑞兽葡萄镜	直径13.8cm	74,750	上海泓盛	2012.06.24
瑞兽葡萄十二生肖纹镜	直径20.6cm	3,680,000	北京匡德	2012.06.05
瑞兽葡萄纹镜	直径12.5cm	345,000	北京匡德	2012.06.05
瑞兽葡萄纹镜	直径11.9cm	59,800	北京匡德	2012.06.05
瑞兽十二生肖镜	直径10.2cm	218,500	上海泓盛	2012.06.24
瑞兽纹边饰规矩镜	直径14.0cm	218,500	北京匡德	2012.06.05
三乐镜	直径13.2cm	78,200	北京匡德	2012.06.05
三龙镜	直径15.8cm	86,250	中国嘉德	2012.05.18
三龙镜	直径10.8cm	57,500	上海泓盛	2012.06.24
三龙纹镜	直径16.0cm	51,750	北京匡德	2012.06.05
尚方铭四灵规矩镜	直径18.1cm	109,250	上海泓盛	2012.06.24
神仙戏龙马舞蹈画像镜	直径21.3cm	287,500	上海泓盛	2012.06.24
十二生肖四灵镜	直径18cm	230,000	上海泓盛	2012.06.24
寿山福海镜	直径22.5cm	94,300	北京翰海	2012.05.26
双凤纹镜	直径32cm	4,025,000	中国嘉德	2012.05.18
双龙孔雀瑞兽纹镜	直径20.8cm	402,500	北京匡德	2012.06.05
双鸾镜	直径16.0cm	287,500	北京翰海	2012.05.26
双鸾瑞兽纹镜	直径11.9cm	51,750	北京匡德	2012.06.05
双鸾双兽镜	直径12.5cm	149,500	上海泓盛	2012.06.24
双圈铭文镜	直径15.7cm	59,800	北京匡德	2012.06.05
双鹊盘龙月宫纹镜	直径17.4cm	207,000	北京匡德	2012.06.05
双兽双孔雀镜	直径20.0cm	310,500	北京匡德	2012.06.05
双仙骑镜	直径21.2cm	345,000	北京匡德	2012.06.05
双雁衔绶镜	直径12.5cm	55,200	北京匡德	2012.06.05
双鱼镜	直径22.2cm	138,000	北京匡德	2012.06.05
双鸳鸯双雁纹镜	直径15.8cm	115,000	北京匡德	2012.06.05
四凤禽鸟纹镜	直径13.3cm	149,500	北京匡德	2012.06.05
四凤双螭菱格纹镜	直径15.7cm	94,300	上海泓盛	2012.06.24
四虺四灵镜	直径18.3cm	322,000	上海泓盛	2012.06.24
四灵规矩镜	直径18cm	632,500	上海泓盛	2012.06.24
四灵规矩镜	直径16cm	368,000	上海泓盛	2012.06.24
四灵规矩镜	直径14.1cm	57,500	上海泓盛	2012.06.24
四灵规矩镜	直径13.4cm	55,200	上海泓盛	2012.06.24
四灵镜	直径18.7cm	224,250	上海泓盛	2012.06.24
四灵镜	直径12.8cm	184,000	上海泓盛	2012.06.24
四雀花枝镜	直径14.4cm	207,000	上海泓盛	2012.06.24
四雀花枝镜	直径13.6cm	172,500	上海泓盛	2012.06.24
四乳镜	直径18.0cm	89,700	中国嘉德	2012.05.18
四乳龙纹镜	直径11.4cm	71,300	北京匡德	2012.06.05
四乳瑞兽纹镜	直径18.9cm	483,000	北京匡德	2012.06.05
四乳神兽纹镜	直径12.6cm	71,300	北京匡德	2012.06.05
四乳四虺镜	直径18.5cm	55,200	上海泓盛	2012.06.24
四乳四虺纹镜	直径15.3cm	51,750	北京匡德	2012.06.05
四乳四龙镜	直径18.6cm	80,500	上海崇源	2012.10.19

拍品名称	物品尺寸	成交价RMB	拍卖公司	拍卖日期
四瑞兽葡萄镜	直径12.4cm	172,500	中国嘉德	2012.05.18
四山镜	直径11.0cm	138,000	北京匡德	2012.06.05
四山镜	直径13.9cm	138,000	上海泓盛	2012.06.24
四山镜	直径16cm	1,505,120	中联国际	2012.10.02
四神画像镜	直径17.5cm	57,500	中国嘉德	2012.05.18
四神十二生肖镜	直径13.3cm	253,000	北京匡德	2012.06.05
四神十二生肖镜	直径20.0cm	184,000	中国嘉德	2012.05.18
四神十二生肖镜	直径14.8cm	172,500	中国嘉德	2012.05.18
四神十二生肖镜	直径12.5cm	172,500	中国嘉德	2012.05.18
剔地平雕狩猎纹镜	直径29.3cm	356,500	北京匡德	2012.06.05
填漆工艺双鱼镜	直径20.5cm	138,000	北京匡德	2012.06.05
铜华铭四乳四灵规矩镜	直径23.5cm	747,500	上海泓盛	2012.06.24
铜镜一组三面 昭明铭文镜 四乳四虺镜 草叶纹镜	尺寸不一	69,000	上海泓盛	2012.06.24
铜镜组	直径0.9cm	78,400	上海阳浩	2012.07.15
铜镜组	直径11cm	67,200	上海阳浩	2012.07.15
吴牛喘月纹镜	直径25.5cm	287,500	北京匡德	2012.06.05
吾作铭重列式神兽镜	直径13.2cm	437,000	上海泓盛	2012.06.24
五乳羽人嬉戏纹镜	直径13.1cm	78,200	北京匡德	2012.06.05
五瑞兽葡萄镜	直径14.2cm	55,200	中国嘉德	2012.05.18
五山镜	直径17cm	552,000	北京保利	2012.06.06
五月五日铭团花镜	直径5.5cm	66,700	上海泓盛	2012.06.24
仙人骑兽画像镜	直径12.3cm	92,000	上海泓盛	2012.06.24
星云纹镜	直径17.8cm	172,500	北京匡德	2012.06.05
星云纹镜	直径18.0cm	74,750	北京匡德	2012.06.05
阳燧镜	直径13.1cm	69,000	北京翰海	2012.05.26
银背鎏金鸟兽镜	直径6cm	63,250	上海泓盛	2012.06.24
银背鎏金双雁衔花镜	直径6cm	57,500	上海泓盛	2012.06.24
鹦鹉花卉纹镜	直径26.8cm	1,495,000	北京匡德	2012.06.05
羽人鼓乐舞蹈规矩纹镜	直径13.2cm	253,000	北京匡德	2012.06.05
羽人神兽博局镜	直径16.2cm	149,500	中国嘉德	2012.05.18
鸳鸯双兽镜	直径13.1cm	172,500	上海泓盛	2012.06.24
袁氏铭龙虎画像镜	直径17cm	184,000	上海泓盛	2012.06.24
云气纹规矩镜	直径13.8cm	57,500	上海泓盛	2012.06.24
昭明、清白铭龙纹镜	直径18.6cm	287,500	上海泓盛	2012.06.24
昭明、清白铭文镜	直径13.5cm	105,800	上海泓盛	2012.06.24
昭明铭文镜	直径12.8cm	86,250	上海泓盛	2012.06.24
昭明铭文镜	直径13.9cm	55,200	上海泓盛	2012.06.24
征物为真铭十二生肖飞仙镜	直径15.2cm	782,000	上海泓盛	2012.06.24
重列式半圆方枚镜	直径13cm	184,000	北京保利	2012.06.06
周氏神人车马镜	直径22.2cm	57,500	上海泓盛	2012.06.24
其他用品				
商 青铜矛首	长21.2cm	50,400	上海国拍	2012.12.07
商晚期 兽面纹大镜	高49.5cm	3,244,150	大唐国际	2012.11.24
商晚期 涡纹罍	高43cm	352,222	大唐国际	2012.11.24
战国 错金银饰件	长24.5cm	111,228	大唐国际	2012.11.24
西周 凤鸟纹车轴饰	高24.5cm	278,070	大唐国际	2012.11.24
西周早期 觥	高29.5cm	5,376,020	大唐国际	2012.11.24
西周 青铜“彔■”鬲	高14.8cm	2,502,630	保利香港	2012.11.25
汉 青铜剑	长57cm	111,228	大唐国际	2012.11.24
金 元 雕花玉柄铜鎏金如意勺	长38cm	2,070,000	北京翰海	2012.12.09
明 铜鎏金龙首饰件	长82cm	231,725	大唐国际	2012.11.24
15世纪-16世纪 宣德款铜香盘	直径10cm	92,000	西泠拍卖	2012.07.07
明16世纪／17世纪 青铜仿古纹圆筒形器	高17.5cm	193,088	香港苏富比	2012.04.04
明17世纪 局部鎏金嵌银线「竹枝」铜勺	长16cm	152,438	香港苏富比	2012.04.04
明17世纪 局部鎏金铜嵌银线「庭阁人物」图笔筒 连座	高13.1cm	845,520	香港苏富比	2012.04.04
明末/清中期 铜菱花盘	长16.6cm	55,204	纽约佳士得	2012.03.22
明晚期 铜鎏金犀牛望月镜架	高14cm	80,500	北京永乐	2012.12.15
清早期 红铜胎掐金丝珐琅双龙戏珠豆（一对）	高20.5cm	253,000	西泠拍卖	2012.07.07

拍品名称	物品尺寸	成交价RMB	拍卖公司	拍卖日期
清乾隆 痕都斯坦式错金嵌宝马首柄匕首	长34.3cm	172,500	北京保利	2012.12.07
清乾隆 铜鎏金四开光花卉花插	高9cm	57,500	北京传是	2012.07.08
清乾隆 御制铜铸「赶珠云龙」图烛台	高52.3cm	1,112,165	伦敦苏富比	2012.05.16
清 仿古铜觥	高31cm	89,600	天津文物	2012.05.11
清 铜鎏金龙纹香插	高12cm	69,000	中国嘉德	2012.03.26
清 铜鎏金嵌宝玉礼剑	长43cm	345,000	上海嘉泰	2012.10.25
清 铜鎏金五爪盘龙金发晶珠供	高23cm	977,500	上海嘉泰	2012.06.23
清 铜鸟食罐 (二件)	高3.5cm	82,800	北京翰海	2012.12.21
清18世纪局部鎏金铜瑞兽纹小提匣	长10.2cm	201,160	伦敦苏富比	2012.11.07
清18世纪 洒金铜饕餮纹爵《伯申作宝彝》铭	高21cm	426,012	香港苏富比	2012.04.04
清19世纪 鎏金铜嵌玉石百宝盆景纹六方花盆 (一对)	直径27cm	157,725	纽约佳士得	2012.03.22
1895年 法国拿破仑三世铜鎏金橱	高105cm	89,367	香港华辉	2012.10.05
清 各类瓷玉铜鎏金带扣共67件四盒之二	尺寸不一	747,500	上海大众	2012.08.04
清 各类瓷玉铜鎏金带扣共67件四盒之三	尺寸不一	483,000	上海大众	2012.08.04
清 各类瓷玉铜鎏金带扣共67件四盒之四	尺寸不一	575,000	上海大众	2012.08.04
清 各类瓷玉铜鎏金带扣共67件四盒之一	尺寸不一	345,000	上海大众	2012.08.04
约1770年制 英国 20K黄金 铜镀金铜鎏金灰玛瑙日用套装盒腰链		74,750	北京保利	2012.12.04
19世纪 九代 金谷五良三郎制铜包银煎茶 汤沸	高15cm	103,500	古天一	2012.12.02
女神铜雕座灯 (一对)	高58cm	59,800	北京艺融	2012.11.19
青铜仿古鎏金寺钟	高30.5cm.	5,163,917	纽约苏富比	2012.03.20
光和权	直径6.3cm	402,500	中国嘉德	2012.05.12
兽面纹铺首 (一对)	通高12.8cm	66,700	北京匡德	2012.06.05
四鸟形车马配件	长8.5cm	89,700	北京匡德	2012.06.05
铜鎏金门环 (二件)	长26cm	115,000	北京翰海	2012.12.21
铜鎏金门环 (二件)	长19cm	115,000	北京翰海	2012.12.21
铜小件 (四件)	尺寸不一	69,000	中国嘉德	2012.03.26
徐云林 铜错金银鸟笼提钩 (二件)	尺寸不一	80,000	隆荣国际	2012.07.27
紫铜钞板	18.3cm×9.2cm	132,250	凤凰拍卖	2012.12.16
铁器				
元 铁错金龙纹带钩	长11.5cm	195,500	北京保利	2012.12.06
明天启 东林党首赵南星铁错银如意(赵忠毅公铁如意)	长50.8cm	161,000	北京永乐	2012.06.05
明万历 铁错金银投壶	高31.3cm	172,500	北京保利	2012.06.05
17世纪 错金银四君子纹饰 铁瓶	高18.5cm	218,500	古天一	2012.12.02
18世纪 凤凰兽口 素面 铁瓶	高21cm	57,500	古天一	2012.12.02
18世纪嵌金银花草纹锷釜型铁瓶	高21cm	126,500	古天一	2012.12.02
19世纪错金银楼阁山水口包银铁壶	长16.5cm	460,000	北京保利	2012.12.06
19世纪龟文堂造铁错银山水提梁壶	高21cm	97,750	北京保利	2012.12.06
19世纪 铁嵌金银壶	宽16cm	57,500	北京保利	2012.06.06
20世纪 铁花卉纹壶	宽19cm	63,250	北京保利	2012.10.25
20世纪 望月形壶	宽17cm	69,000	北京保利	2012.10.25
20世纪 霰纹壶	宽16cm	63,250	北京保利	2012.10.25
20世纪 霰纹壶	宽18.5cm	69,000	北京保利	2012.10.25
藏六饕餮纹铁壶	长19.5cm	92,000	北京翰海	2012.03.23
藏六铁壶	高18cm	103,500	北京匡时	2012.12.05
藏六造龙头铁壶	高19cm	138,000	上海大众	2012.08.04
藏六造万代铁壶(双替盖)	高25.5cm	57,500	北京匡时	2012.06.04
错金银花卉铁壶	长16.5cm	69,000	北京翰海	2012.03.23
大正末期(1912年-1926年) 宝珠形铁壶	高21.8cm	63,250	上海宝龙	2012.06.26
高木治良兵卫造脱蜡法铁壶	高15cm	57,500	北京匡时	2012.12.05
光玉堂造 四兽纹盖铁壶	高18cm	86,250	上海大众	2012.08.04
龟文堂初代波多野正平特殊款铁壶	高23.5cm	632,500	北京匡时	2012.12.05

拍品名称	物品尺寸	成交价RMB	拍卖公司	拍卖日期
龟文堂高浮雕山水人物铁壶	高23cm	322,000	北京匡时	2012.06.04
龟文堂特殊款铁壶	高25.5cm	57,500	北京匡时	2012.12.05
龟文堂造山水纹铁壶	高21.7cm	51,750	荣宝斋(上海)	2012.09.09
龟文堂造铜把兽口铁壶	高25cm	63,250	北京匡时	2012.12.05
龟文堂竹翠山净书浮雕草蟹铁壶	高21cm	57,500	北京匡时	2012.06.04
江户后期(1603年-1868年)双盖铁壶	高19.5cm	402,500	上海宝龙	2012.06.26
江户-明治时期 初代龟文波多野正平作素体灵芝兽口铁瓶	高19cm	1,840,000	上海春秋堂	2012.04.22
江户末明治初 手打铁包银玄纹壶	高18cm	345,000	上海大众	2012.08.04
江户末明治初期(距今约150年)蟠螭银环摘钮夔纹铁壶	高19.2cm	287,500	上海宝龙	2012.06.26
江户时期(1603年-1868年) 葫芦形摘钮提梁铁壶	高24cm	57,500	上海宝龙	2012.06.26
江户时期竹把铁制急须	高11cm	55,200	上海宝龙	2012.06.26
金工师义先造仙人云龙金银镶嵌锻造铁瓶	高20cm	1,150,000	上海春秋堂	2012.04.22
金寿堂雨宫造"柿柿如意"嵌金银铁壶		172,500	上海大众	2012.08.04
金寿堂雨宫宗造"福自天来"嵌金银铁壶	高21cm	345,000	上海大众	2012.08.04
金寿堂造藏六识箱铁壶	高18.5cm	69,000	北京匡时	2012.06.04
柳富甚次郎造铁包银点金龙纹壶	高20cm	1,725,000	北京匡时	2012.06.04
龙文堂安之介造错金银开光山水纹铁壶	高15cm	195,500	北京匡时	2012.06.04
龙文堂安之介造服茶笼型金银镶嵌铁瓶	高17.5	115,000	上海春秋堂	2012.04.22
龙文堂安之介造嵌金铁壶	高18.5cm	59,800	北京匡时	2012.06.04
龙文堂初代安之介宝珠形铁壶	高26.5cm	253,000	北京匡时	2012.12.05
龙文堂造 错金瓜叶铁瓶	高22.2cm	63,250	上海泓盛	2012.06.24
龙文堂造 错银杂宝铁瓶	高22.5cm	63,250	上海泓盛	2012.06.24
龙文堂造嵌八宝喜上眉梢铁壶	高22cm	59,800	北京匡时	2012.12.05
龙文堂造嵌金银 天堂鸟纹铁壶	高22cm	103,500	北京匡时	2012.12.05
龙文堂造嵌金银山水家屋纹铁壶	高26cm	184,000	北京匡时	2012.12.05
梅花纹铁壶	长18cm	218,500	北京翰海	2012.03.23
明治初期 稻穗纹饰波浪提梁铁壶	高22cm	253,000	上海宝龙	2012.06.26
明治初期 嵌金银提梁饕餮纹甄口手取型铁壶	高20cm	253,000	上海宝龙	2012.06.26
明治金寿堂雨宫宗造银钮宝珠形铁壶	高21.5cm	103,500	北京匡时	2012.12.05
明治末期 近江八景银镶嵌提梁八角形铁壶	高24cm	207,000	上海宝龙	2012.06.26
明治期 龟文堂正平造铁壶	高23.5cm	345,000	北京匡时	2012.06.04
明治时期 宝珠形银摘包银嘴铁壶	高17cm	57,500	上海宝龙	2012.06.26
明治时期 富贵花开	高19.6cm	1,725,000	上海宝龙	2012.06.26
明治时期 黄铜盖长闲式铁壶	高20.3cm	92,000	上海宝龙	2012.06.26
明治时期 嵌金银湖光山色图铁壶	高16cm	92,000	上海宝龙	2012.06.26
明治时期 嵌金银七宝铁壶	高23cm	80,500	上海宝龙	2012.06.26
明治时期 嵌金银玉兰岩蟹铁壶	高17.6cm	92,000	上海宝龙	2012.06.26
明治时期嵌金银月下双鹿持文铁壶	高18.2cm	74,750	上海宝龙	2012.06.26
明治时期 洒金铜盖枣型铁壶	高19cm	862,500	上海宝龙	2012.06.26
明治时期鲨鱼皮高浮雕铜提梁铁壶	高17cm	230,000	上海宝龙	2012.06.26
明治时期 兽口铁壶	高16.5cm	230,000	上海宝龙	2012.06.26
明治时期 天猫形铁壶	高20cm	69,000	上海宝龙	2012.06.26
明治时期 土瓶形铁壶煎茶风炉组	壶高18.3cm	483,000	上海宝龙	2012.06.26
明治时期 镶嵌金丝菊纹铁提梁霰打银壶	高20cm	322,000	上海宝龙	2012.06.26
明治时期 镶银山水梅枝提梁铁壶	高22cm	218,500	上海宝龙	2012.06.26
明治时期 吟啸骏马图嵌金银提梁铁壶	高24.5cm	115,000	上海宝龙	2012.06.26
明治中期 湖光山色嵌金银铜提梁铁壶	高21cm	368,000	上海宝龙	2012.06.26
明治中期嵌双雁提梁平口丸型铁壶	高21cm	115,000	上海宝龙	2012.06.26
明治中期 松鹤延年	高22cm	345,000	上海宝龙	2012.06.26

2012杂项拍卖成交汇总

(成交价RMB：5万元以上)

拍品名称	物品尺寸	成交价RMB	拍卖公司	拍卖日期
日本 宫崎寒雉造天猫铁壶	高17.5cm	51,750	中国嘉德	2012.03.25
日本 龟文堂造浮雕山水铁壶	带把高20.8cm	57,500	西泠拍卖	2012.07.07
日本 龟文堂造海兽葡萄纹铁壶(一对)	带把高23.2cm	69,000	西泠拍卖	2012.07.07
日本 金寿堂造山水纹嵌金银铁壶	高17.5cm	80,500	中国嘉德	2012.03.25
日本 龙文堂造花卉纹错金银铁壶	高18.7cm	92,000	中国嘉德	2012.03.25
日本 云色堂堂主和田美之助造金银镶嵌岚山宇治风景图铁壶	带把高22.3cm	126,500	西泠拍卖	2012.07.07
日本铁壶(一组七把)		287,500	北京匡时	2012.06.04
日本铁壶(一组十二把)	尺寸不一	69,000	北京匡时	2012.12.05
日本 龙文堂安之介造铁壶	高19.4cm	287,500	中国嘉德	2012.06.16
三德堂铁嵌金银花开富贵壶	高24cm	322,000	北京匡时	2012.06.04
书架	高225cm	103,500	北京保利	2012.06.03
四世藏六识箱龟文堂初代波多野正品造四君子开光汉诗麟首铁壶	高18.5cm	1,495,000	北京匡时	2012.12.05
铁错金银开光山水壶	长18cm	63,250	北京翰海	2012.03.23
铁错金银纹壶	长16cm	69,000	北京翰海	2012.03.23
铁制瑞兽耳火钵	高14.7cm	52,000	北京匡时	2012.12.05
祥云堂造布幕镶嵌金银丸型铁壶	高24.5cm	63,250	北京匡时	2012.12.05
义光金工云龙锻打铁壶	高19.5cm	747,500	北京匡时	2012.12.05
中川净益九世造 宝珠铁壶	高19cm	63,250	中国嘉德	2012.12.15
中川净益九世造 真成铁壶	高19.5cm	57,500	中国嘉德	2012.12.15
锡器				
清早期 沈存周制刻字锡香盒	直径6.2cm	86,250	北京保利	2012.12.06
清早期 沈存周锡制诗文四方茶叶罐(一对)		517,500	中国嘉德	2012.05.13
清早期 沈存周锡制诗文茶叶罐(一对)	高9.5cm	437,000	中国嘉德	2012.05.13
清早期 沈存周锡制诗文茶叶罐(两件)		437,000	中国嘉德	2012.05.13
清乾隆 锡制髹漆“陋室铭”茶叶罐	高12.8cm	115,000	中国嘉德	2012.05.13
清道光7年竹隐款梅花诗文锡包壶	宽15.2cm	92,000	中国嘉德	2012.10.30
清道光子冶刻诗文三叉提梁锡壶	高16.5cm	230,000	中国嘉德	2012.10.30
清道光朱石楳制刻竹诗文锡包壶	宽15.2cm	109,250	中国嘉德	2012.05.13
清道光 朱石楳锡制刻三友纹茶叶罐	高11.3cm	80,500	中国嘉德	2012.05.13
清道光 杨彭年制王治刻字镶玉锡壶	宽15.8cm	74,750	北京保利	2012.12.06
清道光 杨彭年制王治刻诗文方形三镶玉锡包壶	宽19.2cm	69,000	北京保利	2012.12.06
清道光 杨彭年制刻梅花诗文却月形锡包壶	宽18.5cm	115,000	中国嘉德	2012.05.13
清道光 杨彭年制邓符生刻花卉诗文锡包壶	宽15.7cm	138,000	中国嘉德	2012.05.13
清道光 四家合璧刻诗文锡壶	宽18.5cm	517,500	北京保利	2012.06.06
清道光 范述曾制芷若刻山水纹锡包壶	宽16.3cm	59,800	中国嘉德	2012.05.13
清道光 范述曾制山水纹锡包壶	宽15.2cm	57,500	中国嘉德	2012.05.13
清中期 品泉款碗灯锡壶	宽17.4cm	92,000	上海春秋堂	2012.04.22
清中期 刘洪大锡制茶叶罐(一对)	高9cm	57,500	中国嘉德	2012.05.13
清咸丰二年 李贞辉锡制刻山水纹茶叶罐	高10.8cm	57,500	中国嘉德	2012.05.13
清代 小四方锡罐(一对)	高7.6cm	80,500	上海宝龙	2012.06.26
清代 锡制茶叶罐	高8.6cm	149,500	上海宝龙	2012.06.26
清 小桐山人锡制三镶玉诗文六方壶	宽14.5cm	57,500	北京保利	2012.12.06
清 锡刻诗文提梁壶	高19.3cm	207,000	中国嘉德	2012.09.16
清 笃本堂沈尧臣制竹石诗文锡壶	高14cm	126,500	上海大众	2012.08.04
清 澹远堂制梅花诗文锡包壶	高14cm	97,750	上海大众	2012.08.04
沈存周造锡罐一对+茶托一组五件	尺寸不一	287,500	北京匡时	2012.12.05
沈存周造锡罐	高11cm	62,000	北京匡时	2012.12.05
沈存周造松下高士锡罐	高7.8cm	115,000	北京匡时	2012.12.05

拍品名称	物品尺寸	成交价RMB	拍卖公司	拍卖日期
藏六造四角锡罐(一对)	高8.5cm×2	57,500	北京匡时	2012.12.05
藏六刻花锡罐	高8cm	51,750	北京匡时	2012.12.05
紫砂				
紫砂摆件				
明末 仲美 紫砂佛像	高18cm	241,500	北京保利	2012.06.03
明末清初 绞泥弥勒佛坐像	宽17.5cm	218,500	中国嘉德	2012.05.13
清 陈鸣远制紫砂什锦硬果小件(一套三件)	尺寸不一	138,000	文津阁	2012.06.01
清末民初 1929年制 汇案卿款 大卧狮	长24.5cm	101,200	北京保利	2012.12.03
徐秀棠 扶老携幼	高36cm	460,000	上海宝龙	2012.06.26
徐秀棠 刘海戏金蟾	高17.5cm	149,500	北京匡时	2012.12.07
徐秀棠 弥勒佛	高14cm	143,750	北京匡时	2012.12.07
徐秀棠 弥勒造像	高13cm	80,500	上海宝龙	2012.06.26
徐秀棠贺徐悲鸿纪念馆落成所制祥云飞马紫砂摆件	长13cm	82,800	北京九歌	2012.06.29
周刚 论缘摆件	尺寸不一	80,500	北京翰海	2012.05.26
周刚 竹林七贤摆件	尺寸不一	115,000	北京翰海	2012.05.26
朱可心制假山(两件)	宽10.8cm	115,000	中国嘉德	2012.05.13
紫泥高浮雕九龙壁	长18.3cm	71,138	香港邦瀚斯	2012.05.27
紫砂泥塑任淞云小像	塑像高16cm	3,680,000	西泠拍卖	2012.07.07
陈建平 雕塑 国色天香	高42cm	99,000	广东汇誉	2012.12.23
陈建平 雕塑 梦春	高28cm	99,000	广东汇誉	2012.12.23
陈建平 雕塑 追月	高32cm	99,000	广东汇誉	2012.12.23
当代 储立之制紫泥醉济公雕像	高31cm	69,000	西泠拍卖	2012.12.29
紫砂瓶				
清中期 紫砂胎加釉八卦形方瓶	高18cm	63,250	北京保利	2012.12.06
清 彩泥堆绘山林幽居图兽耳方瓶	高34.3cm	1,955,000	上海春秋堂	2012.04.22
清 窑斋款仿古象腿瓶(一对)	高26.5cm	57,500	北京保利	2012.12.06
清 朱泥贴花八角瓶	高28cm	345,000	上海春秋堂	2012.04.22
清18世纪 宜兴窑山水花卉纹双耳长颈撇口瓶	高43.5cm	101,800	伦敦苏富比	2012.05.16
清晚期 东溪刻金文段泥双耳瓶	高28.2cm	78,200	上海春秋堂	2012.04.22
清晚期 晋砖吟馆款挂瓶	高20.4cm	287,500	北京匡时	2012.12.07
清晚期 王东石 花瓶	高16cm	126,500	上海宝龙	2012.06.26
清晚期 王东石 心舟小花瓶	高18.5cm	69,000	上海宝龙	2012.06.26
清晚期 紫泥磨光净瓶	高29cm	69,000	北京匡时	2012.06.03
民国 陈顺法制加彩松鼠梅桩紫砂瓶	高29.5cm	138,000	北京保利	2012.12.06
民国 储达章制任淦庭刻 象鼻三足如意瓶	高22cm	80,500	北京匡时	2012.06.03
民国 种槐居士款紫砂粉段泥兽耳方瓶(一对)	高29cm	149,500	北京保利	2012.06.06
民国 任淦庭刻紫泥大赏瓶	高32cm	92,000	西泠拍卖	2012.12.29
范建军 山水赏瓶	高33cm	230,000	北京翰海	2012.05.26
顾绍培 百寿兽耳瓶	高17.8cm	82,800	中国嘉德	2012.10.30
顾绍培、沈汉生 小百寿瓶	高18cm	115,000	北京翰海	2012.05.26
任淦庭及徐秀棠合作朱泥刻鸟纹瓶	高16.1cm×2	91,463	香港邦瀚斯	2012.05.27
任淦庭吴汉文合作仿石涛山水幽景紫砂兽耳对瓶	高27.4cm	78,400	上海中福	2012.06.03
谈尧坤 紫砂花瓶(一对)	高30cm×2	55,200	中国嘉德	2012.05.13
谭泉海 庐山瀑布美女瓶	高52cm	310,500	凤凰拍卖	2012.12.16
王翔 鼓腹双耳瓶	高25cm	195,500	上海宝龙	2012.06.26
王翔 花鸟鱼尾瓶	高22cm	63,250	北京翰海	2012.05.26
吴鸣 “远古童心”瓶	高24.3cm	51,750	北京匡时	2012.12.07
吴顺华 四美竹节古韵紫砂瓶	高50.5cm	112,000	上海中福	2012.06.03
吴顺华 钟馗嫁妹镂空古韵紫砂瓶	高40.5cm	103,040	上海中福	2012.06.03
徐秀棠 四季美人瓶	高31cm	1,265,000	北京翰海	2012.05.26
张利烽 茶画对瓶	高45cm×2	92,000	中贸圣佳	2012.07.22
振国制陶，宜兴紫砂天球瓶	高58cm	92,690	香港富得	2012.12.26
振国制陶，宜兴紫砂天球瓶	高58cm	92,690	香港富得	2012.12.26
紫砂尊				

拍品名称	物品尺寸	成交价RMB	拍卖公司	拍卖日期
葛岳纯制九龙至尊		67,200	上海云顶	2012.04.08
宜兴紫砂仿古牺尊	长28cm	1,151,393	纽约佳士得	2012.03.22
民国19年 紫泥刻人物诗文太白尊	高22cm	59,800	中国嘉德	2012.10.30
紫砂碗				
清中期 朱石梅 六方绞泥碗	直径14cm	92,000	北京翰海	2012.05.26
清早期 朱泥贴花葡萄松鼠纹大碗	直径17.8cm	63,250	中国嘉德	2012.05.13
清乾隆 张德新制紫泥贴花盖碗(一对)	直径11cm	57,500	中国嘉德	2012.10.30
清乾隆 宜兴段泥团龙纹碗	直径19.7cm	621,437	纽约佳士得	2012.03.22
清乾隆 陈觐侯制紫砂团龙万寿纹碗	直径19.8cm	632,500	北京中汉	2012.10.30
清 朱泥模印蕉叶纹碗 (两件)	长18.5cm	50,813	香港邦瀚斯	2012.05.27
清 陈砺成制贴花夔龙纹碗	宽19.1cm	529,000	上海春秋堂	2012.04.22
清 紫泥刻花小杯 铺首耳杯 桃杯共三件	直径7.5cm×3	71,138	香港邦瀚斯	2012.05.27
清中期 紫泥松段杯 段泥万寿梅枝小瓶共两件	长13cm×2	365,850	香港邦瀚斯	2012.05.27
清晚期 玉成窑刻诗文盖碗(四件)	高8.8cm	483,000	中国嘉德	2012.10.30
清末民初 朱泥巧色贴泥大桃碗	高15.8cm×2	76,219	香港邦瀚斯	2012.05.27
紫砂杯				
清 紫泥掺沙梨皮仿古爵杯	高17.4cm	699,180	香港邦瀚斯	2012.05.27
清康熙四年 天如制紫泥桃形杯	宽12cm	402,500	中国嘉德	2012.05.13
清中期 紫泥描金皮球花玉兰杯	宽17cm	230,000	中国嘉德	2012.10.30
顾景舟 公道杯	长10cm	759,000	北京匡时	2012.12.07
顾景舟 紫砂竹节杯	高9.2cm	126,500	中国嘉德	2012.10.30
何心舟 水阁战茗杯	高5.5cm	80,000	上海驰翰	2012.10.10
姚志源 佛手杯	高9cm	460,000	北京翰海	2012.05.26
姚志源 松鼠葡萄杯	高5.5cm	172,500	北京翰海	2012.05.26
姚志源 松桩杯	高7.5cm	414,000	北京翰海	2012.05.26
周定华 金杯	高12.5cm	92,000	凤凰拍卖	2012.12.16
紫砂盘				
蒋蓉 朱泥枯叶形盘	长20cm	86,381	香港邦瀚斯	2012.05.27
清 紫砂黑泥绘长方赏盘(附底座)	宽29.3cm	345,000	上海春秋堂	2012.04.22
清早期 绿泥方形水盘 (一对)	长58.2cm	115,000	北京匡时	2012.06.03
谭泉海制“太湖颂”紫砂大盘	直径48cm	57,500	北京保利	2012.12.06
紫砂盆				
明末 乌泥长方洞长方盆	长54.5cm	145,600	上海中福	2012.06.03
明末 乌泥中带线腰圆盆	直径39.5cm	168,000	上海中福	2012.06.03
明晚期 乌泥圆盆	长51cm	55,200	西泠拍卖	2012.07.07
清初 乌泥漂口底线连足长方盆	长56.5cm	134,400	上海中福	2012.06.03
清早期 红泥长方盆	长36cm	134,400	上海中福	2012.06.03
清早期 红泥如意云足长方盆	长44cm	57,500	西泠拍卖	2012.07.07
清早期 荆溪川石山人款梨皮红泥蒲包口长方盆	长35cm	5,175,000	西泠拍卖	2012.07.07
清早期 钱焕章制古渡乌泥束口盆	长32cm	184,000	北京保利	2012.12.06
清早期 色泥堆绘长方盆	长34.5cm	3,450,000	西泠拍卖	2012.07.07
清早期为善最乐款梨皮红泥长方盆	长51cm	172,500	西泠拍卖	2012.07.07
清早期 为善最乐款柿泥长方盆	长36cm	126,500	西泠拍卖	2012.07.07
清早期为善最乐款柿泥长方圆角盆	长36.5cm	207,000	西泠拍卖	2012.07.07
清早期 乌泥长方盆	长33.5cm	69,000	西泠拍卖	2012.07.07
清早期 乌泥墨彩正方盆	高26cm	322,000	西泠拍卖	2012.07.07
清早期 乌泥上下带线长方盆	长36cm	168,000	上海中福	2012.06.03
清早期 乌泥束足正方盆	长41cm	115,000	西泠拍卖	2012.07.07
清早期 乌泥倭角长方盆	长17.5cm	103,500	西泠拍卖	2012.07.07
清早期 乌泥圆盆	长52cm	57,500	西泠拍卖	2012.07.07
清早期 黑泥堆绘古渡乌泥长方盆	长41.5cm	74,750	西泠拍卖	2012.12.29
清乾隆浮雕如意波头纹朱泥六角盆	长21.5cm	57,500	西泠拍卖	2012.07.07
清乾隆 乌泥涡口云足圆盆	直径38cm	201,600	上海中福	2012.06.03
清乾隆 黑泥堆绘古渡乌泥长方盆	长46cm	517,500	西泠拍卖	2012.12.29
清中期 黄泥绘花卉山水六面开光紫泥六角盆	长39.5cm	69,000	西泠拍卖	2012.07.07
清中期 乌泥长方盆	长46cm	253,000	西泠拍卖	2012.07.07
清中期 紫泥粉彩花蝶纹大花盆	直径49.3cm	97,750	中国嘉德	2012.05.13

拍品名称	物品尺寸	成交价RMB	拍卖公司	拍卖日期
清中期 紫泥墨彩长方盆	长50cm	207,000	西泠拍卖	2012.07.07
清中期 紫泥釉彩花鸟长方盆	长50cm	161,000	西泠拍卖	2012.07.07
清程维松制紫泥菊菱水仙盆(一对)	尺寸不一	74,750	西泠拍卖	2012.12.29
清 陈鸣远制款紫泥椭圆盆	长48cm	55,200	西泠拍卖	2012.07.07
清 陈鸣远制腰圆束口盆	直径56cm	201,600	上海中福	2012.06.03
清 黑泥绘花卉紫泥圆盆	长56cm	57,500	西泠拍卖	2012.07.07
清 鸣远款紫砂板沿切足月芽盆	长36cm	80,500	上海嘉泰	2012.06.23
清 泥绘长方水仙盆	宽32.5cm	92,000	上海春秋堂	2012.04.22
清 树荆草堂玩款紫泥墨彩山水侧角长方盆	长37cm	69,000	西泠拍卖	2012.07.07
清 朱泥刻郑燮书画花盆 (一对)	直径17cm×2	484,548	香港邦瀚斯	2012.05.27
清 紫泥树干形花盆	长23cm	757,716	香港邦瀚斯	2012.05.27
清道光 彭年款紫泥梅桩形花盆	宽23cm	126,500	中国嘉德	2012.10.30
清光绪4年 玉成窑王东石制蚕桑图花盆	宽19.2cm	368,000	中国嘉德	2012.10.30
清末民国 吴云根印吴恒丰厂造商标款紫泥长方盆	长31.5cm	57,500	西泠拍卖	2012.07.07
清晚期 何心舟制“素馨”玉成窑紫砂盆	长17cm	138,000	北京保利	2012.12.06
清晚期 任伯年刻玉成窑方盆	宽23.7cm	172,500	上海春秋堂	2012.04.22
清晚期 紫泥嵌段泥仿大理石纹花盆	长32cm	92,000	中国嘉德	2012.10.30
民国 八方形花口花盆	长25cm	69,000	北京保利	2012.12.06
民国 柏寿款朱泥蒲包口葵花形盆	长24cm	55,200	西泠拍卖	2012.07.07
伯年 堆绘紫砂盆	长23.5cm	172,500	凤凰拍卖	2012.12.16
古渡红泥梨皮外缘切足长方盆	长35cm	98,560	上海中福	2012.06.03
古渡乌泥方孔方盆	长43cm	224,000	上海中福	2012.06.03
古渡乌泥抚角切足长方盆	长35.5cm	89,600	上海中福	2012.06.03
古渡乌泥开光切足长方盆	长38.5cm	58,240	上海中福	2012.06.03
古渡乌泥玉带长方盆	长47.5cm	134,400	上海中福	2012.06.03
顾景舟 紫泥花盆	长11.5cm	356,500	北京匡时	2012.12.07
顾景舟 紫砂小花盆	长13.4cm	230,000	中国嘉德	2012.10.30
顾绍培 紫砂六角花盆一件 四方小花盆一件	尺寸不一	51,750	中国嘉德	2012.05.13
顾绍培铺砂三足盆	长17.8cm	112,000	上海中福	2012.06.03
海棠盆	长62cm	134,400	上海中福	2012.06.03
何道洪 四方紫砂花盆	长8.7cm	55,200	中国嘉德	2012.05.13
马金旺 束口长方抽角切足盆	长56.5cm	201,600	上海中福	2012.06.03
任淦庭 段泥大圆盆	直径38cm	51,750	上海驰翰	2012.04.27
任淦庭 粉段红元盆	直径22cm	55,200	上海驰翰	2012.04.27
四合一套盆组合	尺寸不一	56,000	上海中福	2012.06.03
吴云根 四方云角马槽盆	长33cm	57,500	上海驰翰	2012.04.27
吴云根葛明祥造紫砂切足方盆	长32cm	51,750	上海嘉泰	2012.06.23
徐汉堂 紫砂花盆 (三件)	尺寸不一	172,500	中国嘉德	2012.05.13
徐汉堂制铺砂小四方斗盆	高6cm	61,600	上海中福	2012.06.03
杨彭年 紫砂花盆	长27cm	69,000	凤凰拍卖	2012.12.16
周尊严 任淦庭刻 花盆 (一套)	尺寸不一	69,000	中国嘉德	2012.05.13
紫砂炉				
清 紫砂镂空八卦泥绘山水渔舟图熏炉	高14.5cm	69,000	北京保利	2012.06.06
曹安祥 如意谛听香炉	高22.5cm	239,200	北京翰海	2012.12.08
近代 胡耀庭制四方八卦紫砂暖炉	长21cm	72,800	上海中福	2012.06.03
王寅春紫砂三足鼎炉	直径14cm	134,400	上海中福	2012.06.03
徐俊制 谭泉海刻绘 权炉	高9cm	52,800	广东汇誉	2012.12.23
紫砂簋				
嘉道紫砂仿青铜簋	直径35.7cm	72,800	上海中福	2012.06.03
清 紫砂掺砂簋	宽12.1cm	406,500	香港邦瀚斯	2012.05.27
紫砂罐				
清早期 紫泥六方茶叶罐	高10.1cm	51,750	中国嘉德	2012.05.13
清早期 陈信卿款紫泥茶叶罐	高14cm	51,750	中国嘉德	2012.10.30
清乾隆 仿均釉紫砂罐	高19.5cm	138,000	文津阁	2012.06.01
清康熙 紫砂模印花卉六方茶叶罐 (一对)	高17cm	50,980	保利香港	2012.11.25
清康熙 朱泥贴花云龙纹茶叶盖罐	高13cm	80,500	北京诚轩	2012.10.28

2012杂项拍卖成交汇总

(成交价RMB：5万元以上)

拍品名称	物品尺寸	成交价RMB	拍卖公司	拍卖日期
清 紫砂描金山水人物茶叶罐(一对二件)	高42cm	100,000	隆荣国际	2012.07.27
清 紫砂菱瓣大茶叶罐	高22.3cm	105,800	上海春秋堂	2012.04.22
清 紫泥泥绘山水大盖罐	高65cm	284,550	香港邦瀚斯	2012.05.27
清 朱泥印花龙纹六方茶叶罐 紫泥八吉祥六方茶叶罐	高11.3cm	60,975	香港邦瀚斯	2012.05.27
民国 紫砂竹菊茶叶罐	高26cm	82,000	隆荣国际	2012.07.27
紫砂钵、盒				
清早期 彭文锡款铺砂带盖钵	直径17cm	138,000	北京保利	2012.06.06
清雍正 紫泥刻心经盖钵	宽15cm	66,700	中国嘉德	2012.05.13
梅调鼎 紫砂钵	高8cm	195,500	凤凰拍卖	2012.12.16
蒋蓉 段泥荸荠形盖盒	长11.8cm	162,600	香港邦瀚斯	2012.05.27
清初 乌泥敞口方盒	长30cm	57,500	上海大众	2012.08.04
清中期 清泉款仿古紫泥加瓷四方食盒	长20.5cm	57,500	北京保利	2012.12.06
紫砂笔筒				
清中期 王东石 玉成窑笔筒	高20cm	92,000	北京翰海	2012.05.26
清雍正-乾隆 杨季初制紫砂泥绘唐人诗意笔筒	高15.5cm	4,634,500	保利香港	2012.11.25
清乾隆 紫砂泥绘山水通景笔筒	直径16cm	414,000	北京保利	2012.12.06
清乾隆 宜兴段泥彩绘山水图笔筒	高15.2cm	2,287,013	纽约佳士得	2012.03.22
清乾隆 杨履乾制紫砂泥绘山水渔舟图笔筒	直径17cm	69,000	北京保利	2012.06.06
清乾隆 杨季初段泥彩绘人物山水纹笔筒	高15.8cm	5,479,620	香港邦瀚斯	2012.05.27
清同治 王东石制兰花纹小笔筒	高11.4cm	69,000	上海春秋堂	2012.04.22
清同治玉成窑王东石制刻紫泥笔筒	高11cm	207,000	西泠拍卖	2012.12.29
清中晚期 吴月亭制紫泥笔筒	高11.3cm	80,500	西泠拍卖	2012.12.29
清晚期 笔筒(三件一组)	尺寸不一	172,500	北京匡时	2012.06.03
清 紫砂笔筒	高10.5cm	112,000	辽宁中正	2012.01.15
清 朱砂漆书法笔筒	高14.5cm	69,000	上海嘉泰	2012.06.23
清杨彭年制一捆竹绶带纹紫砂笔筒	15×4cm	69,000	北京九歌	2012.06.29
民国 紫泥贴花螭龙纹笔筒	高12.5cm	101,625	香港邦瀚斯	2012.05.27
民国 范大生制梅桩形紫砂笔筒	高10.8cm	80,500	北京保利	2012.12.06
君美制楷书款 紫泥掺沙梨皮梅干笔筒	高10.8cm	601,620	香港邦瀚斯	2012.05.27
张泓俊 梅桩笔筒	高14cm	92,000	北京翰海	2012.12.08
王翔 山水笔筒	高14.5cm	115,000	北京翰海	2012.05.26
王翔 绿泥笔筒	高10cm	69,000	上海宝龙	2012.06.26
紫砂其他用品				
清 段泥仿古鹿头匜	高12.8cm	284,550	香港邦瀚斯	2012.05.27
陈仲美 段泥渗砂花觚	高12.8cm	406,500	香港邦瀚斯	2012.05.27
邵云琴制菊花式碟		61,600	上海云顶	2012.04.08
顾景舟制谭海泉刻段泥四方烟灰缸	长12cm	1,495,000	北京匡时	2012.06.03
清晚期 段泥刻金石文字暖酒器	宽23cm	55,200	中国嘉德	2012.10.30
朱可心 寿桃酒器	长19cm	253,000	北京保利	2012.12.03
吕尧臣制段泥牧牛童子计时器	高12.5cm	322,000	中国嘉德	2012.10.30
任淦庭 段泥花鸟帽筒	高28cm×2	69,000	北京匡时	2012.06.03
清19世纪 宜兴松树桩形画筒	高57.1cm	470,021	纽约佳士得	2012.03.22
顾景舟 蝠纹水盂	长15.4cm	1,610,000	中国嘉德	2012.05.13
汪寅仙 松竹梅文具(一套)	尺寸不一	3,680,000	北京匡时	2012.06.03
紫砂茶具				
清 煎茶器(一套)	尺寸不一	57,500	中国嘉德	2012.05.13
清光绪4年 金士恒刻字段泥梅花纹茶灶	高21.2cm	115,000	中国嘉德	2012.10.30
清光绪九年 金士恒制段泥茶灶	高14.3cm	149,500	中国嘉德	2012.05.13
民国 冯桂林 梅桩套组	高10.5cm	1,092,500	北京翰海	2012.05.26
曹婉芬 高八方套组	高16cm	287,500	北京翰海	2012.05.26
储立之 天圆茶具	尺寸不一	230,000	中贸圣佳	2012.07.22
费寅媛 禅瑞茶具(五件)	尺寸不一	69,000	中贸圣佳	2012.07.22
高湘君 方菱套组	高12cm	161,000	北京翰海	2012.05.26
葛陶中制三头菊芳茶具	尺寸不一	276,000	上海春秋堂	2012.04.22
顾景舟“玉露”诗文五头茶具	高8.5cm×4	6,900,000	北京匡时	2012.12.07

拍品名称	物品尺寸	成交价RMB	拍卖公司	拍卖日期
何道洪 菊形叠式组合茶具(三件)	尺寸不一	690,000	北京保利	2012.12.03
何道洪制叠菊套组		1,725,000	上海春秋堂	2012.04.22
何挺初、徐新妹合作 秀竹提梁茶具(七件套)		75,000	上海驰翰	2012.10.10
季益顺 福寿套组壶	尺寸不一	287,500	北京保利	2012.12.03
江建祥 清香套组壶	高8.5cm	460,000	北京翰海	2012.12.08
江建翔 挚友茶具	高12.5cm	460,000	北京匡时	2012.12.07
蒋蓉 荷花套组	尺寸不一	575,000	北京保利	2012.12.03
蒋蓉 莲藕酒具	壶高22cm	1,725,000	中投嘉艺	2012.01.04
李昌鸿紫砂茶具(一套九件)	尺寸不一	115,000	北京保利	2012.06.06
李涵鸣《五件套茶具》	长17cm	161,000	长风拍卖	2012.09.17
李志平 翠竹茶具	高6cm	66,000	广东汇誉	2012.12.23
吕尧臣 碧波茶具	长19.5cm	1,380,000	北京匡时	2012.12.07
吕尧臣 井中蛙茶具	高7cm	690,000	北京匡时	2012.12.07
马璟辉 西施套具	壶高9cm	69,000	上海宝龙	2012.06.26
施小马、徐维明 四方双提梁茶具套组	高17.8cm	322,000	中国嘉德	2012.10.30
汪寅仙 供春(九件套)	尺寸不一	2,300,000	中投嘉艺	2012.01.04
汪寅仙 供春套组(九件)	尺寸不一	1,150,000	北京保利	2012.12.03
汪寅仙制、一粟书 小渔翁茶具套组(三件)	尺寸不一	667,000	北京保利	2012.12.03
王石耕 九头套	长23cm	172,500	北京容海	2012.03.26
王熙臣 莲子茶具	高11cm	63,250	北京匡时	2012.12.07
吴鸣《六头抱珠茶具》	长16cm	195,500	长风拍卖	2012.09.17
吴鸣 布衣吟茶具套组	高6cm	126,500	中国嘉德	2012.05.13
吴云根款 巧色上竹段茶具	尺寸不一	322,000	北京保利	2012.06.03
谢曼伦 竹段茶具套组	高10.5cm	63,250	中国嘉德	2012.05.13
姚志源 葫芦套组	高16cm	414,000	北京翰海	2012.05.26
周志和 枯荣套组壶	高11cm	166,750	北京翰海	2012.12.08
紫砂壶				
明万历 徐士衡 紫泥掺沙梨皮仿古提梁犠尊壶	高11.6cm	455,280	香港邦瀚斯	2012.05.27
明中期 供春款 龙带壶	长14cm	816,500	北京保利	2012.06.03
明 时大彬 1612年作 调砂笠帽壶	长26cm	1,265,000	北京保利	2012.06.03
明 周季山桃花泥壶	高17cm	336,000	上海中福	2012.06.03
明 朱泥惨砂提梁壶	长18.5cm	435,768	香港邦瀚斯	2012.05.27
明 朱泥铺砂提梁大壶	高22cm×3	101,625	香港邦瀚斯	2012.05.27
明 紫砂壶	长18.5cm	650,000	隆荣国际	2012.07.27
明 信卿款紫泥倭角方壶	高16cm	724,500	西泠拍卖	2012.12.29
明代 调砂提梁壶	高22.8cm	690,000	上海宝龙	2012.06.26
明晚期 陈和之制四方菱花壶	长14cm	2,912,000	北京荣宝	2012.06.24
明晚期 紫泥提梁圆筒形壶	高25cm	172,500	中国嘉德	2012.10.30
清初朱泥贴云龙纹介字六方提梁壶	高16.9cm	138,000	上海春秋堂	2012.04.22
清早期 斑竹束竹壶	高12cm	345,000	北京匡时	2012.12.07
清早期 陈汉文款、顾景舟配盖直嘴圆腹壶	长17cm	598,000	北京保利	2012.06.03
清早期 陈鸣远款紫泥平盖壶	宽11cm	368,000	中国嘉德	2012.10.30
清早期 段泥松竹岁寒三友壶	高9cm	241,500	北京匡时	2012.06.03
清早期 段泥印花锦地梨形小壶	宽10.7cm	78,200	中国嘉德	2012.10.30
清早期 利元 六方狮球钮壶	高12.5cm	115,000	上海宝龙	2012.06.26
清早期 孟臣 朱泥鼓形壶	高10.1cm	109,250	上海宝龙	2012.06.26
清早期鸣远款紫泥诗文四方小壶	宽11cm	437,000	中国嘉德	2012.10.30
清早期 邵九章 特大莲子壶	高13.3cm	184,000	上海宝龙	2012.06.26
清早期 邵仲儒款紫泥掺沙折肩壶	宽21.8cm×2	60,450	香港邦瀚斯	2012.11.24
清早期 狮钮白泥贴花提梁壶	高13.5cm	92,000	北京匡时	2012.12.07
清早期 贴花卧狮滚球四方壶	高10cm	115,000	北京匡时	2012.12.07
清早期 亦中款紫泥桥钮六方壶	宽20cm	92,000	中国嘉德	2012.05.13
清早期 佚名 大狮钮壶	高24.2cm	1,495,000	上海宝龙	2012.06.26
清早期佚名外销贴花四方朱泥壶	高10.7cm	1,380,000	上海宝龙	2012.06.26
清早期 郑孔嘉制贴花八吉祥纹壶	高12.5cm	345,000	北京匡时	2012.06.03
清早期 朱泥方墩式壶	高7.3cm	138,000	北京诚轩	2012.05.13
清早期 朱泥六方君德式壶	高5.8cm	92,000	北京诚轩	2012.10.28
清早期 朱泥镂雕三友图茶壶	宽14cm×2	60,450	香港邦瀚斯	2012.11.24

拍品名称	物品尺寸	成交价RMB	拍卖公司	拍卖日期
清早期 朱泥镂空花卉纹提梁壶	高13.5cm	322,000	中国嘉德	2012.05.13
清早期 朱泥诗句款文旦壶	宽12.7cm	92,000	中国嘉德	2012.05.13
清早期 朱泥贴花缠枝牡丹凤凰纹大壶	宽26.8cm×2	151,125	香港邦瀚斯	2012.11.24
清早期 朱泥贴花海棠壶	高7cm	51,750	北京匡时	2012.06.03
清早期 朱泥贴花梨形壶	宽12.8cm	74,750	中国嘉德	2012.10.30
清早期 朱泥贴花龙纹介字提梁壶	宽17cm	184,000	中国嘉德	2012.05.13
清早期 朱泥贴花镂空方壶	宽14.5cm	69,000	中国嘉德	2012.10.30
清早期 朱泥贴花镂空高身壶	高13.8cm	69,000	中国嘉德	2012.10.30
清早期 朱泥贴花山水亭台人物壶 朱泥印花壶花菱壶共三件	高13.8cm	71,138	香港邦瀚斯	2012.05.27
清早期 朱泥贴花岁寒三友纹执壶	高17cm	138,000	中国嘉德	2012.10.30
清早期 朱泥椭圆贴花壶	长17cm	161,000	北京匡时	2012.06.03
清早期 朱泥文旦壶	宽16cm	69,000	中国嘉德	2012.05.13
清早期 紫泥介字形提梁壶	高19cm	322,000	中国嘉德	2012.05.13
清早期 紫泥六棱壶	宽16cm	402,500	中国嘉德	2012.05.13
清早期 紫泥双狮钮贴花夔龙纹大壶	宽22.8cm×2	50,375	香港邦瀚斯	2012.11.24
清早期 紫泥贴花加彩方圆壶	宽17.1cm×2	70,525	香港邦瀚斯	2012.11.24
清早期 紫泥贴花松树葡萄纹大壶	宽23cm×2	50,375	香港邦瀚斯	2012.11.24
清早期 紫砂点彩博古金蟾壶	长22cm	55,200	北京传是	2012.12.16
清早期 紫砂南瓜壶	高11.7cm	92,000	北京诚轩	2012.10.28
清早期 饰紫泥葡萄纹段泥大壶	高15.6cm	86,250	西泠拍卖	2012.12.29
清早期 束腰桥钮紫泥汉方壶	高16.5cm	74,750	西泠拍卖	2012.12.29
清康熙 段泥刻花高士访友图提梁壶	宽18cm×2	403,000	香港邦瀚斯	2012.11.24
清康熙 沈筠制思亭壶		84,000	上海云顶	2012.04.08
清康熙 朱泥贴花镂空竹节壶	宽16cm	172,500	中国嘉德	2012.05.13
清康熙 朱泥贴花狮钮壶	宽23cm	115,000	中国嘉德	2012.05.13
清康熙 朱泥贴花狮球壶	宽23cm	115,000	中国嘉德	2012.05.13
清康熙 朱泥贴花双龙纹提梁壶	高17cm	115,000	中国嘉德	2012.05.13
清康熙 朱砂龙旦壶	高14.3cm	115,000	北京诚轩	2012.10.28
清康熙 紫砂六方团龙壶	长14cm	92,000	北京保利	2012.12.06
清康熙/雍正 紫砂束竹式壶	高9.5cm	138,000	北京诚轩	2012.05.13
清康熙六年 大彬款紫泥诗句大壶	宽28.5cm	230,000	中国嘉德	2012.05.13
清雍正 玉佐款炉钧釉螃蟹钮龙嘴紫泥圆壶	高11.5cm	1,150,000	西泠拍卖	2012.12.29
清雍正 菊瓣纹紫砂壶	高8.5cm	103,500	北京中汉	2012.03.27
清雍正 紫泥合菊壶	宽18.3cm	460,000	中国嘉德	2012.05.13
清雍正/乾隆 邵振来制紫泥圆壶	宽21.6cm	253,000	中国嘉德	2012.05.13
清雍正-乾隆 紫砂合菊壶	高8cm	667,000	北京永乐	2012.12.15
清乾隆 笨岩制紫泥泥绘山水诗文瓜棱壶	宽14.5cm	805,000	中国嘉德	2012.05.13
清乾隆 陈荫千制紫泥竹节壶	高21.8cm	126,500	中国嘉德	2012.05.13
清乾隆 堆彩泛舟图紫砂壶	高16.8cm	359,920	澳门龙禧	2012.01.08
清乾隆 堆彩山水风景图紫砂壶	高11.5cm	323,928	澳门龙禧	2012.01.08
清乾隆 堆彩山水风景紫砂壶	高12.5cm	359,920	澳门龙禧	2012.01.08
清乾隆 葛明祥款、恒顺铭 大彬提梁壶	长21cm	101,200	北京保利	2012.12.03
清乾隆 郭徽制紫泥泥绘山水花鸟纹圆壶	宽14.7cm	149,500	中国嘉德	2012.05.13
清乾隆 蒋良玉制紫泥粉彩云龙纹方壶	宽20.5cm	57,500	中国嘉德	2012.05.13
清乾隆 孟臣款紫泥大壶	宽20cm	287,500	中国嘉德	2012.05.13
清乾隆 墨彩庭院风景六方紫砂壶	高10cm	314,930	澳门龙禧	2012.01.08
清乾隆 潘履源制紫泥方壶	高19.5cm	828,000	中国嘉德	2012.05.13
清乾隆 钱彭年制紫泥腰带四方壶	宽22cm	149,500	中国嘉德	2012.05.13
清乾隆 清德堂制紫泥古莲子式壶	宽18.5cm	345,000	中国嘉德	2012.05.13
清乾隆 邵旭茂制紫泥大壶	宽34cm	69,000	中国嘉德	2012.05.13
清乾隆 邵旭茂制紫泥提梁大壶	宽23cm	207,000	中国嘉德	2012.05.13
清乾隆 邵玉亭制紫泥泥绘御制诗文荷塘三足壶	宽15cm	2,645,000	中国嘉德	2012.10.30
清乾隆 史继长制紫泥泥绘山水纹方壶	宽19cm	230,000	中国嘉德	2012.10.30
清乾隆 寿字六方紫砂壶	高13cm	402,500	上海大众	2012.08.04

拍品名称	物品尺寸	成交价RMB	拍卖公司	拍卖日期
清乾隆 徐飞龙制紫泥印花花卉纹软提梁壶	高17.5cm	66,700	中国嘉德	2012.05.13
清乾隆 逸公款紫泥诗句莲子壶	宽13.8cm	66,700	中国嘉德	2012.05.13
清乾隆 御制诗文描金山水楼阁六方壶	宽17.6cm	2,587,500	北京保利	2012.12.06
清乾隆 朱泥"大清乾隆年制"壶	长11.2cm	230,000	北京东正	2012.05.11
清乾隆 朱泥扁灯式壶	高8.5cm	115,000	北京诚轩	2012.10.28
清乾隆 朱泥瓮形壶	高8.7cm	55,200	北京诚轩	2012.10.28
清乾隆 紫泥粉彩花卉纹汉方壶	高18.6cm	74,750	中国嘉德	2012.05.13
清乾隆 紫泥开光方壶	宽16.5cm	138,000	中国嘉德	2012.05.13
清乾隆 紫泥蓝地粉彩博古图汉方壶	高20.3cm	103,500	中国嘉德	2012.05.13
清乾隆 紫泥提梁壶	高20cm	92,000	中国嘉德	2012.05.13
清乾隆 紫砂百鸟朝凤壶	高22cm	57,500	北京翰海	2012.12.09
清乾隆 紫砂贴塑双龙捧寿纹扁壶	高27.3cm	138,000	北京中汉	2012.09.18
清乾隆 紫砂椭圆菊瓣式壶	高10.5cm	138,000	北京诚轩	2012.05.13
清乾隆/嘉庆 木元熙制紫泥粉彩山水纹圆壶	宽20.5cm	105,800	中国嘉德	2012.05.13
清嘉庆 周发祥制紫泥泥绘山水纹软提梁壶	宽17cm	92,000	中国嘉德	2012.05.13
清嘉庆/道光 邵大亨制掇球壶	高11.2cm	138,000	北京中汉	2012.10.30
清嘉庆 万泉款紫泥汉钟壶	高12.2cm	207,000	西泠拍卖	2012.12.29
清道光 鼎盛监制款紫泥莲子壶(一对)	宽15cm	253,000	中国嘉德	2012.05.13
清道光 鼎裕监制款紫泥诗文狮钮提梁壶	高13.8cm	126,500	中国嘉德	2012.05.13
清道光 何心舟制玉成窑高身瓜蒂壶	长14.8cm	253,000	北京保利	2012.06.06
清道光 惠孟臣款紫泥竹纹壶	宽13.3cm	51,750	中国嘉德	2012.10.30
清道光 曼生款紫泥石瓢壶	宽15.7cm	437,000	中国嘉德	2012.10.30
清道光 潘志茂制二泉刻字圆珠壶	宽15.8cm	172,500	中国嘉德	2012.05.13
清道光 邵景南制紫泥诗文古莲子壶	宽13.3cm	89,700	中国嘉德	2012.10.30
清道光 邵景南制紫泥诗文壶	宽14.5cm	59,800	中国嘉德	2012.05.13
清道光 邵景南制紫泥诗文莲子壶(八件)	宽15cm	207,000	中国嘉德	2012.10.30
清道光 邵景南制紫泥诗文石瓢壶		86,250	中国嘉德	2012.05.13
清道光 邵赦大制紫泥南瓜壶	宽17cm	149,500	中国嘉德	2012.05.13
清道光 邵友兰制二泉刻字紫泥秦权壶	宽15cm	230,000	中国嘉德	2012.10.30
清道光 邵大亨制紫泥莲子壶	高10.5cm	184,000	西泠拍卖	2012.12.29
清道光 申锡制段泥南瓜壶	宽15.7cm	402,500	中国嘉德	2012.05.13
清道光 申锡制子冶铭紫泥葫芦形壶	宽13cm	598,000	中国嘉德	2012.05.13
清道光 素川刻石梅画锡包紫砂三镶玉竹纹覆斗形壶	宽14cm	97,750	北京保利	2012.12.06
清道光 杨彭年制段泥诗文花蝶葫芦形壶	宽14.3cm	1,955,000	中国嘉德	2012.05.13
清道光 朱石梅制古币形锡包紫砂三镶壶	长13.5cm	161,000	北京保利	2012.06.06
清道光 子冶刻诗文竹简式锡包方壶	宽13.3cm	69,000	中国嘉德	2012.10.30
清道光 紫泥诗文狮钮提梁壶	高14cm	57,500	中国嘉德	2012.05.13
清道光10年 梅花纹如意形锡包壶	宽16.3cm	78,200	中国嘉德	2012.10.30
清道光22年 石泉品定款诗文三足壶	宽16cm	414,000	中国嘉德	2012.10.30
清道光25年 申锡制紫泥汉瓦壶	宽15cm	782,000	中国嘉德	2012.10.30
清中期《大莲子》壶	长24cm	82,800	长风拍卖	2012.09.17
清中期《高瓜》壶	长15cm	322,000	长风拍卖	2012.09.17
清中期 白泥绘橄榄壶	高10cm	74,750	北京匡时	2012.12.07
清中期 大亨款 紫砂泥绘山水掇只壶	长16.5cm	977,500	北京保利	2012.06.03
清中期 大文太极一捆竹壶	宽17cm	287,500	上海宝龙	2012.06.26
清中期 合菊壶	宽18.5cm	1,150,000	上海宝龙	2012.06.26
清中期 合盛诗句款朱泥梨形壶	宽13.5cm	57,500	上海春秋堂	2012.04.22
清中期 壶痴款紫泥印包壶	高10cm	86,250	西泠拍卖	2012.12.29
清中期 花款紫泥平盖鹅蛋壶	宽20cm	78,200	上海春秋堂	2012.04.22
清中期 华凤翔 加彩汉方壶	高19cm	69,000	北京匡时	2012.06.03

2012杂项拍卖成交汇总

(成交价RMB：5万元以上)

拍品名称	物品尺寸	成交价RMB	拍卖公司	拍卖日期
清中期 静泉款风卷葵紫砂壶	宽15cm	57,500	北京保利	2012.12.06
清中期 蓝白点彩大扁灯壶	宽25.3cm	57,500	上海春秋堂	2012.04.22
清中期 鲁挹俊制紫泥鼓腹壶	宽17.8cm	59,800	中国嘉德	2012.05.13
清中期 曼生铭 合欢壶	长17.5cm	460,000	北京保利	2012.06.03
清中期 彭年款石泉刻字桥钮扁灯壶	长15.3cm	92,000	北京保利	2012.12.06
清中期 乾隆汝钧釉汉方壶	高23cm	2,760,000	中投嘉艺	2012.01.04
清中期 少峰款紫泥葫芦壶	高8.5cm	78,200	上海春秋堂	2012.04.22
清中期 邵大亨 大亨德钟身桶		97,750	上海驰翰	2012.04.27
清中期 邵大亨 掇只壶	高13.3cm	17,250,000	上海宝龙	2012.06.26
清中期 邵大亨描金莲子壶	高10cm	575,000	上海春秋堂	2012.04.22
清中期 邵景南制紫泥掇球壶	高9cm	63,250	上海春秋堂	2012.04.22
清中期 邵友兰制磨光德钟提梁壶	高15.5cm	101,200	上海春秋堂	2012.04.22
清中期 王南林 龙纹彩釉壶	高14.7cm	3,450,000	上海宝龙	2012.06.26
清中期 杨彭年 曼生井栏壶	高9.7cm	6,900,000	上海宝龙	2012.06.26
清中期 杨彭年 石瓢壶		66,700	上海驰翰	2012.04.27
清中期 杨彭年 竹段壶		57,500	上海驰翰	2012.04.27
清中期 杨彭年款掺砂汲直壶	高13.5cm	57,500	上海春秋堂	2012.04.22
清中期 杨彭年制、陈曼生铭合作 桥钮壶		69,000	上海驰翰	2012.04.27
清中期 腰圆竹节壶	高10cm	92,000	北京翰海	2012.05.26
清中期 佚名 曼生井栏壶	高7.8cm	747,500	上海宝龙	2012.06.26
清中期 应华款、曹婉芬配盖 朱泥菊瓣壶	长11cm	103,500	北京保利	2012.06.03
清中期 于廷 莲子壶	高11.6cm	1,035,000	上海宝龙	2012.06.26
清中期 袁郁龙款扁圆壶	长23.5cm	218,500	北京保利	2012.12.06
清中期 贞祥 描金秦权壶	高14.2cm	2,875,000	上海宝龙	2012.06.26
清中期 志茂款二泉刻乳鼎壶	高9cm	172,500	上海春秋堂	2012.04.22
清中期 朱泥扁灯式壶	高6.1cm	82,800	北京诚轩	2012.05.13
清中期 朱泥束腰扁壶 朱泥素面宫灯壶共两件	长15.2cm×4	91,463	香港邦瀚斯	2012.05.27
清中期 紫泥刻诗文宫灯壶	宽17.5cm×2	644,800	香港邦瀚斯	2012.11.24
清中期 紫泥泥绘山水纹小壶等文玩（一组）	尺寸不一	207,000	中国嘉德	2012.10.30
清中期 紫泥竹段钮海棠形壶	宽18.3cm×2	100,750	香港邦瀚斯	2012.11.24
清中期逸公款朱泥紫砂壶		56,000	上海云顶	2012.04.08
清同治 段泥椰瓢壶	高14.8cm	796,740	香港邦瀚斯	2012.05.27
清同治玉成窑王东石制紫泥鼻烟壶	高7.5cm	92,000	西泠拍卖	2012.12.29
清光绪范静泉制段泥人物纹石瓢壶	宽15.3cm	103,500	中国嘉德	2012.10.30
清光绪 黄玉麟制吴昌硕铭紫砂掇球壶	宽17cm	575,000	北京保利	2012.12.06
清光绪 蒋帧祥制紫砂壶		69,440	上海云顶	2012.04.08
清光绪4年 金士恒刻字紫泥拼砂茶壶（一对）	宽11cm	69,000	中国嘉德	2012.10.30
清光绪二十九年 俞国良制段泥三叉提梁壶	高14.5cm	345,000	中国嘉德	2012.05.13
清光绪四年金士恒制紫泥壶(一对)	宽9.3cm	92,000	中国嘉德	2012.05.13
清晚期 "兰娟清品"款香雪壶	长17.5cm	1,322,500	北京匡时	2012.06.03
清晚期 黄玉麟款朱泥刻诗文扁壶	宽17.8cm×2	422,344	香港邦瀚斯	2012.11.24
清晚期 黄玉麟款紫泥掇球壶	宽16.6cm×2	403,000	香港邦瀚斯	2012.11.24
清晚期 黄玉麟制磨光三叉提梁壶	高15.8cm	207,000	上海春秋堂	2012.04.22
清晚期 锦堂发记款朱泥笠帽壶（一对）	高13cm	57,500	中国嘉德	2012.10.30
清晚期 梅调鼎铭何心舟制南瓜壶	高8.5cm	954,500	北京匡时	2012.12.07
清晚期 孟臣款紫泥诗文软提梁壶	宽13.5cm	115,000	中国嘉德	2012.10.30
清晚期 染香馆 廉身慈宜制款四方壶	高7cm	69,000	北京匡时	2012.06.03
清晚期 容卿 太湖石提梁壶	高16cm	57,500	上海宝龙	2012.06.26
清晚期 邵友兰 一粒珠壶	高5.7cm	1,150,000	上海宝龙	2012.06.26
清晚期 王东石 搏浪槌壶	高10cm	115,000	上海宝龙	2012.06.26
清晚期 雍正款青灰砂梨形小壶（一对）	宽9.8cm	253,000	中国嘉德	2012.10.30
清晚期 玉成窑胡公寿款诗文圆壶	宽17.5cm	230,000	中国嘉德	2012.10.30
清晚期 玉成窑韻石制汉铎式壶	宽13.7cm	1,012,000	中国嘉德	2012.10.30
清晚期韵石制、梅调鼎铭柱础壶	高8cm	1,610,000	上海工美	2012.08.18
清晚期 赵松亭制贡局抛光提梁紫砂大壶	高28.5cm	195,500	西泠拍卖	2012.07.07
清晚期 朱泥磨光壶（两件）	宽12.8cm	101,200	中国嘉德	2012.05.13
清晚期 朱石梅石瓢壶	高8.5cm	115,000	上海宝龙	2012.06.26
清晚期 阿曼陀室制款曼生刻款紫泥井栏壶	高6.3cm	69,000	西泠拍卖	2012.12.29
清 笨严款御制虚扁壶	长16.5cm	5,175,000	北京保利	2012.12.03
清 不信有京洛款朱泥龙旦壶	高9.4cm	195,500	上海春秋堂	2012.04.22
清 陈鸣远款青灰砂束竹壶	宽14.8cm	747,500	中国嘉德	2012.05.13
清 陈鸣远制三足龟裂纹提梁壶	高15cm	69,000	北京九歌	2012.06.29
清 陈鸣远制束柴三友壶		1,097,600	上海云顶	2012.04.08
清 陈荫千制紫泥竹节壶	高15.5cm	253,000	上海春秋堂	2012.04.22
清 陈仲美款紫泥掺沙仿古牺尊壶	宽12.3cm×2	120,900	香港邦瀚斯	2012.11.24
清 程寿珍制掇球壶	长17cm	138,000	北京保利	2012.12.06
清 大亨款 掇球壶	高11.5cm	345,000	北京匡时	2012.12.07
清澹然斋款彩绘山水图高身四方壶	高22.2cm	322,000	上海春秋堂	2012.04.22
清 澹然斋款满彩汉方壶	高19.3cm	57,500	上海春秋堂	2012.04.22
清 段泥百果壶（两件）	长17cm	203,250	香港邦瀚斯	2012.05.27
清 段泥泥绘印花松竹段壶及牡丹小壶	长16.5cm×2	243,900	香港邦瀚斯	2012.05.27
清 范迪恩 1909年制紫砂小圆壶 陶斋款	高7.1cm	241,500	北京诚轩	2012.05.13
清 方衡禄制八卦钮束带壶	高16cm	138,000	上海春秋堂	2012.04.22
清 仿供春龙带壶	长20cm	180,000	隆荣国际	2012.07.27
清 供春壶	长19cm	100,000	隆荣国际	2012.07.27
清 贡局 朱泥莲子壶		51,750	上海驰翰	2012.04.27
清 贡局抛光提梁紫砂壶	高19cm	57,500	西泠拍卖	2012.07.07
清 华凤翔制紫砂粉彩龙纹汉方壶	高19cm	63,250	上海大众	2012.08.04
清 华亦林制描金四方壶	高17.3cm	402,500	上海春秋堂	2012.04.22
清 荆溪邵元华制大宫灯壶	高22.2cm	92,000	上海春秋堂	2012.04.22
清 九龄款朱泥文蛋小壶	宽9.8cm	94,300	中国嘉德	2012.10.30
清 瞿子治制 菊水壶	高7.8cm	1,495,000	中国嘉德	2012.05.12
清 路大荒旧藏杨彭年制陈曼生铭锻泥匏瓜壶	长14cm	483,000	西泠拍卖	2012.07.07
清 路大荒旧藏杨彭年制锻泥提梁石铫壶	高13cm	1,380,000	西泠拍卖	2012.07.07
清 曼生款诗文葫芦形壶	宽17.3cm	57,500	北京保利	2012.12.06
清 孟臣制诗句平盖朱泥壶	高5.5cm	51,750	上海春秋堂	2012.04.22
清 描金莲子壶	长18cm	253,000	北京保利	2012.12.03
清 鸣远款百果壶	高12.5cm	57,500	上海春秋堂	2012.04.22
清 潘虔荣制直筒壶	高11.2cm	184,000	上海春秋堂	2012.04.22
清 乾隆年制直筒壶	高10cm	207,000	北京匡时	2012.12.07
清 清德堂款一粒珠紫砂壶	高8.0cm	57,500	西泠拍卖	2012.07.07
清 三友居款紫泥壶等文玩(一组)	尺寸不一	195,500	中国嘉德	2012.10.30
清 上珍款朱泥扁灯壶	高6.7cm	184,000	上海春秋堂	2012.04.22
清 邵大亨款掇球壶	长16cm	57,500	北京保利	2012.12.06
清 邵恒昌 肩线壶	高9.5cm	63,250	北京匡时	2012.12.07
清 邵景南 莲子壶		55,200	上海驰翰	2012.04.27
清 邵圣和 榴山款朱泥掇只壶	长13cm	97,750	北京保利	2012.12.03
清 邵友兰制二泉刻钟式紫砂壶	长15.4cm	189,750	北京保利	2012.12.06
清 申锡制 瞿子治铭 顾景舟配盖石瓢壶	高7.5cm	3,680,000	中国嘉德	2012.05.12
清 诗句款朱泥梨形壶	宽13.5cm	92,000	中国嘉德	2012.10.30
清 史莲生款紫砂斗笠壶	长18cm	55,200	上海大众	2012.08.04
清 万历癸丑款紫泥英雄壶	宽12.8cm	207,000	中国嘉德	2012.05.13
清 汪寅仙制紫砂壶	长15.5cm	112,000	辽宁中正	2012.01.08
清 王南林制紫泥宫灯壶	高11.2cm	92,000	上海春秋堂	2012.04.22
清 徐恒茂、馥远亭款倒把龙蛋壶	长17cm	149,500	北京保利	2012.06.03
清 杨彭年制 陈曼生为江听香铭石铫壶	高11.5cm	3,680,000	中国嘉德	2012.05.12
清 杨彭年制王荫刻紫砂锡包壶	高9cm	74,750	上海大众	2012.08.04
清 杨彭年子冶诗文扁壶	长13cm	92,000	上海嘉泰	2012.06.23

拍品名称	物品尺寸	成交价RMB	拍卖公司	拍卖日期
清 宜兴紫砂茶壶	长11.1cm	276,019	纽约佳士得	2012.03.22
清 宜邑款紫砂扁灯壶	高10cm	57,500	上海春秋堂	2012.04.22
清 逸公款紫砂扁圆壶	长22.5cm	103,500	北京保利	2012.06.06
清 逸公诗句款紫泥莲子壶	高9.7cm	253,000	上海春秋堂	2012.04.22
清 应华款朱泥菊瓣壶	高8.5cm	69,000	上海春秋堂	2012.04.22
清 友竹铭段泥大南瓜壶	高11cm	517,500	上海春秋堂	2012.04.22
清 御题诗山水人物纹阔底壶	长14.5cm	4,715,000	北京保利	2012.12.03
清 元江款 高潘壶	长10cm	63,250	北京匡时	2012.12.07
清 袁郁龙款段泥铺砂花瓣壶	宽14cm×2	1,080,040	香港邦瀚斯	2012.11.24
清 周发祥诗句款朱泥文旦壶	高11.5cm	230,000	上海春秋堂	2012.04.22
清 朱泥刻铭合作秦权壶	高12.7cm	1,772,340	香港邦瀚斯	2012.05.27
清 朱泥潘壶	宽9cm	57,500	中国嘉德	2012.10.30
清 朱泥小壶 (两件)	尺寸不一	60,975	香港邦瀚斯	2012.05.27
清 子畦诗句款朱泥矮梨壶	高6cm	126,500	上海春秋堂	2012.04.22
清 子冶制紫泥拼砂汲直壶	高17cm	575,000	中国嘉德	2012.10.30
清 紫泥彩绘山水图三足蟾钮壶	高13.5cm	69,000	上海春秋堂	2012.04.22
清 紫泥葵帽四方壶	高11.3cm	460,000	上海春秋堂	2012.04.22
清 紫泥蓝地粉彩暖壶茶杯与笔筒共两件	尺寸不一	50,813	香港邦瀚斯	2012.05.27
清 紫泥龙柄弦纹方壶	宽17.3cm	345,000	中国嘉德	2012.10.30
清 紫泥提梁壶	长13.5cm	132,113	香港邦瀚斯	2012.05.27
清紫泥贴花大鼓壶素面扁壶共两件	尺寸不一	66,056	香港邦瀚斯	2012.05.27
清紫泥贴花加彩凤穿花纹狮钮大壶	长29cm	172,763	香港邦瀚斯	2012.05.27
清 紫泥贴花直筒壶	高11cm	57,500	上海春秋堂	2012.04.22
清 紫泥圆竹壶	高12.3cm	71,300	上海春秋堂	2012.04.22
清 紫砂八卦龙头一捆竹壶	长20.5cm	130,000	隆荣国际	2012.07.27
清 紫砂大菱花壶	长20cm	120,000	隆荣国际	2012.07.27
清 紫砂大圆壶	长24cm	50,000	隆荣国际	2012.07.27
清 紫砂堆泥五福捧寿壶	长14cm	575,000	上海大众	2012.08.04
清 紫砂掇壶	高10cm	138,000	文津阁	2012.06.01
清 紫砂供春壶	宽17.5cm	92,000	北京保利	2012.04.21
清 紫砂挂蓝彩花卉线圆壶	高9cm	63,250	上海嘉泰	2012.06.23
清 紫砂菊瓣壶	宽19cm	63,250	北京保利	2012.04.21
清 紫砂梨皮吉直壶	高16cm	149,500	上海大众	2012.08.04
清紫砂曼生十八式壶(一套十八件)	尺寸不一	490,000	隆荣国际	2012.07.27
清 紫砂描金山水诗文扁腹壶	宽19.5cm	184,000	北京保利	2012.06.06
清 紫砂僧帽壶	长18cm	50,000	隆荣国际	2012.07.27
清 紫砂山水八方壶	高12.1cm	345,000	北京翰海	2012.05.27
清 紫砂诗文壶	高7.6cm	230,000	北京翰海	2012.05.27
清 紫砂寿桃半月壶	长16cm	60,000	隆荣国际	2012.07.27
清 紫砂贴花壶	高11cm	253,000	文津阁	2012.06.01
清 锦昌蒋记款子冶刻款饰紫泥松鼠葡萄纹段泥壶	高10cm	92,000	西泠拍卖	2012.12.29
清代 官窑黑漆描彩花蝶纹紫砂壶	高13cm	377,916	澳门龙禧	2012.01.08
清代 官窑朱漆描彩花蝶纹紫砂壶	高11.5cm	377,916	澳门龙禧	2012.01.08
清代 刻诗文朱泥掇球壶	高8cm;	269,940	澳门龙禧	2012.01.08
清18世纪 宜兴朱泥小桥流水人物图壶	高14.6cm	394,313	纽约佳士得	2012.03.22
清末 黄玉麟制紫砂鱼化龙壶	高10cm	78,200	安华白云	2012.06.08
清末 将裕泰 铭刻钟式壶	高15cm	69,000	上海宝龙	2012.06.26
清末民初 冰心道人款段泥东坡提梁壶	高19cm	60,975	香港邦瀚斯	2012.05.27
清末民初 陈光明仿制周季山题字石瓢提梁壶	长14.5cm	517,500	北京保利	2012.12.06
清末民初 程寿珍 仿古壶	长16.5cm	109,250	北京保利	2012.12.03
清末民初 程寿珍制紫泥掇球壶	高14.3cm	63,250	西泠拍卖	2012.12.29
清末民初 程寿珍制紫泥仿古壶	高9.5cm	63,250	西泠拍卖	2012.12.29
清末民初 德根款 卧牛壶	长20cm	50,600	北京保利	2012.12.03
清末民初 范大生 大生壶	高10cm	134,400	上海中福	2012.06.03
清末民初江案卿制段泥供春树瘿壶	高11cm	97,750	西泠拍卖	2012.12.29
清末民初 李宝珍制陈少亭刻紫泥上合桃壶	高11.5cm	63,250	西泠拍卖	2012.12.29
清末民初 墨绿泥调砂折肩提梁壶	长14.5cm×3	315,038	香港邦瀚斯	2012.05.27
清末民初 汪宝根 线圆壶	长19cm	57,500	北京保利	2012.12.03
清末民初 俞国良 碗灯壶	长17.5cm	253,000	北京保利	2012.12.03
民国 承顺兴制紫泥葵花壶	宽24.5cm	57,500	中国嘉德	2012.05.13
民国 程寿珍段泥牛盖莲子壶	高7cm	280,000	上海中福	2012.06.03
民国程寿珍制东溪刻字紫泥扁腹壶	宽20cm	126,500	中国嘉德	2012.05.13
民国 程寿珍制掇球壶	宽18.5cm	76,160	上海云顶	2012.04.08
民国 程寿珍制紫砂扁石壶	高6cm	57,500	上海春秋堂	2012.04.22
民国 储铭制圆竹壶	高9.5cm	94,300	上海春秋堂	2012.04.22
民国 储铭制紫泥线圆壶	宽18.2cm	138,000	中国嘉德	2012.10.30
民国 段泥山水诗文柿子壶	宽23.5cm	69,000	中国嘉德	2012.05.13
民国 范大生款 紫砂佛手壶	长22cm	80,500	北京传是	2012.07.08
民国 范大生款 紫砂合菱壶	长16.5cm	65,000	隆荣国际	2012.07.27
民国 范大生制葵仿古壶	高10cm	109,250	上海春秋堂	2012.04.22
民国 范大生制紫砂八卦束竹壶	宽18.5cm	103,500	上海道明	2012.06.29
民国 范福奎制加彩梅桩壶 (一套六件)	壶长20cm	69,000	北京保利	2012.12.06
民国 冯桂林 桃桩壶	高9cm	84,000	上海中福	2012.06.03
民国 冯桂林 紫砂大传炉壶	长23.5cm	100,000	隆荣国际	2012.07.27
民国冯桂林制跂陶刻字紫泥扁圆壶	宽18.7cm	149,500	中国嘉德	2012.05.13
民国 冯桂林制紫泥竹节壶及对杯	宽20.5cm	230,000	中国嘉德	2012.05.13
民国 郭记制款鼎和、岩如刻款紫泥东坡提梁壶	高19.5cm	115,000	西泠拍卖	2012.12.29
民国 后溪款南林刻字段泥圆壶	宽17cm	57,500	中国嘉德	2012.10.30
民国 胡耀庭款紫砂壶	高11cm	55,200	荣宝斋(上海)	2012.09.09
民国 胡耀庭制段泥暖炉座四方壶	高20.8cm	69,000	西泠拍卖	2012.12.29
民国 胡耀庭制段泥诗文方砖壶	宽28cm	57,500	中国嘉德	2012.10.30
民国 江案卿制段泥树瘿壶	宽18.3cm	138,000	中国嘉德	2012.10.30
民国 蒋彦亭制段泥东坡式茶壶	宽18.5cm	57,500	中国嘉德	2012.10.30
民国 李宝珍制紫泥花瓣形壶	宽17.5cm	55,200	中国嘉德	2012.10.30
民国 莲子壶	长14cm	74,750	北京容海	2012.03.26
民国 南麟款朱泥鱼化龙壶	宽20.5cm	57,500	中国嘉德	2012.05.13
民国 潘德根制段泥供春竹节壶	宽18.8cm	57,500	北京保利	2012.12.06
民国 裴石民制紫泥弦纹壶	宽12.5cm	115,000	中国嘉德	2012.10.30
民国 铁画轩出品段泥方壶连八卦纹暖炉	高11.4	97,750	北京永乐	2012.12.15
民国 王寅春绿泥壶	长14.7cm	264,500	北京保利	2012.12.06
民国 王寅春制牛盖洋桶壶	长15.5cm	264,500	北京保利	2012.12.06
民国 闻才洋筒壶	高22.2cm	57,500	北京中汉	2012.10.30
民国 吴云根制紫泥孤棱壶	宽18.3cm	437,000	中国嘉德	2012.10.30
民国 岩如制跂陶刻字汉扁壶	长18.5cm	51,750	北京保利	2012.12.06
民国俞国良制东溪刻字紫泥乳鼎壶	宽17.2cm	115,000	中国嘉德	2012.05.13
民国 俞国良制季维刻段泥四方传炉壶	长23.5cm	230,000	北京保利	2012.12.06
民国 俞国良制四方传炉壶	高8.5	172,500	上海春秋堂	2012.04.22
民国 俞国良制紫泥三叉提梁壶	高16.4cm	63,250	中国嘉德	2012.05.13
民国 俞国良制紫泥线圆壶	高8.3	92,000	上海春秋堂	2012.04.22
民国 俞国良制紫砂壶	高7cm	55,200	西泠拍卖	2012.07.07
民国 朱可心制绿泥玉带水平壶	长18.9cm	115,000	北京保利	2012.12.06
民国 朱可心制紫泥碗灯壶	高12.4cm	126,500	西泠拍卖	2012.12.29
民国 朱可心制紫泥竹鼓壶	高9.5cm	103,500	西泠拍卖	2012.12.29
民国 紫泥"阳羡惜阴室王"款壶	长12cm	115,000	北京东正	2012.05.11
民国 紫泥梅桩式大壶	高39.1cm×2	596,440	香港邦瀚斯	2012.11.24
民国 紫砂刻汉砖花卉纹大提梁壶	高37.5cm	287,500	上海大众	2012.08.04
民国无款 合菊壶		84,000	上海云顶	2012.04.08
"玉珍宝玩"款朱泥平盖壶	长13.5cm	57,500	北京保利	2012.12.03
1981年制 范洪泉 大梅桩提梁壶	高57cm	161,000	北京保利	2012.12.03
1993年制 周桂珍 如意壶	长16cm	207,000	北京保利	2012.12.03
1994年作 施小马 神韵壶	长14cm	101,200	北京保利	2012.12.03
2008年制 李昌鸿 履源方壶	长18cm	149,500	北京保利	2012.12.03
柏原款描金文人壶		78,400	上海云顶	2012.04.08
鲍利安 大彬提梁壶	高18cm	138,000	凤凰拍卖	2012.12.16
鲍利安 大亨掇球壶	长17cm	115,000	北京保利	2012.06.03
鲍廷博 碑颂壶	高12.6cm	155,250	上海宝龙	2012.06.26

2012杂项拍卖成交汇总

(成交价RMB：5万元以上)

拍品名称	物品尺寸	成交价RMB	拍卖公司	拍卖日期
鲍旭琦 菱花如意壶	高9cm	80,500	凤凰拍卖	2012.12.16
鲍燕平 劲节壶	长19.5cm	86,250	中贸圣佳	2012.07.22
鲍燕平 如意云顶壶	长21cm	109,250	中贸圣佳	2012.07.22
鲍正兰 曲壶	长16.7cm	57,500	北京保利	2012.06.03
鲍志强 扁新桥壶	高8cm	230,000	凤凰拍卖	2012.12.16
鲍志强 古风壶	高10cm	138,000	凤凰拍卖	2012.12.16
鲍志强 井栏壶	高6.7cm	51,750	上海宝龙	2012.06.26
鲍志强 绿泥椿壶	长16cm	80,500	北京容海	2012.03.26
鲍志强 石瓢壶	长15.2cm	402,500	中贸圣佳	2012.07.22
鲍志强 陶缘壶	高11cm	195,500	凤凰拍卖	2012.12.16
鲍志强 西施壶	高8cm	112,700	凤凰拍卖	2012.12.16
鲍志强制 三羊开泰壶		145,600	上海云顶	2012.04.08
鲍仲梅 恭贺新禧壶	长21cm	57,500	北京容海	2012.03.26
鲍仲梅制 龙头老大壶		161,000	上海春秋堂	2012.04.22
苍林华 不舍壶	高11.5cm	92,000	北京翰海	2012.05.26
苍林华 千秋壶	高26cm	287,500	北京翰海	2012.05.26
曹安祥 秦权壶		55,200	朵云轩	2012.09.21
曹安祥 万寿壶	高11.5cm	126,500	北京翰海	2012.12.08
曹婉芬 暗香壶	高10cm	230,000	北京翰海	2012.05.26
曹婉芬 茶壶套组	尺寸不一	138,000	北京保利	2012.12.03
曹婉芬 仿古壶(五件)	尺寸不一	102,350	北京保利	2012.06.03
曹婉芬 龙蛋段泥壶	长15cm	57,500	北京容海	2012.03.26
曹婉芬 四季如意壶	高8.3cm	69,000	上海宝龙	2012.06.26
曹婉芬 四脚锦囊壶	高10.5cm	69,000	北京匡时	2012.12.07
曹婉芬 旭茂提梁壶	高24cm	71,300	中国嘉德	2012.10.30
曹婉芬 云放壶	高8cm	66,700	北京匡时	2012.06.03
曹婉芬制、何家英画 幽隐迷远提梁壶		380,000	上海驰翰	2012.10.10
曹亚麟 母子情壶	高10cm	172,500	凤凰拍卖	2012.12.16
朝阳款六方棱花口紫砂壶	长16cm	195,500	北京保利	2012.12.06
陈光明 包袱壶	高10cm	230,000	北京匡时	2012.12.07
陈光明 铺砂柱础壶		140,000	上海驰翰	2012.10.10
陈光明 四方竹提壶	高16.5cm	3,450,000	上海宝龙	2012.06.26
陈国良 1990年作 君竹壶	长13cm	86,250	北京保利	2012.06.03
陈国良 1991年作 圆竹壶	长17cm	80,500	北京保利	2012.06.03
陈国良 1992年作 一粒珠壶	长17cm	115,000	北京保利	2012.06.03
陈国良 矮石瓢壶	高5cm	132,000	广东汇誉	2012.12.23
陈国良 待放壶	高10cm	529,000	凤凰拍卖	2012.12.16
陈国良 福园好壶	宽16.9cm	184,000	上海宝龙	2012.06.26
陈国良 供春壶	高12cm	540,500	北京匡时	2012.06.03
陈国良 力壶		230,000	上海驰翰	2012.10.10
陈国良 瑞气吉祥壶	高8cm	322,000	上海宝龙	2012.06.26
陈国良 三友壶	高9.5cm	1,035,000	北京翰海	2012.05.26
陈国良 松果壶	高7.7cm	71,300	中国嘉德	2012.10.30
陈国良 田园南瓜壶	长16.5cm	322,000	北京保利	2012.06.03
陈国良 万里长城壶	高6.6cm	138,000	北京匡时	2012.12.07
陈国良 戊寅虎壶	高8.6cm	218,500	中国嘉德	2012.10.30
陈国良 新供春壶	高8.5cm	253,000	北京翰海	2012.12.08
陈国良 一粒珠壶	高7.3cm	103,500	中国嘉德	2012.05.13
陈国良 一粒珠壶	高9.5cm	172,500	北京匡时	2012.12.07
陈国良 一粒珠壶	高9.5cm	418,000	广东汇誉	2012.12.23
陈国良 《澄怀壶》	长13cm	89,700	长风拍卖	2012.09.17
陈国良 《三阳开泰》壶	长15cm	109,250	长风拍卖	2012.09.17
陈国良 《石春壶》	长17cm	212,750	长风拍卖	2012.09.17
陈国良 矮潘壶	高6.5cm	69,000	北京翰海	2012.12.08
陈国良制、何家英画 露华壶		370,000	上海驰翰	2012.10.10
陈国良制、石泉刻 1991年制、1992年配盖 石瓢壶	长14.5cm	172,500	北京保利	2012.12.03
陈国良制佛手壶		345,000	上海春秋堂	2012.04.22
陈国良制光供春壶		460,000	上海春秋堂	2012.04.22
陈国良制金钱壶		95,200	上海云顶	2012.04.08
陈洪平 葫芦提梁壶	高17.5cm	74,750	北京匡时	2012.12.07
陈曼生《乳鼎》壶	长15cm	1,265,000	长风拍卖	2012.09.17

拍品名称	物品尺寸	成交价RMB	拍卖公司	拍卖日期
陈鸣远款 大壶		58,000	上海驰翰	2012.10.10
陈鸣远款段泥一啜瓜壶	宽15.8cm×2	789,880	香港邦瀚斯	2012.11.24
陈玉良 大南瓜壶	长22cm	92,000	北京保利	2012.06.03
陈仲美款段泥束竹柴圆壶	宽13cm×2	221,650	香港邦瀚斯	2012.11.24
程十发 李斌 大彬三足如意壶		161,000	上海驰翰	2012.04.27
程寿真 仿古壶	高10cm	63,250	上海宝龙	2012.06.26
储铭 《大德钟》壶	长19cm	109,250	长风拍卖	2012.09.17
储峰 方山逸士对壶	长15cm；长13cm	161,000	中贸圣佳	2012.07.22
储峰 悟禅壶	高14cm	55,200	中贸圣佳	2012.07.22
储集泉 倒挂金钟壶	高9cm	115,000	凤凰拍卖	2012.12.16
戴永坤 世世有福壶	高7cm×4	69,000	凤凰拍卖	2012.12.16
德铭款白釉柿子壶		92,000	上海春秋堂	2012.04.22
雕塑梅花纹紫砂壶	长20cm	1,222,910	中联国际	2012.10.02
丁洪顺 如意石瓢壶	长16cm	50,000	隆荣国际	2012.07.27
丁洪顺 竹顶壶	高11cm	112,700	凤凰拍卖	2012.12.16
丁亚平 均玉	高7cm	308,000	广东汇誉	2012.12.23
丁亚平 平盖玉璧	高6.7cm	99,000	广东汇誉	2012.12.23
丁亚平 《鸣远四足》壶	长15cm	94,300	长风拍卖	2012.09.17
董晓勇 大仿古壶	高11.5cm	80,500	上海宝龙	2012.06.26
董晓勇 大亨掇只壶	高14.5cm	115,000	北京翰海	2012.05.26
董晓勇 南烛壶	高8cm	57,500	上海宝龙	2012.06.26
董晓勇 圆珠壶	高7.9cm	55,200	上海宝龙	2012.06.26
董晓勇 供春壶	高8.5cm	59,800	北京翰海	2012.12.08
堵江华 1998年作 戏浪壶	长17cm	69,000	北京保利	2012.12.03
范国华 大铁梅壶	高10.5cm	51,750	北京翰海	2012.12.08
范国华 上青提梁壶	高17cm	172,500	北京翰海	2012.05.26
范国华 松桩壶	高9.2cm	80,500	上海宝龙	2012.06.26
范国华 鱼化龙壶	高11.5cm	126,500	北京翰海	2012.05.26
范国华 醉寒壶	高14cm	172,500	北京翰海	2012.05.26
范洪泉 柏春壶	高12.8cm	57,500	中国嘉德	2012.05.13
范洪泉 大亨掇只壶	长22.5cm	138,000	北京保利	2012.06.03
范洪泉 东坡提梁壶	高12.2cm	92,000	中国嘉德	2012.10.30
范洪泉 小南瓜壶	高5cm	59,800	中国嘉德	2012.05.13
范洪泉、谈跃伟 大梅桩壶	高46cm	207,000	中国嘉德	2012.10.30
范洪泉制 毛国强刻绘 大圆珠壶	高11cm	57,200	广东汇誉	2012.12.23
范建华、陆君合制上合梅壶	长18.5cm	253,000	中贸圣佳	2012.07.22
范建军 凌寒壶	高15cm	230,000	北京翰海	2012.05.26
范黎明制筋纹石瓢壶		95,200	上海云顶	2012.04.08
范黎明制农家乐壶		112,000	上海云顶	2012.04.08
范伟群 花儿提梁壶	高23cm	368,000	中贸圣佳	2012.07.22
范伟群制段泥祥虎壶	高9.5cm	115,000	西泠拍卖	2012.12.29
范伟群制紫泥合棱壶	21×13cm	138,000	西泠拍卖	2012.12.29
范晓明 风卷葵壶	高10.5cm	115,000	北京翰海	2012.12.08
范晓明 蜜桃壶	高9cm	66,700	北京翰海	2012.12.08
范颖 2012年作 银杏东坡提梁壶	高18cm	97,750	北京保利	2012.06.03
范早大制唐云绘沈觉初刻四君子图紫砂壶(一组)	长18.5cm×4	230,000	荣宝斋(上海)	2012.09.09
范泽锋 佛光普照壶	长25cm	253,000	中贸圣佳	2012.07.22
方世英(款) 直筒壶	长18cm	57,500	北京容海	2012.03.26
冯桂林 大传炉壶	高12.5cm	690,000	北京翰海	2012.12.08
冯桂林 上合桃壶	高10cm	161,000	北京匡时	2012.12.07
冯桂林 松鼠葡萄桩壶	高10.5cm	460,000	北京匡时	2012.12.07
馥远亭 朱泥小壶		115,000	上海驰翰	2012.04.27
高峰 不系之舟壶	长17cm	109,250	北京保利	2012.12.03
高海庚 卧虎壶	长13.5cm	149,500	北京保利	2012.12.03
高海庚 追月壶	长13cm	161,000	北京保利	2012.12.03
高海庚 追月壶	高8cm	402,500	北京翰海	2012.12.08
高海庚、周桂珍 卧虎壶	高8cm	632,500	北京翰海	2012.05.26
高建中 碧玉壶	长17cm	57,500	中贸圣佳	2012.07.22
高建中 葫芦壶	高18cm	57,500	中贸圣佳	2012.07.22
高群、李昌鸿铭 2010年作 中华魂壶	长19.5cm	69,000	北京保利	2012.06.03

拍品名称	物品尺寸	成交价RMB	拍卖公司	拍卖日期
高湘君 集思壶	高10cm	57,500	北京翰海	2012.05.26
高湘君 平盖莲子壶	高7cm	69,000	北京翰海	2012.05.26
高旭峰 掇球壶	长15cm	92,000	北京容海	2012.03.26
高旭峰 高德壶	高13cm	345,000	北京翰海	2012.05.26
高旭峰 高掇壶	高11cm	241,500	北京翰海	2012.12.08
高旭峰 汉韵壶	高8.5cm	184,000	上海宝龙	2012.06.26
高旭峰 静月壶	高10cm	126,500	上海宝龙	2012.06.26
高旭峰 六方鼓腹壶	高13cm	138,000	北京翰海	2012.05.26
高旭峰 容心壶	高9cm	172,500	北京翰海	2012.05.26
高旭峰 太极如意壶	高6.5cm	218,500	北京翰海	2012.12.08
高旭峰 腰圆竹节壶	高11cm	218,500	北京翰海	2012.05.26
高旭峰 圆竹段壶	高10cm	149,500	北京翰海	2012.05.26
高旭峰 《智圆》壶	长17cm	155,250	长风拍卖	2012.09.17
高振宇 高桑扁壶	高8.5cm	126,500	北京翰海	2012.12.08
高振宇 瓜梨壶	高10cm	69,000	北京匡时	2012.12.07
高振宇 金鬲对壶	高16cm；高13.5cm	2,530,000	中国嘉德	2012.10.30
高振宇 如意桥钮壶	长13.5cm	115,000	北京保利	2012.12.03
高振宇 瑞兽壶	高9cm	402,500	北京匡时	2012.06.03
高振宇 小掇只壶	高10cm	379,500	北京匡时	2012.06.03
高振宇 翼虎提梁壶	高21cm	2,070,000	中投嘉艺	2012.01.04
高振宇 玉鬲壶(一对)	高14.4cm；高18.2cm	2,300,000	中国嘉德	2012.05.13
高振宇 紫泥唐风壶	高10cm	667,000	北京匡时	2012.06.03
高振宇 紫泥逸公壶	高6.8cm	287,500	上海宝龙	2012.06.26
高振宇 《古莲子壶》	长13cm	230,000	长风拍卖	2012.09.17
高振宇、徐徐合制 徐秀棠铭刻环中壶	高8cm	172,500	上海宝龙	2012.06.26
高振宇 紫莲壶	高6cm	230,000	北京翰海	2012.12.08
高振宇石瓢壶	高9cm	287,500	上海宝龙	2012.06.26
高振宇制沈汉生刻1990年作乳鼎壶	长14.5cm	55,200	北京保利	2012.06.03
葛军设计季益顺制自在逍遥壶		89,700	上海春秋堂	2012.04.22
葛军制如意仿古壶		112,000	上海云顶	2012.04.08
葛陶中 1992年作 子冶石瓢壶	长16.4cm	138,000	北京保利	2012.06.03
葛陶中 半月壶	高4.5cm	195,500	中国嘉德	2012.05.13
葛陶中 扁虚壶	高7cm	207,000	凤凰拍卖	2012.12.16
葛陶中 高龙凤壶	高11cm	207,000	凤凰拍卖	2012.12.16
葛陶中 六方云棕壶	宽16.5cm	368,000	北京翰海	2012.12.08
葛陶中 绿瓜壶	高8.5cm	69,000	北京翰海	2012.12.08
葛陶中 明砂系列壶	高8.5cm	253,000	上海宝龙	2012.06.26
葛陶中 陶缶壶	高8.5cm	78,200	中国嘉德	2012.05.13
葛陶中 圆韵壶	高7cm	115,000	北京翰海	2012.12.08
葛陶中 紫臻淳品壶	高12.3cm	368,000	上海宝龙	2012.06.26
葛陶中《2011年新品》壶	长16.5cm	230,000	长风拍卖	2012.09.17
葛陶中 《扁灯》壶	长14cm	149,500	长风拍卖	2012.09.17
葛陶中 《方壶》	长16cm	109,250	长风拍卖	2012.09.17
葛陶中 《思亭》壶	长14cm	126,500	长风拍卖	2012.09.17
葛陶中李慧芳合制 龙纹套壶	长14cm	149,500	北京匡时	2012.06.03
葛陶中制六方笠帽壶		69,000	上海春秋堂	2012.04.22
葛陶中制虚扁壶		218,500	上海春秋堂	2012.04.22
顾斌文 春满乾坤壶	高10cm	134,400	上海中福	2012.06.03
顾道荣 秋趣丰收壶	高14cm	345,000	北京匡时	2012.06.03
顾道荣 特大松鼠葡萄桩壶	高16cm	437,000	北京匡时	2012.06.03
顾景舟 "座有兰言"仿古壶	长17.5cm	805,000	北京保利	2012.12.03
顾景舟 "座有兰言"仿鼓壶	长17cm	1,380,000	北京保利	2012.06.03
顾景舟 "座有兰言"仿鼓壶	高8cm	782,000	北京匡时	2012.06.03
顾景舟 1980年作 顾泉壶	长11cm	3,220,000	北京保利	2012.06.03
顾景舟 矮僧帽壶	长12.5cm	7,820,000	北京保利	2012.06.03
顾景舟 矮僧帽壶	高11cm	3,220,000	北京翰海	2012.12.08
顾景舟 半瓢壶	宽17cm	3,220,000	北京翰海	2012.05.26
顾景舟 宝菱壶	高9cm	3,220,000	中投嘉艺	2012.01.04
顾景舟 扁腹壶	高8cm	4,772,500	中国嘉德	2012.05.13
顾景舟 扁腹壶	高8.3cm	5,980,000	中国嘉德	2012.10.30

拍品名称	物品尺寸	成交价RMB	拍卖公司	拍卖日期
顾景舟 扁缨壶	长16cm	3,450,000	北京保利	2012.12.03
顾景舟 藏六方壶	长19.5cm	3,450,000	北京匡时	2012.12.07
顾景舟 大提璧壶	高14.5cm	12,880,000	北京翰海	2012.05.26
顾景舟 段泥竹节纹壶	长19.2cm	60,975	香港邦瀚斯	2012.05.27
顾景舟 掇只壶	高11cm	5,520,000	中投嘉艺	2012.01.04
顾景舟 仿古壶	长17cm	100,000	隆荣国际	2012.07.27
顾景舟 仿鼓如意	长17cm	1,265,000	北京容海	2012.03.26
顾景舟 华颖壶	高10cm	6,900,000	上海宝龙	2012.06.26
顾景舟 华颖壶	长17cm	5,290,000	北京保利	2012.12.03
顾景舟 绿泥四方侧角壶	高9.5cm	1,380,000	中国嘉德	2012.05.13
顾景舟 墨绿泥矮八方壶	长17cm；高9cm	2,875,000	北京匡时	2012.06.03
顾景舟 木瓜壶	高15cm	3,680,000	中投嘉艺	2012.01.04
顾景舟 木瓜壶	高11cm	1,495,000	北京匡时	2012.12.07
顾景舟 牛盖洋桶	高14cm	1,035,000	中投嘉艺	2012.01.04
顾景舟 牛盖洋桶壶	长16.3cm	2,300,000	北京保利	2012.06.03
顾景舟 匏尊壶	长17cm	280,000	隆荣国际	2012.07.27
顾景舟 清水壶	高8cm	616,000	上海阳浩	2012.07.15
顾景舟 三足乳鼎壶	高9.9cm	5,520,000	上海宝龙	2012.06.26
顾景舟 双圈壶	高14cm	9,430,000	北京翰海	2012.05.26
顾景舟 双线竹鼓壶	高9cm	2,139,000	凤凰拍卖	2012.12.16
顾景舟 小石瓢壶	高4.5cm	2,817,500	中国嘉德	2012.05.13
顾景舟 虚扁壶	高7cm	11,500,000	北京翰海	2012.05.26
顾景舟 徐汉棠合制 紫砂壶	高11cm	172,500	北京匡时	2012.12.07
顾景舟 洋桶	高13.8cm	1,840,000	上海宝龙	2012.06.26
顾景舟 洋桶壶	高12.5cm	1,782,500	北京翰海	2012.12.08
顾景舟 紫砂瓜棱如意纹壶	高10.5cm	1,150,000	北京翰海	2012.05.27
顾景舟 紫砂龙眠小壶	高4.5cm	2,070,000	文津阁	2012.06.01
顾景舟 紫砂石瓢壶	高8cm	1,120,000	琴岛荣德	2012.05.27
顾景舟 座有兰言壶	高8.5cm	1,207,500	中国嘉德	2012.05.13
顾景舟 《汉铎壶》	长16cm	2,415,000	长风拍卖	2012.09.17
顾景舟 《合欢》壶	长17cm	3,450,000	长风拍卖	2012.09.17
顾景舟刻书画赵江华制大石瓢壶		189,750	上海春秋堂	2012.04.22
顾景舟制"座有兰言"仿鼓壶	长17.5cm	1,150,000	北京保利	2012.12.06
顾景舟制仿古壶		940,800	上海云顶	2012.04.08
顾景舟制如意仿古壶	高10cm	345,000	北京九歌	2012.06.29
顾景舟制三足乳鼎壶		2,185,000	上海春秋堂	2012.04.22
顾景舟制洋桶壶		1,456,000	上海云顶	2012.04.08
顾景舟制紫泥小壶	宽13cm	69,000	北京保利	2012.06.06
顾景舟制紫砂壶	高12cm	168,000	辽宁中正	2012.01.15
顾勤 扁子冶石瓢壶	长24.5cm	207,000	中贸圣佳	2012.07.22
顾勤 汉璧壶	长25cm	322,000	中贸圣佳	2012.07.22
顾绍培 1997年制 矮石瓢壶	长19cm	69,000	北京保利	2012.12.03
顾绍培 2001年作 仿古壶	长16.8cm	109,250	北京保利	2012.06.03
顾绍培 2001年作 天龙鼎珠壶	长15cm	92,000	北京保利	2012.06.03
顾绍培 2008年制 长乐永泉壶	长18cm	161,000	北京保利	2012.12.03
顾绍培 豹方壶	高7cm	126,500	北京匡时	2012.06.03
顾绍培 壁泉壶	高9cm	89,700	凤凰拍卖	2012.12.16
顾绍培 大供春壶	高15.4cm	253,000	中国嘉德	2012.05.13
顾绍培 大供春壶	高17.5cm	368,000	北京匡时	2012.06.03
顾绍培 大供春壶	长29cm	207,000	北京保利	2012.12.03
顾绍培 掇球壶	高14cm	149,500	中国嘉德	2012.05.13
顾绍培 仿古壶	高8.6cm	322,000	上海宝龙	2012.06.26
顾绍培 高风亮节壶	高18cm	690,000	北京匡时	2012.06.03
顾绍培 高风亮节壶	高18cm	345,000	北京保利	2012.12.03
顾绍培 供春壶	高11cm	161,000	中国嘉德	2012.05.13
顾绍培 供春壶	高9.5cm	126,500	中国嘉德	2012.05.13
顾绍培 妙泉壶		130,000	上海驰翰	2012.10.10
顾绍培 牛盖合璧壶	高6cm	149,500	中国嘉德	2012.05.13
顾绍培 秦权壶	高10.5cm	66,700	凤凰拍卖	2012.12.16
顾绍培 卧轮禅师壶	高6cm；宽17cm	184,000	北京翰海	2012.05.26
顾绍培 玉韵壶	长14cm	115,000	北京容海	2012.03.26

2012杂项拍卖成交汇总

(成交价RMB：5万元以上)

拍品名称	物品尺寸	成交价RMB	拍卖公司	拍卖日期
顾绍培 玉韵壶	高10.2cm	94,300	中国嘉德	2012.05.13
顾绍培 珍珍壶	高8.3cm	57,500	中国嘉德	2012.10.30
顾绍培 竹节大壶	高18cm	89,600	琴岛荣德	2012.05.27
顾绍培 《小卧轮禅师壶》	长13cm	57,500	长风拍卖	2012.09.17
顾绍培制、鲍志强刻 1999年制小源泉壶	长11cm	51,750	北京保利	2012.12.03
顾绍培制、傅二石画 山水清音妙泉壶		150,000	上海驰翰	2012.10.10
顾绍培制、贺成画对弈线圆石瓢壶		150,000	上海驰翰	2012.10.10
顾绍培制、徐秀棠刻 1999年作仿古壶	长18cm	241,500	北京保利	2012.12.03
顾绍培制方山逸士壶		126,500	上海春秋堂	2012.04.22
顾绍培制牛盖合璧壶		61,600	上海云顶	2012.04.08
顾绍培制四方君玉壶		345,000	上海春秋堂	2012.04.22
顾绍培制逸泉三足壶		53,760	上海云顶	2012.04.08
顾绍培紫砂逸泉三足壶	高7cm	207,000	上海嘉泰	2012.06.23
顾涛 茗鼎飘香壶	长18.3cm	115,000	中贸圣佳	2012.07.22
顾涛 圆泉提梁壶	高15cm	92,000	中贸圣佳	2012.07.22
顾婷 寿珍汉扁	高7.2cm	60,500	广东汇誉	2012.12.23
顾婷 天龙顶珠壶	高14cm	57,500	凤凰拍卖	2012.12.16
顾婷制、顾绍培铭 2009年作 怡然三足壶	长14cm	57,500	北京保利	2012.06.03
顾治培制蟋蟀促织三友壶		89,600	上海云顶	2012.04.08
桂海杰 古陶壶	高15cm	66,700	北京传是	2012.12.16
韩美林 王志刚 古风提梁壶	长13.5cm	450,000	隆荣国际	2012.07.27
韩美林、周桂珍朱泥风形圆珠壶	高10cm	230,000	中国嘉德	2012.10.30
汉方壶		75,000	上海驰翰	2012.10.10
何道洪 集思壶	高26.5cm	9,200,000	北京翰海	2012.05.26
何道洪 1987年作 六方圆口壶	长13cm	483,000	北京保利	2012.12.03
何道洪 宝石壶	长19cm	793,500	北京保利	2012.12.03
何道洪 层波壶	高10.8cm	1,150,000	上海宝龙	2012.06.26
何道洪 大八角灯笼壶	高15.5cm	1,725,000	中投嘉艺	2012.01.04
何道洪 大松竹梅壶	长36.5cm	8,050,000	北京保利	2012.06.03
何道洪 汲韵壶	高12cm	1,380,000	中投嘉艺	2012.01.04
何道洪 六方圆口壶	高6.5cm	575,000	北京翰海	2012.12.08
何道洪 绿泥四季如意壶	高8cm	805,000	北京匡时	2012.06.03
何道洪 牛盖莲子壶	长19cm	300,000	隆荣国际	2012.07.27
何道洪 嵌泥长乐壶	高5.6cm	402,500	中国嘉德	2012.05.13
何道洪 秦方壶	长15cm	1,955,000	北京保利	2012.12.03
何道洪 圣珠壶	高7cm	1,380,000	北京翰海	2012.12.08
何道洪 四季如意壶	高8cm	862,500	中国嘉德	2012.10.30
何道洪 岁寒三友壶	高9.5cm	5,175,000	北京翰海	2012.05.26
何道洪 童稚壶	高7cm	667,000	中国嘉德	2012.05.13
何道洪 玉牛壶	高7.5cm	2,760,000	中投嘉艺	2012.01.04
何道洪 竹梅双清壶	长18cm	90,000	隆荣国际	2012.07.27
何道洪 《饮水思源》壶	长16cm	437,000	长风拍卖	2012.09.17
何道洪款葵瓣园壶		70,560	上海云顶	2012.04.08
何道洪款紫砂松鼠葡萄壶	宽19.3cm	195,500	北京保利	2012.12.06
何道洪制秦朴壶		598,000	上海春秋堂	2012.04.22
何道洪制旋波壶		264,500	上海春秋堂	2012.04.22
何道洪制紫泥钻石壶	高6.5cm	805,000	西泠拍卖	2012.12.29
何家英、陈国良 石瓢壶		437,000	上海驰翰	2012.04.27
何家英、张正中 竹趣壶		460,000	上海驰翰	2012.04.27
何健 禅境系列壶	高8.8cm	69,000	上海宝龙	2012.06.26
何挺初 蛋包壶	高8.8cm	51,750	上海宝龙	2012.06.26
何挺初 德钟壶	高11cm	51,750	上海宝龙	2012.06.26
何挺初制、方骏画 松花煮茶壶		75,000	上海驰翰	2012.10.10
何燕萍 润鼎壶	高11.5cm	80,500	凤凰拍卖	2012.12.16
何叶 生机盎然壶	高10cm	51,750	中国嘉德	2012.05.13
何叶 雄壶	高8cm	80,500	凤凰拍卖	2012.12.16
贺洪清 百日八方壶	长19cm	92,000	中贸圣佳	2012.07.22
胡洪明 紫光壶	长17cm	86,250	中贸圣佳	2012.07.22
胡永成 大桑宝壶	宽21cm	149,500	北京翰海	2012.12.08

拍品名称	物品尺寸	成交价RMB	拍卖公司	拍卖日期
胡永成制、华拓画 湖上清韵提梁壶		110,000	上海驰翰	2012.10.10
胡永成制、刘文西画 清趣秋菊壶		110,000	上海驰翰	2012.10.10
胡永成制紫砂青蛙壶	高17cm	287,500	北京九歌	2012.06.29
华建 《觚棱壶》	长18cm	132,250	长风拍卖	2012.09.17
华健 段泥传炉铭壶	高8.5cm	92,000	北京匡时	2012.06.03
华健 高简洁壶	高10cm	483,000	北京翰海	2012.05.26
华健 高四方云肩壶	高12cm	55,200	中国嘉德	2012.05.13
华健 孤棱壶	高8cm	101,200	北京翰海	2012.12.08
华健 古莲子壶	高14.7cm	71,300	中国嘉德	2012.10.30
华健 简洁四方壶	高6cm	82,800	北京翰海	2012.12.08
华健 莲莲蹬高壶	高12cm	575,000	北京翰海	2012.05.26
华健 莲莲蹬高茗壶	高12.1cm	195,500	上海宝龙	2012.06.26
华健 青灰泥六方蹬高壶	长16cm	92,000	北京保利	2012.12.03
华健 四方简洁茗壶	高6.5cm	115,000	上海宝龙	2012.06.26
华健 吴奇敏合制 刻童戏大圆壶	高14.5cm	195,500	北京匡时	2012.06.03
华健制、王玉珏画 水仙和小孩壶		140,000	上海驰翰	2012.10.10
华健制、周京新画 大智慧壶		140,000	上海驰翰	2012.10.10
华健制方圆玉璧提梁壶		69,000	上海春秋堂	2012.04.22
华健制鸣远四方壶		126,500	上海春秋堂	2012.04.22
华健制吴奇婉装饰 大潘壶	高14.5cm	112,700	北京匡时	2012.06.03
华健制亚明四方壶		55,200	上海春秋堂	2012.04.22
黄苗子 王志刚 牛钮壶	长9cm	680,000	隆荣国际	2012.07.27
黄苗子 王志刚 寿桃壶	长9cm	680,000	隆荣国际	2012.07.27
黄芸芸 十三竹壶	高11cm	368,000	北京翰海	2012.05.26
黄芸芸 云泉四方壶	高11cm	207,000	北京翰海	2012.05.26
黄自英 柱础壶	长18cm	86,250	中贸圣佳	2012.07.22
季益顺 楚汉风韵壶	高9.5cm	402,500	北京匡时	2012.06.03
季益顺 春意壶		140,000	上海驰翰	2012.10.10
季益顺 代代有福壶	高9.7cm	253,000	北京匡时	2012.12.07
季益顺 段泥刻诗文一粒珠壶	高11.8cm	230,000	北京匡时	2012.12.07
季益顺 风卷葵壶	高7.7cm	138,000	上海工美	2012.08.18
季益顺 风卷葵壶	长17.5cm	86,250	北京保利	2012.06.03
季益顺 芙蓉珠壶	高6.5cm	69,000	凤凰拍卖	2012.12.16
季益顺 汉风提梁壶	高15.5cm	345,000	北京匡时	2012.06.03
季益顺 荷塘夜色壶	高7cm	138,000	中国嘉德	2012.05.13
季益顺 环日奇光壶	长15.5cm	57,500	北京保利	2012.06.03
季益顺 吉祥如意壶	高8.1cm	92,000	中国嘉德	2012.10.30
季益顺 劲竹壶	高6.5cm	115,000	北京翰海	2012.12.08
季益顺 莲子壶	高9.5cm	184,000	北京翰海	2012.12.08
季益顺 情竹壶	高7.5cm	82,800	中国嘉德	2012.10.30
季益顺 如意壶		65,000	上海驰翰	2012.10.10
季益顺 硕鼠壶	高10cm	195,500	中国嘉德	2012.05.13
季益顺 松鼠葡萄壶	高14.5cm	483,000	北京匡时	2012.06.03
季益顺 天门凤阁壶	高11cm	414,000	北京匡时	2012.12.07
季益顺 雄风壶	高9cm	184,000	上海宝龙	2012.06.26
季益顺 雄风壶	长17.5cm	287,500	北京容海	2012.03.26
季益顺 知足壶		320,000	上海驰翰	2012.10.10
季益顺 竹香花浓壶	高9cm	126,500	北京翰海	2012.05.26
季益顺 紫气东来壶	高8cm	82,800	中国嘉德	2012.05.13
季益顺 紫砂楚汉风韵壶	长20cm	575,000	太平洋	2012.06.16
季益顺 紫砂壶	高9cm	80,500	凤凰拍卖	2012.12.16
季益顺 紫砂提梁壶	高17cm	168,000	上海中福	2012.06.03
季益顺《劲竹》壶	长14cm	89,700	长风拍卖	2012.09.17
季益顺制 玉蝉壶		134,400	上海云顶	2012.04.08
季益顺制 祝福壶		230,000	上海春秋堂	2012.04.22
季益顺制紫泥汉风提梁壶	高16.8cm	253,000	西泠拍卖	2012.12.29
季益顺制紫泥万事如意壶	高8cm	55,200	西泠拍卖	2012.12.29
季益顺制紫泥五子登科壶	高9cm	149,500	西泠拍卖	2012.12.29
江建祥 春露壶	高11cm	253,000	北京匡时	2012.12.07
江建祥 牛盖莲子壶	高7cm	115,000	北京翰海	2012.12.08
江建祥 清韵壶	宽17.3cm	460,000	上海宝龙	2012.06.26
江建祥 雪梅套组壶	高8.5cm	299,000	北京翰海	2012.12.08

拍品名称	物品尺寸	成交价RMB	拍卖公司	拍卖日期
江建祥制林卷葵壶		89,600	上海云顶	2012.04.08
江建祥制水平壶		55,200	上海春秋堂	2012.04.22
江建翔 陈韵芳露壶	高17.5cm	1,955,000	北京翰海	2012.05.26
江建翔 方青雅韵壶	高12cm	1,380,000	北京翰海	2012.05.26
江建翔 高莲子壶	高8cm	51,750	中国嘉德	2012.05.13
江建翔 觎媚清香壶	高17.5cm	2,070,000	北京翰海	2012.05.26
江建翔 田园情趣壶	长15cm	207,000	北京容海	2012.03.26
江建翔 挚友壶套组	高8.5cm	437,000	中国嘉德	2012.10.30
江建翔 紫泥小品壶	长12cm	97,750	北京匡时	2012.06.03
江建翔 《大千风雅》壶	长18.5cm	632,500	长风拍卖	2012.09.17
江建翔 《牛盖莲子》壶	长18cm	57,500	长风拍卖	2012.09.17
江勤翔 香彻提梁壶	长19.5cm	103,500	北京保利	2012.12.03
江勤翔 《华茂春松》壶	长16cm	51,750	长风拍卖	2012.09.17
蒋蓉 1992年制 蛤蟆木桩壶	长13.5cm	287,500	北京保利	2012.12.03
蒋蓉 百果壶	高8.4cm	552,000	中国嘉德	2012.05.13
蒋蓉 柏桩蛙钮壶	高8.5cm	402,500	中国嘉德	2012.10.30
蒋蓉 段泥冬瓜枕壶	长28.5cm	552,840	香港邦瀚斯	2012.05.27
蒋蓉 佛手壶	高8cm	345,000	上海宝龙	2012.06.26
蒋蓉 荷塘清趣壶	高10cm	333,500	凤凰拍卖	2012.12.16
蒋蓉 荷叶壶	长19.5cm	161,000	北京保利	2012.06.03
蒋蓉 寿桃壶	高7.5cm	97,750	中国嘉德	2012.05.13
蒋蓉 寿星匏樽壶	长12.5cm	55,000	隆荣国际	2012.07.27
蒋蓉 万寿桩壶	长18.5cm	230,000	北京保利	2012.12.03
蒋蓉 竹根壶	长15cm	345,000	北京容海	2012.03.26
蒋蓉 竹根壶		280,000	上海驰翰	2012.10.10
蒋蓉款梅段壶		78,400	上海云顶	2012.04.08
蒋蓉款紫砂壶		123,200	上海云顶	2012.04.08
蒋蓉制荸荠壶		504,000	上海云顶	2012.04.08
蒋蓉制荷叶壶		728,000	上海云顶	2012.04.08
蒋蓉制橘壶	高6.5cm	126,500	北京诚轩	2012.05.13
蒋蓉制树桩壶		582,400	上海云顶	2012.04.08
蒋蓉制树桩壶		392,000	上海云顶	2012.04.08
蒋蓉制喜从天降壶		145,600	上海云顶	2012.04.08
蒋蓉制小仙桃壶		172,500	上海春秋堂	2012.04.22
蒋蓉制紫砂树桩壶	高9.8cm	310,500	北京诚轩	2012.10.28
蒋蓉紫砂荷蛙壶	长15cm	425,600	中鸿信	2012.03.18
蒋新安 国粹系列 京剧壶	壶高6.5cm	172,500	北京传是	2012.12.16
蒋新安 国粹系列 民居壶	壶高14.2cm	195,500	北京传是	2012.12.16
蒋新安 国粹系列 殷商遗韵壶	壶高14cm	207,000	北京传是	2012.12.16
蒋新安 紫砂茶海 铜鼓壶组	壶高6.4cm	115,000	北京传是	2012.12.16
瞿子冶 石瓢壶	高8.5cm	97,750	上海工美	2012.08.18
刻诗文紫砂壶	高9cm	94,070	中联国际	2012.10.02
乐丁洪 一杆到顶壶	高12.5cm	313,600	上海中福	2012.06.03
李碧芳 双龙戏珠对壶		51,750	上海驰翰	2012.04.27
李涵鸣 1996年作 荷池蛙塘壶	长17cm	115,000	北京保利	2012.12.03
李涵鸣 掇球壶	高10cm	184,000	北京翰海	2012.12.08
李涵鸣 荷塘蛙池壶	高8cm	92,000	中国嘉德	2012.10.30
李涵鸣 青蛙莲花壶	高9cm	92,000	北京匡时	2012.06.03
李涵鸣 天外天壶	高8.3cm	155,250	北京翰海	2012.12.08
李涵鸣 《青蛙莲子壶》(五件套)	长17cm	161,000	长风拍卖	2012.09.17
李涵鸣制两小无猜壶		126,500	上海春秋堂	2012.04.22
李寒勇 大满瓢壶	高10cm	368,000	北京翰海	2012.05.26
李寒勇 过桥扁腹壶	高6.5cm	212,750	北京翰海	2012.12.08
李寒勇 镜瓦壶	高6.9cm	80,500	上海宝龙	2012.06.26
李寒勇 镜瓦壶	高9cm	86,250	北京翰海	2012.05.26
李寒勇 满瓢壶		97,750	上海驰翰	2012.04.27
李寒勇 三足水平壶	高7.5cm	55,200	北京翰海	2012.05.26
李寒勇 涌泉壶		55,200	上海驰翰	2012.04.27
李寒勇 玉龙禅钟壶	高10cm	161,000	北京翰海	2012.05.26
李寒勇 子冶小石瓢壶	高5.5cm	57,500	上海宝龙	2012.06.26
李寒勇制、吴东元刻 2007年作镜瓦壶	长16.2cm	57,500	北京保利	2012.12.03
李玮 琼智壶	高8cm	57,500	北京传是	2012.12.16

拍品名称	物品尺寸	成交价RMB	拍卖公司	拍卖日期
李卫明 梅花周盘壶	高7cm	92,000	北京翰海	2012.12.08
莲花瓣纹紫砂壶	高6.3cm	150,512	中联国际	2012.10.02
凌锡苟 谈跃伟合作 荷塘蛙声壶	高11cm	89,700	北京匡时	2012.06.03
刘旦宅书画、沈觉初刻、徐晓海制 井栏壶	高8.6cm	115,000	上海工美	2012.08.18
刘惠大制 松鼠葡萄壶	高17cm	56,000	上海中福	2012.06.03
刘建平 八卦五头壶	长21cm	115,000	北京容海	2012.03.26
刘建平 大金牛壶	高10.6cm	92,000	中国嘉德	2012.05.13
刘建平 段泥竹船壶	高14cm	86,250	中国嘉德	2012.05.13
刘建平 钢瓶壶		59,800	上海驰翰	2012.04.27
刘建平 君竹壶	高9cm	287,500	上海宝龙	2012.06.26
刘建平 神宝(套壶)	壶高11.4cm	287,500	上海宝龙	2012.06.26
刘建平 鱼化龙壶	高10cm	69,000	北京匡时	2012.06.03
刘建平 圆环壶	高10.7cm	63,250	中国嘉德	2012.10.30
刘剑飞 高山流水壶	高9.8cm	63,250	北京匡时	2012.12.07
刘景 枯木逢春壶	高8cm	63,250	北京翰海	2012.05.26
刘文西、华健 菱形壶		161,000	上海驰翰	2012.04.27
刘小酩 灵韵天成壶	长15cm	69,000	中贸圣佳	2012.07.22
陆德祥 大亨掇只壶	长19.5cm	57,500	中贸圣佳	2012.07.22
陆虹炜 竹段壶	高8cm	86,250	北京翰海	2012.05.26
陆俨少画沈觉初刻程苗根制紫泥圆壶	高11.5cm	87,400	西泠拍卖	2012.12.29
陆俨少书画、沈觉初刻、曹筱樱制 莲子壶(一对)	高12.6cm；高12.8cm	115,000	上海工美	2012.08.18
吕俊杰 彩蝶供春壶	高13.5cm	195,500	中国嘉德	2012.05.13
吕俊杰 春灯壶	高9cm	69,000	北京翰海	2012.12.08
吕俊杰 供春壶	高9.4cm	63,250	中国嘉德	2012.10.30
吕俊杰 绞泥纹颈壶	长15cm	80,500	北京容海	2012.03.26
吕俊杰 金丝银线壶	高6.3cm	149,500	中国嘉德	2012.05.13
吕俊杰 神鸟壶	高7.5cm	59,800	中国嘉德	2012.05.13
吕俊杰 生生不息套壶	长16.7cm	920,000	中贸圣佳	2012.07.22
吕俊杰 紫气东来壶	高10cm	184,000	上海宝龙	2012.06.26
吕俊杰 天柱壶	高8.5cm	138,000	北京翰海	2012.12.08
吕俊杰制、吕尧臣监制 1992年制 海市蜃楼壶	长14cm	57,500	北京保利	2012.12.03
吕尧臣 1997年作 紫玉壶	长15cm	161,000	北京保利	2012.06.03
吕尧臣 1998年作 秋蝉壶	长15cm	287,500	北京保利	2012.12.03
吕尧臣 2000年作 贵妃醉酒壶	长15cm	195,500	北京保利	2012.06.03
吕尧臣 奥运鸟巢壶	高5.5cm	1,840,000	中投嘉艺	2012.01.04
吕尧臣 冰裂秦权壶	长15cm	287,500	北京保利	2012.06.03
吕尧臣 冰裂提梁壶	高10cm	287,500	北京保利	2012.12.03
吕尧臣 掇球壶		103,500	上海驰翰	2012.04.27
吕尧臣 掇球壶	高8.5cm	57,500	中国嘉德	2012.05.13
吕尧臣 掇球壶	高10cm	230,000	北京翰海	2012.12.08
吕尧臣 华径壶	长17cm	287,500	北京保利	2012.12.03
吕尧臣 金蟾玉璧壶	高6.5cm	103,500	中国嘉德	2012.10.30
吕尧臣 井中壶套组	高7cm	391,000	中国嘉德	2012.10.30
吕尧臣 井中蛙壶		320,000	上海驰翰	2012.10.10
吕尧臣 年年有余壶	长15cm	101,200	北京保利	2012.12.03
吕尧臣 凝碧雨花石提梁壶	高11cm	977,500	上海宝龙	2012.06.26
吕尧臣 茄段壶	高9.5cm	115,000	北京匡时	2012.06.03
吕尧臣 容天壶	高11.5cm	172,500	北京匡时	2012.12.07
吕尧臣 三足冰纹石瓢壶	高8cm	149,500	中国嘉德	2012.10.30
吕尧臣 神韵壶		97,750	上海驰翰	2012.04.27
吕尧臣 石瓢壶	高8cm	161,000	中国嘉德	2012.10.30
吕尧臣 天赐壶	高7.8cm	322,000	中国嘉德	2012.10.30
吕尧臣 天际壶	长13.5cm	310,500	北京保利	2012.12.03
吕尧臣 天竺壶	长16.5cm	230,000	北京匡时	2012.06.03
吕尧臣 西施壶		97,750	上海驰翰	2012.04.27
吕尧臣 稀世珍宝壶	高8cm	437,000	中国嘉德	2012.05.13
吕尧臣 学艺壶	高9cm	207,000	中国嘉德	2012.05.13
吕尧臣 紫砂壶	长14.5cm	66,700	中贸圣佳	2012.03.04
吕尧臣 《掇球壶》	长13.5cm	230,000	长风拍卖	2012.09.17

2012杂项拍卖成交汇总

(成交价RMB：5万元以上)

拍品名称	物品尺寸	成交价RMB	拍卖公司	拍卖日期
吕尧臣制合欢壶		195,500	上海春秋堂	2012.04.22
吕尧臣制笠翁壶		97,750	上海春秋堂	2012.04.22
吕尧臣制绿泥紫砂壶	长15cm	109,250	北京保利	2012.12.06
吕尧臣制天宝壶		172,500	上海春秋堂	2012.04.22
马金旺 石瓢壶	高12cm	201,600	上海中福	2012.06.03
马璟辉 春晖提梁壶	高16.5cm	287,500	北京翰海	2012.05.26
马璟辉 朱泥大西施壶	高9.5cm	230,000	北京翰海	2012.05.26
马群东 鼎馨壶	高13cm	69,000	北京翰海	2012.05.26
马群东 如意仿古壶	高8.4cm	63,250	上海宝龙	2012.06.26
曼陀式矮瓜壶		560,000	上海云顶	2012.04.08
毛国强 得福图壶	长18cm	69,000	北京容海	2012.03.26
毛国强、吴亚平 大桃枝提梁壶	高57cm	115,000	中国嘉德	2012.10.30
毛子健 冰雪精神壶	高10.5cm	89,700	凤凰拍卖	2012.12.16
毛子健 天地造物组壶	尺寸不一	138,000	北京翰海	2012.12.08
茂林款朱泥小品壶		64,960	上海云顶	2012.04.08
莫悟奇 紫泥宜均天青釉直筒壶	高16.5cm	111,788	香港邦瀚斯	2012.05.27
倪顺生 蝶恋花壶	高8cm	89,700	凤凰拍卖	2012.12.16
倪顺生 风卷葵壶	高14.5cm	59,800	中国嘉德	2012.05.13
倪顺生 梅花舟盘壶		86,250	上海驰翰	2012.04.27
倪顺生 蜜蜂梅桩壶	长25cm	57,500	北京保利	2012.12.03
倪顺生 松鼠葡萄桩壶	高10.5cm	115,000	北京匡时	2012.12.07
倪顺生 特大风卷葵壶	高14cm	109,250	北京匡时	2012.12.07
牛盖莲子壶		51,750	朵云轩	2012.09.21
潘持平 大方壶	高14.5cm	253,000	中国嘉德	2012.10.30
潘持平 大亚明四方壶	长18.5cm	86,250	北京容海	2012.03.26
潘持平 大亚明四方壶	高11cm	172,500	上海宝龙	2012.06.26
潘持平 方础壶		92,000	上海驰翰	2012.04.27
潘持平 方钟壶	高7.5cm	138,000	北京翰海	2012.12.08
潘持平 魁方壶	高14cm	105,800	中国嘉德	2012.05.13
潘持平 魁方壶	高13.5cm	115,000	北京翰海	2012.12.08
潘持平 夔方壶	高14cm	138,000	上海宝龙	2012.06.26
潘持平 秦方壶	高14cm	218,500	中国嘉德	2012.05.13
潘持平 萧山隐士壶	高7cm	115,000	北京翰海	2012.12.08
潘持平 行云流水壶	高11.5cm	78,200	中国嘉德	2012.05.13
潘持平 亚明方壶	高11cm	172,500	中国嘉德	2012.05.13
潘持平 亚明四方壶	长19cm	69,000	北京保利	2012.06.03
潘持平 亚明四方壶	高7.5cm	161,000	北京翰海	2012.12.08
潘持平 《和美对壶》	长16cm；长16.5cm	195,500	长风拍卖	2012.09.17
潘持平《红晨钟壶》	长14.5cm	138,000	长风拍卖	2012.09.17
潘持平《新方础壶》	长16cm	138,000	长风拍卖	2012.09.17
潘持平制，毛国强刻 坦然壶		150,000	上海驰翰	2012.10.10
潘持平制黑虎壶		97,750	上海春秋堂	2012.04.22
潘持平制兽钮升方壶		161,000	上海春秋堂	2012.04.22
潘持平制线韵壶		126,500	上海春秋堂	2012.04.22
潘壶		92,000	朵云轩	2012.09.21
潘跃明 浪花壶	高10.5cm	57,500	北京匡时	2012.12.07
裴石民 菊蕾壶	长17.5cm	517,500	北京保利	2012.06.03
裴石民 莲子蜜蜂壶	高10cm	345,000	北京匡时	2012.06.03
裴石民 满釉直筒壶	高16cm	276,000	北京匡时	2012.06.03
裴石民 硕瓜壶	高12.3cm	575,000	北京匡时	2012.12.07
裴石民 紫砂蟠桃壶	高11cm	1,792,000	上海中福	2012.06.03
裴石民款 德泰壶	长17cm	207,000	北京保利	2012.06.03
裴石民款紫泥牛盖莲子壶	宽18.7cm×2	422,344	香港邦瀚斯	2012.11.24
裴石民制段泥仿古壶		425,600	上海云顶	2012.04.08
裴石民制三足段泥壶		201,600	上海云顶	2012.04.08
钱丽媛 石瓢壶	高9.5cm	103,500	北京翰海	2012.12.08
钱丽媛 竹韵壶	高10.5cm	103,500	北京翰海	2012.12.08
乾隆年制 平盖壶		61,600	上海云顶	2012.04.08
乾隆年制款 紫砂壶	长18cm	66,700	中贸圣佳	2012.03.04
潜陶 大传炉壶	高13.7cm	126,500	上海宝龙	2012.06.26
青蛙莲子壶		89,600	上海云顶	2012.04.08
任备安 通壁提梁壶	高18.5cm	437,000	中国嘉德	2012.05.13

拍品名称	物品尺寸	成交价RMB	拍卖公司	拍卖日期
任备安 云腹壶	高7cm	97,750	北京翰海	2012.12.08
桑梨兵制紫泥春江水暖鸭先知壶	高9cm	63,250	西泠拍卖	2012.12.29
桑黎兵 硕鼠壶	高8cm	92,000	凤凰拍卖	2012.12.16
桑黎兵 田园小息壶	高5.5cm	69,000	凤凰拍卖	2012.12.16
桑黎兵 甜蜜蜜壶	高9cm	207,000	北京传是	2012.12.16
桑黎兵 甜甜壶	高9.5cm	80,500	北京传是	2012.12.16
善宝 翁形壶		161,000	上海驰翰	2012.04.27
邵宝琴 朱泥梅椿壶	高10cm	207,000	北京匡时	2012.12.07
邵顺生 墨菊壶	高11.5cm	57,500	北京传是	2012.12.16
邵顺生 千禧龙方壶	高14cm	57,500	北京传是	2012.12.16
邵元恩款 大彬提梁壶	长14cm	149,500	北京保利	2012.12.03
邵元祥 《明式提梁壶》	长17cm	51,750	长风拍卖	2012.09.17
邵云琴制冰清玉洁套壶		56,000	上海云顶	2012.04.08
邵正来《宫灯》壶	长14cm	437,000	长风拍卖	2012.09.17
畲蓉芬 九龙供春提梁壶	长23.5cm	100,000	隆荣国际	2012.07.27
佘永峰 风卷葵壶	高9cm	71,300	北京翰海	2012.12.08
佘永锋 乐天壶	高11cm	51,750	北京翰海	2012.05.26
佘永锋 三友壶	高11cm	69,000	北京翰海	2012.05.26
沈汉生制翔云壶		67,200	上海云顶	2012.04.08
沈遽华作、章炳文铭 玉笠壶		86,250	上海驰翰	2012.04.27
沈锡芬 吴径提梁壶	高17cm	97,750	中贸圣佳	2012.07.22
沈孝陆 八方壶	高9cm	69,000	北京匡时	2012.12.07
沈孝陆 牛盖莲子壶	高7.1cm	57,500	上海宝龙	2012.06.26
施福生 松树葡萄壶		287,500	上海驰翰	2012.04.27
施馥森 鱼化龙壶	高8cm	57,500	北京匡时	2012.06.03
施小马 传炉壶	高11cm	253,000	北京匡时	2012.06.03
施小马 掇只壶	长16.5cm	92,000	北京保利	2012.12.03
施小马 方天壶	高5.8cm	86,250	中国嘉德	2012.10.30
施小马 方韵壶	高9.5cm	172,500	北京翰海	2012.12.08
施小马 负阴抱阳壶	高7.5cm	345,000	中国嘉德	2012.05.13
施小马 高把提梁壶	高17cm	345,000	凤凰拍卖	2012.12.16
施小马 高方壶	高10.6cm	115,000	中国嘉德	2012.05.13
施小马 黑玄珪方壶	高12cm	105,800	中国嘉德	2012.05.13
施小马 红黑六方壶	高5.5cm	195,500	北京翰海	2012.12.08
施小马 红与黑紫砂套壶	高12.2cm	287,500	中国嘉德	2012.10.30
施小马 魁方壶	高12.8cm	138,000	中国嘉德	2012.10.30
施小马 菱花套壶	高7.5cm	345,000	北京匡时	2012.12.07
施小马 六方石瓢壶	高7.7cm	184,000	上海宝龙	2012.06.26
施小马 神韵壶	高9.4cm	82,800	中国嘉德	2012.05.13
施小马 四方壶	长17cm	57,500	北京容海	2012.03.26
施小马 太极方壶	高7.3cm	103,500	中国嘉德	2012.05.13
施小马 徐达明 徐维明 鲍利安 胡永成 周鹏甲合制 特大乐樱提梁壶	高64cm；	471,500	北京匡时	2012.06.03
施小马 玉璧紫韵壶	高7.5cm	138,000	北京翰海	2012.12.08
施小马 玉璧紫韵壶	高18.4cm	230,000	北京匡时	2012.12.07
施小马 玉律壶	高10cm	253,000	北京匡时	2012.06.03
施小马 玉律壶	高9cm	287,500	上海宝龙	2012.06.26
施小马 紫彧壶	高7cm	149,500	北京翰海	2012.05.26
施小马 《传炉壶》	长19cm	218,500	长风拍卖	2012.09.17
施小马 《方韵》壶	长15cm	149,500	长风拍卖	2012.09.17
施小马 《砂骏方提梁》壶	高13cm	172,500	长风拍卖	2012.09.17
施小马 《提灯问茶壶》	高12cm	184,000	长风拍卖	2012.09.17
施小马 《腰线》壶	长19cm	66,700	长风拍卖	2012.09.17
施小马 《智方壶》	长11cm	172,500	长风拍卖	2012.09.17
施小马制、溥松窗画、石泉刻神蟋壶	长16cm	207,000	北京保利	2012.12.03
施小马制龙头一捆竹壶		402,500	上海春秋堂	2012.04.22
施小马制四方抽角壶		207,000	上海春秋堂	2012.04.22
施小马制四方丰收壶		322,000	上海春秋堂	2012.04.22
施小马制圆角方壶		89,600	上海云顶	2012.04.08
时大彬款如意纹盖三足壶		61,600	上海云顶	2012.04.08
史云棠 大竹段壶	高14.5cm	115,000	北京翰海	2012.12.08
士英款 高身仲芳式壶		750,000	上海驰翰	2012.10.10

拍品名称	物品尺寸	成交价RMB	拍卖公司	拍卖日期
柿子壶	高9.1cm	103,500	上海宝龙	2012.06.26
束金寿《梅花周盘》壶	长16cm	425,500	长风拍卖	2012.09.17
孙伯春 集成壶	高11cm	55,200	北京传是	2012.12.16
孙俊杰 圆缘提梁壶	高10.5cm	66,700	北京翰海	2012.12.08
谈跃伟 高跃壶	高12cm	66,700	凤凰拍卖	2012.12.16
谭晓燕 玉环壶	高13cm	69,000	凤凰拍卖	2012.12.16
汤鸣皋 峰韵壶	宽16.8cm	57,500	南京嘉信	2012.06.24
汤鸣皋 双线提梁壶	高15cm	92,000	中贸圣佳	2012.07.22
唐彬杰 八方井栏壶	高7cm	161,000	北京翰海	2012.05.26
唐彬杰 汉六方壶	高8.5cm	287,500	上海宝龙	2012.06.26
唐彬杰 棱菊壶	高9cm	333,500	北京翰海	2012.05.26
唐彬杰 龙头四方壶	高10cm	529,000	北京翰海	2012.05.26
唐彬杰 鹿鼎提梁壶	高12.5cm	253,000	北京匡时	2012.12.07
唐彬杰 乾坤葫芦壶	长14cm	101,200	北京保利	2012.12.03
唐彬杰 提尊壶	高15cm	598,000	北京翰海	2012.05.26
唐彬杰 文旦壶	高9.5cm	149,500	北京匡时	2012.12.07
唐彬杰 小德钟壶	高8.4cm	109,250	上海宝龙	2012.06.26
唐彬杰 玉钟一式壶		126,500	上海驰翰	2012.04.27
唐凤芝 风卷葵壶	高11cm	92,000	上海宝龙	2012.06.26
唐林彬 双圈壶	高10.5cm	51,750	北京翰海	2012.12.08
唐云书画 张红华制 石瓢壶	高8.8cm	69,000	上海工美	2012.08.18
唐云书画、徐孝穆刻、顾景舟制 牛盖莲子壶	高7.8cm	690,000	上海工美	2012.08.18
提壁壶	高14.9cm	207,000	上海宝龙	2012.06.26
汪宝根《牛盖扁鼓壶》	长22cm	322,000	长风拍卖	2012.09.17
汪建川 风雅壶	长16cm	69,000	中贸圣佳	2012.07.22
汪建川 松竹梅套壶(三件)	长24cm×3	368,000	中贸圣佳	2012.07.22
汪寅仙 风卷葵壶	长19cm	1,322,500	北京保利	2012.12.03
汪寅仙 高南瓜壶	长16cm	575,000	北京保利	2012.12.03
汪寅仙 供春壶套组	高8cm	552,000	中国嘉德	2012.10.30
汪寅仙 过墙三友壶	长20cm	120,000	隆荣国际	2012.07.27
汪寅仙 红扁南瓜壶	长16cm	287,500	北京保利	2012.06.03
汪寅仙 红泥圣桃提梁壶	高20.5cm	1,725,000	北京匡时	2012.06.03
汪寅仙 浣纱童子壶	高9.8cm	115,000	北京匡时	2012.06.03
汪寅仙 九龙柏壶	高14.5cm	805,000	北京匡时	2012.06.03
汪寅仙 九头南瓜提梁套壶	尺寸不一	3,220,000	中投嘉艺	2012.01.04
汪寅仙 灵芝供春壶	长19cm	828,000	北京保利	2012.06.03
汪寅仙 灵芝供春提梁壶	高20cm	1,610,000	中投嘉艺	2012.01.04
汪寅仙 罗汉松壶	高12cm	1,092,500	中投嘉艺	2012.01.04
汪寅仙 罗汉松壶	高11cm	1,092,500	北京匡时	2012.12.07
汪寅仙 梅树桩壶	高9.5cm	1,035,000	上海宝龙	2012.06.26
汪寅仙 曲壶	高14.5cm	3,680,000	北京翰海	2012.05.26
汪寅仙 三友同福壶	高13.8cm	5,290,000	中国嘉德	2012.10.30
汪寅仙 圣柏壶	高14cm	2,875,000	中投嘉艺	2012.01.04
汪寅仙 圣柏壶(代表作)	高13cm	1,380,000	北京匡时	2012.12.07
汪寅仙 圣桃壶	高19.5cm	1,380,000	中国嘉德	2012.10.30
汪寅仙 石瓢提梁壶	高18cm	1,380,000	北京匡时	2012.12.07
汪寅仙 松桩壶	高10.3cm	1,012,000	中国嘉德	2012.05.13
汪寅仙 弯把梅桩壶	高13.5cm	1,725,000	北京翰海	2012.12.08
汪寅仙 渔翁壶套组	高8.3cm	575,000	中国嘉德	2012.10.30
汪寅仙 朱泥小南瓜壶	长13cm	299,000	北京容海	2012.03.26
汪寅仙 竹段壶	高12cm	1,610,000	中国嘉德	2012.05.13
汪寅仙 《白菓供春》壶	长13.5cm	552,000	长风拍卖	2012.09.17
汪寅仙 《金砂僧壶》	长13cm	230,000	长风拍卖	2012.09.17
汪寅仙 《曲壶》	高17cm	2,300,000	长风拍卖	2012.09.17
汪寅仙 《上梅缎桩壶》	长17cm	517,500	长风拍卖	2012.09.17
汪寅仙、姚志源合作《天鹏提梁》壶	长19cm	161,000	长风拍卖	2012.09.17
汪寅仙款生肖壶		78,400	上海云顶	2012.04.08
汪寅仙制夔龙供春壶		1,035,000	上海春秋堂	2012.04.22
汪寅仙制梅桩壶		448,000	上海云顶	2012.04.08
汪寅仙制梅桩松鼠葡萄壶		100,800	上海云顶	2012.04.08
汪寅仙制潘壶		168,000	上海云顶	2012.04.08

拍品名称	物品尺寸	成交价RMB	拍卖公司	拍卖日期
汪寅仙制弯鋬梅桩壶		322,000	上海春秋堂	2012.04.22
汪寅仙制弦纹竹节紫砂壶	高6.5cm	86,250	安华白云	2012.06.08
王东石制汉铎壶		156,800	上海云顶	2012.04.08
王国辉 智圆行方壶	高12cm	78,400	上海中福	2012.06.03
王国祥 仿古壶	高8cm	57,500	凤凰拍卖	2012.12.16
王辉 石玩壶	高9cm	184,000	中国嘉德	2012.05.13
王辉 石玩系列之八方提梁壶	高19.5cm	287,500	上海宝龙	2012.06.26
王辉 线律壶	高7cm	161,000	上海宝龙	2012.06.26
王辉制、宋玉麟画 湖上清韵壶		110,000	上海驰翰	2012.10.10
王铭东 僧帽壶		55,200	上海驰翰	2012.04.27
王强 瓜语壶	高12.9cm	126,500	上海宝龙	2012.06.26
王强 瓜语壶	高12.5cm	92,000	北京翰海	2012.05.26
王强 葫芦壶	高8.1cm	80,500	上海宝龙	2012.06.26
王强 井泉壶	高7.5cm	63,250	北京翰海	2012.05.26
王强 美人肩壶	高9.5cm	55,200	北京翰海	2012.12.08
王强 南红壶	高6cm	92,000	北京翰海	2012.05.26
王强 圆韵壶	高8.5cm	74,750	北京翰海	2012.05.26
王强制紫泥茄段壶	高11cm	97,750	西泠拍卖	2012.12.29
王石耕《五头回纹如意》壶	长16cm	66,700	长风拍卖	2012.09.17
王石耕制、韩敏装饰《麻姑献寿壶》	长33cm	356,500	长风拍卖	2012.09.17
王熙臣 石瓢壶		86,250	上海驰翰	2012.04.27
王小羚 点犀壶	高10.5cm	69,000	北京翰海	2012.05.26
王小羚 上腰线壶	高8.5cm	69,000	北京翰海	2012.05.26
王小龙 八卦一捆竹壶	高9.2cm	230,000	中国嘉德	2012.10.30
王小龙 钟形壶	高9cm	138,000	凤凰拍卖	2012.12.16
王寅春 1960年代作 天青泥四方壶	高9.2cm	230,000	北京诚轩	2012.05.13
王寅春 仿鼓壶	高9.5cm	149,500	北京匡时	2012.06.03
王寅春 合菱壶	高10cm	460,000	凤凰拍卖	2012.12.16
王寅春 牛盖洋桶壶	长15cm	172,500	北京保利	2012.12.03
王寅春 平盖壶	高9cm	494,500	凤凰拍卖	2012.12.16
王寅春 水平壶	高8cm	161,000	上海宝龙	2012.06.26
王寅春 碗灯壶	高9.8cm	322,000	北京匡时	2012.12.07
王寅春汉君壶	宽18cm	67,200	上海中福	2012.06.03
王寅春制高瓜形壶		598,000	上海春秋堂	2012.04.22
王寅春制梅花周盘壶		172,500	上海春秋堂	2012.04.22
王寅春制朱泥三弯流壶	宽12cm	172,500	北京诚轩	2012.05.13
王寅春制紫泥汉君壶	高8.7cm	253,000	西泠拍卖	2012.12.29
王寅春制紫泥弦纹壶	宽17.6cm	115,000	中国嘉德	2012.05.13
王寅春制紫砂半日壶	高8cm	55,200	北京九歌	2012.06.29
王寅春制紫砂提梁壶	高8.8cm	71,300	北京诚轩	2012.10.28
王志刚 卧虎藏龙壶	长17.5cm	200,000	隆荣国际	2012.07.27
王志刚 韵瓜壶	长17.5cm	100,000	隆荣国际	2012.07.27
韦钟云制德钟壶		56,000	上海云顶	2012.04.08
韦钟云制锦囊壶		56,000	上海云顶	2012.04.08
吴纯耿 合菱壶	高12cm	195,500	上海宝龙	2012.06.26
吴东元 禅言壶	高7.5cm	80,500	上海宝龙	2012.06.26
吴东元 禅言壶	高7cm	92,000	北京翰海	2012.05.26
吴东元 归隐壶	高7cm	80,500	北京翰海	2012.05.26
吴东元 儒行壶	高8.4cm	92,000	上海宝龙	2012.06.26
吴东元 散氏提梁壶	高16cm	253,000	北京翰海	2012.05.26
吴东元 悟道壶	高6.3cm	74,750	上海宝龙	2012.06.26
吴东元 心舟石瓢壶	高6cm	97,750	北京翰海	2012.12.08
吴东元 悠然壶	高7cm	71,300	北京翰海	2012.12.08
吴东元 追极壶	高7cm	126,500	北京翰海	2012.05.26
吴界明 础方壶	高9.6cm	161,000	上海宝龙	2012.06.26
吴界明 大彬宫灯壶	高14cm	126,500	北京翰海	2012.05.26
吴界明 大亨掇只壶	高9.5cm	74,750	北京翰海	2012.12.08
吴界明 方葫芦壶	高13.5cm	172,500	北京翰海	2012.12.08
吴界明 高灯壶	高11cm	57,500	北京翰海	2012.12.08
吴界明 秋水壶		55,200	上海驰翰	2012.04.27
吴界明 竹节蟾蜍壶	高13cm	287,500	北京翰海	2012.05.26
吴界明《秦权壶》	长15cm	78,200	长风拍卖	2012.09.17

2012杂项拍卖成交汇总

(成交价RMB：5万元以上)

拍品名称	物品尺寸	成交价RMB	拍卖公司	拍卖日期
吴界明《文竹壶》	长18cm	57,500	长风拍卖	2012.09.17
吴扣华 2012年作 梅桩壶	长20.5cm	333,500	北京保利	2012.06.03
吴扣华、范晨霞 茶昌壶	长21cm	287,500	北京保利	2012.12.03
吴坤大、吴立军、王克文(书画)景舟石瓢壶		78,400	上海云顶	2012.04.08
吴坤大、吴立军、王克文(书画)牛盖莲子壶		78,400	上海云顶	2012.04.08
吴鸣 八和壶	高10.4cm	172,500	上海宝龙	2012.06.26
吴鸣 供春吟壶	高9cm	94,300	中国嘉德	2012.05.13
吴鸣 古风壶	高8cm	230,000	北京翰海	2012.05.26
吴鸣 砂山系列壶	高10.5cm	402,500	北京传是	2012.12.16
吴鸣 生命状态壶	高7.5cm	230,000	北京翰海	2012.05.26
吴鸣 与先贤对话系列壶	高13.3cm	115,000	上海宝龙	2012.06.26
吴奇敏 明式壶	高8.7cm	63,250	上海宝龙	2012.06.26
吴奇敏 生机壶	高9cm	55,200	凤凰拍卖	2012.12.16
吴群祥 大供春壶	高14cm	69,000	北京翰海	2012.05.26
吴群祥 大提壁壶	高14cm	184,000	北京翰海	2012.12.08
吴群祥 东坡提梁壶	高16.8cm	172,500	上海宝龙	2012.06.26
吴群祥 汉云壶	高11cm	230,000	北京翰海	2012.05.26
吴群祥 红泥合欢壶	长18.5cm	50,600	北京保利	2012.06.03
吴群祥 莲子 壶	高7cm	69,000	北京翰海	2012.12.08
吴群祥 玉花提梁壶	高15cm	92,000	北京翰海	2012.05.26
吴群祥《石瓢》壶	长19cm	103,500	长风拍卖	2012.09.17
吴群祥制、谭泉海刻 石瓢壶	高8cm	51,750	上海工美	2012.08.18
吴群祥制、陶人铭 三足如意壶	长18.5cm	69,000	北京保利	2012.12.03
吴群祥制扁鼓壶		57,500	上海春秋堂	2012.04.22
吴群祥制书扁壶		86,250	上海春秋堂	2012.04.22
吴群祥制紫泥玉璧提梁壶	高19cm	138,000	西泠拍卖	2012.12.29
吴同芬制佛手套壶		89,600	上海云顶	2012.04.08
吴文新 金桂飘香壶	长18.5cm	63,250	中贸圣佳	2012.07.22
吴亚萍制、汪寅仙监制 仿古壶	长14cm	57,500	北京保利	2012.06.03
吴永成 盘龙壶	高10cm	66,700	凤凰拍卖	2012.12.16
吴云峰 尚古壶	高9.5cm	71,300	北京翰海	2012.12.08
吴云根 大柿壶		57,500	上海驰翰	2012.04.27
吴云根 觚棱壶	长19cm	69,000	北京保利	2012.12.03
吴云根 绞竹提梁壶	高22cm	4,025,000	中投嘉艺	2012.01.04
吴云根 笑樱壶	高10.5cm	126,500	北京匡时	2012.12.07
吴云根 玉璧周盘壶		92,000	中国嘉德	2012.10.30
吴云根 紫砂高竹节壶	长18cm	80,000	隆荣国际	2012.07.27
吴云根 紫砂四方隐角高竹竹鼎壶	长16.5cm	85,000	隆荣国际	2012.07.27
吴云根制绿泥线圆壶	宽18.8cm	89,700	中国嘉德	2012.05.13
吴云根制绿泥小传炉壶	宽15.3cm	80,500	中国嘉德	2012.05.13
吴云根制紫泥梅花诗文提梁壶	宽18cm	287,500	中国嘉德	2012.05.13
锡山俞国良制朱泥紫砂壶	高12.5cm	161,000	安华白云	2012.06.08
现代芝莱款扁柿壶		69,000	上海春秋堂	2012.04.22
谢菊萍 方圆之韵 对壶(两件)	尺寸不一	57,500	北京传是	2012.12.16
谢曼伦 大桑宝壶	高9cm	92,000	北京匡时	2012.06.03
谢曼伦 佛手椿壶	高25cm	80,500	中国嘉德	2012.05.13
谢曼伦 佛手壶	长19cm	69,000	北京容海	2012.03.26
谢曼伦 劲竹五件套壶(五件)	尺寸不一	52,900	北京保利	2012.12.03
谢曼伦 小桑宝壶	宽13.5cm	57,500	上海宝龙	2012.06.26
谢曼伦 竹段提梁壶	高14cm	71,300	中国嘉德	2012.05.13
谢稚柳书画、沈觉初刻、刘峰鸣制 仿古壶	高9.7cm	74,750	上海工美	2012.08.18
谢稚柳书画、徐维明制 大掇球壶	高12.5cm	80,500	上海工美	2012.08.18
徐达明 掇只壶	高15cm	460,000	中国嘉德	2012.05.13
徐达明 方升壶	高8.5cm	184,000	上海宝龙	2012.06.26
徐达明 汉韵红木提梁壶	高19cm	172,500	北京传是	2012.12.16
徐达明 山上人家壶	高21.5cm	103,500	北京匡时	2012.12.07
徐达明、唐云字画、徐秀棠刻大石瓢壶	长16.5cm	161,000	北京保利	2012.06.03
徐达明石瓢壶	高7cm	138,000	上海宝龙	2012.06.26
徐汉堂 高石瓢壶	长17.8cm	207,000	北京保利	2012.06.03
徐汉堂 小寿星壶	长15cm	230,000	北京保利	2012.06.03
徐汉堂 虚扁壶	口直径9cm	3,300,000	海南泰达	2012.12.23
徐汉堂制、徐秀棠书画并刻 绿泥小石瓢壶	高6.8cm	138,000	上海工美	2012.08.18
徐汉堂制浑方壶		50,400	上海云顶	2012.04.08
徐汉堂制紫砂壶	高8cm	109,250	北京九歌	2012.06.29
徐汉棠 1998年制 三弯石瓢壶	长16.5cm	184,000	北京保利	2012.12.03
徐汉棠 矮石瓢壶	高7cm	529,000	凤凰拍卖	2012.12.16
徐汉棠 掇只壶	高10.5cm	287,500	上海宝龙	2012.06.26
徐汉棠 方棱壶	高16cm	368,000	上海宝龙	2012.06.26
徐汉棠 仿古铺砂壶	长18cm	120,000	隆荣国际	2012.07.27
徐汉棠 汉铎壶	长16cm	55,000	隆荣国际	2012.07.27
徐汉棠 绞泥壶	高6.5cm	138,000	凤凰拍卖	2012.12.16
徐汉棠 潘壶	高9.5cm	115,000	中国嘉德	2012.10.30
徐汉棠 石瓢壶	高7.5cm	112,700	中国嘉德	2012.10.30
徐汉棠 石瓢壶	长17cm	172,500	北京保利	2012.12.03
徐汉棠《大彬如意》壶	长16cm	195,500	长风拍卖	2012.09.17
徐汉棠《古兽窥今》壶	长17cm	391,000	长风拍卖	2012.09.17
徐汉棠《石瓢》壶	长18.5cm	166,750	长风拍卖	2012.09.17
徐汉棠制段泥菱花如意提梁壶	高18cm	138,000	西泠拍卖	2012.12.29
徐雯 大石瓢壶	高8cm	57,500	北京传是	2012.12.16
徐雯 硕果壶	高9cm	51,750	北京传是	2012.12.16
徐雯 追古狮鼎壶	高15.6cm	57,500	北京传是	2012.12.16
徐秀棠 皮包壶	高8.2cm	161,000	中国嘉德	2012.10.30
徐秀棠 神鸟壶	高10.5cm	149,500	中国嘉德	2012.10.30
徐秀棠 兽首壶	长17.5cm	69,000	北京容海	2012.03.26
徐秀棠 钟馗壶	高16cm	89,700	北京翰海	2012.12.08
徐秀棠 铸鼎壶	高7.6cm	126,500	中国嘉德	2012.10.30
徐秀棠《大亨》壶	高45cm	345,000	长风拍卖	2012.09.17
徐秀棠《等等》壶	高25cm	103,500	长风拍卖	2012.09.17
徐秀棠刻高振宇制三足乳鼎壶		55,200	上海春秋堂	2012.04.22
徐秀棠紫砂铭文壶	宽13cm	57,500	北京保利	2012.06.06
徐徐 潘梨壶	高8cm	63,250	上海宝龙	2012.06.26
徐徐 匏瓜提梁壶	高21cm	368,000	中国嘉德	2012.05.13
徐徐 圆珠对壶	高10cm；高8cm	322,000	中国嘉德	2012.10.30
徐志倩 扁腹壶	长20cm	92,000	中贸圣佳	2012.07.22
徐志倩 春色壶	长20.5cm	115,000	中贸圣佳	2012.07.22
许四海 龟寿壶	高8.5cm	51,750	朵云轩	2012.07.22
许艳春 红泥凤鸣壶	高9cm	69,000	北京匡时	2012.06.03
许艳春 天球春色壶		55,200	上海宝龙	2012.06.26
许艳春制仿古壶		63,250	上海春秋堂	2012.04.22
许艳春制仿古如意壶		89,700	上海春秋堂	2012.04.22
杨彭年 子冶款紫砂壶	高5cm	425,500	凤凰拍卖	2012.12.16
杨彭年款段泥玉璧壶	宽16.5cm×2	151,125	香港邦瀚斯	2012.11.24
杨陶 梅椿壶	高10.5cm	103,500	上海宝龙	2012.06.26
杨维高 龙行九霄壶	长15cm	92,000	中贸圣佳	2012.07.22
杨维高 杨维高 行云流水壶	长19cm	69,000	中贸圣佳	2012.07.22
姚志源 红圣桃壶	高8.9cm	172,500	上海宝龙	2012.06.26
姚志源 积玉寒香壶	长20cm	69,000	北京保利	2012.12.03
姚志源 事事如意套壶	高7.8cm	172,500	北京匡时	2012.12.07
姚志源 踏雪寻梅套壶(九件)	尺寸不一	103,500	北京保利	2012.12.03
姚志源 提梁壶	高20cm	201,250	北京匡时	2012.06.03
姚志源 天鹏提梁壶	高19cm	112,700	凤凰拍卖	2012.12.16
姚志源 汪寅仙 杜鹃花壶	高11.8cm	184,000	中国嘉德	2012.05.13
姚志源 映山红壶	高11.8cm	126,500	北京匡时	2012.12.07
姚志源 竹报春	长15cm	80,500	北京容海	2012.03.26
姚志源 巧色柿子壶	高7.5cm	57,500	北京翰海	2012.12.08
叶鸿钧 半菊壶	高10.7cm	138,000	上海宝龙	2012.06.26
叶鸿钧 合菱壶	高10.4cm	138,000	上海宝龙	2012.06.26
叶鸿钧 笠盖葵式壶	高11cm	195,500	北京翰海	2012.05.26
叶永君 四方瑞兽之青龙壶	高10.5cm	69,000	北京翰海	2012.12.08
宜兴龙凤呈祥壶	长18.5cm	230,000	北京翰海	2012.12.21

拍品名称	物品尺寸	成交价RMB	拍卖公司	拍卖日期
宜兴名家顾景舟盖竹茶壶	宽20cm	55,614	香港富得	2012.12.26
宜兴名家顾景舟盖竹茶壶	宽20cm	55,614	香港富得	2012.12.26
余仲华 巫山云起壶	高9.5cm	161,000	北京翰海	2012.05.26
余仲华 相濡以沫	高10.5cm	71,500	广东汇誉	2012.12.23
余仲华 智圆行方壶	高9.5cm	74,750	北京翰海	2012.05.26
俞国良 《柿花》壶	长17cm	437,000	长风拍卖	2012.09.17
俞荣骏 梦入莲花壶	高8.6cm	322,000	上海宝龙	2012.06.26
俞荣骏 善一壶	高12.7cm	207,000	上海宝龙	2012.06.26
俞志贤制紫砂壶	长20cm	80,500	北京歌德	2012.06.02
玉柱壶		69,000	朵云轩	2012.09.21
喻慧、陈国良 香玉壶		195,500	上海驰翰	2012.04.27
袁小强 梅竹双清壶	高15cm	143,750	北京翰海	2012.12.08
袁小强 四方壶	高8cm	59,800	中国嘉德	2012.05.13
袁小强 四方壶(孤品)	高7cm	66,700	北京匡时	2012.06.03
袁小强 《梅竹双清》壶	长16cm	195,500	长风拍卖	2012.09.17
张海平 丁香壶	高8cm	86,250	北京传是	2012.12.16
张海平 三潭印月壶	长28cm	402,500	北京传是	2012.12.16
张海平 天鸡壶	高9.5cm	94,300	北京传是	2012.12.16
张海平 自然天成壶	高9cm	92,000	北京传是	2012.12.16
张红华 段泥竹节提梁壶	高16.5cm	71,300	北京匡时	2012.06.03
张红华 《凤鸣壶》	长21cm	109,250	长风拍卖	2012.09.17
张泓俊 篮玉提梁壶	高13cm	74,750	北京翰海	2012.12.08
张泓俊 三元式壶	高8cm	66,700	北京翰海	2012.12.08
张静 静竹壶	长17.5cm	57,500	中贸圣佳	2012.07.22
张静 南瓜提梁壶	高16.5cm	57,500	中贸圣佳	2012.07.22
张利烽、周志君合制 龙泉茗香壶	长16.5cm	92,000	中贸圣佳	2012.07.22
张庆臣 矮掇球壶	长14.5cm	92,000	北京保利	2012.06.03
张守智设计施小马制智方壶		149,500	上海春秋堂	2012.04.22
张寅 亘古壶	高10cm	126,500	北京翰海	2012.05.26
张寅 柿圆壶	高8.5cm	80,500	北京翰海	2012.05.26
张寅 援福壶	高7.5cm	80,500	北京翰海	2012.12.08
张正中 化石壶	高10cm	552,000	上海宝龙	2012.06.26
张正中 南瓜壶	高9.6cm	517,500	上海宝龙	2012.06.26
张正中 年轮提梁壶	高16cm	402,500	北京翰海	2012.05.26
张正中 秋林壶	高6.8cm	287,500	中国嘉德	2012.05.13
张正中 树桩壶	高13.3cm	575,000	北京匡时	2012.12.07
张正中 岁寒三友壶	高10cm	207,000	北京匡时	2012.06.03
张正中、陆虹炜 1993年制 束柴三友壶	长20.5cm	80,500	北京保利	2012.12.03
张正中制、何家英画古韵清流壶		380,000	上海驰翰	2012.10.10
张正中制年轮壶		264,500	上海春秋堂	2012.04.22
张正中制年轮壶		84,000	上海云顶	2012.04.08
张正中制脱颖壶		149,500	上海春秋堂	2012.04.22
中国宜兴段泥紫砂壶		78,400	上海云顶	2012.04.08
周定华 传炉壶	高13.6cm	287,500	上海宝龙	2012.06.26
周定华 瓜棱壶	高9cm	92,000	上海宝龙	2012.06.26
周定华 大吉大利壶	高13.5cm	80,500	北京翰海	2012.12.08
周桂珍 1991年制 半月壶	长16cm	69,000	北京保利	2012.12.03
周桂珍 2001年作 神韵提梁壶	长19.5cm	207,000	北京保利	2012.06.03
周桂珍 扁腹壶	高6.5cm	138,000	北京翰海	2012.12.08
周桂珍 大彬如意壶	高11.3cm	172,500	上海工美	2012.08.18
周桂珍 大掇球壶	高14cm	184,000	北京匡时	2012.12.07
周桂珍 单圈环龙三足壶	高11.5cm	437,000	北京匡时	2012.06.03
周桂珍 地球壶	高9cm	460,000	上海宝龙	2012.06.26
周桂珍 调砂僧帽壶	长13.5cm	69,000	北京保利	2012.12.03
周桂珍 鼎圆三足壶	高10.8cm	149,500	上海工美	2012.08.18
周桂珍 独纽壶	长16.5cm	57,500	北京保利	2012.12.03
周桂珍 掇只壶	高8cm	172,500	北京翰海	2012.12.08
周桂珍 仿古壶	长20cm	200,000	隆荣国际	2012.07.27
周桂珍 仿古如意壶	高8.5cm	345,000	中国嘉德	2012.05.13
周桂珍 古珍提梁壶	高13.5cm	253,000	北京翰海	2012.12.08
周桂珍 集玉壶	长17cm	92,000	北京保利	2012.06.03
周桂珍 集玉壶	长17cm	253,000	北京保利	2012.12.03

拍品名称	物品尺寸	成交价RMB	拍卖公司	拍卖日期
周桂珍 集玉壶 (一对)	长12.5cm；长17cm	253,000	北京匡时	2012.06.03
周桂珍 联碧壶	长17cm	101,200	北京保利	2012.12.03
周桂珍 绿泥四方壶		97,750	上海驰翰	2012.04.27
周桂珍 梅花提梁壶	高15.7cm	402,500	上海宝龙	2012.06.26
周桂珍 梅花提梁壶	长18.5cm	437,000	北京匡时	2012.06.03
周桂珍 千禧壶	高10cm	172,500	北京匡时	2012.06.03
周桂珍 双线壶	高9.5cm	115,000	上海工美	2012.08.18
周桂珍 一粒珠壶	高9.7cm	230,000	北京匡时	2012.12.07
周桂珍 之泉壶	高8cm	287,500	上海宝龙	2012.06.26
周桂珍 砖方壶	长14.5cm	80,500	北京保利	2012.12.03
周桂珍 《点犀》壶	长19cm	224,250	长风拍卖	2012.09.17
周桂珍 《合欢》壶	长17cm	201,250	长风拍卖	2012.09.17
周桂珍、冯其庸 曼生提梁壶	高15cm	1,955,000	北京翰海	2012.05.26
周桂珍制、徐秀棠刻 1990年作 集祥壶	长15.5cm	92,000	北京保利	2012.06.03
周桂珍制鼎纹壶		184,000	上海春秋堂	2012.04.22
周桂珍制僧帽壶		207,000	上海春秋堂	2012.04.22
周桂珍制僧帽壶		56,000	上海云顶	2012.04.08
周桂珍制竹段壶		89,600	上海云顶	2012.04.08
周桂珍制追月壶		126,500	上海春秋堂	2012.04.22
周桂珍制紫泥集玉壶	高8.5cm	287,500	西泠拍卖	2012.12.29
周桂珍制紫泥乐水壶	高9.5cm	69,000	西泠拍卖	2012.12.29
周洪彬 2011年作 乳鼎一式壶	长14.8cm	51,750	北京保利	2012.12.03
周洪彬 大蕴德钟壶	高12cm	368,000	北京翰海	2012.05.26
周建春制叶落归根壶		76,160	上海云顶	2012.04.08
周界 三友壶(两个)	尺寸不一	51,750	上海宝龙	2012.06.26
周静洁 回方提梁壶	长17.5cm	80,500	中贸圣佳	2012.07.22
周坤生制套壶		123,200	上海云顶	2012.04.08
周汝平 光辉里程壶	高9.7cm	61,600	琴岛荣德	2012.05.27
周宇杰 福语壶	高8cm	138,000	北京翰海	2012.05.26
周志和 春色满园壶	高9cm	89,700	北京翰海	2012.12.08
周志君 红掌拨清波壶	长19.5cm	109,250	中贸圣佳	2012.07.22
周志君 神龙瓦当壶	长16.5cm	92,000	中贸圣佳	2012.07.22
周尊严 谢曼伦 谈跃伟 胡永成 夏俊伟 沈汉生 凌锡苟与程十发合作紫砂壶 (共七件)		287,500	中国嘉德	2012.05.13
朱江龙 搏壶(系列)	宽17.2cm	80,500	上海宝龙	2012.06.26
朱江龙 清风壶	高7.4cm	80,500	上海宝龙	2012.06.26
朱可心 大竹段壶	长23cm	180,000	隆荣国际	2012.07.27
朱可心 红半月壶	高7cm	563,500	北京匡时	2012.12.07
朱可心 软耳提梁鱼化龙壶	高16.5cm	1,495,000	中投嘉艺	2012.01.04
朱可心 松鼠葡萄壶	长20cm	120,000	隆荣国际	2012.07.27
朱可心 易新壶	高6cm	195,500	北京匡时	2012.12.07
朱可心 圆塔竹壶	高11cm	149,500	上海宝龙	2012.06.26
朱可心 竹鼓壶	长16.5cm	287,500	北京保利	2012.12.03
朱可心 紫砂壶		280,000	上海阳浩	2012.07.15
朱可心 紫砂宜兴壶	高11.5cm	115,000	北京翰海	2012.12.09
朱可心款 仿古壶	长18cm	80,500	北京保利	2012.06.03
朱可心款松鼠葡萄壶		89,600	上海云顶	2012.04.08
朱可心制、任淦庭刻 大圆竹壶	长26cm	414,000	北京保利	2012.12.03
朱可心制报春壶		76,160	上海云顶	2012.04.08
朱可心制扁石壶		138,000	上海春秋堂	2012.04.22
朱可心制高梅壶		57,500	上海春秋堂	2012.04.22
朱可心制金钟壶	高15cm	110,400	北京九歌	2012.06.29
朱可心制竹鼓壶		63,250	上海春秋堂	2012.04.22
朱可心制紫砂松鼠葡萄壶	高11cm	105,800	北京九歌	2012.06.29
朱屺瞻书画、沈觉初刻、陈凤妹制井栏壶	高8.7cm	59,800	上海工美	2012.03.04
朱勤勇 好事莲莲壶	高6.5cm	92,000	上海宝龙	2012.06.26
朱勤勇 江韵壶	高7.3cm	63,250	中国嘉德	2012.05.13
朱勤勇 莲蒲壶	高6cm	138,000	北京翰海	2012.05.26
朱勤勇 知足壶	高10cm	103,500	北京翰海	2012.05.26

2012杂项拍卖成交汇总

(成交价RMB：5万元以上)

拍品名称	物品尺寸	成交价RMB	拍卖公司	拍卖日期
朱勤勇制祥云壶		101,200	上海春秋堂	2012.04.22
朱石梅 秦权壶		57,500	上海驰翰	2012.04.27
朱晓东 葵仿古壶	高8cm	115,000	北京翰海	2012.12.08
朱晓东 葵仿古壶	高9cm	126,500	北京翰海	2012.05.26
朱晓东 满瓢壶	高7cm	115,000	北京翰海	2012.12.08
朱晓东 曼生提梁壶	长14cm	66,700	北京匡时	2012.06.03
朱晓东 三足墩形壶	高13cm	97,750	北京翰海	2012.05.26
朱晓东 友泉三足壶	高17cm	115,000	北京翰海	2012.05.26
朱叶新 祥龙宝鼎壶	长16.5cm	80,500	中贸圣佳	2012.07.22
朱永良 逍遥竹壶	长18.5cm	69,000	中贸圣佳	2012.07.22
竹柿提梁壶	高18.2cm	69,000	上海宝龙	2012.06.26
庄玉林 六韵壶	高15cm	92,000	上海宝龙	2012.06.26
庄玉林 圆僧帽壶	高10.5cm	57,500	中国嘉德	2012.10.30
紫泥束柴「岁寒三友」壶	宽9.3cm×3	789,880	香港邦瀚斯	2012.11.24
紫砂壶 杯(一套)	长15.5cm	66,700	中贸圣佳	2012.03.04
紫砂三友宫灯壶	高12.4cm	138,000	上海春秋堂	2012.04.22
邹跃君 灵芝供春壶	高8.5cm	552,000	北京翰海	2012.05.26
邹跃君 凌云套组壶	高10cm	690,000	北京翰海	2012.05.26
邹跃君 万象更新壶	高10.5cm	345,000	北京翰海	2012.05.26
邹跃君 福星壶	高7.5cm	241,500	北京翰海	2012.12.08
邹跃君 延年壶	高7.5cm	172,500	北京翰海	2012.12.08
漆器				
古琴				
明 汪舜臣制黄宗炎铭仲尼式朱雀琴	琴长123.5cm	2,185,000	西泠拍卖	2012.07.07
明 仲尼式古琴	琴长123cm	1,150,000	北京保利	2012.06.07
明 仲尼式古琴	长103cm	1,265,000	上海大众	2012.08.04
明 张顺修制焦叶琴	琴长110cm	713,000	西泠拍卖	2012.12.28
明晚期黑漆嵌螺钿文王求贤图琵琶	长95cm	782,000	北京保利	2012.12.05
清康熙 金声玉振仲尼式古琴	长125cm	575,000	上海大众	2012.08.04
清 仲尼式古琴	长117cm	172,500	北京保利	2012.08.11
清 伏羲式琴	琴长125cm	287,500	西泠拍卖	2012.12.28
梧桐仲尼式古琴	长120cm	69,000	北京翰海	2012.12.21
摆件				
清康熙 金漆十六臂观音	高82cm	2,070,000	北京保利	2012.12.05
清乾隆 黑漆戗金水波游龙图画盒	长78.5cm	2,961,160	香港苏富比	2012.10.09
清乾隆 剔红云龙纹如意	长45.5cm	918,400	辽宁中正	2012.01.08
清乾隆 剔红人物纹如意	长41cm	287,500	北京东正	2012.10.31
清乾隆 剔红福禄寿海水龙纹如意	长42cm	276,000	北京保利	2012.06.06
清18世纪/19世纪 剔红灵芝如意	长25.2cm	70,525	香港佳士得	2012.11.28
19世纪 非常精细及罕有，19世纪俄罗斯木漆宗教图标，内容描绘圣母玛利亚及小耶稣		92,690	香港富得	2012.11.25
清 剔红福寿仙人如意	长41cm	195,500	西泠拍卖	2012.07.07
瓶				
清雍正 铜漆金万寿无疆花篮形壁瓶	长38.5cm	115,000	北京匡时	2012.12.05
清中期 剔红嵌铜胎画珐琅人物故事扁瓶	高42.5cm	230,000	北京保利	2012.12.07
清 剔红雕芙蓉花纹瓶	高51.5cm	172,500	太平洋	2012.06.16
民国 剔红开光人物图盘口瓶	高22cm	89,600	天津文物	2012.11.09
清剔彩山水高士图天球瓶(两件)	高32cm	115,000	北京翰海	2012.03.23
清漆描金蝶恋花双象耳壁瓶(一对)	高23cm×2	57,500	北京匡时	2012.12.05
清光绪 福州金彩漆花觚(一对)	高21cm	322,000	北京保利	2012.12.07
清中期 徐世章藏卢葵生制歙北刻锡胎髹漆阴刻山水人物纹壶	长20.5cm	885,500	中国嘉德	2012.12.17
杯、碟、碗				
宋 朱砂杯	直径18cm	2,845,500	香港苏富比	2012.04.04
清乾隆 剔红缠枝莲托六字真言杯	直径15.3cm	805,000	北京东正	2012.05.11
清中期 剔红花卉纹把杯	长11.5cm	69,000	北京翰海	2012.12.09
清 漆器蟠桃杯(一对)	长10.2cm	51,750	西泠拍卖	2012.12.28
元 剔红双凤碟	直径26cm	94,300	广东益诚	2012.01.08
明15世纪 剔红牡丹花纹斗笠碗	直径10.8cm	644,800	香港佳士得	2012.11.28
明15世纪 剔黑凤穿牡丹纹碗	直径 13.9cm	499,720	香港佳士得	2012.11.28

拍品名称	物品尺寸	成交价RMB	拍卖公司	拍卖日期
清乾隆 朱漆御题诗菊瓣式盖碗	直径9cm	322,000	中国嘉德	2012.05.14
清乾隆 剔红三清茶御题诗碗	直径12cm	1,150,000	北京保利	2012.12.05
清乾隆 宫廷御用剔红御题诗碗	直径12cm	1,092,500	上海大众	2012.08.04
清乾隆 雕漆云龙纹碗	直径20.5cm	574,678	保利香港	2012.11.25
清乾隆 剔红八吉祥纹碗	直径14cm	51,261	纽约佳士得	2012.03.22
甘而可 徽州犀皮漆鹿角砂金扣碗	直径12.5cm	264,500	北京保利	2012.12.03
明嘉靖 剔红云龙纹碗 刀刻填金《大明嘉靖年制》楷书款	直径18.7cm	789,880	香港佳士得	2012.11.28
盘				
宋 朱漆葵瓣式盘	直径18.5cm	789,880	香港佳士得	2012.11.28
宋 剔红圆盘	直径22.2cm	2,552,820	香港苏富比	2012.04.04
宋 剔红八角盘	直径31cm	2,260,140	香港苏富比	2012.04.04
宋 剔黑牡丹纹盘	直径17.2cm	1,186,980	香港苏富比	2012.04.04
宋 剔彩龙纹折沿盘	直径17.9cm	6,593,080	香港佳士得	2012.11.28
宋 褐漆葵花式盘 一对	直径17.5cm	201,500	香港佳士得	2012.11.28
元 朱漆菊瓣盘	直径16.8cm	138,000	北京保利	2012.06.06
元 张成作剔犀云纹椭圆盘	长19.6cm	2,990,000	北京保利	2012.06.05
元 剔红桃花葵瓣式盘	宽18.2cm	741,520	香港佳士得	2012.11.28
元 剔红人物纹盘	长20.3cm	690,000	北京保利	2012.12.05
元 剔红牡丹纹圆盘	直径15.3cm	596,440	香港佳士得	2012.11.28
元 剔红花卉葵口盘	直径15.3cm	253,000	北京保利	2012.06.06
元 剔红花卉大盘	直径29.2cm	1,150,000	北京保利	2012.12.06
元 剔红观瀑图圆盘	直径17.5cm	1,080,040	香港佳士得	2012.11.28
元 剔红芙蓉锦鸡葵口盘	直径30cm	1,495,000	北京保利	2012.12.05
元 剔黑石榴花鸟纹盘	直径14cm	403,000	香港佳士得	2012.11.28
元 雕漆荷塘鹭鸶盘	直径17.5cm	862,500	北京保利	2012.06.06
元末明初 剔红花鸟纹盘	直径29.7cm	1,150,000	北京保利	2012.06.05
元–明 剔红人物故事盘	长19.4cm	460,000	北京保利	2012.06.05
明中期 红雕漆牡丹麒麟仙道盘	径23cm	86,250	上海嘉泰	2012.10.25
明早期 红漆葵口花瓣盘	直径17.8cm	230,000	中国嘉德	2012.05.14
明早期 雕漆花鸟盘	直径25.7cm	575,000	北京保利	2012.12.06
明永乐 剔红云龙纹托盘	直径32cm	1,725,000	北京保利	2012.06.05
明永乐 剔红雕花卉四方盘	宽27cm	1,436,695	保利香港	2012.11.25
明万历 剔红龙凤纹盘	直径21cm	1,265,000	北京保利	2012.06.05
明万历 剔彩羲之爱鹅花口盘	直径22cm	460,000	北京保利	2012.06.06
明嘉靖 剔红九龙大盘	直径35cm	1,725,000	北京保利	2012.06.05
明嘉靖 漆戗金道教人物故事盘	宽20.5cm	460,000	北京保利	2012.06.06
明嘉靖 黑地彩漆花卉纹盘	直径34.7cm	92,000	北京翰海	2012.12.09
明嘉靖 剔彩「货郎图」圆盘	直径32.2cm	3,111,160	香港佳士得	2012.11.28
明初 剔红葵花盘	宽28.1cm	2,162,580	香港佳士得	2012.05.30
明初 剔红花卉大盘	直径32cm	2,300,000	北京保利	2012.06.05
明16世纪 剔犀如意云纹大盘	直径55.5cm	261,950	香港佳士得	2012.11.28
明16世纪 剔红狮子戏绣球盘	直径17cm	382,850	香港佳士得	2012.11.28
明 剔犀梅花形大盘	直径40cm	517,500	北京保利	2012.06.06
明 剔红五老图大方盘	直径34.8cm	230,000	北京保利	2012.12.06
明 剔红人物纹轴盘	长36cm	207,000	上海大众	2012.08.04
明 剔红凤穿荔枝长盘	长33.5cm	230,000	北京保利	2012.12.06
明 雕漆凤凰牡丹图方盘	长18.5cm	575,000	北京保利	2012.06.06
明早期 朱红漆花瓣圆盘(五件)	直径14cm	69,000	中国嘉德	2012.05.14
清早期 黑漆嵌螺钿人物纹盘(五只)	长10.7cm	71,300	中国嘉德	2012.06.16
清康熙 漆嵌螺钿人物盘(八件)	直径12.5cm	92,000	北京翰海	2012.12.09
清康熙 黑漆花口盘	宽23cm	172,500	北京保利	2012.12.06
清乾隆 朱漆描金凤戏牡丹纹盘(一对)	直径19cm	1,302,809	纽约佳士得	2012.03.22
清乾隆 御题诗红雕漆莲花盘	宽25cm	230,000	上海崇源	2012.10.19
清乾隆 剔红云龙纹大盘	直径37.8cm	2,300,000	北京翰海	2012.05.27
清乾隆 剔红海月香盘	长22cm	1,380,000	北京翰海	2012.12.09
清乾隆 雕漆水鸟纹盘	直径35.5cm	218,500	北京保利	2012.06.06
清 黑漆嵌螺钿人物方盘(六件)	长11cm	63,250	北京保利	2012.08.11
清 漆描金花卉纹盘	高34.6cm	138,000	北京翰海	2012.12.09
17世纪 红漆锦地绘龙凤葵口盘	直径57cm	57,500	上海嘉泰	2012.06.23
盒				
宋 剔犀卷草纹圆盖盒	长9.2cm	409,000	香港苏富比	2012.10.09

拍品名称	物品尺寸	成交价RMB	拍卖公司	拍卖日期
元 张成制剔红菊纹盖盒	直径8.4cm	345,000	北京保利	2012.12.05
元 杨茂制剔红云纹盖盒	直径10cm	556,140	保利香港	2012.11.25
元 剔犀云纹香盒	直径8.5cm	230,000	北京保利	2012.12.06
元 剔犀云纹盖盒	直径18.8cm	184,000	北京保利	2012.06.06
元 剔红人物四截盒	高13.7cm	437,000	北京保利	2012.06.06
元末明初 剔犀雕漆云纹圆盖盒	直径10.2cm	330,341	伦敦苏富比	2012.05.16
明洪武 剔红四季花纹圆盒	直径19.2cm	5,335,720	香港佳士得	2012.11.28
明永乐/宣德 剔红龙纹圆形盒	直径23.5cm	11,463,300	香港苏富比	2012.04.04
明永乐 朱漆戗金八吉祥经文盒	长40.5cm	920,000	北京保利	2012.06.05
明永乐 剔红神仙故事盖盒	直径18.8cm	2,070,000	北京保利	2012.12.05
明永乐 剔红牡丹纹小盒	直径5.5cm	483,000	北京保利	2012.06.05
明宣德 剔红牡丹纹大盖盒	直径22.3cm	2,990,000	北京保利	2012.06.05
明嘉靖 剔彩货郎图大捧盒	直径35.5cm	7,590,000	北京保利	2012.06.05
明嘉靖 剔彩红花绿叶香盒	直径11.2cm	310,500	北京保利	2012.12.06
明嘉靖 剔红龙凤万寿纹圆盒	直径29.2cm	693,160	香港佳士得	2012.11.28
明嘉靖 剔彩跃龙捧寿圆盒	直径19.4cm	596,440	香港佳士得	2012.11.28
明万历 剔彩双龙捧寿长方盖盒	长29cm	1,955,000	北京保利	2012.06.05
明15世纪 剔红雕漆「牡丹绶鸟」图琴式盖盒	长33cm	1,096,120	香港苏富比	2012.10.09
明 剔犀盖盒	高7cm	69,000	北京保利	2012.06.06
明 剔红山水人物香盒	直径7.5cm	69,000	西泠拍卖	2012.07.07
明 剔红长条盖盒	长25.7cm	2,552,820	香港佳士得	2012.05.30
明 剔红芭蕉人物圆香盒	直径7.5cm	126,500	上海大众	2012.08.04
明 剔红"牡丹花开"盖盒	直径7cm	69,000	北京匡时	2012.12.05
明 漆地百宝嵌仕女盖盒	长29cm	575,000	北京保利	2012.06.05
明 雕漆人物四截盒	高17cm	414,000	北京保利	2012.06.06
明16世纪 剔红荔枝纹长方双层盖盒(一对)	长21.6cm	1,681,349	纽约佳士得	2012.03.22
明晚期 黑漆嵌螺钿镶元代白玉龙盖盒	长10cm	402,500	北京保利	2012.06.05
明末清初 剔红王质遇仙图香盒	直径8cm	138,000	中国嘉德	2012.05.14
明末 剔红喜上眉梢小盖盒	直径8.5cm	302,250	香港佳士得	2012.11.28
明末 剔红十八罗汉香盒	直径7.5cm	138,000	中国嘉德	2012.10.29
晚明 剔红瑶台聚仙图圆盒	直径28.5cm	276,019	纽约佳士得	2012.03.22
清乾隆 剔彩桃形荔枝纹盖盒(一对)	宽11cm	57,500	北京保利	2012.10.25
清乾隆 剔红龙纹长条盒(一对)	长75.7cm	2,943,060	香港苏富比	2012.04.04
清乾隆 雕漆"拜石宝盒"	直径14cm	230,000	北京保利	2012.06.07
清乾隆 剔红"仙舟宝盒"盖盒	直径9cm	713,000	北京保利	2012.06.05
清乾隆 剔红"仙山宝盒"盖盒	直径9.3cm	345,000	北京保利	2012.06.05
清乾隆 剔红桃式「九如宝盒」	长16.6cm	480,376	香港佳士得	2012.11.28
清早期 吴岳桢制款黑漆嵌螺钿人物盖盒	高20.6cm	74,750	中国嘉德	2012.10.29
清早期 剔红香盒	直径8.2cm	59,800	中国嘉德	2012.05.14
清早期 剔红雕海八怪小盖盒	直径5.4cm	63,250	北京匡时	2012.12.05
清早期 剔红"麻姑献寿"小盖盒	直径3.5cm	57,500	北京匡时	2012.12.05
清早期 雕填漆嵌螺钿龙纹捧盒	直径31cm	63,250	北京翰海	2012.03.23
清康熙 剔红吕祖故事梅花形盖盒	宽28cm	463,450	保利香港	2012.11.25
清雍正 识文描金八宝花卉纹捧盒	高15cm	345,000	上海大众	2012.08.04
清乾隆御制剔红海水翔龙长方宝盒	长42cm	2,990,000	北京保利	2012.12.05
清乾隆 剔红双龙春寿桃形宝盒	宽38cm	2,070,000	中国嘉德	2012.10.29
清乾隆 剔红山水人物花卉盒	直径8cm	63,250	北京翰海	2012.05.27
清乾隆 剔红人物纹梅花形盒	宽25.5cm	138,000	中国嘉德	2012.10.29
清乾隆 剔红普天同庆纹盖盒	长24cm	517,500	北京东正	2012.05.11
清乾隆 剔红楼阁式三层宝盒	高40.6cm	734,999	纽约佳士得	2012.03.22
清乾隆 剔红九龙捧盒	直径28cm	759,000	北京保利	2012.12.05
清乾隆 剔红锦地花蝶纹盖盒	直径7.2cm	57,500	北京匡时	2012.06.04
清乾隆 剔红仿古绳纹盒	直径18.7cm	632,500	北京翰海	2012.05.27
清乾隆 剔红雕三狮增寿图诏令盒	长31.7cm	805,000	北京匡时	2012.12.05
清乾隆 剔红雕漆「八吉祥」纹春寿宝盒	直径35cm	254,500	伦敦苏富比	2012.05.16
清乾隆 剔红长条盒	长75.7cm	8,731,620	香港佳士得	2012.05.30
清乾隆 剔红百子图圆盒	直径35.6cm	583,583	纽约佳士得	2012.03.22
清乾隆 剔红百寿盖盒	直径39.5cm	760,058	保利香港	2012.11.25

拍品名称	物品尺寸	成交价RMB	拍卖公司	拍卖日期
清乾隆 剔红「瑶台聚仙」图圆盖盒	长29cm	138,298	伦敦苏富比	2012.11.07
清乾隆 剔彩百寿捧盒	直径36cm	920,000	北京保利	2012.06.05
清乾隆 漆嵌螺钿锦地纹盖盒	直径2.9cm	138,000	北京匡时	2012.12.05
清乾隆 漆菊瓣纹盖盒	直径15.1cm	920,000	北京翰海	2012.12.09
清乾隆 黑漆描金盒	长43.3cm	484,548	香港苏富比	2012.04.04
清乾隆 黑漆描金彩绘缠枝西番莲纹盖盒	直径15cm	59,800	北京永乐	2012.06.05
清乾隆 雕漆龙纹捧盒	直径28.5cm	897,000	北京保利	2012.06.05
清嘉庆 剔红荔枝纹盒	宽10.8cm	92,000	荣宝斋(上海)	2012.06.17
清嘉庆 剔红盒	直径32cm	699,180	香港苏富比	2012.04.04
清嘉庆 红雕漆高士图捧盒	直径36cm	63,250	上海嘉泰	2012.06.23
清中期 剔红荔枝纹盒	直径8cm	78,200	北京翰海	2012.05.27
清中期 剔红锦地人物故事捧盒	直径19.4cm	57,500	北京翰海	2012.05.27
清中期 漆描金蝴蝶形盒	长29.9cm	138,000	北京翰海	2012.12.09
清中期 漆描金八吉祥蝠纹节盒	长21.8cm	207,000	北京翰海	2012.12.09
清中期 漆龙纹大捧盒	直径48cm	63,250	北京保利	2012.10.25
清中期 雕漆四层截盒	高17cm	322,000	北京保利	2012.12.06
清18世纪 剔红龙纹盒	直径18.5cm	796,740	香港苏富比	2012.04.04
清18世纪 剔红东方朔偷桃方胜形盖盒	长35.5cm	276,000	北京保利	2012.06.07
18世纪 红雕漆松下听瀑香盒	直径5cm	51,750	上海嘉泰	2012.06.23
清 剔红嵌百宝高山四皓花口盒	直径18.1cm	172,500	北京翰海	2012.12.09
清 剔红雕花鸟圆盒	直径20cm	51,750	北京翰海	2012.03.23
清 剔红大捧盒	直径48cm	184,000	荣宝斋(上海)	2012.06.17
清 剔彩山水花果纹套盒	高36cm	57,500	荣宝斋(上海)	2012.06.17
清 漆器捧盒	直径31.2cm	69,000	上海道明	2012.06.29
清 漆描金龙纹盖盒	高18.5cm	207,000	北京翰海	2012.12.09
清 漆描金福寿纹桃形攒盒	长58cm	920,000	北京翰海	2012.12.09
清 漆锦地倭角六方盒	直径22.5cm	66,700	北京翰海	2012.12.09
清 雕漆春寿捧盒	直径33cm	69,000	北京保利	2012.04.21
清 彩漆戗金龙纹菊瓣式捧盒	44cm×18cm	437,000	北京九歌	2012.06.29
清 江千里制嵌螺钿高士仕女漆盒	长13cm	51,750	西泠拍卖	2012.12.28
清 嵌螺钿黑漆人物故事图三层盒	高37cm	207,000	西泠拍卖	2012.12.28
清 剔红花卉山水人物香盒	直径6.9cm	57,500	西泠拍卖	2012.12.28
清 剔红群贤香盒	直径7.1cm	63,250	西泠拍卖	2012.12.28
清 漆佛手、瓜形盒(二件)	长11.2cm	69,000	北京翰海	2012.12.09
剔红海棠式叠盒	长11.2cm	92,000	北京歌德	2012.12.01
龙纹剔红圆盒	口径10.5cm	460,000	广东益诚	2012.01.08
大漆镶金银片捧盒	直径24cm	57,500	北京歌德	2012.12.01
盏托				
明早期 剔红牡丹纹六足盏托	直径16.8cm	287,500	北京保利	2012.12.05
明 红雕漆花卉高足盏托	径12cm	55,200	上海嘉泰	2012.10.26
明 吕咏造剔红栀子纹盏托	直径16.5cm	529,000	西泠拍卖	2012.12.28
清乾隆 漆菊瓣御题诗文盏托	长15.5cm	71,300	北京翰海	2012.12.09
清乾隆 雕漆云龙纹花口盏托	直径19.5cm	787,865	保利香港	2012.11.25
17世纪 红雕漆云凤葵口盏托	长18.5cm	414,000	上海嘉泰	2012.10.25
笔筒				
清早期 剔犀云纹笔筒	高14.5cm	51,750	北京保利	2012.06.06
清乾隆 漆嵌百宝梅花笔筒	高14.9cm	92,000	北京翰海	2012.12.09
清乾隆 漆器仿象牙根榴笔筒	高12cm	207,000	上海大众	2012.08.04
清乾隆 漆雕《兰亭序》全景笔筒	高12.7cm	324,800	辽宁中正	2012.01.08
清 大漆剔犀笔筒	高12cm	150,000	隆荣国际	2012.07.27
家具				
明嘉靖 剔红六合同春纹小箱	长31.5cm	2,143,960	香港佳士得	2012.11.28
明 犀皮漆雕多层抽屉	长13.5cm	230,000	上海崇源	2012.10.19
清康熙 黑漆嵌螺钿「鹿鹤庆寿」彩蝶花果纹香几	高69.5cm	11,533,800	香港苏富比	2012.10.09
清康熙 黑漆描金「山水楼阁」图立柜(一对)	高87.5cm	190,875	伦敦苏富比	2012.05.16
清乾隆 剔红缠枝花卉纹冠架(一对)	高28.6cm	470,021	纽约佳士得	2012.03.22
清乾隆 黑漆洒螺钿长方案	高87cm	495,357	伦敦苏富比	2012.11.07
清乾隆 黑漆描金莲花团寿佛龛	高55cm	741,520	保利香港	2012.11.25

2012杂项拍卖成交汇总

(成交价RMB：5万元以上)

拍品名称	物品尺寸	成交价RMB	拍卖公司	拍卖日期
清中期 剔红皮球花包袱式书箱	长34.5cm	1,552,500	北京保利	2012.06.05
清 剔红寿字双龙纹百宝箱	高25cm	138,000	北京翰海	2012.12.09
清 剔红花卉纹帽架	高29cm	500,000	隆荣国际	2012.07.27
清 漆雕刀马人物小柜	高48cm	172,500	北京翰海	2012.03.23
其他物品				
宋 雕漆托吉州窑梅花盏	直径15cm	86,250	上海嘉泰	2012.10.26
元 嵌剔犀如意云纹马鞍	宽56.5cm	2,434,120	香港佳士得	2012.11.28
明永乐 朱漆戗金八宝纹经板(一对)	长73cm	537,602	保利香港	2012.11.25
明 剔红雕八宝纹茶叶罐	高7cm	69,000	上海大众	2012.08.04
明中期 剔红四季花卉纹匾	宽11.5cm	86,250	北京诚轩	2012.10.28
明末 剔红山水高士图毫笔	长25.2cm	80,600	香港佳士得	2012.11.28
清初 紫檀黑漆描金王质烂柯图画缸	高17.5cm	92,000	上海大众	2012.08.04
清乾隆 剔彩雕漆「赤壁之战」图长方屏	42.5cm×54.4cm	190,875	伦敦苏富比	2012.05.16
清18世纪 剔红花卉纹渣斗	直径15.3cm	63,090	纽约佳士得	2012.03.22
清 剔红山水人物扇骨	长34.6cm	115,000	西泠拍卖	2012.07.07
清 雕漆手镜	长26.5cm	149,500	北京保利	2012.06.06
匏器				
清乾隆 御制模印葫芦高足杯	高14cm	304,875	香港苏富比	2012.04.04
织绣				
辽代 亚麻人物故事	144cm×90cm	6,170,670	澳门中信	2012.06.03
辽代 亚麻革丝绢绣	52cm×106cm	9,256,005	澳门中信	2012.06.03
辽代 亚麻革丝绢绣	51cm×105cm	9,256,005	澳门中信	2012.06.03
辽代 麻布矿料彩佛像	105cm×62cm	6,170,670	澳门中信	2012.06.03
明末清初 顾绣"狩猎图"	137cm×44.5cm	172,500	北京保利	2012.12.06
明末/清中期 缂丝腾龙仙鹤纹座垫(一对)	162.6cm×52.1cm	126,180	纽约佳士得	2012.03.22
明 人物故事顾绣	45cm×75cm	287,500	北京传是	2012.07.08
明 明黄织锦蟒纹袍料	174cm×134cm	345,000	中国嘉德	2012.05.14
明 缂丝荷塘鸳鸯图	宽40cm；高105cm	3,450,000	北京保利	2012.12.05
明 红缎地绣龙纹三羊开泰帐料	143cm×104cm	138,000	中国嘉德	2012.05.14
明 藏青漳绒地绣双凤图	62cm×37cm	78,200	中国嘉德	2012.05.14
清初 缂丝龙凤桌围	97.5cm×78cm	103,500	中国嘉德	2012.05.14
清早期 缂丝寿带乌松柏图	149cm×67cm	345,000	北京歌德	2012.12.01
清康熙 金绣群仙祝寿	125cm×71.5cm	2,530,000	北京翰海	2012.05.25
清乾隆 红地刺绣「八仙献寿」图挂幅	212cm×332cm	50,290	伦敦苏富比	2012.11.07
清乾隆/嘉庆 御制明黄地绣九龙纹垫面	65.4cm×69.2cm	276,019	纽约佳士得	2012.03.22
清乾隆 御制缂丝「龙舟竞渡」图挂轴(一对)	96.2cm×56cm	7,083,880	香港苏富比	2012.10.09
清乾隆 御制黄地锈九龙纹宝座垫面	97.4cm×120cm	354,881	纽约佳士得	2012.03.22
清乾隆 清宫明黄缎织金龙彩云御座套	高55cm；宽80cm	92,000	西泠拍卖	2012.07.07
清乾隆 蓝地刺绣云龙纹挂饰	长377cm	184,000	北京保利	2012.06.07
清乾隆 蓝地刺绣金丝「穿云游龙」铺垫	270cm×273cm	125,725	伦敦苏富比	2012.11.07
清嘉庆/道光 蓝地刺绣八吉祥纹吉服	144cm	201,160	伦敦苏富比	2012.11.07
清嘉庆 五彩织锦富俊诰命	长490cm×宽31cm	230,000	北京永乐	2012.12.15
清嘉庆 绫本戳纱缉珍珠绣八仙庆寿图轴	231cm×95cm	741,520	香港佳士得	2012.11.28
清嘉庆 穿蓝缂丝面「穿花游龙」八吉祥纹龙袍	长140cm	57,263	伦敦苏富比	2012.05.16
清中期 蓝地五彩织锦龙纹袍料(一匹)	宽78.8cm；长748cm	138,000	北京保利	2012.12.07
清中期 蓝地缂丝龙袍	长204cm	57,500	北京保利	2012.06.07
清中期 金地缂丝龙袍	长220cm	97,750	北京保利	2012.06.07
清中期 发绣西方极乐世界图	长283cm	2,000,000	隆荣国际	2012.07.27
清道光 御制黄地锈九龙纹袍	长139cm	6,357,660	香港苏富比	2012.04.04
清同治 羊毛织杨琳绘花鸟宫廷壁毯	350cm×250cm	149,500	上海嘉泰	2012.10.25
清同治 蓝色龙袍	长145cm	138,000	北京翰海	2012.03.23
清同治 宫庭花鸟画地毯	长350cm；宽250cm	138,000	西泠拍卖	2012.07.07
清光绪 杏黄缎绣金龙十二章纹吉服袍	宽225cm	789,880	香港佳士得	2012.11.28
清代 清三代御用龙袍		2,617,860	澳门中信	2012.06.03
清代 清三代御用龙袍		2,617,860	澳门中信	2012.06.03
清晚期 蓝地纳纱龙袍	长208cm；高134cm	86,250	北京保利	2012.06.07
1745年作 李艺民 沈铨五伦图	86cm×51cm	64,400	北京恒盛鼎	2012.09.17
17世纪至18世纪 彩绣十八应真图册页	29cm×25cm	138,000	上海嘉泰	2012.10.25
清18世纪 织锦乐师黄鹂纹补子	29.8cm×34.6cm	94,635	纽约佳士得	2012.03.22
清18世纪 缂丝文官五品白鹇纹补子(一对)	23.5cm×26.4cm	110,408	纽约佳士得	2012.03.22
清18世纪末/19世纪初 刺绣文官三品孔雀纹补子(一对)	31.1cm×31.7cm	86,749	纽约佳士得	2012.03.22
清18世纪／19世纪 红地金线朝服带配白玉带板及带扣	长105.4cm	134,066	纽约佳士得	2012.03.22
清19世纪上半叶 缉珠绣文官一品仙鹤纹补子(一对)	30.5cm×31cm	134,066	纽约佳士得	2012.03.22
清19世纪末 蓝地刺绣「赶珠云龙」暗八仙纹龙袍	长135.5cm	50,900	伦敦苏富比	2012.05.16
清19世纪末 黄地刺绣「穿云游龙」瑞蝠纹挂幅	115cm×378cm	203,600	伦敦苏富比	2012.05.16
清19世纪 蓝地纳纱绣金龙纹吉服袍	187.9cm	86,749	纽约佳士得	2012.03.22
清 棕地海水云龙纹龙袍	118cm×137cm	207,000	中国嘉德	2012.12.15
清 棕地海水云龙纹龙袍	142cm×140cm	92,000	中国嘉德	2012.12.15
清 紫地织绣蟒纹袍	长140cm	51,750	上海泓盛	2012.06.24
清 织锦明王像	长160cm；宽132cm	172,500	北京保利	2012.08.11
清 粤绣花鸟图四屏	113cm×44cm×4	1,035,000	中国嘉德	2012.05.14
清 玉扣女袍	150cm×102cm	89,700	北京歌德	2012.12.01
清 湘妃竹镜框含竹田生绢本观音	51cm×29cm	80,500	上海大众	2012.08.04
清 秋云款粤绣花鸟图(一对)	43.6cm×59.7cm	172,500	北京保利	2012.12.07
清 明黄缎十二章皇帝小龙袍	130cm×82cm	55,200	上海嘉泰	2012.06.23
清 绿丝绸织绣女袍	长124cm	57,500	上海泓盛	2012.06.24
清 绿地海水云龙纹龙袍	200cm×137cm	92,000	中国嘉德	2012.12.15
清 绿地海水云龙纹龙袍	180cm×139cm	230,000	中国嘉德	2012.12.15
清 蓝地海水云龙纹龙袍	180cm×140cm	207,000	中国嘉德	2012.12.15
清 缂丝三国故事人物图	174cm×54cm	69,000	中国嘉德	2012.05.14
清 缂丝麻姑献寿	119cm×59.5cm	115,000	北京保利	2012.06.07
清 缂丝麻姑献寿	166cm×91cm	69,000	中贸圣佳	2012.07.22
清 酱地丝绣蟒纹吉服	长139.5cm	92,000	上海泓盛	2012.06.24
清 黄地双龙纹马褂	84cm×80cm	207,000	中国嘉德	2012.12.15
清 黄地盘金刺绣八吉祥如意云蝠纹椅披	长129cm	380,000	隆荣国际	2012.07.27
清 黄地龙纹云锦(一匹)	820cm×68cm	103,500	中国嘉德	2012.10.29
清 黄地海水云龙纹龙袍	240cm×140cm	51,750	中国嘉德	2012.12.15
清 花卉纹云锦	宽67cm	80,500	中国嘉德	2012.06.16
清 红地金丝绣花蝶纹女士夹衣	长98cm×164cm	120,000	隆荣国际	2012.07.27
清 红地海水云龙纹龙袍	200cm×132cm	172,500	中国嘉德	2012.12.15
清 红地海水云龙纹龙袍	185cm×143cm	66,700	中国嘉德	2012.12.15
清 红地海水云龙纹龙袍	170cm×141cm	138,000	中国嘉德	2012.12.15
清 红地海水云龙纹龙袍	192cm×132cm	149,500	中国嘉德	2012.12.15
清 红地海水云龙纹龙袍	225cm×129cm	126,500	中国嘉德	2012.12.15
清 黑地五彩八团蟒纹男吉服袍	长131cm×135cm	350,000	隆荣国际	2012.07.27
清 褐地刺绣「赶珠云龙」福寿纹吉服	长147cm	81,721	伦敦苏富比	2012.11.07

拍品名称	物品尺寸	成交价RMB	拍卖公司	拍卖日期
清 宫廷御用五爪龙幔帐(一组十四件)	尺寸不一	172,500	上海大众	2012.08.04
清 发绣朝贺图	206cm×130cm	195,500	中国嘉德	2012.05.14
清 橙地海水云龙纹龙袍	202cm×143cm	86,250	中国嘉德	2012.12.15
清 藏青地双龙纹马褂	85cm×86cm	69,000	中国嘉德	2012.12.15
陈半丁 手绘梅花旗袍	高144cm	63,250	北京保利	2012.01.10
2009年作 华娟 花间记系列晚礼服		51,750	中国嘉德	2012.10.31
2011年作 薄涛 桂菊山禽图		109,250	中国嘉德	2012.10.31
2012年作 李薇 述说		138,000	中国嘉德	2012.10.31
2012年作 邢雁 无相，无无相!		59,800	中国嘉德	2012.10.31
白鹰图	90cm×70cm	138,000	北京华辰	2012.05.11
彩孔雀	103cm×200cm	632,500	北京华辰	2012.05.11
单面绣屏《插花》	65cm×45cm	138,000	中贸圣佳	2012.03.04
单面绣屏《千鹤图卷之局部"夏"》	50cm×40cm	207,000	中贸圣佳	2012.03.04
府梅英 赤壁图	30cm×359cm	345,000	北京华辰	2012.05.11
和合二仙	143cm×85.5cm	207,000	上海宝龙	2012.06.25
金丝织锦九龙图	173cm×135cm	57,967	香港富得	2012.03.30
缂丝 书法	37.5cm×106cm	97,750	北京翰海	2012.05.25
毛主席去安源羊毛挂毯	285cm×189cm	2,530,000	北京九歌	2012.06.29
墨云室记缂丝	28cm×360cm	51,750	北京保利	2012.10.25
纳纱天鹿锦手卷	271cm×29.5cm	5,175,000	中国嘉德	2012.06.16
千字文	34cm×1044cm	805,000	北京华辰	2012.05.11
首饰猫	70cm×60cm	92,000	北京华辰	2012.05.11
双面绣《平安富贵图》	25cm×35cm	57,500	中贸圣佳	2012.03.04
丝织挂毯毛主席去安源	256cm×192cm	345,000	北京华辰	2012.05.12
维摩演教图	52.5cm×424cm	402,500	北京华辰	2012.05.11
溪山渔隐图	36cm×340cm	253,000	北京华辰	2012.05.11
湘绣落地双面四屏《竹石图》	120cm×40cm	1,265,000	中贸圣佳	2012.03.04
小白狗	73cm×54cm	69,000	北京华辰	2012.05.11
姚美英 府梅英 百骏图	65cm×380cm	1,667,500	北京华辰	2012.05.11
佚名 缂丝群仙祝寿	160cm×91cm	69,000	北京保利	2012.01.09
钟馗	90cm×60cm	69,000	北京华辰	2012.05.11
玻璃器				
清中期 黄料浮雕花鸟盖罐	高15cm	126,500	北京保利	2012.06.07
清中期 各色料碗(六件)	尺寸不一	139,035	保利香港	2012.11.25
清雍正 月白料小罐	高9.8cm	352,625	香港佳士得	2012.11.28
清雍正 仿琥珀玻璃瓶	高16.2cm	3,138,180	香港苏富比	2012.04.04
清乾隆 绿料直颈瓶	高27.3cm	80,500	北京翰海	2012.12.09
清乾隆 京料龙纹瓶	高21cm	92,000	广东益诚	2012.01.08
清乾隆 鸡油黄料直颈瓶	高21.5cm	1,380,000	北京保利	2012.06.05
清乾隆 玻璃葫芦瓶	高15.2cm	1,382,100	香港佳士得	2012.05.30
清乾隆 宝石蓝料饕餮莲纹大吉瓶	高25.5cm	126,500	上海嘉泰	2012.10.25
清乾隆 宝石蓝料葫芦瓶	高18cm	370,760	保利香港	2012.11.25
清乾隆 仿玛瑙料莲瓣纹碗(二件)	直径11.8cm	517,500	北京翰海	2012.05.27
清乾隆 黄料花卉纹碗	直径15.5cm	63,250	北京翰海	2012.05.27
清乾隆 红料浅碗	直径16.8cm	379,500	北京翰海	2012.05.27
清乾隆 粉红料刻花卉纹大碗	直径28.5cm	1,610,000	北京保利	2012.12.05
清乾隆 洒胭脂红料卧足杯(一对)	高4cm	57,468	香港富得	2012.12.26
清乾隆 白地套红料双龙捧寿双耳杯	宽8cm	111,228	保利香港	2012.11.25
清乾隆 仿琥珀料盘(两件)	直径17cm	253,000	北京保利	2012.12.07
清乾隆 粉红料盘	直径16.2cm	92,000	中国嘉德	2012.06.16
清乾隆 浅绿透明料圆盖盒	直径7cm	282,100	香港佳士得	2012.11.28
清乾隆 天蓝色料阿拉伯文钵	直径15.3cm	1,853,800	香港佳士得	2012.11.28
清乾隆 料胎画珐琅四老图小笔筒	高6.1cm	39,348,920	香港佳士得	2012.11.28
清乾隆 料胎仿雄黄八棱花插	高14.5cm	920,000	北京东正	2012.10.31
清乾隆 黄料海棠式盆(二件)	长23.2cm	207,000	北京翰海	2012.05.27
清乾隆 黄料"乾隆年制"、"澄斋珍玩"扳指(一对)	直径3.5cm	575,000	北京保利	2012.06.05
清乾隆 玻璃水呈	高4.5cm	2,552,820	香港佳士得	2012.05.30
清道光 绿色透明料八棱瓶(一对)	高20cm	251,875	香港佳士得	2012.11.28
清18世纪 白料雕莲子纹圆盒	直径7.2cm	261,950	香港佳士得	2012.11.28
清18世纪/19世纪 藕色地套宝石红料瓶(一对)	高25.4cm	403,000	香港佳士得	2012.11.28
清 料嵌宝石痕都斯坦直颈瓶	高22cm	172,500	北京翰海	2012.03.23
清 蓝料八棱长颈瓶(一对)	高20cm	184,000	上海嘉泰	2012.06.23
清 黄地套红玻璃喜上眉梢天球瓶「乾隆年制」篆书款	高23cm	322,400	香港邦瀚斯	2012.11.24
玻璃种洒金龙龟挂件	高3.2cm	123,200	品盛国际	2012.09.15
金银器				
战国 虎噬蛇纹方耳壶	高44.8cm	596,440	香港邦瀚斯	2012.11.24
唐 银鎏金折枝花纹盘	直径22cm	741,520	大唐国际	2012.11.24
唐 银鎏金錾花盏托	直径20cm	92,690	大唐国际	2012.11.24
唐 银鎏金鸳鸯纹钵	长13cm	324,415	大唐国际	2012.11.24
唐 银鎏金犀牛花瓣纹盏	宽口径16.5cm	556,140	大唐国际	2012.11.24
唐 银鎏金双雁纹碗	长14cm	648,830	大唐国际	2012.11.24
唐 银鎏金虎纹粉盒	长7cm	278,070	大唐国际	2012.11.24
唐 银鎏金带把花卉纹杯	高11cm	556,140	大唐国际	2012.11.24
唐 银鎏金缠枝莲花鸟纹三足炉	通高6cm	352,222	大唐国际	2012.11.24
唐 银鎏金缠枝花鸟纹高足杯	高7cm	278,070	大唐国际	2012.11.24
宋 金质簪(一对)	长14.5cm	115,000	上海泓盛	2012.06.24
宋 金质乳钉簪	长15.5cm	69,000	上海泓盛	2012.06.24
宋 金质花卉纹钗	长17cm	69,000	上海泓盛	2012.06.24
辽代金器(一套五件)	龙长20cm	14,959,200	澳门中信	2012.06.03
明嘉靖 御赐银鎏金龙首钥匙	长40cm	437,000	北京永乐	2012.06.05
明代以前 镂空花鸟银香球	直径4.6cm	276,000	古天一	2012.12.02
明代 累丝嵌宝石金簪(一组)	长12cm	241,500	中国嘉德	2012.05.18
明代 金质累丝发饰(一组)	尺寸不一	149,500	中国嘉德	2012.05.18
明代 金镶白玉嵌宝石发簪	长12cm	74,750	中国嘉德	2012.05.18
明 银制葵口山水纹折沿香盘	长12cm	69,000	北京东正	2012.10.31
明 鎏金錾刻千手观音经	长200cm	1,019,590	大唐国际	2012.11.24
明 金质花形簪(一对)	长11.5cm	69,000	上海泓盛	2012.06.24
清中期 紫檀龙凤鎏金提炉	炉高14cm	207,000	上海嘉泰	2012.10.25
清中期 银制镶白玉、珊瑚百宝葫芦瓶	高23cm	402,500	北京保利	2012.12.07
清中期 银制兽面纹觥	长12.3cm	149,500	北京保利	2012.12.07
清中期 银错金山水人物花卉提梁壶(二件)	高12.5cm	63,250	北京翰海	2012.05.27
清乾隆 足金三足琴炉	高3cm	184,000	北京翰海	2012.05.27
清乾隆 铜错金银夔龙纹盉壶	高17.8cm	149,500	北京永乐	2012.06.05
清代锦昌制造面和合二仙 麒麟十二瑞兽图，背神仙大型银锁一件	重320.9克	66,700	北京诚轩	2012.05.18
清代 累丝衔珠金质对龙	长9cm	138,000	中国嘉德	2012.05.18
清代 金龙	长9.5cm	63,250	中国嘉德	2012.05.18
清代 翡翠蜻蜓金手环	直径5.8cm	51,750	中国嘉德	2012.05.18
清代 "童子贺寿图"金质方盒	边长5cm	460,000	中国嘉德	2012.05.18
清18世纪 仿古饕餮纹银爵	高11.2cm	91,463	香港苏富比	2012.04.04
清 银制嵌元代白玉三足炉	宽14cm	172,500	北京保利	2012.06.06
清 银胎错金山水人物笔筒	高11cm	57,500	北京翰海	2012.05.27
清 银嵌玉八宝兽纹香熏	高60cm	138,000	北京保利	2012.08.11
清 银鎏金刻花把壶	通高32cm	129,766	大唐国际	2012.11.24
清 铜错银出游图铜瓶(一对)	高46cm×2	55,200	中贸圣佳	2012.03.04
清 局部鎏金银嵌宝石「瓜迭绵绵」盖盒	长23cm	76,350	伦敦苏富比	2012.05.16
清 金佛护身	长6.5cm	161,000	北京匡时	2012.06.04
清 布达拉宫式银托茶盘	高17cm	172,500	上海嘉泰	2012.10.25
明治时期(1868年-1912年)玉钮兽首银壶	高15.8cm	805,000	上海宝龙	2012.06.26
明治时期(1868年-1912年) 翡翠玉摘瓢形炮口银壶	高15cm	126,500	上海宝龙	2012.06.26
明治时期(1868年-1912年) 纯银菊瓣茶器组	尺寸不一	253,000	上海宝龙	2012.06.26
明治时期(1868年-1912年) 宝珠形透雕摘钮银壶	高7.9cm	80,500	上海宝龙	2012.06.26
明治期 铜包银水滴壶	高18cm	322,000	北京匡时	2012.06.04

2012杂项拍卖成交汇总

(成交价RMB：5万元以上)

拍品名称	物品尺寸	成交价RMB	拍卖公司	拍卖日期
明治期 金龙堂松鹤延年纯银茶筒	高12.7cm	287,500	北京匡时	2012.06.04
明治末大正时期(1912年-1926年)宝珠型提梁银壶	高15.3cm	80,500	上海宝龙	2012.06.26
明治31年(1898年) 宝珠形凤凰口提梁银壶	高15.2cm	184,000	上海宝龙	2012.06.26
民国 银烧蓝掐丝双龙戏珠摆件	高38.4cm	63,250	中贸圣佳	2012.03.04
民国银鎏金捶胎錾刻佛教故事图钵	直径19cm	3,105,000	北京永乐	2012.06.05
1850-1870年制 瑞士 银鎏金 珐琅 钥匙上弦鸟音盒		241,500	北京保利	2012.12.04
19世纪 纯金凤首提梁壶	高16cm	667,000	北京保利	2012.06.06
19世纪纯银宝珠型白玉三环钮汤沸	高16cm	92,000	古天一	2012.12.02
19世纪 纯银瓜棱形壶	长20cm	57,500	北京翰海	2012.06.29
19世纪 纯银极上打出云龙釜	高28cm	69,000	北京翰海	2012.03.23
19世纪 纯银九帆战舰模型	高45cm	51,750	中贸圣佳	2012.03.04
19世纪 纯银梅花霰壶	长13cm	55,200	北京翰海	2012.06.29
19世纪 翠钮银壶	高19.5cm	69,000	中贸圣佳	2012.07.22
19世纪 鹿首瓶口 菊型纹饰银瓶	高16cm	230,000	古天一	2012.12.02
19世纪 日本鹿首如意纹壶	宽17cm	80,500	北京保利	2012.08.11
19世纪 日本银鎏金龙首凤纹壶	高19cm	55,200	北京保利	2012.08.11
19世纪 日本银兽首壶	宽13cm	57,500	北京保利	2012.08.11
19世纪 银嵌百宝龙耳瓶	高25cm	126,500	北京翰海	2012.03.23
19世纪 银嵌百宝瓶	高29.5cm	184,000	北京翰海	2012.03.23
19世纪 珍珠贝镶银龙竹节柱宝饰供件 (一对)	高37.5cm	86,250	上海嘉泰	2012.10.25
19世纪(日本) 金壶	宽19cm	463,450	保利香港	2012.11.25
20世纪 纯金茶叶罐、纯金霰壶	宽7cm；宽16.5cm	667,000	北京保利	2012.10.25
20世纪 纯金雷纹壶	长15cm	598,000	北京翰海	2012.06.29
20世纪 纯银藏六造壶 日本银兽首壶 (共两件)	宽17.5cm；宽13cm	161,000	北京保利	2012.10.25
20世纪 纯银茶器 (六件)	尺寸不一	80,500	北京保利	2012.10.25
20世纪 纯银壶	宽17cm	63,250	北京保利	2012.10.25
20世纪 纯银双孔雀壶	宽12cm	109,250	北京保利	2012.10.25
20世纪 龙口钮入纯银汤沸	高21.5cm	345,000	古天一	2012.12.02
20世纪 南镣纯银宝珠形壶	宽13.5cm	92,000	北京保利	2012.10.25
20世纪 三足乳丁金壶	长16.8cm	575,000	上海道明	2012.06.29
20世纪 双层银壶	宽18cm	109,250	北京保利	2012.10.25
20世纪 四季刻花壶	宽15cm	80,500	北京保利	2012.10.25
20世纪 霰打纯银 三环玉翠摘钮汤沸	高20cm	109,250	古天一	2012.12.02
20世纪初 纯银镶明代白玉镂雕带饰方盒	宽18.2cm	251,875	香港邦瀚斯	2012.11.24
般若波罗密多心经银壶	高15cm	74,750	中国嘉德	2012.12.15
北村静香纯银壶	高19cm	172,500	上海大众	2012.08.04
北村静香造阿弥陀堂形纯金壶	高19.5cm	1,035,000	北京匡时	2012.12.05
北村静香作袋形银壶	高16cm	230,000	上海大众	2012.08.04
北清刻 扇形花鸟银制香盒	长19.5cm	57,500	北京保利	2012.06.06
波罗蜜多心经纯银银壶	高16.5cm	57,500	北京匡时	2012.12.05
藏六层造宝珠式银壶	高17cm	138,000	上海大众	2012.08.04
藏六造 龙纹双耳瓶	高29.8cm	80,500	上海泓盛	2012.06.24
藏六造(三世)铁皮银壶	高22cm	299,000	北京保利	2012.08.11
藏六造纯金凤翔如意纹炉	重752g	747,500	北京匡时	2012.12.05
藏六造龙嘴素身银壶(兽口)	高18.5cm	402,500	北京匡时	2012.06.04
藏六制银壶	高11.5cm	161,000	北京翰海	2012.03.23
长岛造 宝珠形菊花钮银壶	高17.3cm	55,200	中国嘉德	2012.12.15
长翁斋造霰形兽口银壶	高27cm	207,000	北京匡时	2012.12.05
池田造 姥口纟目(弦)纹大汤沸	高23cm	115,000	上海泓盛	2012.06.24
池田制金钮玄纹纯银壶		138,000	上海大众	2012.08.04
初代藏六造翡翠钮饕餮纹兽口银壶	高19cm	483,000	北京匡时	2012.12.05
初代藏六造兽面纹兽口银壶	高16cm	517,500	北京匡时	2012.12.05
春阳造 龙首福寿纹汤沸	高19.5cm	71,300	上海泓盛	2012.06.24
纯古堂造 镶金花蕾摘水滗	高25.2cm	103,500	上海泓盛	2012.06.24
纯金茶壶	高12.5cm	402,500	荣宝斋(上海)	2012.06.17
纯金瓜棱急须	长12cm	483,000	北京翰海	2012.06.29
纯金雷纹壶	长15cm	632,500	北京翰海	2012.03.23
纯金雷纹壶	长9.5cm	402,500	北京翰海	2012.03.23
纯金寿桃形洗珐琅座	高9.5cm	218,500	中贸圣佳	2012.03.04
纯金碗 (一组五只)	直径5cm×5	333,500	北京匡时	2012.06.04
纯金五福捧寿嵌宝石如意	长29.7cm	782,000	中贸圣佳	2012.03.04
纯银镀金壶	长18.5cm	92,000	北京翰海	2012.03.23
纯银鬼霰	长13cm	55,200	北京匡时	2012.06.04
纯银壶	高22.5cm	56,000	上海中福	2012.06.03
纯银刻草书汉诗茶则	长12.1cm	57,500	北京匡时	2012.06.04
纯银刻菊花壶	长22cm	69,000	北京翰海	2012.03.23
纯银龙凤呈祥茶具 (一套八件)	银壶高22cm	86,250	上海嘉泰	2012.06.23
纯银镂空摘大汤沸	高34.5cm	57,500	上海泓盛	2012.06.24
纯银南瓜型茶叶罐	高9cm	63,250	上海大众	2012.08.04
错金银山水壶	长18cm	71,300	北京翰海	2012.06.29
德川庆喜之印银壶	高17cm	57,500	北京匡时	2012.12.05
二世藏六造凤首夔纹纯金金壶	高16.5cm	1,840,000	北京匡时	2012.12.05
二文堂造水垂地纹银壶	高18cm	59,800	北京匡时	2012.06.04
翡翠环摘灵祝富贵纯银银壶	高22.5cm	103,500	北京匡时	2012.12.05
翡翠环摘饕餮纹丸形纯银银壶	高25.5cm	103,500	北京匡时	2012.12.05
翡翠摘丸形汤沸 附龟形响片	高18.2cm	63,250	上海泓盛	2012.06.24
翡翠摘座槌目汤沸	高17.4cm	59,800	上海泓盛	2012.06.24
服部造 雕龙祥云纹摘汤沸	高19.5cm	80,500	上海泓盛	2012.06.24
服部造霰形侧把急须	长14.5cm	51,750	北京匡时	2012.06.04
工藤延年造饕餮纹龙纹玉盖银壶	高17.5cm	1,840,000	北京匡时	2012.06.04
工藤延寿款银壶	宽12.5cm	80,500	北京保利	2012.08.11
宫内厅御用达 宫本造 竹纹茶具 (一组三件)	尺寸不一	59,800	上海泓盛	2012.06.24
宫廷纯银罐	高12.9cm	138,000	上海宝龙	2012.06.26
龚心钊旧藏 银质酒器 (一组)	尺寸不一	4,197,500	中国嘉德	2012.05.18
光南款雾霰纯金茶壶	高17cm	552,000	上海嘉泰	2012.06.23
光南造 纯金玉霰茶具 (一组)	尺寸不一	1,127,000	上海泓盛	2012.06.24
光南造 霰打银壶	高20.5cm	115,000	中国嘉德	2012.12.15
广琅刻如铁款铁包银嵌金银古币纹壶	高17cm	644,000	上海大众	2012.08.04
龟甲目提梁银壶、团纹提梁银壶 (共两件)	高22cm	69,000	北京保利	2012.06.06
河内光明造 象牙柄刻花银急须	高9.3cm	55,200	中国嘉德	2012.12.15
黑川义胜造珊瑚摘钮纯金正把急须	长13cm	310,500	北京匡时	2012.06.04
黑濑宗世作铁皮银壶	宽16.5cm	304,750	北京保利	2012.08.11
恒长造纯银银釜	高17cm	69,000	北京匡时	2012.12.05
皇室菊瓣钮霰形纯金金壶	高18.5cm	747,500	北京匡时	2012.12.05
活环翠钮银壶	高17cm	69,000	上海嘉泰	2012.06.23
金美堂纯银对凤盖金纽壶	高19cm	69,000	北京匡时	2012.06.04
金寿堂藏六型兽口银把壶	长16cm	92,000	北京翰海	2012.03.23
金寿堂雨宫造壶	长18cm	172,500	北京翰海	2012.03.23
金寿堂造 翡翠摘槌目汤沸	高19.8cm	55,200	上海泓盛	2012.06.24
金松堂造纯银花卉纹双龙耳衔环火钵	直径26cm	276,000	北京匡时	2012.06.04
九代五良三郎造玉盖银壶	高21cm	517,500	北京匡时	2012.12.05
菊瓣钮四君子 纯银银壶	高21.5cm	51,750	北京匡时	2012.12.05
菊蕾摘瓜菱形汤沸	高23cm	59,800	上海泓盛	2012.06.24
刻山水纹纯银银壶	高24cm	149,500	北京匡时	2012.06.04
刻心经汤沸	高15.5cm	86,250	上海泓盛	2012.06.24
满工雾霰纯银壶	高28cm	80,500	上海大众	2012.08.04
梅兰竹菊银壶	宽15cm	57,500	北京保利	2012.08.11
名越昌晴造凤首槌目纹纯银银壶	高19.2cm	92,000	北京匡时	2012.12.05
木村节三造袋形银壶		368,000	上海大众	2012.08.04
平安宝来堂造阿古陀形霰形银壶	高22cm	184,000	北京匡时	2012.06.04
平安金美堂造凤首纯银银壶	高17.5cm	230,000	北京匡时	2012.12.05
平安金赏堂造满工雕花银壶	高23cm	184,000	北京匡时	2012.06.04
秦藏六二世造 宝珠银壶	高17cm	92,000	中国嘉德	2012.12.15

拍品名称	物品尺寸	成交价RMB	拍卖公司	拍卖日期
秋英作银乳钉纹壶	宽18cm	82,800	北京保利	2012.08.11
日本 藏六二世造翡翠钮凤首盉形纯银汤沸	高18cm	195,500	中国嘉德	2012.03.25
日本 三龙堂造纯银锦绣汤沸	高22cm	322,000	中国嘉德	2012.03.25
日本 石黑光南初代造纯金 纯银玉霰汤沸(一对)	高16cm	667,000	中国嘉德	2012.03.25
日本 石黑光南初代制霰打银壶	高20cm	89,700	中国嘉德	2012.06.16
日本 霰打银壶	高25cm	101,200	中国嘉德	2012.06.16
日本 银壶	高25cm	74,750	中国嘉德	2012.03.25
荣真造 阿古陀银壶	高20cm	92,000	中国嘉德	2012.12.15
荣真造 大菊瓣银壶	高22.5cm	115,000	中国嘉德	2012.12.15
荣真造 四方刻花银壶	高14cm	172,500	中国嘉德	2012.12.15
如铁制刻花卉纹银壶	高25cm	115,000	北京匡时	2012.12.05
森川荣月造六角 福寿喜金钮银壶	高17.5cm	82,800	北京匡时	2012.12.05
山口丹金造 纯银茶具(一组九件)	尺寸不一	184,000	上海泓盛	2012.06.24
山口丹金造纯银樱川形网雕壶	高19.5cm	69,000	北京匡时	2012.06.04
尚美堂造 纯银鎏金槌目汤沸	高25.8cm	103,500	上海泓盛	2012.06.24
尚美堂造 纯银银壶	高18cm	69,000	中国嘉德	2012.12.15
尚美堂造 花鸟银壶	高20.5cm	80,500	中国嘉德	2012.12.15
尚美堂造纯银银壶	高24cm	57,500	北京匡时	2012.06.04
尚美堂造金正作霰打纯银壶	高21.5cm	92,000	上海大众	2012.08.04
绍美造嵌金银云凤纹古铜镜盖纯银银壶	高21cm	253,000	北京匡时	2012.12.05
生驹造 翠钮金响片银壶	高15.3cm	51,750	中国嘉德	2012.12.15
石川光一制纯金壶	宽14cm	414,000	北京保利	2012.08.11
石黑光南龙纹银壶	高22cm	74,750	北京匡时	2012.06.04
石黑光南一世造 玉霰纯金壶	高20cm	598,000	中国嘉德	2012.12.15
石黑光南造立筋纹纯金金壶 御用	高17cm	644,000	北京匡时	2012.12.05
石黑光南造双盖槌目纹纯银银釜	高16.5cm	115,000	北京匡时	2012.12.05
石黑光南造霰形龙首银壶	高29.5cm	172,500	北京匡时	2012.12.05
四君子银壶	高16.8cm	55,200	荣宝斋(上海)	2012.09.09
四世藏六造 富士形玉霰汤沸	高15cm	92,000	上海泓盛	2012.06.24
四世藏六造 龟首盉式汤沸	高17.5cm	138,000	上海泓盛	2012.06.24
四世藏六造龙纹凤首盉式银壶	高17cm	253,000	北京匡时	2012.12.05
松坂屋造 望月银壶	高19.5cm	55,200	中国嘉德	2012.12.15
松荣堂 雅寿作 槌目南瓜形汤沸	高18.5cm	63,250	上海泓盛	2012.06.24
松荣堂造大南瓜槌目纹纯银银壶	高30.5cm	149,500	北京匡时	2012.06.04
松荣堂造南瓜形槌目纹纯银银壶+槌目纹纯银茶杯(五件)	尺寸不一	51,750	北京匡时	2012.12.05
松元治三造 口打出银壶	高20cm	161,000	中国嘉德	2012.12.15
藤原政孝造唐草纹银壶(一对)	尺寸不一	149,500	北京匡时	2012.12.05
提梁金银对壶	高16cm	690,000	上海宝龙	2012.06.26
天赏堂造 菊纹银壶	高17.4cm	97,750	中国嘉德	2012.12.15
铁包银提梁壶	高24.5cm	368,000	北京匡时	2012.12.05
铁柄错金银壶	长18.5cm	71,300	北京翰海	2012.03.23
铁平造 铁把银壶	高19cm	63,250	中国嘉德	2012.12.15
丸形花钮纯金金壶	高18.5cm	483,000	北京匡时	2012.12.05
丸形兽口纯银对壶	尺寸不一	402,500	北京匡时	2012.12.05
网樱流金摘纽银壶	高24cm	126,500	上海宝龙	2012.06.26
五郎三郎造 山水刻花银壶	高17cm	115,000	中国嘉德	2012.12.15
五郎三郎造古铜镜盖兽首霰形银壶	高19.5cm	322,000	北京匡时	2012.12.05
五郎三郎作玉钮南镣龙纹兽口银壶	高23cm	92,000	上海嘉泰	2012.06.23
霰形纯金壶	高16cm	1,035,000	北京匡时	2012.06.04
霰形纯金壶	高17.5cm	943,000	北京匡时	2012.06.04
霰形纯金壶	高17.5cm	747,500	北京匡时	2012.06.04
霰形纯金壶	高16.5cm	644,000	北京匡时	2012.06.04
霰形纯银茶具三件组连茶盘	尺寸不一	138,000	北京匡时	2012.12.05
霰形五件组	重1607g	287,500	北京匡时	2012.06.04
霰形银壶-2	高23.5cm	74,750	北京匡时	2012.06.04
霰形银壶-3	高22.5cm	51,750	北京匡时	2012.06.04
象牙把金银对壶	高10cm	437,000	上海宝龙	2012.06.26
秀峰造 槌目花蕾摘汤沸	高19.8cm	57,500	上海泓盛	2012.06.24

拍品名称	物品尺寸	成交价RMB	拍卖公司	拍卖日期
秀峰造 七宝透雕钮玉霰汤沸	高23.5cm	63,250	上海泓盛	2012.06.24
一东斋造 象牙把银急须	高8.5cm	55,200	中国嘉德	2012.12.15
一东斋造玉堂富贵纯银银壶	高21.5cm	92,000	北京匡时	2012.12.05
一凤斋造霰形银壶	高27.5cm	92,000	北京匡时	2012.12.05
一鹤斋造 宝珠银壶	高15cm	55,200	中国嘉德	2012.12.15
一鹤斋造 纯银茶托(二十件)	尺寸不一	59,800	中国嘉德	2012.12.15
一鹤斋造 灵芝摘望月形汤沸	高17.8cm	80,500	上海泓盛	2012.06.24
一鹤斋造纯银霰形姥口银壶	高24cm	55,200	北京匡时	2012.06.04
一鹤斋造翠环摘望月形纯银银壶	高21.5cm	92,000	北京匡时	2012.12.05
一鹤斋造金响片望月形纯银银壶	高21.5cm	92,000	北京匡时	2012.12.05
一庆造 菊纹金摘银铫子	高16cm	55,200	中国嘉德	2012.12.15
一望斋造 望月银壶	高20cm	57,500	中国嘉德	2012.12.15
仪助作铜包银金银草虫茶则	长14.6cm	59,800	北京匡时	2012.06.04
银壶	长18cm	51,750	北京翰海	2012.03.23
银壶(两把)	宽17cm	51,750	北京保利	2012.08.11
银珐金烛台(一对)	高27cm	564,420	中联国际	2012.10.02
银烧兰文具(一套十二件)	尺寸不一	50,000	隆荣国际	2012.07.27
银质茶具(一套)	尺寸不一	50,600	北京传是	2012.12.16
羽田制轮纹纯银茶具(五件组)	尺寸不一	172,500	北京匡时	2012.12.05
玉光堂造带状霰打纯银壶	高22cm	57,500	上海大众	2012.08.04
玉香堂纯银柿柿如意壶	高18.5cm	126,500	北京匡时	2012.06.04
芋头型银壶	高29.5cm	172,500	北京匡时	2012.12.05
昭和26年 春山秀夫制纯银鎏金霰风炉釜一式	高38cm	345,000	上海大众	2012.08.04
真锅静良(1912年-1926年)一块造铁提梁银壶	高15.5cm	207,000	上海宝龙	2012.06.26
真锅静良纯银瓢形壶	长17cm	207,000	北京匡时	2012.06.04
真锅静良造南镣袋形银壶	高16cm	207,000	上海大众	2012.08.04
中川净益八世造 砂面银壶	高15cm	138,000	中国嘉德	2012.12.15
中川净益八世造 小银壶	高13cm	138,000	中国嘉德	2012.12.15
中川净益九世造南镣锤目尻形银壶	高17.5cm	230,000	上海大众	2012.08.04
中川净益十世造 刻夕颜花铫子(一对)	高11cm	92,000	中国嘉德	2012.12.15
中川净益十世造 平丸型银铫子(一对)	高15cm	138,000	中国嘉德	2012.12.15
中川净益十世造四方银铫子(一对)	高15cm	138,000	中国嘉德	2012.12.15
中川净益十世造 霰打汤沸	高19.5cm	172,500	上海泓盛	2012.06.24
中川净益造海波纹纯银银壶	高20cm	230,000	北京匡时	2012.12.05
中川净益造菊花型纯银茶托(一组三十件)	直径11.5cm×30	105,800	北京匡时	2012.12.05
中川净益造藤把 芋头形纯银银壶	高22cm	57,500	北京匡时	2012.12.05
中川净益造万字纹丸型纯银银壶 御用	高19.5cm	350,000	北京匡时	2012.12.05
中川净益造望月形满工雕花草纯银银壶	高21cm	299,000	北京匡时	2012.06.04
中川净益造霰形银壶	高24cm	115,000	北京匡时	2012.12.05
中川净益造云凤纹纯银银壶	高18cm	414,000	北京匡时	2012.12.05
竹影堂荣真造 玉霰望月形汤沸	高25.4cm	74,750	上海泓盛	2012.06.24
竹影堂荣真造虫雕枣形纯银银壶	高23.5cm	172,500	北京匡时	2012.12.05
竹影堂荣真造纯银樱川形网雕壶	高21.5cm	115,000	北京匡时	2012.06.04
竹影堂荣真造忍冬纹 菊花家徽纯银银壶	高18cm	101,200	北京匡时	2012.12.05
竹影堂荣真造松球摘松叶雕纹纯银银壶	高15cm	57,500	北京匡时	2012.06.04
宗辰造 槌目兽首活耳釜	高23.8cm	59,800	上海泓盛	2012.06.24
宗亚造 玉摘檀木把金壶	高20cm	920,000	中国嘉德	2012.12.15
总山造 纯金茶盒 茶匙(一套)	高16cm	112,700	中国嘉德	2012.12.15
珐琅器				
摆件				
清乾隆/清嘉庆 掐丝珐琅鹤(一对)	高45.5cm×2	1,577,220	香港佳士得	2012.05.30
清乾隆 银胎绿珐琅嵌宝石海螺	高19cm	201,500	香港邦瀚斯	2012.11.24
清乾隆 铜胎画珐琅福寿双全摆件	高77cm	6,900,000	北京匡时	2012.06.04
清乾隆 掐丝珐琅神兽	长21.5cm×2	2,552,820	香港佳士得	2012.05.30
清乾隆 掐丝珐琅公鸡(一对)	高36.5cm	2,357,700	香港佳士得	2012.05.30

2012杂项拍卖成交汇总

(成交价RMB：5万元以上)

拍品名称	物品尺寸	成交价RMB	拍卖公司	拍卖日期
清乾隆 鎏金铜嵌珐琅宝石红料双桃如意	长32.4cm	545,729	纽约佳士得	2012.03.22
清18世纪 铜胎掐丝珐琅「暗八仙」纹如意	长22cm	108,163	伦敦苏富比	2012.05.16
清 掐丝珐琅五蝠捧寿七宝如意	长45cm	172,500	北京保利	2012.12.07
清 掐丝珐琅太平有象摆件	高66cm	69,000	中国嘉德	2012.12.17
清 珐琅座绿松石山子	高75cm	112,700	太平洋	2012.06.16
掐丝珐琅太平有象摆件 (一对)	高56.5cm	51,750	中国嘉德	2012.09.16
掐丝珐琅双鹤摆件 (一对)	高207cm	276,000	中国嘉德	2012.06.16
掐丝珐琅双鹤摆件 (一对)	高195cm	161,000	中国嘉德	2012.03.25
掐丝珐琅双鹤 (一对)	高202cm	97,750	北京保利	2012.08.11
掐丝珐琅嵌碧玉太平有象	高91.5cm	105,800	中国嘉德	2012.06.16
珐琅瓶				
明 铜胎掐丝珐琅花卉纹螭耳瓶	高24.5cm	138,000	中国嘉德	2012.05.14
明16世纪 铜胎掐丝珐琅「穿莲游龙」纹扁瓶	29.8cm	374,661	伦敦苏富比	2012.11.07
明宣德 铜胎掐丝珐琅双兽耳玉壶春瓶连座	高21cm	460,000	北京匡时	2012.06.04
清康熙 铜胎画珐琅海屋添筹图梅瓶	高21.9cm	1,176,760	香港佳士得	2012.11.28
清乾隆 广东铜胎画珐琅繁花地开光西洋人物图带环瓶	高36.6cm	1,176,760	香港邦瀚斯	2012.11.24
清乾隆 料胎画珐琅花鸟纹蒜头瓶	高17.5cm	467,896	澳门龙禧	2012.01.08
清乾隆 掐丝珐琅缠枝莲纹瓶	高13.5cm	66,700	中国嘉德	2012.06.16
清乾隆 掐丝珐琅缠枝莲纹小瓶	高12.5cm	151,125	香港佳士得	2012.11.28
清乾隆 掐丝珐琅凤穿牡丹纹双连盖瓶	高45cm	4,755,400	香港佳士得	2012.11.28
清乾隆 掐丝珐琅花卉撇口瓶(两件)	高33cm	59,800	北京翰海	2012.03.23
清乾隆 掐丝珐琅花卉双耳瓶	高22.3cm	71,300	北京翰海	2012.03.23
清乾隆 掐丝珐琅寿字纹甘露瓶	高23cm	103,500	北京保利	2012.10.25
清乾隆 掐丝珐琅喜鹊登梅纹天球瓶	高55.9cm	1,273,480	香港佳士得	2012.11.28
清乾隆 掐丝珐琅象瓶	高52.5cm×2	6,845,460	香港佳士得	2012.05.30
清乾隆 铜胎画北京珐琅黄地龙凤纹小瓶	高10.2cm	2,175,880	香港苏富比	2012.10.09
清乾隆 铜胎掐丝珐琅「子孙万代」图葫芦瓶 (一对)	高46.7cm	5,905,960	香港苏富比	2012.10.09
清乾隆 铜胎掐丝珐琅花瓶(一对)	高22.2cm	644,800	香港邦瀚斯	2012.11.24
清乾隆 铜胎掐丝珐琅吉庆纹兽耳衔环瓶	高29.6cm	230,000	北京东正	2012.05.11
清乾隆 铜胎掐丝珐琅六棱香瓶	高18.8cm	920,000	北京保利	2012.06.05
清乾隆/清嘉庆 掐丝珐琅梅瓶(一对)	高41.9cm×2	2,552,820	香港佳士得	2012.05.30
清晚期 掐丝珐琅花蝶大瓜棱瓶	高51cm	57,500	北京保利	2012.04.23
清雍正 料胎画珐琅花蝶纹瓶	高15cm	377,916	澳门龙禧	2012.01.08
清雍正 料胎画珐琅花鸟纹瓶(一对)	通高17.5cm	701,844	澳门龙禧	2012.01.08
清雍正 料胎画珐琅花鸟纹蒜头瓶	高20.5cm	467,896	澳门龙禧	2012.01.08
清中期 景泰蓝龙纹双联瓶	高44cm	161,000	北京保利	2012.10.25
清中期 掐丝珐琅缠枝花卉棒槌瓶 (二件)	高44.6cm	402,500	北京翰海	2012.05.27
清中期 掐丝珐琅花卉壁瓶	长20.5cm	57,500	北京保利	2012.10.25
清中期 铜掐丝珐琅八吉祥葫芦瓶 (一对)	高20cm×2	966,000	北京传是	2012.12.16
清 景泰蓝八宝纹瓶	高40cm	74,750	北京保利	2012.10.25
清 景泰蓝缠枝莲瓶	高38cm	63,250	北京保利	2012.10.25
清 景泰蓝镂雕龙纹花卉万寿葫芦瓶	高28cm	59,800	北京匡时	2012.12.05
清 景泰蓝双龙耳瓶	高14cm	517,500	北京保利	2012.10.25
清 掐丝珐琅百鸟朝凤八棱瓶(两件)	高37cm	69,000	北京翰海	2012.03.23
清 掐丝珐琅荷花纹瓶 (一对)	高35.6cm×2	69,000	上海泓盛	2012.06.24
清 掐丝珐琅花卉纹方瓶	高15.6cm	74,750	北京翰海	2012.05.27
清 掐丝珐琅花卉纹六方瓶(一对)	高45.8cm	92,000	中国嘉德	2012.12.17
清 掐丝珐琅花卉纹瓶	高16cm	115,000	北京翰海	2012.05.27
17世纪/18世纪 掐丝珐琅英雄瓶	高23cm	3,723,540	香港佳士得	2012.05.30
民国 掐丝珐琅福寿纹蟠龙瓶(一对)	高67.8cm	57,500	中国嘉德	2012.06.16
珐琅觚				
清乾隆 铜鎏金填珐琅花觚(一对)	高31.5cm	463,450	保利香港	2012.11.25
清中期 掐丝珐琅花觚 (两件)	高56cm	112,700	北京翰海	2012.03.23
清 掐丝珐琅花卉纹花觚	高44.4cm	287,500	上海泓盛	2012.06.24
清 景泰蓝兽面纹花觚	高34.5cm	86,250	北京保利	2012.10.25
铜胎画珐琅婴戏纹花觚 (一对)	高23cm	20,000,000	隆荣国际	2012.07.27
珐琅尊				
明中期 铜掐丝珐琅莲花盖尊	高17cm	184,000	上海嘉泰	2012.06.23
明15世纪/16世纪 掐丝珐琅莲纹出戟尊	高33.4cm	1,681,349	纽约佳士得	2012.03.22
清乾隆 铜胎绘胭脂珐琅山水鸠耳尊	高11×13cm	2,530,000	上海嘉泰	2012.06.23
清乾隆 掐丝珐琅荷塘水鸟大尊(一对)	高61.5cm	2,300,000	北京保利	2012.12.05
清乾隆 景泰蓝尊(一对)	高50.5cm×2	3,723,540	香港佳士得	2012.05.30
清嘉庆 铜胎画珐琅仿古兽面纹尊	高10cm	368,000	北京保利	2012.06.07
清嘉庆 铜胎画珐琅仿古兽面纹尊	高9.5cm	195,500	北京保利	2012.12.07
清中期 铜胎掐丝珐琅缠枝花卉纹鸠耳尊	高32.7cm	276,000	北京中汉	2012.10.30
清 铜胎掐丝珐琅饕餮纹尊 (两件)	高9cm	78,400	云南典藏	2012.05.27
珐琅碗、杯、碟				
明 掐丝珐琅缠枝莲纹碗	直径15.3cm	118,294	纽约佳士得	2012.03.22
清乾隆 掐丝珐琅缠枝花卉碗	直径12.1cm	71,300	北京翰海	2012.12.09
清乾隆甲戌年(1754年) 铜胎画珐琅「山水图」盖碗	9.5cm	188,588	伦敦苏富比	2012.11.07
清乾隆 铜胎珐琅胭脂红地福定有余纹碗 (一对)	直径13cm	417,105	香港富得	2012.12.26
清乾隆 铜胎珐琅胭脂红地福定有余纹碗 (一对)	直径13cm	417,105	香港富得	2012.12.26
清乾隆 铜胎画北京珐琅开光式「文士雅集」图双耳小杯	高9.8cm	1,881,400	香港苏富比	2012.10.09
清 铜鎏金掐丝珐琅御用"万寿无疆"碗	直径16.7cm	345,000	上海嘉泰	2012.10.25
铜胎画珐琅百鹿纹碗	直径16.8cm	50,000	隆荣国际	2012.07.27
铜胎珐琅寿字纹碗	直径16.5cm	112,000	云南典藏	2012.05.27
景泰蓝富贵蝶来海碗	口径23cm	207,000	广东益诚	2012.01.08
清乾隆 铜胎珐琅彩胭脂红地牡丹花纹碟	直径19.5cm	176,111	香港富得	2012.12.26
清乾隆 铜胎珐琅彩胭脂红地牡丹花纹碟	直径19.5cm	176,111	香港富得	2012.12.26
珐琅盘				
明宣德 铜胎掐丝珐琅缠枝蕃莲纹小盘	直径12.4cm	226,305	伦敦苏富比	2012.11.07
明末 铜胎掐丝珐琅「年年有余」图盘	直径13.6cm	50,290	伦敦苏富比	2012.11.07
明16世纪末 铜胎掐丝珐琅「龙凤争珠」纹三足盘	直径44.5cm	326,382	伦敦苏富比	2012.11.07
清雍正 铜胎掐丝珐琅花鸟大盘	直径42cm	322,000	中国嘉德	2012.05.14
清雍正 铜胎画珐琅花蝶盘	直径16cm	161,000	上海嘉泰	2012.06.23
清乾隆 铜胎掐丝珐琅「云蝠」缠枝蕃莲纹双耳三足盘	直径38.5cm	379,205	伦敦苏富比	2012.05.16
清乾隆 铜胎画珐琅胭脂红地缠枝牡丹纹盘	直径19.5cm	112,700	北京永乐	2012.06.05
清乾隆 墨绿地铜胎画珐琅"三羊开泰"盘	直径17cm	148,304	保利香港	2012.11.25
清18世纪 掐丝珐琅花卉纹六方盘	高12cm	51,261	纽约佳士得	2012.03.22
清光绪 铜珐琅穆氏祠堂高足供盘 (一对)	高20cm	86,250	上海嘉泰	2012.10.25
珐琅壶、钵				
清 掐丝珐琅钵	宽27cm	74,750	北京保利	2012.10.25
珐琅缸、罐				
明末清初 景泰蓝鱼缸	高38.5cm	3,918,660	香港苏富比	2012.04.04
16世纪 掐丝珐琅罐	高32cm	1,186,980	香港佳士得	2012.05.30
清乾隆 景泰蓝罐	高43cm	1,600,805	伦敦佳士得	2012.05.15

拍品名称	物品尺寸	成交价RMB	拍卖公司	拍卖日期
清 铜胎掐丝珐琅花卉纹盖罐(二件)	高21cm	89,600	云南典藏	2012.05.27
清 套料开光珐琅彩花雀鸟食罐(两件)	高4×5cm	55,200	上海嘉泰	2012.06.23
清 掐丝珐琅花鸟瓜棱缸	直径52cm	184,000	北京翰海	2012.03.23
掐丝珐琅内鱼藻纹外海兽纹缸(一对)	直径94cm	161,000	中国嘉德	2012.09.16
掐丝珐琅龙纹缸 (一对)	直径111cm	161,000	中国嘉德	2012.03.25
掐丝珐琅龙纹缸 (一对)	直径114cm	101,200	中国嘉德	2012.06.16
珐琅盒				
明宣德 掐丝珐琅莲纹圆盒	直径13.7cm	1,080,040	香港佳士得	2012.11.28
明15世纪/16世纪 铜胎掐丝珐琅花卉纹小盖盒	直径4.8cm	276,595	伦敦苏富比	2012.11.07
明 掐丝珐琅嵌明代白玉麒麟五毒带板盖盒	长10.2cm	69,000	北京保利	2012.06.07
清乾隆 银錾皮球花倭角长方盒	长12.5cm	207,000	北京翰海	2012.12.09
清乾隆 铜胎掐丝珐琅山河楼阁大宝盒	高44cm	302,250	香港邦瀚斯	2012.11.24
清乾隆 铜胎掐丝珐琅缠枝花卉盖盒	直径6.4cm×2	552,840	香港邦瀚斯	2012.05.27
清乾隆 铜胎掐丝珐琅「安佑宫」缠枝花卉盖盒	直径7.5cm×2	621,132	香港邦瀚斯	2012.05.27
清乾隆 铜鎏金珐琅太极图香盒	直径11.5cm	138,000	北京翰海	2012.12.09
清乾隆掐丝珐琅五蝠捧寿纹捧盒	直径25.5cm	1,495,000	北京翰海	2012.05.25
清乾隆内填珐琅番莲龙纹倭角小盒	宽7.7cm×2	60,450	香港邦瀚斯	2012.11.24
清乾隆 景泰蓝缠枝莲纹盖盒	直径9.5cm	94,300	上海崇源	2012.10.19
清乾隆 春寿图景泰蓝捧盒	高22cm	690,000	荣宝斋(上海)	2012.06.17
清中期 掐丝珐琅花卉香盒	长20.7cm	115,000	北京翰海	2012.05.27
清中期 景泰蓝嵌白玉盖盒	长11.2cm	437,000	中贸圣佳	2012.07.22
清 铜胎画珐琅花卉纹瓜棱盖盒	长10cm	402,500	中贸圣佳	2012.07.22
清18世纪 / 19世纪 累丝珐琅嵌白玉八方倭角盖盒	长7.6cm	141,953	纽约佳士得	2012.03.22
铜胎掐丝珐琅捧盒	直径20cm	2,069,540	中联国际	2012.10.02
清铜胎掐丝珐琅瓜形盖盒(一对)	每只长19.5cm	57,500	长风拍卖	2012.09.17
清 铜胎掐丝珐琅喜上梅梢桃形捧盒 (一对)	直径18cm	115,000	朵云轩	2012.12.29
1900年制 德国 "爱的赠予"鸟音盒 铜镀金 珐琅盖盒	6.1cm×9.8cm	80,500	北京保利	2012.06.04
约1910年制 德国 "田园求爱"鸟音盒 铜鎏金 珐琅盒盖	6.7cm×10.3cm	92,000	北京保利	2012.06.04
珐琅炉				
明 铜胎珐琅掐丝仿商代三足鬲	高33cm	195,500	广东益诚	2012.01.08
明万历 掐丝珐琅万寿三足炉	高18cm	1,495,000	北京保利	2012.06.05
明16世纪 铜胎掐丝珐琅「松鼠葡萄」纹三足香炉	高20cm	89,075	伦敦苏富比	2012.05.16
清康熙 掐丝珐琅夔龙穿莲纹象足葵瓣式熏炉	高55cm	1,757,080	香港佳士得	2012.11.28
清早期 掐丝珐琅双凤耳簋式炉	宽37cm	1,204,970	保利香港	2012.11.25
清早期 景泰蓝缠枝莲纹三足双錾耳炉	高11cm	207,000	北京匡时	2012.12.05
清乾隆 御制铜胎掐丝珐琅双人托长方形炉	宽112cm×2	10,552,740	香港邦瀚斯	2012.05.27
清乾隆 御制掐丝珐琅缠枝莲双耳炉	高12.5cm	345,000	北京保利	2012.12.05
清乾隆 铜胎掐丝珐琅'太平有象'夔龙纹双耳三足盖炉	高56.5cm	7,820,000	北京匡时	2012.06.04
清乾隆 铜胎珐琅白莲乳足炉	高7cm	138,000	上海嘉泰	2012.10.25
清乾隆 铜鎏金珐琅冲耳炉	直径10.5cm	402,500	上海大众	2012.08.04
清乾隆 掐丝珐琅香炉	高85.8cm	2,552,820	香港佳士得	2012.05.30
清乾隆 掐丝珐琅太平有象小熏炉	高8.7cm	126,500	北京诚轩	2012.05.13
清乾隆 掐丝珐琅兽面纹簠式炉	宽26.7cm	983,320	香港佳士得	2012.11.28
清乾隆 掐丝珐琅莲花纹狮环耳三龙足盖炉	高60.9cm	545,729	纽约佳士得	2012.03.22
清乾隆 掐丝珐琅孔雀香炉	长44.1cm×2	6,845,460	香港佳士得	2012.05.30
清乾隆 掐丝珐琅回纹筒式炉	高9.1cm	230,000	北京翰海	2012.12.09

拍品名称	物品尺寸	成交价RMB	拍卖公司	拍卖日期
清乾隆 景泰蓝炉瓶三事	尺寸不一	805,000	中贸圣佳	2012.07.22
清乾隆 景泰蓝戟耳龙钮熏炉	高29.5cm	920,000	中贸圣佳	2012.07.22
清乾隆 掐丝珐琅仿古方鼎	高55cm	4,113,780	香港佳士得	2012.05.30
清乾隆掐丝珐琅嵌玉兽面鼎式盖炉	高23cm	278,070	保利香港	2012.11.25
清乾隆/清嘉庆 景泰蓝香炉(一对)	长37cm×2	1,967,460	香港佳士得	2012.05.30
清乾隆 铜胎掐丝珐琅缠枝莲炉、瓶、盒 (一套)	尺寸不一	1,035,000	北京保利	2012.06.07
清中期 掐丝珐琅小方炉	高15cm	57,500	北京保利	2012.06.07
清中期 掐丝珐琅花卉如意耳三足熏炉	高46.7cm	690,000	北京翰海	2012.05.27
清 铜胎珐琅缠枝花卉双龙纹熏炉	高55cm	82,800	北京九歌	2012.06.29
清 掐丝珐琅甗式炉	高25cm	207,000	北京九歌	2012.06.29
清 掐丝珐琅八宝纹三足炉	高8.8cm	402,500	北京翰海	2012.05.27
清掐丝珐琅缠枝莲纹龙耳炉(一对)	高63cm	82,800	中国嘉德	2012.12.17
17世纪/18世纪 景泰蓝神兽香炉	长27.7cm	1,173,245	伦敦佳士得	2012.05.18
17世纪/18世纪 掐丝珐琅长方形香炉	高30.5cm	1,479,660	香港佳士得	2012.05.30
18世纪/19世纪 景泰蓝神兽香炉(一对)	高33cm×2	1,284,540	香港佳士得	2012.05.30
铜胎掐丝珐琅西番莲鼎式炉	高34.3cm	55,200	中贸圣佳	2012.03.04
掐丝珐琅缠枝莲纹折沿炉	直径28cm	500,000	隆荣国际	2012.07.27
珐琅盆				
清乾隆 掐丝珐琅鱼盆	高26.7cm	2,747,940	香港佳士得	2012.05.30
清乾隆 掐丝珐琅凤穿牡丹纹折沿盆	直径55.5cm	1,660,360	香港佳士得	2012.11.28
清中期 铜胎画珐琅松石绿地福寿吉祥纹折沿盆	直径45.8cm	172,500	北京永乐	2012.06.05
景泰蓝龙凤富贵花卉面盆	口径38cm	2,070,000	广东益诚	2012.01.08
清中期 掐丝珐琅宝相花纹花盆(一对)	直径34cm	57,500	北京保利	2012.04.23
珐琅盆景				
清 景泰蓝玉宝盆供 (一对)	高55cm	138,000	上海嘉泰	2012.06.23
清乾隆 景泰蓝福寿珊瑚树盆景	宽40cm	1,380,000	北京保利	2012.08.11
清 掐丝珐琅玉雕竹石盆景	高22cm	138,000	北京翰海	2012.05.27
18世纪/19世纪 珐琅荷塘盆景	高96.5cm	1,600,805	伦敦佳士得	2012.05.15
珐琅香熏				
清早期 铜胎掐丝珐琅瑞兽钮四方香熏	长34cm	782,000	北京保利	2012.06.07
清乾隆 掐丝珐琅楼阁式大香熏	高92cm	4,634,500	保利香港	2012.11.25
掐丝珐琅八征耄念之宝说香熏	高21.3cm	59,800	中国嘉德	2012.06.16
清 掐丝珐琅孔雀香熏 (一对)	高33cm×2	126,500	北京九歌	2012.06.29
清康熙 掐丝珐琅缠枝莲纹香薰	长48cm	57,500	中国嘉德	2012.12.15
掐丝珐琅嵌碧玉云龙纹香薰	高74cm	69,000	中国嘉德	2012.03.25
掐丝珐琅双鹤香薰 (一对)	高202cm	115,000	中国嘉德	2012.12.17
掐丝珐琅大吉香薰 (一对)	高89.5cm	59,800	中国嘉德	2012.03.25
掐丝珐琅螭龙纹香薰 (一对)	高128.5cm	126,500	中国嘉德	2012.03.25
珐琅烛台				
清康熙 掐丝珐琅烛台(一对)	高37.5cm×2	5,382,060	香港佳士得	2012.05.30
清乾隆 掐丝珐琅喜字纹璧玉烛台 (二件)	高34.7cm	2,300,000	北京翰海	2012.12.09
清乾隆 铜鎏金掐丝珐琅龙形烛台 (两件)	长33cm	86,250	北京翰海	2012.03.23
清掐丝珐琅嵌碧玉喜字烛台(一对)	高30cm	51,750	太平洋	2012.06.16
清景泰蓝瑞兽衔梅枝烛台(一对)	高39cm	63,250	上海嘉泰	2012.06.23
清殿供掐丝珐琅仙鹤烛供(一对)	高220cm	172,500	上海嘉泰	2012.03.11
珐琅帽架、宫灯				
清乾隆 景泰蓝帽架	高18cm	172,500	北京保利	2012.10.25
清 珐琅福寿纹官帽架 (一对)	高27cm	63,250	太平洋	2012.06.16
清中期 填珐琅亭式宫灯	高36.5cm	172,500	北京保利	2012.06.07
清铜鎏金填珐琅葫芦宫灯(一对)	高71.5cm	240,994	保利香港	2012.11.25
珐琅笔筒				
清乾隆 掐丝珐琅笔筒	高15.2cm	1,089,420	香港苏富比	2012.04.04
清 珐琅鸟笼	高60cm	51,750	太平洋	2012.06.16
铜胎珐琅六方山水笔筒	直径12.6cm	169,326	中联国际	2012.10.02

(成交价RMB：5万元以上)

拍品名称	物品尺寸	成交价RMB	拍卖公司	拍卖日期
其他珐琅器				
明宣德 铜胎掐丝珐琅缠枝花卉纹盏托	长19.2cm	616,053	伦敦苏富比	2012.11.07
清雍正 铜胎画北京珐琅黄地莲纹花式香托	8.4cm	458,080	香港苏富比	2012.10.09
清乾隆 掐丝珐琅百寿花插(一对)	高27.5cm	345,000	北京保利	2012.06.07
清乾隆 景泰蓝西番莲板	长22cm	51,750	北京保利	2012.10.25
清中期 掐丝珐琅花蝶纹花篮	高15.4cm	172,500	北京翰海	2012.05.27
清晚期 掐丝珐琅狮子戏球(一对)	高20.5cm	69,000	北京保利	2012.12.07
清 紫檀嵌掐丝珐琅花卉蝶纹桌	高55.2cm	103,500	北京保利	2012.04.23
清 铜胎掐丝珐琅灯罩(一对)	高41cm	230,000	中国嘉德	2012.05.14
清 铜胎掐丝珐琅朝冠耳熏	高40cm	69,000	上海嘉泰	2012.10.25
清 掐丝珐琅兽面提梁卣	高33cm	57,500	太平洋	2012.06.16
19世纪 木壳嵌贝壳铜鎏金珐琅彩台		189,795	香港拍得高	2012.03.17
铜胎掐丝珐琅鎏金瑞兽连座	长52.8cm	7,415,200	澳门中信	2012.12.28
掐丝景泰蓝镀金十三龙纹宝座	高106.5cm	10,195,900	澳门中信	2012.12.28
鼻烟壶				
玉石类				
清早期 白玉盘螭烟壶	高7cm	92,000	北京保利	2012.04.22
清雍正 白玉八楞式鼻烟壶	高6cm	345,000	上海大众	2012.08.04
清雍正 白玉巧雕九如鼻烟壶	高6.5cm	805,000	古天一	2012.12.02
清雍正/乾隆 白玉光素鼻烟壶	高5cm	201,500	香港佳士得	2012.11.28
清乾隆 白玉包袱团寿纹鼻烟壶	高6.8cm	402,500	北京保利	2012.12.06
清乾隆 白玉包袱形鼻烟壶	高7.3cm	253,000	北京保利	2012.12.06
清乾隆 白玉鼻烟壶	高7.5cm	552,840	香港苏富比	2012.04.04
清乾隆 白玉鼻烟壶	高6cm	1,955,000	上海崇源	2012.10.19
清乾隆 白玉鼻烟壶	高6.6cm	138,000	北京翰海	2012.12.09
清乾隆 白玉雕瓜意绵绵鼻烟壶	高8cm	253,000	北京歌德	2012.06.03
清乾隆 白玉铺首纹烟壶	高6cm	241,500	北京保利	2012.04.22
清乾隆 白玉光素鼻烟壶	高5.5cm	184,000	北京歌德	2012.06.03
清乾隆 白玉痕都斯坦式烟壶	高7.5cm	322,000	北京保利	2012.04.22
清乾隆 白玉葫芦形御制诗文鼻烟壶	高6.3cm	713,000	中国嘉德	2012.05.14
清乾隆 白玉葫芦御题诗花卉鼻烟壶	高7.2cm	161,000	北京保利	2012.12.06
清乾隆 白玉花卉双狮耳烟壶	高7cm	207,000	北京保利	2012.04.22
清乾隆 白玉夔龙纹烟壶	高7.5cm	402,500	北京保利	2012.04.22
清乾隆 白玉留皮蕉叶纹鼻烟壶	高6.5cm	69,000	北京保利	2012.12.06
清乾隆 白玉留皮人物烟壶	高8cm	74,750	北京保利	2012.08.11
清乾隆 白玉鹿鹤同春鼻烟壶	高8.6cm	437,000	北京保利	2012.12.06
清乾隆 白玉美人尖鼻烟壶	高10.5cm	138,000	北京歌德	2012.06.03
清乾隆 白玉筐箩纹鼻烟壶	高7cm	172,500	北京保利	2012.12.06
清乾隆 白玉筐箩纹鼻烟壶	高6.4cm	103,500	北京翰海	2012.12.09
清乾隆 白玉巧雕蝉纹葫芦万代烟壶	长6.5cm	276,000	北京保利	2012.04.22
清乾隆 白玉巧雕福寿万代烟壶	高6cm	402,500	北京保利	2012.04.22
清乾隆 白玉巧雕双吉诗文烟壶	高7cm	109,250	北京保利	2012.04.22
清乾隆 白玉茄形鼻烟壶	高8.2cm	161,000	北京保利	2012.12.06
清乾隆 白玉洒金皮鼻烟壶	高7cm	207,000	北京歌德	2012.06.03
清乾隆 白玉洒金皮双螭烟壶	高6.5cm	241,500	北京保利	2012.06.06
清乾隆 白玉洒金皮竹纹题诗烟壶	高8.5cm	437,000	北京保利	2012.04.22
清乾隆 白玉三色巧做刘海戏金蟾、西厢记鼻烟壶	高8cm	460,000	上海大众	2012.08.04
清乾隆 白玉深山赏梅烟壶	高6cm	460,000	上海崇源	2012.10.19
清乾隆 白玉双骏诗文烟壶	高6cm	345,000	北京保利	2012.04.22
清乾隆 白玉双骏图烟壶	高8.5cm	517,500	北京保利	2012.04.22
清乾隆 白玉双龙诗文烟壶	高7cm	920,000	北京保利	2012.04.22
清乾隆 白玉题诗「梅花」图双羊耳鼻烟壶	高7.8cm	286,300	香港苏富比	2012.10.09
清乾隆 白玉团龙字鼻烟壶	高5.8cm	115,000	中国嘉德	2012.05.14
清乾隆 白玉五福捧寿烟壶	高7.2cm	345,000	北京保利	2012.12.06
清乾隆 白玉英雄烟壶	高8.5cm	184,000	北京保利	2012.04.22
清乾隆 白玉御题诗桂花烟壶	高6cm	138,000	北京保利	2012.10.24
清乾隆 翡翠嵌百宝婴戏图鼻烟壶	高6cm	253,000	北京匡时	2012.12.05

拍品名称	物品尺寸	成交价RMB	拍卖公司	拍卖日期
清乾隆 黑白玉巧雕人物诗文鼻烟壶	高5cm	57,500	北京歌德	2012.06.03
清乾隆 黑白玉巧雕三鱼鼻烟壶	高6.5cm	195,500	上海大众	2012.08.04
清乾隆 琥珀嵌百宝山水人物鼻烟壶	高6.8cm	299,000	文博苑	2012.12.15
清乾隆 黄玉福寿万代烟壶	高7.5cm	460,000	北京保利	2012.04.22
清乾隆 黄玉留皮仙人烟壶	高7cm	126,500	北京保利	2012.04.22
清乾隆 黄玉留皮英雄图烟壶	高7cm	149,500	北京保利	2012.04.22
清乾隆 黄玉巧雕山水纹烟壶	高6.5cm	264,500	北京保利	2012.04.22
清乾隆 绿端雕山水诗文鼻烟壶	高6.2cm	92,000	上海大众	2012.08.04
清乾隆 玛瑙雕兽面纹鼻烟壶	高7cm	115,000	上海大众	2012.08.04
清乾隆 玛瑙瓜楞形诗文鼻烟壶	高7.2cm	109,250	上海大众	2012.08.04
清乾隆 玛瑙刻花云纹鼻烟壶	高5.5cm	287,500	中国嘉德	2012.05.14
清乾隆 玛瑙巧雕八骏鼻烟壶	高9.2cm	483,000	北京保利	2012.12.06
清乾隆 玛瑙巧雕插花博古鼻烟壶	高7.5cm	230,000	北京保利	2012.12.06
清乾隆 玛瑙巧雕喜上眉梢鼻烟壶	高7.5cm	109,250	北京保利	2012.12.06
清乾隆 玛瑙苏作雕花鸟图鼻烟壶	高4.8cm	460,000	文博苑	2012.12.15
清乾隆 蜜蜡光素鼻烟壶	高5.7cm	57,500	中国嘉德	2012.05.14
清乾隆 青金石素鼻烟壶	高7.5cm	74,750	上海大众	2012.08.04
清乾隆 苏作碧玺雕山水人物鼻烟壶	高6.5cm	207,000	文博苑	2012.12.15
清乾隆 苏作黑白玉雕山水人物纹鼻烟壶	高5.7cm	368,000	北京歌德	2012.06.03
清乾隆 苏作玛瑙雕拜石图鼻烟壶	高4.4cm	115,000	文博苑	2012.12.15
清乾隆 苏作玛瑙雕报喜图鼻烟壶	高3.8cm	138,000	北京歌德	2012.06.03
清乾隆 苏作玛瑙巧雕灵猿献寿鼻烟壶	高6.5cm	345,000	北京保利	2012.12.06
清乾隆 苏作玛瑙巧雕山水图鼻烟壶	高4.6cm	172,500	北京歌德	2012.06.03
清乾隆 影子玛瑙麒麟迎福鼻烟壶	高6.7cm	92,000	北京保利	2012.12.06
清乾隆 玉留皮巧雕松鼠葡萄烟壶	高7cm	51,750	北京保利	2012.04.22
清乾隆 御制白玉仿古兽面鼻烟壶	高7.7cm	322,000	北京保利	2012.12.06
清乾隆 御制白玉龙纹鼻烟壶	高8.5cm	1,380,000	北京保利	2012.06.06
清乾隆 御制白玉双螭鼻烟壶	高6.2cm	161,000	北京保利	2012.12.06
清乾隆 御制黄玉龙纹烟壶	高5.5cm	414,000	北京保利	2012.04.22
清乾隆 御制黄玉团龙纹鼻烟壶	高6.7cm	575,000	北京保利	2012.12.06
清中期 白玉雕铺首鼻烟壶	高7.5cm	80,500	北京歌德	2012.06.03
清中期 白玉雕鼠形鼻烟壶	高8.5cm	207,000	北京歌德	2012.06.03
清中期 白玉金蟾鼻烟壶	高8cm	86,250	北京保利	2012.12.06
清中期 白玉留皮仙人纳福烟壶	高6cm	230,000	北京保利	2012.04.22
清中期 白玉盘螭仿古鼻烟壶	高7.7cm	86,250	北京保利	2012.12.06
清中期 白玉筐箩纹烟壶	高7.5cm	80,500	北京保利	2012.10.24
清中期 白玉洒金皮犬形鼻烟壶	高8.2cm	241,500	北京保利	2012.12.06
清中期 白玉山水人物烟壶	高7cm	115,000	北京保利	2012.04.22
清中期 白玉素折方式鼻烟壶	高6cm	195,500	中国嘉德	2012.05.14
清中期 白玉填金包袱锦纹鼻烟壶	高8.3cm	55,200	北京保利	2012.12.06
清中期 白玉御题诗文鼻烟壶	高6.4cm	80,500	北京翰海	2012.05.27
清中期 白玉竹笋形鼻烟壶	高7.3cm	138,000	北京保利	2012.12.06
清中期 翡翠鼻烟壶	高6.5cm	63,250	北京保利	2012.12.06
清中期 翡翠雕葫芦万代形鼻烟壶	高5.2cm	92,000	文博苑	2012.12.15
清中期 翡翠雕铺首鼻烟壶	高6cm	80,500	文博苑	2012.12.15
清中期 翡翠葫芦形鼻烟壶	高6.5cm	51,750	北京保利	2012.12.06
清中期 黑白玉牛郎织女烟壶	高6.5cm	322,000	北京保利	2012.04.22
清中期 黑白玉巧雕仙人故事烟壶	高7.5cm	138,000	北京保利	2012.04.22
清中期 黑白玉巧雕英雄、牧羊图烟壶	高7cm	115,000	北京保利	2012.10.24
清中期 琥珀雕铺首光素鼻烟壶	高7.3cm	69,000	文博苑	2012.12.15
清中期 琥珀刻神仙人物鼻烟壶	高7cm	149,500	文博苑	2012.12.15
清中期 琥珀烟壶	高6.5cm	55,200	北京保利	2012.04.22
清中期 琥珀渔翁鼻烟壶	高6.3cm	55,200	北京保利	2012.12.06
清中期 黄玉带皮雕人物鼻烟壶	高5.5cm	80,500	北京歌德	2012.06.03
清中期 黄玉满雕松下高士图烟壶	高5.5cm	138,000	中国嘉德	2012.10.29
清中期 黄玉巧雕山水诗文烟壶	高7.5cm	126,500	北京保利	2012.04.22
清中期 鸡骨白玉道教玄武大帝鼻烟壶	高9cm	69,000	北京保利	2012.12.06

拍品名称	物品尺寸	成交价RMB	拍卖公司	拍卖日期
清中期 留皮色玛瑙欢乐图鼻烟壶	高9cm	63,250	北京歌德	2012.06.03
清中期 绿松石双兽耳鼻烟壶	高7.1cm	51,750	北京保利	2012.12.06
清中期 玛瑙光素鼻烟壶	高7.5cm	63,250	北京歌德	2012.06.03
清中期 玛瑙巧雕欢天喜地鼻烟壶	高4.9cm	55,200	文博苑	2012.12.15
清中期 玛瑙巧雕马上封侯鼻烟壶	高6.6cm	69,000	北京保利	2012.12.06
清中期 玛瑙巧雕人物鼻烟壶	高6cm	66,700	北京歌德	2012.06.03
清中期 玛瑙巧雕太白醉酒烟壶	高6cm	368,000	北京保利	2012.04.22
清中期 玛瑙巧雕五老观图鼻烟壶	高5.5cm	80,500	北京歌德	2012.06.03
清中期 玛瑙巧雕早生贵子鼻烟壶	高6.8cm	51,750	北京保利	2012.12.06
清中期 玛瑙巧作鱼乐图鼻烟壶	高6.5cm	92,000	北京翰海	2012.05.27
清中期 青白玉山水人物鼻烟壶	高7.4cm	63,250	北京保利	2012.12.06
清中期 苏作白玉采药图烟壶	高6.8cm	230,000	中国嘉德	2012.09.17
清中期 苏作三色巧雕人物纹烟壶	高7.5cm	184,000	北京保利	2012.04.22
清中期 苏作松下人物白玉鼻烟壶	高9cm	920,000	北京保利	2012.06.06
清中期苏做玛瑙雕灵猴献寿鼻烟壶	高6.5cm	103,500	北京歌德	2012.06.03
清中期 影子玛瑙封侯图鼻烟壶	高9cm	115,000	北京歌德	2012.06.03
清中期影子玛瑙巧雕福禄寿鼻烟壶	高6.6cm	51,750	北京保利	2012.12.06
清中期 玉带缠丝玛瑙鼻烟壶	高5cm	59,800	北京九歌	2012.06.29
清嘉庆 白玉双喜方鼻烟壶	高5cm	74,750	北京保利	2012.12.06
清道光 碧玉雕螭虎纹鼻烟壶	高6.3cm	115,000	北京歌德	2012.06.03
清道光 玛瑙筒式鼻烟壶	高7cm	115,000	上海大众	2012.08.04
清道光 墨玉巧雕山水纹烟壶	高8cm	218,500	北京保利	2012.04.22
清末 琥珀雕人物鼻烟壶	高6.5cm	63,250	上海大众	2012.08.04
清末 珊瑚雕人物鼻烟壶	高8.2cm	109,250	上海大众	2012.08.04
清晚期白玉留皮“松鹤延年”烟壶	高6.6cm	80,500	北京保利	2012.12.06
清 琥珀雕牡丹纹鼻烟壶	高6cm	50,375	香港邦瀚斯	2012.11.24
清 白玉带皮雕竹纹随形鼻烟壶	高5.7cm	90,675	香港邦瀚斯	2012.11.24
清 青白玉雕瓜形鼻烟壶	高5.6cm	50,375	香港邦瀚斯	2012.11.24
清 1730-1830 水晶瓜形鼻烟壶	高6.2cm	110,825	香港邦瀚斯	2012.11.24
清 1730-1850 玉髓雕巧色金鱼蓬莱鼻烟壶	高7.5cm	70,525	香港邦瀚斯	2012.11.24
清 1740-1840 琥珀光素鼻烟壶	高7.6cm	201,500	香港邦瀚斯	2012.11.24
清 1750-1850 苏州 芝亭流派 玛瑙巧雕灯月交辉鼻烟壶	高5.8cm	302,250	香港邦瀚斯	2012.11.24
清1750-1860紫晶雕葫芦形鼻烟壶	高8.4cm	75,563	香港邦瀚斯	2012.11.24
清 1760-1880 玛瑙天然玉带纹鼻烟壶	高5.6cm	80,600	香港邦瀚斯	2012.11.24
清1770-1850白玉雕柳编纹鼻烟壶	高5.9cm	80,600	香港邦瀚斯	2012.11.24
清 1770-1850 蓝翡翠鼻烟壶	高5cm	181,350	香港邦瀚斯	2012.11.24
清1770-1880紫罗兰色翡翠鼻烟壶	高8.3cm	130,975	香港邦瀚斯	2012.11.24
清 1780-1880 玛瑙巧作寿梅图鼻烟壶	高6.1cm	65,488	香港邦瀚斯	2012.11.24
清 1800-1900 翠玉鼻烟壶	高6cm	382,850	香港邦瀚斯	2012.11.24
清1800-1900白玉圆筒形鼻烟壶	高5.9cm	50,375	香港邦瀚斯	2012.11.24
清白皮玛瑙巧雕三羊开泰鼻烟壶	高7.5cm	172,500	上海大众	2012.08.04
清 白玉、料、南红玛瑙鼻烟壶(三件)	尺寸不一	69,000	上海大众	2012.08.04
清 白玉带皮鼻烟壶	高7.7cm	149,500	上海大众	2012.08.04
清 白玉带皮巧雕螭龙鼻烟壶	高6.5cm	402,500	上海大众	2012.08.04
清 白玉雕包袱形鼻烟壶	高8.2cm	74,750	上海大众	2012.08.04
清 白玉雕扁豆纹烟壶	高6cm	84,000	天津文物	2012.05.11
清 白玉雕博古纹诗文烟壶	高5.5cm	92,000	北京歌德	2012.06.03
清 白玉雕仿古双龙对峙纹鼻烟壶	高5.8cm	161,200	香港邦瀚斯	2012.11.24
清 白玉雕瓜瓞绵绵纹烟壶	高6cm	235,200	天津文物	2012.05.11
清 白玉雕瓜瓞绵绵纹烟壶	高6.5cm	103,040	天津文物	2012.05.11
清 白玉雕柳编纹鼻烟壶	高6.7cm	90,675	香港邦瀚斯	2012.11.24
清 白玉雕管箩纹烟壶	高5cm	132,160	天津文物	2012.11.09
清 白玉雕人物诗文鼻烟壶	高6.5cm	51,750	上海大众	2012.08.04
清 白玉雕绅泉印鼻烟壶	带盖高7.2cm	74,750	西泠拍卖	2012.07.07
清 白玉雕石榴纹烟壶	高6.5cm	103,040	天津文物	2012.11.09
清 白玉雕寿字纹烟壶	高6cm	76,160	天津文物	2012.11.09
清 白玉雕双兽耳鼻烟壶	高6cm	103,500	上海大众	2012.08.04
清 白玉雕素身鼻烟壶	带盖高7.4cm	74,750	西泠拍卖	2012.07.07

拍品名称	物品尺寸	成交价RMB	拍卖公司	拍卖日期
清 白玉雕一鸣惊人鼻烟壶	长7cm	103,500	上海大众	2012.08.04
清 白玉雕竹纹烟壶	高6cm	134,400	天津文物	2012.05.11
清 白玉痕都斯坦式烟壶	高7.5cm	276,000	北京保利	2012.04.22
清 白玉红皮铺首纹烟壶	高5.5cm	86,250	北京保利	2012.04.22
清 白玉红皮双蝠包袱形鼻烟壶	长7.5cm	184,000	上海大众	2012.08.04
清 白玉红皮烟壶	高5.5cm	161,000	北京保利	2012.04.22
清白玉红沁雕芦雁纹葫芦形鼻烟壶	长7.5cm	109,250	上海大众	2012.08.04
清 白玉葫芦纹鼻烟壶	高9.5cm	69,000	北京保利	2012.06.06
清 白玉葫芦形鼻烟壶	高6cm	115,000	上海大众	2012.08.04
清 白玉花卉葫芦鼻烟壶	高8.8cm	92,000	北京保利	2012.06.06
清 白玉徽章烟壶	高6.5cm	115,000	北京保利	2012.04.22
清 白玉灵猴献寿鼻烟壶	高7.5cm	86,250	荣宝斋(上海)	2012.06.17
清 白玉留红皮鼻烟壶	高7.4cm	63,250	上海大众	2012.08.04
清 白玉留皮鼻烟壶	高6.8cm	74,750	北京保利	2012.06.06
清 白玉留皮雕瓜瓞绵绵纹烟壶	高6cm	196,000	天津文物	2012.11.09
清 白玉留皮雕瓜瓞绵绵纹烟壶	高6.6cm	196,000	天津文物	2012.11.09
清 白玉留皮雕双瓜纹烟壶	高6.2cm	358,400	天津文物	2012.05.11
清 白玉留皮虎纹烟壶	高6cm	80,500	北京保利	2012.04.22
清 白玉留皮梅花烟壶	高8.5cm	149,500	北京保利	2012.04.22
清 白玉留皮巧雕苏武牧羊鼻烟壶	带盖高6.8cm	138,000	西泠拍卖	2012.07.07
清 白玉留皮寿星图鼻烟壶	高7.6cm	207,000	北京保利	2012.06.06
清 白玉留皮随形鼻烟壶	高9.8cm	97,750	北京保利	2012.06.06
清 白玉留皮随形大烟壶	长9.5cm	92,000	北京保利	2012.10.24
清 白玉留皮烟壶	高6cm	201,600	天津文物	2012.11.09
清 白玉麦穗纹烟壶	高6cm	138,000	北京保利	2012.10.24
清 白玉梅花烟壶	高6.5cm	51,750	北京保利	2012.04.22
清 白玉管箩纹烟壶	高5cm	57,500	北京保利	2012.10.24
清 白玉巧雕福禄寿耳鼻烟壶	带盖高7.6cm	78,200	西泠拍卖	2012.07.07
清 白玉如意随形鼻烟壶	高9cm	103,500	北京保利	2012.06.06
清 白玉兽首衔环长形鼻烟壶	高6.5cm	100,750	香港邦瀚斯	2012.11.24
清 白玉双狮耳烟壶	高7.5cm	80,500	北京保利	2012.04.22
清 白玉双兽耳烟壶	高6cm	51,750	北京保利	2012.04.22
清 白玉素鼓烟壶	高6cm	51,750	上海嘉泰	2012.10.26
清 白玉素面鼻烟壶	高7.5cm	63,250	北京保利	2012.06.06
清 白玉素身鼻烟壶	带盖高6.3cm	69,000	西泠拍卖	2012.07.07
清 白玉素圆形鼻烟壶	高7cm	172,500	上海大众	2012.08.04
清 白玉桃形烟壶	高6cm	115,000	北京保利	2012.04.22
清 白玉万寿烟壶	高7cm	138,000	北京保利	2012.04.22
清 白玉席纹烟壶	高6.8cm	57,500	上海嘉泰	2012.10.26
清 白玉烟壶	高6.6cm	69,440	天津文物	2012.05.11
清 白玉烟壶	高6.5cm	63,250	北京保利	2012.04.22
清 白玉烟壶	高6cm	51,750	北京保利	2012.04.22
清 白玉烟壶	高7.5cm	67,200	天津文物	2012.11.09
清 白玉烟壶	高6.5cm	58,240	天津文物	2012.11.09
清 白玉烟壶	高6.5cm	53,000	天津文物	2012.11.09
清 碧玺雕螭龙纹鼻烟壶	高8cm	115,000	上海大众	2012.08.04
清 玻璃种老坑翡翠素烟壶	高6cm	345,000	上海嘉泰	2012.10.26
清 布丁石鼻烟壶	高7.5cm	151,125	香港邦瀚斯	2012.11.24
清 茶晶刻莲瓣纹鼻烟壶	高6.2cm	80,500	北京华辰	2012.10.30
清 翠雕烟壶	高6cm	138,000	北京保利	2012.10.24
清 翠烟壶	高5.2cm	212,800	天津文物	2012.11.09
清 翠烟壶	高6cm	64,960	天津文物	2012.11.09
清 翠玉鼻烟壶	高5.9cm	141,050	香港邦瀚斯	2012.11.24
清 发晶鼻烟壶	高6.5cm	57,500	北京九歌	2012.06.29
清 翡翠雕鼓钉纹鼻烟壶	带盖高6.5cm	69,000	西泠拍卖	2012.07.07
清 翡翠雕松鹤长青鼻烟壶	高6.0cm	598,000	北京诚轩	2012.10.28
清 翡翠雕倭角方鼻烟壶	带盖高6.5cm	105,800	西泠拍卖	2012.07.07
清 翡翠雕子冈款刻诗文鼻烟壶	高6.4cm	63,250	北京华辰	2012.10.30
清 翡翠方胜烟壶	高6.5cm	92,000	上海嘉泰	2012.10.26
清 翡翠灵芝纹烟壶	高7cm	63,250	北京保利	2012.06.06
清 翡翠素鼻烟壶	高5.5cm	230,000	上海大众	2012.08.04
清 翡翠素烟壶	高6cm	109,250	上海嘉泰	2012.10.26
清 翡翠太狮少狮鼻烟壶	高7.4cm	126,500	北京保利	2012.06.06

2012杂项拍卖成交汇总

(成交价RMB：5万元以上)

拍品名称	物品尺寸	成交价RMB	拍卖公司	拍卖日期
清 各式白玉烟壶(四件)	尺寸不一	51,750	北京保利	2012.10.24
清 各式烟壶(十件)	尺寸不一	483,000	中国嘉德	2012.09.17
清 海蓝宝光素鼻烟壶	高6cm	221,650	香港邦瀚斯	2012.11.24
清 和田白玉带皮随形雕鼻烟壶	高9cm	172,500	北京华辰	2012.10.30
清 和田白玉洒金皮雕鼻烟壶	高7.2cm	172,500	北京华辰	2012.10.30
清黑皮玛瑙俏色双狮戏球纹鼻烟壶	高6.4cm	80,500	北京华辰	2012.10.30
清 红翡巧雕双狮鼻烟壶	高6.8cm	149,500	上海大众	2012.08.04
清 红玉髓雕铺首耳诗文鼻烟壶	高6.1cm	644,800	香港邦瀚斯	2012.11.24
清 鼻烟壶(十件)	尺寸不一	805,000	西泠拍卖	2012.12.28
清 琥珀雕瓜瓞鼻烟壶	高7.5cm	69,000	西泠拍卖	2012.12.28
清 琥珀百宝嵌婴戏图鼻烟壶	高7cm	230,000	上海大众	2012.08.04
清 琥珀光素鼻烟壶	高7cm	57,500	北京歌德	2012.06.03
清 琥珀刻松下罗汉鼻烟壶	高6cm	57,500	上海大众	2012.08.04
清 琥珀苏武牧羊图烟壶	高7.2cm	51,750	中国嘉德	2012.06.16
清 黄玛瑙雕五福捧寿纹鼻烟壶	高6.6cm	92,000	北京华辰	2012.10.30
清 黄皮玛瑙俏色福纹鼻烟壶	高6.3cm	80,500	北京华辰	2012.10.30
清 黄玉鼻烟壶	高7.5cm	264,500	北京保利	2012.06.06
清 黄玉雕双螭龙纹鼻烟壶	高7cm	115,000	上海大众	2012.08.04
清 黄玉留皮双兽耳烟壶	高6cm	57,500	北京保利	2012.04.22
清 黄玉兽面纹烟壶	高6.5cm	195,500	北京保利	2012.04.22
清 绿皮玛瑙巧雕双狮纹鼻烟壶	高6cm	109,250	上海大众	2012.08.04
清 绿松石雕素身鼻烟壶	高7cm	69,000	北京华辰	2012.10.30
清 玛瑙雕抚背图烟壶	高7cm	58,240	天津文物	2012.11.09
清 玛瑙雕卧鹿形鼻烟壶	高8cm	287,500	上海大众	2012.08.04
清 玛瑙巧雕洞天一品鼻烟壶	高6.5cm	69,000	北京歌德	2012.06.03
清 玛瑙巧雕人物烟壶	高6cm	57,500	北京保利	2012.04.22
清 玛瑙巧雕太狮少狮烟壶	高7cm	448,500	北京保利	2012.04.22
清 玛瑙巧雕追风如电烟壶	高6.5cm	57,500	北京保利	2012.04.22
清 玛瑙俏色巧雕风云会鼻烟壶	高8cm	115,000	中国嘉德	2012.05.14
清 玛瑙俏色鱼戏莲叶纹鼻烟壶	高7.5cm	57,500	北京华辰	2012.10.30
清 玛瑙素身玉带纹鼻烟壶	高6.4cm	80,500	北京华辰	2012.10.30
清 蜜蜡雕人物福寿纹鼻烟壶	高7.5cm	57,500	上海大众	2012.08.04
清 蜜蜡雕瑞兽鼻烟壶	高8cm	63,250	北京歌德	2012.06.03
清 蜜蜡佛手形鼻烟壶	高7cm	80,500	上海大众	2012.08.04
清 蜜蜡光素鼻烟壶	高7cm	100,750	香港邦瀚斯	2012.11.24
清 蜜蜡烟壶	高5cm	313,600	天津文物	2012.11.09
清 皮影玛瑙代代封侯鼻烟壶	高6.2cm	141,050	香港邦瀚斯	2012.11.24
清 青白玉鼻烟壶	高6cm	57,500	朵云轩	2012.07.11
清 青白玉带皮螭龙蝠纹烟壶	高9cm	86,250	北京保利	2012.08.11
清 青白玉留皮蝠纹烟壶	高11.5cm	97,750	北京保利	2012.06.06
清 珊瑚十八罗汉烟壶	高6cm	69,000	北京保利	2012.04.22
清 珊瑚镶翠寿字烟壶	高9.7cm	184,000	北京保利	2012.06.06
清 水晶龙纹诗文方鼻烟壶	高8.4cm	172,500	北京保利	2012.06.06
清 苏做玛瑙巧雕人物鼻烟壶	高6.7cm	264,500	上海大众	2012.08.04
清 苏做玛瑙巧雕渔樵耕读鼻烟壶	高9cm	57,500	上海大众	2012.08.04
清 延年款玛瑙巧雕献寿图鼻烟壶	带盖高6.2cm	172,500	西泠拍卖	2012.07.07
清 影子玛瑙猴石榴鼻烟壶	高6.5cm	63,250	上海大众	2012.08.04
清 影子玛瑙俏色蝌蚪纹葫芦形鼻烟壶	高6.5cm	57,500	北京华辰	2012.10.30
清 玉 玛瑙烟壶(三件)	尺寸不一	69,000	北京保利	2012.04.22
清 玉刻山水人物鼻烟壶	高7.2cm	80,500	荣宝斋(上海)	2012.06.17
清 御题双面诗文白玉鼻烟壶	高8.2cm	437,000	北京保利	2012.06.06
清 芝亭流派 苏州作 玛瑙巧雕访师图鼻烟壶	高6.5cm×2	161,200	香港邦瀚斯	2012.11.24
清18世纪/19世纪 白玉「瓜瓞绵绵」纹鼻烟壶	高7.4cm	276,595	伦敦苏富比	2012.11.07
清18世纪/19世纪 青白玉螭龙纹鼻烟壶及褐斑青白玉蝙蝠寿桃纹鼻烟壶	最大6cm;9cm	188,588	伦敦苏富比	2012.11.07
清18世纪/19世纪玉鼻烟壶(三件)	最大6.2cm	88,008	伦敦苏富比	2012.11.07
清18世纪 白玉「兰石」图鼻烟壶	高6.7cm	102,250	香港苏富比	2012.10.09
清18世纪白玉雕花蝶双兽耳鼻烟壶	高6.3cm	92,000	上海大众	2012.08.04
清18世纪 白玉雕茄子鼻烟壶	高9.8cm	103,500	上海大众	2012.08.04

拍品名称	物品尺寸	成交价RMB	拍卖公司	拍卖日期
清 白玉蝉纹鼻烟壶	高6.25cm	162,600	香港邦瀚斯	2012.05.27
清 青白玉带皮兽形鼻烟壶	长6.2cm	162,600	香港邦瀚斯	2012.05.27
清 闪玉随形鼻烟壶	高5.7cm	142,275	香港邦瀚斯	2012.05.27
清 白玉螭龙戏珠鼻烟壶	高7.31cm	152,438	香港邦瀚斯	2012.05.27
清 白玉寿字纹鼻烟壶	高6.75cm	142,275	香港邦瀚斯	2012.05.27
清 玄武岩鼻烟壶	高4.65cm	55,894	香港邦瀚斯	2012.05.27
清 圆砾岩光素鼻烟壶	高6.4cm	81,300	香港邦瀚斯	2012.05.27
清 琥珀庭园婴戏图鼻烟壶	高5.97cm	81,300	香港邦瀚斯	2012.05.27
清 白玉带皮三友图鼻烟壶	高7.05cm	203,250	香港邦瀚斯	2012.05.27
清 闪玉随形享帚斋款鼻烟壶	高4.7cm	91,463	香港邦瀚斯	2012.05.27
清 灰石鼻烟壶	高6.99cm	67,073	香港邦瀚斯	2012.05.27
清 水晶豆荚形鼻烟壶	高7.1cm	60,975	香港邦瀚斯	2012.05.27
清 绿松石岩鼻烟壶	高6.08cm	71,138	香港邦瀚斯	2012.05.27
清 玉髓龙纹鼻烟壶	高5.72cm	304,875	香港邦瀚斯	2012.05.27
清青白玉带皮雕水藻游鱼鼻烟壶	高6.5cm	182,925	香港邦瀚斯	2012.05.27
清 白地套双色玻璃人物山水鼻烟壶	高6.4cm	304,875	香港邦瀚斯	2012.05.27
清 水晶八里亚尔银币鼻烟壶	高5.2cm	50,813	香港邦瀚斯	2012.05.27
清 青白玉行有恒堂款鼻烟壶	高5.17cm	162,600	香港邦瀚斯	2012.05.27
白地套红玻璃冠上加冠鼻烟壶	高6.43cm	86,381	香港邦瀚斯	2012.05.27
白玉鼻烟壶(一对)	高10.9cm	100,800	中鸿信	2012.03.18
白玉蝉形鼻烟壶	长6.75cm	325,200	香港邦瀚斯	2012.05.27
白玉带皮葫芦纹鼻烟壶	高6.04cm	172,763	香港邦瀚斯	2012.05.27
白玉带皮龙凤纹鼻烟壶	高6.1cm	426,012	香港邦瀚斯	2012.05.27
白玉带皮龙纹鼻烟壶	高7.05cm	121,950	香港邦瀚斯	2012.05.27
白玉雕包袱纹鼻烟壶	高5.6cm	258,750	文博苑	2012.12.15
白玉雕笸箩纹鼻烟壶	高6cm	92,000	文博苑	2012.12.15
白玉雕喜鹊登梅纹御题诗鼻烟壶	高5.7cm	230,000	文博苑	2012.12.15
白玉番莲鼻烟壶	高5.35cm	243,900	香港邦瀚斯	2012.05.27
白玉仿古梅瓶式鼻烟壶	高4.83cm	81,300	香港邦瀚斯	2012.05.27
白玉光素鼻烟壶	高5.5cm	322,000	文博苑	2012.12.15
白玉痕都斯坦雕西番莲纹鼻烟壶	高5.5cm	218,500	文博苑	2012.12.15
白玉猴子偷桃鼻烟壶	高6.08cm	355,688	香港邦瀚斯	2012.05.27
白玉刻暗八仙诗文鼻烟壶	高5.8cm	115,000	文博苑	2012.12.15
白玉刻梅花随形鼻烟壶	高6.3cm	51,750	文博苑	2012.12.15
白玉刻邵雍《无妄吟》鼻烟壶	高5.79cm	193,088	香港邦瀚斯	2012.05.27
白玉兰花鼻烟壶	高6.31cm	121,950	香港邦瀚斯	2012.05.27
白玉留皮瓜形老鼠烟壶	长6cm	184,000	北京保利	2012.10.24
白玉留皮巧雕龙纹鼻烟壶	高6.4cm	57,500	文博苑	2012.12.15
白玉梅花鼻烟壶	高5.61cm	182,925	香港邦瀚斯	2012.05.27
白玉铺首烟壶(十六件)	高5cm	59,800	中国嘉德	2012.03.26
白玉洒金皮鼻烟壶	高6.1cm	264,500	文博苑	2012.12.15
白玉三多图鼻烟壶	高6.13cm	699,180	香港邦瀚斯	2012.05.27
白玉绳纹玉璧鼻烟壶	高7cm	56,000	中鸿信	2012.03.18
白玉石榴形鼻烟壶	高7.75cm	796,740	香港邦瀚斯	2012.05.27
白玉双铺首方形鼻烟壶	高5cm	60,000	隆荣国际	2012.07.27
白玉王维诗句鼻烟壶	高3.8cm	284,550	香港邦瀚斯	2012.05.27
碧玉 八角形鼻烟壶	高4.5cm	66,056	香港邦瀚斯	2012.05.27
碧玉鼻烟壶	高4.69cm	111,788	香港邦瀚斯	2012.05.27
碧玉鼻烟壶	高6.52cm	91,463	香港邦瀚斯	2012.05.27
端石刻铭鼻烟壶	高5.52cm	60,975	香港邦瀚斯	2012.05.27
翡翠雕双凤云纹鼻烟壶	高6cm	632,500	北京歌德	2012.12.01
翡翠雕五福捧寿鼻烟壶	高7cm	517,500	北京歌德	2012.12.01
翡翠雕一鹭连科鼻烟壶	高6cm	517,500	北京歌德	2012.12.01
翡翠光素鼻烟壶	高6.5cm	632,500	北京歌德	2012.12.01
翡翠光素鼻烟壶	高6cm	115,000	北京歌德	2012.12.01
黑白玉巧雕苏武牧羊烟壶	高6cm	299,000	北京保利	2012.04.22
黑玉蟠螭鼻烟壶	高6.38cm	121,950	香港邦瀚斯	2012.05.27
红白玉髓 桃子形鼻烟壶	高4.9cm	86,381	香港邦瀚斯	2012.05.27
红珊瑚桃福鼻烟壶	长6.4cm	56,000	中鸿信	2012.03.18
琥珀雕人物故事鼻烟壶	高8cm	287,500	北京歌德	2012.12.01
黄玉鼻烟壶	高5.1cm	193,088	香港邦瀚斯	2012.05.27
黄玉刻五马图鼻烟壶	高6.5cm	172,500	文博苑	2012.12.15

拍品名称	物品尺寸	成交价RMB	拍卖公司	拍卖日期
黄玉嵌百宝人物鼻烟壶	高6.5cm	207,000	文博苑	2012.12.15
玛瑙巧雕得利图烟壶	高5.5cm	322,000	北京保利	2012.04.22
玛瑙巧雕福寿烟壶	高5.5cm	483,000	北京保利	2012.04.22
玛瑙巧雕猴鹿蝶禽鼻烟壶	高7.92cm	243,900	香港邦瀚斯	2012.05.27
玛瑙巧雕牧牛图烟壶	高5.5cm	517,500	北京保利	2012.04.22
玛瑙巧雕清风化雨烟壶	高6cm	138,000	北京保利	2012.04.22
玛瑙巧雕鹦鹉鼻烟壶	高5.25cm	182,925	香港邦瀚斯	2012.05.27
玛瑙巧雕张骞乘槎烟壶	高6cm	460,000	北京保利	2012.04.22
青白玉带皮饕餮纹鼻烟壶	高6.92cm	142,275	香港邦瀚斯	2012.05.27
青白玉刻花卉御题诗鼻烟壶	高7.0cm	448,500	文博苑	2012.12.15
珊瑚雕童子戏蟾烟壶	高6cm	57,500	北京保利	2012.04.22
闪玉灵芝耳鼻烟壶	高5.04cm	203,250	香港邦瀚斯	2012.05.27
双色碧玺桃福鼻烟壶	长5.8cm	56,000	中鸿信	2012.03.18
水晶鹤梅内画鼻烟壶	高5.91cm	71,138	香港邦瀚斯	2012.05.27
水晶锦袱纹葫芦形鼻烟壶	高6.6cm	121,950	香港邦瀚斯	2012.05.27
水晶内画兰亭图鼻烟壶	高6.6cm	455,280	香港邦瀚斯	2012.05.27
苏作白玉雕松鹿纹鼻烟壶	高6.5cm	1,092,500	北京歌德	2012.12.01
炭晶蝉形鼻烟壶	长5.4cm	81,300	香港邦瀚斯	2012.05.27
玉髓巧雕马上封侯鼻烟壶	高5.18cm	264,225	香港邦瀚斯	2012.05.27
玉髓巧雕新雏鼻烟壶	高5.8cm	71,138	香港邦瀚斯	2012.05.27
玉髓秋夜泛舟鼻烟壶	高5.68cm	142,275	香港邦瀚斯	2012.05.27
玉髓圆柱形鼻烟壶	高5.4cm	355,688	香港邦瀚斯	2012.05.27
玉烟壶(十六件)	尺寸不一	51,750	中国嘉德	2012.09.16
陶瓷类				
清雍正 青花高士图镂雕双耳鼻烟壶	高5.2cm	287,500	北京保利	2012.12.06
清乾隆 矾红云蝠葫芦烟壶	高7.2cm	230,000	北京保利	2012.06.06
清乾隆 粉彩百子图烟壶	高5cm	69,000	北京保利	2012.06.06
清乾隆 粉彩锦上添花缠枝勾莲纹鼻烟壶	高5.3cm	2,917,720	香港邦瀚斯	2012.11.24
清乾隆 粉彩婴戏图鼻烟壶	高6.6cm	86,250	上海大众	2012.08.04
清乾隆 粉彩御题诗葫芦烟壶	高7.5cm	552,000	北京保利	2012.12.06
清乾隆 粉彩御题诗花卉鼻烟壶	高6cm	253,000	北京保利	2012.12.06
清乾隆 青花矾红万寿纹鼻烟壶	高6.7cm	92,000	北京保利	2012.06.06
清乾隆 洋彩婴戏烟壶	高7cm	253,000	北京保利	2012.10.24
清嘉庆 瓷胎粉彩模制九狮戏球鼻烟壶	高6.6cm	55,413	香港邦瀚斯	2012.11.24
清嘉庆 松石绿地粉彩葫芦鼻烟壶	高7.2cm	115,000	北京保利	2012.06.06
清嘉庆 松石绿地粉彩描金开光花卉墨彩御制诗文鼻烟壶	高6.6cm	1,725,000	北京中汉	2012.10.30
清道光 1821-1850 瓷胎粉彩蝈蝈鼻烟壶	高6.2cm	55,413	香港邦瀚斯	2012.11.24
清道光 瓷胎画青花云龙纹鼻烟壶	高5.8cm	120,900	香港邦瀚斯	2012.11.24
清道光 瓷胎模制矾红单龙戏珠鼻烟壶	高6.2cm	70,525	香港邦瀚斯	2012.11.24
清道光 瓷胎墨绿地粉彩贺寿万年鼻烟壶	高4.8cm	120,900	香港邦瀚斯	2012.11.24
清道光 粉彩高士图鼻烟壶	高6cm	71,300	北京中汉	2012.12.17
清道光 粉彩鸽犬图鼻烟壶	高6.4cm	55,200	北京保利	2012.12.06
清道光 粉彩寒江独钓图鼻烟壶	高8cm	207,000	北京中汉	2012.10.30
清道光 粉彩爵禄封侯鼻烟壶	高6.8cm	57,500	北京保利	2012.12.06
清道光 粉彩开光花鸟鼻烟壶	高7cm	115,000	北京保利	2012.06.06
清道光 粉彩罗汉图鼻烟壶	高6.5cm	55,200	北京中汉	2012.10.30
清道光 粉彩渔樵耕读鼻烟壶	高6.7cm	63,250	北京保利	2012.06.06
清道光 青花蝠纹葫芦形鼻烟壶	高5.8cm	57,500	上海泓盛	2012.06.24
清光绪 青花红彩云龙烟壶 青花双鱼烟壶(二件)	长8cm；长8.7cm	57,500	北京保利	2012.12.06
清末/民初 瓷胎模制粉彩童子抱葫芦鼻烟壶	高5.4cm	110,825	香港邦瀚斯	2012.11.24
清末/民初 瓷胎模制浆釉粉彩童子抱葫芦鼻烟壶	高5.8cm	60,450	香港邦瀚斯	2012.11.24
唐英款墨彩开光山水人物鼻烟壶	高5.3cm	690,000	文博苑	2012.12.15
清 王炳荣(传)瓷胎松石釉镂雕云龙戏珠鼻烟壶	高6.5cm	75,563	香港邦瀚斯	2012.11.24

拍品名称	物品尺寸	成交价RMB	拍卖公司	拍卖日期
清 瓷胎松石釉鼻烟壶(两件)	高6.2cm×2	55,413	香港邦瀚斯	2012.11.24
清 瓷胎模制绿松釉龙凤纹鼻烟壶	高6.2cm	110,825	香港邦瀚斯	2012.11.24
清 李裕成 瓷胎酱釉雕瓷双龙戏珠鼻烟壶	高5.9cm	120,900	香港邦瀚斯	2012.11.24
清 瓷胎模制钧仿古铜彩开光人物鼻烟壶	高5.3cm	55,413	香港邦瀚斯	2012.11.24
清 茶叶末釉烟壶	高5.8cm	58,240	天津文物	2012.05.11
清 雕瓷粉彩龙凤呈祥鼻烟壶	高7.7cm	149,500	北京保利	2012.06.06
清 雕瓷粉彩仙人鼻烟壶	高8.2cm	109,250	北京保利	2012.06.06
清 雕瓷珊瑚红龙凤呈祥鼻烟壶	高8.5cm	57,500	北京保利	2012.06.06
清 粉彩荷包鼻烟壶	高9.3cm	55,200	北京保利	2012.06.06
清 粉彩花卉昆虫鼻烟壶	高7.9cm	51,750	北京保利	2012.06.06
清 黄釉雕瓷龙纹烟壶	高6cm	103,500	北京保利	2012.04.22
清 青花加粉彩烟壶(两件)	尺寸不一	51,750	北京保利	2012.04.22
清 胭脂水 双联壶(两件)	尺寸不一	57,500	北京保利	2012.04.22
清1760-1830 粉地套双色玻璃太平有象鼻烟壶	高4.4cm	50,375	香港邦瀚斯	2012.11.24
鼻烟壶(三件/套)	通高5cm	282,210	中联国际	2012.10.02
瓷器模制粉彩锦袱圭形鼻烟壶	高5.51cm	132,113	香港邦瀚斯	2012.05.27
瓷器模制粉彩刘海形鼻烟壶	高7.4cm	60,975	香港邦瀚斯	2012.05.27
瓷胎淡黄釉葫公鼻形烟壶	高7.64cm	243,900	香港邦瀚斯	2012.05.27
瓷胎粉彩仙女鼻烟壶	高6.37cm	325,200	香港邦瀚斯	2012.05.27
瓷胎画粉彩蛾形鼻烟壶	高4.3cm	60,975	香港邦瀚斯	2012.05.27
瓷胎画粉彩童子形鼻烟壶	高9.45cm	91,463	香港邦瀚斯	2012.05.27
瓷胎模制白釉双龙戏珠鼻烟壶	高5.74cm	111,788	香港邦瀚斯	2012.05.27
瓷胎模制粉彩龙凤呈祥鼻烟壶	高7.42cm	142,275	香港邦瀚斯	2012.05.27
雕瓷山水鼻烟壶	高6.49cm	96,544	香港邦瀚斯	2012.05.27
粉彩八宝寿字鼻烟壶	高5.8cm	161,000	文博苑	2012.12.15
粉彩花卉御题诗鼻烟壶	高6.5cm	230,000	文博苑	2012.12.15
粉彩开光婴戏图鼻烟壶	高5.5cm	57,500	文博苑	2012.12.15
青花包袱形鼻烟壶	高4.4cm	51,750	文博苑	2012.12.15
青花鼻烟壶(八只)	尺寸不一	115,000	文博苑	2012.12.15
青花龙凤纹火锅形鼻烟壶	高4.7cm	80,500	文博苑	2012.12.15
青花描红龙纹鼻烟壶	高6.46cm	152,438	香港邦瀚斯	2012.05.27
青花双龙戏珠鼻烟壶(一对)	高5.6cm	193,088	香港邦瀚斯	2012.05.27
王炳荣制黄釉雕瓷山水图鼻烟壶	高7.5cm	172,500	文博苑	2012.12.15
内画类				
清 丁二仲制内画鼻烟壶	带盖高6.9cm	69,000	西泠拍卖	2012.07.07
清 马少宣制花鸟内画鼻烟壶	高8.5cm	74,750	西泠拍卖	2012.12.28
清 周乐元制春游狩猎内画鼻烟壶	高9cm	97,750	西泠拍卖	2012.12.28
清光绪 毕荣九作内画山水图鼻烟壶	高6.2cm	74,750	中国嘉德	2012.05.14
清光绪(1897年) 叶仲三作水晶内画婴戏鼻烟壶	高7.4cm	55,200	北京保利	2012.12.06
清末 马少宣玻璃内画刘海戏金蟾鼻烟壶	高6.3cm	63,250	北京九歌	2012.06.29
清末马少宣料胎内绘二乔图鼻烟壶	高6.8cm	109,250	上海大众	2012.08.04
清末 叶仲三玻璃内画十八罗汉鼻烟壶	高9cm	80,500	上海大众	2012.08.04
清末叶仲三茶晶内绘人物鼻烟壶	高7.5cm	69,000	上海大众	2012.08.04
清晚期 内画周乐元荷塘花鸟图鼻烟壶	高7cm	101,200	中国嘉德	2012.05.14
清晚期闫玉田内画人物雪景鼻烟壶	高7.2cm	103,500	北京保利	2012.06.06
民国 陈仲三内画草虫鼻烟壶	高7.5cm	92,000	北京保利	2012.06.06
民国 丁二仲内画山水图鼻烟壶	高7cm	71,300	北京歌德	2012.06.03
民国 桂香谷内画山水人物鼻烟壶	高7.6cm	92,000	北京保利	2012.06.06
民国 马少宣作水晶内画虫草鼻烟壶	高6cm	57,500	文博苑	2012.12.15
民国 内画人物鼻烟壶	高6.4cm	92,000	北京保利	2012.06.06
民国 闫玉田内画八破鼻烟壶	高7.5cm	63,250	北京保利	2012.12.06
民国叶仲三玻璃内画八骏图鼻烟壶	高6cm	80,500	北京歌德	2012.06.03
民国 叶仲三内画人物故事诗文鼻烟壶	高8.3cm	425,500	北京保利	2012.06.06
民国 叶仲三内画五伦图鼻烟壶	高7.5cm	92,000	北京保利	2012.06.06

2012杂项拍卖成交汇总

(成交价RMB：5万元以上)

拍品名称	物品尺寸	成交价RMB	拍卖公司	拍卖日期
民国 叶仲三水晶内画人物鼻烟壶	高6.2cm	92,000	北京歌德	2012.06.03
民国 叶仲三作水晶内画大展雄图鼻烟壶	高6.4cm	345,000	文博苑	2012.12.15
民国 叶仲三作水晶内画鱼藻纹鼻烟壶	高6.2cm	74,750	文博苑	2012.12.15
民国 周乐元内画草虫花鸟鼻烟壶	高8cm	80,500	北京歌德	2012.06.03
民国 周乐元内画山水图鼻烟壶	高7.5cm	74,750	北京歌德	2012.06.03
民国 周乐元作茶晶内画山水花鸟鼻烟壶	高6.2cm	195,500	文博苑	2012.12.15
民国叶仲三内画武孝廉图鼻烟壶	高6cm	51,750	北京歌德	2012.06.03
1750年—1807年作 浅浮雕水晶内画高士题壁图鼻烟壶	高5.39cm	121,950	香港邦瀚斯	2012.05.27
1904年 马少宣 玻璃内画婴戏蟋蟀图鼻烟壶	高5.7cm	70,525	香港邦瀚斯	2012.11.24
1904年 叶仲三 玻璃内画雪山狩猎图鼻烟壶	高4.1cm	90,675	香港邦瀚斯	2012.11.24
1907年 叶仲三 浅浮雕茶晶内画公鸡牡丹绶带鸟鼻烟壶	高4.2cm	110,825	香港邦瀚斯	2012.11.24
1926年 叶仲三 玻璃内画穆王八骏鼻烟壶	高6cm	90,675	香港邦瀚斯	2012.11.24
1970年王习三水晶内画芦雁烟壶	高5.5cm	207,000	上海嘉泰	2012.06.23
1976年 王习三茶晶内画红蓼白鹅烟壶	高8cm	368,000	上海嘉泰	2012.06.23
1995年 王习三作水晶内画“红楼梦”烟壶	高5cm	161,000	上海嘉泰	2012.06.23
玻璃内画打渔杀家鼻烟壶	高6.6cm	60,975	香港邦瀚斯	2012.05.27
玻璃内画仿恽寿平山水鼻烟壶	高5.72cm	203,250	香港邦瀚斯	2012.05.27
玻璃内画牡童吹笛鼻烟壶	高6cm	50,813	香港邦瀚斯	2012.05.27
玻璃内画骑驴寻梅图鼻烟壶	高6.03cm	203,250	香港邦瀚斯	2012.05.27
玻璃内画乔家姊妹鼻烟壶	高5.96cm	71,138	香港邦瀚斯	2012.05.27
玻璃内画双肖像鼻烟壶	高6.75cm	254,063	香港邦瀚斯	2012.05.27
玻璃内画夏景鼻烟壶	高6.5cm	96,544	香港邦瀚斯	2012.05.27
当代 水晶内笔勾画军华款高仕图鼻烟壶	高7cm	69,000	南京嘉信	2012.06.24
当代 水晶内笔勾画军华款乐园图鼻烟壶	高7cm	92,000	南京嘉信	2012.06.24
丁二仲 1898年 玻璃内画双鸟归巢图鼻烟壶	高6cm	352,625	香港邦瀚斯	2012.11.24
丁二仲 1902年 玻璃内画墨龙图鼻烟壶	高6.2cm	352,625	香港邦瀚斯	2012.11.24
丁二仲 约1898-1899 玻璃内画踏雪寻梅鼻烟壶	高6.1cm	282,100	香港邦瀚斯	2012.11.24
董雪 1988年 玻璃内画中国四大元帅鼻烟壶	高6.2cm×4	130,975	香港邦瀚斯	2012.11.24
李克昌作水晶内画“汉宫秋”烟壶	高9.8cm	52,900	上海嘉泰	2012.06.23
刘守本水晶内画渔樵耕读烟壶(一套四件)	高6.8cm	138,000	上海嘉泰	2012.06.23
马少宣 1898年 水晶内画二十四诗品鼻烟壶	高5.7cm	161,200	香港邦瀚斯	2012.11.24
马少宣 约1900 玻璃内画乔家姊妹鼻烟壶	高5.2cm	181,350	香港邦瀚斯	2012.11.24
双连水晶内画婴戏图鼻烟壶	高5.9cm	71,138	香港邦瀚斯	2012.05.27
水晶内画大臣肖像鼻烟壶	高6.3cm	943,080	香港邦瀚斯	2012.05.27
水晶内画诗意山水鼻烟壶	高5.39cm	81,300	香港邦瀚斯	2012.05.27
水晶内画张曾棨肖像鼻烟壶	高6.2cm	845,520	香港邦瀚斯	2012.05.27
王习三 1965年 茶晶内画春山雨霁鼻烟壶	高5cm	120,900	香港邦瀚斯	2012.11.24
王习三 1972年制 内画山水水晶鼻烟壶	高8.8cm	368,000	北京保利	2012.12.06
王习三内画空山鸣鹿玛瑙鼻烟壶	高7.5cm	368,000	北京保利	2012.12.06
王习三 内画山水人物鼻烟壶	高7.5cm	195,500	北京九歌	2012.06.29
王习三作水晶内画华佗鼻烟壶	高6.1cm	74,750	文博苑	2012.12.15

拍品名称	物品尺寸	成交价RMB	拍卖公司	拍卖日期
约1890-1892 周乐元 玻璃内画仿石谷山水鼻烟壶	高5.8cm	90,675	香港邦瀚斯	2012.11.24
周乐元 1892年 玻璃内画梅妻鹤子图鼻烟壶	高6.3cm	251,875	香港邦瀚斯	2012.11.24
料器类				
清早期 泡沫地套红料博古烟壶	高7cm	80,500	北京保利	2012.04.22
清顺治 宝石红料鼻烟壶	高6.3cm	115,000	文博苑	2012.12.15
清雍正 宝石红料八楞式鼻烟壶	高6.5cm	103,500	文博苑	2012.12.15
清雍正 透明葡萄紫料玻璃鼻烟壶	高4.2cm	63,250	北京九歌	2012.06.29
清雍正 御制红宝石料刻芝仙祝寿纹鼻烟壶	高5cm	149,500	北京歌德	2012.06.03
清乾隆 1768-1775 玻璃画珐琅岁寒三友图鼻烟壶	高7.2cm	352,625	香港邦瀚斯	2012.11.24
清乾隆 白地套红料鱼藻纹鼻烟壶	高6cm	86,250	北京歌德	2012.06.03
清乾隆 白料雕刘海鼻烟壶	高7cm	207,000	上海大众	2012.08.04
清乾隆 白料套红福在眼前鼻烟壶	高8.3cm	57,500	北京保利	2012.12.06
清乾隆 白套红料金葵花双铺首鼻烟壶	高6cm	115,000	中国嘉德	2012.05.14
清乾隆 宝石红料雕桂花形鼻烟壶	高4.8cm	138,000	文博苑	2012.12.15
清乾隆 宝石红料刻松竹梅纹鼻烟壶	高5.4cm	195,500	文博苑	2012.12.15
清乾隆 宝石蓝料八棱式鼻烟壶	高2.5cm	97,750	文博苑	2012.12.15
清乾隆 宝石蓝料团龙纹鼻烟壶	高7.2cm	92,000	中国嘉德	2012.05.14
清乾隆 蛋清地套红料龙纹鼻烟壶	高5cm	63,250	文博苑	2012.12.15
清乾隆 豆绿磨棱烟壶	高6.5cm	69,000	北京保利	2012.04.22
清乾隆 仿金珀料玻璃鼻烟壶	高5.5cm	92,000	北京九歌	2012.06.29
清乾隆 霏雪地套红料鱼藻纹鼻烟壶	高7.6cm	172,500	文博苑	2012.12.15
清乾隆 粉地套黄料福寿鼻烟壶	高6.8cm	51,750	北京保利	2012.12.06
清乾隆 粉红料瓶形鼻烟壶	高9.3cm	92,000	北京保利	2012.12.06
清乾隆粉绿双套料人物楼阁鼻烟壶	高7cm	276,000	上海大众	2012.08.04
清乾隆古月轩白料宝相花纹鼻烟壶	高6cm	276,000	北京歌德	2012.06.03
清乾隆 红料八棱鼻烟壶	高5.2cm	97,750	北京保利	2012.12.06
清乾隆 红料花卉烟壶	高7cm	115,000	北京保利	2012.04.22
清乾隆 黄料八棱式鼻烟壶	高2.4cm	126,500	文博苑	2012.12.15
清乾隆 黄料仿黄玉鼻烟壶	带盖高5.5cm	172,500	西泠拍卖	2012.07.07
清乾隆 黄料瓜棱鼻烟壶	高5.6cm	92,000	北京翰海	2012.12.09
清乾隆 蓝料鼻烟壶	高4.2cm	115,000	北京翰海	2012.05.27
清乾隆 蓝料螭虺纹鼻烟壶	带盖高4.7cm	184,000	西泠拍卖	2012.07.07
清乾隆 蓝料雕螭龙西番莲鼻烟壶	高5.7cm	69,000	上海大众	2012.08.04
清乾隆 蓝料磨棱烟壶	高4cm	69,000	北京保利	2012.04.22
清乾隆蓝料套白料寿山福海鼻烟壶	高6.2cm	57,500	文博苑	2012.12.15
清乾隆 料胎画珐琅高士图鼻烟壶	高6.3cm	218,500	北京保利	2012.12.06
清乾隆 绿料磨棱烟壶	高4cm	69,000	北京保利	2012.04.22
清乾隆 绿料盘螭鼻烟壶	高7.7cm	161,000	北京保利	2012.12.06
清乾隆 涅白地料画珐琅彩瓜瓞绵绵葫芦形鼻烟壶	高5.6cm	483,000	文博苑	2012.12.15
清乾隆涅白地套红料八宝纹鼻烟壶	高5.2cm	97,750	文博苑	2012.12.15
清乾隆 涅白料画珐琅凤凰安居乐业烟壶	高7cm	2,070,000	北京保利	2012.06.05
清乾隆 藕粉色料八棱式鼻烟壶	高2.5cm	97,750	文博苑	2012.12.15
清乾隆 葡萄紫料八棱鼻烟壶	高6.2cm	69,000	北京保利	2012.12.06
清乾隆 葡萄紫料荷叶形鼻烟壶	高4.5cm	103,500	北京翰海	2012.05.27
清乾隆 山楂红料莲花鼻烟壶	高5.8cm	138,000	中国嘉德	2012.05.14
清乾隆 桃花冻料鼻烟壶	高5cm	86,250	文博苑	2012.12.15
清乾隆 套红料螭龙纹鼻烟壶	高5.6cm	80,500	上海大众	2012.08.04
清乾隆 套红料双螭捧寿鼻烟壶	高7.4cm	207,000	北京保利	2012.12.06
清乾隆 套红料四螭龙纹鼻烟壶	高7.7cm	80,500	上海大众	2012.08.04
清乾隆 套红料鱼荷纹鼻烟壶	高7cm	63,250	上海大众	2012.08.04
清乾隆 套蓝料龙纹鼻烟壶	高13cm	69,000	上海大众	2012.08.04
清乾隆 套三色料石榴莲蓬鼻烟壶	高7.2cm	57,500	北京保利	2012.12.06
清乾隆 透明蓝料八棱式鼻烟壶	高2.5cm	86,250	文博苑	2012.12.15
清乾隆透明蓝料画珐琅玻璃鼻烟壶	高5.8cm	115,000	北京九歌	2012.06.29

拍品名称	物品尺寸	成交价RMB	拍卖公司	拍卖日期
清乾隆 透明料画珐琅玻璃鼻烟壶	高7cm	483,000	北京九歌	2012.06.29
清乾隆 五彩套料花蝶纹鼻烟壶	高7cm	57,500	上海大众	2012.08.04
清乾隆 雪花地套西湖绿鱼纹鼻烟壶	高6cm	80,500	北京歌德	2012.06.03
清乾隆 御制宝石蓝料刻螭龙纹鼻烟壶	高6.2cm	172,500	北京歌德	2012.06.03
清乾隆 御制淡绿料八楞形鼻烟壶	高5.5cm	126,500	北京歌德	2012.06.03
清乾隆 御制海蓝宝石料刻花卉纹鼻烟壶	高5.3cm	172,500	北京歌德	2012.06.03
清乾隆 御制涅白地套蓝料 涅白地套粉红料花卉鼻烟壶(一对)	尺寸不一	1,725,000	北京歌德	2012.06.03
清乾隆 紫料鼻烟壶	高7.8cm	74,750	北京保利	2012.12.06
清中期 白地四色套料三多福寿鼻烟壶	高6.8cm	51,750	北京保利	2012.12.06
清中期 白地套七色玻璃鼻烟壶	高7cm	55,200	北京九歌	2012.06.29
清中期 白套蓝料鱼形鼻烟壶	高9.5cm	172,500	中国嘉德	2012.05.14
清中期 宝石红料刻花卉鱼藻纹鼻烟壶	高5.7cm	57,500	文博苑	2012.12.15
清中期 茶色料葫芦形鼻烟壶	高6.0cm	66,700	文博苑	2012.12.15
清中期 仿珊瑚料海屋添筹鼻烟壶	高6cm	57,500	北京歌德	2012.06.03
清中期 霏雪地套蓝料山水人物鼻烟壶	高5.8cm	51,750	文博苑	2012.12.15
清中期 红地套白玻璃鼻烟壶	高4.8cm	55,200	北京九歌	2012.06.29
清中期 红料暗八仙鼻烟壶	高10.5cm	57,500	北京保利	2012.12.06
清中期 鸡油黄料铺首鼻烟壶	高5.3cm	69,000	文博苑	2012.12.15
清中期 鸡油黄料双兽耳鼻烟壶	高7cm	57,500	北京保利	2012.12.06
清中期 金红料雕山水人物鼻烟壶	高7.7cm	57,500	北京歌德	2012.06.03
清中期 蓝料刻龙纹鼻烟壶	高5.5cm	55,200	文博苑	2012.12.15
清中期 料胎画珐琅花卉鼻烟壶	高7.7cm	1,012,000	北京保利	2012.06.06
清中期料胎画珐琅花卉题诗鼻烟壶	高6.2cm	57,500	北京保利	2012.12.06
清中期 泡沫地套红料婴戏鼻烟壶	高5.5cm	63,250	北京保利	2012.04.22
清中期 套黑料渔樵耕读鼻烟壶	高6.5cm	55,200	北京保利	2012.12.06
清中期 套红料博古鼻烟壶	高7.5cm	57,500	北京保利	2012.12.06
清中期 套红料双骏鼻烟壶	高8.7cm	92,000	北京保利	2012.12.06
清中期 套红料太极图鼻烟壶	高6.4cm	115,000	北京保利	2012.12.06
清中期 套红料庭院仕女鼻烟壶	高6.8cm	55,200	北京保利	2012.12.06
清中期 套红料婴戏贺岁鼻烟壶	高7.5cm	57,500	北京保利	2012.12.06
清中期 透明地套红料蝠纹鼻烟壶	高4.5cm	172,500	文博苑	2012.12.15
清中期 玩雅轩款搅料鼻烟壶	高6.5cm	55,200	文博苑	2012.12.15
清中期 倭瓜料鼻烟壶	高8cm	63,250	北京保利	2012.12.06
清中期雪花地套蓝料博古图鼻烟壶	高5.5cm	63,250	北京歌德	2012.06.03
清 海蓝玻璃雕螭龙抱瓶鼻烟壶	高6.1cm	70,525	香港邦瀚斯	2012.11.24
清 搅色仿鸡冠石地套红玻璃金玉满堂鼻烟壶	长9cm	60,450	香港邦瀚斯	2012.11.24
清藕粉地套红玻璃贺年喜庆鼻烟壶	高5.9cm	50,375	香港邦瀚斯	2012.11.24
清 透明地套蓝玻璃年年有余图鼻烟壶	高5.8cm	60,450	香港邦瀚斯	2012.11.24
清 双色套蓝玻璃白蛇传鼻烟壶	高5cm	90,675	香港邦瀚斯	2012.11.24
清 红玻璃圆雕鲤鱼鼻烟壶	高5.1cm	181,350	香港邦瀚斯	2012.11.24
清(传)扬州 白地套蓝玻璃雕花木长荣鼻烟壶	高5.4cm	80,600	香港邦瀚斯	2012.11.24
清(传)扬州 白套黑玻璃雕耄耋图鼻烟壶	高5.8cm	55,413	香港邦瀚斯	2012.11.24
清 鼻烟壶(十件)	尺寸不一	368,000	西泠拍卖	2012.12.28
清 白料画珐琅梅花烟壶	高5cm	63,250	北京保利	2012.04.22
清 白套宝石红料花鸟纹鼻烟壶	高4.5cm	51,750	中国嘉德	2012.05.14
清 宝石红料鼻烟壶	高5.2cm	69,000	北京保利	2012.06.06
清 玻璃画珐琅彩繁花图鼻烟壶	高6.2cm	70,525	香港邦瀚斯	2012.11.24
清 仿蓝晶料鼻烟壶	高6.7cm	74,750	北京保利	2012.12.06
清 褐地套料花卉烟壶	高5.5cm	55,200	北京保利	2012.04.22
清 黑地洒金料鼻烟壶	高6.5cm	92,000	北京保利	2012.06.06
清 黑地透珊瑚红料鼻烟壶	高6.2cm	57,500	北京保利	2012.06.06
清 湖水绿料双螭龙鼻烟壶	高8cm	115,000	上海大众	2012.08.04

拍品名称	物品尺寸	成交价RMB	拍卖公司	拍卖日期
清 黄料鼻烟壶	高7.7cm	241,500	北京保利	2012.06.06
清 黄料鱼篓纹鼻烟壶	高4.8cm	71,300	中国嘉德	2012.05.14
清 搅料烟壶	5.5cm	80,640	天津文物	2012.05.11
清 蓝料仿碧玺篓形鼻烟壶	高4cm	143,750	上海大众	2012.08.04
清 蓝料太平有象鼻烟壶	高8cm	57,500	上海大众	2012.08.04
清 料胎画珐琅"岁岁平安"纹鼻烟壶	高7cm	72,800	北京荣宝	2012.06.24
清 料胎画珐琅梅花六方鼻烟壶	高6cm	138,000	北京保利	2012.06.06
清 料胎六彩金鱼纹鼻烟壶	高7.8cm	86,250	上海大众	2012.08.04
清 绿料福禄万代鼻烟壶	高6cm	143,750	上海大众	2012.08.04
清绿料画、白料画珐琅烟壶(二件)	尺寸不一	57,500	北京保利	2012.06.06
清 绿料龙纹烟壶	高6.5cm	57,500	北京保利	2012.10.24
清 涅白地套红料刘海戏金蟾图鼻烟壶	高6.5cm	69,000	北京华辰	2012.10.30
清涅白地套红料游龙戏珠纹鼻烟壶	高7.5cm	69,000	北京华辰	2012.10.30
清 涅白地套蓝料西番莲纹鼻烟壶	高6.3cm	101,200	北京华辰	2012.10.30
清泡沫地套红料花果虫趣纹鼻烟壶	高8.5cm	126,500	北京华辰	2012.10.30
清泡沫地套绿料双龙捧寿纹鼻烟壶	高7.5cm	80,500	北京华辰	2012.10.30
清 套红料独占鳌头鼻烟壶	高6.5cm	51,750	上海大众	2012.08.04
清 套红料松下人物烟壶	高7.5cm	103,500	北京保利	2012.04.22
清 套红料天河家悦烟壶	高6.5cm	207,000	北京保利	2012.04.22
清 套料花卉烟壶	高6.5cm	63,250	北京保利	2012.04.22
清 套绿料鱼及套红料螭龙鼻烟壶(一对)	尺寸不一	97,750	上海大众	2012.08.04
清 套胭脂红料海水云龙图鼻烟壶	高6.6cm	69,000	中国嘉德	2012.05.14
清 五色套料祥瑞鼻烟壶	带盖高6.4cm	69,000	西泠拍卖	2012.07.07
清 五色套雪地鼻烟壶	高5cm	69,000	北京华辰	2012.10.30
清 西湖水套料螭龙纹鼻烟壶	高8cm	63,250	上海大众	2012.08.04
清扬州 棕套红玻璃渔隐图鼻烟壶	高5.7cm	362,700	香港邦瀚斯	2012.11.24
清 玻璃胎画珐琅彩花卉纹鼻烟壶	高5.6cm	60,450	香港邦瀚斯	2012.11.24
清 籽料白玉洒金沁烟壶	高8cm	240,819	香港华辉	2012.10.05
清 桃红套白玻璃雅集图鼻烟壶	高5.7cm×3	50,375	香港邦瀚斯	2012.11.24
清18世纪 搅胎料鼻烟壶	高6.7cm	80,500	上海大众	2012.08.04
清18世纪 料胎珐琅彩花鸟鼻烟壶	高8.3cm	80,500	上海大众	2012.08.04
清19世纪 水晶料鼻烟壶	高6cm	57,500	上海大众	2012.08.04
清 白套红玻璃福寿双全鼻烟壶	高4.42cm	96,544	香港邦瀚斯	2012.05.27
清 孔雀绿玻璃鼻烟壶	高4.39cm	50,813	香港邦瀚斯	2012.05.27
清 贴彩双色玻璃鼻烟壶	高6.35cm	60,975	香港邦瀚斯	2012.05.27
清 棕色玻璃饕餮纹鼻烟壶	高4.85cm	182,925	香港邦瀚斯	2012.05.27
清 藕粉套多色玻璃婴戏图鼻烟壶	高5.38cm	182,925	香港邦瀚斯	2012.05.27
清 藕粉地套绿玻璃清供图鼻烟壶	高6.12cm	121,950	香港邦瀚斯	2012.05.27
清 白套绿玻璃螭龙玉璧鼻烟壶	高7.48cm	66,056	香港邦瀚斯	2012.05.27
清 扬州白套五色玻璃春秋清供鼻烟壶	高6.2cm	60,450	香港邦瀚斯	2012.11.24
清(传)扬州 藕粉地套三色玻璃渔人朝暮图鼻烟壶	高6cm	90,675	香港邦瀚斯	2012.11.24
清(传)扬州 白套红玻璃寿同山间鼻烟壶	高6.1cm	251,875	香港邦瀚斯	2012.11.24
清(传)叶奉祺 玻璃胎画珐琅五子登科图鼻烟壶	高6.2cm	221,650	香港邦瀚斯	2012.11.24
白地套红玻璃刘海戏金蟾鼻烟壶	高5.9cm	86,381	香港邦瀚斯	2012.05.27
白套枣子红玻璃春秋清供鼻烟壶	高5.69cm	182,925	香港邦瀚斯	2012.05.27
玻璃画珐琅雏菊图鼻烟壶	高6.12cm	152,438	香港邦瀚斯	2012.05.27
玻璃画珐琅荷花图鼻烟壶	高6.39cm	162,600	香港邦瀚斯	2012.05.27
玻璃画珐琅描金开光花鸟鼻烟壶	高5.2cm	1,950,520	香港邦瀚斯	2012.11.24
玻璃画珐琅山水高士图鼻烟壶	高7.6cm	504,060	香港邦瀚斯	2012.05.27
淡黄玻璃磨棱鼻烟壶	高5.05cm	91,463	香港邦瀚斯	2012.05.27
红渐变色玻璃鼻烟壶	高5.21cm	91,463	香港邦瀚斯	2012.05.27
金星红料蝉形鼻烟壶	长5.3cm	74,750	上海驰翰	2012.04.27
蓝地套漆红玻璃钟馗出巡图鼻烟壶	高6.3cm	101,625	香港邦瀚斯	2012.05.27
民国 料画珐琅花鸟诗文烟壶	高5.5cm	322,000	北京保利	2012.04.22
民国 叶仲三内画鼻烟壶	7×3.5cm	63,250	北京九歌	2012.06.29
明黄玻璃鼻烟壶	高6.13cm	406,500	香港邦瀚斯	2012.05.27

拍品名称	物品尺寸	成交价RMB	拍卖公司	拍卖日期
明黄玻璃太平有象鼻烟壶	高7.5cm	91,463	香港邦瀚斯	2012.05.27
明黄玻璃御题诗鼻烟壶	高5.29cm	426,012	香港邦瀚斯	2012.05.27
藕粉地套红玻璃打猎图鼻烟壶	高7.94cm	121,950	香港邦瀚斯	2012.05.27
藕粉地套六色玻璃九螭龙鼻烟壶	高6.5cm	121,950	香港邦瀚斯	2012.05.27
天蓝玻璃荷花纹鼻烟壶	高8.16cm	223,575	香港邦瀚斯	2012.05.27
透明地套双色玻璃螭龙鼻烟壶	高6.19cm	81,300	香港邦瀚斯	2012.05.27
透明红玻璃荷花鲤鱼鼻烟壶	高5.9cm	264,225	香港邦瀚斯	2012.05.27
透明绿色玻璃仿古龙纹鼻烟壶	高5.12cm	162,600	香港邦瀚斯	2012.05.27
王习三 料胎画珐琅花鸟鼻烟壶	高4.3cm	241,500	北京保利	2012.12.06
棕红色玻璃番莲鼻烟壶	高5.6cm	71,138	香港邦瀚斯	2012.05.27
鼻烟壶其它类				
清雍正画珐琅牡丹花荷包形鼻烟壶	高6cm	5,175,000	上海崇源	2012.10.19
清乾隆 纯金胎画珐琅洋妇婴戏烟壶(一对)		333,500	上海嘉泰	2012.10.25
清乾隆 雕漆松下对弈图鼻烟壶	高7.5cm	66,700	中国嘉德	2012.05.14
清乾隆 仿雕漆釉龙凤纹鼻烟壶	高8.3cm	103,500	北京保利	2012.12.06
清乾隆 广州 铜胎珐琅秋菊富贵鼻烟壶	高8.1cm	302,250	香港邦瀚斯	2012.11.24
清乾隆核雕子孙万代鼻烟壶(一对)	高5.5cm×2	172,500	上海大众	2012.08.04
清乾隆 黄地铜金胎珐琅彩画洋人鼻烟壶	高5cm	184,000	上海大众	2012.08.04
清乾隆 掐丝珐琅凤戏牡丹纹鼻烟壶	高6cm	86,250	中国嘉德	2012.05.14
清乾隆 剔红人物故事鼻烟壶	高6.3cm	63,250	文博苑	2012.12.15
清乾隆铜鎏金画珐琅圣母天使烟壶	高6.2cm	805,000	上海嘉泰	2012.10.26
清乾隆 铜鎏金錾刻花鸟纹鼻烟壶	高8cm	207,000	北京永乐	2012.12.15
清乾隆铜鎏金錾刻西番莲纹鼻烟壶	高5.5cm	218,500	北京保利	2012.04.22
清乾隆 铜胎画北京珐琅花鸟烟壶	高5.5cm	115,000	北京保利	2012.04.22
清乾隆 铜胎画珐琅"龙女牧羊图"鼻烟壶	高6cm	713,000	北京歌德	2012.06.03
清乾隆 铜胎画珐琅五伦图鼻烟壶	高8.5cm	57,500	北京保利	2012.12.06
清乾隆 铜胎画珐琅五伦图烟壶	高8cm	115,000	北京保利	2012.04.22
清乾隆铜胎画珐琅西洋人物鼻烟壶	高5.7cm	690,000	北京保利	2012.06.06
清乾隆 文竹螭龙纹鼻烟壶	高5.3cm	103,500	北京九歌	2012.06.29
清乾隆 御制翡翠雕饕餮纹鼻烟壶	高5.5cm	2,530,000	北京歌德	2012.06.03
清晚期 翠雕双鹰烟壶	高6.5cm	414,000	北京保利	2012.04.22
清晚期 马少宣"宣统"像鼻烟壶	高6.8cm	172,500	北京保利	2012.06.06
清晚期马少宣款清代官吏像鼻烟壶	高7cm	138,000	北京保利	2012.06.06
清中期 白玉花鸟纹鼻烟壶	高9.2cm	60,450	香港邦瀚斯	2012.11.24
清中期 白玉铭文鼻烟壶	高5.4cm	403,000	香港邦瀚斯	2012.11.24
清中期 碧玺松鼠南瓜烟壶	高6cm	63,250	北京保利	2012.04.22
清中期雕瓷子孙万代葫芦形鼻烟壶	高11.3cm	191,425	香港邦瀚斯	2012.11.24
清中期 翡翠鼻烟壶		74,750	北京匡时	2012.06.04
清中期 翡翠雕铺首鼻烟壶	高6.5cm	57,500	北京歌德	2012.06.03
清中期 翡翠光素鼻烟壶	高7cm	92,000	北京歌德	2012.06.03
清中期 福建红漆鼻烟壶	高6cm	55,200	北京保利	2012.12.06
清中期 千里款嵌螺钿点金鼻烟壶	高7cm	51,750	北京九歌	2012.06.29
清中期 剔红山水人物烟壶	20.5×13cm	55,200	北京九歌	2012.06.29
清 珊瑚雕河图鼻烟壶	高5.4cm	201,500	香港邦瀚斯	2012.11.24
清 珊瑚雕松鼠葡萄纹鼻烟壶	高6.9cm	161,200	香港邦瀚斯	2012.11.24
清 剔红爱鹅行山图鼻烟壶	高5.8cm	70,525	香港邦瀚斯	2012.11.24
清 宜兴窑紫泥挂釉泥绘鼻烟壶	高6cm	60,450	香港邦瀚斯	2012.11.24
清 福州作 棕色漆海螺形鼻烟壶	高4.2cm	70,525	香港邦瀚斯	2012.11.24
清 象牙雕童子抱葫芦鼻烟壶	高6cm	251,875	香港邦瀚斯	2012.11.24
清 纯金胎画珐琅西洋仕女烟壶		517,500	上海嘉泰	2012.06.23
清 翠雕瓜瓞绵绵纹烟壶	高5.5cm	81,760	天津文物	2012.05.11
清 翠雕笸箩纹烟壶	高5.5cm	51,520	天津文物	2012.05.11
清 翠雕兽耳烟壶	高5cm	53,760	天津文物	2012.05.11
清 翠雕素烟壶	高6.5cm	138,000	北京保利	2012.04.22
清 错银螺钿、端石、蓝料烟壶(四件)	尺寸不一	69,000	北京保利	2012.12.06
清 翡翠鼻烟壶	高8.0cm	57,500	北京保利	2012.04.21
清 翡翠山水烟壶	高6cm	69,000	北京保利	2012.04.22

拍品名称	物品尺寸	成交价RMB	拍卖公司	拍卖日期
清 各式烟壶(一组二十七件)	尺寸不一	69,000	北京保利	2012.10.24
清 鹤顶红龙纹鼻烟壶	高7.2cm	63,250	北京九歌	2012.06.29
清 黄地绿彩葫芦鼻烟壶	高5.6cm	230,000	北京翰海	2012.12.09
清 料胎画珐琅彩莲图鼻烟壶	高4.4cm	287,500	中国嘉德	2012.05.14
清 涅白地浮雕花卉纹鼻烟壶	高5.1cm	552,000	北京翰海	2012.05.27
清 匏制凤鸟鼻烟壶	高8cm	51,750	北京保利	2012.06.06
清 掐丝珐琅双狮戏球图烟壶	高7.4cm	57,500	中国嘉德	2012.03.26
清 石榴红模棱鼻烟壶	高6cm	178,250	上海大众	2012.08.04
清 铜胎掐丝珐琅缠枝花卉鼻烟壶及烟碟	高 6cm×2	55,413	香港邦瀚斯	2012.11.24
清 牙黄釉雕瓷渔人山水鼻烟壶	高5.3cm	519,064	香港邦瀚斯	2012.11.24
清 牙诗文嵌椰壳带烟碟	高7.7cm	138,000	上海大众	2012.08.04
清 银质珍珠地开光松鹤荷塘纹鼻烟壶	高6.3cm	103,500	北京华辰	2012.10.30
清 珍珠地荷花套三色鼻烟壶	高10.7cm	97,750	北京保利	2012.06.06
清 珍珠地套黑白双色菊花草虫鼻烟壶	高8cm	230,000	北京保利	2012.06.06
清 竹簧雕百喜鼻烟壶	高6.6cm	51,750	北京保利	2012.06.06
清 紫砂佛手鼻烟壶	高7.5cm	57,500	北京歌德	2012.06.03
清 紫砂各式烟壶(八件)	尺寸不一	92,000	北京保利	2012.06.06
清 紫砂花鸟瓜棱鼻烟壶	高7.5cm	63,250	北京保利	2012.06.06
清道光 犀角鼻烟壶(二件)	尺寸不一	75,256	澳门恒瑞	2012.10.02
1723年—1820年作 鲨鱼皮鼻烟壶	高6.36cm	203,250	香港邦瀚斯	2012.05.27
1740年—1860年作 象牙鼻烟壶	高6.63cm	71,138	香港邦瀚斯	2012.05.27
1780年—1880年作 翡翠光素鼻烟壶	高6.21cm	1,186,980	香港邦瀚斯	2012.05.27
1862年—1873年作 竹节鼻烟壶	高6.73cm	86,381	香港邦瀚斯	2012.05.27
1904年 于硕 象牙刻山水图鼻烟壶及烟碟	高5.3cm	161,200	香港邦瀚斯	2012.11.24
1960-1974 金胎画珐琅西洋田园牧歌鼻烟壶	高4.9cm	100,750	香港邦瀚斯	2012.11.24
1979年 王习三 玛瑙内画童子救雀图鼻烟壶	高7.2cm	221,650	香港邦瀚斯	2012.11.24
砗磲松鹤纹鼻烟壶	高7.3cm	69,000	上海驰翰	2012.04.27
瓷胎画珐琅折枝花卉纹鼻烟壶	高6.3cm	106,706	香港邦瀚斯	2012.05.27
鹤顶红庭院人物烟壶	高7.5cm	80,500	北京保利	2012.04.22
黑漆嵌银丝梅花图鼻烟壶	高4.93cm	50,813	香港邦瀚斯	2012.05.27
葫芦模印福缘善庆鼻烟壶	高6.28cm	101,625	香港邦瀚斯	2012.05.27
葫芦模制花卉纹鼻烟壶	高5.84cm	101,625	香港邦瀚斯	2012.05.27
夹纻彩漆佛手瓜形鼻烟壶	高6.55cm	71,138	香港邦瀚斯	2012.05.27
夹纻红漆绘花鸟纹鼻烟壶	高5.86cm	172,763	香港邦瀚斯	2012.05.27
角雕百鸟迎春鼻烟壶	高6.3cm	77,050	上海驰翰	2012.04.27
鎏金青铜清供图鼻烟壶	高6cm	71,138	香港邦瀚斯	2012.05.27
煤晶龙纹烟壶	高6.5cm	92,000	北京保利	2012.04.22
漆嵌螺钿番莲纹烟壶	高6.14cm	50,813	香港邦瀚斯	2012.05.27
青铜怀表鼻烟壶	高5.06cm	203,250	香港邦瀚斯	2012.05.27
铜胎画珐琅西洋母子图鼻烟壶	高5cm	3,918,660	香港邦瀚斯	2012.05.27
铜胎画珐琅西洋母子图鼻烟壶	高5.02cm	2,455,260	香港邦瀚斯	2012.05.27
铜胎画珐琅西洋人物鼻烟壶	高4.8cm	699,180	香港邦瀚斯	2012.05.27
铜胎画粉彩庭院仕女鼻烟壶	高4.9cm	2,943,060	香港邦瀚斯	2012.05.27
铜胎掐丝珐琅番莲鼻烟壶	高6.35cm	182,925	香港邦瀚斯	2012.05.27
铜胎掐丝珐琅鎏金花鸟纹鼻烟壶(一对二件)	高13cm	1,000,000	隆荣国际	2012.07.27
铜胎五彩西洋人物鼻烟壶	高6.49cm	142,275	香港邦瀚斯	2012.05.27
犀鸟头盔麻姑送寿鼻烟壶	高5.85cm	1,089,420	香港邦瀚斯	2012.05.27
椰壳嵌琥珀雕云龙纹鼻烟壶	高4.34cm	55,894	香港邦瀚斯	2012.05.27
银嵌羽毛折枝花卉纹鼻烟壶	高8.31cm	121,950	香港邦瀚斯	2012.05.27
银铸九龙鼻烟壶	高6.29cm	284,550	香港邦瀚斯	2012.05.27
紫砂胎画粉彩山水鼻烟壶	高6.47cm	66,056	香港邦瀚斯	2012.05.27

珠宝翡翠

摆件				
清初 翡翠雕鹅衔枝摆件		287,500	北京翰海	2012.12.09
清中期 翡翠碧玉雕仙鹤摆件(一对)	高47cm	1,265,000	北京保利	2012.06.05

拍品名称	物品尺寸	成交价RMB	拍卖公司	拍卖日期
清中期 翡翠雕观音	高36.3cm	1,380,000	北京东正	2012.05.11
清中期 翡翠仕女摆件		172,500	北京匡时	2012.12.05
清 翠雕萝卜蝈蝈纹摆件		425,600	天津文物	2012.11.09
清 翠雕麻姑献寿摆件	高40cm	299,000	北京保利	2012.04.23
清 翠雕麻姑献寿摆件		253,000	北京保利	2012.10.24
清 翠雕送子观音山子		299,000	北京保利	2012.10.24
清 翠玉造像	高8.2cm	74,750	上海道明	2012.06.29
清 翡翠贝螺 (一组八枚)	尺寸不一	575,000	西泠拍卖	2012.07.07
清 翡翠雕福寿磬 (二件)	高24.2cm	1,150,000	北京翰海	2012.05.26
清 翡翠雕关公像 (三件)		345,000	中国嘉德	2012.10.29
清 翡翠雕麻姑献寿摆件	高23.4cm	184,000	西泠拍卖	2012.07.07
清 翡翠观音像	高23.4cm	51,750	中国嘉德	2012.06.16
清 翡翠观音坐像		287,500	上海嘉泰	2012.10.25
清 翡翠荷花童子	宽11.5cm	218,500	中国嘉德	2012.05.14
清 翡翠绶带鸟 (一对)	高27cm	230,000	上海嘉泰	2012.06.23
清 翡翠西厢记人物摆件	尺寸不一	115,000	北京保利	2012.08.11
清 翡翠张果老立像	高19.5cm	57,500	上海嘉泰	2012.06.23
19世纪 翡翠山子	高13cm	57,500	北京容海	2012.01.09
民国 翠雕八仙摆件	高9.5cm	103,500	北京保利	2012.04.23
民国 翠雕观音立像	高25cm	805,000	北京保利	2012.08.11
民国 翠雕花篮摆件	高82cm	379,500	北京保利	2012.04.23
民国 翡翠雕花鸟摆件	高25.5cm	86,250	中贸圣佳	2012.03.04
百花齐放翡翠摆件		63,250	北京恒盛鼎	2012.09.17
冰种带春色翡翠山子摆件		504,000	品盛国际	2012.09.15
冰种紫罗兰持莲观音摆件	高15cm	69,000	北京九歌	2012.06.29
翠色如意	长5.4cm	218,500	南京经典	2012.01.08
多子多福翡翠摆件	36cm×22cm	3,220,000	上海宝龙	2012.06.26
翡翠“金玉满堂”摆件	高34.5cm	161,000	广东古今	2012.07.15
翡翠“举杯邀月”摆件	高18cm	322,000	广东古今	2012.07.15
翡翠白菜	长11.5cm	74,750	安华白云	2012.06.08
翡翠白菜摆件		1,150,000	北京艺融	2012.11.19
翡翠摆件		207,000	中国嘉德	2012.10.28
翡翠摆件万万顺	长10.7cm	166,750	南京经典	2012.01.08
翡翠雕雏鸡嬉戏摆件		55,000	上海驰翰	2012.10.10
翡翠雕荷花摆件	尺寸不一	195,500	中贸圣佳	2012.03.04
翡翠雕花蝶山子	高13.5cm	92,000	太平洋	2012.06.16
翡翠雕人物山子摆件	高16.5cm	195,500	中贸圣佳	2012.03.04
翡翠雕三色白菜摆件	高20.6cm	82,800	中贸圣佳	2012.03.04
翡翠雕祥龙荷花摆件	高19.5cm	172,500	中贸圣佳	2012.03.04
翡翠逢春	高72.9cm	460,000	南京经典	2012.01.08
翡翠观音摆件	高20cm	52,357	香港拍得高	2012.03.17
翡翠荷塘仕女	高32cm	287,500	安华白云	2012.06.08
翡翠刻山子	高9.0cm	1,890,000	南京经典	2012.01.08
翡翠苦瓜摆件	长9.4cm	67,200	中鸿信	2012.03.18
翡翠兰花摆件	高29cm	55,200	广东古今	2012.07.15
翡翠鲤鱼观音摆件	高24cm	184,000	安华白云	2012.06.08
翡翠灵芝如意摆件		74,750	荣宝斋(上海)	2012.09.09
翡翠俏色手玩件	长8.9cm	63,250	广东万众	2012.01.08
翡翠三彩双面深雕高仕山子	高25cm	1,610,000	安华白云	2012.06.08
翡翠桑叶蚕摆件	长20.7cm	560,000	中鸿信	2012.03.18
翡翠双吉摆件	高21cm	57,500	广东益诚	2012.01.08
翡翠童子观音		474,600,000	广东保利	2012.12.15
翡翠一路连科摆件	高18cm	253,000	北京九歌	2012.06.29
红翡佛摆件		366,120	广东保利	2012.12.15
九龙观音翡翠大摆件	高76cm	8,970,000	上海宝龙	2012.06.26
李睿 十八罗汉斗悟空 翡翠山子	高48cm	1,035,000	西泠拍卖	2012.07.07
连清云三色紫罗兰翡翠送子观音像	高27cm	1,380,000	北京九歌	2012.06.29
缅甸天然翡翠摆件「大肚弥勒佛」		110,825	香港佳士得	2012.11.27
缅甸天然翡翠摆件「观音送子」		85,638	香港佳士得	2012.11.27
缅甸天然翡翠摆件「十二生肖」		191,425	香港佳士得	2012.11.27
缅甸天然翡翠摆件「笑口常开」		181,350	香港佳士得	2012.11.27
妙香飞天山子翡翠摆件	长26cm	575,000	上海宝龙	2012.06.26
墨翠欢喜佛	长6.5cm	184,000	南京经典	2012.01.08

拍品名称	物品尺寸	成交价RMB	拍卖公司	拍卖日期
蟠桃拱寿翡翠摆件	高12cm	402,500	上海宝龙	2012.06.26
鹊桥相会山子翡翠摆件	高23cm	2,185,000	上海宝龙	2012.06.26
三色翡翠踏雪寻梅摆件	高9.5cm	4,784,000	北京九歌	2012.06.29
双狮翡翠摆件	高21cm×2	345,000	上海宝龙	2012.06.26
水晶银累丝嵌宝石佛坛		500,000	隆荣国际	2012.07.27
宋世义 西厢记 翡翠山子	高31cm	3,450,000	西泠拍卖	2012.07.07
太上老君翡翠摆件	高5cm	287,500	上海宝龙	2012.06.26
天然冰种翡翠雕观音摆件		287,500	北京翰海	2012.12.08
天然翡翠「福禄寿喜」山子摆件	高18.7cm	4,370,000	北京翰海	2012.05.26
天然翡翠「送子观音」摆件一对		276,075	香港苏富比	2012.10.09
天然翡翠雕「多子佛」摆件		163,600	香港苏富比	2012.10.09
天然翡翠雕「九龙璧」摆件		409,000	香港苏富比	2012.10.09
天然翡翠雕「弥勒佛」摆件		306,750	香港苏富比	2012.10.09
天然翡翠雕「喜鹊登枝」摆件		173,825	香港苏富比	2012.10.09
天然翡翠雕弥勒摆件		207,000	北京保利	2012.12.05
天然翡翠玉珠摆件		172,500	北京翰海	2012.12.08
天然翡翠紫罗兰金蚕摆件	长6.1cm	299,000	北京歌德	2012.06.02
天然黄翡翠「冠上加冠」摆件		194,275	香港苏富比	2012.10.09
天然托帕石雕「观音」摆件	长14.2cm	1,012,000	北京翰海	2012.05.26
田贵平 翡翠雕十二圆觉	尺寸不一	2,300,000	北京翰海	2012.05.26
同心协力翡翠摆件	高15cm	345,000	上海宝龙	2012.06.26
晚清 翠玉麻姑立像		741,520	香港佳士得	2012.11.28
晚清 翠玉圆雕“麻姑献寿”		253,989	香港华辉	2012.10.05
卧虎藏龙翡翠摆件	高18cm	1,380,000	上海宝龙	2012.06.26
五鼠运财 翡翠摆件	长14cm	9,200,000	上海宝龙	2012.06.26
现代 翡翠雕福寿满载摆件	长11cm	134,400	云南典藏	2012.05.27
现代 翡翠雕竹节知了摆件	高21.7cm	437,000	荣宝斋(上海)	2012.06.17
竹节壶翡翠摆件	高10.5cm	103,500	上海宝龙	2012.06.26
紫红翡翠山水人物摆件连方形墨翡座	尺寸不一	90,690	香港拍得高	2012.03.17
紫红色翡翠“夜游赤壁”摆件连木座	高25cm	330,453	香港富得	2012.07.07
紫气东来翡翠摆件	高22cm	3,220,000	上海宝龙	2012.06.26
走马上任翡翠摆件	高26cm	897,000	上海宝龙	2012.06.26
颜桂明 白玉翡翠和谐摆件		138,000	北京博观	2012.12.23
瓶、尊				
清乾隆翡翠雕福寿纹螭龙耳四方瓶		3,220,000	北京匡时	2012.12.05
清乾隆 翡翠雕夔凤纹象耳衔活环狮钮瓶	高43.7cm	2,070,000	北京东正	2012.05.11
清晚期 翡翠雕凤凰牡丹游环盖瓶 (一对)	高29cm	69,000	北京保利	2012.08.11
清晚期翡翠痕都斯坦式高足活环瓶		382,850	香港邦瀚斯	2012.11.24
清中期 玻璃种翡翠雕“一路连科”扁瓶		86,250	北京匡时	2012.12.05
清中期 翡翠雕花卉纹瓶 (一对)		230,000	北京东正	2012.10.31
清中期 翡翠狮钮飞鸟衔环耳出戟式盖瓶		3,707,600	大唐国际	2012.11.24
清 冰种翡翠花鸟盖瓶		345,000	北京保利	2012.12.07
清 翠玉象耳瓶	高15.3cm	402,500	上海道明	2012.06.29
清 翡翠雕八仙双耳盖瓶 (一对)	高21cm	51,750	太平洋	2012.06.16
清 翡翠雕柳叶瓶		69,000	北京保利	2012.12.07
清 翡翠双耳盖瓶	高20cm	57,500	北京保利	2012.04.23
清 翡翠玉雕瓶	高12cm	69,000	安华白云	2012.06.08
清翡翠螭虎衔如意出戟尊(一对)	高26cm	103,500	上海嘉泰	2012.06.23
清 翡翠山羊兽面三足尊	高13cm	1,265,000	上海大众	2012.08.04
民国 翠雕花卉双耳盖瓶		172,500	北京保利	2012.10.24
翠玉「岁岁安居」盖瓶		282,100	香港佳士得	2012.11.28
翠玉凤形盖瓶 (一对)		85,638	香港佳士得	2012.11.28
翡翠螭龙纹链瓶		103,500	中国嘉德	2012.09.16
翡翠雕花瓶摆件	高9cm	80,500	广东益诚	2012.01.08
翡翠痕都斯坦式玉瓶		201,500	香港邦瀚斯	2012.11.24
翡翠狮钮象耳瓶 (一对)		552,000	荣宝斋(上海)	2012.09.09
翡翠兽耳活环仿古瓶	高27cm	253,000	安华白云	2012.06.08

2012杂项拍卖成交汇总

(成交价RMB：5万元以上)

拍品名称	物品尺寸	成交价RMB	拍卖公司	拍卖日期
颜桂明 俞挺 翡翠梅瓶（一对）		517,500	北京博观	2012.12.23
旧翡翠吊瓶		747,500	荣宝斋(上海)	2012.09.09
狮纽素瓶翡翠摆件	高116cm	27,600,000	上海宝龙	2012.06.26
炉				
清乾隆 翡翠三狮钮双兽衔环三足炉		3,220,000	北京匡时	2012.12.05
清 宝石红料双耳三足炉	高3.9cm	115,000	北京翰海	2012.05.27
清 翠雕双狮耳炉	宽18.5cm	218,500	北京保利	2012.04.23
清 翠雕岁寒三友龙钮盖炉		63,250	北京保利	2012.10.24
清 翡翠雕双耳炉	高5cm	69,000	北京翰海	2012.06.29
清 翡翠双兽耳三足炉	宽14cm	57,500	北京保利	2012.06.07
清 翡翠透雕宝鼎龙耳凤钮炉		402,500	上海嘉泰	2012.10.25
晚清 翠玉雕龙戏珠纹双龙耳三足盖炉		4,465,240	香港佳士得	2012.11.28
民国 翡翠雕龙纹手炉		287,500	北京保利	2012.12.07
翡翠带盖雕兽凤耳炉	高23cm	230,000	安华白云	2012.06.08
壶				
翡翠三色树桩壶	高10.1cm	942,000	南京经典	2012.01.08
清 翡翠牡丹纹执壶	高14cm	356,500	北京九歌	2012.06.29
秦藏六造 悦兔翡翠摘汤沸	高22.6cm	149,500	上海泓盛	2012.06.24
翡翠茶壶（一组）		246,400	品盛国际	2012.09.15
翡翠桃形壶		134,400	品盛国际	2012.09.15
杯、碗、盘				
清中期 翡翠碗（一对）	直径13.6cm	287,500	北京保利	2012.06.07
清 翡翠薄胎撇口碗（一对）	直接20cm	264,500	上海嘉泰	2012.06.23
清 翡翠薄胎撇口碗	直接18cm	138,000	上海嘉泰	2012.06.23
软玉碗一对，宝格丽(BULGARI)		194,275	香港苏富比	2012.10.09
香囊、香薰				
明 金质双凤穿花香囊	长8.1cm	172,500	上海泓盛	2012.06.24
清 翡翠雕双耳香薰	高14.5cm	138,000	北京翰海	2012.03.23
其他生活用品				
清中期 翡翠龙凤觥		207,000	上海嘉泰	2012.10.25
清光绪 宫廷御用翡翠雕西番莲香筒（一对）	高22.5cm	1,610,000	上海大众	2012.08.04
清 翡翠螭龙觥	高12cm	201,600	中鸿信	2012.03.18
翡翠香熏（两件）		368,000	青岛中艺	2012.05.10
红碧茜雕松鹤纹咀	高5.2cm	51,928	香港富得	2012.07.06
清 翠烟嘴	长5cm	56,000	天津文物	2012.05.11
清 翡翠雕荷莲花插	高14.5cm	66,700	北京翰海	2012.03.23
清 翡翠烟嘴	长4cm	138,000	上海大众	2012.08.04
清中期翡翠雕夔龙纹烟壶(一对)	高5.5cm	1,150,000	北京保利	2012.06.05
双色冰种辟邪双兽匜	高9cm	690,000	北京九歌	2012.06.29
清乾隆 翡翠雕螭龙纹盖盒		253,000	北京匡时	2012.12.05
清 翡翠雕福寿万代葫芦形盒		172,500	北京翰海	2012.12.09
清 翡翠鱼美人花插		166,842	大唐国际	2012.11.24
18k 织金手袋		120,900	香港佳士得	2012.11.27
佩玩件				
清中期 翡翠知足常乐坠		230,000	北京保利	2012.12.07
清 翠雕葫芦纹珮	长5.5cm	50,400	天津文物	2012.05.11
清 翠雕夔龙纹斧形珮等	宽7cm	224,000	天津文物	2012.05.11
清 翠雕龙纹璧		57,500	北京保利	2012.10.24
清 翠雕梅花坠		172,500	北京保利	2012.10.24
清 翠雕松鼠葡萄坠		57,500	北京保利	2012.10.24
清 翠雕松竹梅坠		57,500	北京保利	2012.10.24
清 翡翠锦地如意佩		51,750	北京传是	2012.12.16
清 翡翠灵芝如意佩		138,000	北京传是	2012.12.16
清 翡翠麒麟献宝佩	长7.2cm	51,422	香港淳浩	2012.03.31
清 翡翠喜鹊登梅佩	高7cm	63,250	北京翰海	2012.05.26
清 粉红碧玺福寿珮	长5.5cm	59,800	北京东正	2012.05.11
清 绿碧玺福禄寿坠	高6.1cm	115,000	北京翰海	2012.05.27
“飞龙在天”欧泊吊坠	长5.4cm	667,000	北京歌德	2012.06.02
“连中三元”玻璃种翡翠吊坠	长5.0cm	80,500	广东衡益	2012.03.04

拍品名称	物品尺寸	成交价RMB	拍卖公司	拍卖日期
166.78克拉天然红色碧玺吊坠		207,000	北京保利	2012.12.05
18K白金翡翠“福豆”吊坠		83,421	香港拍得高	2012.11.24
18K白金翡翠“辣椒”吊坠		73,225	香港拍得高	2012.11.24
18K白金翡翠“灵猴献桃”吊坠		126,995	香港拍得高	2012.09.15
18K白金翡翠吊坠		83,421	香港拍得高	2012.11.24
18K白金红宝石吊坠		66,737	香港拍得高	2012.11.24
18K白金梨形钻石钻石吊坠		477,740	香港拍得高	2012.06.16
18K白金镶蓝、红宝石及钻石“孔雀”吊坠	长7.25cm	62,642	香港富得	2012.03.31
18K白金镶钻石、红宝石及紫罗兰翡翠吊坠	长4.65cm	130,293	香港富得	2012.07.07
18K白金镶钻石碧玺“佛手”吊坠	碧玺长5.2cm	122,740	香港富得	2012.07.07
18K白金镶钻石翡翠“茄子”吊坠		53,760	香港富得	2012.11.25
18K白金镶钻石翡翠“如意”吊坠	长3.85cm	51,928	香港富得	2012.07.07
18K白金镶钻石翡翠“招财”吊坠	翡翠长4.35cm	112,194	香港富得	2012.03.31
18K白金镶钻石翡翠吊坠		143,670	香港富得	2012.11.25
18K白金镶钻石翡翠吊坠		55,614	香港富得	2012.11.25
18K白金镶钻石黑翡翠“观音”吊坠		129,766	香港富得	2012.11.25
18K白金镶钻石蓝宝石吊坠	宝石12.06克拉	302,128	香港富得	2012.07.07
18K红金镶钻石翡翠“茄子”吊坠	高3.8cm	61,707	香港富得	2012.03.31
18K黄金镶翡翠“碗豆”吊坠		52,833	香港富得	2012.11.25
18K黄金镶红碧玺吊坠	碧玺28.98ct	184,000	北京歌德	2012.06.02
18K金冰种水滴吊坠		1,073,500	广东保利	2012.12.15
18K金翡翠吊坠		700,600	广东保利	2012.12.15
18K金翡翠吊坠		259,900	广东保利	2012.12.15
18k金翡翠佛挂件		4,316,600	广东保利	2012.12.15
18k金翡翠佛挂件		3,084,900	广东保利	2012.12.15
18K金翡翠福瓜吊坠		361,600	广东保利	2012.12.15
18K金翡翠节节高吊坠		4,429,600	广东保利	2012.12.15
18K金翡翠节节高吊坠		779,700	广东保利	2012.12.15
18K金翡翠龙柱吊坠		452,000	广东保利	2012.12.15
18K金翡翠如意挂件		2,610,300	广东保利	2012.12.15
18K金翡翠水滴吊坠		711,900	广东保利	2012.12.15
18K金翡翠水滴吊坠		339,000	广东保利	2012.12.15
18K金翡翠叶子吊坠		282,500	广东保利	2012.12.15
18K金黄翡如意吊坠		146,900	广东保利	2012.12.15
18K金墨翠蛋面吊坠		870,100	广东保利	2012.12.15
18K金镶红宝吊坠	长4cm	58,240	云南典藏	2012.05.27
18K金镶红宝钻石项圈	总重量40.3g	50,400	北京荣宝	2012.08.26
18K金镶嵌翡翠佛公挂件		2,610,300	广东保利	2012.12.15
18K金镶嵌翡翠佛挂件		4,746,000	广东保利	2012.12.15
18K金镶嵌翡翠佛挂件		4,746,000	广东保利	2012.12.15
18K金镶嵌翡翠佛挂件		1,536,800	广东保利	2012.12.15
18K金镶嵌翡翠挂件		8,701,000	广东保利	2012.12.15
18K金镶嵌翡翠挂件		1,017,000	广东保利	2012.12.15
18K金镶嵌翡翠挂件		711,900	广东保利	2012.12.15
18K金镶嵌翡翠挂件		474,600	广东保利	2012.12.15
18K金镶嵌翡翠挂件		372,900	广东保利	2012.12.15
18K金镶嵌翡翠挂件		372,900	广东保利	2012.12.15
18k金镶嵌翡翠挂件		305,100	广东保利	2012.12.15
18K金镶嵌翡翠挂件		271,200	广东保利	2012.12.15
18K金镶嵌翡翠挂件		237,300	广东保利	2012.12.15
18K金镶嵌翡翠挂件		237,300	广东保利	2012.12.15
18K金镶嵌翡翠如意挂件		372,900	广东保利	2012.12.15
18K金镶嵌翡翠叶子挂件		632,800	广东保利	2012.12.15
18K金镶嵌翡翠叶子挂件		553,700	广东保利	2012.12.15
18K金镶嵌翡翠叶子挂件		293,800	广东保利	2012.12.15
18K金镶嵌翡翠叶子挂件		293,800	广东保利	2012.12.15
18k金镶钻冰种红翡观音佩	长4.6cm	690,000	北京九歌	2012.06.29
18k金镶钻翡翠满绿冰种观音佩	长4.9cm	747,500	北京九歌	2012.06.29
18k金镶钻翡翠满绿吊坠	重14.27g	207,000	北京九歌	2012.06.29
18k金镶钻翡翠满绿观音挂件	5.9cm×3.4cm	14,145,000	北京九歌	2012.06.29

拍品名称	物品尺寸	成交价RMB	拍卖公司	拍卖日期
18k金镶钻翡翠满绿观音挂件	长5.9cm	13,800,000	北京九歌	2012.06.29
18k金镶钻翡翠满绿观音挂件	长4.2cm	1,771,000	北京九歌	2012.06.29
18k金镶钻翡翠满绿观音挂件	高4.3cm	1,725,000	北京九歌	2012.06.29
18k金镶钻翡翠满绿观音挂件	高6cm	1,426,000	北京九歌	2012.06.29
18k金镶钻翡翠满绿观音挂件	长4.9cm	851,000	北京九歌	2012.06.29
18k金镶钻翡翠满绿观音挂坠	高6cm	4,255,000	北京九歌	2012.06.29
18k金镶钻翡翠满绿葫芦挂件	长2.2cm	345,000	北京九歌	2012.06.29
18k金镶钻翡翠满绿葫芦形挂件	长1.9cm	207,000	北京九歌	2012.06.29
18k金镶钻翡翠满绿葫芦形挂件	长2.2cm	161,000	北京九歌	2012.06.29
18k金镶钻翡翠满绿节节高升挂件	长3.4cm	9,970,500	北京九歌	2012.06.29
18k金镶钻翡翠满绿节节高升佩	重12.301g	1,391,500	北京九歌	2012.06.29
18k金镶钻翡翠满绿金枝玉叶吊坠	长3.9cm	1,472,000	北京九歌	2012.06.29
18k金镶钻翡翠满绿弥勒佛挂坠	高3cm	2,070,000	北京九歌	2012.06.29
18k金镶钻翡翠满绿弥勒挂件	高2.8cm	1,920,500	北京九歌	2012.06.29
18k金镶钻翡翠满绿弥勒挂件		1,725,000	北京九歌	2012.06.29
18k金镶钻翡翠满绿弥勒挂件	长1.5cm	209,300	北京九歌	2012.06.29
18k金镶钻翡翠满绿弥勒挂件	高1.6cm	126,500	北京九歌	2012.06.29
18k金镶钻翡翠满绿如意吊坠	高3cm	1,472,000	北京九歌	2012.06.29
18k金镶钻翡翠满绿如意形挂件	长3.7cm	5,370,500	北京九歌	2012.06.29
18k金镶钻翡翠满绿树叶形挂件	长3.8cm	7,590,000	北京九歌	2012.06.29
18k金镶钻翡翠满绿树叶形挂件	长4.1cm	4,542,500	北京九歌	2012.06.29
18k金镶钻翡翠满绿树叶形挂件	长3.8cm	4,220,500	北京九歌	2012.06.29
18k金镶钻翡翠满绿水滴形吊坠	长2.4cm	12,845,500	北京九歌	2012.06.29
18k金镶钻翡翠满绿水滴形吊坠	高3.2cm	1,285,700	北京九歌	2012.06.29
18k金镶钻翡翠满绿随形镶钻吊坠	高3.5cm	1,748,000	北京九歌	2012.06.29
18k金镶钻翡翠满绿竹节形吊坠	高3.5cm	8,050,000	北京九歌	2012.06.29
18k金镶钻红翡蝴蝶挂件	高6.8cm	598,000	北京九歌	2012.06.29
18K金镶钻石珊瑚吊坠	高4.65cm	61,370	香港富得	2012.07.07
18K镶白金高翠如意挂件	高1.9cm	155,000	南京经典	2012.01.08
18K镶翠观音	长6.0cm	2,820,000	南京经典	2012.01.08
18K镶钻观音挂件	长4.5cm	2,695,000	南京经典	2012.01.08
250.67克拉天然紫水晶配钻石、粉色蓝宝石吊坠		184,000	北京保利	2012.06.05
26.75克拉梨形淡彩棕绿黄色VVS2钻石吊坠/胸针		2,821,000	香港佳士得	2012.11.27
46.03克拉天然蓝色碧玺配钻石吊坠		78,200	北京保利	2012.12.05
5.59克拉圆形钻石吊坠		310,500	北京保利	2012.12.05
50.32克拉椭圆形缅甸天然蓝宝石吊坠		2,434,120	香港佳士得	2012.11.27
60.83克拉天然欧泊配钻石、蓝宝石、月光石吊坠	长2.59cm	78,200	北京保利	2012.06.05
76.50克拉水滴形天然托帕石配钻石、彩色宝石吊坠		74,750	北京保利	2012.12.05
78.63克拉天然欧泊配彩色蓝宝石、钻石豆荚吊坠	吊坠长8cm	80,500	北京保利	2012.06.05
9.03克拉水滴形祖母绿配钻石吊坠		287,500	北京保利	2012.12.05
I来去疯台湾吊坠		143,750	北京歌德	2012.06.02
白金链绿碧玺盘龙坠		80,500	上海嘉泰	2012.06.23
宝石红碧玺镶18k金钻石吊坠	碧玺重71.3ct	86,250	上海宝龙	2012.06.26
北宋官窑瓷片镶白金红宝石豹挂件		324,415	澳门中信	2012.12.28
北宋官窑瓷片镶白金貔貅挂件		352,222	澳门中信	2012.12.28
北宋官窑瓷片镶钻石白金刀斧挂件		741,520	澳门中信	2012.12.28
北宋官窑瓷片镶钻石白金祥云挂件		324,415	澳门中信	2012.12.28
扁豆翡翠挂件	长4.8cm	793,500	上海宝龙	2012.06.26
冰大佛翡翠挂件		305,100	广东保利	2012.12.15
冰种翡翠白金镶钻石蓝宝吊坠	总重量35.2g	179,200	北京荣宝	2012.06.24
冰种翡翠蛋面挂件	长1.9cm	437,000	荣宝斋(上海)	2012.06.17
冰种翡翠福豆挂件		1,423,800	广东保利	2012.12.15
冰种翡翠福豆挂件		474,600	广东保利	2012.12.15
冰种翡翠挂坠		207,000	北京艺融	2012.11.19
冰种翡翠观音挂件	长8cm	172,500	广东古今	2012.07.15
冰种翡翠弥勒佛坠	长3.8cm	168,000	中鸿信	2012.03.18

拍品名称	物品尺寸	成交价RMB	拍卖公司	拍卖日期
冰种翡翠如意挂坠		109,250	北京艺融	2012.11.19
冰种翡翠叶形挂坠		103,500	北京艺融	2012.11.19
冰种翡翠鹦鹉挂坠		86,250	北京艺融	2012.11.19
冰种葫芦	长3cm	264,500	南京经典	2012.01.08
冰种满绿大业有成挂件		172,500	北京歌德	2012.12.01
冰种满绿翡翠如意挂件	长3.5cm	920,000	荣宝斋(上海)	2012.06.17
冰种满绿坐佛挂坠		805,000	北京艺融	2012.11.19
冰种叶形挂坠		287,500	北京艺融	2012.11.19
冰种玉叶	长4.3cm	184,000	南京经典	2012.01.08
玻璃种蛋面镶钻挂坠		74,750	北京艺融	2012.11.19
玻璃种翡翠	长5.5cm	264,500	广东万众	2012.01.08
玻璃种翡翠挂件		55,000	上海驰翰	2012.10.10
玻璃种蓝水观音吊坠	长4.9cm	172,500	上海宝龙	2012.06.26
玻璃种满绿佛豆挂坠		253,000	北京艺融	2012.11.19
铂金及18K黄金天然黄钻石吊坠		500,526	香港拍得高	2012.11.24
财源滚滚翡翠吊坠	长4.9cm	287,500	上海宝龙	2012.06.26
彩色钻石配钻石吊坠，年分约1915		357,875	香港苏富比	2012.10.09
长方形哥伦比亚祖母绿吊坠		983,320	香港佳士得	2012.11.27
嫦娥奔月翡翠挂件	长7.3cm	690,000	上海宝龙	2012.06.26
持莲观音头像翡翠挂件	长7.2cm	201,250	上海宝龙	2012.06.26
赤铁矿及18k黄金「Panthère」吊坠(一对)		75,563	香港佳士得	2012.11.27
翠福瓜挂件		183,060	广东保利	2012.12.15
翠玉雕螭龙灵芝纹坠		451,360	香港佳士得	2012.11.28
大蛋面挂件		671,220	广东保利	2012.12.15
蛋白石吊坠		382,850	香港佳士得	2012.11.27
蛋面镶金挂件		106,785	广东保利	2012.12.15
豆挂件		553,700	广东保利	2012.12.15
翡翠 钻石 吊坠		141,050	香港邦瀚斯	2012.11.23
翡翠 钻石 吊坠		95,713	香港邦瀚斯	2012.11.23
翡翠 钻石 吊坠 2件		130,975	香港邦瀚斯	2012.11.23
翡翠 钻石 吊坠 2件		80,600	香港邦瀚斯	2012.11.23
翡翠“八吉”吊坠	长2.4cm	62,100	南京经典	2012.01.08
翡翠“佛手”吊坠		296,608	香港富得	2012.11.25
翡翠“福在眼前”吊坠	长4.3cm	1,046,500	南京经典	2012.01.08
翡翠白金镶钻吊坠	总重量18.43g	672,000	北京荣宝	2012.06.24
翡翠白金镶钻佛手坠	长4cm	112,000	中鸿信	2012.03.18
翡翠白金镶钻荷叶坠	长4.7cm	336,000	中鸿信	2012.03.18
翡翠白金镶钻弥勒佛挂坠	长6cm	12,320,000	中鸿信	2012.03.18
翡翠冰福禄貔貅挂件		495,000	广东汇誉	2012.12.23
翡翠冰绿坠	高3.1cm	97,750	中贸圣佳	2012.03.04
翡翠冰种福在眼前	高5.2cm	109,250	中贸圣佳	2012.03.04
翡翠冰种挂坠		207,000	北京艺融	2012.11.19
翡翠冰种兰花如意	高4.8cm	55,200	中贸圣佳	2012.03.04
翡翠冰种玫瑰金如意坠	高5.1cm	172,500	中贸圣佳	2012.03.04
翡翠玻璃种弥勒挂件	重37.367g	5,290,000	北京九歌	2012.06.29
翡翠玻璃种飘花对珮	尺寸不一	287,500	中贸圣佳	2012.03.04
翡翠彩色宝石钻石项坠	长1.7cm	138,000	中国嘉德	2012.05.13
翡翠雕螭龙挂件	长6.5cm	287,500	上海驰翰	2012.04.27
翡翠雕仿古花纹佩	高5.5cm	1,357,000	北京九歌	2012.06.29
翡翠雕福寿纹吊坠	总重72g	89,600	北京荣宝	2012.08.26
翡翠吊坠(共十件)	尺寸不一	61,370	香港富得	2012.07.07
翡翠豆挂件		9,887,500	广东保利	2012.12.15
翡翠方片挂坠		368,000	北京艺融	2012.11.19
翡翠佛公18k铂金镶钻挂件	长3cm	150,000	隆荣国际	2012.07.27
翡翠佛挂件		6,723,500	广东保利	2012.12.15
翡翠佛挂件		5,650,000	广东保利	2012.12.15
翡翠佛挂件		5,378,800	广东保利	2012.12.15
翡翠佛挂件		3,005,800	广东保利	2012.12.15
翡翠佛挂件		2,373,000	广东保利	2012.12.15
翡翠佛挂件		2,214,800	广东保利	2012.12.15
翡翠佛挂件		2,056,600	广东保利	2012.12.15

2012杂项拍卖成交汇总

(成交价RMB：5万元以上)

拍品名称	物品尺寸	成交价RMB	拍卖公司	拍卖日期
翡翠佛挂件		1,502,900	广东保利	2012.12.15
翡翠佛挂件		1,423,800	广东保利	2012.12.15
翡翠佛挂件		1,378,600	广东保利	2012.12.15
翡翠佛挂件		1,265,600	广东保利	2012.12.15
翡翠佛挂件		949,200	广东保利	2012.12.15
翡翠佛挂件		711,900	广东保利	2012.12.15
翡翠佛挂件		632,800	广东保利	2012.12.15
翡翠佛挂件		598,900	广东保利	2012.12.15
翡翠佛挂件		542,400	广东保利	2012.12.15
翡翠佛挂件		474,600	广东保利	2012.12.15
翡翠佛挂件		372,900	广东保利	2012.12.15
翡翠佛挂坠		112,700	北京艺融	2012.11.19
翡翠佛手吊坠	长3.04cm	65,447	香港拍得高	2012.03.17
翡翠佛手型挂件		75,000	上海驰翰	2012.10.10
翡翠福豆挂坠		253,000	北京艺融	2012.11.19
翡翠福瓜白金镶钻吊坠	重34.56g	224,000	北京荣宝	2012.06.24
翡翠瓜挂件		8,701,000	广东保利	2012.12.15
翡翠瓜挂件		8,542,800	广东保利	2012.12.15
翡翠瓜挂件		7,503,200	广东保利	2012.12.15
翡翠瓜挂件		248,600	广东保利	2012.12.15
翡翠挂件		1,186,500	广东保利	2012.12.15
翡翠挂件		782,000	上海工美	2012.08.18
翡翠挂件		78,200	上海工美	2012.08.18
翡翠挂坠		782,000	北京艺融	2012.11.19
翡翠观音18k白翡翠镶钻挂件	长5cm	4,200,000	隆荣国际	2012.07.27
翡翠观音挂件	长6.87cm	17,800,000	隆荣国际	2012.07.27
翡翠观音挂件	重37.8g	12,656,000	广东保利	2012.12.15
翡翠观音挂件	重40.37g	10,124,800	广东保利	2012.12.15
翡翠观音挂件		4,746,000	广东保利	2012.12.15
翡翠观音挂件		3,039,700	广东保利	2012.12.15
翡翠观音挂件		3,005,800	广东保利	2012.12.15
翡翠观音挂件		2,214,800	广东保利	2012.12.15
翡翠观音挂件		2,056,600	广东保利	2012.12.15
翡翠观音挂件		2,056,600	广东保利	2012.12.15
翡翠观音挂件		1,423,800	广东保利	2012.12.15
翡翠观音挂件		1,265,600	广东保利	2012.12.15
翡翠观音挂件		1,265,600	广东保利	2012.12.15
翡翠观音挂件		949,200	广东保利	2012.12.15
翡翠观音挂件		949,200	广东保利	2012.12.15
翡翠观音挂件		847,500	广东保利	2012.12.15
翡翠观音挂件		711,900	广东保利	2012.12.15
翡翠观音挂件		632,800	广东保利	2012.12.15
翡翠观音挂件		429,400	广东保利	2012.12.15
翡翠观音挂坠		977,500	北京艺融	2012.11.19
翡翠葫芦型挂件		95,000	上海驰翰	2012.10.10
翡翠花瓣挂件	直径3.8cm	168,000	南京经典	2012.01.08
翡翠黄加绿仿古龙挂件	长4.5cm	80,500	广东古今	2012.07.15
翡翠吉祥富贵挂件		69,300	广东汇誉	2012.12.23
翡翠金镶钻、红宝石灵猴献寿坠	长3.4cm	89,600	中鸿信	2012.03.18
翡翠金镶钻佛手坠	长4.1cm	123,200	中鸿信	2012.03.18
翡翠金镶钻挂坠 (一对)	长4.2cm	896,000	中鸿信	2012.03.18
翡翠猎豹挂坠		57,500	北京歌德	2012.12.01
翡翠龙马精神挂件		154,000	广东汇誉	2012.12.23
翡翠满绿翡翠观音	高7.6cm	402,500	中贸圣佳	2012.03.04
翡翠满绿如意挂件	长3.7cm	1,472,000	北京九歌	2012.06.29
翡翠满色树叶挂件		1,067,850	广东保利	2012.12.15
翡翠弥勒18k铂金镶钻挂件	长2.46cm	150,000	隆荣国际	2012.07.27
翡翠弥勒挂坠		161,000	北京艺融	2012.11.19
翡翠鸣声远扬18k铂金镶钻挂件		83,000	隆荣国际	2012.07.27
翡翠平安扣挂件		745,800	广东保利	2012.12.15
翡翠如意挂件		1,152,600	广东保利	2012.12.15
翡翠如意挂件		361,600	广东保利	2012.12.15
翡翠如意挂件		237,300	广东保利	2012.12.15

拍品名称	物品尺寸	成交价RMB	拍卖公司	拍卖日期
翡翠如意佩		827,816	中联国际	2012.10.02
翡翠三色“金猴招财”吊坠	长8cm	287,500	广东古今	2012.07.15
翡翠手玩件		110,740	广东保利	2012.12.15
翡翠水滴挂件		3,729,000	广东保利	2012.12.15
翡翠水滴挂件		2,373,000	广东保利	2012.12.15
翡翠镶嵌挂件	长5.2cm	632,500	上海工美	2012.08.18
翡翠镶钻吊坠	长7cm	713,000	广东古今	2012.07.15
翡翠镶钻吊坠	长5cm	57,500	太平洋	2012.06.16
翡翠镶钻钱坠	长7.5cm	207,000	广东古今	2012.07.15
翡翠镶钻寿吊坠	长4cm	80,500	广东古今	2012.07.15
翡翠心型挂件		95,000	上海驰翰	2012.10.10
翡翠阳绿瓜坠	高4.1cm	517,500	中贸圣佳	2012.03.04
翡翠叶形挂坠		379,500	北京艺融	2012.11.19
翡翠叶形挂坠		109,250	北京艺融	2012.11.19
翡翠叶形椭形挂件		55,000	上海驰翰	2012.12.09
翡翠叶子挂件		5,378,800	广东保利	2012.12.15
翡翠叶子挂件		1,695,000	广东保利	2012.12.15
翡翠一马当先坠	长4.3cm	53,760	中鸿信	2012.03.18
翡翠玉叶挂件	长4.741cm	15,000,000	隆荣国际	2012.07.27
翡翠紫罗兰保平安挂件		66,000	广东汇誉	2012.12.23
翡翠紫罗兰富甲天下挂件		132,000	广东汇誉	2012.12.23
翡翠钻石项坠	高6cm	172,500	中国嘉德	2012.05.13
翡翠钻石项坠	长1.4cm	112,700	中国嘉德	2012.05.13
粉红色璧玺配小珍珠及天然翡翠吊坠，晚清		163,600	香港苏富比	2012.10.09
粉红色璧玺配钻石吊坠		76,688	香港苏富比	2012.10.09
福禄寿三色挂件	长1.7cm×3	471,500	北京九歌	2012.06.29
高冰飘翠佛挂件		854,280	广东保利	2012.12.15
高冰树叶翡翠挂件		305,100	广东保利	2012.12.15
海市辰楼双面雕翡翠挂件	长7.5cm	2,300,000	上海宝龙	2012.06.26
荷塘月色翡翠镶钻挂件项坠	长4cm	126,500	北京保利	2012.08.11
红宝石及钻石吊坠		181,350	香港佳士得	2012.11.27
黄翡翠“弥勒佛”吊坠	高4.2cm	56,649	香港富得	2012.07.07
黄金吊坠组合		126,500	北京艺融	2012.11.19
黄金多环满钻圆盘吊坠		230,000	北京艺融	2012.11.19
黄金多环盘镶钻吊坠组合		287,500	北京艺融	2012.11.19
黄金护盾吊坠组合		195,500	北京艺融	2012.11.19
黄金十字吊坠组合		97,750	北京艺融	2012.11.19
黄金镶钻十字吊坠组合		149,500	北京艺融	2012.11.19
吉祥富贵挂件	长4.2cm	425,000	南京经典	2012.01.08
金枝玉叶翡翠挂件	长5.7cm	977,500	上海宝龙	2012.06.26
辣椒挂件	重22.3g	12,260,500	广东保利	2012.12.15
蓝宝石配钻石吊坠		66,463	香港苏富比	2012.10.09
蓝水观音挂件		55,000	广东汇誉	2012.12.23
老坑玻璃种翡翠镶18k金钻石“福寿双全”吊坠	长4.2cm	1,092,500	上海宝龙	2012.06.26
老坑玻璃种翡翠镶18k金钻石“十字”吊坠	长3.3cm	143,750	上海宝龙	2012.06.26
老坑玻璃种翡翠镶18k金钻石“叶子”吊坠	长3.2cm	322,000	上海宝龙	2012.06.26
老坑种满绿翡翠“竹节”吊坠	长3.9cm	368,000	上海宝龙	2012.06.26
林芳朱作品 春意 270克拉天然红碧玺配翡翠、钻石吊坠	长4cm	368,000	北京保利	2012.06.05
林芳朱作品，天然冰种翡翠吊坠		92,000	北京保利	2012.12.05
林芳朱作品，天然冰种翡翠配碧玺吊坠		63,250	北京保利	2012.12.05
林芳朱作品，天然翡翠配珊瑚如意吊坠		92,000	北京保利	2012.12.05
林芳朱作品，天然珊瑚配翡翠金鱼吊坠		51,750	北京保利	2012.12.05
罗启妍作品 天然双色翡翠螭龙配天然海蓝宝石、黄色蓝宝石吊坠	高4.8cm	126,500	北京保利	2012.06.05
罗启妍作品天然双色西瓜碧玺吊坠		115,000	北京保利	2012.06.05

拍品名称	物品尺寸	成交价RMB	拍卖公司	拍卖日期
满翠观音挂件		4,271,400	广东保利	2012.12.15
满翠如意挂件		854,280	广东保利	2012.12.15
满翠树叶挂件		854,280	广东保利	2012.12.15
满绿翡翠花型挂件		920,000	北京艺融	2012.11.19
满绿翡翠平安扣挂件		920,000	北京艺融	2012.11.19
满绿弥勒挂坠		632,500	北京艺融	2012.11.19
满绿叶形挂坠		460,000	北京艺融	2012.11.19
满色大佛翡翠挂件		854,280	广东保利	2012.12.15
满色翡翠福瓜挂件	重50.9g	11,865,000	广东保利	2012.12.15
满色翡翠叶子挂件		1,423,800	广东保利	2012.12.15
满色如意翡翠挂件		854,280	广东保利	2012.12.15
满色树叶翡翠挂件		549,180	广东保利	2012.12.15
梦幻草原双面雕翡翠挂件	长6.8cm	2,300,000	上海宝龙	2012.06.26
梦驼铃双面雕翡翠挂件	长7.3cm	2,300,000	上海宝龙	2012.06.26
缅甸老坑翡翠镶祖母绿大挂坠		172,500	南京嘉信	2012.06.24
缅甸天然翡翠「刘海戏金蟾」吊坠		499,720	香港佳士得	2012.11.27
缅甸天然翡翠「喜上眉梢」吊坠(一对)		261,950	香港佳士得	2012.11.27
缅甸天然翡翠蛋面吊坠		403,000	香港佳士得	2012.11.27
缅甸天然翡翠观音吊坠；缅甸天然翡翠吊坠		55,413	香港佳士得	2012.11.27
缅甸天然翡翠观音吊坠；缅甸天然翡翠龙凤吊坠		221,650	香港佳士得	2012.11.27
缅甸天然翡翠寿桃吊坠；缅甸天然紫罗兰翡翠寿桃吊坠项链		80,600	香港佳士得	2012.11.27
缅甸天然三角形翡翠蛋面吊坠		382,850	香港佳士得	2012.11.27
缅甸天然紫罗兰翡翠蛋面吊坠		85,638	香港佳士得	2012.11.27
暮归 双面雕翡翠挂件	长5.5cm	2,300,000	上海宝龙	2012.06.26
哪吒闹东海翡翠挂件	长6.2cm	69,000	上海宝龙	2012.06.26
浓彩黄色钻石配钻石吊坠		899,800	香港苏富比	2012.10.09
欧泊挂坠		264,500	北京艺融	2012.11.19
欧泊弧面18K铂金镶钻挂坠		50,000	隆荣国际	2012.07.27
飘花大佛翡翠挂件		228,825	广东保利	2012.12.15
飘花观音翡翠挂件		213,570	广东保利	2012.12.15
飘蓝花翡翠叶子挂件		1,423,800	广东保利	2012.12.15
旗开得胜翡翠挂件	长6cm	69,000	上海宝龙	2012.06.26
巧作翡翠螭龙挂件	长5.6cm	63,250	上海宝龙	2012.06.26
晴水貔貅挂件		671,220	广东保利	2012.12.15
如意挂件		6,960,800	广东保利	2012.12.15
三彩佛翡翠挂件		228,825	广东保利	2012.12.15
三彩节节高翡翠挂件		549,180	广东保利	2012.12.15
三彩自在观音翡翠挂件	长6cm	667,000	上海宝龙	2012.06.26
丝绸之路双面雕翡翠挂件	长6.8cm	2,300,000	上海宝龙	2012.06.26
天然冰种翡翠「节节高升」挂件	长6cm	552,000	北京翰海	2012.05.26
天然冰种翡翠雕「观音」配翡翠及钻石吊坠		122,700	香港苏富比	2012.10.09
天然冰种翡翠配钻石弥勒佛吊坠		184,000	北京保利	2012.12.05
天然冰种翡翠配钻石弥勒挂件		253,000	北京保利	2012.12.05
天然冰种翡翠叶子配彩色碧玺挂坠		69,000	北京保利	2012.12.05
天然冰种飘蓝花翡翠事业有成挂件		134,400	北京保利	2012.12.05
天然翡翠「璧」配钻石吊坠		306,750	香港苏富比	2012.10.09
天然翡翠「福豆」配钻石吊坠	长4.4cm	460,000	北京翰海	2012.05.26
天然翡翠「观音」配缟玛瑙、红宝石及钻石吊坠		102,250	香港苏富比	2012.10.09
天然翡翠「怀古」吊坠		388,550	香港苏富比	2012.10.09
天然翡翠「如意雄狮」图章配钻石吊坠		624,952	香港苏富比	2012.10.09
天然翡翠玻璃种18k金镶钻观音立像	长6.2cm	379,500	北京歌德	2012.06.02
天然翡翠玻璃种叶子吊坠	长4cm	63,250	北京歌德	2012.06.02
天然翡翠雕“瓜瓞绵绵”佩钻石吊坠		977,500	北京翰海	2012.12.08
天然翡翠雕「螭龙」配钻石吊坠		997,960	香港苏富比	2012.10.09
天然翡翠雕「佛手果」配钻石吊坠		184,050	香港苏富比	2012.10.09
天然翡翠雕「观音」挂件	长5.2cm	322,000	北京翰海	2012.05.26
天然翡翠雕「龙」配粉红色璧玺吊坠		3,844,600	香港苏富比	2012.10.09
天然翡翠雕「弥勒佛」挂件	长3.9cm	644,000	北京翰海	2012.05.26
天然翡翠雕「弥勒佛」配钻石吊坠	长2.4cm	644,000	北京翰海	2012.05.26
天然翡翠雕「寿桃」挂件	长5.1cm	805,000	北京翰海	2012.05.26
天然翡翠雕凤凰配钻石吊坠		55,200	北京翰海	2012.12.08
天然翡翠古璧挂件	长2.95cm	2,070,000	上海大众	2012.08.04
天然翡翠辣椒挂件	长5.94cm	5,175,000	北京保利	2012.06.05
天然翡翠满绿“事业有成”叶子挂件	长6.88cm	12,650,000	北京保利	2012.06.05
天然翡翠满绿福寿18k金钻吊坠	长4.4cm	345,000	北京歌德	2012.06.02
天然翡翠满绿观音配钻石吊坠	长6.18cm	9,200,000	北京保利	2012.06.05
天然翡翠弥勒佛吊坠		4,600,000	北京保利	2012.12.05
天然翡翠配粉红色璧玺及钻石吊坠		112,475	香港苏富比	2012.10.09
天然翡翠配钻石、祖母绿观音挂件	长6cm	644,000	北京保利	2012.06.05
天然翡翠配钻石吊坠		224,950	香港苏富比	2012.10.09
天然翡翠配钻石吊坠		204,500	香港苏富比	2012.10.09
天然翡翠配钻石吊坠		109,250	北京保利	2012.06.05
天然翡翠配钻石福豆挂坠		80,500	北京保利	2012.12.05
天然翡翠配钻石福寿挂坠	高3.36cm	201,250	北京保利	2012.06.05
天然翡翠配钻石观音吊坠		69,000	北京保利	2012.12.05
天然翡翠配钻石龙璧吊坠		2,817,500	北京保利	2012.12.05
天然翡翠配钻石貔貅吊坠	高3.58cm	2,070,000	北京保利	2012.06.05
天然翡翠配钻石事业有成满绿挂件	长5cm	1,782,500	北京保利	2012.06.05
天然翡翠配钻石桃形吊坠		4,600,000	北京保利	2012.12.05
天然翡翠配钻石叶子吊坠		6,900,000	北京保利	2012.12.05
天然翡翠如意吊坠		97,750	北京保利	2012.12.05
天然翡翠双獾挂件	长2.94cm	1,667,500	北京保利	2012.06.05
天然翡翠叶子挂坠		218,500	北京保利	2012.12.05
天然翡翠紫罗兰雕「貔貅」挂件	长3.1cm	80,500	北京翰海	2012.05.26
天然满绿翡翠观音挂件		92,000	北京保利	2012.12.05
天然墨翠18K金镶钻吊坠		73,600	北京歌德	2012.06.02
天然欧泊石吊坠		51,750	北京保利	2012.12.05
天然三彩翡翠雕如意螭龙爵型配钻石吊坠		184,000	北京翰海	2012.12.08
天然珍珠吊坠/胸针		1,466,920	香港佳士得	2012.11.27
天然紫罗兰雕「龙」配钻石吊坠	长4.4cm	2,875,000	北京翰海	2012.05.26
天然紫罗兰翡翠横财万贯挂件	长5cm	89,700	北京保利	2012.06.05
现代 翡翠雕金玉满堂腰坠	直径5.5cm	67,200	北京荣宝	2012.03.10
现代 翡翠雕貔貅挂件(两件)	高5cm	123,200	北京荣宝	2012.03.10
镶金翠树叶挂件		1,098,360	广东保利	2012.12.15
镶金事业有成翡翠挂件	长4.1cm	437,000	上海宝龙	2012.06.26
镶嵌翡翠冰种米勒佛		82,500	广东汇誉	2012.12.23
镶嵌翡翠挂件		261,030	广东保利	2012.12.15
镶嵌翡翠挂件		115,260	广东保利	2012.12.15
镶嵌翡翠平安吊坠		52,800	广东汇誉	2012.12.23
镶嵌蓝宝石挂件		54,240	广东保利	2012.12.15
镶钻满绿佛翡翠挂件	高2.9cm	460,000	上海宝龙	2012.06.26
镶钻满色持莲观音翡翠挂件	长5cm	1,322,500	上海宝龙	2012.06.26
心型镶钻挂坠		1,000,000	上海驰翰	2012.10.10
星光蓝宝石配钻石吊坠		327,200	香港苏富比	2012.10.09
阳翠大如意挂件		3,905,280	广东保利	2012.12.15
意大利微雕大师 海螺贝壳微雕18K金吊坠(兼胸花)——如入仙境		50,400	北京荣宝	2012.11.25
祝福祝寿翡翠挂件	长3.7cm	460,000	上海宝龙	2012.06.26
紫翡翠巧绿佛挂件	总重量43.45g	168,000	北京荣宝	2012.06.24
紫红碧玺18K金镶钻吊坠项链	总重量15.41g	106,400	北京荣宝	2012.08.26
紫罗兰“福禄”吊坠	高2.65cm	207,000	上海驰翰	2012.04.27
钻石挂坠		2,070,000	北京艺融	2012.11.19
牌				

2012杂项拍卖成交汇总

(成交价RMB：5万元以上)

拍品名称	物品尺寸	成交价RMB	拍卖公司	拍卖日期
清 碧玺雕鱼化龙牌		56,000	品盛国际	2012.09.15
清 翠雕喜上梅梢牌		632,500	北京保利	2012.10.24
清 翠雕鱼纹如意牌		230,000	北京保利	2012.10.24
清 翡翠雕松竹梅三清牌	长4.5cm	138,000	上海大众	2012.08.04
清 翡翠龙饰牌		908,362	大唐国际	2012.11.24
晴水大牌		1,281,420	广东保利	2012.12.15
“踏雪寻梅”木那冰种翡翠玉牌	高6cm	69,000	广东衡益	2012.03.04
18k金镶钻翡翠满绿方牌吊坠	长2.2cm	12,805,250	北京九歌	2012.06.29
冰糯种满绿浮雕云龙纹翡翠牌	高6.5cm	1,771,000	北京九歌	2012.06.29
冰种翡翠龙牌		474,600	广东保利	2012.12.15
玻璃种翡翠方牌		1,610,000	北京艺融	2012.11.19
蛋面翡翠链牌		149,500	北京歌德	2012.12.01
翡翠“福在眼前”牌	长5.2cm	82,800	南京经典	2012.01.08
翡翠玻璃种龙凤牌	直径5.4cm	63,250	广东古今	2012.07.15
翡翠大如意牌		2,645,000	北京艺融	2012.11.19
翡翠吊牌		1,423,800	广东保利	2012.12.15
翡翠吊牌		847,500	广东保利	2012.12.15
翡翠吊牌		791,000	广东保利	2012.12.15
翡翠吊牌		632,800	广东保利	2012.12.15
翡翠吊牌		237,300	广东保利	2012.12.15
翡翠方牌挂坠		287,500	北京艺融	2012.11.19
翡翠挂牌		7,277,200	广东保利	2012.12.15
翡翠挂牌		1,423,800	广东保利	2012.12.15
翡翠挂牌		711,900	广东保利	2012.12.15
翡翠挂牌		553,700	广东保利	2012.12.15
翡翠挂牌		474,600	广东保利	2012.12.15
翡翠链牌		310,500	北京歌德	2012.12.01
翡翠龙牌		977,500	北京艺融	2012.11.19
翡翠满绿龙牌		1,012,000	北京艺融	2012.11.19
高翠竹节牌	长3.9cm	437,000	南京经典	2012.01.08
葫芦链牌		2,214,900	北京歌德	2012.12.01
花型翡翠链牌		138,000	北京歌德	2012.12.01
黄翡凤牌		161,000	北京歌德	2012.12.01
黄翡挂牌		1,333,400	广东保利	2012.12.15
满绿翡翠观音牌		3,691,500	北京歌德	2012.12.01
满色翡翠雕竹大方牌		6,960,800	广东保利	2012.12.15
满色翡翠雕字大方牌		8,542,800	广东保利	2012.12.15
缅甸天然翡翠长方牌和服扣		161,200	香港佳士得	2012.11.27
墨翠方牌		457,650	广东保利	2012.12.15
飘翠方牌		1,983,150	广东保利	2012.12.15
平安牌链牌		1,230,500	北京歌德	2012.12.01
晴水如意牌		793,260	广东保利	2012.12.15
天然翡翠多宝鹰牌	高6cm	74,750	北京歌德	2012.06.02
天然翡翠福牌挂件	长3.8cm	80,500	北京保利	2012.06.05
天然翡翠灵猴献寿牌	长6cm	3,450,000	北京歌德	2012.06.02
西汉 镶宝石松石金饰牌		463,450	大唐国际	2012.11.24
喜鹊登梅翡翠牌		1,092,500	北京歌德	2012.12.01
其他佩玩件				
北齐 镶琉璃珍珠金钗		185,380	大唐国际	2012.11.24
明 翠毛蓝饰双龙纹冠饰	宽17.5cm	69,000	上海泓盛	2012.06.24
清乾隆 翡翠雕玉洞箫	长56.5cm	874,000	北京东正	2012.05.11
清 翠雕翎管(一对)		55,200	北京保利	2012.10.24
清 翠雕龙勾		51,750	北京保利	2012.10.24
清 翠雕龙纹带扣		230,000	北京保利	2012.10.24
清 翠佛头、马镫、簪子等		76,160	天津文物	2012.05.11
清 翠龙钩	长9.5cm	425,600	天津文物	2012.05.11
清 翠圈	直径3cm	56,000	天津文物	2012.05.11
清 翡翠扳指	高2.7cm	218,500	中贸圣佳	2012.03.04
清 翡翠雕螭龙纹带饰	长5cm	63,250	北京翰海	2012.05.26
清 翡翠雕龙钩	长9.2cm	172,500	中国嘉德	2012.05.14
清 翡翠雕松树纹扳指	直径2.5cm	218,500	上海大众	2012.08.04
清 翡翠龙勾	长7.5cm	80,500	北京保利	2012.04.23
清 翡翠年年有余带扣	长8.6cm	57,500	北京翰海	2012.05.26

拍品名称	物品尺寸	成交价RMB	拍卖公司	拍卖日期
清19世纪 翡翠龙首带钩(两件)		75,435	伦敦苏富比	2012.11.07
清代 累丝佛手金簪(两支)		82,800	中国嘉德	2012.11.26
清代 累丝金凤(一对)		69,000	中国嘉德	2012.11.26
清代 龙纹金簪		78,200	中国嘉德	2012.11.26
清中期 翡翠带钩	长9cm	86,250	北京歌德	2012.06.03
冰糯种满绿翎管		483,000	北京艺融	2012.11.19
冰种翡翠龙纹平安扣	重49.887g	299,000	北京九歌	2012.06.29
发钗		137,295	广东保利	2012.12.15
翡翠雕龙吐珠带钩	长13cm	57,500	太平洋	2012.06.16
翡翠福寿绵长	长3.5cm	149,500	南京经典	2012.01.08
翡翠满绿翎管	长6.4cm	105,800	北京九歌	2012.06.29
翡翠平安扣	直径5.3cm	552,000	北京九歌	2012.06.29
翡翠踏雪寻梅把件	高7cm	51,750	北京九歌	2012.06.29
翡翠透雕鸳鸯瓦子	长9.6cm	57,500	北京翰海	2012.06.29
翡翠幸福有“鱼”	长5.8cm	103,500	南京经典	2012.01.08
翡翠圆盘(一对)		70,811	香港富得	2012.07.07
福禄寿三彩貔貅手把件	长7.6cm	57,500	北京保利	2012.06.05
高冰种翡翠	长5.9cm	55,200	广东万众	2012.01.08
古钱 珊瑚 黑玛瑙北京初雪		126,500	北京歌德	2012.06.02
金色南洋珍珠	直径约1.75cm	74,750	北京保利	2012.06.05
金枝玉叶	4.2cm×3.2cm	552,000	广东万众	2012.01.08
朴载林 18K黄金镶钻石男女带扣	钻石1.97ct	8,165,000	北京九歌	2012.06.29
如意吉祥	3.6cm×2cm	128,800	南京经典	2012.01.08
珊瑚嵌钻老坑翠葡萄项饰	长6cm	86,250	上海嘉泰	2012.03.11
天然翡翠「翎管」配玛瑙吊件		752,560	香港苏富比	2012.10.09
天然翡翠「翎管」配钻石吊坠		143,150	香港苏富比	2012.10.09
天然翡翠葫芦套件	尺寸不一	379,500	北京歌德	2012.06.02
天然翡翠配钻石及宝石腕表		112,475	香港苏富比	2012.10.09
天然黄翡布袋和尚	长5.4cm	575,000	北京歌德	2012.06.02
王朝阳 天然翡翠紫罗兰裸女手把件		287,500	北京歌德	2012.06.02
王鹏 蝴蝶	5.5cm×9cm	402,500	太平洋	2012.06.16
心缘(夏琳珠设计)		63,250	上海工美	2012.08.18
玉龙手翡翠把件		69,000	上海宝龙	2012.06.26
元代 錾花并头金钗(一对)		126,500	中国嘉德	2012.11.26
钻石皇冠，年分约19世纪末		81,800	香港苏富比	2012.10.09
手链				
14.31克拉彩色钻石手链		264,500	北京保利	2012.06.05
18K白金红宝石手炼		194,649	香港拍得高	2012.11.24
18K白金镶钻石红宝石手炼		101,959	香港富得	2012.11.25
18K金镶钻石37颗圆钻石11.75克拉手炼		84,974	香港富得	2012.07.07
18K金镶钻手链		50,400	北京荣宝	2012.11.25
950铂金镶钻石腕表款手链		80,500	北京保利	2012.12.05
D/IF钻石手炼		1,176,760	香港佳士得	2012.11.27
冰种翡翠珠手炼	长22cm	74,796	香港富得	2012.03.31
红宝石配钻石手链，JAMES W. CURRENS，FAIDEE		3,746,440	香港苏富比	2012.10.09
红宝石手链		345,000	上海工美	2012.08.18
红宝石手链		230,000	上海工美	2012.08.18
黄金手链组合		368,000	北京艺融	2012.11.19
黄金手链组合		345,000	北京艺融	2012.11.19
卡地亚 CARTIER 18K黄金镶钻石手链		57,500	北京保利	2012.12.05
蓝宝石配钻石手链		224,950	香港苏富比	2012.10.09
蓝宝石钻石手链		57,500	中国嘉德	2012.05.13
缅甸老坑翡翠手链		74,750	南京嘉信	2012.06.24
朴载林 18K白金镶钻石男手链	钻石2ct	7,061,000	北京九歌	2012.06.29
清 碧玺及蓝宝石手串		181,350	香港佳士得	2012.11.28
清 碧玺手串		92,000	北京匡时	2012.12.05
清 粉碧玺手串(18粒)		57,500	北京翰海	2012.05.27
清 黄碧玺手串(18粒)		59,800	北京翰海	2012.05.27
清乾隆 珍珠手串		207,000	北京翰海	2012.12.09
天然彩色蓝宝石配钻石手链		402,500	北京保利	2012.12.05

拍品名称	物品尺寸	成交价RMB	拍卖公司	拍卖日期
天然翡翠配钻石手链		245,400	香港苏富比	2012.10.09
天然珊瑚配钻石玫瑰手链		69,000	北京保利	2012.12.05
镶嵌翡翠手链		458,780	广东保利	2012.12.15
珍珠及钻石手炼		2,337,400	香港佳士得	2012.11.27
紫水晶配红色璧玺及钻石手链，GOSHWARA		61,350	香港苏富比	2012.10.09
祖母绿钻石手链		69,000	中国嘉德	2012.10.28
钻石手炼		809,224	香港佳士得	2012.11.27
钻石手炼		480,376	香港佳士得	2012.11.27
钻石手炼		461,032	香港佳士得	2012.11.27
钻石手炼 (两条)		201,500	香港佳士得	2012.11.27
钻石手链		388,550	香港苏富比	2012.10.09
钻石手链		163,600	香港苏富比	2012.10.09
钻石手链		112,475	香港苏富比	2012.10.09
钻石手链，梵克雅宝(VAN CLEEF & ARPELS)		122,700	香港苏富比	2012.10.09
项链				
10.62克拉钻石项链		161,000	北京保利	2012.12.05
107克拉碧玺K金吊坠项链		201,600	北京荣宝	2012.06.24
14K白金镶钻石15.00克拉项链	长41.5cm	161,450	香港富得	2012.07.07
14K白金钻石翡翠珠颈炼	颈炼长58cm	186,990	香港拍得高	2012.03.17
15.02克拉钻石项链		55,200	北京保利	2012.12.05
161.88克拉天然祖母绿18K金镶钻吊坠项链		1,456,000	北京荣宝	2012.11.25
17.962克拉碧玺18K金镶钻项圈		134,400	北京荣宝	2012.11.25
18k 白金蜻蜓项链；养殖珍珠项链		100,750	香港佳士得	2012.11.27
18K白金蛋形红宝石颈炼		385,687	香港拍得高	2012.09.15
18K白金翡翠吊坠连18K白金钻石颈炼		141,105	香港拍得高	2012.09.15
18K白金翡翠钻石吊坠连18K白金颈炼		117,075	香港拍得高	2012.06.16
18K白金红宝石颈炼		352,222	香港拍得高	2012.11.24
18K白金镶嵌钻石长项链		230,000	北京艺融	2012.11.19
18K白金镶钻石19.03克拉项链	长41cm	165,226	香港富得	2012.07.07
18K白金镶钻石翡翠项链		472,719	香港富得	2012.11.25
18K白金镶钻石翡翠项链		357,466	香港富得	2012.09.14
18K白金镶钻石翡翠项链		278,070	香港富得	2012.11.25
18K白金镶钻石红宝石10.33克拉项链	长42cm	134,069	香港富得	2012.07.07
18K白金镶钻石项链		72,298	香港富得	2012.11.25
18K白金镶钻石祖母绿项链		611,754	香港富得	2012.11.25
18K白金钻石吊坠连18K白金颈炼		122,478	香港拍得高	2012.03.17
18K白金钻石吊坠连18K白金颈炼		64,202	香港拍得高	2012.06.16
18K白金钻石吊坠连18K白金颈炼		50,984	香港拍得高	2012.06.16
18K白金钻石翡翠颈炼		113,129	香港拍得高	2012.03.17
18K白金钻石颈炼		113,298	香港拍得高	2012.06.16
18K白金钻石颈炼 (102粒)		136,902	香港拍得高	2012.06.16
18K红金镶钻石、彩色宝石及淡水珠项链	长46cm	52,872	香港富得	2012.07.07
18K黄金宝石颈炼		121,424	香港拍得高	2012.11.24
18k黄金及钻石项链及手镯		55,413	香港佳士得	2012.11.27
18K黄金镶钻石项链		69,000	北京保利	2012.12.05
18k金蓝宝石项圈		5,220,600	广东保利	2012.12.15
18k金镶嵌翡翠项链		2,531,200	广东保利	2012.12.15
18k金镶嵌翡翠项链		1,740,200	广东保利	2012.12.15
18k金镶嵌翡翠项链		1,502,900	广东保利	2012.12.15
18k金镶嵌翡翠项链		870,100	广东保利	2012.12.15
18k金镶嵌翡翠项链		519,800	广东保利	2012.12.15
18k金镶嵌翡翠项链		282,500	广东保利	2012.12.15
18K金镶钻2.5克拉项链		89,600	北京荣宝	2012.08.26
18K金镶钻翡翠帝王绿项链		21,620,000	北京九歌	2012.06.29
18k金镶钻满绿翡翠素面项链		1,150,000	北京九歌	2012.06.29
18k金镶钻满绿翡翠素面项链		437,000	北京九歌	2012.06.29
18K金镶钻石红宝蓝宝项链		53,760	北京荣宝	2012.06.24
18K玫瑰金冰白翡翠颈炼		75,256	香港拍得高	2012.09.15
18K镶白金高翠竹节链		698,000	南京经典	2012.01.08
18K镶白金事业有成钻石链		800,000	南京经典	2012.01.08
18K镶钻长方牌翡翠项链		805,000	上海宝龙	2012.06.26
18K镶钻翡翠套链		2,185,000	上海宝龙	2012.06.26
18克拉玫瑰金镶嵌钻石长项链		287,500	北京艺融	2012.11.19
1970年制 宝格丽 BVLGARI黄金镶天然彩色碧玺项链		86,250	北京保利	2012.06.05
20.66 克拉心形鲜彩黄色IF 钻石(极优打磨及比例)吊坠项链		14,975,480	香港佳士得	2012.11.27
21.99克拉西瓜碧玺K金吊坠项链		61,600	北京荣宝	2012.06.24
24.3克拉粉色摩根石吊坠项链		145,600	北京荣宝	2012.11.25
27.99克拉坦桑石14K金镶钻项链		95,200	北京荣宝	2012.08.26
3.90克拉心形钻石吊坠项链		241,800	香港佳士得	2012.11.27
32.84克拉天然克什米尔蓝宝石项链		287,500	北京保利	2012.06.05
33.88克拉梨形彩黄色无瑕钻石配钻石"太阳之舞"项链 IF净度		14,950,000	北京保利	2012.12.05
35.82克拉彩黄色钻石项链(主石全美无暇)		2,875,000	北京保利	2012.06.05
4.02克拉红宝石18K金镶钻吊坠项链		112,000	北京荣宝	2012.11.25
4.46克拉心形天然浓彩黄色SI1净度钻石项链		761,600	北京荣宝	2012.06.24
4.5克拉梨形浅黄色钻石配钻石项链		739,200	北京荣宝	2012.06.24
44.22克拉天然蓝宝石配钻石项链		161,000	北京保利	2012.12.05
46.57克拉天然祖母绿配钻石项链		1,322,500	北京保利	2012.06.05
47颗彩色碧玺珠项链	长72.5cm	57,593	香港富得	2012.07.07
5.98克拉梨形天然祖母绿配钻石项链		109,250	北京保利	2012.06.05
7.20克拉坦桑石K金镶钻吊坠项链		89,600	北京荣宝	2012.06.24
73.39克拉钻石项链		3,588,000	北京保利	2012.12.05
8.54克拉红宝18K金镶钻项链		280,000	北京荣宝	2012.11.25
85克拉碧玺18K金镶钻吊坠项链		492,800	北京荣宝	2012.11.25
9.16克拉八角方形天然哥伦比亚祖母绿铂金镶钻吊坠项链		246,400	北京荣宝	2012.06.24
9.1克拉祖母绿18K金镶钻项链		246,400	北京荣宝	2012.08.26
9.22克拉祖母绿铂金镶钻吊坠项链		72,800	北京荣宝	2012.08.26
9.38克拉碧玺钻石18K双色金吊坠项链		50,400	北京荣宝	2012.03.10
ANNAMRIA 18K金镶钻花饱形项圈		134,400	北京荣宝	2012.11.25
CARTIER 18K金钻石项链		145,600	北京荣宝	2012.11.25
E-G/IF-VS2钻石项链		3,111,160	香港佳士得	2012.11.27
K dion 粉钻配钻石铂金吊坠项链		50,400	北京荣宝	2012.11.25
K金配红宝石「枫叶」项链，布契拉提(BUCCELLATI)		107,363	香港苏富比	2012.10.09
LA VIA DEI COLOR 彩钻项链		2,300,000	北京艺融	2012.11.19
MINECO 红宝钻石18K金吊坠项链		67,200	北京荣宝	2012.08.26
《福运兴隆》古翡翠钢玉挂件连项链		16,684,200	澳门中信	2012.12.28
《鲤跃龙门》古翡翠钢玉挂件连项链		9,825,140	澳门中信	2012.12.28
白金翡翠项链		201,600	上海阳浩	2012.07.15
白金翡翠项链		179,200	上海阳浩	2012.07.15
白色南阳珍珠链		1,610,000	北京艺融	2012.11.19
白色南洋珍珠项链		230,000	北京保利	2012.12.05
白色南洋珍珠项链		55,200	北京保利	2012.12.05
白玉吊坠项链		69,000	北京艺融	2012.11.19
宝石配钻石「BELVEDERE」项链，梵克雅宝(VAN CLEEF & ARPELS)		1,881,400	香港苏富比	2012.10.09

2012杂项拍卖成交汇总

(成交价RMB：5万元以上)

拍品名称	物品尺寸	成交价RMB	拍卖公司	拍卖日期
宝石项链		97,138	香港苏富比	2012.10.09
碧茜珠颈炼 (52粒)	颈炼长70cm	116,869	香港拍得高	2012.03.17
碧玺 翡翠 钻石 项链 耳环 一套		151,125	香港邦瀚斯	2012.11.23
变形南洋珠项链		61,146	香港富得	2012.09.14
冰白翡翠珠颈炼连14K白金珠扣	颈炼长60cm	98,192	香港拍得高	2012.06.16
冰种翡翠镶18k金钻石项链		115,000	上海宝龙	2012.06.26
冰种翡翠珠链 (49粒)		338,000	南京经典	2012.01.08
冰种紫翡翠珠项链		376,280	香港富得	2012.09.14
玻璃种翡翠蛋面项链		15,640,000	北京艺融	2012.11.19
铂金镶钻鹰形吊坠项链		67,200	北京荣宝	2012.08.26
彩色南洋珠项链 (37粒)		51,422	香港富得	2012.03.31
长项链		253,000	北京艺融	2012.11.19
橙色刚玉配钻石项链		112,475	香港苏富比	2012.10.09
大溪地黑色珍珠项链		207,000	北京保利	2012.12.05
大溪地黑珍珠项链		51,750	北京保利	2012.06.05
大溪地黑珍珠项链 (35颗)		57,500	北京保利	2012.06.05
大溪地天然珍珠项链		134,400	北京荣宝	2012.11.25
短项链		138,000	北京艺融	2012.11.19
多色南洋珍珠项链		92,000	北京保利	2012.12.05
梵克雅宝 白色南洋珍珠配钻石三层项链		230,000	北京保利	2012.12.05
翡翠 钻石 项链		352,625	香港邦瀚斯	2012.11.23
翡翠 钻石 项链		95,713	香港邦瀚斯	2012.11.23
翡翠白金镶钻项链	总重量46.4g	212,800	北京荣宝	2012.06.24
翡翠冰种满绿塔链		552,000	北京九歌	2012.06.29
翡翠佛珠项链		282,500	广东保利	2012.12.15
翡翠颈炼连18K白金钻石扣	颈炼长45.5cm	265,306	香港拍得高	2012.06.16
翡翠配钻石项链		3,157,480	香港苏富比	2012.10.09
翡翠素面项链		19,320,000	北京九歌	2012.06.29
翡翠镶18K金葫芦项链坠	高3cm	425,600	中鸿信	2012.03.18
翡翠项链(50粒)		89,700	广东古今	2012.07.15
翡翠珠链		15,469,700	广东保利	2012.12.15
翡翠珠链		10,235,000	北京歌德	2012.12.01
翡翠珠链		8,970,000	上海工美	2012.08.18
翡翠珠链		8,701,000	广东保利	2012.12.15
翡翠珠链		4,034,100	广东保利	2012.12.15
翡翠珠链		1,552,500	南京经典	2012.01.08
翡翠珠链		655,400	广东保利	2012.12.15
翡翠珠链 (49粒)		690,000	上海宝龙	2012.06.26
翡翠钻石项链	长22.5cm	74,750	北京容海	2012.03.26
粉红碧玺、海蓝宝石、堇青石、石榴石、玉髓、月亮石及钻石「Meli Melo」项链		201,500	香港佳士得	2012.11.27
粉晶、钻石及红碧玺「Inde Mysteri é use」香水瓶吊坠项链		151,125	香港佳士得	2012.11.27
古董钻石项链		66,700	北京保利	2012.12.05
黑南洋珠项链 (37粒)		56,097	香港富得	2012.03.31
红宝橄榄石钻石18K金项链—春华秋实		179,200	北京荣宝	2012.11.25
红宝玛瑙18K金镶钻豹形吊坠项链		67,200	北京荣宝	2012.11.25
红宝石 钻石 项链 Van Cleef & Arpels 设计		120,900	香港邦瀚斯	2012.11.23
红宝石、蓝宝石及钻石项链		352,625	香港佳士得	2012.11.27
红宝石、钻石及黑玛瑙吊坠项链		130,975	香港佳士得	2012.11.27
红宝石及钻石项链		2,917,720	香港佳士得	2012.11.27
红宝石配钻石吊坠项链		409,000	香港苏富比	2012.10.09
红宝石配钻石项链		306,750	香港苏富比	2012.10.09
红宝石配钻石项链		143,150	香港苏富比	2012.10.09
红宝钻石18K金项链——爱情之鸟		246,400	北京荣宝	2012.11.25
红色碧玺配祖母绿及宝石项链		276,075	香港苏富比	2012.10.09
红珊瑚项链 (55颗)		98,560	中鸿信	2012.03.18
黄色18K金镶嵌94粒总重5.68克拉钻石项链		92,000	上海工美	2012.08.18
黄色翡翠坠牌项链		78,200	中国嘉德	2012.10.28
黄色钻石配钻石吊坠项链		388,550	香港苏富比	2012.10.09
黄色钻石配钻石项链		1,194,280	香港苏富比	2012.10.09
金绿猫眼石配钻石项链		224,950	香港苏富比	2012.10.09
金南洋珠项链		102,845	香港富得	2012.03.31
金色南洋珍珠链		1,610,000	北京艺融	2012.11.19
金色南洋珍珠项链		149,500	北京保利	2012.12.05
卡地亚CARTIER 18K黄金猎豹项链		80,500	北京保利	2012.06.05
开心如意项圈		61,600	北京荣宝	2012.11.25
蓝宝石配钻石吊坠项链		556,240	香港苏富比	2012.10.09
蓝宝石配钻石项链		644,584	香港苏富比	2012.10.09
林芳朱作品，天然翡翠珠链		97,750	北京保利	2012.12.05
满绿翡翠珠链		1,495,000	上海宝龙	2012.06.26
美第奇家族吊坠项链		195,500	北京艺融	2012.11.19
缅甸老坑翡翠项链		109,250	南京嘉信	2012.06.24
缅甸天然翡翠「龙凤」吊坠项链 (一对)		90,675	香港佳士得	2012.11.27
缅甸天然翡翠蛋面吊坠项链		2,627,560	香港佳士得	2012.11.27
缅甸天然翡翠吊坠项链		983,320	香港佳士得	2012.11.27
缅甸天然翡翠佛手吊坠项链		302,250	香港佳士得	2012.11.27
缅甸天然翡翠观音吊坠项链		2,917,720	香港佳士得	2012.11.27
缅甸天然翡翠观音吊坠项链		403,000	香港佳士得	2012.11.27
缅甸天然翡翠辣椒吊坠项链		161,200	香港佳士得	2012.11.27
缅甸天然翡翠弥勒佛吊坠项链		302,250	香港佳士得	2012.11.27
缅甸天然翡翠弥勒佛吊坠项链		221,650	香港佳士得	2012.11.27
缅甸天然翡翠珠项链		480,376	香港佳士得	2012.11.27
缅甸天然鸽血红红宝石项链		32,127,160	香港佳士得	2012.11.27
缅甸天然红宝石项链		6,593,080	香港佳士得	2012.11.27
缅甸天然红宝石项链		2,917,720	香港佳士得	2012.11.27
缅甸天然蓝宝石项链		886,600	香港佳士得	2012.11.27
缅甸天然紫罗兰翡翠珠项链		10,913,240	香港佳士得	2012.11.27
缅甸天然紫罗兰翡翠珠项链		741,520	香港佳士得	2012.11.27
民国 翡翠项链		218,500	上海大众	2012.08.04
墨翠观音吊坠连冰种翡翠珠颈炼 (108粒)		149,592	香港拍得高	2012.03.17
南洋金珠K18长款时装项链		100,800	北京荣宝	2012.03.10
潘朵拉颈炼		278,070	保利香港	2012.11.24
朴载林 涟漪钻石项链		62,790,000	北京九歌	2012.06.29
朴载林 月神之寰金珠黄金黑珍珠项链		70,725,000	北京九歌	2012.06.29
清乾隆 黄碧玺一百零八子念珠		82,800	北京匡时	2012.12.05
日本AKOYA粉色花珠项链		51,750	北京保利	2012.12.05
沙弗来石配钻石项链蒂芙尼		173,825	香港苏富比	2012.10.09
珊瑚项链 (108颗)		102,845	香港富得	2012.03.31
石川畅子 碧玺双金镶钻吊坠项链		313,600	北京荣宝	2012.08.26
双色翡翠配钻石葫芦项链		80,500	北京保利	2012.06.05
随形珍珠18K金镶钻项链		156,800	北京荣宝	2012.11.25
天然冰种翡翠雕「弥勒佛」配翡翠及钻石吊坠项链		173,825	香港苏富比	2012.10.09
天然冰种翡翠配黑色钻石及钻石项链		143,150	香港苏富比	2012.10.09
天然冰种黄色翡翠雕「观音」配翡翠及钻石吊坠项链		173,825	香港苏富比	2012.10.09
天然彩色碧玺朝珠款珠链		86,250	北京保利	2012.12.05
天然翡翠雕「观音」配钻石吊坠项链		467,896	香港苏富比	2012.10.09
天然翡翠雕「花篮」配小珍珠项链MIKIMOTO，年份约1910		224,950	香港苏富比	2012.10.09
天然翡翠雕「如意仙猴」配石榴石项链		605,320	香港苏富比	2012.10.09
天然翡翠满绿珠子项链 (33粒)		2,737,000	北京歌德	2012.06.02
天然翡翠配彩色刚玉及钻石吊坠项链		255,625	香港苏富比	2012.10.09

拍品名称	物品尺寸	成交价RMB	拍卖公司	拍卖日期
天然翡翠配钻石、天然红碧玺满绿珠链		18,400,000	北京保利	2012.12.05
天然翡翠配钻石「十字架」吊坠项链		337,425	香港苏富比	2012.10.09
天然翡翠配钻石吊坠项链		801,640	香港苏富比	2012.10.09
天然翡翠配钻石吊坠项链		245,400	香港苏富比	2012.10.09
天然翡翠配钻石吊坠项链		153,375	香港苏富比	2012.10.09
天然翡翠配钻石吊坠项链		112,475	香港苏富比	2012.10.09
天然翡翠配钻石项链		2,077,720	香港苏富比	2012.10.09
天然翡翠配钻石项链		1,979,560	香港苏富比	2012.10.09
天然翡翠配钻石项链		448,264	香港苏富比	2012.10.09
天然翡翠配钻石项链		184,000	北京保利	2012.06.05
天然翡翠配钻石项链		105,800	北京保利	2012.12.05
天然翡翠配钻石项链		92,000	北京保利	2012.06.05
天然翡翠项链	长约23.5cm	66,700	上海大众	2012.08.04
天然翡翠玉珠项链(61粒)		207,000	北京翰海	2012.12.08
天然粉红色海螺珠配钻石项链		115,000	北京保利	2012.06.05
天然粉红色海螺珠配钻石项链		92,000	北京保利	2012.12.05
天然海螺珍珠项链		1,176,760	香港佳士得	2012.11.27
天然海水珍珠 钻石 项链		171,275	香港邦瀚斯	2012.11.23
天然黑翡翠「观音」配钻石吊坠项链		255,625	香港苏富比	2012.10.09
天然红翡配钻石项链		103,500	北京保利	2012.12.05
天然红珊瑚项链 嵌蓝宝石扣		80,500	上海大众	2012.08.04
天然红珊瑚珠项链		184,000	北京保利	2012.12.05
天然蓝宝石配月光石水母项链		51,750	北京保利	2012.06.05
天然蓝宝石配钻石项链	直径15.5cm	138,000	北京保利	2012.06.05
天然满绿翡翠珠链		10,292,500	北京保利	2012.06.05
天然满绿翡翠珠链		805,000	北京保利	2012.12.05
天然珍珠及钻石吊坠项链		181,350	香港佳士得	2012.11.27
天然珍珠配小珍珠及钻石项链		6,200,440	香港苏富比	2012.10.09
天然珍珠配养殖珍珠及钻石项链及钻石吊耳环一对		204,500	香港苏富比	2012.10.09
天然珍珠项链		8,385,624	香港佳士得	2012.11.27
天然珍珠项链		4,852,120	香港佳士得	2012.11.27
天然珍珠项链		934,960	香港佳士得	2012.11.27
天然紫翡翠，紫水晶配钻石项链		224,950	香港苏富比	2012.10.09
天然紫翡翠雕「寿桃」配紫水晶及钻石吊坠项链		112,475	香港苏富比	2012.10.09
天然紫罗兰翡翠珠链		92,000	北京保利	2012.12.05
椭圆形粉红碧玺及钻石项链		130,975	香港佳士得	2012.11.27
镶嵌翡翠项链		9,254,700	广东保利	2012.12.15
镶嵌翡翠项链		4,440,900	广东保利	2012.12.15
镶嵌翡翠项链		2,565,100	广东保利	2012.12.15
镶嵌翡翠项链		2,260,000	广东保利	2012.12.15
镶嵌翡翠项链		2,135,700	广东保利	2012.12.15
镶嵌翡翠项链		767,270	广东保利	2012.12.15
镶嵌翡翠项链		449,740	广东保利	2012.12.15
镶嵌翡翠项链		431,660	广东保利	2012.12.15
镶嵌翡翠项链		296,060	广东保利	2012.12.15
镶嵌翡翠项链		289,280	广东保利	2012.12.15
镶嵌翡翠项链		284,760	广东保利	2012.12.15
镶嵌翡翠项链		237,300	广东保利	2012.12.15
镶嵌翡翠项圈		6,282,800	广东保利	2012.12.15
项链		149,500	北京艺融	2012.11.19
肖邦 18K金镶钻石吊坠连项链	长50cm	56,649	香港富得	2012.07.07
心形翡翠白金镶钻项链		515,200	北京荣宝	2012.06.24
绚彩柒色天然蓝宝石项链		74,750	荣宝斋(上海)	2012.09.09
养殖珍珠及钻石项链		151,125	香港佳士得	2012.11.27
养殖珍珠配钻石项链		556,240	香港苏富比	2012.10.09
养殖珍珠配钻石项链		92,025	香港苏富比	2012.10.09
养殖珍珠配钻石项链，宝格丽(BULGARI)		224,950	香港苏富比	2012.10.09
养殖珍珠项链		480,376	香港佳士得	2012.11.27
养殖珍珠项链		403,000	香港佳士得	2012.11.27
养殖珍珠项链		241,800	香港佳士得	2012.11.27
养殖珍珠项链，MIKIMOTO		199,388	香港苏富比	2012.10.09
银色大溪地珍珠项链(35颗)		74,750	北京保利	2012.06.05
圆形项圈		149,500	北京艺融	2012.11.19
圆形项圈		112,700	北京艺融	2012.11.19
圆形钻石配天然蓝宝石项链		138,000	北京保利	2012.06.05
约13克拉钻石项链		82,800	北京保利	2012.12.05
CARRERA Y CARRERA 天然祖母绿配钻石项链		166,750	北京保利	2012.06.05
LALAOUNIS 18K黄金镶天然彩色贵宝石配钻石项圈	项链长约40.5cm	92,000	北京保利	2012.06.05
约20.28克拉黄色、白色钻石项链		207,000	北京保利	2012.12.05
珍珠项链		172,500	北京歌德	2012.12.01
珍珠项链		103,500	上海工美	2012.08.18
紫罗兰珠链		244,080	广东保利	2012.12.15
足色全美钻石项链，NIRAV MODI		32,605,480	香港苏富比	2012.10.09
梵克雅宝 祖母绿配钻石吊坠项链		1,390,600	香港苏富比	2012.10.09
祖母绿配钻石吊坠项链，卡地亚(CARTIER)		546,424	香港苏富比	2012.10.09
祖母绿珠链		322,000	北京艺融	2012.11.19
钻石 项链 Tiffany & Co. 设计		55,413	香港邦瀚斯	2012.11.23
钻石白金项链		230,000	上海大众	2012.08.04
钻石吊坠项链		409,000	香港苏富比	2012.10.09
钻石项链		9,198,072	香港佳士得	2012.11.27
钻石项链		4,948,840	香港佳士得	2012.11.27
钻石项链		1,466,920	香港佳士得	2012.11.27
钻石项链		201,500	香港佳士得	2012.11.27
钻石项链		143,150	香港苏富比	2012.10.09
钻石项链		143,150	香港苏富比	2012.10.09
钻石项链		100,750	香港佳士得	2012.11.27
钻石项链		92,000	荣宝斋(上海)	2012.09.09
钻石项链，格拉芙(GRAFF)		4,728,040	香港苏富比	2012.10.09
胸针 别针				
「Mystery Set」红宝石及钻石「Pavot」胸针		1,080,040	香港佳士得	2012.11.27
11.85克拉蓝宝石铂金镶钻胸花		89,600	北京荣宝	2012.08.26
18k 黄金胸针；18k 黄金及钻石烟花胸针；钻石叶片胸针；18k 黄金耳环		151,125	香港佳士得	2012.11.27
18K金翡翠胸针		101,700	广东保利	2012.12.15
18k金镶嵌翡翠胸针		90,400	广东保利	2012.12.15
18K金钻石蝴蝶形胸针		84,000	北京荣宝	2012.11.25
18K镶钻叶形胸针		155,000	南京经典	2012.01.08
CARRERA Y CARRERA 白金镶钻石龙形胸针		92,000	北京保利	2012.06.05
KASHIKEY作品，3.69克拉天然海螺珠配钻石蜥蜴胸针		115,000	北京保利	2012.06.05
K黄金配钻石「凤凰」别针钻石耳环一对		71,575	香港苏富比	2012.10.09
碧玺白金镶钻胸花——碧鲤化龙		112,000	北京荣宝	2012.06.24
珐琅彩配钻石及宝石「甲虫」别针，珐琅彩配钻石及宝石「蜜蜂」别针		63,395	香港苏富比	2012.10.09
梵克雅宝 钻石花朵胸针		138,000	北京保利	2012.12.05
翡翠 钻石 别针		181,350	香港邦瀚斯	2012.11.23
翡翠 钻石 别针		120,900	香港邦瀚斯	2012.11.23
翡翠 钻石 别针		75,563	香港邦瀚斯	2012.11.23
翡翠 钻石 胸针		886,600	香港邦瀚斯	2012.11.23
翡翠18K金镶钻胸针兼吊坠		106,400	北京荣宝	2012.11.25
翡翠白金镶钻花式胸针(十七颗)	长5.7cm	112,000	中鸿信	2012.03.18

2012杂项拍卖成交汇总

(成交价RMB：5万元以上)

拍品名称	物品尺寸	成交价RMB	拍卖公司	拍卖日期
翡翠胸针		115,000	上海工美	2012.08.18
翡翠祖母绿钻石胸针		55,200	中国嘉德	2012.10.28
翡翠钻石别针		138,000	中国嘉德	2012.10.28
粉红色蓝宝石及钻石蝴蝶胸针		789,880	香港佳士得	2012.11.27
粉红色钻石配彩钻「玫瑰」别针		245,400	香港苏富比	2012.10.09
粉红色钻石配黄色钻石及彩色钻石「孔雀」别针		71,575	香港苏富比	2012.10.09
海蓝宝石及钻石「Fireworks」胸针		181,350	香港佳士得	2012.11.27
海马珍珠胸花		97,750	北京艺融	2012.11.19
海水蓝宝配钻石「鸟儿」别针蒂芙尼		117,588	香港苏富比	2012.10.09
海水蓝宝配钻石别针佛杜拉		255,625	香港苏富比	2012.10.09
红宝石配祖母绿及钻石别针卡地亚		132,925	香港苏富比	2012.10.09
金绿宝石及粉红色蓝宝石胸针		120,900	香港佳士得	2012.11.27
蓝宝石、粉红色蓝宝石、钻石及珍珠胸针(一对)		181,350	香港佳士得	2012.11.27
蓝宝石或粉红色蓝宝石蝴蝶胸针(一对)		70,525	香港佳士得	2012.11.27
蓝宝石配红宝石及钻石别针		163,600	香港苏富比	2012.10.09
蓝宝石配黄色刚玉「爱情鸟」别针梵克雅宝		138,038	香港苏富比	2012.10.09
蓝宝石配钻石「花簇」别针		245,400	香港苏富比	2012.10.09
蓝宝石配钻石别针，香奈儿(CHANEL)		204,500	香港苏富比	2012.10.09
蓝罗胸针		2,317,250	保利香港	2012.11.24
林芳朱 18K黄金镶嵌天然翡翠配珍珠、钻石灵芝如意胸针		230,000	北京保利	2012.06.05
林芳朱 白玉珊瑚“一枝独秀”胸针兼吊坠		61,600	北京荣宝	2012.11.25
凌波胸针		2,409,940	保利香港	2012.11.24
陆莲莲 风的韵律胸针		632,500	上海工美	2012.08.18
陆莲莲 花丽俏色胸针		78,200	上海工美	2012.08.18
绿宝石配钻石「花」别针梵克雅宝		245,400	香港苏富比	2012.10.09
猫眼石、钻石及黄钻蝴蝶胸针		95,713	香港佳士得	2012.11.27
缅甸天然翡翠长方牌胸针		90,675	香港佳士得	2012.11.27
缅甸天然翡翠蛋面胸针		221,650	香港佳士得	2012.11.27
缅甸天然翡翠牌胸针		201,500	香港佳士得	2012.11.27
缅甸天然翡翠玉葱胸针		644,800	香港佳士得	2012.11.27
明代 累丝金凤胸针		92,000	中国嘉德	2012.11.26
菩提胸针		880,555	保利香港	2012.11.24
朴载林 18K金镶钻石树叶形胸针		51,750	北京九歌	2012.06.29
珊瑚配钻石胸针		66,700	北京翰海	2012.05.26
坦桑石50.46克拉猎豹胸针		552,000	北京歌德	2012.06.02
天然冰种翡翠配钻石「花」别针		122,700	香港苏富比	2012.10.09
天然翡翠雕「龙」配钻石别针；及天然翡翠配钻石手链		245,400	香港苏富比	2012.10.09
天然翡翠雕「如意结」配钻石别针		173,825	香港苏富比	2012.10.09
天然翡翠配钻石「蝴蝶」别针		76,688	香港苏富比	2012.10.09
天然翡翠配钻石别针		357,875	香港苏富比	2012.10.09
天然翡翠配钻石牡丹胸针		103,500	北京保利	2012.06.05
天然粉红色海螺珠配芙蓉石、钻石胸针		80,500	北京保利	2012.06.05
天然珍珠及钻石胸针		201,500	香港佳士得	2012.11.27
天然珍珠配小珍珠及钻石别针		507,160	香港苏富比	2012.10.09
王鹏 傲雪珊瑚钻石胸针	长8.5cm	287,500	太平洋	2012.06.16
镶嵌翡翠胸针		401,150	广东保利	2012.12.15
镶嵌蓝宝石胸针		73,450	广东保利	2012.12.15
镶嵌蓝宝石胸针		73,450	广东保利	2012.12.15
逍遥胸针		463,450	保利香港	2012.11.24
养殖珍珠配钻石及祖母绿「蝴蝶」别针		327,200	香港苏富比	2012.10.09
养殖珍珠镶宝石及钻石「小丑」别针五件		122,700	香港苏富比	2012.10.09

拍品名称	物品尺寸	成交价RMB	拍卖公司	拍卖日期
白金镶嵌天然白色珍珠配钻石胸针		181,700	北京保利	2012.06.05
梵克雅宝 18K黄金镶嵌天然彩色宝石配钻石乌龟胸针(一对)	长3.5cm	212,750	北京保利	2012.06.05
卡地亚 18K黄金小鸟配钻石、红宝石胸针		57,500	北京保利	2012.06.05
蒂芙尼 5.30克拉钻石配红宝天鹅胸针		181,700	北京保利	2012.06.05
约5.01克拉八角形哥伦比亚祖母绿胸针		499,720	香港佳士得	2012.11.27
珍珠碧玺K金胸花		156,800	北京荣宝	2012.06.24
织女胸针		1,946,490	保利香港	2012.11.24
紫锂辉石配粉红色海螺珠、彩色宝石及钻石「孔雀」别针/吊坠		76,688	香港苏富比	2012.10.09
祖母绿及钻石胸针		282,100	香港佳士得	2012.11.27
尚美 祖母绿配粉红刚玉及钻石别针年份约1940		81,800	香港苏富比	2012.10.09
祖母绿配钻石别针		1,194,280	香港苏富比	2012.10.09
钻石 别针		65,488	香港邦瀚斯	2012.11.23
钻石、蓝宝石、祖母绿及黑玛瑙胸针		886,600	香港佳士得	2012.11.27
钻石、祖母绿及珐琅胸针		60,450	香港佳士得	2012.11.27
钻石「蝴蝶」别针		66,463	香港苏富比	2012.10.09
钻石「月亮」别针，年份约19世纪末		132,925	香港苏富比	2012.10.09
钻石别针		163,600	香港苏富比	2012.10.09
钻石别针，STERLE PARIS		782,008	香港苏富比	2012.10.09
钻石红宝18K金胸针		123,200	北京荣宝	2012.11.25
钻石花形胸针		138,000	北京保利	2012.12.05
钻石及宝石蝉胸针		1,128,400	香港佳士得	2012.11.27
卡地亚 钻石配祖母绿及缟玛瑙别针		173,825	香港苏富比	2012.10.09
手镯				
明 金质双龙头竹节纹镯	直径7.8cm	138,000	上海泓盛	2012.06.24
18K白金镶钻石手镯		74,152	香港富得	2012.11.25
18K金镶钻手镯		56,000	北京荣宝	2012.08.26
18K玫瑰金镶嵌翡翠手镯	直径7.0cm	60,950	广东万众	2012.01.08
18K镶钻翡翠手镯		460,000	上海宝龙	2012.06.26
ADLER天然蓝宝石配钻石豹子手镯		134,400	北京保利	2012.12.05
ANNA HU 作品 冰晶钻石手镯		4,600,000	北京保利	2012.12.05
K白色黄金配钻石手镯，布契拉提(BUCCELLATI)		224,950	香港苏富比	2012.10.09
K金镶钻叶形手镯		313,600	北京荣宝	2012.06.24
SPAZIO ELASTICO NEW 钻石白金手镯		230,000	北京艺融	2012.11.19
白底翠手镯		244,080	广东保利	2012.12.15
白底翠手镯		244,080	广东保利	2012.12.15
白底阳翠手镯		1,067,850	广东保利	2012.12.15
半截绿翡翠手镯	外径7.3cm	3,220,000	上海宝龙	2012.06.26
冰带紫翡翠手镯	外径7.8cm	667,000	上海宝龙	2012.06.26
冰蓝水手镯		115,938	广东保利	2012.12.15
冰糯紫彩扁条宽边翡翠手镯	内径5.45cm	64,400	广东万众	2012.01.08
冰钟翡翠手镯		172,500	北京艺融	2012.11.19
冰种翡翠配钻石及红宝石手镯		173,825	香港苏富比	2012.10.09
冰种翡翠手镯		207,000	北京歌德	2012.12.01
冰种翡翠手镯(一对)	外径6.83cm×2	121,544	香港拍得高	2012.03.17
冰种飘蓝花翡翠手镯		95,000	上海驰翰	2012.10.10
冰种紫罗兰飘绿翡翠手镯	重75.511g	368,000	北京九歌	2012.06.29
玻璃种无色翡翠手镯	内径5.5cm	287,500	上海宝龙	2012.06.26
雕双龙满绿翡翠手镯		299,000	北京保利	2012.12.05
翡翠 手镯		90,675	香港邦瀚斯	2012.11.23
翡翠冰种蓝花圆口镯	直径7.2cm	1,955,000	中贸圣佳	2012.03.04
翡翠春带翠手镯		308,000	广东汇誉	2012.12.23

拍品名称	物品尺寸	成交价RMB	拍卖公司	拍卖日期
翡翠带黄手镯		74,750	北京艺融	2012.11.19
翡翠满绿手镯	直径7.5cm	529,000	北京九歌	2012.06.29
翡翠满绿手镯	直径7.5cm	517,500	北京九歌	2012.06.29
翡翠手镯	重91.34g	18,667,600	广东保利	2012.12.15
翡翠手镯	重47.37g	14,238,000	广东保利	2012.12.15
翡翠手镯	重62.38g	10,757,600	广东保利	2012.12.15
翡翠手镯	重57.68g	10,283,000	广东保利	2012.12.15
翡翠手镯		9,887,500	广东保利	2012.12.15
翡翠手镯	重53.99g	9,492,000	广东保利	2012.12.15
翡翠手镯	重44.1g	8,701,000	广东保利	2012.12.15
翡翠手镯		8,542,800	广东保利	2012.12.15
翡翠手镯	重55.6g	7,119,000	广东保利	2012.12.15
翡翠手镯	重46.8g	7,096,400	广东保利	2012.12.15
翡翠手镯	重50.59g	7,039,900	广东保利	2012.12.15
翡翠手镯	重71.2g	7,006,000	广东保利	2012.12.15
翡翠手镯	重45.2g	6,780,000	广东保利	2012.12.15
翡翠手镯	重77.7g	6,328,000	广东保利	2012.12.15
翡翠手镯	重55.7g	6,169,800	广东保利	2012.12.15
翡翠手镯	重55.3g	6,169,800	广东保利	2012.12.15
翡翠手镯	重77.11g	5,378,800	广东保利	2012.12.15
翡翠手镯		5,141,500	广东保利	2012.12.15
翡翠手镯	重68.4g	4,859,000	广东保利	2012.12.15
翡翠手镯	重76.64g	4,746,000	广东保利	2012.12.15
翡翠手镯	重49.4g	4,746,000	广东保利	2012.12.15
翡翠手镯	重50.5g	4,633,000	广东保利	2012.12.15
翡翠手镯	重63.3g	4,633,000	广东保利	2012.12.15
翡翠手镯	重84.82g	4,034,100	广东保利	2012.12.15
翡翠手镯	重91.46g	3,875,900	广东保利	2012.12.15
翡翠手镯	重105.66g	3,390,000	广东保利	2012.12.15
翡翠手镯	重71.54g	3,164,000	广东保利	2012.12.15
翡翠手镯	重50.58g	3,164,000	广东保利	2012.12.15
翡翠手镯		3,005,800	广东保利	2012.12.15
翡翠手镯		2,768,500	广东保利	2012.12.15
翡翠手镯		2,678,100	广东保利	2012.12.15
翡翠手镯	内径5.55cm	2,530,000	中国嘉德	2012.10.28
翡翠手镯	重75.85g	2,463,400	广东保利	2012.12.15
翡翠手镯		2,452,100	广东保利	2012.12.15
翡翠手镯		2,147,000	广东保利	2012.12.15
翡翠手镯	重88.12g	2,056,600	广东保利	2012.12.15
翡翠手镯	重71.35g	2,056,600	广东保利	2012.12.15
翡翠手镯	重103.1g	2,056,600	广东保利	2012.12.15
翡翠手镯		2,034,000	广东保利	2012.12.15
翡翠手镯	重53.41g	1,819,300	广东保利	2012.12.15
翡翠手镯	重70.53g	1,740,200	广东保利	2012.12.15
翡翠手镯	重72.49g	1,695,000	广东保利	2012.12.15
翡翠手镯	重74.21g	1,582,000	广东保利	2012.12.15
翡翠手镯	重57.3g	1,548,100	广东保利	2012.12.15
翡翠手镯	重77.78g	1,548,100	广东保利	2012.12.15
翡翠手镯	重86.35g	1,536,800	广东保利	2012.12.15
翡翠手镯	直径5.6cm	1,495,000	北京歌德	2012.12.01
翡翠手镯	重57.44g	1,423,800	广东保利	2012.12.15
翡翠手镯		1,265,600	广东保利	2012.12.15
翡翠手镯	重51.07g	1,084,800	广东保利	2012.12.15
翡翠手镯	重65.24g	1,084,800	广东保利	2012.12.15
翡翠手镯		1,028,300	广东保利	2012.12.15
翡翠手镯		1,017,000	广东保利	2012.12.15
翡翠手镯	直径5.8cm	1,012,000	北京歌德	2012.12.01
翡翠手镯	重78.5g	949,200	广东保利	2012.12.15
翡翠手镯	重44.45g	870,100	广东保利	2012.12.15
翡翠手镯	直径5.7cm	805,000	中国嘉德	2012.05.13
翡翠手镯	内径5cm	368,000	广东古今	2012.07.15
翡翠手镯	重72.97g	361,600	广东保利	2012.12.15
翡翠手镯		355,950	广东保利	2012.12.15

拍品名称	物品尺寸	成交价RMB	拍卖公司	拍卖日期
翡翠手镯		253,000	中国嘉德	2012.10.28
翡翠手镯	直径7.22cm	236,038	香港拍得高	2012.06.16
翡翠手镯		161,000	北京歌德	2012.12.01
翡翠手镯		138,000	北京歌德	2012.12.01
翡翠手镯		100,000	上海驰翰	2012.10.10
翡翠手镯		86,202	香港富得	2012.11.25
翡翠手镯	直径6.6cm	82,800	上海工美	2012.08.18
翡翠手镯		58,537	香港富得	2012.07.07
翡翠手镯		56,097	香港富得	2012.03.31
翡翠手镯(一对)	直径7.6cm×2	172,500	中贸圣佳	2012.03.04
翡翠阳绿带春彩手镯	直径7.4cm	253,000	中贸圣佳	2012.03.04
翡翠圆条手镯	直径5.8cm	29,000,000	隆荣国际	2012.07.27
翡翠镯		705,525	中联国际	2012.10.02
翡翠镯		207,000	中国嘉德	2012.12.15
翡翠镯(两件)		2,351,750	中联国际	2012.10.02
翡翠镯子(一只)		1,840,000	北京艺融	2012.11.19
高冰飘翠手镯		1,983,150	广东保利	2012.12.15
高翠手镯		3,661,200	广东保利	2012.12.15
红宝石配钻石手镯，陈世英(WALLACE CHAN)		184,050	香港苏富比	2012.10.09
红宝石手镯		51,750	上海工美	2012.08.18
红翡翠手镯		322,000	北京艺融	2012.11.19
红翡手镯		169,326	中联国际	2012.10.02
红翡手镯	内径5.5cm	63,250	上海宝龙	2012.06.26
花青种满色翡翠手镯	直径7cm	805,000	北京九歌	2012.06.29
黄夹绿手镯		579,690	广东保利	2012.12.15
黄金宝石对镯		517,500	北京艺融	2012.11.19
黄金宝石对镯		287,500	北京艺融	2012.11.19
黄金筒形对镯		632,500	北京艺融	2012.11.19
黄色钻石配钻石手镯		81,800	香港苏富比	2012.10.09
宽冰飘花手镯		207,468	广东保利	2012.12.15
宽三彩黄夹绿手镯		1,464,480	广东保利	2012.12.15
老坑满绿翡翠手镯		9,200,000	北京艺融	2012.11.19
老圆条翡翠手镯		2,034,000	广东保利	2012.12.15
老圆条翡翠手镯		1,808,000	广东保利	2012.12.15
老圆条翡翠手镯		1,254,300	广东保利	2012.12.15
老圆条翡翠手镯		1,073,500	广东保利	2012.12.15
老圆条翡翠手镯		904,000	广东保利	2012.12.15
老圆条翡翠手镯		791,000	广东保利	2012.12.15
老圆条翡翠手镯		734,500	广东保利	2012.12.15
老圆条翡翠手镯		678,000	广东保利	2012.12.15
老圆条翡翠手镯		621,500	广东保利	2012.12.15
老圆条翡翠手镯		565,000	广东保利	2012.12.15
老圆条翡翠手镯		542,400	广东保利	2012.12.15
老圆条翡翠手镯		508,500	广东保利	2012.12.15
老圆条翡翠手镯		452,000	广东保利	2012.12.15
老圆条翡翠手镯		339,000	广东保利	2012.12.15
老圆条翡翠手镯		226,000	广东保利	2012.12.15
老圆条翡翠手镯		203,400	广东保利	2012.12.15
老圆条翡翠手镯		169,500	广东保利	2012.12.15
绿色翡翠手镯	内径5.48cm	14,238,000	广东保利	2012.12.15
绿色翡翠手镯		13,560,000	广东保利	2012.12.15
满翠手镯		732,240	广东保利	2012.12.15
满绿圆翡翠手镯	内径5.3cm	172,500	上海宝龙	2012.06.26
缅甸天然翡翠手镯		8,656,440	香港佳士得	2012.11.27
缅甸天然翡翠手镯		1,321,840	香港佳士得	2012.11.27
缅甸天然翡翠手镯		1,273,480	香港佳士得	2012.11.27
缅甸天然翡翠手镯		302,250	香港佳士得	2012.11.27
缅甸天然翡翠手镯		181,350	香港佳士得	2012.11.27
缅甸天然翡翠手镯(三只)		548,080	香港佳士得	2012.11.27
缅甸天然翡翠手镯(一对)		789,880	香港佳士得	2012.11.27
缅甸天然紫罗兰翡翠手镯		352,625	香港佳士得	2012.11.27
糯冰飘花手镯		146,448	广东保利	2012.12.15

2012杂项拍卖成交汇总

(成交价RMB：5万元以上)

拍品名称	物品尺寸	成交价RMB	拍卖公司	拍卖日期
漂兰花带紫翡翠手镯	外径7.0cm	253,000	上海宝龙	2012.06.26
漂绿带紫翡翠手镯	外径7.7cm	414,000	上海宝龙	2012.06.26
清 翠手镯		481,600	天津文物	2012.11.09
清 翠手镯	内径5.4cm	470,400	天津文物	2012.05.11
清 翠手镯		87,360	天津文物	2012.11.09
清 翠手镯		64,960	天津文物	2012.11.09
清 翠玉镯子		302,250	香港邦瀚斯	2012.11.24
清 翡翠手镯	宽6.3cm	94,530	香港淳浩	2012.07.28
双色翡翠手镯（一对）		141,623	香港富得	2012.07.07
天然冰种翡翠手镯		306,750	香港苏富比	2012.10.09
天然翡翠满绿手镯	直径7.3cm	18,400,000	北京保利	2012.06.05
天然翡翠满绿手镯	内径5.8cm	17,020,000	北京翰海	2012.05.26
天然翡翠手镯	内径5.25cm	33,350,000	北京翰海	2012.12.08
天然翡翠手镯		4,600,000	北京翰海	2012.12.08
天然翡翠手镯		3,450,000	北京保利	2012.12.05
天然翡翠手镯	外径7.55cm	2,760,000	北京保利	2012.06.05
天然翡翠手镯		1,058,000	北京保利	2012.12.05
天然翡翠手镯		552,000	北京翰海	2012.12.08
天然翡翠手镯		245,400	香港苏富比	2012.10.09
天然翡翠手镯	直径6.0cm	69,000	北京歌德	2012.06.02
天然三色翡翠手镯		122,700	香港苏富比	2012.10.09
天然紫翡翠手镯		388,550	香港苏富比	2012.10.09
天然紫罗兰翡翠手镯	直径7.35cm	920,000	北京保利	2012.06.05
细冰底阳翠手镯		2,074,680	广东保利	2012.12.15
紫翡翠“红粉佳人”手镯	内直径5.6cm	56,097	香港拍得高	2012.03.17
紫翡翠手镯		322,400	香港佳士得	2012.11.28
紫翡翠手镯	直径7.56cm	63,258	香港拍得高	2012.06.16
紫罗兰翠镯（一对）	直径7.7cm	1,035,000	上海嘉泰	2012.06.23
紫罗兰带翡手镯		2,684,880	广东保利	2012.12.15
紫罗兰翡翠手镯		301,024	香港富得	2012.09.14
紫罗兰糯种翡翠手镯	直径5.7cm	805,000	上海宝龙	2012.06.26
紫罗兰手镯		1,403,460	广东保利	2012.12.15
钻石、祖母绿及黑玛瑙「Panth è re」手镯		886,600	香港佳士得	2012.11.27
戒指				
清 翡翠雕螭龙戒指		63,250	北京翰海	2012.05.26
清 翡翠雕福寿如意戒指		115,000	北京翰海	2012.05.26
清 金镶翠戒指		53,760	天津文物	2012.11.09
清 金镶蓝宝石戒指		85,120	天津文物	2012.11.09
“飞龙在天”欧泊戒指		78,200	北京歌德	2012.06.02
0.22克拉鲜彩紫粉色钻石花朵戒指		115,000	北京保利	2012.12.05
0.81克拉椭圆形淡彩蓝色钻石戒指		207,000	北京保利	2012.12.05
0.84克拉长方形鲜彩黄色钻石戒指		96,600	北京保利	2012.06.05
1.01克拉水滴形彩粉色钻石戒指		253,000	北京翰海	2012.12.08
1.01克拉圆形H色VVS1净度钻石戒指		212,800	北京荣宝	2012.11.25
1.01克拉钻石白金戒指		112,000	北京荣宝	2012.06.24
1.1克拉天然彩黄色VVS净度钻石白金镶钻戒指		145,600	北京荣宝	2012.06.24
1.21克拉淡彩褐粉红色钻石 钻石戒指		302,250	香港邦瀚斯	2012.11.23
1.26克拉心形天然浅紫色粉钻VS2净度配钻石戒指		1,792,000	北京荣宝	2012.06.24
1.35克拉垫形天然彩黄色VVS2净度钻石戒指		100,800	北京荣宝	2012.11.25
1.53克拉公主方形黄钻K金戒指		201,600	北京荣宝	2012.06.24
10.15克拉椭圆形天然鸽血红红宝石配钻石戒指		690,000	北京保利	2012.06.05
10.34克拉古垫形天然皇家蓝蓝宝石配钻石戒指		207,000	北京保利	2012.12.05
10.88克拉梨形E/VS1(极优打磨及比例)钻石戒指		5,239,000	香港佳士得	2012.11.27
11.11克拉方形全美无暇浓彩黄色钻石戒指		3,220,000	北京保利	2012.06.05
12.00克拉天然猫眼金绿宝石 钻石戒指		161,200	香港邦瀚斯	2012.11.23
12.18克拉缅甸红宝石 钻石 戒指		221,650	香港邦瀚斯	2012.11.23
12.35克拉椭圆形天然蓝宝石配钻石戒指		287,500	北京保利	2012.06.05
12.69克拉圆形J/VS2钻石戒指		2,434,120	香港佳士得	2012.11.27
12.72克拉枕形H/VVS2钻石戒指		4,078,360	香港佳士得	2012.11.27
128.22克拉天然海蓝宝石配钻石戒指		51,750	北京保利	2012.12.05
13.184克拉钻石戒指	直径1.65cm	1,840,000	中国嘉德	2012.05.13
14.28克拉淡粉红色VVS1 Type IIa钻石 戒指		7,934,264	香港邦瀚斯	2012.11.23
14K金镶钻石戒指		168,000	云南典藏	2012.05.27
16.00克拉斯无加热里兰卡蓝宝石 钻石 戒指		151,125	香港邦瀚斯	2012.11.23
17.9克拉碧玺18K金镶钻戒指		98,560	北京荣宝	2012.11.25
18.25克拉古垫形天然缅甸蓝宝石配钻石戒指		1,400,000	北京保利	2012.12.05
18K白金蛋形钻石戒指		57,383	香港拍得高	2012.09.15
18K白金翡翠钻石戒指		122,740	香港拍得高	2012.06.16
18K白金红宝石戒指		481,988	香港拍得高	2012.11.24
18K白金红宝石戒指		302,905	香港拍得高	2012.09.15
18K白金红宝石戒指		155,719	香港拍得高	2012.11.24
18K白金红宝石钻石戒指		94,415	香港拍得高	2012.06.16
18K白金蓝宝石钻石戒指		155,785	香港拍得高	2012.06.16
18K白金绿宝石戒指		120,497	香港拍得高	2012.11.24
18K白金绿宝石钻石戒指		78,364	香港拍得高	2012.06.16
18K白金天然蛋形黄钻石戒指		458,121	香港拍得高	2012.09.15
18K白金天然黄钻石戒指		75,256	香港拍得高	2012.09.15
18K白金镶钻石碧玺戒指		53,760	香港富得	2012.11.25
18K白金镶钻石变色紫蓝宝石戒指		185,380	香港富得	2012.11.25
18K白金镶钻石变色紫蓝宝石戒指		164,623	香港富得	2012.09.14
18K白金镶钻石翡翠戒指		355,281	香港富得	2012.03.31
18K白金镶钻石翡翠戒指		317,883	香港富得	2012.03.31
18K白金镶钻石翡翠戒指		302,128	香港富得	2012.07.07
18K白金镶钻石翡翠戒指		186,990	香港富得	2012.03.31
18K白金镶钻石翡翠戒指		111,228	香港富得	2012.11.25
18K白金镶钻石翡翠戒指		79,471	香港富得	2012.03.31
18K白金镶钻石粉红宝石戒指		176,111	香港富得	2012.11.25
18K白金镶钻石红宝石戒指		72,298	香港富得	2012.11.25
18K白金镶钻石红宝石戒指		53,760	香港富得	2012.11.25
18K白金镶钻石黄宝石戒指		70,121	香港富得	2012.03.31
18K白金镶钻石戒指		236,038	香港富得	2012.07.07
18K白金镶钻石戒指		129,023	香港富得	2012.03.31
18K白金镶钻石戒指		75,532	香港富得	2012.07.07
18K白金镶钻石蓝宝石戒指		333,684	香港富得	2012.11.25
18K白金镶钻石蓝宝石戒指		302,128	香港富得	2012.07.07
18K白金镶钻石蓝宝石戒指		280,485	香港富得	2012.03.31
18K白金镶钻石蓝宝石戒指		186,990	香港富得	2012.03.31
18K白金镶钻石蓝宝石戒指		136,902	香港富得	2012.07.07
18K白金镶钻石蓝宝石戒指		129,766	香港富得	2012.11.25
18K白金镶钻石蓝宝石戒指		122,291	香港富得	2012.09.14
18K白金镶钻石蓝宝石戒指		56,442	香港富得	2012.09.14
18K白金镶钻石蓝宝石男装戒指		60,898	香港富得	2012.07.07
18K白金镶钻石绿宝石戒指		79,960	香港富得	2012.09.14
18K白金镶钻石绿宝石戒指		54,761	香港富得	2012.07.07
18K白金镶钻石锰铝榴石戒指		84,974	香港富得	2012.07.07
18K白金镶钻石天然碧玺戒指		88,820	香港富得	2012.03.31
18K白金镶钻石天然变色紫蓝宝石戒指		140,243	香港富得	2012.03.31
18K白金镶钻石天然帕德玛刚玉戒指		168,291	香港富得	2012.03.31

拍品名称	物品尺寸	成交价RMB	拍卖公司	拍卖日期
18K白金镶钻石天然沙弗来宝石戒指		112,194	香港富得	2012.03.31
18K白金镶钻石紫色蓝宝石戒指		236,038	香港富得	2012.07.07
18K白金镶钻石祖母绿戒指		357,466	香港富得	2012.09.14
18K白金镶钻石祖母绿戒指		296,608	香港富得	2012.11.25
18K白金钻石啡粉红钻石戒指		159,876	香港拍得高	2012.03.17
18K白金钻石翡翠戒指		74,796	香港拍得高	2012.03.17
18K白金钻石黄钻石戒指		96,300	香港拍得高	2012.03.17
18K白金钻石戒指		241,217	香港拍得高	2012.03.17
18K白金钻石戒指		220,602	香港拍得高	2012.11.24
18K白金钻石戒指		101,959	香港拍得高	2012.11.24
18K白金钻石戒指		92,690	香港拍得高	2012.11.24
18K白金钻石戒指		86,950	香港拍得高	2012.03.17
18K白金钻石戒指		57,383	香港拍得高	2012.09.15
18K白金钻石蓝宝石戒指		70,121	香港拍得高	2012.03.17
18K黑金翡翠戒指		120,497	香港拍得高	2012.11.24
18K黑金蓝宝石戒指		82,782	香港拍得高	2012.09.15
18K黑金镶钻石变色紫蓝色星光蓝宝石戒指		101,596	香港富得	2012.09.14
18K黄白金天然黄钻石戒指		72,298	香港拍得高	2012.11.24
18K黄金翡翠戒指		55,614	香港拍得高	2012.11.24
18K黄金绿宝石戒指		79,960	香港拍得高	2012.09.15
18K金翡翠戒指		5,220,600	广东保利	2012.12.15
18K金翡翠戒指		1,243,000	广东保利	2012.12.15
18K金翡翠戒指		553,700	广东保利	2012.12.15
18K金翡翠戒指		395,500	广东保利	2012.12.15
18K金翡翠戒指		174,020	广东保利	2012.12.15
18K金翡翠戒指		87,010	广东保利	2012.12.15
18K金配钻天然星光红宝石戒指		207,000	广东古今	2012.07.15
18K金镶翡翠戒指		130,893	香港富得	2012.03.31
18K金镶嵌翡翠戒指		180,800	广东保利	2012.12.15
18k金镶嵌翡翠戒指		63,280	广东保利	2012.12.15
18k金镶嵌翡翠戒指		63,280	广东保利	2012.12.15
18K金镶祖母绿戒指	2.1cm×1.7cm	1,380,000	北京九歌	2012.06.29
18K金镶钻满绿翡翠男戒	1.8cm×1.6cm	598,000	北京九歌	2012.06.29
18K金镶钻满绿翡翠男戒	1.4cm×1cm	207,000	北京九歌	2012.06.29
2.01克拉圆形天然缅甸鸽血红红宝石配钻石戒指		207,200	北京保利	2012.12.05
2.07克拉心形淡彩橘粉色钻石戒指		253,000	北京保利	2012.12.05
2.22克拉蓝宝石18K金镶钻戒指		61,600	北京荣宝	2012.08.26
2.41克拉椭圆形彩黄色钻石戒指		287,500	北京翰海	2012.12.08
2.50克拉红宝石 钻石 戒指		65,488	香港邦瀚斯	2012.11.23
2.63克拉D/VS1钻石 戒指		422,344	香港邦瀚斯	2012.11.23
2.69克拉火欧泊钻石铂金戒指		56,000	北京荣宝	2012.08.26
2.79克拉天然哥伦比亚祖母绿配钻石戒指		230,000	北京保利	2012.06.05
2.83克拉圆形钻石戒指		74,750	北京保利	2012.06.05
20.03 克拉椭圆形缅甸天然蓝宝石戒指		5,335,720	香港佳士得	2012.11.27
21.81克拉圆形天然哥伦比亚祖母绿配黄钻、白钻戒指		977,500	北京保利	2012.12.05
25.18克拉椭圆形天然蓝宝石配钻石、祖母绿戒指		345,000	北京保利	2012.12.05
27.00克拉祖母绿形天然祖母绿配钻石戒指		437,000	北京保利	2012.06.05
3.00克拉天然梨形祖母绿配钻石戒指		73,600	北京保利	2012.06.05
3.02克拉F/VS1钻石 钻石 戒指		261,950	香港邦瀚斯	2012.11.23
3.03克拉古垫形鲜彩黄色钻石戒指	净度SI1	414,000	北京保利	2012.06.05
3.04克拉钻石戒指	净度VS2	345,000	中国嘉德	2012.05.13
3.06 克拉枕形缅甸天然红宝石戒指		693,160	香港佳士得	2012.11.27
3.07克拉椭圆形天然克什米尔矢车菊蓝蓝宝石配钻石戒指		299,000	北京保利	2012.12.05
3.10克拉祖母绿形浓彩黄色钻石戒指		517,500	北京保利	2012.12.05
3.19克拉戴妃款天然蓝宝石戒指		51,750	荣宝斋(上海)	2012.09.09
3.35克拉红宝18K金镶钻花形戒指		134,400	北京荣宝	2012.08.26
3.61克拉红宝石K金镶钻戒指		67,200	北京荣宝	2012.08.26
3.79克拉椭圆形帕拉伊巴级别天然碧玺配粉色蓝宝石戒指		63,250	北京保利	2012.06.05
3.97克拉哥伦比亚祖母绿钻石戒指		60,450	香港邦瀚斯	2012.11.23
34.82克拉天然坦桑石配钻石戒指		138,000	北京保利	2012.06.05
36.58克拉枕形彩棕黄色VS1 Type IIa钻石戒指		7,753,720	香港佳士得	2012.11.27
4.00克拉椭圆形天然蓝宝石配钻石戒指		51,750	北京保利	2012.06.05
4.02克拉祖母绿形无瑕钻石戒指		230,000	北京保利	2012.12.05
4.02克拉祖母绿形钻石戒指		322,000	北京保利	2012.06.05
4.05克拉心形天然淡彩黄色钻石戒指		218,500	北京保利	2012.12.05
4.19克拉方形浓彩黄色无瑕钻石配钻石戒指		897,000	北京保利	2012.12.05
4.33克拉祖母绿形祖母绿配钻石戒指		78,200	北京保利	2012.12.05
4.45克拉蓝宝石铂金镶钻戒指		72,800	北京荣宝	2012.08.26
4.50克拉圆形天然克什米尔蓝宝石配钻石戒指		1,817,000	北京保利	2012.06.05
42.29克拉天然桃红色碧玺配钻石戒指		138,000	北京保利	2012.06.05
5.03克拉D/IF钻石 钻石 戒指		2,047,240	香港邦瀚斯	2012.11.23
5.13克拉圆形D/IF钻石戒指		3,981,640	香港佳士得	2012.11.27
5.42克拉D/VS2钻石 钻石 戒指		1,370,200	香港邦瀚斯	2012.11.23
5.43克拉方形全美无暇浓彩黄色钻石戒指		1,012,000	北京保利	2012.06.05
5.49克拉变色刚玉 钻石 戒指		63,473	香港邦瀚斯	2012.11.23
5.51克拉无加热帕德玛刚玉 钻石 戒指		130,975	香港邦瀚斯	2012.11.23
5.56克拉坦桑石K金镶钻戒指		67,200	北京荣宝	2012.06.24
5.61克拉垫形天然彩黄色SI1净度钻石戒指		537,600	北京荣宝	2012.06.24
55.43克拉猫眼石戒指		2,143,960	香港佳士得	2012.11.27
6.06克拉无加热粉红色刚玉 钻石 戒指		141,050	香港邦瀚斯	2012.11.23
6.09克拉红宝K金镶钻戒指		56,000	北京荣宝	2012.06.24
6.29克拉雷蒂恩形彩黄色无瑕钻石配钻石戒指		897,000	北京保利	2012.12.05
6.43克拉粉色钻石戒指 IF净度		13,800,000	北京艺融	2012.11.19
6.94克拉缅甸天然星光蓝宝石戒指		1,273,480	香港佳士得	2012.11.27
65.02克拉椭圆形天然星光蓝宝石配钻石戒指		920,000	北京保利	2012.06.05
7.26克拉坦桑石PT900铂金镶钻戒指		64,960	北京荣宝	2012.03.10
8.3克拉欧泊石K金镶钻戒指		89,600	北京荣宝	2012.06.24
8K黄金镶翡翠戒指		203,918	香港富得	2012.11.25
9.07克拉枕形F/VVS1(极优打磨)钻石戒指		3,788,200	香港佳士得	2012.11.27
9.14克拉垫形祖母绿K金镶钻戒指		179,200	北京荣宝	2012.06.24
9.48克拉蓝宝石铂金镶钻戒指		134,400	北京荣宝	2012.06.24
ART DECO风格约1.07克拉圆形钻石配天然红宝石ART DECO戒指		94,300	北京保利	2012.12.05
BAERJEWEL作品 天然欧泊原石配钻石戒指		207,000	北京保利	2012.06.05
K金镶嵌翡翠戒指		80,500	太平洋	2012.06.16
K金镶钻花形戒指		67,200	北京荣宝	2012.06.24
Pt900铂金镶珊瑚戒指		62,642	香港富得	2012.03.31
Pt900铂金镶珊瑚戒指		57,967	香港富得	2012.03.31
Pt900铂金镶钻石戒指		224,388	香港富得	2012.03.31

2012杂项拍卖成交汇总

(成交价RMB：5万元以上)

拍品名称	物品尺寸	成交价RMB	拍卖公司	拍卖日期
白18K金镶嵌1颗3.510ct椭圆型刻面红宝石及62粒共计1.210ct钻石戒指		632,500	上海工美	2012.08.18
白冰戒指		103,500	北京歌德	2012.12.01
白金翡翠钻戒、耳坠(三件)		483,000	上海嘉泰	2012.06.23
比翼双飞戒指		129,766	保利香港	2012.11.24
碧玺 钻石 戒指		50,375	香港邦瀚斯	2012.11.23
碧玺白金镶钻戒指		76,160	中鸿信	2012.03.18
变色星光蓝宝石配缟玛瑙戒指		388,550	香港苏富比	2012.10.09
冰种翡翠K金镶红宝钻石戒指		67,200	北京荣宝	2012.06.24
冰种阳翠戒指		640,710	广东保利	2012.12.15
玻璃种正阳翡翠钻戒		253,000	上海嘉泰	2012.10.25
铂金翡翠钻石戒指		56,649	香港拍得高	2012.06.16
梨形彩粉红色钻石重10.15卡拉配钻石戒指		20,237,320	香港苏富比	2012.10.09
彩黄棕色钻石配钻石戒指		556,240	香港苏富比	2012.10.09
彩色钻石配钻石戒指，		71,575	香港苏富比	2012.10.09
长方形哥伦比亚天然祖母绿戒指		693,160	香港佳士得	2012.11.27
长方形哥伦比亚天然祖母绿戒指		548,080	香港佳士得	2012.11.27
橙粉红色刚玉配钻石戒指		265,850	香港苏富比	2012.10.09
翠戒	1.7cm×1.3cm	168,000	南京经典	2012.01.08
翠玉鞍戒	长2cm	56,097	香港普艺	2012.03.31
大溪地黑珍珠戒指		138,000	北京歌德	2012.06.02
蛋白石戒指(两枚)		171,275	香港佳士得	2012.11.27
蛋面		305,100	广东保利	2012.12.15
蛋面戒指		600,000	上海驰翰	2012.10.10
蒂芙尼 1.01克拉矩形彩黄色钻石戒指		241,500	北京保利	2012.12.05
蒂芙尼 2.47克拉椭圆形天然皇家蓝蓝宝石配钻石戒指		69,000	北京保利	2012.12.05
蒂芙尼 6.29克拉天然祖母绿配钻石戒指		943,000	北京保利	2012.06.05
蒂芙尼 天然绿色碧玺戒指		57,500	北京保利	2012.06.05
多花瓣翡翠戒指		132,250	上海宝龙	2012.06.26
梵克雅宝1.015克拉圆形钻石戒指		109,250	北京保利	2012.12.05
梵克雅宝 红珊瑚配钻石戒指		92,000	北京保利	2012.12.05
翡翠 戒指		141,050	香港邦瀚斯	2012.11.23
翡翠 钻石 戒指		322,400	香港邦瀚斯	2012.11.23
翡翠 钻石 戒指		201,500	香港邦瀚斯	2012.11.23
翡翠 钻石 戒指		201,500	香港邦瀚斯	2012.11.23
翡翠 钻石 戒指		70,525	香港邦瀚斯	2012.11.23
翡翠 钻石 戒指		55,413	香港邦瀚斯	2012.11.23
翡翠 钻石 戒指 耳环 一套		241,800	香港邦瀚斯	2012.11.23
翡翠18K金镶钻戒指		134,400	北京荣宝	2012.11.25
翡翠白金镶钻戒指		224,000	北京荣宝	2012.06.24
翡翠白金镶钻戒指		224,000	中鸿信	2012.03.18
翡翠白金镶钻戒指		76,160	中鸿信	2012.03.18
翡翠白金镶钻石红宝戒指		672,000	北京荣宝	2012.06.24
翡翠蛋面戒指		1,725,000	北京艺融	2012.11.19
翡翠蛋面戒指		598,000	北京艺融	2012.11.19
翡翠蛋面戒指		402,500	北京艺融	2012.11.19
翡翠蛋面戒指		299,000	北京艺融	2012.11.19
翡翠蛋面戒指		161,000	北京歌德	2012.12.01
翡翠二龙戏珠戒指		89,600	中鸿信	2012.03.18
翡翠浑身戒指		75,256	香港拍得高	2012.09.15
翡翠戒指		780,000	上海驰翰	2012.10.10
翡翠戒指		287,500	北京艺融	2012.11.19
翡翠戒指		138,000	上海工美	2012.08.18
翡翠戒指		126,218	香港拍得高	2012.03.17
翡翠戒指		103,500	上海工美	2012.08.18
翡翠戒指		55,200	上海工美	2012.08.18
翡翠金蟾双金镶钻戒指		784,000	北京荣宝	2012.06.24
翡翠马眼形戒指		287,500	北京艺融	2012.11.19
翡翠素面戒面		2,300,000	北京九歌	2012.06.29
翡翠素面女戒面	1.4cm×1.1cm	207,000	北京九歌	2012.06.29
翡翠素面女戒面	直径1.1cm	161,000	北京九歌	2012.06.29
翡翠素面女戒面	直径1.2cm	161,000	北京九歌	2012.06.29
翡翠素面女戒面	1.3cm×1.1cm	161,000	北京九歌	2012.06.29
翡翠钻石PT900铂金戒指		313,600	北京荣宝	2012.03.10
翡翠钻石PT900铂金戒指		201,600	北京荣宝	2012.03.10
翡翠钻石铂金戒指		246,400	北京荣宝	2012.11.25
翡翠钻石戒指		207,000	中国嘉德	2012.10.28
翡翠钻石戒指		201,600	北京荣宝	2012.08.26
翡翠钻石戒指		97,750	中国嘉德	2012.05.13
翡翠钻石戒指		69,000	中国嘉德	2012.10.28
粉红色璧玺配钻石戒指		122,700	香港苏富比	2012.10.09
粉红色刚玉 钻石 戒指		90,675	香港邦瀚斯	2012.11.23
卡地亚 粉红色刚玉配钻石「PANTH?RE」戒指		654,400	香港苏富比	2012.10.09
粉红色刚玉配钻石戒指		526,792	香港苏富比	2012.10.09
粉红色刚玉配钻石戒指		112,475	香港苏富比	2012.10.09
粉红色尖晶石配钻石戒指		448,264	香港苏富比	2012.10.09
粉钻戒指		368,000	北京艺融	2012.11.19
粉钻钻戒		322,000	北京艺融	2012.11.19
高冰阳翠戒指耳钉三粒		1,525,500	广东保利	2012.12.15
黑欧泊弧面18K铂金镶钻戒指		53,000	隆荣国际	2012.07.27
黑欧泊钻石铂金戒指		95,200	北京荣宝	2012.11.25
红宝石 钻石 戒指		130,975	香港邦瀚斯	2012.11.23
红宝石、钻石、祖母绿及黑玛瑙「Panth è re」戒指		382,850	香港佳士得	2012.11.27
红宝石18K金镶钻戒指		78,400	北京荣宝	2012.08.26
红宝石弧面18K铂金镶钻戒指		200,000	隆荣国际	2012.07.27
红宝石戒指		149,500	上海工美	2012.08.18
红宝石戒指		138,000	北京艺融	2012.11.19
红宝石配钻石及粉红色璧玺戒指		153,375	香港苏富比	2012.10.09
红宝石配钻石戒指		327,200	香港苏富比	2012.10.09
红宝石配钻石戒指，CARTIER, NEW YORK，年份约1956		21,153,480	香港苏富比	2012.10.09
红宝石配钻石戒指，GARRARD & CO.		2,175,880	香港苏富比	2012.10.09
红宝石配钻石戒指，JAMES W. CURRENS，FAIDEE		2,470,360	香港苏富比	2012.10.09
皇家蓝蓝宝戒		690,000	中贸圣佳	2012.03.04
黄金蛋面戒指		1,230,500	北京歌德	2012.12.01
黄金蛋面戒指		738,300	北京歌德	2012.12.01
黄金镶钻雪茄指环		103,500	北京艺融	2012.11.19
黄金雪茄对戒(特别版)		115,000	北京艺融	2012.11.19
黄钻戒指		1,495,000	北京艺融	2012.11.19
黄钻戒指		253,000	北京艺融	2012.11.19
黄钻戒指		149,500	北京艺融	2012.11.19
黄钻钻戒		207,000	北京艺融	2012.11.19
火蛋白石戒指		382,850	香港佳士得	2012.11.27
火蛋白石戒指		100,750	香港佳士得	2012.11.27
火蛋白石配缟玛瑙及钻石戒指，陈世英(WALLACE CHAN)		245,400	香港苏富比	2012.10.09
火蛋白石配钻石戒指		112,475	香港苏富比	2012.10.09
金蓝宝石18K铂金镶钻戒指		300,000	隆荣国际	2012.07.27
金绿玉猫眼戒		437,000	中贸圣佳	2012.03.04
锦钻钻戒		138,000	北京艺融	2012.11.19
卡地亚 4.05克拉椭圆形天然蓝宝石配钻石戒指		253,000	北京保利	2012.06.05
蓝宝18K金镶钻戒指		50,400	北京荣宝	2012.08.26
蓝宝戒指		747,500	北京歌德	2012.12.01
蓝宝石、祖母绿及黑玛瑙「Panth è re」戒指		70,525	香港佳士得	2012.11.27
蓝宝石变色戒指		322,000	北京艺融	2012.11.19

拍品名称	物品尺寸	成交价RMB	拍卖公司	拍卖日期
蓝宝石戒指		63,250	上海工美	2012.08.18
蓝宝石配钻石戒指		3,353,800	香港苏富比	2012.10.09
蓝宝石配钻石戒指		683,848	香港苏富比	2012.10.09
蓝宝石配钻石戒指		388,550	香港苏富比	2012.10.09
蓝宝石配钻石戒指		357,875	香港苏富比	2012.10.09
蓝宝石配钻石戒指		327,200	香港苏富比	2012.10.09
蓝宝石配钻石戒指		286,300	香港苏富比	2012.10.09
蓝宝石配钻石戒指		204,500	香港苏富比	2012.10.09
蓝宝石镶钻戒指		253,000	广东古今	2012.07.15
蓝宝石重24.71卡拉配钻石戒指共重约5.15卡拉		3,746,440	香港苏富比	2012.10.09
老坑玻璃种翡翠镶18k金钻石戒指		161,000	上海宝龙	2012.06.26
菱形翡翠白金镶钻戒指		145,600	北京荣宝	2012.06.24
绿玉髓、祖母绿及黑玛瑙「Panth è re」戒指		75,563	香港佳士得	2012.11.27
螺珠戒指		126,500	北京艺融	2012.11.19
马眼戒指		1,476,600	北京歌德	2012.12.01
满绿翡翠翡翠戒指		80,500	上海宝龙	2012.06.26
满绿翡翠镶18k金钻石“貔貅”戒指		57,500	上海宝龙	2012.06.26
满绿马鞍型翡翠男戒		115,000	上海宝龙	2012.06.26
猫眼石戒指		171,275	香港佳士得	2012.11.27
锰铝榴石配钻石戒指		153,375	香港苏富比	2012.10.09
缅甸天然翡翠蛋面戒指		2,724,280	香港佳士得	2012.11.27
缅甸天然翡翠蛋面戒指		886,600	香港佳士得	2012.11.27
缅甸天然翡翠蛋面戒指		362,700	香港佳士得	2012.11.27
缅甸天然翡翠蛋面戒指		322,400	香港佳士得	2012.11.27
缅甸天然翡翠蛋面戒指		261,950	香港佳士得	2012.11.27
缅甸天然翡翠蛋面戒指		171,275	香港佳士得	2012.11.27
缅甸天然翡翠蛋面戒指		130,975	香港佳士得	2012.11.27
缅甸天然翡翠蛋面戒指		120,900	香港佳士得	2012.11.27
缅甸天然翡翠蛋面戒指		110,825	香港佳士得	2012.11.27
缅甸天然翡翠蛋面戒指		100,750	香港佳士得	2012.11.27
缅甸天然翡翠蛋面戒指		85,638	香港佳士得	2012.11.27
缅甸天然翡翠蛋面戒指(一对)		221,650	香港佳士得	2012.11.27
缅甸天然翡翠马鞍戒指(一对)		1,080,040	香港佳士得	2012.11.27
缅甸天然翡翠双蛋面戒指		470,704	香港佳士得	2012.11.27
缅甸天然圆形翡翠蛋面戒指		2,337,400	香港佳士得	2012.11.27
女士翡翠蛋面戒指		1,107,450	北京歌德	2012.12.01
糯底阳翠戒指		610,200	广东保利	2012.12.15
欧珀18K铂金镶钻戒指		100,000	隆荣国际	2012.07.27
朴载林巴西帕拉伊巴碧玺镶钻戒指		920,000	北京九歌	2012.06.29
朴载林巴西帕拉伊巴碧玺镶钻戒指		920,000	北京九歌	2012.06.29
朴载林 彩色宝石镶嵌戒指		47,380,000	北京九歌	2012.06.29
朴载林 哥伦比亚祖母绿镶钻1.67ct戒指		977,500	北京九歌	2012.06.29
朴载林 哥伦比亚祖母绿镶钻戒指		862,500	北京九歌	2012.06.29
朴载林 古潭梦巴西帕拉伊巴碧玺 镶钻戒指		920,000	北京九歌	2012.06.29
朴载林 海神女王蓝宝石镶钻戒指		9,200,000	北京九歌	2012.06.29
朴载林 红宝石镶钻戒指		5,083,000	北京九歌	2012.06.29
朴载林 火之舞欧泊群镶彩宝戒指		6,152,500	北京九歌	2012.06.29
朴载林 蓝宝石镶钻戒指		747,500	北京九歌	2012.06.29
朴载林 蓝宝石圆形戒指		805,000	北京九歌	2012.06.29
朴载林 双色西瓜碧玺戒指	碧玺14.546克拉	5,140,500	北京九歌	2012.06.29
朴载林 桃红碧玺戒指		3,772,000	北京九歌	2012.06.29
朴载林 雁南飞巴西帕拉伊巴碧玺 镶钻戒指		713,000	北京九歌	2012.06.29
青稞酿戒指		115,000	北京歌德	2012.06.02
三色彩色钻石戒指		138,000	北京保利	2012.12.05
卡地亚 珊瑚配蓝宝石及钻石戒指		53,170	香港苏富比	2012.10.09
水滴形翡翠白金镶钻戒指		100,800	北京荣宝	2012.06.24

拍品名称	物品尺寸	成交价RMB	拍卖公司	拍卖日期
坦桑蓝镶钻戒指		172,500	北京艺融	2012.11.19
坦桑石 钻石 戒指		70,525	香港邦瀚斯	2012.11.23
天然彩色碧玺戒指(一组三枚)		51,750	北京保利	2012.12.05
天然翡翠蛋面配钻石戒指	1.9cm×1.4cm	1,265,000	北京翰海	2012.05.26
天然翡翠蛋面配钻石戒指	2.0cm×1.4cm	575,000	北京翰海	2012.05.26
天然翡翠戒指		78,200	上海大众	2012.08.04
天然翡翠马鞍戒指		821,272	香港苏富比	2012.10.09
天然翡翠马鞍戒指		327,200	香港苏富比	2012.10.09
天然翡翠马鞍配钻石戒指		224,950	香港苏富比	2012.10.09
天然翡翠马鞍配钻石圈戒		172,500	北京翰海	2012.12.08
天然翡翠配冰种翡翠及钻石戒指		76,688	香港苏富比	2012.10.09
天然翡翠配黄色钻石玫瑰戒指		92,000	北京保利	2012.06.05
天然翡翠配钻石花朵戒指		1,380,000	北京保利	2012.12.05
天然翡翠配钻石戒指		1,783,240	香港苏富比	2012.10.09
天然翡翠配钻石戒指		1,552,500	北京保利	2012.12.05
天然翡翠配钻石戒指		1,292,440	香港苏富比	2012.10.09
天然翡翠配钻石戒指		664,216	香港苏富比	2012.10.09
天然翡翠配钻石戒指		644,000	北京保利	2012.06.05
天然翡翠配钻石戒指		357,875	香港苏富比	2012.10.09
天然翡翠配钻石戒指		345,000	北京保利	2012.06.05
天然翡翠配钻石戒指		322,000	北京保利	2012.06.05
天然翡翠配钻石戒指		255,625	香港苏富比	2012.10.09
天然翡翠配钻石戒指		235,750	北京保利	2012.12.05
天然翡翠配钻石戒指		224,950	香港苏富比	2012.10.09
天然翡翠配钻石戒指		173,825	香港苏富比	2012.10.09
天然翡翠配钻石戒指		173,825	香港苏富比	2012.10.09
天然翡翠配钻石戒指		172,500	北京保利	2012.12.05
天然翡翠配钻石戒指		163,600	香港苏富比	2012.10.09
天然翡翠配钻石戒指		138,000	北京保利	2012.12.05
天然翡翠配钻石戒指		101,200	北京保利	2012.06.05
天然翡翠配钻石戒指		71,575	香港苏富比	2012.10.09
天然翡翠配钻石戒指		55,200	北京保利	2012.06.05
天然翡翠配钻石戒指；及天然紫翡翠配钻石戒指		173,825	香港苏富比	2012.10.09
天然翡翠配钻石两用式戒指		66,700	北京保利	2012.12.05
天然翡翠配钻石马眼形戒指		161,000	北京保利	2012.12.05
天然翡翠配钻石三方得利戒指		3,105,000	北京保利	2012.12.05
天然翡翠甜心戒指		63,250	北京保利	2012.06.05
天然翡翠心型配钻石戒指		92,000	北京翰海	2012.05.26
天然翡翠心型配钻石戒指		63,250	北京翰海	2012.05.26
天然红珊瑚配钻石戒指		184,000	北京保利	2012.06.05
天然红珊瑚配钻石戒指		74,750	北京保利	2012.12.05
天然金绿猫眼石配钻石戒指		194,275	香港苏富比	2012.10.09
天然满绿翡翠配钻石福豆戒指		161,000	北京保利	2012.12.05
天然珍珠及钻石戒指		789,880	香港佳士得	2012.11.27
天然珍珠配钻石戒指		224,950	香港苏富比	2012.10.09
天然珍珠配钻石戒指，年份约1940		132,925	香港苏富比	2012.10.09
天然珍珠配钻石戒指及耳环套装		245,400	香港苏富比	2012.10.09
天然紫翡翠配黑色硬石戒指		224,950	香港苏富比	2012.10.09
天然紫罗兰翡翠配钻石戒指		287,500	北京保利	2012.06.05
天然紫罗兰翡翠配钻石戒指		69,000	北京保利	2012.12.05
椭圆形尖晶石戒指		85,638	香港佳士得	2012.11.27
椭圆形石榴石戒指		382,850	香港佳士得	2012.11.27
无烧蓝宝戒	长2.1cm	368,000	中贸圣佳	2012.03.04
伍穗华作品，1.74克拉古垫形浓彩绿色钻石配粉钻戒指		1,667,500	北京保利	2012.12.05
鲜彩黄色2.43卡拉钻石配钻石戒指		8,327,240	香港苏富比	2012.10.09
鲜彩黄色钻石配钻石戒指		4,335,400	香港苏富比	2012.10.09
鲜彩黄色钻石配钻石戒指		204,500	香港苏富比	2012.10.09
现代 翡翠戒指		92,000	北京传是	2012.07.08
镶嵌翡翠戒指		63,280	广东保利	2012.12.15
镶嵌翡翠戒指		54,240	广东保利	2012.12.15

2012杂项拍卖成交汇总

(成交价RMB：5万元以上)

拍品名称	物品尺寸	成交价RMB	拍卖公司	拍卖日期
镶钻金绿宝戒	长2.7cm	51,750	中贸圣佳	2012.03.04
镶钻满绿翡翠戒指		97,750	上海宝龙	2012.06.26
想，梦戒指		115,000	北京歌德	2012.06.02
心形翡翠18K金镶钻戒指		78,400	北京荣宝	2012.08.26
星光红宝石弧面18K铂金镶钻戒指		100,000	隆荣国际	2012.07.27
星光红宝石配钻石戒指		1,881,400	香港苏富比	2012.10.09
星光蓝宝K金镶钻戒指		67,200	北京荣宝	2012.06.24
星光蓝宝石戒指		382,850	香港佳士得	2012.11.27
亚历山大变色猫眼石配钻石戒指		153,375	香港苏富比	2012.10.09
亚历山大变色石配钻石戒指		102,250	香港苏富比	2012.10.09
养殖珍珠、祖母绿及黑玛瑙「Panth è re」戒指		65,488	香港佳士得	2012.11.27
养殖珍珠戒指		65,488	香港佳士得	2012.11.27
圆形钻石戒指		934,960	香港佳士得	2012.11.27
约1.82克拉圆形淡彩黄色VS2(极优打磨)钻石戒指		70,525	香港佳士得	2012.11.27
约10.08 克拉缅甸天然鸽血红红宝石蛋面戒指		3,207,880	香港佳士得	2012.11.27
约10.13克拉长方形鲜彩黄色VS1钻石戒指		6,012,760	香港佳士得	2012.11.27
约10.66 克拉枕形克什米尔天然蓝宝石戒指		7,463,560	香港佳士得	2012.11.27
约10.80克拉长方形H/VVS1钻石戒指		3,884,920	香港佳士得	2012.11.27
约15.99克拉枕形哥伦比亚天然祖母绿戒指		7,753,720	香港佳士得	2012.11.27
约17.06克拉椭圆形缅甸天然蓝宝石戒指		1,757,080	香港佳士得	2012.11.27
约19.53克拉缅甸天然星光红宝石戒指		7,753,720	香港佳士得	2012.11.27
约1920年制 卡地亚 CARTIER 16.16克拉天然星光红宝石戒指		2,185,000	北京保利	2012.06.05
约2.11克拉天然彩色钻石戒指		66,700	北京保利	2012.12.05
约2.18克拉圆形彩黄色VVS1钻石戒指		100,750	香港佳士得	2012.11.27
约22.03克拉长方形K(微棕色)/VVS2钻石戒指		2,917,720	香港佳士得	2012.11.27
约23.88克拉锥形哥伦比亚祖母绿戒指		1,176,760	香港佳士得	2012.11.27
约26.19克拉椭圆形斯里兰卡天然粉红色蓝宝石戒指		5,335,720	香港佳士得	2012.11.27
约37.29克拉椭圆形缅甸天然帕德玛刚玉戒指		3,401,320	香港佳士得	2012.11.27
约4.72 克拉椭圆形缅甸天然蓝宝石、约1.16 及1.00 克拉椭圆形缅甸天然红宝石戒指		302,250	香港佳士得	2012.11.27
约5.01 克拉榄尖形淡粉红棕色钻石戒指		1,370,200	香港佳士得	2012.11.27
约5.20克拉长方形F/VVS2钻石戒指		1,273,480	香港佳士得	2012.11.27
约5.30克拉正方形G/VS1钻石戒指		712,504	香港佳士得	2012.11.27
约6.26克拉枕形彩黄色VS1(极优打磨)钻石戒指		789,880	香港佳士得	2012.11.27
约7.36克拉椭圆形浓彩黄色VVS2(极优打磨)钻石戒指		1,080,040	香港佳士得	2012.11.27
约7.82克拉椭圆形缅甸天然红宝石戒指		1,853,800	香港佳士得	2012.11.27
约8.42克拉圆形E/VS1钻石戒指		2,530,840	香港佳士得	2012.11.27
约8.59克拉长方形彩粉红色VS2钻石戒指		22,197,240	香港佳士得	2012.11.27
约9.01克拉巴西天然猫眼亚历山大石戒指		983,320	香港佳士得	2012.11.27
约9.37克拉圆形克什米尔天然蓝宝石戒指		5,529,160	香港佳士得	2012.11.27
枕形缅甸天然红宝石戒指		382,850	香港佳士得	2012.11.27

拍品名称	物品尺寸	成交价RMB	拍卖公司	拍卖日期
正方形钻石戒指		693,160	香港佳士得	2012.11.27
紫锂辉石配钻石、法琅彩及宝石戒指，MITSUO KAJI		76,688	香港苏富比	2012.10.09
足色全美15.02卡拉钻石戒指 D/IF		17,946,920	香港苏富比	2012.10.09
足色全美钻石戒指		2,077,720	香港苏富比	2012.10.09
足色全美钻石戒指		1,979,560	香港苏富比	2012.10.09
足色全美钻石戒指		487,528	香港苏富比	2012.10.09
足色全美钻石戒指		388,550	香港苏富比	2012.10.09
足色全美钻石戒指，宝格丽(BULGARI)		173,825	香港苏富比	2012.10.09
祖母绿 钻石 戒指 耳环 一套		65,488	香港邦瀚斯	2012.11.23
祖母绿18K铂金镶钻戒指		200,000	隆荣国际	2012.07.27
祖母绿K金镶钻花形戒指		145,600	北京荣宝	2012.06.24
祖母绿白金镶钻戒指		89,600	中鸿信	2012.03.18
祖母绿配钻石戒指		4,237,240	香港苏富比	2012.10.09
祖母绿配钻石戒指		3,451,960	香港苏富比	2012.10.09
祖母绿配钻石戒指		388,550	香港苏富比	2012.10.09
祖母绿配钻石戒指 PATEK PHILIPPE 年份约1970		556,240	香港苏富比	2012.10.09
卡地亚 祖母绿配钻石戒指		487,528	香港苏富比	2012.10.09
祖母绿镶钻戒		529,000	中贸圣佳	2012.03.04
祖母绿指戒指		632,500	北京艺融	2012.11.19
祖母绿钻石铂金戒指		112,000	北京荣宝	2012.11.25
祖母绿钻石戒指		862,500	中国嘉德	2012.05.13
钻石及无色硬石戒指		194,275	香港苏富比	2012.10.09
钻石戒指		2,825,550	北京歌德	2012.12.01
钻石戒指		2,175,880	香港苏富比	2012.10.09
钻石戒指		1,488,760	香港苏富比	2012.10.09
钻石戒指		1,096,120	香港苏富比	2012.10.09
钻石戒指		899,800	香港苏富比	2012.10.09
钻石戒指		703,480	香港苏富比	2012.10.09
钻石戒指		654,400	香港苏富比	2012.10.09
钻石戒指		556,240	香港苏富比	2012.10.09
钻石戒指		428,632	香港苏富比	2012.10.09
钻石戒指		409,000	香港苏富比	2012.10.09
钻石戒指		409,000	香港苏富比	2012.10.09
钻石戒指		378,325	香港苏富比	2012.10.09
钻石戒指		265,850	香港苏富比	2012.10.09
钻石戒指		265,850	香港苏富比	2012.10.09
钻石戒指		224,950	香港苏富比	2012.10.09
钻石戒指		184,050	香港苏富比	2012.10.09
钻石戒指		126,500	荣宝斋(上海)	2012.09.09
钻石戒指		102,250	香港苏富比	2012.10.09
钻石戒指，宝格丽(BULGARI)		850,720	香港苏富比	2012.10.09
钻石戒指，海瑞温斯顿(HARRY WINSTON)		624,952	香港苏富比	2012.10.09
钻石戒指；及鲜彩黄色钻石配钻石戒指		1,685,080	香港苏富比	2012.10.09
钻石配粉红色刚玉戒指		752,560	香港苏富比	2012.10.09
钻石配粉红钻石戒指，NIRAV MODI		1,194,280	香港苏富比	2012.10.09
钻石配蓝托帕石戒指，陈世英(WALLACE CHAN)		153,375	香港苏富比	2012.10.09
镶嵌翡翠花型套件–戒指/耳钉		275,000	广东汇誉	2012.12.23
18k金镶钻翡翠马鞍戒		88,000	广东汇誉	2012.12.23
耳坠				
1.01及1.02克拉垫形天然浓彩黄色VVS2及VS1净度钻石耳钉(一对)		291,200	北京荣宝	2012.06.24
1.21克拉梨形彩粉色钻石及1.10克拉梨形浓彩粉色钻石配黄钻耳环(一对)		1,035,000	北京保利	2012.12.05
15.12及15.10克拉椭圆形缅甸天然蓝宝石耳坠		4,948,840	香港佳士得	2012.11.27

拍品名称	物品尺寸	成交价RMB	拍卖公司	拍卖日期
18K白金蛋形蓝宝石耳环		244,582	香港拍得高	2012.09.15
18K白金红宝石耳环(2)		118,643	香港拍得高	2012.11.24
18K白金及玫瑰金彩色钻石耳环(2)		83,421	香港拍得高	2012.11.24
18K白金蓝宝石耳环(2)		176,111	香港拍得高	2012.11.24
18K白金天然黄钻石耳环		178,733	香港拍得高	2012.09.15
18K白金镶钻石耳环(一对)		70,121	香港富得	2012.03.31
18K白金镶钻石耳环(一对)		61,175	香港富得	2012.11.25
18K白金镶钻石翡翠“怀古”耳环(一对)		84,974	香港富得	2012.07.07
18K白金镶钻石红宝石耳环(一对)		168,291	香港富得	2012.03.31
18K白金镶钻石红宝石耳环(一对)		65,447	香港富得	2012.03.31
18K白金镶钻石红宝石耳环(一对)		50,053	香港富得	2012.11.25
18K白金镶钻石蓝宝石耳环(一对)		69,518	香港富得	2012.11.25
18K白金镶钻石绿宝石耳环(一对)		240,758	香港富得	2012.07.07
18K白金镶钻石祖母绿耳环(一对)		83,421	香港富得	2012.11.25
18K白金钻石耳环	净度SI2	314,402	香港拍得高	2012.06.16
18K白金钻石耳环		310,431	香港拍得高	2012.09.15
18K白金钻石耳环		187,925	香港拍得高	2012.03.17
18K白金钻石耳环		71,493	香港拍得高	2012.09.15
18K白金钻石耳环		70,553	香港拍得高	2012.09.15
18K白金钻石耳环(2)		190,015	香港拍得高	2012.11.24
18K白金钻石耳环(2)		114,936	香港拍得高	2012.11.24
18K白金钻石蓝宝石耳环		89,755	香港拍得高	2012.03.17
18K白金钻石蓝宝石耳环		61,707	香港拍得高	2012.03.17
18K黄白金天然黄钻石耳环(2)		472,719	香港拍得高	2012.11.24
18K黄白金天然黄钻石耳环(2)		83,421	香港拍得高	2012.11.24
18k金镶嵌翡翠耳钉		192,100	广东保利	2012.12.15
18K金镶钻高冰翡翠晚装链 耳钉(一套)		178,250	北京九歌	2012.06.29
2.74克拉圆形E/IF及2.73克拉圆形E/VVS2钻石耳环		1,273,480	香港佳士得	2012.11.27
22.00克拉天然蓝宝石配钻石耳钉(一对)		109,250	北京保利	2012.06.05
3.03 及3.03 克拉长方形E/VS1 钻石耳坠		886,600	香港佳士得	2012.11.27
3.04克拉D/IF Type IIa及3.02克拉D/IF钻石耳环		3,498,040	香港佳士得	2012.11.27
3.69及3.52克拉梨形D/IF钻石耳坠		3,304,600	香港佳士得	2012.11.27
3.95克拉及3.65克拉无加热斯里兰卡蓝宝石 耳环 一对		201,500	香港邦瀚斯	2012.11.23
5.05, 3.03及2.07克拉碧玺 钻石耳环 戒指 一套		50,375	香港邦瀚斯	2012.11.23
5.28 及5.04 克拉长方形彩黄色VS2 钻石耳坠		983,320	香港佳士得	2012.11.27
5.30及5.02克拉圆形D/IF钻石耳环		10,461,880	香港佳士得	2012.11.27
5.44克拉及5.02克拉浓彩黄色钻石耳环(一对)		2,127,500	北京保利	2012.06.05
8.88克拉及8.88克拉方形彩黄色无瑕钻石耳环(一对)		3,220,000	北京保利	2012.12.05
BRUNILDE 蓝宝石白金耳坠		207,000	北京艺融	2012.11.19
D/IF钻石花形耳环		441,688	香港佳士得	2012.11.27
巴西祖母绿耳坠		382,850	香港佳士得	2012.11.27
白冰耳钉		149,500	北京歌德	2012.12.01
碧玺18K金镶钻耳坠		134,400	北京荣宝	2012.11.25
玻璃种满绿翡翠耳环(一对)		322,000	上海宝龙	2012.06.26
彩黄色钻石配钻石吊坠耳环一对		1,685,080	香港苏富比	2012.10.09
翡翠 钻石 吊坠 耳环 一套		75,563	香港邦瀚斯	2012.11.23
翡翠 钻石 耳环 二对		50,375	香港邦瀚斯	2012.11.23
翡翠“平安扣”耳坠		93,150	南京经典	2012.01.08
翡翠玻璃种镶钻耳环吊坠(三件套)		71,300	广东古今	2012.07.15
翡翠耳坠		126,500	上海工美	2012.08.18
粉红色璧玺配沙弗来石及钻石吊耳环一对		224,950	香港苏富比	2012.10.09

拍品名称	物品尺寸	成交价RMB	拍卖公司	拍卖日期
粉红色刚玉配彩色宝石及钻石「孔雀」吊耳环一对		61,350	香港苏富比	2012.10.09
粉红色海螺珠配钻石吊耳环一对		458,080	香港苏富比	2012.10.09
粉红色尖晶石配钻石吊耳环一对		102,250	香港苏富比	2012.10.09
粉红色钻石配钻石吊坠耳环一对		2,372,200	香港苏富比	2012.10.09
海螺珍珠耳坠		1,176,760	香港佳士得	2012.11.27
卡地亚 红宝石配钻石耳环一对		3,059,320	香港苏富比	2012.10.09
黄色钻石配粉红色钻石吊耳环一对		224,950	香港苏富比	2012.10.09
蓝宝石、钻石及珍珠耳坠		221,650	香港佳士得	2012.11.27
蓝宝石及钻石耳环		130,975	香港佳士得	2012.11.27
梵克雅宝 蓝宝石配祖母绿及钻石耳环(一对)		71,575	香港苏富比	2012.10.09
蓝宝石配钻石耳环一对		71,575	香港苏富比	2012.10.09
老坑玻璃种翡翠镶18k金钻石“叶子”耳坠		218,500	上海宝龙	2012.06.26
绿松石配蓝宝石及钻石吊耳环一对		112,475	香港苏富比	2012.10.09
绿玉髓耳坠		110,825	香港佳士得	2012.11.27
罗启妍作品 天然白色和田玉配红珊瑚灵芝耳环(一对)		132,250	北京保利	2012.06.05
美第奇家族耳饰(一对)		218,500	北京艺融	2012.11.19
缅甸天然翡翠蛋面耳环	长2.57cm	4,078,360	香港佳士得	2012.11.27
缅甸天然翡翠蛋面耳环		1,950,520	香港佳士得	2012.11.27
缅甸天然翡翠蛋面耳坠		221,650	香港佳士得	2012.11.27
缅甸天然翡翠豆荚耳坠		90,675	香港佳士得	2012.11.27
缅甸天然翡翠圈耳坠		161,200	香港佳士得	2012.11.27
缅甸天然红宝石耳环		251,875	香港佳士得	2012.11.27
缅甸天然梨形翡翠蛋面耳坠		302,250	香港佳士得	2012.11.27
明 金质佛手形耳坠(一对)		57,500	上海泓盛	2012.06.24
清 翡翠雕如意花卉纹嵌白金钻石耳环(一对)		402,500	上海大众	2012.08.04
孙誉文KAREN SUEN作品，天然翡翠配钻石耳环(一对)		552,000	北京保利	2012.12.05
天然翡翠「怀古」配钻石吊耳环一对		850,720	香港苏富比	2012.10.09
天然翡翠「怀古」配钻石耳环一对		102,250	香港苏富比	2012.10.09
天然翡翠雕「福在眼前」配钻石吊耳环一对		86,913	香港苏富比	2012.10.09
天然翡翠雕「海马」耳环一对		194,275	香港苏富比	2012.10.09
天然翡翠雕「金枝玉叶」吊耳环一对	尺寸不一	3,844,600	香港苏富比	2012.10.09
天然翡翠雕「兰豆」配钻石吊耳环一对		1,145,200	香港苏富比	2012.10.09
天然翡翠雕「兰豆」配钻石吊坠耳环一对		153,375	香港苏富比	2012.10.09
天然翡翠耳环(一对)		575,000	北京保利	2012.06.05
天然翡翠花件配钻石福在眼前耳环(一对)		333,500	北京保利	2012.06.05
天然翡翠配钻石吊耳环一对		1,145,200	香港苏富比	2012.10.09
天然翡翠配钻石吊耳环一对		204,500	香港苏富比	2012.10.09
天然翡翠配钻石吊耳环一对		184,050	香港苏富比	2012.10.09
天然翡翠配钻石吊耳环一对；及天然冰种翡翠雕「叶子」配钻石吊坠		245,400	香港苏富比	2012.10.09
天然翡翠配钻石花开如意耳环(一对)		78,200	北京保利	2012.06.05
天然海螺珍珠 钻石 耳环 一对		181,350	香港邦瀚斯	2012.11.23
天然海水珍珠 钻石 耳环 一对		403,000	香港邦瀚斯	2012.11.23
天然红珊瑚配钻石耳环(一对)		55,200	北京保利	2012.12.05
天然珍珠耳坠		2,917,720	香港佳士得	2012.11.27
天然珍珠及钻石耳坠		403,000	香港佳士得	2012.11.27
天然珍珠及钻石耳坠		201,500	香港佳士得	2012.11.27
天然珍珠配钻石吊耳环一对		163,600	香港苏富比	2012.10.09

2012杂项拍卖成交汇总

(成交价RMB：5万元以上)

拍品名称	物品尺寸	成交价RMB	拍卖公司	拍卖日期
无加热缅甸红宝石 钻石 耳环 一对 Cartier设计		221,650	香港邦瀚斯	2012.11.23
梵克雅宝 鲜彩黄色钻石配钻石耳环一对		1,783,240	香港苏富比	2012.10.09
梵克雅宝 镶宝石配钻石耳环一对		97,138	香港苏富比	2012.10.09
镶嵌翡翠耳钉		791,000	广东保利	2012.12.15
镶嵌翡翠耳钉		64,862	广东保利	2012.12.15
镶钻祖母绿耳坠 (一对)		529,000	中贸圣佳	2012.03.04
养殖珍珠及钻石耳坠		90,675	香港佳士得	2012.11.27
约1.54克拉圆形F/VVS1及1.50克拉圆形E/VS1钻石耳环		403,000	香港佳士得	2012.11.27
约13.20及12.18克拉梨形哥伦比亚祖母绿耳坠		8,656,440	香港佳士得	2012.11.27
约23.34及23.18克拉梨形哥伦比亚天然祖母绿耳坠	长4.5cm	26,710,840	香港佳士得	2012.11.27
约3.05及2.61克拉枕形克什米尔天然蓝宝石耳环		1,563,640	香港佳士得	2012.11.27
约4.03及3.83克拉椭圆形天然祖母绿耳坠		171,275	香港佳士得	2012.11.27
约4.54及4.47克拉圆形F/VVS1-VVS2钻石耳环		2,434,120	香港佳士得	2012.11.27
约5.05及5.01克拉缅甸天然鸽血红红宝石耳坠	长2.9cm	19,489,080	香港佳士得	2012.11.27
约6.76及6.06克拉梨形D/IF Type IIa钻石耳环	长3.4cm	11,815,960	香港佳士得	2012.11.27
约7.01克拉及6.69克拉圆形钻石耳钉 (一对)		598,000	北京保利	2012.12.05
约8.83及8.16克拉梨形Y-Z/VS1-VS2钻石耳坠		1,515,280	香港佳士得	2012.11.27
足色全美钻石吊坠耳环一对		1,881,400	香港苏富比	2012.10.09
祖母绿、钻石及石榴石耳坠		282,100	香港佳士得	2012.11.27
祖母绿耳坠 (一对)		92,000	北京艺融	2012.11.19
祖母绿配钻石吊耳环一对		3,059,320	香港苏富比	2012.10.09
祖母绿配钻石耳环一对		850,720	香港苏富比	2012.10.09
钻石 耳环 一对		75,563	香港邦瀚斯	2012.11.23
钻石、红宝石及黑玛瑙「Le Baiser Du Dragon」耳坠		130,975	香港佳士得	2012.11.27
钻石、红宝石及祖母绿「Tandjore」耳环		110,825	香港佳士得	2012.11.27
钻石吊耳环一对		122,700	香港苏富比	2012.10.09
钻石耳环		1,660,360	香港佳士得	2012.11.27
钻石耳环		151,125	香港佳士得	2012.11.27
钻石耳环一对		1,783,240	香港苏富比	2012.10.09
钻石耳环一对		347,650	香港苏富比	2012.10.09
钻石耳环一对，年份约1950		66,463	香港苏富比	2012.10.09
海瑞温斯顿 钻石耳环一对		5,709,640	香港苏富比	2012.10.09
钻石耳坠		451,360	香港佳士得	2012.11.27
钻石耳坠		181,350	香港佳士得	2012.11.27
钻石耳坠及手炼		322,400	香港佳士得	2012.11.27
钻石及黑玛瑙耳坠		141,050	香港佳士得	2012.11.27
钻石配祖母绿耳环一对；及粉红色刚玉配沙弗来石戒指		61,350	香港苏富比	2012.10.09
卡地亚 钻石配祖母绿及缟玛瑙耳环一对		265,850	香港苏富比	2012.10.09
套装				
「Mystery Set」红宝石及钻石戒指及耳环套装		934,960	香港佳士得	2012.11.27
12.77克拉红宝石18K金镶钻项链、耳钉套装		280,000	北京荣宝	2012.06.24
18k 白金项链及手镯套装		161,200	香港佳士得	2012.11.27
18K白金镶嵌翡翠戒指/吊坠		138,000	广东万众	2012.01.08
18K白金镶钻石淡紫色翡翠珠项链配耳环 (一套)		123,413	香港富得	2012.03.31

拍品名称	物品尺寸	成交价RMB	拍卖公司	拍卖日期
18K白金镶钻石南洋珠项链及耳环 (一套)		57,032	香港富得	2012.03.31
18K红金镶钻石碧玺戒指/吊坠		65,447	香港富得	2012.03.31
18k黄金吊坠项链胸针吊坠(套件)		75,563	香港佳士得	2012.11.27
18K金翡翠套装		42,940,000	广东保利	2012.12.15
18K金翡翠套装		20,566,000	广东保利	2012.12.15
18K金翡翠套装		14,870,800	广东保利	2012.12.15
18K金翡翠套装		700,600	广东保利	2012.12.15
18K金镶嵌翡翠套装		13,288,800	广东保利	2012.12.15
18K金镶钻翡翠套装		57,500	北京歌德	2012.12.01
18k金镶钻满绿翡翠葫芦形首饰 (四件套)		25,530,000	北京九歌	2012.06.29
18K金镶钻石 安力士及金色南洋珠项链及耳环 (一套)		51,422	香港富得	2012.03.31
18K金镶钻石项链及手炼 (一套)		76,666	香港富得	2012.03.31
35.63克拉天然红宝石耳环、戒指套装		138,000	北京保利	2012.12.05
8.48克拉椭圆形天然缅甸鸽血红红宝石配钻石耳环、戒指套装		517,500	北京保利	2012.12.05
Aurore系列白金镶钻首饰组合		1,265,000	北京艺融	2012.11.19
49.3克拉心形天然缅甸鸽血红红宝石配钻石项链、耳环、戒指套装		6,497,500	北京保利	2012.12.05
K黄金配钻石吊坠项链；及钻石配养殖珍珠别针，布契拉提 (BUCCELLATI)		163,600	香港苏富比	2012.10.09
K黄金配钻石套装，爱马仕 (HERMES)		204,500	香港苏富比	2012.10.09
MIKIMOTO 18K金项链吊坠组合套装		76,160	北京荣宝	2012.08.26
Muse 红宝石珠宝组合		460,000	北京艺融	2012.11.19
半亩方塘(组件)		552,000	北京歌德	2012.12.01
宝格丽 18K白金镶钻石项圈、戒指套装		97,750	北京保利	2012.12.05
宝格丽 天然彩色宝石配钻石手链、耳环套装		51,750	北京保利	2012.12.05
冰种翡翠白金镶钻石蓝宝吊坠兼胸花		134,400	北京荣宝	2012.06.24
玻璃种翡翠镶18k金钻石(二件套)		63,250	上海宝龙	2012.06.26
玻璃种乌金蛋面套装		287,500	北京艺融	2012.11.19
彩宝钻石18K金项链手链套装		291,200	北京荣宝	2012.03.10
大蛋面紫罗兰套链		4,271,400	广东保利	2012.12.15
梵克雅宝 18K黄金项链、手链套装		82,800	北京保利	2012.12.05
梵克雅宝 18K黄金戒指，项链套装		80,500	北京保利	2012.12.05
翡翠 钻石 项链 戒指 一组		60,450	香港邦瀚斯	2012.11.23
翡翠18K金镶钻项链、耳饰(套装)		392,000	北京荣宝	2012.11.25
翡翠玻璃种手饰 (三件套)		1,667,500	北京九歌	2012.06.29
翡翠蛋面套装		8,625,000	北京歌德	2012.12.01
翡翠蛋面套装(项链、耳坠、戒指)		4,025,000	上海工美	2012.08.18
翡翠花型项链 戒指 (两件套)		805,000	北京艺融	2012.11.19
翡翠戒指 耳钉套装 (三件)		180,000	隆荣国际	2012.07.27
翡翠套装		138,000	北京歌德	2012.12.01
翡翠项链耳环18K金镶钻套装(三件)		5,000,000	隆荣国际	2012.07.27
粉红碧玺套装		517,500	北京歌德	2012.12.01
粉色碧玺镶18k金钻石 (三件套)		74,750	上海宝龙	2012.06.26
粉色蓝宝钻石K18胸花、戒指 (两件套装)		78,400	北京荣宝	2012.03.10
和田玉K金吊坠、戒指套装		67,200	北京荣宝	2012.06.24
红宝18K金镶钻戒指、项链套装		58,240	北京荣宝	2012.06.24
红宝石配钻石项链及吊耳环套装		184,050	香港苏富比	2012.10.09
红宝石配钻石项链及耳环套装		1,292,440	香港苏富比	2012.10.09

拍品名称	物品尺寸	成交价RMB	拍卖公司	拍卖日期
红宝石配钻石项链及耳环套装		13,824,200	香港苏富比	2012.10.09
红宝石套件(戒指、挂件)		109,250	上海工美	2012.08.18
红宝石晚装套链		235,750	南京经典	2012.01.08
红尖晶石配钻石吊耳环及戒指套装		69,530	香港苏富比	2012.10.09
黄金宝石饰品组合		161,000	北京艺融	2012.11.19
黄金饰品组合(特别版)		105,800	北京艺融	2012.11.19
黄金钻石首饰组合		230,000	北京艺融	2012.11.19
黄色钻石配钻石戒指及耳环套装		194,275	香港苏富比	2012.10.09
黄钻及钻石项链及耳坠套装		693,160	香港佳士得	2012.11.27
金色南洋珍珠配钻石项链、耳环套装		80,500	北京保利	2012.12.05
金色南洋珍珠项链、耳环套装		71,300	北京保利	2012.06.05
蓝宝石及钻石项链及耳环套装		1,757,080	香港佳士得	2012.11.27
蓝宝石配钻石别针；及蓝宝石配钻石耳环一对		173,825	香港苏富比	2012.10.09
香奈儿 蓝宝石配钻石套装		409,000	香港苏富比	2012.10.09
林芳朱作品 喜出望外 天然翡翠配钻石、彩色蓝宝石项链及耳环套装		2,300,000	北京保利	2012.06.05
满绿戒指、耳钉翡翠首饰(三件套)		2,760,000	上海宝龙	2012.06.26
缅甸天然翡翠蛋面吊坠项链及戒指套装		302,250	香港佳士得	2012.11.27
缅甸天然翡翠蛋面戒指及耳环套装		1,466,920	香港佳士得	2012.11.27
缅甸天然翡翠蛋面戒指及耳环套装		693,160	香港佳士得	2012.11.27
缅甸天然翡翠蛋面戒指及耳环套装		100,750	香港佳士得	2012.11.27
缅甸天然翡翠蛋面戒指及耳坠套装		499,720	香港佳士得	2012.11.27
缅甸天然翡翠珠项链及耳坠套装		596,440	香港佳士得	2012.11.27
缅甸天然黄翡翠戒指及耳坠套装		65,488	香港佳士得	2012.11.27
缅甸天然紫罗兰翡翠蛋面手炼、戒指及耳环套装		221,650	香港佳士得	2012.11.27
缅甸天然紫罗兰翡翠蛋面项链、吊坠项链及戒指套装		1,950,520	香港佳士得	2012.11.27
南洋珍珠18K金镶钻玫瑰花型胸花、戒指、耳钉套装		100,800	北京荣宝	2012.06.24
日本阿哥亚海珠钻石K18黄金、K14白金项链、耳环高级套装		212,800	北京荣宝	2012.03.10
梵克雅宝 珊瑚配绿松石及钻石别针及耳环套装		458,080	香港苏富比	2012.10.09
石川畅子 托帕石双金镶钻项链、戒指套装		224,000	北京荣宝	2012.11.25
柿子红了套件(戒指+吊坠)		230,000	北京歌德	2012.06.02
套件(十三颗)		25,425,000	广东保利	2012.12.15
套件(十三颗)		13,288,800	广东保利	2012.12.15
套件(十一颗)		21,198,800	广东保利	2012.12.15
套件(十一颗)		14,870,800	广东保利	2012.12.15
特级紫罗兰套链		6,102,000	广东保利	2012.12.15
天然冰种翡翠雕「葫芦」配翡翠及钻石别针及吊耳环套装		224,950	香港苏富比	2012.10.09
天然冰种翡翠配钻石项链、耳环、戒指套装		97,750	北京保利	2012.06.05
天然玻璃种帝王绿翡翠配钻石项链、戒指套装		18,975,000	北京保利	2012.06.05
天然翡翠「怀古」配钻石吊坠/别针及耳环套装		458,080	香港苏富比	2012.10.09
天然翡翠耳环、戒指套装		109,250	北京保利	2012.06.05
天然翡翠耳坠、项链、戒指套装		575,000	上海大众	2012.08.04
天然翡翠配钻石、祖母绿孔雀翎羽项链、耳环套装		172,500	北京保利	2012.06.05
天然翡翠配钻石吊坠项链及耳环套装		86,913	香港苏富比	2012.10.09
天然翡翠配钻石戒指、耳环套装		1,092,500	北京保利	2012.06.05
天然翡翠配钻石戒指及吊耳环套装		3,255,640	香港苏富比	2012.10.09

拍品名称	物品尺寸	成交价RMB	拍卖公司	拍卖日期
天然翡翠配钻石戒指及吊坠项链套装		1,390,600	香港苏富比	2012.10.09
天然翡翠配钻石戒指及耳环套装		605,320	香港苏富比	2012.10.09
天然翡翠配钻石手炼、耳环套装		78,200	北京保利	2012.06.05
天然翡翠配钻石项链及吊耳环套装		143,150	香港苏富比	2012.10.09
天然翡翠三角形戒指 连吊坠两用 配以小钻，镶18K白金		172,500	上海大众	2012.08.04
天然红珊瑚戒指 镶钻石		51,750	上海大众	2012.08.04
天然红珊瑚项链、耳环套装		86,250	北京保利	2012.12.05
天然金绿猫眼石配钻石别针及耳环套装，OSCAR HEYMAN		184,050	香港苏富比	2012.10.09
天然珍珠配养殖珍珠及钻石别针及吊耳环套装		347,650	香港苏富比	2012.10.09
我还在飞舞		5,468,710	保利香港	2012.11.24
伍穗华作品 37.85克拉天然红色碧玺配钻石戒指、吊坠套装		57,500	北京保利	2012.12.05
镶嵌翡翠套链		13,334,000	广东保利	2012.12.15
镶嵌翡翠套链		635,060	广东保利	2012.12.15
镶嵌蓝宝石套装		2,531,200	广东保利	2012.12.15
镶嵌蓝宝石套装		2,293,900	广东保利	2012.12.15
镶嵌蓝宝石套装		2,282,600	广东保利	2012.12.15
镶嵌蓝宝石套装		2,169,600	广东保利	2012.12.15
镶嵌蓝宝石套装		2,169,600	广东保利	2012.12.15
镶嵌蓝宝石套装		2,079,200	广东保利	2012.12.15
镶嵌蓝宝石套装		2,022,700	广东保利	2012.12.15
镶嵌蓝宝石套装		1,898,400	广东保利	2012.12.15
镶嵌蓝宝石套装		1,785,400	广东保利	2012.12.15
镶嵌蓝宝石套装		1,774,100	广东保利	2012.12.15
镶嵌蓝宝石套装		1,559,400	广东保利	2012.12.15
镶嵌蓝宝石套装		1,423,800	广东保利	2012.12.15
镶嵌蓝宝石套装		1,389,900	广东保利	2012.12.15
镶嵌蓝宝石套装		1,231,700	广东保利	2012.12.15
镶嵌蓝宝石套装		1,231,700	广东保利	2012.12.15
镶嵌蓝宝石套装		1,017,000	广东保利	2012.12.15
镶嵌蓝宝石套装		994,400	广东保利	2012.12.15
镶嵌蓝宝石套装		836,200	广东保利	2012.12.15
镶嵌蓝宝石套装		689,300	广东保利	2012.12.15
镶嵌蓝宝石套装		576,300	广东保利	2012.12.15
镶钻高冰旦面翡翠首饰 (四件套)		1,035,000	上海宝龙	2012.06.26
镶钻祖母绿坠+钻链		1,265,000	中贸圣佳	2012.03.04
象牙、珍珠及钻石手镯、耳环及戒指套装		130,975	香港佳士得	2012.11.27
心蝶系列 (一套)		322,000	北京歌德	2012.12.01
阳翠大蛋面套链		4,881,600	广东保利	2012.12.15
圆形钻石戒指、耳环及项链套装		499,720	香港佳士得	2012.11.27
约7.68克拉、4.67克拉及4.38克拉巴西天然亚历山大石戒指及耳环套装		2,337,400	香港佳士得	2012.11.27
紫晶 (三件套)		218,500	北京艺融	2012.11.19
紫罗兰情侣翡翠首饰		6,670,000	上海宝龙	2012.06.26
祖母绿钻石铂金吊坠、戒指套装		50,400	北京荣宝	2012.08.26
祖母绿钻石项链/耳坠套装		2,185,000	中国嘉德	2012.05.13
钻石 首饰 一组		60,450	香港邦瀚斯	2012.11.23
钻石、蓝宝石、祖母绿及红宝石戒指；祖母绿及钻石吊坠项链		110,825	香港佳士得	2012.11.27
钻石、祖母绿及黑玛瑙「Panth è re」耳环；钻石及石榴石「Panth è re」戒指；钻石及祖母绿戒指；钻石戒指；钻石耳环		251,875	香港佳士得	2012.11.27
钻石18K金吊坠项链耳钉(套装)		50,400	北京荣宝	2012.08.26
钻石及蓝宝石胸针及耳环套装		130,975	香港佳士得	2012.11.27
钻石戒指、耳环套装		80,500	北京保利	2012.06.05
钻石戒指配耳环套装		556,240	香港苏富比	2012.10.09

2012杂项拍卖成交汇总

(成交价RMB：5万元以上)

拍品名称	物品尺寸	成交价RMB	拍卖公司	拍卖日期
钻石项链、耳环及手炼套装	项链长42cm	16,780,920	香港佳士得	2012.11.27
钻石项链及耳环套装		327,200	香港苏富比	2012.10.09
钻石项链及耳环套装		132,925	香港苏富比	2012.10.09
钻石项链配手链套装		86,913	香港苏富比	2012.10.09
钻石项圈、戒指及耳环套装		102,250	香港苏富比	2012.10.09
裸钻、宝石				
0.82克拉14颗钻石	净度SI1	71,056	香港富得	2012.03.31
1.05克拉圆钻石(一颗)	净度VVS2	138,373	香港富得	2012.03.31
1.530ct标准圆型D/IF裸钻		460,000	上海工美	2012.08.18
10.50克拉净度：SI2		1,200,000	隆荣国际	2012.07.27
105ct祖母绿蛋面裸石		345,000	北京歌德	2012.06.02
12.08ct天然斯里兰卡椭圆型刻面蓝宝石		747,500	上海工美	2012.08.18
19世纪 18K黄金(284.9g)手袋	12.1cm×10.5cm	63,250	上海大众	2012.08.04
2.20ct滴水型刻面天然哥伦比亚祖母绿		55,200	上海工美	2012.08.18
26.89ct枕型天然红碧玺		115,000	上海工美	2012.08.18
3.020ct标准圆型H/VS裸钻		713,000	上海工美	2012.08.18
3.07克拉垫形天然浓彩黄色VS2净度钻石	净度VS2	403,200	北京荣宝	2012.06.24
3.51克拉梨形D色SI2净度钻石	净度SI2	392,000	北京荣宝	2012.06.24
4.02ct梨型刻面红宝石		287,500	上海工美	2012.08.18
4.08克拉椭圆形天然淡彩黄色VVS2净度钻石	净度VVS2	358,400	北京荣宝	2012.06.24
5.00克拉 全美无暇 圆形钻石	IF净度	3,105,000	北京保利	2012.06.05
5.06ct椭圆型刻面红宝石		862,500	上海工美	2012.08.18
5.09克拉垫形天然彩黄色VS2净度钻石	净度VS2	896,000	北京荣宝	2012.06.24
5.09克拉梨形E色VS2净度钻石	净度VS2	1,456,000	北京荣宝	2012.06.24
5.33ct和6.28ct两颗天然斯里兰卡枕垫型刻面蓝宝石		517,500	上海工美	2012.08.18
5.42克拉全美无暇天然祖母绿		1,817,000	北京保利	2012.06.05
64.07克拉天然八角形海蓝宝石一颗		184,109	香港富得	2012.07.07
四颗共计5.72ct滴水型天然哥伦比亚祖母绿		218,500	上海工美	2012.08.18
钻石2.075ct　I色　进度VS1		172,500	北京歌德	2012.06.02
古典家具				
床				
明 黄花梨六柱架子床	高229cm	4,830,000	北京传是	2012.05.19
明 黄花梨鱼化龙纹六柱式架子床	高234cm	3,920,000	宁波富邦	2012.02.11
明末/清初 黄花梨六柱架子床	高207cm	4,852,120	香港佳士得	2012.11.28
明晚期 黄花梨有束腰马蹄腿攒万字纹罗汉床	长199cm；宽102cm	7,360,000	中国嘉德	2012.05.13
清早期 红木雕西番莲纹架子床	高221cm	310,500	中国嘉德	2012.03.25
清早期 黄花梨雕花架子床	高232cm	5,750,000	北京保利	2012.06.05
清早期 黄花梨万字纹四柱架子床	高219cm	4,370,000	中国嘉德	2012.10.29
清早期 榉木无束腰马蹄腿架子床	高197cm	172,500	中国嘉德	2012.03.25
清早期 榉木有束腰马蹄腿独板围子罗汉床及脚踏成对	床长189cm；脚踏长77.6cm	184,000	中国嘉德	2012.03.25
清早期 榉木有束腰马蹄腿罗汉床及脚踏	床长204.5cm；脚踏长153cm	207,000	中国嘉德	2012.03.25
清早期 榉木有束腰三弯腿独板围子罗汉床及柏木脚踏成对	床长193cm；脚踏长64cm	92,000	中国嘉德	2012.03.25
清早期 楠木万字纹六柱式架子床	高215.5cm	94,300	中国嘉德	2012.03.25
清早期紫檀三屏风攒接围子罗汉床	长212.4cm	20,700,000	中国嘉德	2012.05.13
清中期 黄花梨及黄杨木罗汉床	宽189cm	3,220,000	中国嘉德	2012.10.29
清中期 榉木雕花架子床	高216cm	55,200	中国嘉德	2012.09.16
清中期 榉木雕龙拔步床	高237cm	218,500	中国嘉德	2012.03.25
清 大漆雕花罗汉床	长213cm	55,200	中国嘉德	2012.06.17
清 红木合美万代纹马蹄腿架子床配红木拐子纹炕桌及有束腰马蹄腿脚踏成对	高240cm×2	368,000	中国嘉德	2012.06.17

拍品名称	物品尺寸	成交价RMB	拍卖公司	拍卖日期
清 红木罗汉床	长210cm	186,300	南京经典	2012.07.15
清 红木嵌大理石罗汉床	长211cm	149,500	北京翰海	2012.03.23
清 红木嵌大理石英雄罗汉床	长194.5cm	80,500	北京保利	2012.10.25
清 榉木有束腰马蹄腿罗汉床	长198cm	74,750	中国嘉德	2012.06.17
清 酸枝竹节镶云石三座位钢床	长195cm	126,995	香港敦煌	2012.10.06
清晚期 红木嵌黄杨象骨玻璃画架子床	长200cm	80,500	北京保利	2012.08.11
民国 红木雕夔龙罗汉床(两件)	长195cm；长83cm	57,500	北京翰海	2012.03.23
雕龙拔步床	高250cm	6,050,000	浙江佳宝	2012.12.09
红木龙纹床	长228cm	69,000	北京保利	2012.08.11
金丝楠木雕花架子床	高220cm	66,700	北京翰海	2012.12.20
现代 金丝楠三屏风独板 围子罗汉床	床长210.8cm	694,400	云南典藏	2012.05.27
榻				
明 黄花梨席面凉榻	长202cm	1,150,000	北京传是	2012.05.19
明 黄花梨长凉榻	长190cm	345,000	北京传是	2012.05.19
明末清初 榆木剑腿凉榻	长218cm	241,500	中国嘉德	2012.06.17
明 黄花梨短凉榻	长84cm	207,000	北京传是	2012.05.19
梓檀罗汉榻	长200cm	93,150	北京翰海	2012.06.29
大叶紫檀束腰三弯腿榻	长2081cm	115,000	上海嘉禾	2012.12.25
大叶紫檀束腰马蹄榻	长202cm	92,000	上海嘉禾	2012.12.25
越南黄花梨凉榻(一套二件)	床长192cm；几长98cm	402,500	广东古今	2012.07.15
柜				
明 黄花梨小柜	长47.5cm	218,500	北京传是	2012.05.19
明 黄花梨圆角柜	高118cm	1,092,500	上海大众	2012.08.04
明末/清初 黄花梨方角柜(一对)	高103.1cm	5,432,440	香港佳士得	2012.11.28
明末清初 黄花梨方角柜	高280cm	3,136,000	云南典藏	2012.05.27
明末清初 黄花梨方角柜	高95cm	713,000	中国嘉德	2012.05.13
明末清初 黄花梨四面平方角柜	高193cm	1,725,000	北京保利	2012.12.06
明末清初 黄花梨无闩杆圆角柜	高191cm	5,520,000	中国嘉德	2012.05.13
明末清初 黄花梨圆角柜	高189.2cm	9,660,000	中国嘉德	2012.05.13
明晚期 黑漆嵌螺钿花蝶亮格柜	高160cm	1,150,000	北京保利	2012.12.05
明晚期 黄花梨双抽屉上格券口带栏杆亮格柜	高182cm	977,500	中国嘉德	2012.05.13
清初 黑漆软木圆角炕柜	高84.7cm	201,500	香港佳士得	2012.11.28
清初 黄花梨方角柜	高170.8cm	983,320	香港佳士得	2012.11.28
清初黄花梨圈口栏杆亮格柜(一对)	高190.5cm	18,586,360	香港佳士得	2012.11.28
清初黄花梨镶楸木圆角柜(一对)	高93.6cm	1,176,760	香港佳士得	2012.11.28
清初 黄花梨圆角柜	高124.1cm	983,320	香港佳士得	2012.11.28
清早期 柏木二门书柜	高205.5cm	55,200	中国嘉德	2012.03.25
清早期 红豆杉有柜膛方角柜	高253cm	184,000	中国嘉德	2012.03.25
清早期 黄花梨雕龙纹大方角柜	高210cm	6,678,970	中国嘉德	2012.10.07
清早期 黄花梨顶箱柜(一对)	高276cm	5,750,000	北京传是	2012.05.19
清早期 黄花梨方腿圆角柜成对	高155cm	5,520,000	中国嘉德	2012.10.29
清早期 黄花梨花格小柜	高150cm	1,853,800	澳门中信	2012.12.28
清早期 黄花梨上亮格小柜	高147.5cm	1,058,000	中国嘉德	2012.03.25
清早期 黄花梨无柜膛圆角柜	高148cm	1,840,000	中国嘉德	2012.05.13
清早期 黄花梨无闩杆大圆角柜	高185cm	4,703,500	中国嘉德	2012.10.07
清早期 黄花梨小柜	高150cm	1,390,350	澳门中信	2012.12.28
清早期 黄花梨小书柜	高87cm	437,000	中国嘉德	2012.10.29
清早期 黄花梨圆角柜	高144.8cm	1,667,500	中国嘉德	2012.10.29
清早期鸡翅木龙纹小书柜(一对)	高90.6cm	172,500	北京保利	2012.12.06
清早期 榉木无柜膛圆角柜	高174cm	69,000	中国嘉德	2012.03.25
清早期 楠木带座圆角柜	高197.5cm	66,700	中国嘉德	2012.03.25
清早期 铁梨木大四件柜(成对)	高242cm	437,000	中国嘉德	2012.09.16
清康熙红漆戗金填漆云龙纹大柜	高93cm	648,830	保利香港	2012.11.25
清乾隆 剔红花卉纹柜	高50cm	287,500	北京歌德	2012.12.01
清乾隆 紫檀雕暗八仙宝柜	高80cm	368,000	上海嘉泰	2012.06.23
清中期红木雕四季花卉大四件柜	高294cm	4,025,000	北京保利	2012.12.05
清中期 榉木方腿圆角柜(成对)	高205cm	69,000	中国嘉德	2012.09.16
清中期檀木雕龙纹顶箱大柜(一对)	高236cm	69,000	太平洋	2012.06.16

拍品名称	物品尺寸	成交价RMB	拍卖公司	拍卖日期
清 雕漆龙纹柜	高112cm	138,000	北京保利	2012.10.25
清 雕漆人物小柜	高60cm	74,750	北京保利	2012.10.25
清 红木带玻璃二门书柜成对	高193.7cm	126,500	中国嘉德	2012.03.25
清 红木雕花柜门 (一对)	高115cm×2	172,500	凤凰拍卖	2012.12.16
清 红木雕花书橱	高190cm	94,300	中国嘉德	2012.06.17
清 红木雕龙纹柜	高162cm	80,500	北京华辰	2012.10.30
清 红木龙纹万历柜四式 (一对)	高185cm	74,750	北京保利	2012.10.25
清 红木书柜成对	高175cm	471,500	中国嘉德	2012.03.25
清 花梨木二门书柜	高176cm	195,500	中国嘉德	2012.03.25
清 黄花梨螭龙小万历柜 (一对)	高53cm	63,250	北京传是	2012.05.19
清 黄花梨带座圆角柜	高87.5cm	287,500	中国嘉德	2012.03.25
清 黄花梨方角柜	高185cm	667,000	中国嘉德	2012.03.25
清 黄花梨圆角柜	高197cm	1,495,000	北京传是	2012.05.19
清 黄花梨圆角木轴柜 (一对)	高98cm	2,530,000	上海泓盛	2012.06.24
清 日本远州黑漆时绘小柜	高26.5cm	69,000	北京华辰	2012.10.30
清 酸枝带座透雕二层柜	高235cm	134,401	香港淳浩	2012.11.24
清 越南黄花梨圆角柜 (两件)	高175cm	207,000	北京翰海	2012.06.29
清 梓檀闷柜 (两件)	高129cm	460,000	北京翰海	2012.06.29
清 梓檀嵌影木圆角柜	高115cm	402,500	北京翰海	2012.09.28
清 紫檀博古柜 (一对)	宽69.5cm	368,000	北京容海	2012.01.09
清 紫檀博古柜 (一对)	宽58cm×2	115,000	北京容海	2012.03.26
清紫檀松鹤祝寿纹顶箱柜(一对)	高214cm	5,635,000	南京经典	2012.07.15
清 紫檀文房小面条柜	高39cm	437,000	北京翰海	2012.05.27
清 紫檀云龙高足品柜	高48cm	138,000	上海嘉泰	2012.10.25
清 嵌八宝髹漆茶柜	高79cm	69,000	西泠拍卖	2012.12.28
法国19世纪马丁漆画展示柜	高184cm	345,000	荣宝斋(上海)	2012.09.09
法国郁金香木镶嵌细工展示柜	高145cm	379,500	荣宝斋(上海)	2012.09.09
19世纪法国桃花心木展示柜	高186cm	195,500	荣宝斋(上海)	2012.09.09
约1900年 法国黑檀木色象牙镶嵌淑女写字柜	高85cm	80,500	荣宝斋(上海)	2012.09.09
19世纪 文艺复兴式胡桃木立柜	高199cm	101,200	中国嘉德	2012.06.17
19世纪象牙嵌百宝花鸟小多宝柜	高32.5cm	345,000	北京保利	2012.01.07
20世纪 黄花梨螭龙小炕柜	高105.5cm	287,500	北京传是	2012.05.19
20世纪 黄花梨炕柜	长162cm	322,000	北京传是	2012.05.19
20世纪 黄花梨亮格柜 (一对)	高131cm	345,000	北京传是	2012.05.19
20世纪 黄花梨药柜	高81cm	368,000	北京传是	2012.05.19
民国 红木雕博古三节柜 (两件)	高195cm	51,750	北京翰海	2012.03.23
民国 红木嵌螺钿酒柜	高202cm	57,500	北京翰海	2012.03.23
民国 红木衣柜	高195cm	92,000	北京翰海	2012.09.28
二十四孝书箱组柜 (一套)	高186cm	179,200	上海国拍	2012.12.07
海南黄花梨顶箱柜		20,900,000	海南泰达	2012.12.23
黄花梨炕柜 (一对)	长63cm	517,500	北京传是	2012.12.16
黄花梨贴面书柜	高134cm	92,000	北京保利	2012.08.11
檀木龙纹顶箱柜 (一对)	高236cm	82,800	中国嘉德	2012.09.16
王凯川 2011年作 缅甸花梨叶脉书柜 (一对)	高191cm	138,000	北京保利	2012.06.03
现代金丝楠木有柜膛角柜(一对)	高214.5cm	560,000	云南典藏	2012.05.27
硬木雕龙纹大柜	长127cm	112,700	中贸圣佳	2012.03.04
梓檀雕夔龙明式书柜 (两件)	高169cm	98,900	北京翰海	2012.12.20
紫檀嵌黄杨木千字文小四件柜	高74cm	1,150,000	中国嘉德	2012.10.29
紫檀嵌金丝楠螭龙小柜	高119cm	690,000	北京保利	2012.10.25
橱				
明 黄花梨大小头书橱	高120cm	1,456,000	宁波富邦	2012.02.11
清早期 黄花梨联三橱柜	长131.5cm	667,000	中国嘉德	2012.05.13
清 黄花梨联二闷户橱	高85cm	862,500	荣宝斋(上海)	2012.06.17
清 金漆彩绘花鸟小橱	长79cm	172,500	北京保利	2012.06.06
17世纪 黄花梨二联屉闷户橱	长143cm	1,610,000	北京传是	2012.05.19
20世纪 黄花梨三屉闷户厨	长173cm	586,500	北京传是	2012.05.19
法国 拿破仑三世时期黑檀木布尔拼镶风格立橱	长130cm	138,000	北京保利	2012.12.04
法国 拿破仑三世时期黑檀木布尔拼镶风格立橱	长88cm	92,000	北京保利	2012.12.04
法国 拿破仑三世时期木布尔拼镶风格立橱	高112cm	80,500	北京保利	2012.12.04
格				
清乾隆 紫檀螭龙纹多宝阁成对	高155cm	5,644,200	中国嘉德	2012.10.07
清 斑竹多宝格	高126cm	414,000	北京保利	2012.06.06
清 红木黑漆描金多宝格	高148.5cm	138,000	北京保利	2012.06.06
19世纪 木雕花鸟山水多宝格	高95cm	138,000	北京保利	2012.06.06
民国 红木多宝阁 (两件)	高196cm	58,650	北京翰海	2012.06.29
田家青制紫檀多宝格 (一对)	高223cm	1,725,000	北京保利	2012.06.05
梓檀雕草龙多宝格 (两件)	高168cm	105,800	北京翰海	2012.12.20
梓檀雕花多宝格 (两件)	高170cm	101,200	北京翰海	2012.09.28
梓檀雕花多宝格 (两件)	高171cm	89,700	北京翰海	2012.09.28
梓檀雕花卉多宝格 (两件)	高141cm	66,700	北京翰海	2012.09.28
梓檀雕吉庆多宝格 (两件)	高142cm	59,800	北京翰海	2012.03.23
梓檀雕夔龙多宝阁	高95cm	71,300	北京翰海	2012.06.29
梓檀雕夔龙多宝格 (两件)	高142cm	70,150	北京翰海	2012.06.29
梓檀雕夔龙多宝格 (两件)	高170cm	66,700	北京翰海	2012.03.23
梓檀嵌黄杨多宝格 (两件)	高175cm	71,300	北京翰海	2012.09.28
梓檀小多宝格 (两件)	高90cm	97,750	北京翰海	2012.09.28
箱				
明 黄花梨厚板箱	长37cm	57,500	北京歌德	2012.06.03
明 黄花梨平顶官皮箱 灯草线口包铜木箱 (两件)	尺寸不一	280,000	中鸿信	2012.03.18
明末/清初 黄花梨大衣箱	宽102.6cm	1,950,520	香港佳士得	2012.11.28
明末/清初 黄花梨镜架官皮箱	宽34.6cm	403,000	香港佳士得	2012.11.28
明末清初 黄花梨桥箱	长77cm	517,500	上海大众	2012.08.04
明末清初 黄花梨双门药箱	长34cm	235,175	中国嘉德	2012.10.07
明万历朱红漆戗金凤凰牡丹纹大箱	长96cm	575,000	北京保利	2012.12.07
清早期 黄花梨官皮箱	长24.5cm	149,500	中国嘉德	2012.05.13
清早期 黄花梨平顶官皮箱	长31.5cm	55,200	中国嘉德	2012.09.16
清早期 黄花梨七屉药箱	长37cm	218,500	中国嘉德	2012.05.13
清早期 黄花梨小文具箱	长33.5cm	117,300	北京诚轩	2012.05.13
清早期 紫檀及黄花梨盝顶官皮箱	长39cm	301,024	中国嘉德	2012.10.07
清早期 紫檀小药箱	长16.5cm	63,968	中国嘉德	2012.10.07
清乾隆 紫檀官皮箱	长36.5cm	840,000	宁波富邦	2012.02.11
清 花梨木冰箱	长59cm	101,200	中国嘉德	2012.03.25
清 黄花梨书箱	长70cm	138,000	北京保利	2012.04.21
清 黄花梨小箱 (一对)	尺寸不一	63,250	北京歌德	2012.06.03
清 影子木箱子	长41cm	50,400	辽宁中正	2012.04.22
清 紫檀官箱	高36cm	168,000	天津文物	2012.05.11
民国 "双照楼藏" 樟木箱 (四节)	长80cm×4	59,800	中贸圣佳	2012.03.04
民国 紫檀嵌黄杨木云龙纹箱	长43cm	195,500	中国嘉德	2012.12.15
黄花梨轿箱	长71cm	54,050	南京经典	2012.07.15
越南黄花梨大官皮箱	长55cm	66,700	中国嘉德	2012.09.16
紫檀箱	长37cm	67,200	琴岛荣德	2012.05.27
盒				
明 黄花梨提盒	高25.5cm	100,000	隆荣国际	2012.07.27
明末清初 黄花梨大书盒	长230cm	103,477	中国嘉德	2012.10.07
清早期 黄花梨半盒	长36.5cm	101,200	中国嘉德	2012.03.25
清早期 黄花梨小半盒	长38cm	66,700	中国嘉德	2012.03.25
清乾隆 红木龙纹大盖盒	长52cm	5,635,000	中国嘉德	2012.05.14
硬木盒等 (十三件)	尺寸不一	322,000	中国嘉德	2012.09.16
桌				
明 黄花梨雕龙方桌	高95cm	1,344,000	宁波富邦	2012.02.11
明 黄花梨卡子花条桌	长165cm	437,000	南京经典	2012.07.15
明 黄花梨罗锅枨酒桌	长111cm	805,000	北京传是	2012.05.19
明 黄花梨罗锅木长方桌	长93cm	529,000	北京保利	2012.04.23
明 黄花梨琴桌	长96.5cm	103,500	南京经典	2012.07.15
明 黄花梨三弯腿龙纹大炕桌	长103.5cm	1,035,000	北京传是	2012.05.19
明 黄花梨束腰半桌	长104cm	264,500	北京传是	2012.05.19
明黄花梨束腰锣锅枨内翻马蹄方桌	长94cm	517,500	北京传是	2012.05.19
明黄花梨束腰锣锅枨内翻马蹄方桌	长89cm	402,500	北京传是	2012.05.19
明 黄花梨小炕桌	长78cm	51,750	北京保利	2012.10.25

2012杂项拍卖成交汇总

(成交价RMB：5万元以上)

拍品名称	物品尺寸	成交价RMB	拍卖公司	拍卖日期
明 黄花梨有束腰带矮老三弯腿炕桌	宽99cm	1,035,000	中国嘉德	2012.10.29
明 白石长方形石桌	长142cm	115,000	西泠拍卖	2012.12.29
明 汉白玉正方形石桌	长108cm	161,000	西泠拍卖	2012.12.29
明末/清初 黄花梨半桌	宽112.6cm	741,520	香港佳士得	2012.11.28
明末/清初 黄花梨炕桌	长103.8cm	1,273,480	香港佳士得	2012.11.28
明末清初黑漆剑腿独板面芯酒桌	长105cm	57,500	中国嘉德	2012.03.25
明末清初 黄花梨独板画桌	长164.8cm	1,150,000	北京保利	2012.12.06
明末清初 黄花梨高束腰霸王帐三弯腿五足圆桌	桌宽85.5cm	2,688,000	云南典藏	2012.05.27
明末清初黄花梨嵌瘿木夹头榫酒桌	高74.5cm	1,782,500	中国嘉德	2012.05.13
明末清初 黄花梨嵌瘿木无束腰马蹄腿霸王枨条桌	长117.7cm	4,830,000	中国嘉德	2012.05.13
明末清初 黄花梨无束腰马蹄腿罗锅枨条桌	长109.5cm	1,265,000	中国嘉德	2012.05.13
明末清初 黄花梨无束腰攒罗锅枨马蹄腿画桌	宽146cm	3,680,000	中国嘉德	2012.10.29
明末清初 黄花梨无束腰攒罗锅枨条桌	长157.4cm	5,750,000	中国嘉德	2012.05.13
明末清初 黄花梨一腿三牙方桌	长101cm	1,380,000	中国嘉德	2012.05.13
明末清初 黄花梨有束腰马蹄腿炕桌	长97.2cm	1,725,000	中国嘉德	2012.05.13
明末清初 黄花梨有束腰马蹄腿罗锅枨条桌	长111.5cm	2,645,000	中国嘉德	2012.05.13
明末清初 黄花梨圆裹腿长条桌	长185cm	3,680,000	中国嘉德	2012.05.13
明末清初 榆木大漆插肩榫带托泥剑腿条桌	长159.5cm	78,200	中国嘉德	2012.03.25
明末清初 紫檀有束腰直枨加矮老画桌	长195cm	3,574,660	中国嘉德	2012.10.07
明晚期 黄花梨仿竹六仙桌	长87cm	1,150,000	北京保利	2012.12.06
明晚期 黄花梨有束腰马蹄腿霸王枨长桌/香案	长78cm	1,840,000	中国嘉德	2012.05.13
明晚期 黄花梨有束腰马蹄腿罗锅枨半桌	宽93cm	862,500	中国嘉德	2012.10.29
清初 黄花梨半桌	长102cm	207,000	南京经典	2012.07.15
清初 黄花梨棋桌	长90cm	1,840,000	北京翰海	2012.06.29
清初 紫檀四面平桌	宽106.6cm	2,337,400	香港佳士得	2012.11.28
清早期 黄花梨缠枝莲小炕桌	长77.2cm	172,500	中国嘉德	2012.03.25
清早期 黄花梨螭龙纹炕桌	长107cm	345,000	北京保利	2012.12.06
清早期 黄花梨雕竹叶纹方桌	宽89cm	3,220,000	中国嘉德	2012.10.29
清早期黄花梨高束腰马蹄腿二屉桌	长73cm	3,220,000	中国嘉德	2012.05.13
清早期 黄花梨两屉供桌	高85cm	207,000	北京保利	2012.12.06
清早期 黄花梨小方桌	长72cm	101,200	中国嘉德	2012.03.25
清早期黄花梨有束腰带双屉小炕桌	长91cm	920,000	中国嘉德	2012.05.13
清早期 黄花梨有束腰马蹄腿罗锅枨长条桌	长192cm	2,069,540	中国嘉德	2012.10.07
清早期 黄花梨有束腰马蹄腿罗锅枨小桌	长48.5cm	368,000	中国嘉德	2012.05.14
清早期 黄花梨有束腰三弯腿卷草纹炕桌	宽92.6cm	552,000	中国嘉德	2012.10.29
清早期黄花梨有束腰三弯腿炕桌	长94cm	943,000	中国嘉德	2012.05.13
清早期 黄花梨圆裹圆带卡子花大方桌	长94cm	1,693,260	中国嘉德	2012.10.07
清早期 紫檀嵌鸡翅木仿竹材圆裹圆带矮老条桌	长174cm	1,316,980	中国嘉德	2012.10.07
清早期 紫檀小条桌	长123cm	276,000	北京保利	2012.10.25
清乾隆 黄花梨螭龙雕花条桌	长119.3cm	1,610,000	上海泓盛	2012.06.24
清乾隆 黄花梨三弯腿龙纹炕桌	长87.8cm	862,500	上海泓盛	2012.06.24
清乾隆 紫檀方桌	长100cm	782,000	北京保利	2012.06.07
清乾隆 紫檀龙纹独板炕桌	长66cm	115,000	北京保利	2012.04.21
清乾隆 紫檀嵌冰梅纹炕桌	长96cm	6,842,500	北京保利	2012.12.06
清乾隆 紫檀嵌掐丝珐琅西番莲纹画桌	宽168cm	6,900,000	中国嘉德	2012.10.29
清乾隆 紫檀有束腰板足螭龙纹条桌成对	长112cm	3,950,940	中国嘉德	2012.10.07
清中期 红木板足条桌	长196.5cm	63,250	中国嘉德	2012.03.25
清中期 黄花梨半桌	宽92cm	548,080	香港佳士得	2012.11.28
清中期 剔红雕填漆书桌	长97cm	529,000	北京保利	2012.06.06
清中期 赵之谦铭红木嵌瓷板茶桌	长66cm	168,000	辽宁中正	2012.01.08
清中期 紫檀方桌	直径90cm	345,000	北京保利	2012.10.25
清中期 紫檀瘿瘤面书房桌	高81.5cm	402,500	上海泓盛	2012.06.24
清 白石回文足方形石桌	长100cm	402,500	西泠拍卖	2012.12.29
清 汉白玉长方形石桌	长135cm	345,000	西泠拍卖	2012.12.29
清 红木雕宝相花条桌	长131cm	230,000	北京翰海	2012.09.28
清 红木雕凤纹大供桌	长108cm	57,500	北京翰海	2012.03.23
清 红木鼓式圆桌 (六件)	尺寸不一	92,000	北京翰海	2012.12.20
清 红木拐子纹圆桌	直径90cm	94,300	中国嘉德	2012.03.25
清 红木龙纹一桌五凳	高83cm；高50cm	57,500	北京保利	2012.10.25
清 红木明式供桌	长200cm	66,700	北京翰海	2012.03.23
清 红木嵌云石双拼圆桌	桌直径120cm	158,700	南京经典	2012.07.15
清 红木镶湘妃竹如意纹四方桌	长60cm	74,750	北京保利	2012.12.06
清 红木有束腰拐子纹大条桌	长211cm	103,500	中国嘉德	2012.06.17
清 红木圆包圆团龙条桌	长199cm	69,000	北京华辰	2012.10.30
清 红木圆炕桌	直径74cm	74,750	中国嘉德	2012.03.25
清 花梨明式方桌	长96cm	92,000	北京翰海	2012.03.23
清 黄花梨八腿方桌	长96.5cm	517,500	北京传是	2012.05.19
清 黄花梨长条桌	长131cm	57,500	北京保利	2012.10.25
清 黄花梨堆层裹腿长方桌	长114cm	1,610,000	北京传是	2012.05.19
清 黄花梨方桌	高87cm	230,000	北京保利	2012.10.25
清 黄花梨方桌	高82cm	63,250	北京保利	2012.10.25
清 黄花梨蝠纹长条桌	高87cm	149,500	北京保利	2012.10.25
清 黄花梨裹腿小画桌	长114.5cm	460,000	荣宝斋(上海)	2012.06.17
清 黄花梨炕桌	长98cm	805,000	上海大众	2012.08.04
清 黄花梨炕桌	长91cm	195,500	北京保利	2012.10.25
清 黄花梨炕桌	长97cm	184,000	北京保利	2012.10.25
清 黄花梨束腰半桌	长111cm	460,000	北京保利	2012.12.06
清 黄花梨小酒桌	高85cm	92,000	荣宝斋(上海)	2012.06.17
清 黄花梨竹节棋牌桌	高85.5cm	1,150,000	北京传是	2012.05.19
清鸡翅木马蹄腿罗锅枨有束腰条桌	长111.7cm	71,300	中国嘉德	2012.03.25
清 鸡翅木嵌影木回纹插脚半桌	长80cm	230,000	上海大众	2012.08.04
清 如意瓜棱纹紫檀画桌	长174cm	483,000	南京经典	2012.07.15
清 瘿木茶桌	直径160cm	207,000	西泠拍卖	2012.07.07
清 硬木雕花小炕桌	长62.5cm	63,250	北京保利	2012.06.06
清 梓檀雕龙纹条桌	长100cm	63,250	北京翰海	2012.12.20
清 紫檀长方桌	长160cm	138,000	太平洋	2012.06.16
清 紫檀方桌	高81cm	69,000	北京保利	2012.10.25
清 紫檀夔龙纹瘿木面半桌	长98cm	333,500	荣宝斋(上海)	2012.06.17
清 紫檀嵌瘿木有束腰三弯腿炕桌	长69.5cm	172,500	中国嘉德	2012.03.25
清 紫檀束腰夔纹琴桌	长118cm	69,000	上海嘉泰	2012.10.25
清(19世纪) 红木雕西番莲桌	长106cm	161,000	北京保利	2012.12.06
清17/18世纪 黄花梨束腰条桌	长158.5cm	1,823,013	伦敦苏富比	2012.11.07
清18世纪 鸡翅木竹节纹条桌	长106cm	75,435	伦敦苏富比	2012.11.07
17世纪 黄花梨螭龙画桌	长109cm	667,000	北京传是	2012.05.19
约1840年作 带帽旋转折叠式牌桌	高80cm	57,500	北京盘古	2012.11.30
约1850年 一件法国布尔风格的女红桌	高73cm	310,500	荣宝斋(上海)	2012.09.09
约1850年至1875年制 法国 拿破仑三世时期木布尔拼镶风格桌	长130cm	101,200	北京保利	2012.12.04
约1900年 弗朗索瓦 林克出品的鎏金铜饰小桌子	高75cm	322,000	荣宝斋(上海)	2012.09.09
19世纪 胡桃木餐桌及胡桃木皮面椅 (八只)	桌长117cm	207,000	中国嘉德	2012.06.17
20世纪 黄花梨矮老裹腿大炕桌	长93cm	161,000	北京传是	2012.05.19
20世纪 黄花梨矮老直腿条桌	长106cm	230,000	北京传是	2012.05.19
20世纪 黄花梨半桌	长79cm	207,000	北京传是	2012.05.19

拍品名称	物品尺寸	成交价RMB	拍卖公司	拍卖日期
20世纪 黄花梨束腰条桌	长123cm	460,000	北京传是	2012.05.19
20世纪 黄花梨条桌	长142cm	448,500	北京传是	2012.05.19
民国 红木炕桌	长76cm	138,000	北京保利	2012.10.25
民国 红木龙纹八仙桌	长99cm	57,500	北京保利	2012.10.25
民国 红木嵌螺钿条桌	长97cm	51,750	北京翰海	2012.03.23
民国 红木嵌瘿木面琴桌	长116cm	51,750	中国嘉德	2012.09.16
长方桌	长177.6cm	747,500	福建东南	2012.05.20
大叶紫檀束腰霸王枨方桌	长82cm	57,500	上海嘉禾	2012.12.25
大叶紫檀束腰鼓腿彭牙琴桌	长126cm	51,750	上海嘉禾	2012.12.25
广作紫檀嵌石面小桌	高18cm	57,500	北京歌德	2012.12.01
红木雕龙纹桌 (两件)	尺寸不一	51,750	北京保利	2012.08.11
红木镶大理石面圆桌 (七件套)	尺寸不一	51,750	北京保利	2012.04.23
黄花梨鼓式圆桌 (六件)	桌长65cm	103,500	北京翰海	2012.06.29
龙眼木随形半桌	高95cm	82,800	中贸圣佳	2012.03.04
漆雕五龙纹琴桌	长110cm	322,000	北京翰海	2012.06.29
梓檀雕花条桌	长160cm	92,000	北京翰海	2012.06.29
梓檀雕夔龙条桌	长169cm	74,750	北京翰海	2012.12.20
梓檀雕绳纹条桌	长161cm	86,250	北京翰海	2012.12.20
梓檀嵌黄杨木雕明式条桌	长175cm	59,800	北京翰海	2012.03.23
梓檀嵌青花瓷板条桌	长119cm	51,750	北京翰海	2012.03.23
紫檀雕海水纹大画桌、紫檀雕西番莲纹扶手椅	画桌宽187cm	6,440,000	中国嘉德	2012.10.29
紫檀方牌桌及四凳	桌高96cm	138,000	上海嘉泰	2012.10.25
案				
明 黄花梨刀牙板平头案	长201cm	1,725,000	北京传是	2012.05.19
明 黄花梨独板云肩平头案	长123cm	437,000	北京传是	2012.05.19
明 黄花梨夹头榫平头案	长98cm	517,500	北京传是	2012.05.19
明 黄花梨平头大书案	长167cm	3,220,000	上海大众	2012.08.04
明 黄花梨嵌瘿木夹头榫平头案	长108cm	2,760,000	北京传是	2012.05.19
明 黄花梨翘头案	长142cm	977,500	北京传是	2012.05.19
明 黄花梨小平头案	长103.5cm	1,265,000	上海大众	2012.08.04
明 黄花梨小翘头案	长38cm	161,000	上海大众	2012.08.04
明黄花梨—柱香如意云纹独板画案	长153cm	1,380,000	北京保利	2012.06.07
明 黄花梨云肩翘头案	长137cm	287,500	北京传是	2012.05.19
明 黄花梨云纹牙板小平头案	长112cm	2,070,000	上海大众	2012.08.04
明代 黄花梨平头案	长127cm	672,000	北京荣宝	2012.06.24
明代 黄花梨如架几案式书案	长152.5cm	1,120,000	云南典藏	2012.05.27
明末 红漆栅格带托泥大平头案	长315cm	207,000	中国嘉德	2012.03.25
明末/清初黄花梨雕灵芝兔纹翘头案	长274.3cm	5,529,160	香港佳士得	2012.11.28
明末/清初 黄花梨画案	长121.4cm	2,724,280	香港佳士得	2012.11.28
明末/清初黄花梨如意云纹翘头案	长218.5cm	7,270,120	香港佳士得	2012.11.28
明末/清初龙眼木独板小翘头炕案	长40cm	120,900	香港佳士得	2012.11.28
明末清初黄花梨螭龙纹剑腿平头案	长212cm	3,574,660	中国嘉德	2012.10.07
明末清初黄花梨独板螭龙纹翘头案	长231cm	5,750,000	中国嘉德	2012.05.13
明末清初 黄花梨独板大翘头案	宽325.2cm	32,200,000	中国嘉德	2012.05.13
明末清初黄花梨独板卷草纹翘头案	长209cm	4,140,000	中国嘉德	2012.05.13
明末清初 黄花梨夹头榫小画案	长159.5cm	9,430,000	中国嘉德	2012.05.13
明末清初黄花梨夹头榫圆腿大画案	长208cm	5,550,130	中国嘉德	2012.10.07
明式 素牙头独板平头案	长85cm	552,000	福建东南	2012.05.20
明晚期 黄花梨独板雕灵芝纹嵌宝大翘头案	长254cm	8,466,300	中国嘉德	2012.10.07
明晚期 黄花梨夹头榫大画案	长213cm	3,450,000	中国嘉德	2012.05.13
明晚期 榆木螭龙纹大翘头案	长305cm	78,200	中国嘉德	2012.09.16
清早期 黄花梨螭龙纹小翘头案	长45.9cm	287,500	中国嘉德	2012.05.14
清早期 黄花梨雕龙纹有屉带托泥翘头炕案	长161cm	5,173,850	中国嘉德	2012.10.07
清早期 黄花梨夹头榫翘头案	长199.7cm	1,725,000	上海泓盛	2012.06.24
清早期 黄花梨夹头榫书案	长155cm	1,610,000	中国嘉德	2012.05.13
清早期 黄花梨夹头榫小平头案	长133cm	747,500	中国嘉德	2012.10.29
清早期 黄花梨龙纹翘头案	长127cm	253,000	北京保利	2012.10.25
清早期黄花梨有束腰方材打洼小案	长33.7cm	115,000	中国嘉德	2012.05.14
清早期 黄花梨圆腿小平头案	长50.5cm	299,000	中国嘉德	2012.03.25
清早期 黄花梨云头牙画案	长177cm	920,000	上海泓盛	2012.06.24

拍品名称	物品尺寸	成交价RMB	拍卖公司	拍卖日期
清早期 龙眼木云纹翘头案	长208cm	63,250	北京保利	2012.10.25
清早期 铁梨木平头案	长137.5cm	51,750	中国嘉德	2012.03.25
清早期 紫檀嵌黄花梨马蹄腿直枨带卡子花画案	宽172.7cm	4,945,000	中国嘉德	2012.10.29
清中期 红木龙纹翘头案	长286cm	97,750	中国嘉德	2012.03.25
清中期 黄花梨雕云龙纹翘头案	长288.3cm	2,917,720	香港佳士得	2012.11.28
清中期 黄花梨平头案	长207.6cm	3,401,320	香港佳士得	2012.11.28
清中期 铁梨木独板翘头案	长190cm	51,750	中国嘉德	2012.03.25
清中期 铁犁木厚板镶海浪纹条几案	长188cm	694,400	云南典藏	2012.05.27
清 红木雕夔龙画案	长150cm	52,900	北京翰海	2012.03.23
清 红木雕夔龙翘头案	长250cm	230,000	北京翰海	2012.09.28
清 红木雕灵芝条案	长161cm	111,550	北京翰海	2012.03.23
清 红木雕三果条案	长245cm	89,700	北京翰海	2012.03.23
清 红木明式画案	长178cm	138,000	北京翰海	2012.09.28
清 红木嵌湘妃竹平头案	长77cm	69,000	上海大众	2012.08.04
清 红木嵌梓檀 黄杨雕夔龙条案	长81cm	80,500	北京翰海	2012.09.28
清 红木狮子戏球寿字纹翘头案	长278cm	207,000	北京保利	2012.10.25
清 红木条案	长168cm	63,250	中贸圣佳	2012.03.04
清 花梨龙纹长条案	长327cm	92,000	北京保利	2012.10.25
清 黄花梨大卷书案	长251cm	517,500	北京翰海	2012.06.29
清 黄花梨画案	长134cm	57,500	北京保利	2012.04.23
清 黄花梨翘头案	长135cm	690,000	北京保利	2012.12.06
清 黄花梨条案	长151cm	172,500	北京保利	2012.12.06
清 铁力木雕团寿翘头案	长230cm	57,500	北京翰海	2012.09.28
清 越南黄花梨大画案	长198cm	690,000	北京翰海	2012.06.29
清 越南黄花梨明式画案	长179cm	172,500	北京翰海	2012.12.20
清 梓檀嵌大理石明式案	长201cm	82,800	北京翰海	2012.06.29
清 紫檀夔龙纹平头案	长133cm	448,500	北京保利	2012.12.06
清17世纪 黄花梨画案	长188cm	495,357	伦敦苏富比	2012.11.07
民国 红木嵌楠木画案	长200cm	59,800	北京翰海	2012.03.23
民国 黄花梨明式翘头案	长103cm	138,000	北京翰海	2012.09.28
20世纪 黄花梨刀牙板平头案	长105cm	218,500	北京传是	2012.05.19
20世纪 黄花梨剑腿平头案	长138cm	230,000	北京传是	2012.05.19
大叶紫檀插肩榫宝剑腿翘头案	长151cm	57,500	上海嘉禾	2012.12.25
红木雕鹿纹下卷案	长235cm	75,900	北京翰海	2012.03.23
红木雕云龙画案	长182cm	57,500	北京翰海	2012.12.20
黄花梨老料新工平头案	长106cm	184,000	北京保利	2012.10.25
黄杨嵌紫檀棂格案几	长62cm	51,750	上海嘉泰	2012.10.26
郎 朗 2011年作 案子	长120cm	57,500	北京保利	2012.06.03
吕永中2012年作 霸王枨托泥画案	长160cm	138,000	北京保利	2012.06.03
吕永中 2012年作 滚杠子内开光书案	长201cm	115,000	北京保利	2012.06.03
梳背式腿整木翘头案	长260cm	7,700,000	浙江佳宝	2012.12.09
铁梨木夹头榫大画案	长271cm	172,500	中国嘉德	2012.06.17
现代 金丝楠夹头榫卷云纹整板平头案	长155cm	470,400	云南典藏	2012.05.27
现代 金丝楠夹头榫卷云纹整板平头案	长156cm	168,000	云南典藏	2012.05.27
现代 金丝楠夹头榫整板平头案	长166cm	448,000	云南典藏	2012.05.27
现代 金丝楠夹头榫整板平头案	长156cm	168,000	云南典藏	2012.05.27
现代 金丝楠夹头榫整板平头案	长126cm	123,200	云南典藏	2012.05.27
现代 金丝楠夹头榫整板平头案	长126cm	91,840	云南典藏	2012.05.27
现代 金丝楠木架几大画案配金丝楠木素面四出头椅 (一套)	画案长232.4cm	896,000	云南典藏	2012.05.27
越南黄花梨独板雕花翘头案	长195cm	402,500	广东古今	2012.07.15
越南黄花梨独板翘头案	长155cm	402,500	广东古今	2012.07.15
越南黄花梨夹头榫画案	长211.8cm	126,500	中国嘉德	2012.09.16
梓檀雕蚕纹平头案	长140cm	74,750	北京翰海	2012.12.20
梓檀雕云龙纹条案	长140cm	94,300	北京翰海	2012.06.29
梓檀明式条案	长180cm	57,500	北京翰海	2012.12.20
紫檀雕花案	长158cm	437,000	广东古今	2012.07.15
紫檀嵌掐丝珐琅案	长144.7cm	161,000	中国嘉德	2012.09.16

2012杂项拍卖成交汇总

(成交价RMB：5万元以上)

拍品名称	物品尺寸	成交价RMB	拍卖公司	拍卖日期
台				
明 黄花梨龙纹梳妆台	长31.5cm	368,000	北京传是	2012.12.16
明末清初 黄花梨雕螭龙纹镜台	高50cm	287,500	北京诚轩	2012.05.13
清早期 黄花梨镜三屏式镜台	长81cm	1,599,190	中国嘉德	2012.10.07
清 汉白玉铺首花台(一对)	高98cm	322,000	西泠拍卖	2012.12.29
清 汉白玉束腰方形花台(一对)	高33cm	115,000	西泠拍卖	2012.12.29
清 汉白玉四面开光吉祥纹花台(一对)	高49cm	55,200	西泠拍卖	2012.12.29
清 红木写字台	长168cm	149,500	中国嘉德	2012.03.25
清 黄花梨镜台	长38.5cm	55,200	北京保利	2012.10.25
清 黄杨木根花台	宽75cm	195,500	北京保利	2012.06.06
清 黄杨木根花台	高59.5cm	92,000	北京保利	2012.06.06
清 黄杨木随形花台	高72cm	207,000	北京保利	2012.12.06
清 酸枝雕子藤富贵画台	长138cm	376,280	香港敦煌	2012.10.06
清 柞桢画台	长194cm	172,500	广东古今	2012.07.15
法国 拿破仑三世时期布尔风格玳瑁细镶铜丝写字台	长145cm	92,000	北京保利	2012.12.04
法国 拿破仑三世时期布尔风格玳瑁镶嵌铜丝柜式写字台	长143cm	66,700	北京保利	2012.12.04
19世纪 皇帝式皮面大写字台	长161cm	57,500	中国嘉德	2012.06.17
民国 红木花台(两件)	高100cm	57,500	北京翰海	2012.09.28
斑竹茶台	长38cm	55,200	北京翰海	2012.06.29
红木竹节纹茶台	高41cm	69,000	北京翰海	2012.06.29
黄花梨写字台	长158cm	149,500	中国嘉德	2012.09.16
梁启超曾用写字台等九种		184,000	北京匡时	2012.12.06
吕永中2011年作"徽州"大班台	长230cm	172,500	北京保利	2012.06.03
梓檀雕蝠花台(两件)	高102cm	67,850	北京翰海	2012.12.20
座、椅				
明 黄花梨圈椅(一对)	高97cm	1,035,000	北京保利	2012.06.07
明代 黄花梨罗锅帐矮老禅椅(一对)	高86cm	784,000	云南典藏	2012.05.27
明末/清初 黄花梨大交杌	高54.9cm	1,466,920	香港佳士得	2012.11.28
明末/清初 黄花梨灯挂椅(一对)	高106cm	1,176,760	香港佳士得	2012.11.28
明末/清初 黄花梨南官帽椅(一对)	高103.8cm	4,368,520	香港佳士得	2012.11.28
明末清初 黄花梨霸王枨南官帽椅成对	高107cm	2,530,000	中国嘉德	2012.05.13
明末清初 黄花梨螭龙纹圈椅	高99cm	1,034,770	中国嘉德	2012.10.07
明末清初 黄花梨高靠背南官帽椅	高104cm	1,035,000	中国嘉德	2012.05.13
明末清初 黄花梨南官帽椅成对	高114cm	2,760,000	中国嘉德	2012.05.13
明末清初 黄花梨南官帽椅成对	高109cm	1,787,330	中国嘉德	2012.10.07
明末清初 黄花梨如意云纹圈椅(一对)	高99cm	920,000	南京经典	2012.07.15
明末清初 黄花梨瑞兽纹四出头官帽椅	高109cm	3,762,800	中国嘉德	2012.10.07
明末清初 黄花梨四出头官帽椅	高115cm	1,222,910	中国嘉德	2012.10.07
明末清初 黄花梨四出头官帽椅	高104cm	862,500	中国嘉德	2012.10.29
明末清初 黄花梨仙鹤纹圈椅	高94.5cm	2,990,000	中国嘉德	2012.05.13
明末清初 黄花梨直后背雕鹰石图交椅	高91.5cm	3,220,000	中国嘉德	2012.05.13
明晚期 黄花梨灯挂椅	高93.5cm	1,035,000	中国嘉德	2012.05.13
明晚期 黄花梨黑漆圈椅	高101cm	1,035,000	中国嘉德	2012.05.13
明晚期 黄花梨圈椅	高98.5cm	1,495,000	中国嘉德	2012.05.13
明晚期 黄花梨攒镶鸡翅木矮靠背小禅椅成对	高74.5cm	2,990,000	中国嘉德	2012.05.13
清初 黄花梨南官帽椅(一对)	高102cm	644,000	南京经典	2012.07.15
清初 黄花梨嵌乌木及黄杨木梳背玫瑰椅	高88.3cm	499,720	香港佳士得	2012.11.28
清初 黄花梨镶乌木高扶手南官帽椅	高95.2cm	1,563,640	香港佳士得	2012.11.28
清早期 黄花梨螭龙纹玫瑰椅成对	高89.5cm	1,955,000	中国嘉德	2012.05.13
清早期 黄花梨高扶手南官帽圈椅	高89cm	402,500	上海泓盛	2012.06.24
清早期 黄花梨高靠背灯挂椅	高105.5cm	782,000	中国嘉德	2012.05.13
清早期 黄花梨两出头官帽椅	高99cm	1,380,000	中国嘉德	2012.05.13
清早期 黄花梨南官帽椅成对	高101.5cm	805,000	中国嘉德	2012.10.29

拍品名称	物品尺寸	成交价RMB	拍卖公司	拍卖日期
清早期 黄花梨圈椅	高97cm	920,000	中国嘉德	2012.05.13
清早期 黄花梨梳背玫瑰椅成对	高88cm	921,886	中国嘉德	2012.10.07
清早期 黄花梨四出头官帽椅	高119cm	207,000	北京保利	2012.10.25
清早期 黄花梨四出头官帽椅(一对)	高118cm	3,220,000	北京保利	2012.12.06
清早期 黄花梨四出头官帽椅成对	高107cm	2,633,960	中国嘉德	2012.10.07
清早期 黄花梨有束腰外翻马蹄腿罗锅枨云龙纹圈椅成对	高99cm	6,670,000	中国嘉德	2012.10.29
清乾隆 紫檀嵌桦木龙凤扶手椅(一对)	高105.5cm	7,130,000	北京保利	2012.06.05
清中期 红木雕花太师椅(八具)	高101cm	126,500	中国嘉德	2012.03.25
清中期 红木京做福寿椅(四件)	高101cm	241,500	北京保利	2012.04.21
清中期 红木嵌大理石灵芝纹太师椅成对	高115cm	437,000	中国嘉德	2012.03.25
清中期 红木小扶手椅成对	高90cm	69,000	中国嘉德	2012.03.25
清中期 黄花梨攒拐子纹扶手椅成对	高89.5cm	1,127,000	中国嘉德	2012.10.29
清中期 榉木单靠背梳背椅(八件)	高87.5cm	92,000	中国嘉德	2012.03.25
清中期 铁梨木圈椅成对	高97.5cm	55,200	中国嘉德	2012.03.25
清中期 紫檀螭龙纹扶手椅成对	高94.8cm	2,415,000	中国嘉德	2012.10.29
清中期 紫檀屏风式扶手椅及花几一堂	椅高79.5cm	805,000	北京保利	2012.12.07
清中期 紫檀圈椅成对	高98cm	2,257,680	中国嘉德	2012.10.07
清中期 紫檀云蝠扶手椅(一对)	高48cm	897,000	北京保利	2012.06.05
清晚期 红木嵌大理石灵芝云纹扶手椅	高102cm	59,800	中国嘉德	2012.09.16
清晚期 红木太师椅八张带四几	椅高91.5cm	322,000	中国嘉德	2012.03.25
17世纪 黄花梨官帽椅(一对)	高118.5cm	8,525,664	伦敦苏富比	2012.11.07
17世纪 黄花梨圈椅(一对)	高96.5cm	3,029,973	伦敦苏富比	2012.11.07
清 红木雕花卉太师椅(六件)	高97cm	82,800	北京翰海	2012.12.20
清 红木雕花卉太师椅(六件)	高99cm	71,300	北京翰海	2012.12.20
清 红木灵芝纹四椅两几	高95cm	74,750	北京保利	2012.10.25
清 红木南官帽椅(一对)	高98cm	126,500	荣宝斋(上海)	2012.06.17
清 红木南官帽椅成对	高95.5cm	101,200	中国嘉德	2012.03.25
清 红木嵌大理石卷书椅(两件)	高99cm	57,500	北京翰海	2012.09.28
清 红木四椅两几	高95cm；高71cm	97,750	北京保利	2012.10.25
清 黄花梨螭龙官帽椅	高91cm	184,000	北京传是	2012.05.19
清 黄花梨单背椅(两件)	高83cm	51,750	北京翰海	2012.12.20
清 黄花梨雕夔龙圈椅(两件)	高101cm	69,000	北京翰海	2012.06.29
清 黄花梨雕麒麟官帽椅(两件)	高116cm	172,500	北京翰海	2012.09.28
清 黄花梨官帽椅	高91cm	69,000	北京保利	2012.10.25
清 黄花梨吉庆有余官帽椅	高110cm	230,000	北京传是	2012.05.19
清 黄花梨吉庆有余椅	高110cm	86,250	北京保利	2012.10.25
清 黄花梨交椅	高103cm	1,265,000	北京容海	2012.03.26
清 黄花梨玫瑰椅	高85cm	149,500	北京保利	2012.10.25
清 黄花梨南官帽椅(一对)	高95cm	1,120,000	宁波富邦	2012.02.11
清 黄花梨南官帽椅一堂	高100cm	1,150,000	北京传是	2012.05.19
清 黄花梨寿字官帽椅	高104cm	184,000	北京传是	2012.05.19
清 黄花梨寿字靠背椅(一对)	高104cm	345,000	北京传是	2012.05.19
清 黄花梨四出头卷草螭龙官帽椅(一对)	高117cm	977,500	北京传是	2012.05.19
清 黄花梨透雕如意纹开光圈椅(一对)	高102.5cm	690,000	荣宝斋(上海)	2012.06.17
清 金丝楠木圈椅(一对)	高94cm	51,750	北京保利	2012.10.25
清 酸枝嵌云石长椅	高165cm	64,883	香港淳浩	2012.11.24
清 酸枝嵌云石双人椅	高106cm	129,766	香港淳浩	2012.11.24
清 紫檀椅(四件一组)	高83cm	149,500	北京保利	2012.10.25
清代 清黄花梨轿椅	高83cm	648,830	澳门中信	2012.12.28
清末/民国 红木福庆有余纹扶手椅	高105cm	78,200	中国嘉德	2012.09.16
清末/民国 红木圈椅(成对)	高104cm	57,500	中国嘉德	2012.09.16
20世纪 黄花梨宫廷式圈椅(一套)	高98.5cm	1,150,000	北京传是	2012.05.19
20世纪 黄花梨宫廷式圈椅(一组)	高98.5cm	1,092,500	北京传是	2012.05.19
20世纪 黄花梨交椅	高103cm	172,500	北京传是	2012.05.19

拍品名称	物品尺寸	成交价RMB	拍卖公司	拍卖日期
20世纪 黄花梨镂雕花卉背靠椅一堂	高99cm	3,450,000	北京传是	2012.05.19
20世纪 黄花梨四出头官帽椅(一组)	高118.5cm	345,000	北京传是	2012.05.19
20世纪 黄花梨四出头官帽椅(一组)	高118.5cm	299,000	北京传是	2012.05.19
Casa Calvet花朵三人椅和单椅		241,500	北京艺融	2012.11.19
大叶紫檀罗锅枨南官帽椅(一对)	高102cm	59,800	上海嘉禾	2012.12.25
大叶紫檀券口靠背玫瑰椅(一对)	高87cm	74,750	上海嘉禾	2012.12.25
大叶紫檀如意纹靠背南官帽椅(一对)	高101cm	57,500	上海嘉禾	2012.12.25
大叶紫檀圆后背交椅	高92cm	109,250	上海嘉禾	2012.12.25
海南黄花梨明式圈椅(一对)	通高98.7cm	2,530,000	福建东南	2012.10.28
海南黄花梨圈椅(一对)		2,860,000	海南泰达	2012.12.23
红木嵌影木苏做扶手椅(三件)	椅高95cm	74,750	北京翰海	2012.06.29
花梨木雕夔龙圈椅(两件)	高101cm	74,750	北京翰海	2012.12.20
花梨木皇宫椅(三件)	高100cm	69,000	北京翰海	2012.12.20
黄花梨雕花圈椅(两件)	高101cm	69,000	北京翰海	2012.09.28
黄花梨雕吉庆圈椅(两件)	高102cm	69,000	北京翰海	2012.06.29
黄花梨雕夔龙圈椅(两件)	高101cm	253,000	北京翰海	2012.03.23
黄花梨雕夔龙圈椅(两件)	高101cm	74,750	北京翰海	2012.09.28
黄花梨雕夔龙圈椅(两件)	高100cm	69,000	北京翰海	2012.06.29
黄花梨宫廷椅(三件)	高99cm	57,500	北京翰海	2012.03.23
黄花梨圈椅(一对)	高98cm	169,326	香港敦煌	2012.10.06
黄花梨圈椅(一对)	高98cm	69,000	北京保利	2012.04.23
民国 红木雕花靠背椅(四具)	高92.5cm	94,300	中国嘉德	2012.06.17
民国 红木花蝶躺椅	长186cm	57,500	北京保利	2012.10.25
民国红木嵌理石广式扶手椅(四具)	高104cm	92,000	中国嘉德	2012.06.17
民国红木如意纹嵌大理石八椅四几	高107cm	598,000	北京保利	2012.10.25
民国 红木西洋四椅两几	高108cm	57,500	北京保利	2012.10.25
民国 黄花梨南官帽椅(一对)	高90cm	160,701	香港淳浩	2012.07.28
民国 黄花梨圈椅(两件)	高103cm	97,750	北京翰海	2012.09.28
民国 梓檀书卷椅(两件)	高102cm	78,200	北京翰海	2012.03.23
酸枝花梨粉彩瓷片椅及花梨影木茶几(一对 三张)	高92cm	65,447	香港富得	2012.03.30
现代 金丝楠木架几案书案配金丝楠木素面四出头椅(一套)	画案长243cm；椅子高116cm	672,000	云南典藏	2012.05.27
现代 金丝楠木四出头 纹官帽椅(一对)	高115.4cm	56,000	云南典藏	2012.05.27
约1895年 法国胡桃木靠背扶手椅	高93cm	63,250	荣宝斋(上海)	2012.09.09
越南黄花梨官帽椅(一套三件)	椅高61cm	184,000	广东古今	2012.07.15
越南黄花梨皇宫椅(一套三件)	椅高63cm	207,000	广东古今	2012.07.15
梓檀嵌影木圈椅(三件)	高101cm	74,750	北京翰海	2012.12.20
紫檀雕山水纹扶手椅成对、紫檀雕夔凤纹嵌瘿木芯方几	高98cm；高80.5cm	3,105,000	中国嘉德	2012.10.29
凳				
明 黄花梨长方凳	长52cm	218,500	北京保利	2012.12.06
明 黄花梨有束腰马蹄腿罗锅枨长方凳成对	高45.5cm	1,610,000	中国嘉德	2012.10.29
明 龙泉刻花卉纹鼓凳	高36cm	120,497	香港淳浩	2012.11.24
明 圆腿刀牙板小方凳(一对)	高25cm	218,500	上海大众	2012.08.04
明代黄花梨束腰马蹄足罗锅帐长凳	长195cm	3,472,000	云南典藏	2012.05.27
明末/清初 黄花梨高束腰长方凳(一对)	高51.7cm	644,800	香港佳士得	2012.11.28
明末清初 黄花梨滚脚凳	长77cm	322,000	北京保利	2012.12.06
明末清初 黄花梨有束腰马蹄腿罗锅枨嵌宝螭龙纹大禅凳	高63cm	752,560	中国嘉德	2012.10.07
明末清初 黄花梨圆裹腿带卡子花杌凳(成对)	高49cm	1,840,000	中国嘉德	2012.05.13
清早期 黄花梨裹腿罗锅枨方凳	高48.5cm	115,000	上海泓盛	2012.06.24
清早期 黄花梨束腰锣锅枨内翻马蹄方凳(一对)	高51cm	230,000	北京传是	2012.05.19
清早期 黄花梨云纹束腰禅凳	高60.5cm	805,000	北京传是	2012.05.19
清早期 紫檀海棠式禅凳	宽56.5cm	195,500	北京保利	2012.04.21
清早期 紫檀有束腰马蹄腿带托泥长方凳成对	高52.5cm	1,610,000	中国嘉德	2012.10.29
清中期 红木有束腰罗锅枨马蹄腿大禅凳	高66.5cm	79,960	中国嘉德	2012.10.07
清中期 紫檀八角凳(一对)	高48.5cm	345,000	北京保利	2012.06.07
清 汉白玉回文纹长凳(一对)	长193cm	207,000	西泠拍卖	2012.12.29
清 汉白玉铺首双面开光花卉乳钉纹鼓凳(一对)	高42cm	138,000	西泠拍卖	2012.12.29
清 红木方凳(四件)	高47cm	69,000	北京保利	2012.10.25
清 红木嵌瘿木面梅花凳(四件)	高49cm	63,250	北京保利	2012.10.25
清 红木软屉六方凳(两件)	高46cm	86,250	青岛中艺	2012.05.10
清 黄花梨禅凳	长59cm	57,500	北京保利	2012.10.25
清 黄花梨交凳(一对)	高41.5cm	207,000	北京传是	2012.05.19
清 黄花梨四面平方凳	高51cm	437,000	北京传是	2012.05.19
清 青石四面开光花卉乳钉纹鼓凳(一对)	高36cm	241,500	西泠拍卖	2012.12.29
清紫檀嵌影木面六方凳(四件一套)	高48.7cm	345,000	上海大众	2012.08.04
紫檀雕山水纹宝座、紫檀雕拐子纹脚踏、紫檀拐子纹香几成对、紫檀雕海屋添筹图屏风	屏风高277cm；宝座高109cm	17,250,000	中国嘉德	2012.10.29
18世纪 木胎填漆戗金云龙宝座	高75cm	747,500	上海嘉泰	2012.06.23
20世纪 黄花梨矮老裹腿方凳(一对)	高51cm	230,000	北京传是	2012.05.19
PITOU鸵鸟皮凳		74,750	北京艺融	2012.11.19
荷花宝座(两椅一几)	座高46cm	134,400	上海国拍	2012.12.07
民国酸枝镶红根石面叶纹桁连四凳	高80cm	159,919	香港敦煌	2012.10.06
几				
元 青石花卉纹香几	高87cm	126,500	西泠拍卖	2012.12.29
元 青石瑞兽刻诗词香几	高90cm	138,000	西泠拍卖	2012.12.29
明 大漆几	长145cm	86,250	北京容海	2012.03.26
明 黄花梨绿石禹门洞花几	高78.5cm	2,185,000	北京传是	2012.05.19
明 黄花梨无束腰马蹄腿瘿木芯长方香几	高80cm	2,415,000	中国嘉德	2012.10.29
明 黄花梨小几	高12.5cm	149,500	北京传是	2012.05.19
明 楠木彩绘花几	长78cm	324,415	大唐国际	2012.11.24
明 剔红雕凤穿牡丹纹长方几	长47.5cm	253,000	上海大众	2012.08.04
明 汉白玉梅枝随形花几	高77cm	747,500	西泠拍卖	2012.12.29
明 青白石四面开光花卉纹花几(一对)	高87cm	460,000	西泠拍卖	2012.12.29
明天顺 黑漆嵌螺钿楼阁四足几	长58cm	1,019,590	保利香港	2012.11.25
明晚期 大漆香几	高80.1cm	1,725,000	西泠拍卖	2012.07.07
明末/清初 黄花梨有屉炕几	高28.2cm	983,320	香港佳士得	2012.11.28
清早期 黄花梨大漆面方形炕几	长85cm	874,000	北京保利	2012.12.06
清早期 黄花梨无束腰罗锅枨直腿香几	高74.5cm	3,450,000	中国嘉德	2012.05.13
清早期 紫檀香几	高80cm	280,000	辽宁中正	2012.01.08
清康熙 粉彩山水小几	长21.5cm	713,000	西泠拍卖	2012.12.28
清乾隆 博古龙酸枝香几	高86cm	94,300	广东古今	2012.07.15
清乾隆 宫廷御用紫檀雕瑞兽龙纹六方几	高16.5cm	862,500	上海大众	2012.08.04
清乾隆 宫廷御用紫檀雕西番莲大香几	高76cm	1,610,000	上海大众	2012.08.04
清乾隆 紫檀巴洛克风格西番莲香几	高75.5cm	1,955,000	北京保利	2012.12.05
清乾隆 紫檀雕西香莲暗八仙坑几	长68cm	920,000	上海大众	2012.08.04
清乾隆 紫檀西番莲纹香几	高85.8cm	1,840,000	西泠拍卖	2012.07.07
清乾隆 紫檀小几	长19cm	57,500	北京保利	2012.10.25
清中期 黄花梨高束腰三弯腿带托泥香几	高87cm	1,840,000	中国嘉德	2012.10.29
清中期 黄杨木雕随形小香几	长21cm	253,000	中国嘉德	2012.05.14
清中期 犀皮漆长方茶几	长75.5cm	138,000	北京翰海	2012.12.09
清中期 紫檀嵌樱木面如意纹香几	直径38.5cm	575,000	北京保利	2012.06.07
清光绪 黄文瀚制照瑷上款丛竹书卷式几	长31.1cm	97,750	西泠拍卖	2012.12.28
清晚期 红木花几	高104cm	78,200	中国嘉德	2012.09.16
清 百宝嵌四方小几	长16.4cm	92,000	西泠拍卖	2012.12.28
清 汉白玉长方形条几	长210cm	299,000	西泠拍卖	2012.12.29

2012杂项拍卖成交汇总

(成交价RMB：5万元以上)

拍品名称	物品尺寸	成交价RMB	拍卖公司	拍卖日期
清 汉白玉海水江崖纹花几	长41cm	97,750	西泠拍卖	2012.12.29
清 汉白玉四面开光瑞兽纹花几	高87cm	132,250	西泠拍卖	2012.12.29
清 黑漆描金云龙纹翘头几	长270cm	97,750	上海嘉泰	2012.10.25
清 红木雕螭龙纹长方几	长26.5cm	161,000	上海大众	2012.08.04
清 红木高花几成对	高121.5cm	103,500	中国嘉德	2012.03.25
清 红木根雕随形花几	高30cm	80,500	荣宝斋(上海)	2012.06.17
清 红木拐子纹花几(一对)	高86cm	57,500	南京经典	2012.07.15
清 红木嵌湘妃竹四平面几	高38cm	51,750	上海大众	2012.08.04
清 红木镶嵌香妃竹长方几	长69.8cm	345,000	上海大众	2012.08.04
清 红木有束腰马蹄腿花几成对	高90.5cm	80,500	中国嘉德	2012.03.25
清 黄花梨坑几		74,796	香港淳浩	2012.03.31
清 青石方形花几(一对)	高90cm	109,250	西泠拍卖	2012.12.29
清 石闲铭石颠刻“百玺斋”歙石面几	高16.5cm	97,750	上海嘉泰	2012.06.23
清 天然瘿木几	高67.2cm	184,000	北京保利	2012.12.06
清 天然瘿木几	高68cm	184,000	北京保利	2012.12.06
清 铁梨木小香几	高90.5cm	57,500	荣宝斋(上海)	2012.06.17
清 香妃竹长方几	长89cm	230,000	上海大众	2012.08.04
清 香妃竹腰圆几	长51cm	109,250	上海大众	2012.08.04
清 湘妃竹嵌瘿木花几	高89.5cm	57,500	西泠拍卖	2012.07.07
清 紫檀卷草纹方几	边长31.5cm	69,000	西泠拍卖	2012.12.28
清 紫檀嵌百宝喜上眉梢三板几	长35cm	368,000	上海大众	2012.08.04
清 紫檀嵌黄花梨长方几	长56cm	322,000	上海大众	2012.08.04
清 紫檀嵌瘿木花几	高95cm	86,250	北京保利	2012.10.25
清 紫檀嵌瘿木几	高33.5cm	943,000	中国嘉德	2012.03.26
清 紫檀翘头几	长64cm	437,000	中贸圣佳	2012.03.04
清 紫檀树根几	宽31cm	115,000	北京保利	2012.06.06
清18世纪／19世纪 黄杨木雕「盘根」香几	高110cm	991,860	香港苏富比	2012.04.04
清初 紫檀嵌瘿子木长方小几	长31.7cm	287,500	北京翰海	2012.05.27
清代 黄花梨蜻蜓腿香几	高37.5cm	78,400	云南典藏	2012.05.27
约1890年 可配对的两张法国桃花心木茶几精品	高78cm	586,500	荣宝斋(上海)	2012.09.09
约1900-1910年 法国路易十五风格郁金香木鎏金铜饰茶几	高72cm	264,500	荣宝斋(上海)	2012.09.09
民国 红木嵌粉彩山水纹方几(一对)	长93.5cm	195,500	中国嘉德	2012.03.26
20世纪 黄花梨六角三弯腿香几(一对)	高73cm	575,000	北京传是	2012.05.19
20世纪 黄花梨香几(一对)	高68cm	80,500	北京传是	2012.05.19
大叶紫檀束腰三弯脚圆香几	高86cm	138,000	上海嘉禾	2012.12.25
黑檀霸王枨四平面琴几	琴几长128cm	184,000	上海嘉禾	2012.12.25
黄花梨老料新工花几(一对)	高68cm	69,000	北京保利	2012.10.25
酸枝雕龙坑几	长61cm	92,000	广东古今	2012.07.15
紫檀束腰花几(一对)	高107.8cm×2	126,500	中贸圣佳	2012.03.04
架				
明 黄花梨龙纹衣架	高174cm	747,500	北京传是	2012.05.19
明 黄花梨书架	高176cm	322,000	南京经典	2012.07.15
明 黄花梨有束腰高火盆架	高60.5cm	6,900,000	中国嘉德	2012.10.29
明末清初 黄花梨卡子花栏杆架格	高171cm	2,300,000	北京保利	2012.12.06
清早期 黄花梨脸盆架	高70.5cm	82,800	中国嘉德	2012.03.25
清早期 黄花梨帖架	高30cm	57,500	中国嘉德	2012.03.25
清早期 榉木衣架	高161cm	69,000	中国嘉德	2012.03.25
清中期 红木脸盆架(一对)	高66cm	55,200	中国嘉德	2012.09.16
清中期 黄花梨大脸盆架	高186cm	2,415,000	中国嘉德	2012.10.29
清中期 御制紫檀雕凤纹挑杆灯架(一对)	高259cm	5,239,000	香港佳士得	2012.11.28
清 红木凤头衣架	高180cm	51,750	北京保利	2012.10.25
清 红木衣架	高173.5cm	149,500	中国嘉德	2012.03.25
花梨木灯架及鸡翅木天平架	尺寸不一	74,750	中国嘉德	2012.09.16
黄花梨雕花大衣架	高177cm	92,000	北京保利	2012.08.11
现代 金丝楠木攒接品字栏嵌樱木架格(一对)	高200cm	336,000	云南典藏	2012.05.27
梓檀雕夔龙书架(两件)	高168cm	92,000	北京翰海	2012.06.29
大叶紫檀三层罗锅枨围子栏杆带抽屉大架格一对	架格长121cm	598,000	上海嘉禾	2012.12.25
黑檀四层全敞架格一对	架格高178cm	207,000	上海嘉禾	2012.12.25
匾				
清康熙 “康熙帝纂修字典谕”木质牌匾	长187.5cm	66,700	上海泓盛	2012.06.18
清中期 金丝楠木刻赵之谦诗文匾(一对)	长166cm	138,000	北京歌德	2012.06.03
清中期 金丝楠木“颐志轩”中堂匾(一块)	长200cm	97,750	北京歌德	2012.06.03
清 心清闻妙香书房匾	长129.5cm	57,500	西泠拍卖	2012.12.28
木刻吴昌硕“养静”堂匾	长200cm	69,000	上海嘉泰	2012.10.26
木刻吴昌硕“所好轩”匾	长188cm	63,250	上海嘉泰	2012.10.26
木刻吴昌硕“快意轩”匾	长185cm	63,250	上海嘉泰	2012.10.26
屏				
明万历(瓷砖)/清18至19世纪(座架)黄地绿彩「双龙争珠」图插屏	总高37.5cm	163,600	香港苏富比	2012.10.09
明万历 五彩龙纹插屏	高49.7cm	92,000	北京保利	2012.06.07
明 粤绣博古图屏风(一套十二扇)	高172cm	805,000	北京保利	2012.12.07
明 剔红楼阁人物(衣锦还乡)挂屏	高72cm	333,500	北京保利	2012.06.06
明 剔红凤穿花挂屏	高74cm	253,000	北京保利	2012.06.06
明晚期 黄花梨嵌大理石面插屏	高63.5cm	943,000	中国嘉德	2012.05.13
明晚期 黄花梨框嵌绿石插屏	高36cm	632,500	北京保利	2012.12.06
清早期 黄花梨座屏	高50cm	161,000	北京保利	2012.01.07
清早期 黄花梨五抹寿字纹隔扇(四件)	高221cm	827,816	中国嘉德	2012.10.07
清早期 黄花梨龙纹十二条屏	高168cm	2,070,000	北京传是	2012.12.16
清早期 黄花梨花卉螭龙纹绿石面插屏	高73cm	920,000	中国嘉德	2012.05.13
清早期 黄花梨螭龙纹十二扇围屏	高305cm	8,970,000	中国嘉德	2012.05.13
清早期 大漆款彩隔扇(十件)	高240.5cm	690,000	中国嘉德	2012.03.25
清初 黄花梨嵌大理石案屏	高48.9cm	382,850	香港佳士得	2012.11.28
清康熙 褐漆款彩「满床笏」图十二扇屏	高284.5cm	1,660,360	香港佳士得	2012.11.28
清康熙 彩漆花鸟图八扇屏风	高254cm	447,078	伦敦苏富比	2012.11.07
清乾隆 紫檀山水人物大座屏	高116cm	3,950,940	中国嘉德	2012.10.07
清乾隆 紫檀嵌螺钿山水纹大挂屏成对	长106cm	1,881,400	中国嘉德	2012.10.07
清乾隆 紫檀嵌百宝诗文博古座屏	长50cm	690,000	北京保利	2012.10.25
清乾隆 紫檀夔龙纹挂屏(一对)	高75cm	57,500	北京保利	2012.04.23
清乾隆 紫檀框缂丝“大吉”挂屏	长98.8cm	2,530,000	上海道明	2012.10.25
清乾隆 紫檀雕云龙纹嵌金银丝宫廷宝座屏风	高203cm	5,824,000	宁波富邦	2012.02.11
清乾隆 紫檀雕缠枝莲挂屏框(一对)	高113cm	690,000	北京保利	2012.12.07
清乾隆 紫檀雕苍龙出海挂屏(一对)	长51cm	690,000	西泠拍卖	2012.07.07
清乾隆 紫檀带工原环挂屏框	长89cm	276,000	北京保利	2012.10.25
清乾隆 紫檀插屏座	长59.5cm	69,000	中国嘉德	2012.06.16
清乾隆 紫檀包镶框黑漆嵌玉御题诗挂屏(一对)	高87cm	1,725,000	北京保利	2012.06.05
清乾隆 御制和阗碧玉描金御制诗文罗汉像插屏	高21.7cm×2	886,600	香港邦瀚斯	2012.11.24
清乾隆 御题“拔达山八骏歌”玉插屏	高28.4cm	4,025,000	古天一	2012.12.02
清乾隆 御笔书法对屏	高101.5cm×2	575,000	北京匡时	2012.12.05
清乾隆 象牙雕群仙贺寿图挂屏	高135cm	1,563,640	香港佳士得	2012.11.28
清乾隆 剔彩百宝嵌博古图挂屏	高112cm	548,080	香港佳士得	2012.11.28
清乾隆 青花如意吉庆挂屏	宽69cm	126,500	北京保利	2012.10.23
清乾隆 青白玉御题诗“层峦叠翠”插屏	屏高19.5cm	1,380,000	上海嘉泰	2012.06.23
清乾隆 漆地嵌碧玉竹石图挂屏(一对)	高120.5cm	575,000	北京匡时	2012.12.05
清乾隆 蜜蜡雕“丹凤朝阳”座屏	长10.5cm	126,500	北京匡时	2012.12.05

拍品名称	物品尺寸	成交价RMB	拍卖公司	拍卖日期
清乾隆 米黄漆地嵌沉香山水楼阁挂屏	长116cm	575,000	北京保利	2012.12.06
清乾隆 黄花梨框漆地嵌百宝博古挂屏(一对)	高90.5cm×2	1,127,000	北京匡时	2012.06.04
清乾隆 宫廷御用紫檀嵌百宝御咏桃花诗清供图插屏	高58cm	2,645,000	上海大众	2012.08.04
清乾隆 粉彩仙人祝寿座屏	长34cm	172,500	北京保利	2012.04.21
清乾隆 粉彩山水人物图座屏	高61.8cm	87,360	天津文物	2012.05.11
清乾隆 粉彩描金"大吉"纹葫芦挂屏	高24.9cm	172,500	北京中汉	2012.10.30
清乾隆 大漆嵌百宝世代寿孝图大座屏		138,000	北京保利	2012.06.06
清乾隆 沉香雕仙山楼阁嵌西洋镜座屏	高81cm	20,700,000	北京保利	2012.06.05
清乾隆 碧玉雕猎虎图插屏	直径25.8cm×2	4,658,680	香港邦瀚斯	2012.11.24
清乾隆 白玉御题诗仙人采芝插屏	高35.5cm	2,185,000	北京保利	2012.12.05
清乾隆 白玉山水人物圆插屏	直径21.5cm	12,650,000	北京保利	2012.12.05
清乾隆 白玉雕山水人物图插屏(一对)	高21.5cm	2,357,500	中国嘉德	2012.05.14
清乾隆 白玉雕山水人物双面插屏	高20cm	1,725,000	上海大众	2012.08.04
清乾隆 白玉雕福寿纹插屏	长21.7cm	4,600,000	北京东正	2012.05.11
清乾隆 白玉雕杯渡禅师纹插屏	长15cm	1,725,000	北京东正	2012.05.11
清乾隆 白玉雕达摩渡海诗文台屏	高25cm	4,830,000	朵云轩	2012.12.29
清中期 紫檀如意纹座屏	高77cm	92,000	北京保利	2012.04.21
清中期 紫檀屏座	高56.7cm	596,440	香港佳士得	2012.11.28
清中期 紫檀龙纹座屏	高78.5cm	51,750	北京保利	2012.04.21
清中期 紫檀框百宝嵌山水挂屏(一对)	长106cm	575,000	北京保利	2012.10.25
清中期 铜胎掐丝珐琅灵仙祝寿挂屏(一对)	高100.5cm×2	575,000	北京匡时	2012.06.04
清中期 青白玉雕仙人高士松鹤图双面圆屏	直径18cm	1,265,000	北京保利	2012.12.05
清中期 漆地嵌百宝西王母祝寿图硬木挂屏	高112cm	287,500	北京匡时	2012.12.05
清中期 楠木隔扇(十八扇)	高298cm	101,200	中国嘉德	2012.09.16
清中期 螺钿漆镶竹山水高士挂屏	长55.5cm	278,070	保利香港	2012.11.25
清中期 金丝楠木徽雕两扇窗屏	高74cm	92,000	北京歌德	2012.06.03
清中期 黄花梨透雕夔龙纹插屏	高94cm	92,000	北京翰海	2012.12.09
清中期 黄花梨嵌大理石案屏	高49.7cm	480,376	香港佳士得	2012.11.28
清中期 红木框祁阳石巧雕松下高士题诗大座屏	高89cm	1,265,000	北京保利	2012.12.05
清中期 红木框百宝嵌婴戏图大座屏	高189.5cm	1,437,500	北京保利	2012.12.05
清中期 红木隔扇(六件)	高181cm	94,300	中国嘉德	2012.03.25
清中期 粉彩"大吉"挂屏	高49.5cm	218,500	北京匡时	2012.12.05
清中期 翡翠猫蝶仙人图插屏	高32.2cm	57,500	中国嘉德	2012.10.29
清中期 翡翠浮雕山水人物故事插屏	高20.5cm	517,500	北京匡时	2012.06.04
清中期 东阳木雕十扇窗屏	高135cm	264,500	北京歌德	2012.06.03
清中期 翠玉插屏(一对)	高16.5cm	115,000	北京华辰	2012.05.12
清中期 碧玉东坡说偈御题插屏	高22.5cm	575,000	上海嘉泰	2012.10.25
清中期白玉山水人物御题诗文插屏	高19.2cm	368,000	北京翰海	2012.05.27
清中期 白玉雕山水人物图插屏	高17.5cm	299,000	中国嘉德	2012.10.29
清中晚期 鸡翅木嵌石面大插屏	高200cm	59,800	中国嘉德	2012.09.16
清晚期 粤绣人物花鸟图挂屏	高67.5cm	115,000	北京保利	2012.12.07
清晚期 剔红嵌骨十二生肖图条屏	高114cm	92,000	中国嘉德	2012.03.25
清晚期 碧玉福禄寿插屏(一对)	高30cm	103,500	北京保利	2012.04.23
清道光 青花三星拱照座屏	高65cm	65,849	香港华辉	2012.10.05
清道光 粉彩大吉葫芦挂屏	高45.5cm	280,000	北京荣宝	2012.03.10
清光绪 红木嵌粉彩山水人物插屏	高75cm	57,500	北京翰海	2012.03.23
清末民初 红木嵌螺钿段泥刻伯乐相马图大插屏	高79.4cm	422,344	香港邦瀚斯	2012.11.24
清末/民国 红木石面圆插屏	高93cm	69,000	中国嘉德	2012.09.16
清末 楠木浮雕人物故事四条屏	高146cm	1,092,500	上海大众	2012.08.04
清18世纪 彩漆描金花鸟图四扇屏风	每扇高290cm	251,450	伦敦苏富比	2012.11.07
清"阮元"款云石红木插屏	高66.5cm	92,000	荣宝斋(上海)	2012.06.17
清"玉苍"款红底白鹰漆挂屏	高92cm	230,000	上海崇源	2012.10.19
清 白玉农耕图御题诗文插屏	高16.5cm	1,667,500	北京翰海	2012.05.27
清 白玉嵌宝麻姑献寿诗文插屏	直径20.5cm	69,000	北京保利	2012.08.11
清 碧玉雕山水人物插屏	高46cm	51,750	太平洋	2012.06.16
清 碧玉雕山水纹描金插屏	高22cm	89,600	天津文物	2012.11.09
清 碧玉雕山水纹描金插屏	高21.8cm	67,200	天津文物	2012.11.09
清 碧玉描金四君子图插屏(一对)	高34.3cm	74,750	中国嘉德	2012.09.16
清 碧玉寿字插屏	高37.8cm	97,750	北京保利	2012.12.07
清 翠雕龙纹座屏	长31.5cm	115,000	北京保利	2012.04.22
清 大理石挂屏	高54cm	57,967	香港淳浩	2012.03.31
清 大理石诗文插屏	高70.5cm	55,200	中国嘉德	2012.03.25
清 大漆描金人物四条屏	高99.5cm	57,500	北京容海	2012.03.26
清 翡翠雕龙凤插屏	高39cm	74,750	太平洋	2012.06.16
清 翡翠雕婴戏屏(一对)	长35.5cm	69,000	北京保利	2012.04.23
清 汉白玉雕郑板桥书画屏	长77.4cm	345,000	北京诚轩	2012.10.28
清 黑漆地嵌花鸟大座屏(一对)	高143cm	184,000	北京保利	2012.04.23
清黑漆描金彩绘郭子仪祝寿大座屏	高282cm	402,500	北京保利	2012.06.07
清 红木百宝镶嵌插屏	高61.5cm	115,000	凤凰拍卖	2012.12.16
清 红木大理石插屏	高52.2cm	57,500	北京保利	2012.06.06
清 红木雕龙纹云石插屏	高60.5cm	80,500	上海大众	2012.08.04
清 红木福寿人物屏风	高255cm	115,000	北京保利	2012.10.25
清 红木框黄杨底刻梅竹菊大理石插屏	高59cm	63,250	北京歌德	2012.06.03
清 红木框诗文隔扇(一套)	高335cm	138,000	北京保利	2012.08.11
清 红木嵌碧玉三闲图插屏	高94.5cm	97,750	北京保利	2012.10.25
清 红木嵌大理石插屏	高68cm	92,000	北京翰海	2012.12.08
清 红木嵌翡翠插屏	高48cm	103,500	南京经典	2012.07.15
清 红木嵌云石挂屏(四件)	高160cm	161,000	北京保利	2012.10.25
清 红木嵌云石书房四条屏	高107.7cm	230,000	上海大众	2012.08.04
清 黄花梨福寿挂屏(四件)	高69cm	69,000	北京保利	2012.10.25
清 黄花梨嵌铜松荫高士插屏	高62.5cm	80,500	中贸圣佳	2012.03.04
清景泰蓝座青金嵌宝三羊开泰插屏	高48cm	69,000	上海嘉泰	2012.03.11
清 漆嵌百宝博古图挂屏	高110cm	138,000	中国嘉德	2012.03.25
清 祁阳石雕幽竹寿石图插屏	直径57cm	80,500	北京永乐	2012.12.15
清 祁阳石灵芝诗文插屏	高26.2cm	94,300	中国嘉德	2012.03.26
清 祁阳石巧雕"一甲传鲈"插屏	长20.5cm	57,500	北京保利	2012.01.07
清 掐丝珐琅山水御制诗文插屏	高44.8cm	368,000	北京翰海	2012.05.27
清 嵌玉如意纹挂屏	长54.6cm	57,500	中国嘉德	2012.09.16
清 青白玉雕螭纹插屏	玉高9.5cm	50,400	天津文物	2012.05.11
清 青白玉雕和合二仙插屏	直径13.5cm	138,000	北京保利	2012.10.24
清 青金石山水亭台楼阁御题诗文插屏	高26.5cm	138,000	北京翰海	2012.12.08
清 酸枝理石插屏	高74cm	57,500	广东古今	2012.07.15
清 吴之璠竹刻策杖访友图插屏	高30cm	402,500	朵云轩	2012.07.11
清 粤绣百鸟朝凤插屏	高141cm	345,000	北京保利	2012.06.07
清 竹挂屏(一组)	尺寸不一	69,000	北京容海	2012.01.09
清 紫松描金大吉福禄挂屏(二件)	高88cm	1,150,000	北京翰海	2012.12.09
清 紫檀百宝插屏	高64cm	264,500	凤凰拍卖	2012.12.16
清 紫檀插屏	高42.5cm	97,750	北京容海	2012.03.26
清 紫檀框漆嵌百宝婴戏荷塘挂屏	长114cm	115,000	北京保利	2012.04.21
清 紫檀框嵌百宝博古图挂屏	高106cm	115,000	中国嘉德	2012.09.16
清 紫檀木框粉彩对联挂屏	高110.5cm	345,000	西泠拍卖	2012.07.07
清 紫檀嵌宝竹石花鸟屏(两件)	高100cm	126,500	上海嘉泰	2012.06.23
清 紫檀云石插屏	高81cm	51,750	北京容海	2012.03.26
17至18世纪 彩漆锦地花蝶仙庭雅乐图六扇地屏	高198cm	368,000	上海嘉泰	2012.10.25
民国(李明量、邓肖禹)粉彩花卉纹瓷板挂屏(一对)	高105.5cm	64,883	香港富得	2012.12.26

2012杂项拍卖成交汇总

(成交价RMB：5万元以上)

拍品名称	物品尺寸	成交价RMB	拍卖公司	拍卖日期
民国 (李明量、邓肖禹)粉彩花卉纹瓷板挂屏 (一对)	宽27.5cm高105.5cm	64,883	香港富得	2012.12.26
民国 粉彩“木兰从军”瓷板插屏<匋迷画印>	高38cm	169,326	香港华辉	2012.10.05
民国 粉彩财星高照瓷板插屏	高54cm	138,000	北京保利	2012.06.06
民国 粉彩东方朔偷桃图座屏	高60.6cm	53,760	天津文物	2012.05.11
民国 粉彩山水人物图座屏	高70.5cm	53,760	天津文物	2012.05.11
民国 何许人 粉彩四季山水长条瓷板挂屏(四屏)	高81cm	22,425,000	北京保利	2012.06.06
民国红木嵌八宝万福禄添源插屏	高68.5cm	89,700	中贸圣佳	2012.03.04
民国 刘雨城款粉彩花鸟纹挂屏	高55.6cm	67,200	天津文物	2012.11.09
民国 木嵌青白玉龙纹插屏 (一对)	高66cm	552,000	中国嘉德	2012.09.16
民国 漆嵌宝雄鸡屏风 六扇	高182cm	63,250	上海嘉泰	2012.06.23
民国 祁阳石雕禾蟹图插屏	高44cm	86,250	上海嘉泰	2012.10.25
民国嵌粉彩瓷板(六块)挂屏(一对)	高19cm	94,530	香港淳浩	2012.07.28
民国 嵌粉彩瓷板(四块)挂屏	高20cm	141,795	香港淳浩	2012.07.28
民国 汪大沧 粉彩春山扁舟图瓷板挂屏	高38cm	172,500	北京保利	2012.06.06
民国 汪大沧 粉彩雪霁寒江寺图瓷板挂屏	高38cm	333,500	北京保利	2012.06.06
民国汪大沧-粉彩山水纹三镶座屏	高38cm	1,840,000	北京万隆	2012.06.07
民国王大凡粉彩惜别图瓷板挂屏	高38.5cm	920,000	北京保利	2012.06.06
民国 王大凡-粉彩人物插屏	高32cm	747,500	北京万隆	2012.06.07
民国 游海滨款粉彩山水人物图挂屏	高56.3cm	53,760	天津文物	2012.11.09
民国 余竹青 粉彩“李太白诗意”山水挂屏	高37cm	80,500	北京匡时	2012.12.07
民国、1916-1925年 粉彩人物题诗图瓷片挂屏	高57.5cm	222,456	香港拍得高	2012.11.23
民国13年(1924) 刘雨岑 粉彩松鹤图中堂瓷板挂屏	高75cm	2,875,000	北京保利	2012.06.06
民国15年(1926) 徐仲南 粉彩翠山清音图瓷板插屏	高38.5cm	345,000	北京保利	2012.06.06
1929年作 段子安 粉彩云中山顶山水挂屏 (一对)	高40cm	287,500	北京匡时	2012.12.07
1931年作 刘雨城 粉彩秋菊麻雀图坐屏	直径24cm	402,500	北京匡时	2012.06.05
1959年 邓肖禹 粉彩花鸟瓷板屏风 (一套)	高37.5cm	299,000	北京保利	2012.12.06
1977年 徐天梅 粉彩虎啸图瓷板挂屏	高30cm	161,000	北京保利	2012.06.06
1980年 王云泉 粉彩山水瓷板挂屏(两屏)	高41cm	184,000	北京保利	2012.06.06
1980年作 王云泉 粉彩“湖山奇秀图”山水挂屏 (一对)	高41.5cm	218,500	北京匡时	2012.12.07
1990年 戴荣华 粉彩四美图花鸟双面釉长条瓷板屏风(四屏)	高91cm	6,670,000	北京保利	2012.06.06
2000年作 汪平孙 粉彩“忆鄱阳湖”青绿山水挂屏 (一套)	高35.5cm	299,000	北京匡时	2012.06.05
2003年作 王锡良 粉彩山上看山图插屏	高55.5cm	782,000	北京匡时	2012.06.05
2005年 李进 粉彩赤壁怀古图瓷板插屏	高113cm	5,060,000	北京保利	2012.06.06
2010年作 张松茂 粉彩金秋山水插屏	高50cm	1,092,500	北京匡时	2012.06.05
2012年 王芝文 釉上彩《宋词》瓷板插屏	高29cm	161,000	北京保利	2012.06.06
20世纪 黄花梨插屏 (一对)	高88cm	126,500	北京传是	2012.05.19
碧玉插屏	高66.5cm	103,500	安华白云	2012.06.08
碧玉嵌百宝花卉诗文插屏	高42.5cm	51,750	中国嘉德	2012.06.16
碧玉御题诗文插屏	高56.5cm	57,500	中贸圣佳	2012.03.04
段子安 粉彩八仙瓷屏 (一套四屏)	高38cm	649,083	香港华辉	2012.10.05
粉彩山水挂屏	高69cm	126,500	北京万隆	2012.12.06

拍品名称	物品尺寸	成交价RMB	拍卖公司	拍卖日期
黑漆镶百宝阆苑宫乐图屏风	高180cm	207,000	上海崇源	2012.05.04
红木云石落地屏	高217cm	280,000	上海阳浩	2012.07.15
红木云石圆地屏	高155cm	128,800	上海阳浩	2012.07.15
黄花梨嵌大理石插屏	高81cm	57,500	北京翰海	2012.06.29
黄花梨嵌螺钿花鸟纹挂屏 (一对)	高113cm	575,000	北京歌德	2012.12.01
黄花梨书屏	高67cm	51,750	南京经典	2012.07.15
江晓 灵芝插屏	高14.5cm	109,250	福建东南	2012.05.20
旧白玉佛像插屏	高55.5cm	71,300	荣宝斋(上海)	2012.09.09
缂丝“衍福”挂屏	高161cm	80,500	中国嘉德	2012.03.25
蓝地御制诗座屏	高240cm	126,500	北京保利	2012.04.23
刘平-汪桂英双面彩绘四镶座屏	高26cm	460,000	北京万隆	2012.06.07
刘希任 粉彩八仙瓷屏 (一套四屏)	高74cm	376,280	香港华辉	2012.10.05
木镶青花花卉福寿纹瓷片挂屏	高57.5cm	78,536	香港富得	2012.03.30
酸枝镶云石屏风 (一套六屏)	高200cm	75,256	香港华辉	2012.10.05
岁寒三友白玉籽料插屏	直径12cm	246,400	北京荣宝	2012.03.10
孙永 春山之游渔乐插屏		172,500	北京匡时	2012.06.05
唐云绘、陈佩秋书、白书章刻木插屏	高33cm	86,250	上海工美	2012.08.18
田鹤仙 粉彩溪山红树图插屏	高33.5cm	345,000	北京万隆	2012.12.06
汪野亭粉彩山水人物挂屏 (一张)	高113cm	236,038	香港富得	2012.07.06
王步-青花釉里红葡萄插屏	直径18cm	2,990,000	北京万隆	2012.06.07
王锡良 粉彩牧牛图瓷板插屏	高48cm	526,792	香港华辉	2012.10.05
王云泉粉彩青缘工笔山水瓷片挂屏	高101cm	56,097	香港富得	2012.03.30
王芝文 微书《宋词》山水纹插屏	高43cm	345,000	北京万隆	2012.12.06
向家华 水浒人物屏微雕	高78cm	74,796	澳门中信	2012.06.03
徐仲南 粉彩竹石挂屏	高38.5cm	322,000	北京万隆	2012.12.06
余文襄 粉彩风雪敲门图挂屏	高42cm	263,396	香港华辉	2012.10.05
元 青白玉群仙祝寿插屏	高30cm	115,000	北京保利	2012.06.07
张景寿 粉彩三公图瓷屏	高151cm	178,733	香港华辉	2012.10.05
张志汤　十二生肖瓷板画四条屏	高72cm	1,100,000	海南泰达	2012.12.23
梓檀嵌百宝插屏	高44cm	94,300	北京翰海	2012.06.29
梓檀嵌玉山水人物插屏	高59cm	112,700	北京翰海	2012.06.29
紫檀插屏 (一对)	高27cm×2	103,500	北京歌德	2012.12.01
紫檀框漆嵌百宝太平有象图大吉挂屏 (一对)	高104.5cm	69,000	中国嘉德	2012.06.16
紫檀嵌百宝竹纹挂屏 (一对)	高98cm	78,200	中国嘉德	2012.03.25
其他器物				
清初 黄花梨脚踏	高20.9cm	403,000	香港佳士得	2012.11.28
清嘉庆 珊瑚红描金福寿纹嵌瓷联	高103cm	64,480	香港华辉	2012.11.23
清乾隆 红木浮雕拐子龙纹框	高70.9cm	201,500	香港佳士得	2012.11.28
清乾隆 金丝楠大落地罩	高259cm	575,000	中国嘉德	2012.09.16
清乾隆 紫檀螭镜框	高75cm	63,250	北京传是	2012.07.08
清乾隆 紫檀描金缠枝花卉纱橱宫灯	高61cm	1,881,400	中国嘉德	2012.10.07
清乾隆 紫檀嵌银丝万字文香盘	高32cm	69,000	北京永乐	2012.12.15
清中期 红木整挖下卷	高60cm	115,000	中国嘉德	2012.09.16
清中期 黄花梨瓜瓞绵绵枕	长106cm	63,250	北京保利	2012.04.21
清中期 黄花梨米仓	高82cm	230,000	北京传是	2012.05.19
清中期 紫檀雕花彩绘玻璃宫灯	高55cm	402,500	北京保利	2012.06.06
清 紫檀嵌黄花梨宫灯	高73cm	253,000	中国嘉德	2012.03.25
清 红木雕博古纹大地镜	高211cm	80,500	北京华辰	2012.10.30
清 红木花卉纹大地镜	高139cm	69,000	北京华辰	2012.05.12
清 黄花梨扁担	长139cm	103,500	北京传是	2012.05.19
清 黄花梨老门板 (一对)	长240cm	253,000	北京传是	2012.05.19
清 黄花梨镂雕花鸟纹窗 (一对)	高82cm	437,000	北京传是	2012.05.19
清 黄花梨堂棍	长171cm	69,000	北京传是	2012.05.19
清 湘妃竹茶围	长121cm	92,000	北京保利	2012.12.06
清 湘妃竹大茶棚	高103cm	207,000	上海大众	2012.08.04
清 影木雕荷叶香盘	长53cm	92,000	上海大众	2012.08.04
20世纪 黄花梨按摩器	长76.5cm	149,500	北京传是	2012.05.19
民国 红木雕博古穿衣镜	高202cm	57,500	北京翰海	2012.03.23
民国 红木家具 (十一件)	尺寸不一	253,000	中国嘉德	2012.06.17

拍品名称	物品尺寸	成交价RMB	拍卖公司	拍卖日期
Boley大师B&O电视版壁炉家具	长290cm	391,000	北京艺融	2012.11.19
RAKAM牛皮榻	长160cm	345,000	北京艺融	2012.11.19
ZORMA小鳄鱼皮榻	长120cm	161,000	北京艺融	2012.11.19
何兆基、梁同书双面对联	高148cm	161,000	北京保利	2012.10.25
黄花梨板(四件)	最长210cm	78,200	上海嘉泰	2012.10.26
瘿木大茶盘	直径150cm	57,500	西泠拍卖	2012.12.28
佛教文物				
法器				
13世纪-14世纪 青铜佛手	长35cm	172,500	中国嘉德	2012.05.12
13世纪至14世纪 五股金刚杵	长15cm	138,000	北京翰海	2012.12.09
明 佛舍利塔	高67cm	14,491,725	澳门中信	2012.06.03
明宣德 局部鎏金铜五股金刚铃	高22.5cm	801,640	香港苏富比	2012.10.09
明永乐 金刚杵	长18cm	115,000	北京翰海	2012.12.09
明永乐 金刚铃	高22.5cm	460,000	北京翰海	2012.12.09
15世纪 西藏铜鎏金法轮	高49.5cm	138,000	中国嘉德	2012.10.28
16世纪/17世纪 铁错金银金刚钩	长66cm	218,500	中国嘉德	2012.05.12
17世纪 西藏铁错金银法器	高10cm	82,800	中国嘉德	2012.10.28
清乾隆 藏传密宗白螺	长15.9cm	184,000	中国嘉德	2012.03.26
清乾隆 铜鎏金金刚铃	高21.5cm	506,000	北京保利	2012.06.07
清乾隆 铜铸八宝供器	32.8cm	736,749	伦敦苏富比	2012.11.07
清乾隆 文殊菩萨智慧剑	长58cm	782,000	北京翰海	2012.05.27
清乾隆 银金刚杵	长11cm	69,000	北京保利	2012.06.07
清中期 铜鎏金法器(一组三件)	尺寸不一	172,500	北京东正	2012.05.11
清嘉庆 银鎏金嵌宝石贲巴瓶	高32cm	1,207,500	北京翰海	2012.05.27
清道光 铜雕十八罗汉经文盒	长39.5cm	575,000	北京翰海	2012.05.27
清 铜鎏金佛塔	高12cm	345,000	上海崇源	2012.10.19
清 香斗	长21.6cm	207,000	北京翰海	2012.05.27
清 御制水晶镂银嵌宝骨制神面法器	高46cm	1,064,000	蚨第雅	2012.08.19
清 宣德款压经炉	长12.1cm	172,500	西泠拍卖	2012.12.28
18世纪 羚鹿(一对)	高28.5cm	218,500	北京翰海	2012.12.09
19世纪 铜押	长9cm	168,000	天津文物	2012.05.11
民国 青金石八宝佛塔	高31.5cm	184,000	荣宝斋(上海)	2012.09.09
铜胎鎏金珐琅佛手	长13cm	345,000	北京翰海	2012.12.21
雕像				
5世纪 弥勒菩萨	高19cm	138,000	北京翰海	2012.12.09
5世纪至6世纪 释迦牟尼	高13.5cm	235,750	北京翰海	2012.12.09
7世纪-10世纪 铜鎏金佛像	高8cm	63,250	北京东正	2012.10.31
7世纪-10世纪 铜漆金水月观音像	高14cm	287,500	北京东正	2012.10.31
7世纪至8世纪 观音菩萨	高32cm	161,000	北京翰海	2012.12.09
7世纪至8世纪 观音菩萨	高19cm	97,750	北京翰海	2012.12.09
8世纪至9世纪 金刚手	高9.5cm	230,000	北京翰海	2012.05.27
9世纪-10世纪 尼泊尔铜鎏金宝生佛	高11cm	195,500	中国嘉德	2012.10.28
9世纪 毗卢遮那佛	高16cm	69,000	北京翰海	2012.12.21
9世纪 毗卢遮那佛	高16cm	69,000	北京翰海	2012.12.21
唐 铜鎏金门神(一对)	长约57cm	166,842	大唐国际	2012.11.24
唐 铜鎏金佛像	带坐高14.2cm	115,000	西泠拍卖	2012.12.28
10世纪 帕拉释迦座像	高10cm	115,000	上海大众	2012.08.04
10世纪至11世纪 菩萨坐像	长54cm	218,500	北京翰海	2012.12.09
10世纪至11世纪 菩萨坐像	高9.5cm	115,000	北京翰海	2012.12.09
10世纪至11世纪 文殊菩萨	高61cm	8,395,000	北京翰海	2012.05.27
11世纪 金刚萨埵	高23cm	322,000	北京翰海	2012.05.27
11世纪 莲花手菩萨	高12.5cm	69,000	北京翰海	2012.12.21
11世纪 莲花手菩萨	高23.2cm	57,500	北京翰海	2012.12.21
11世纪 弥勒菩萨	高22.5cm	805,000	北京翰海	2012.12.09
11世纪 莲花手菩萨	高12.5cm	69,000	北京翰海	2012.12.21
11世纪 莲花手菩萨	高23.2cm	57,500	北京翰海	2012.12.21
11世纪-12世纪 东北印度帕拉铜合金毗湿奴像	高34.7cm	2,070,000	中国嘉德	2012.10.28
12世纪 白不动明王	高19cm	402,500	北京翰海	2012.12.09
12世纪 宝生佛	高28cm	184,000	北京翰海	2012.12.21
12世纪 东北印度合金铜金刚萨埵	高8.9cm	115,000	中国嘉德	2012.10.28
12世纪 东北印度铜合金四臂观音	高8.5cm	94,300	中国嘉德	2012.10.28
12世纪 黑财神	高8.7cm	71,300	北京翰海	2012.12.21
12世纪 金刚手菩萨	高11.5cm	71,300	北京翰海	2012.12.21
12世纪 莲花手菩萨	高17cm	103,500	北京翰海	2012.12.21
12世纪 弥勒菩萨	高13.3cm	1,840,000	北京翰海	2012.05.27
12世纪 弥勒菩萨	高42cm	287,500	北京翰海	2012.12.21
12世纪 弥勒菩萨	高8.8cm	92,000	北京翰海	2012.09.28
12世纪 印度或西藏铜合金金刚萨埵	高7cm	109,250	中国嘉德	2012.10.28
12世纪 宝生佛	高28cm	184,000	北京翰海	2012.12.21
12世纪 黑财神	高8.7cm	71,300	北京翰海	2012.12.21
12世纪 金刚手菩萨	高11.5cm	71,300	北京翰海	2012.12.21
12世纪 莲花手菩萨	高17cm	103,500	北京翰海	2012.12.21
12世纪 弥勒菩萨	高42cm	287,500	北京翰海	2012.12.21
12世纪-13世纪 西藏铜合金释迦牟尼	高14.5cm	218,500	中国嘉德	2012.10.28
元 灰泥彩绘菩萨像(一对)	高54.6cm；高55.9cm	236,588	纽约佳士得	2012.03.22
元 青铜苦行释迦牟尼佛坐像	高23.3cm	552,840	香港苏富比	2012.04.04
元 铜错红铜错银释迦像	高41.2cm	287,500	中国嘉德	2012.12.15
元 铜释迦牟尼坐像	高38cm	880,555	大唐国际	2012.11.24
元 铜啊叱力教坐像	高20cm	504,000	云南典藏	2012.05.27
13世纪 宝生佛	高31cm	218,500	北京翰海	2012.12.09
13世纪 金刚手菩萨	高16cm	57,500	北京翰海	2012.12.09
13世纪 金刚瑜伽母	高16cm	345,000	北京翰海	2012.05.27
13世纪 绿度母	高17.5cm	287,500	北京翰海	2012.05.27
13世纪 弥勒佛	高13.4cm	101,200	北京翰海	2012.12.21
13世纪 释迦牟尼	高24cm	517,500	北京翰海	2012.12.09
13世纪 四臂观音	高23.5cm	115,000	北京保利	2012.12.06
13世纪 铜鎏金释迦牟尼佛像	高19.8cm	598,000	北京东正	2012.10.31
13世纪 铜泥金如来佛	高21cm	172,500	北京翰海	2012.03.23
13世纪 西藏(帕拉风格)铜合金黄财神	高7.5cm	103,500	中国嘉德	2012.10.28
13世纪 西藏铜鎏金护法神手臂	高26cm；高37cm	345,000	中国嘉德	2012.10.28
13世纪 弥勒佛	高13.4cm	101,200	北京翰海	2012.12.21
13世纪/14世纪 黄铜嵌银嵌红铜释迦牟尼	高33.5cm	3,450,000	中国嘉德	2012.05.12
13世纪-14世纪 铜绿度母像	高13.8cm	195,500	北京东正	2012.10.31
13世纪-14世纪 西藏黄铜嵌银嵌红铜黄财神	高12.5cm	437,000	中国嘉德	2012.10.28
13世纪-14世纪 西藏铜鎏金释迦牟尼	高37.5cm	632,500	中国嘉德	2012.10.28
13世纪-14世纪 西藏铜鎏金释迦牟尼	高15cm	287,500	中国嘉德	2012.10.28
13世纪-14世纪 西藏铜鎏金释迦牟尼半身像	高47cm	460,000	中国嘉德	2012.10.28
13世纪-14世纪 尼泊尔铜鎏金宝冠释迦牟尼	高10.5cm	115,000	中国嘉德	2012.10.28
13至14世纪 莲花手菩萨	高40cm	460,000	北京翰海	2012.12.09
13至14世纪 桑结雅均	高12cm	230,000	北京翰海	2012.12.09
13至14世纪 释迦牟尼	高11.5cm	253,000	北京翰海	2012.05.27
14世纪 宝冠释迦牟尼	高32cm	598,000	北京翰海	2012.12.09
14世纪 不动明王	高19.5cm	207,000	北京翰海	2012.05.27
14世纪 不动明王	高13cm	112,000	天津文物	2012.11.09
14世纪 不空绢索观音	高15cm	241,500	北京翰海	2012.12.21
14世纪 不空绢索观音	高21.2cm	184,000	北京翰海	2012.12.21
14世纪 不空绢索观音	高15cm	241,500	北京翰海	2012.12.21
14世纪 不空绢索观音	高21.2cm	184,000	北京翰海	2012.12.21
14世纪 忿怒莲师	高16cm	63,250	北京翰海	2012.05.27
14世纪 金刚萨埵	高23cm	644,000	北京翰海	2012.12.09
14世纪 金刚萨埵	高40cm	575,000	北京翰海	2012.12.09

2012杂项拍卖成交汇总

(成交价RMB：5万元以上)

拍品名称	物品尺寸	成交价RMB	拍卖公司	拍卖日期
14世纪 绿度母	高26cm	161,000	北京翰海	2012.12.21
14世纪 绿度母	高26cm	161,000	北京翰海	2012.12.21
14世纪 菩萨坐像	高7cm	138,000	北京翰海	2012.05.27
14世纪 上师	高14cm	235,750	北京翰海	2012.12.21
14世纪 上师	高14cm	235,750	北京翰海	2012.12.21
14世纪 上师	高15cm	112,700	北京翰海	2012.12.09
14世纪 十一面观音	高42cm	161,000	北京保利	2012.12.06
14世纪 释迦牟尼	高50cm	4,140,000	北京翰海	2012.05.27
14世纪 释迦牟尼	高35cm	1,092,500	北京翰海	2012.05.27
14世纪 释迦牟尼	20cm	109,760	天津文物	2012.11.09
14世纪 四臂大黑天	高14.8cm	63,250	北京翰海	2012.05.27
14世纪 四臂观音	高21cm	92,000	北京翰海	2012.05.27
14世纪 铜鎏金嵌绿松石持金刚像	高60cm	483,000	云南典藏	2012.12.16
14世纪 铜制黑财神像	高14.1cm	69,000	西泠拍卖	2012.12.28
14世纪 威烈手持金刚	高16.5cm	66,080	天津文物	2012.11.09
14世纪 无量寿佛	高28.5cm	103,500	北京翰海	2012.12.21
14世纪 无量寿佛	高28.5cm	103,500	北京翰海	2012.12.21
14世纪 西藏铜合金释迦牟尼	高15cm	89,700	中国嘉德	2012.10.28
14世纪 药师佛	高10.9cm	57,500	北京翰海	2012.05.27
明早期 铜鎏金阿难尊者立像	高26.3cm	402,500	北京诚轩	2012.10.28
明早期 铜鎏金四臂观音坐像	高17cm	345,000	北京传是	2012.12.16
明洪武 “南昌圣寿寺”供铜观音像	高130cm	80,500	上海嘉泰	2012.10.25
明洪武 铜鎏金阿弥陀佛连红木佛龛	高22.5cm	138,000	北京保利	2012.12.07
明永乐 铜鎏金不动佛	高23cm	8,970,000	北京保利	2012.06.05
明永乐 铜鎏金释迦牟尼佛像	高18.7cm	5,635,000	北京保利	2012.12.05
明宣德 铜鎏金文殊座像	高18cm	149,500	北京保利	2012.06.07
明中期 铜鎏金金刚萨埵	高17cm	230,000	北京保利	2012.10.25
明中期 铜鎏金六臂观音像	高14cm	57,500	北京保利	2012.10.25
明中期 铜鎏金弥勒像	高12cm	115,000	北京保利	2012.10.25
明中期 铜鎏金嵌松石金刚萨埵	高13.4cm	345,000	北京保利	2012.06.07
明中期 铜鎏金释迦坐像	高34.5cm	126,500	北京保利	2012.06.07
明中期 铜鎏金无量寿佛像	高19.7cm	138,000	中国嘉德	2012.12.15
明中期 铜鎏金准提佛母观音坐像	高33cm	402,500	北京永乐	2012.12.15
明 内地铜鎏金释迦牟尼	高23cm	276,000	中国嘉德	2012.10.28
明 沉香佛龛铜鎏金释迦牟尼	佛高10.5cm	115,000	西泠拍卖	2012.07.07
明 大日如来像	高17cm	189,750	中国嘉德	2012.10.28
明 观音菩萨	高46cm	3,105,000	北京翰海	2012.12.09
明 金刚萨埵	高18.5cm	71,300	中国嘉德	2012.10.28
明 金漆沉香十六罗汉供舍利子佛龛	高13cm	322,000	上海嘉泰	2012.10.25
明 魁星点斗像	高70cm	322,000	中国嘉德	2012.10.28
明 鎏金铜释迦牟尼佛坐像	高34.6cm	857,445	伦敦苏富比	2012.11.07
明 毗卢瓦巴像	高14.5cm	80,500	中国嘉德	2012.10.28
明 漆金弥勒铜佛	高35.5cm	92,000	荣宝斋(上海)	2012.06.17
明 青铜大日如来像	高50cm	741,520	保利香港	2012.11.25
明 释迦牟尼坐像	高23cm	69,000	中国嘉德	2012.10.28
明 铜顶髻尊圣母像	高30.5cm	69,000	西泠拍卖	2012.07.07
明 铜佛像	高43cm	57,500	北京翰海	2012.06.29
明 铜观音立像	高带座24.5cm	63,250	北京中汉	2012.10.30
明 铜观音像	高28.7cm	59,800	中国嘉德	2012.03.25
明 铜观音坐像	高118cm	80,500	上海嘉泰	2012.06.23
明 铜黑皮地藏佛座像	高42cm	747,500	上海大众	2012.08.04
明 铜鎏金八臂佛母	高24cm	276,000	北京保利	2012.06.07
明 铜鎏金大日如来坐像	高30cm	253,000	上海大众	2012.08.04
明 铜鎏金观音像	高32.5cm	517,500	中国嘉德	2012.06.16
明 铜鎏金观音坐像	高43cm	345,000	北京翰海	2012.03.23
明 铜鎏金观音坐像	高43cm	322,000	北京翰海	2012.05.27
明 铜鎏金观音坐像	高25cm	89,600	中鸿信	2012.03.18
明 铜鎏金护法像	高25cm	460,000	北京保利	2012.06.07
明 铜鎏金接引佛立像	高167cm	4,600,000	北京保利	2012.06.05
明 铜鎏金莲花手菩萨	高25cm	138,000	北京保利	2012.06.07
明 铜鎏金绿度母像	高19.5cm	89,700	中贸圣佳	2012.03.04
明 铜鎏金罗汉坐像	高26cm	78,400	辽宁中正	2012.04.22
明 铜鎏金弥勒佛像	高37.5cm	310,500	北京保利	2012.06.06
明 铜鎏金弥勒佛坐像	高29cm	368,000	北京保利	2012.12.07
明 铜鎏金弥勒像	高31.4cm	402,500	中国嘉德	2012.12.15
明 铜鎏金释迦牟尼佛	高23cm	149,500	西泠拍卖	2012.07.07
明 铜鎏金释迦像	高23cm	230,000	北京保利	2012.08.11
明 铜鎏金释迦像	高39cm	86,250	北京保利	2012.10.25
明 铜鎏金释迦像	高14.8cm	78,200	中国嘉德	2012.12.15
明 铜鎏金释迦坐像	佛高58cm	920,000	北京保利	2012.12.05
明 铜鎏金释尊坐像	高23cm	80,500	上海嘉泰	2012.10.25
明 铜鎏金四臂大黑天	高17.5cm	276,000	北京保利	2012.12.07
明 铜鎏金四臂观音像	高10.2cm	51,750	中国嘉德	2012.06.16
明 铜鎏金童子立像	高30cm	437,000	北京保利	2012.04.23
明 铜鎏金无量寿佛	高40.5cm	506,000	北京保利	2012.06.06
明 铜鎏金西王母座像	高42cm	517,500	上海大众	2012.08.04
明 铜鎏金药师佛坐像	高53cm	896,000	辽宁中正	2012.04.22
明 铜鎏金增长天王立像	高16.8cm	80,500	北京中汉	2012.12.17
明 铜鎏金自在观音坐像	高19.5cm	112,000	辽宁中正	2012.04.22
明 铜弥勒佛	高20cm	92,000	北京保利	2012.06.07
明 铜漆金阿弥陀佛像	高90cm	460,000	中贸圣佳	2012.03.04
明 铜漆金阿难尊者像	高22cm	51,750	中国嘉德	2012.12.15
明 铜漆金毗卢遮那佛坐像	高44cm	280,000	辽宁中正	2012.04.22
明 铜漆金观音像	高23cm	97,750	中国嘉德	2012.03.25
明 铜漆金文官像	高53cm	230,000	北京保利	2012.10.25
明 铜漆金文殊菩萨像	高23.5cm	195,500	西泠拍卖	2012.07.07
明 铜贴金文昌帝君像	高38cm	63,250	上海嘉泰	2012.03.11
明 铜文殊像	高18.5cm	172,500	北京保利	2012.08.11
明 铜制四臂观音像	高26.8cm	184,000	西泠拍卖	2012.07.07
明 铜鎏金大日如来像	高24.5cm	287,500	西泠拍卖	2012.12.28
明 铜鎏金思维观音像	高17.3cm	322,000	西泠拍卖	2012.12.28
明 铜漆金钟馗像	高21.5cm	57,500	西泠拍卖	2012.12.28
明 五台山五爷像	高34cm	268,800	天津文物	2012.05.11
明 宣德 金刚萨埵坐像	高26cm	9,890,000	中国嘉德	2012.10.28
明 永乐 绿度母坐像	高17.7cm	1,207,500	中国嘉德	2012.10.28
明 永乐 文殊菩萨坐像	高19cm	3,680,000	中国嘉德	2012.10.28
明 准提观音	高53.5cm	1,150,000	北京翰海	2012.05.27
明 道教汉钟离	高17.5cm	57,500	北京翰海	2012.12.09
明 关公画像	长155cm	138,000	北京翰海	2012.12.09
明 观音	高27cm	53,760	天津文物	2012.11.09
明 观音菩萨	高33cm	96,600	北京翰海	2012.09.28
明 绿度母	高12cm	57,500	北京保利	2012.12.06
明 罗汉	高42cm	690,000	北京保利	2012.12.06
明 弥勒	高31.5cm	80,640	天津文物	2012.11.09
明 善财童女	高25cm	69,000	北京翰海	2012.09.28
明 善财童子	高23.5cm	94,300	北京翰海	2012.09.28
明 释迦牟尼佛	高65cm	1,782,500	北京保利	2012.12.06
明 铜鎏金凤眼观音	高39cm	126,500	中国嘉德	2012.05.12
明 铜鎏金杨柳观音	高62cm	4,025,000	中国嘉德	2012.05.12
明 文殊菩萨	高27cm	56,000	天津文物	2012.11.09
明 中原 金漆木披麻武士神像	高130cm	1,955,000	中国嘉德	2012.10.28
明 中原铜释迦牟尼	高68cm	1,265,000	中国嘉德	2012.10.28
明 准提观音	高23cm	138,000	北京翰海	2012.09.28
明 中原武士像	高30cm	195,500	中国嘉德	2012.10.28
明末/清初 铜达摩坐像	高14cm	95,713	香港佳士得	2012.11.28
明末清初 铜錾花观音坐像	高26cm	483,000	北京诚轩	2012.05.13
明晚期 铜鎏金码头普巴杵	长22.3cm	138,000	西泠拍卖	2012.12.28
明晚期 铜漆金大日如来	高39.5cm	253,000	北京保利	2012.12.07
14世纪-15世纪 西藏或尼泊尔铜鎏金佛手臂	高39cm	322,000	中国嘉德	2012.10.28
14世纪-15世纪 西藏铜合金观音立像	高17.5cm	89,700	中国嘉德	2012.10.28

拍品名称	物品尺寸	成交价RMB	拍卖公司	拍卖日期
14世纪-15世纪 西藏铜鎏金嵌银喜金刚	高22cm	3,220,000	中国嘉德	2012.10.28
14世纪-15世纪 尼泊尔铜鎏金文殊菩萨像	高17cm	402,500	中国嘉德	2012.10.28
14至15世纪 噶玛拔希	高14cm	78,200	北京翰海	2012.12.09
14至15世纪 释迦牟尼佛	高25cm	69,000	北京翰海	2012.12.09
15世纪 阿閦佛	高15cm	57,500	北京翰海	2012.09.28
15世纪 大成就者达莫如巴	高12.5cm	540,500	北京翰海	2012.12.21
15世纪 大成就者达莫如巴	高12.5cm	540,500	北京翰海	2012.12.21
15世纪 俄松王	高20cm	172,500	北京翰海	2012.05.27
15世纪 观音菩萨	高21cm	218,500	北京翰海	2012.09.28
15世纪 护法神像	高10cm	94,300	北京翰海	2012.09.28
15世纪 黄财神	高11cm	74,750	北京翰海	2012.05.27
15世纪 黄铜嵌红铜嵌银上师像	高10.7cm	253,000	北京东正	2012.10.31
15世纪 金刚瑜伽母	高12.8cm	126,500	北京翰海	2012.05.27
15世纪 金刚总持	高19cm	207,000	北京翰海	2012.09.28
15世纪 金刚总持	高29.7cm	172,500	北京翰海	2012.09.28
15世纪 空行母	高14.5cm	460,000	北京保利	2012.12.06
15世纪 莲花生	高14.7cm	184,000	北京翰海	2012.05.27
15世纪 莲花生	高16cm	76,160	天津文物	2012.11.09
15世纪 绿度母	高13cm	280,000	天津文物	2012.05.11
15世纪 绿度母	高43.5cm	782,000	北京保利	2012.12.06
15世纪 绿度母	高13cm	874,000	北京翰海	2012.12.09
15世纪 弥勒佛	高19cm	64,960	天津文物	2012.11.09
15世纪 弥勒菩萨	高16cm	747,500	北京翰海	2012.12.09
15世纪 尼泊尔铜鎏金大威德金刚	高22.6cm	3,335,000	中国嘉德	2012.10.28
15世纪 青铜琍玛错铜错银上师	高9.6cm	345,000	中国嘉德	2012.05.12
15世纪 燃灯佛	高27cm	264,500	北京翰海	2012.12.09
15世纪 上师	高14cm	287,500	北京翰海	2012.05.27
15世纪 上师	高12cm	67,200	天津文物	2012.11.09
15世纪 师徒三尊	高23cm	494,500	北京翰海	2012.12.09
15世纪 释迦牟尼	高28.5cm	235,750	北京翰海	2012.12.09
15世纪 释迦牟尼	高12.3cm	57,500	北京翰海	2012.12.09
15世纪 释迦牟尼佛	高22cm	184,000	北京保利	2012.12.06
15世纪 释迦牟尼说法像	高21.2cm	287,500	北京翰海	2012.12.21
15世纪 释迦牟尼说法像	高21.2cm	287,500	北京翰海	2012.12.21
15世纪 索南伦珠	高13cm	86,250	北京翰海	2012.12.21
15世纪 索南伦珠	高13cm	86,250	北京翰海	2012.12.21
15世纪 同侍从金刚总持	高18.5cm	368,000	北京翰海	2012.09.28
15世纪 铜财宝天王像	高12cm	126,500	北京东正	2012.10.31
15世纪 铜大成就者像	高19.5cm	460,000	北京保利	2012.06.07
15世纪 铜合金大成就者达莫如巴	高19cm	172,500	北京翰海	2012.03.23
15世纪 铜合金大日如来	高15.7cm	218,500	中国嘉德	2012.05.12
15世纪 铜鉴金金刚总持、说法文殊(二尊)	高11.3cm；高14cm	126,500	上海大众	2012.08.04
15世纪 铜鎏金大宝法王像	高12cm	115,000	上海大众	2012.08.04
15世纪 铜鎏金佛像白度母座像	高30cm	8,414,550	澳门中信	2012.06.03
15世纪 铜鎏金佛像金刚总持座像	高30cm	8,882,025	澳门中信	2012.06.03
15世纪 铜鎏金佛像绿度母座像	高30cm	8,882,025	澳门中信	2012.06.03
15世纪 铜鎏金金刚萨埵	高17.2cm	115,000	上海大众	2012.08.04
15世纪 铜鎏金嵌银绿度母	高20.3cm	690,000	中国嘉德	2012.05.12
15世纪 铜鎏金释迦牟尼佛像	高21cm	138,000	北京东正	2012.10.31
15世纪 铜鎏金释迦牟尼佛像	高13.5cm	109,250	北京东正	2012.10.31
15世纪 铜鎏金四臂文殊	高14cm	230,000	中国嘉德	2012.05.12
15世纪 铜嵌白银四臂观音菩萨像	高25cm	287,500	北京东正	2012.10.31
15世纪 无我佛母	高16.3cm	184,000	北京翰海	2012.12.21
15世纪 西藏铜合金鎏银鎏金上师	高7.5cm	82,800	中国嘉德	2012.10.28
15世纪 西藏铜合金嵌银嵌红铜工却云丹像	高18.5cm	483,000	中国嘉德	2012.10.28
15世纪 西藏铜鎏金金刚手	高28cm	287,500	中国嘉德	2012.10.28
15世纪 西藏铜鎏金金刚总持	高13.8cm	172,500	中国嘉德	2012.10.28
15世纪 西藏铜鎏金嵌银无量寿佛	高12cm	89,700	中国嘉德	2012.10.28
15世纪 西藏铜鎏金萨迦班智达	高14cm	460,000	中国嘉德	2012.10.28

拍品名称	物品尺寸	成交价RMB	拍卖公司	拍卖日期
15世纪 西藏铜鎏金上师	高13.2cm	402,500	中国嘉德	2012.10.28
15世纪 西藏铜鎏金释迦牟尼	高18.7cm	195,500	中国嘉德	2012.10.28
15世纪 西藏铜鎏金宗喀巴	高18.5cm	345,000	中国嘉德	2012.10.28
15世纪 应身无量光佛	高25.5cm	690,000	北京翰海	2012.05.27
15世纪/16世纪 铜合金大成就者	高17cm	322,000	中国嘉德	2012.05.12
15世纪/16世纪 铜合金大成就者	高11.5cm	126,500	中国嘉德	2012.05.12
15世纪/16世纪 铜合金米拉日巴	高18cm	230,000	中国嘉德	2012.05.12
15世纪/16世纪 铜鎏金密集金刚	高22cm	1,150,000	中国嘉德	2012.05.12
15世纪/16世纪 铜鎏金释迦牟尼	高17cm	57,500	中国嘉德	2012.05.12
15世纪/16世纪 铜鎏金四臂观音	高18.5cm	172,500	中国嘉德	2012.05.12
15世纪-16世纪 西藏铜鎏金金刚总持	高19cm	207,000	中国嘉德	2012.10.28
15世纪-16世纪 西藏铜鎏金金刚总持	高13.3cm	92,000	中国嘉德	2012.10.28
15世纪-16世纪 西藏铜鎏金莲花生	高14cm	161,000	中国嘉德	2012.10.28
16世纪 大成就者毗卢巴	高11.5cm	149,500	北京翰海	2012.12.21
16世纪 大成就者毗卢巴	高9cm	287,500	北京翰海	2012.05.27
16世纪 大成就者毗卢巴	高11.5cm	149,500	北京翰海	2012.12.21
16世纪 大持金刚	高17cm	110,880	天津文物	2012.05.11
16世纪 第七世噶玛巴却扎嘉措	高23cm	184,000	北京翰海	2012.05.27
16世纪 噶玛巴	高11.5cm	64,960	天津文物	2012.05.11
16世纪 绿度母	高22cm	115,000	北京保利	2012.12.06
16世纪 萨迦班智达	高13cm	92,000	北京保利	2012.12.06
16世纪 上师	高14.5cm	69,000	北京翰海	2012.05.27
16世纪 释迦牟尼	高32cm	750,400	天津文物	2012.05.11
16世纪 释迦牟尼	高19cm	109,760	天津文物	2012.05.11
16世纪 释迦牟尼	高31cm	138,000	北京保利	2012.12.06
16世纪 释迦牟尼	高16.5cm	212,800	天津文物	2012.11.09
16世纪 四世班禅	高19cm	172,500	北京保利	2012.12.06
16世纪 唐东杰布	高15cm	713,000	北京翰海	2012.12.09
16世纪 铜大成就者像	高22cm	51,750	中国嘉德	2012.09.16
16世纪 铜合金莲花生	高19.5cm	112,700	中国嘉德	2012.05.12
16世纪 铜合金莲花生与二明妃	高16.8cm	92,000	中国嘉德	2012.05.12
16世纪 铜合金三依怙主	高19cm	57,500	中国嘉德	2012.05.12
16世纪 铜合金上师	高10.5cm	80,500	中国嘉德	2012.05.12
16世纪 铜鎏金大鹏金翅鸟	宽63cm	977,500	中国嘉德	2012.05.12
16世纪 铜鎏金大自在天	高13cm	184,000	中国嘉德	2012.05.12
16世纪 铜鎏金观音菩萨	高19cm	264,500	中国嘉德	2012.05.12
16世纪 铜鎏金金刚持	高29cm	230,000	北京保利	2012.06.07
16世纪 铜鎏金弥勒菩萨像	高14.6cm	57,500	北京东正	2012.10.31
16世纪 铜鎏金嵌银阿佛像	高18.5cm	161,000	北京东正	2012.10.31
16世纪 铜鎏金释迦牟尼	高16cm	57,500	中国嘉德	2012.05.12
16世纪 铜鎏金宗喀巴像	高16.8cm	149,500	北京东正	2012.10.31
16世纪 铜嵌银释迦牟尼佛像	高18.5cm	126,500	北京东正	2012.10.31
16世纪 无量寿佛	高20cm	190,400	天津文物	2012.05.11
16世纪 西藏铜合金莲花生明妃	高27.4cm	69,000	中国嘉德	2012.10.28
16世纪 西藏铜合金四臂观音	高19.3cm	97,750	中国嘉德	2012.10.28
16世纪 西藏铜鎏金大日如来	高15cm	94,300	中国嘉德	2012.10.28
16世纪 西藏铜鎏金金刚萨埵	高14cm	241,500	中国嘉德	2012.10.28
16世纪 祖师	高11cm	103,040	天津文物	2012.05.11
16世纪/17世纪 西藏铜鎏金九世噶玛巴旺秋多杰	高14.5cm	195,500	中国嘉德	2012.10.28
16世纪-17世纪 铜鎏金法语界文殊	高15cm	138,000	北京保利	2012.06.07
17世纪 阿弥陀佛	高31cm	207,000	北京保利	2012.12.06
17世纪 阿旺罗桑嘉措	高36.5cm	920,000	北京翰海	2012.05.27
17世纪 白度母	高17.1cm	724,500	北京翰海	2012.05.27
17世纪 白度母	高17cm	437,000	北京翰海	2012.05.27
17世纪 北京或西藏铜鎏金嵌金银释迦牟尼	高18cm	460,000	中国嘉德	2012.10.28
17世纪 不丹红铜黄财神	高12cm	207,000	中国嘉德	2012.10.28
17世纪 财宝天王	高14.5cm	76,160	天津文物	2012.11.09
17世纪 大成就者提洛巴	高13.5cm	69,000	北京保利	2012.12.06
17世纪 大持金刚	高22cm	1,120,000	天津文物	2012.05.11

2012杂项拍卖成交汇总

(成交价RMB：5万元以上)

拍品名称	物品尺寸	成交价RMB	拍卖公司	拍卖日期
17世纪 噶举派祖师	高20.5cm	287,500	北京翰海	2012.12.21
17世纪 噶玛巴	高18.5cm	112,000	天津文物	2012.11.09
17世纪 贡噶坚赞	高23.5cm	264,500	北京翰海	2012.12.21
17世纪 汉藏铜鎏金上师	高17cm	115,000	中国嘉德	2012.10.28
17世纪 汉藏铜鎏金释迦牟尼	高11.3cm	86,250	中国嘉德	2012.10.28
17世纪 汉藏铜鎏金尊者像	高53cm	115,000	中国嘉德	2012.10.28
17世纪 红铜鎏金因陀罗	高21.5cm	94,300	中国嘉德	2012.05.12
17世纪 护法立像	高149cm	74,750	北京翰海	2012.12.09
17世纪 护法立像	高142cm	74,750	北京翰海	2012.12.09
17世纪 护法立像	高142cm	69,000	北京翰海	2012.12.09
17世纪 护法立像	高149cm	69,000	北京翰海	2012.12.09
17世纪 黄铜合金马头明王	高22.5cm	322,000	中国嘉德	2012.05.12
17世纪 觉巴 ·吉天颂恭	高17.5cm	57,500	北京翰海	2012.05.27
17世纪 克珠杰 格勒巴桑	高24.5cm	345,000	北京翰海	2012.12.21
17世纪 莲花生及明妃	高13cm	172,500	北京翰海	2012.05.27
17世纪 鎏金铜菩萨坐像	高52.8cm	954,001	伦敦苏富比	2012.11.07
17世纪 鎏金铜菩萨坐像(两尊)	最大32.5cm	591,913	伦敦苏富比	2012.11.07
17世纪 六臂大黑天	高130cm	5,980,000	北京保利	2012.12.06
17世纪 弥勒佛	高15.5cm	172,500	北京保利	2012.12.06
17世纪 弥勒菩萨	高37cm	322,000	北京保利	2012.12.06
17世纪 弥勒菩萨	高19cm	74,750	北京翰海	2012.12.09
17世纪 弥勒菩萨	高36cm	100,800	天津文物	2012.11.09
17世纪 密集金刚	高18cm	230,000	北京翰海	2012.12.09
17世纪 妙音佛母	高11.6cm	345,000	北京翰海	2012.12.09
17世纪 宁玛派祖师旺青让迦	高7.8cm	80,500	北京翰海	2012.12.21
17世纪 菩萨坐像	高10cm	92,000	北京翰海	2012.12.09
17世纪 漆金大释迦牟尼佛像	高59cm	103,477	香港华辉	2012.10.05
17世纪 释迦牟尼	高13.3cm	89,700	北京翰海	2012.12.09
17世纪 释迦牟尼	高13cm	138,000	北京翰海	2012.09.28
17世纪 四臂观音	高17cm	145,600	天津文物	2012.11.09
17世纪 铜合金释迦牟尼	高16.5cm	172,500	北京翰海	2012.03.23
17世纪 铜鎏金财宝天王	高60cm	6,900,000	北京翰海	2012.03.23
17世纪 铜鎏金财宝天王	高17cm	517,500	中国嘉德	2012.05.12
17世纪 铜鎏金捶叶	高83cm	191,193	香港富得	2012.10.27
17世纪 铜鎏金咕咕力巴像	高12.2cm	92,000	北京东正	2012.10.31
17世纪 铜鎏金燃灯佛	高11.7cm	112,700	中国嘉德	2012.05.12
17世纪 铜鎏金上师	高14cm	460,000	中国嘉德	2012.05.12
17世纪 铜鎏金西藏法王	高19cm	287,500	中国嘉德	2012.05.12
17世纪 铜鎏金一面二臂马头金刚	高14cm	59,800	中国嘉德	2012.05.12
17世纪 铜鎏金宗喀巴	高32cm	345,000	中国嘉德	2012.05.12
17世纪 文殊菩萨	高18cm	92,000	北京翰海	2012.12.09
17世纪 文殊菩萨	高17cm	179,200	天津文物	2012.11.09
17世纪 西藏铜合金白度母	高17.6cm	161,000	中国嘉德	2012.10.28
17世纪 西藏铜合金嵌金银莲花手菩萨	高17.1cm	161,000	中国嘉德	2012.10.28
17世纪 西藏铜鎏金六世班禅像	高9.6cm	74,750	中国嘉德	2012.10.28
17世纪 西藏铜鎏金无量寿佛	高20.3cm	138,000	中国嘉德	2012.10.28
17世纪 西藏银胎 部分鎏金金刚萨埵	高18.4cm	230,000	中国嘉德	2012.10.28
17世纪 银鎏金释迦牟尼	高28.5cm	1,265,000	中国嘉德	2012.05.12
17世纪 中原钱塘陈彦清造铜大肚弥勒	高15.2cm	207,000	中国嘉德	2012.10.28
17世纪 宗喀巴	高22cm	145,600	天津文物	2012.05.11
17世纪 宗喀巴	高16cm	184,000	北京保利	2012.12.06
17世纪 宗喀巴	高17cm	268,800	天津文物	2012.11.09
17世纪 噶举派祖师	高20.5cm	287,500	北京翰海	2012.12.21
17世纪 贡噶坚赞	高23.5cm	264,500	北京翰海	2012.12.21
17世纪 克珠杰 格勒巴桑	高24.5cm	345,000	北京翰海	2012.12.21
17世纪 宁玛派祖师旺青让迦	高7.8cm	80,500	北京翰海	2012.12.21
清初 铜鎏金嵌宝财宝天王像	高41cm	80,500	上海嘉泰	2012.10.25
清初 铜鎏金四臂观音坐像	高45cm	862,500	上海嘉泰	2012.10.25
清早期 铜鎏金大日如来像	高14cm	161,000	北京保利	2012.08.11
清早期 铜鎏金度母像	高16cm	55,200	北京保利	2012.08.11

拍品名称	物品尺寸	成交价RMB	拍卖公司	拍卖日期
清早期 铜鎏金弥勒菩萨	高21.5cm	207,000	中国嘉德	2012.05.12
清早期 铜鎏金释迦牟尼像	高33cm	322,000	北京保利	2012.10.25
清早期 铜送子观音像	高47cm	494,500	中国嘉德	2012.12.15
清早期 铜镶螺钿观音像	高23cm	575,000	古天一	2012.12.02
清早期 铜准提观音	高27cm	74,750	北京保利	2012.08.11
清早期 铜鎏金白度母像	高18.5cm	322,000	西泠拍卖	2012.12.28
清早期 铜鎏金关公坐像	高12.5cm	517,500	西泠拍卖	2012.12.28
清早期 铜鎏金莲花生大士像	高17.6cm	57,500	西泠拍卖	2012.12.28
清早期 铜鎏金麻姑元君立像	高13.5cm	207,000	西泠拍卖	2012.12.28
清早期 铜鎏金七世达赖喇嘛像	高15.3cm	207,000	西泠拍卖	2012.12.28
清早期 银鎏金关公像	高12.5cm	138,000	北京匡时	2012.06.04
清康熙 白度母	高18cm	241,500	北京翰海	2012.09.28
清康熙 不空成就佛	高15cm	230,000	北京翰海	2012.12.09
清康熙 观音菩萨	高12.8cm	105,800	北京翰海	2012.12.21
清康熙 汉藏铜鎏金四臂观音	高12cm	149,500	中国嘉德	2012.10.28
清康熙 鎏金铜观音菩萨坐像	高24cm	4,271,800	香港佳士得	2012.11.28
清康熙 铜鎏金白伞盖佛母	高15.8cm	138,000	北京翰海	2012.03.23
清康熙 铜鎏金四臂文殊	高15cm	253,000	中国嘉德	2012.05.12
清康熙 铜鎏金文殊菩萨	高24cm	437,000	中国嘉德	2012.05.12
清康熙 铜鎏金文殊菩萨像	高16cm	345,000	北京东正	2012.05.11
清康熙 文殊菩萨	高14cm	241,500	北京翰海	2012.12.09
清康熙 文殊菩萨坐像	高21.7cm	896,000	中鸿信	2012.03.18
清康熙 无量寿佛	高4.2cm	747,500	北京保利	2012.12.06
清康熙-乾隆 铜鎏金自在观音像	高35cm	1,297,660	保利香港	2012.11.25
清雍正 铜鎏金白度母坐像	高11.5cm	598,000	北京诚轩	2012.05.13
清乾隆 白救度佛母	高38cm	10,120,000	北京翰海	2012.12.09
清乾隆 北京铜合金无量寿佛	高11.5cm	218,500	中国嘉德	2012.10.28
清乾隆 仿帕拉风格铜无量寿佛像	高17.5cm	92,000	中国嘉德	2012.03.25
清乾隆 宫廷 金漆泥擦擦佛	尺寸不一	184,000	中国嘉德	2012.10.28
清乾隆 金刚手立像	高17.5cm	149,500	中国嘉德	2012.10.28
清乾隆 金漆夹纻十一面观音像	高46.7cm	322,000	北京中汉	2012.10.30
清乾隆 乐自在天	高19cm	4,485,000	北京翰海	2012.12.09
清乾隆 鎏金铜压花佛坐像	高31cm	350,521	伦敦苏富比	2012.11.07
清乾隆 六品佛楼局部泥金鎏金令安金刚	高16.5cm	1,840,000	上海道明	2012.10.25
清乾隆 六世班禅	高20cm	276,000	北京保利	2012.12.06
清乾隆 妙音佛母	高120cm	345,000	北京翰海	2012.12.09
清乾隆 明点尊母	高19.3cm	1,437,500	北京翰海	2012.12.09
清乾隆 乾隆官造铜局部泥金水天中天佛	高13.5cm	517,500	上海大众	2012.08.04
清乾隆 乾隆官造铜庄严母局部泥金	高16.5cm	943,000	上海大众	2012.08.04
清乾隆 三面六臂红马头金刚	高14cm	575,000	北京翰海	2012.12.09
清乾隆 铜迦理迦尊者像	高15.3cm	184,000	中国嘉德	2012.06.16
清乾隆 铜鎏金“六品佛楼”法音如来佛	高17.6cm	1,012,000	北京保利	2012.12.05
清乾隆 铜鎏金阿难尊者像	高17cm	80,500	中国嘉德	2012.12.15
清乾隆 铜鎏金白度母	高20.6cm	138,000	北京保利	2012.06.07
清乾隆 铜鎏金白度母	高15cm	103,500	北京保利	2012.12.07
清乾隆 铜鎏金白度母像	高20cm	463,450	保利香港	2012.11.25
清乾隆 铜鎏金财神像	高9.5cm	103,500	北京保利	2012.06.07
清乾隆 铜鎏金成就佛像	高19.5cm	552,000	中国嘉德	2012.06.16
清乾隆 铜鎏金大威德金刚像	高32cm	862,500	北京保利	2012.06.05
清乾隆 铜鎏金多喉星像	高14.5cm	134,400	辽宁中正	2012.04.22
清乾隆 铜鎏金佛说法像	高16.5cm	184,000	北京保利	2012.06.07
清乾隆 铜鎏金佛塔	高16cm	57,500	荣宝斋(上海)	2012.06.17
清乾隆 铜鎏金关公像	高18.3cm	207,000	中国嘉德	2012.06.16
清乾隆 铜鎏金观音坐像	高32cm	287,500	中国嘉德	2012.05.12
清乾隆 铜鎏金吉祥天母	高19cm	299,000	中国嘉德	2012.05.12
清乾隆 铜鎏金金刚像	高16.8cm	92,000	北京东正	2012.10.31
清乾隆 铜鎏金六臂大黑天像	高17.5cm	89,600	云南典藏	2012.05.27
清乾隆 铜鎏金六臂大黑天造像	高26cm	1,955,000	上海大众	2012.08.04
清乾隆 铜鎏金绿度母	高17.8cm	166,750	北京翰海	2012.03.23

拍品名称	物品尺寸	成交价RMB	拍卖公司	拍卖日期
清乾隆 铜鎏金绿度母像	高19.3cm	287,500	北京东正	2012.10.31
清乾隆 铜鎏金绿度母座像	高36cm	1,092,500	北京保利	2012.06.05
清乾隆 铜鎏金弥勒菩萨立像	带座高18.6cm	138,000	西泠拍卖	2012.12.28
清乾隆 铜鎏金密集金刚像	高11.9cm	138,000	西泠拍卖	2012.12.28
清乾隆 铜鎏金骑龙白财神像	高13.2cm	66,700	西泠拍卖	2012.12.28
清乾隆 铜鎏金骑羊护法	高23cm	352,222	保利香港	2012.11.25
清乾隆 铜鎏金燃灯佛	高16.6cm	115,000	西泠拍卖	2012.07.07
清乾隆 铜鎏金十一面观音立像	高17.3cm	161,000	西泠拍卖	2012.12.28
清乾隆 铜鎏金释迦牟尼佛像	高17cm	299,000	北京东正	2012.10.31
清乾隆 铜鎏金释迦牟尼像	高17.7cm	345,000	西泠拍卖	2012.12.28
清乾隆 铜鎏金文殊菩萨	高31.5cm	920,000	北京翰海	2012.05.27
清乾隆 铜鎏金文殊菩萨	高18cm	97,750	北京保利	2012.10.25
清乾隆 铜鎏金文殊菩萨像	高53.8cm	299,000	北京东正	2012.05.11
清乾隆 铜鎏金无量寿佛	高21cm	69,000	北京翰海	2012.03.23
清乾隆 铜鎏金无量寿佛	高21cm	69,000	北京保利	2012.08.11
清乾隆 铜鎏金无量寿佛	高20.5cm	92,000	中国嘉德	2012.10.28
清乾隆 铜鎏金宗喀巴像	高17.5cm	115,000	北京保利	2012.10.25
清乾隆 铜鎏金宗客巴座像	高34cm	805,000	上海大众	2012.08.04
清乾隆 铜泥金“六品佛楼”无垢佛	高20.5cm	920,000	北京保利	2012.06.05
清乾隆 铜泥金白度母	高24cm	299,000	中国嘉德	2012.05.12
清乾隆 铜泥金释迦摩尼佛	高15cm	55,200	北京传是	2012.12.16
清乾隆 铜泥金无量寿佛像	高22cm	115,000	北京东正	2012.05.11
清乾隆 铜泥金右刷哈哩母像	高14cm	517,500	北京东正	2012.05.11
清乾隆 铜泥金宗喀巴像	高16.5cm	172,500	北京东正	2012.05.11
清乾隆 铜尊胜佛母像	高19.8cm	276,000	中国嘉德	2012.06.16
清乾隆 无量寿佛	高20.5cm	115,000	北京翰海	2012.05.27
清乾隆 无量寿佛	高19cm	195,500	北京翰海	2012.09.28
清乾隆 无量寿佛坐像	高16.3cm	82,800	中国嘉德	2012.10.28
清乾隆 无量寿佛坐像	高20.8cm	82,800	中国嘉德	2012.10.28
清乾隆 欲帝明王和胜友护法	高37cm	3,680,000	北京翰海	2012.12.09
清乾隆44年 药师佛及佛龛	佛像高18cm	2,530,000	北京翰海	2012.12.09
清乾隆 无量寿佛	高19.5cm	115,000	北京翰海	2012.09.28
清乾隆宫廷 铜鎏金大梵天	高13cm	460,000	中国嘉德	2012.10.28
清乾隆宫廷 铜鎏金红威罗瓦金刚擦擦	高8.5cm	218,500	中国嘉德	2012.10.28
清乾隆宫廷 铜鎏金骑象护法	高12.8cm	345,000	中国嘉德	2012.10.28
清乾隆宫廷 铜泥金宫廷坛城护法组像六尊		437,000	中国嘉德	2012.10.28
清中期 马槽炉	高6.9cm	253,000	北京翰海	2012.09.28
清中期 铜鎏金财宝天王	高11cm	89,700	北京翰海	2012.03.23
清中期 铜鎏金财宝天王像	高18cm	184,000	北京保利	2012.12.07
清中期 铜鎏金观音坐像	高11.3cm	299,000	北京翰海	2012.05.27
清中期 铜鎏金金刚手菩萨	高16.3cm	149,500	北京保利	2012.12.07
清中期 铜鎏金三世章嘉坐像	高19.7cm	184,000	北京翰海	2012.05.27
清中期 铜鎏金十一面八臂观音像	高20.1cm	149,500	中国嘉德	2012.03.25
清中期 铜鎏金释迦牟尼坐像	高17cm	184,000	北京翰海	2012.05.27
清中期 铜鎏金文殊菩萨	高17.5cm	184,000	北京翰海	2012.05.27
清中期 铜鎏金准提佛母坐像	高15cm	172,500	北京永乐	2012.12.15
清中期 铜鎏金宗喀巴坐像	高18.2cm	56,000	辽宁中正	2012.04.22
清 护法神像	高12cm	51,750	中国嘉德	2012.10.28
清 鎏金释迦牟尼铜佛像	高56cm	4,600,000	上海崇源	2012.10.19
清 三世章嘉胡土克图像	高17cm	138,000	上海大众	2012.08.04
清 铜大日如来佛	高47cm	86,250	上海嘉泰	2012.06.23
清 铜度母坐像	高10cm	115,000	北京九歌	2012.06.29
清 铜观音像	高55.5cm	138,000	中国嘉德	2012.03.25
清 铜迦楼罗	高26.5cm	69,000	北京翰海	2012.09.28
清 铜鉴金佛像	高15cm	92,000	北京翰海	2012.06.29
清 铜鉴金弥勒佛造像	高18.5cm	161,000	上海大众	2012.08.04
清 铜鎏金藏佛	高20cm	66,700	中贸圣佳	2012.03.04
清 铜鎏金佛头	高33cm	69,000	北京保利	2012.08.11
清 铜鎏金佛像	高31cm	218,500	上海崇源	2012.10.19
清 铜鎏金佛像四尊	尺寸不一	115,000	上海大众	2012.08.04
清 铜鎏金观音	高23.5cm	207,000	上海大众	2012.08.04
清 铜鎏金观音菩萨立像	高20cm	64,960	辽宁中正	2012.04.22
清 铜鎏金观音像	高14.5cm	89,700	北京保利	2012.08.11
清 铜鎏金黄财神像	高15.6cm	138,000	西泠拍卖	2012.07.07
清 铜鎏金吉祥天母像	高58cm	184,000	太平洋	2012.06.16
清 铜鎏金吉祥天母像	高17cm	172,500	上海大众	2012.08.04
清 铜鎏金吉祥天母像	高15.8cm	138,000	中国嘉德	2012.06.16
清 铜鎏金金刚亥母立像	高32.5cm	89,600	辽宁中正	2012.01.15
清 铜鎏金金刚萨陲	高25cm	149,500	太平洋	2012.06.16
清 铜鎏金金刚萨埵像	高42.1cm	71,300	中国嘉德	2012.06.16
清 铜鎏金莲花生坐像	高33cm	67,200	辽宁中正	2012.04.22
清 铜鎏金六臂大黑天像	高18cm	322,000	北京九歌	2012.06.29
清 铜鎏金绿度母座像	高29cm	161,000	太平洋	2012.06.16
清 铜鎏金弥勒佛坐像	高66cm	89,700	中贸圣佳	2012.03.04
清 铜鎏金弥勒佛坐像	高43cm	103,500	上海嘉泰	2012.10.25
清 铜鎏金弥勒菩萨像	高26cm	345,000	上海崇源	2012.10.19
清 铜鎏金菩萨坐像	高12cm	253,000	北京保利	2012.04.23
清 铜鎏金菩萨座像	高58cm	94,300	太平洋	2012.06.16
清 铜鎏金燃灯佛	高16.5cm	138,000	西泠拍卖	2012.07.07
清 铜鎏金上乐金刚造像	高15.7cm	172,500	上海大众	2012.08.04
清 铜鎏金释迦授记像	高24cm	89,700	中贸圣佳	2012.03.04
清 铜鎏金释迦像	高19cm	149,500	北京保利	2012.08.11
清 铜鎏金释迦像	高36cm	126,500	北京保利	2012.08.11
清 铜鎏金释迦像	高16.5cm	115,000	中国嘉德	2012.03.25
清 铜鎏金释迦像	高23cm	59,800	中国嘉德	2012.09.16
清 铜鎏金释尊供像	高51cm	115,000	上海嘉泰	2012.06.23
清 铜鎏金文殊菩萨像	高25.5cm	112,700	中贸圣佳	2012.03.04
清 铜鎏金文殊菩萨像	高17.5cm	115,000	上海崇源	2012.10.19
清 铜鎏金无量寿佛	高30cm	115,000	北京九歌	2012.06.29
清 铜鎏金无量寿佛	高16cm	89,700	北京翰海	2012.03.23
清 铜鎏金药师佛像	高17.5cm	74,750	中国嘉德	2012.03.25
清 铜鎏金宗喀巴大师坐像	高55cm	299,000	北京九歌	2012.06.29
清 铜鎏金宗喀巴大师坐像	高16cm	138,000	上海大众	2012.08.04
清 铜鎏金祖师像	高26.5cm	92,000	上海崇源	2012.10.19
清 铜鎏金尊胜佛母	高37.5cm	287,500	北京翰海	2012.05.27
清 铜泥金胜乐金刚站像	高48cm	69,000	太平洋	2012.06.16
清 铜漆金观音像	高54cm	80,500	中国嘉德	2012.03.25
清 铜漆金骑狮观音	高25cm	89,600	云南典藏	2012.05.27
清 铜漆金韦陀像	高101cm	103,500	北京保利	2012.10.25
清 铜嵌银丝释迦立像	高45.5cm	747,500	北京保利	2012.06.05
清 铜三面六臂观音坐像	高29cm	184,000	北京保利	2012.04.23
清 铜释迦说法像	高34cm	63,250	中国嘉德	2012.09.16
清 铜真武大帝	高25cm	287,500	北京翰海	2012.12.09
清 铜鎏金佛像	22cm	92,000	朵云轩	2012.12.29
清 铜鎏金黄财神像	高16.4cm	299,000	西泠拍卖	2012.12.28
清 铜鎏金四臂观音像	高19.9cm	126,500	西泠拍卖	2012.12.28
清 铜鎏金宗喀巴像	高18cm	126,500	朵云轩	2012.12.29
清 嵌银丝铜制仿德化风格持卷观音像	高29.6cm	97,750	西泠拍卖	2012.12.28
清 银佛像	高7cm	69,000	北京翰海	2012.06.29
清 银泥金彩绘文殊菩萨像	高16.5cm	55,200	中贸圣佳	2012.03.04
清17世纪/18世纪 铜错银观音立像	高48.2cm	261,950	香港佳士得	2012.11.28
清18世纪 鎏金铜多面多手观音立像 无量寿佛坐像两尊及碧霞元君坐像	最大42.5cm	251,450	伦敦苏富比	2012.11.07
清18世纪 鎏金铜吉祥天母班旦拉姆像	高25cm	857,445	伦敦苏富比	2012.11.07
清18世纪 鎏金铜菩萨坐像	高34cm	2,185,101	伦敦苏富比	2012.11.07
清18世纪 鎏金铜菩萨坐像(三尊)	最大14.7cm	238,878	伦敦苏富比	2012.11.07
清18世纪 铜鎏金莲花手观音像	高20.5cm	97,750	中国嘉德	2012.12.15
清18世纪 铜鎏金十一面观音像	高18cm	82,800	中国嘉德	2012.12.15
清18世纪 铜鎏金无量寿佛像	高12cm	552,000	中国嘉德	2012.12.15
清 大清乾隆御制观音座像	高36.5cm	14,959,200	澳门中信	2012.06.03

2012杂项拍卖成交汇总

(成交价RMB：5万元以上)

拍品名称	物品尺寸	成交价RMB	拍卖公司	拍卖日期
清 关公	高25cm	552,000	北京翰海	2012.09.28
清 骑马关公	高16cm	94,300	北京翰海	2012.09.28
17世纪/18世纪 财宝天王(两件)	高10cm	184,000	北京保利	2012.12.06
17世纪/18世纪 红铜错金银地藏菩萨	高22.2cm	218,500	中国嘉德	2012.05.12
17世纪/18世纪 鎏金铜大威德金刚像	高25cm	447,078	伦敦苏富比	2012.11.07
17世纪/18世纪 铜鎏金关公组像		1,012,000	中国嘉德	2012.05.12
17世纪/18世纪 铜鎏金无量寿佛	高17.5cm	207,000	中国嘉德	2012.05.12
17世纪-18世纪 蒙古铜鎏金蒙古度母	高12.5cm	322,000	中国嘉德	2012.10.28
17世纪-18世纪 铜鎏金释迦牟尼	高36cm	2,070,000	中国嘉德	2012.05.12
17世纪-18世纪 铜鎏金无量寿佛像	高17cm	276,000	北京东正	2012.10.31
17世纪晚期至18世纪早期 二世哲布尊丹巴呼图克图	高27cm	1,150,000	北京翰海	2012.05.27
17世纪晚期至18世纪早期 金刚总持	高23.8cm	460,000	北京翰海	2012.12.21
17世纪晚期至18世纪早期 释迦牟尼	高21cm	207,000	北京翰海	2012.05.27
17世纪晚期至18世纪早期 无量寿佛	高21.5cm	212,750	北京翰海	2012.12.21
17世纪晚期至18世纪早期 金刚总持	高23.8cm	460,000	北京翰海	2012.12.21
17世纪晚期至18世纪早期 无量寿佛	高21.5cm	212,750	北京翰海	2012.12.21
17至18世纪 菩萨坐像	高16cm	94,300	北京翰海	2012.12.09
17至18世纪 上乐金刚	高8.7cm	92,000	北京翰海	2012.05.27
17至18世纪 文殊菩萨	高12.2cm	57,500	北京翰海	2012.05.27
17至18世纪 尊胜佛母	高24cm	207,000	北京翰海	2012.05.27
18世纪 八臂秘密相观音	高35cm	280,000	天津文物	2012.05.11
18世纪 八骏财神	高16cm	92,000	北京保利	2012.12.06
18世纪 白度母	高18.5cm	80,500	北京翰海	2012.09.28
18世纪 白度母	高18cm	143,100	天津文物	2012.11.09
18世纪 白度母	高17.5cm	127,200	天津文物	2012.11.09
18世纪 白哈尔	高16.7cm	161,000	北京翰海	2012.12.21
18世纪 白哈尔	高16.7cm	161,000	北京翰海	2012.12.21
18世纪 北京或内蒙古铜鎏金黄财神	高10.8cm	82,800	中国嘉德	2012.10.28
18世纪 北京铜鎏金大威德金刚像	高16cm	74,750	中国嘉德	2012.10.28
18世纪 财宝天王	高20cm	356,500	北京翰海	2012.05.27
18世纪 财宝天王	高19.5cm	291,200	天津文物	2012.05.11
18世纪 财宝天王	高60cm	5,520,000	北京保利	2012.12.06
18世纪 财宝天王	高37cm	105,800	北京翰海	2012.12.21
18世纪 财宝天王	高17cm	201,600	天津文物	2012.11.09
18世纪 财宝天王	高16cm	91,840	天津文物	2012.11.09
18世纪 财宝天王	高19cm	89,600	天津文物	2012.11.09
18世纪 财宝天王	高37cm	105,800	北京翰海	2012.12.21
18世纪 持国天王	高24cm	161,000	北京翰海	2012.12.09
18世纪 大白伞盖佛母	高17cm	57,500	北京翰海	2012.09.28
18世纪 大成就者那波巴	高9.2cm	103,500	北京翰海	2012.05.27
18世纪 大红司命主	高33cm	582,400	天津文物	2012.05.11
18世纪 大红司命主	高17cm	86,250	北京翰海	2012.05.27
18世纪 大红司命主	高18.5cm	322,000	北京翰海	2012.12.09
18世纪 大红司命主	高18cm	66,000	天津文物	2012.11.09
18世纪 大鹏金翅鸟	高26cm	402,500	北京翰海	2012.12.09
18世纪 大日如来	高16.5cm	64,960	天津文物	2012.11.09
18世纪 大威德金刚	高17cm	517,500	北京翰海	2012.12.09
18世纪 大威德金刚	高23cm	253,000	北京翰海	2012.12.09
18世纪 大威德金刚	高16.5cm	392,000	天津文物	2012.11.09
18世纪 观音菩萨	高72cm	241,500	北京翰海	2012.09.28
18世纪 汉藏铜鎏金八骏财神之一	高24cm	483,000	中国嘉德	2012.10.28
18世纪 汉藏铜鎏金大日如来	高17cm	184,000	中国嘉德	2012.10.28
18世纪 汉藏铜鎏金黄财神	高10.2cm	126,500	中国嘉德	2012.10.28

拍品名称	物品尺寸	成交价RMB	拍卖公司	拍卖日期
18世纪 汉藏铜鎏金吉祥天母	高30cm	1,035,000	中国嘉德	2012.10.28
18世纪 汉藏铜鎏金吉祥天母	高17.8cm	101,200	中国嘉德	2012.10.28
18世纪 汉藏铜鎏金吉祥天母	高11.5cm	92,000	中国嘉德	2012.10.28
18世纪 汉藏铜鎏金吉祥天母	高14cm	80,500	中国嘉德	2012.10.28
18世纪 汉藏铜鎏金金刚总持双身像	高17.8cm	161,000	中国嘉德	2012.10.28
18世纪 汉藏铜鎏金具誓铁匠护法	高16.5cm	149,500	中国嘉德	2012.10.28
18世纪 汉藏铜鎏金六臂玛哈噶拉像	高20cm	184,000	中国嘉德	2012.10.28
18世纪 汉藏铜鎏金龙尊王佛	高17.5cm	575,000	中国嘉德	2012.10.28
18世纪 汉藏铜鎏金绿度母	高17.2cm	92,000	中国嘉德	2012.10.28
18世纪 汉藏铜鎏金绿度母	高19.6cm	80,500	中国嘉德	2012.10.28
18世纪 汉藏铜鎏金内修阎魔王	高17.5cm	437,000	中国嘉德	2012.10.28
18世纪 汉藏铜鎏金骑马护法	高15cm	184,000	中国嘉德	2012.10.28
18世纪 汉藏铜鎏金骑牛护法	高18.5cm	713,000	中国嘉德	2012.10.28
18世纪 汉藏铜鎏金三世章嘉像	高17cm	276,000	中国嘉德	2012.10.28
18世纪 汉藏铜鎏金上师	高16.5cm	80,500	中国嘉德	2012.10.28
18世纪 汉藏铜鎏金释迦牟尼	高16.5cm	82,800	中国嘉德	2012.10.28
18世纪 汉藏铜鎏金无量寿佛	高23cm	287,500	中国嘉德	2012.10.28
18世纪 汉藏铜鎏金泽那梅扎像	高16.5cm	172,500	中国嘉德	2012.10.28
18世纪 汉藏铜鎏金旃檀佛	高17.2cm	126,500	中国嘉德	2012.10.28
18世纪 汉藏铜鎏金尊胜佛母	高16.8cm	138,000	中国嘉德	2012.10.28
18世纪 汉藏紫檀木雕旃檀佛	高38.5cm	101,200	中国嘉德	2012.10.28
18世纪 黑财神	高11cm	103,500	北京翰海	2012.12.09
18世纪 黄财神	高16cm	414,400	天津文物	2012.05.11
18世纪 黄财神	高10cm	89,600	天津文物	2012.05.11
18世纪 黄财神	高10cm	77,000	天津文物	2012.11.09
18世纪 黄铜吉祥天母	高16.5cm	230,000	中国嘉德	2012.05.12
18世纪 吉祥天母	高18.2cm	138,000	北京翰海	2012.05.27
18世纪 吉祥天母	高17.3cm	69,000	北京翰海	2012.05.27
18世纪 吉祥天母	高16cm	86,250	北京翰海	2012.12.09
18世纪 金刚手	高9cm	74,750	北京翰海	2012.05.27
18世纪 金刚手菩萨	高16.5cm	218,500	北京翰海	2012.12.09
18世纪 金刚手双身像	高16.5cm	425,500	北京翰海	2012.05.27
18世纪 莲花生	高15cm	86,250	北京翰海	2012.09.28
18世纪 六臂白玛哈嘎拉	高18cm	345,000	北京翰海	2012.05.27
18世纪 六臂白玛哈嘎拉	高14cm	89,600	天津文物	2012.11.09
18世纪 六臂大黑天	高14cm	97,750	北京翰海	2012.05.27
18世纪 六臂大黑天	高18.5cm	97,750	北京翰海	2012.12.09
18世纪 六世班禅	高52cm	4,144,000	天津文物	2012.05.11
18世纪 六世班禅	高14.5cm	184,000	北京翰海	2012.12.09
18世纪 绿度母	高16.5cm	100,800	天津文物	2012.05.11
18世纪 绿度母	高38cm	230,000	北京翰海	2012.12.09
18世纪 绿度母	高16.8cm	59,800	北京翰海	2012.09.28
18世纪 绿度母	高13cm	76,160	天津文物	2012.11.09
18世纪 绿度母	高18.5cm	76,160	天津文物	2012.11.09
18世纪 马头金刚	高16cm	168,000	天津文物	2012.11.09
18世纪 马头明王	高18.5cm	78,400	天津文物	2012.05.11
18世纪 玛哈嘎拉	高17cm	72,800	天津文物	2012.05.11
18世纪 蒙古 铜鎏金释迦像	高20cm	161,000	中国嘉德	2012.06.16
18世纪 蒙古铜鎏金阿弥陀佛	高15cm	345,000	中国嘉德	2012.10.28
18世纪 蒙古铜鎏金绿度母	高14.5cm	218,500	中国嘉德	2012.10.28
18世纪 蒙古铜鎏金蒙古上师	高12.2cm	71,300	中国嘉德	2012.10.28
18世纪 蒙古铜鎏金释迦牟尼	高15.2cm	287,500	中国嘉德	2012.10.28
18世纪 蒙古铜鎏金四臂观音	高12.1cm	172,500	中国嘉德	2012.10.28
18世纪 蒙古铜鎏金无量寿佛	高21.5cm	230,000	中国嘉德	2012.10.28
18世纪 弥勒佛	高32cm	784,000	天津文物	2012.05.11
18世纪 弥勒佛	高29cm	368,000	北京保利	2012.12.06
18世纪 弥勒佛	高22cm	280,000	天津文物	2012.11.09
18世纪 弥勒佛	高16.5cm	134,400	天津文物	2012.11.09
18世纪 弥勒菩萨	高16cm	179,200	天津文物	2012.05.11
18世纪 弥勒菩萨	高17.1cm	97,750	北京翰海	2012.05.27
18世纪 弥勒菩萨	高17cm	257,600	天津文物	2012.11.09

拍品名称	物品尺寸	成交价RMB	拍卖公司	拍卖日期
18世纪 弥勒菩萨	高17cm	179,200	天津文物	2012.11.09
18世纪 菩萨立像	高29.5cm	322,000	北京翰海	2012.05.27
18世纪 燃灯佛	高26cm	504,000	天津文物	2012.11.09
18世纪 三世章嘉	高16cm	126,500	北京翰海	2012.05.27
18世纪 三世章嘉	高16.5cm	126,500	北京翰海	2012.12.09
18世纪 上乐金刚	高29cm	1,058,000	北京翰海	2012.12.09
18世纪 上师	高29cm	1,380,000	北京翰海	2012.05.27
18世纪 十一面观音	高29.5cm	345,000	北京翰海	2012.05.27
18世纪 十一面观音	高18.6cm	92,000	北京翰海	2012.05.27
18世纪 十一面观音	高17.5cm	92,000	北京翰海	2012.05.27
18世纪 十一面观音	高23.5cm	212,800	天津文物	2012.11.09
18世纪 十一面观音	高29cm	66,000	天津文物	2012.11.09
18世纪 释迦牟尼	高32cm	392,000	天津文物	2012.05.11
18世纪 释迦牟尼	高16.5cm	190,400	天津文物	2012.05.11
18世纪 释迦牟尼	高17cm	106,400	天津文物	2012.05.11
18世纪 释迦牟尼	高16.5cm	53,760	天津文物	2012.05.11
18世纪 释迦牟尼	高17cm	61,600	天津文物	2012.11.09
18世纪 四臂观音	高17cm	67,200	天津文物	2012.05.11
18世纪 四臂观音	高18cm	212,800	天津文物	2012.11.09
18世纪 随身佛三尊	尺寸不一	97,750	北京翰海	2012.05.27
18世纪 天然水鎏金金嵌宝莲花生大师像	高40cm	74,750	上海嘉泰	2012.10.25
18世纪 铜鎏金阿佛	高4cm	55,200	北京东正	2012.10.31
18世纪 铜鎏金阿秘特尊者像	高15.5cm	86,250	中国嘉德	2012.05.12
18世纪 铜鎏金白哈尔	高25.5cm	460,000	中国嘉德	2012.05.12
18世纪 铜鎏金财宝天王像	高16cm	345,000	北京东正	2012.10.31
18世纪 铜鎏金财神组像	尺寸不一	184,000	中国嘉德	2012.05.12
18世纪 铜鎏金大红司命主	高18.5cm	287,500	中国嘉德	2012.05.12
18世纪 铜鎏金大威德金刚	高18.5cm	747,500	中国嘉德	2012.05.12
18世纪 铜鎏金大威德金刚	高16.8cm	460,000	中国嘉德	2012.05.12
18世纪 铜鎏金法界语文殊	高21cm	207,000	中国嘉德	2012.05.12
18世纪 铜鎏金金刚手	高10.5cm	59,800	中国嘉德	2012.05.12
18世纪 铜鎏金金刚手立像	高17cm	517,500	中国嘉德	2012.05.12
18世纪 铜鎏金孔雀佛母	高13cm	184,000	中国嘉德	2012.05.12
18世纪 铜鎏金莲花手观音菩萨立像	高35.5cm	172,500	中国嘉德	2012.05.12
18世纪 铜鎏金绿度母	高17.5cm	78,200	中国嘉德	2012.05.12
18世纪 铜鎏金马头明王	高17.9cm	172,500	中国嘉德	2012.05.12
18世纪 铜鎏金弥勒佛立像 银嵌宝石佛龛	高27cm	184,000	北京翰海	2012.03.23
18世纪 铜鎏金妙贤尊者像	高15.5cm	74,750	中国嘉德	2012.05.12
18世纪 铜鎏金那若空行母	高16.5cm	299,000	中国嘉德	2012.05.12
18世纪 铜鎏金上师	高22.5cm	138,000	中国嘉德	2012.05.12
18世纪 铜鎏金舍利佛	高16.2cm	94,300	中国嘉德	2012.05.12
18世纪 铜鎏金释迦牟尼	高15.5cm	563,500	中国嘉德	2012.05.12
18世纪 铜鎏金释迦像	高22.1cm	207,000	中国嘉德	2012.09.16
18世纪 铜鎏金四臂观音像	高15.6cm	92,000	北京东正	2012.10.31
18世纪 铜鎏金文殊坐像	高31cm	3,565,000	北京翰海	2012.03.23
18世纪 铜鎏金无量寿佛	高21.5cm	276,000	北京翰海	2012.03.23
18世纪 铜鎏金无量寿佛	高21cm	161,000	北京翰海	2012.03.23
18世纪 铜鎏金无量寿佛	高16.8cm	86,250	中国嘉德	2012.05.12
18世纪 铜鎏金无量寿佛像	高11cm	51,750	中国嘉德	2012.06.16
18世纪 铜鎏金药师佛	高13.6cm	264,500	中国嘉德	2012.05.12
18世纪 铜鎏金药师佛像	高16.7cm	109,250	北京东正	2012.10.31
18世纪 铜鎏金朱砂无量寿佛	高17cm	89,700	北京翰海	2012.03.23
18世纪 铜鎏金宗客巴	高39cm	897,000	北京翰海	2012.03.23
18世纪 铜泥金金刚亥母	高66cm	552,000	北京翰海	2012.03.23
18世纪 外修降阎魔尊	高18.5cm	678,500	北京翰海	2012.12.09
18世纪 文殊菩萨	高17cm	93,500	天津文物	2012.05.11
18世纪 文殊菩萨	高19.3cm	60,950	北京翰海	2012.12.21
18世纪 文殊菩萨	高18.5cm	224,000	天津文物	2012.11.09
18世纪 文殊菩萨	高19.3cm	60,950	北京翰海	2012.12.21
18世纪 文殊菩萨唐卡	长60cm	149,500	北京翰海	2012.12.21

拍品名称	物品尺寸	成交价RMB	拍卖公司	拍卖日期
18世纪 无量寿佛	高32cm	1,904,000	天津文物	2012.05.11
18世纪 无量寿佛	高21.5cm	212,800	天津文物	2012.05.11
18世纪 无量寿佛	高21.5cm	168,000	天津文物	2012.05.11
18世纪 无量寿佛	高14cm	161,000	北京翰海	2012.05.27
18世纪 无量寿佛	高17cm	92,000	北京翰海	2012.05.27
18世纪 无量寿佛	高17.5cm	92,000	北京翰海	2012.05.27
18世纪 无量寿佛	高17cm	91,840	天津文物	2012.05.11
18世纪 无量寿佛	高17cm	77,000	天津文物	2012.05.11
18世纪 无量寿佛	高16cm	138,000	北京保利	2012.12.06
18世纪 无量寿佛	高16.5cm	109,250	北京保利	2012.12.06
18世纪 无量寿佛	高16.3cm	71,300	北京翰海	2012.09.28
18世纪 无量寿佛	高16cm	51,750	北京翰海	2012.09.28
18世纪 无量寿佛	高21.5cm	179,200	天津文物	2012.11.09
18世纪 无量寿佛	高18.5cm	100,800	天津文物	2012.11.09
18世纪 无量寿佛	高17cm	98,560	天津文物	2012.11.09
18世纪 无量寿佛	高21cm	61,600	天津文物	2012.11.09
18世纪 无量寿佛	高17cm	58,240	天津文物	2012.11.09
18世纪 西藏铜鎏金金刚橛	高24.2cm	322,000	中国嘉德	2012.10.28
18世纪 喜金刚	高29cm	1,173,000	北京翰海	2012.12.09
18世纪 药师佛	高18cm	100,800	天津文物	2012.05.11
18世纪 药师佛	高17.5cm	67,200	天津文物	2012.11.09
18世纪 仲敦巴	高30cm	1,568,000	天津文物	2012.05.11
18世纪 宗喀巴	高21cm	172,500	北京翰海	2012.05.27
18世纪 宗喀巴	高17.2cm	92,000	北京翰海	2012.05.27
18世纪 宗喀巴	高18.5cm	92,000	北京翰海	2012.05.27
18世纪 宗喀巴	高10cm	63,250	北京翰海	2012.05.27
18世纪 宗喀巴	高16cm	50,400	天津文物	2012.05.11
18世纪 宗喀巴	高17cm	313,600	天津文物	2012.11.09
18世纪 宗喀巴	高16cm	106,400	天津文物	2012.11.09
18世纪 宗喀巴	高17cm	72,800	天津文物	2012.11.09
18世纪 祖师	高16.5cm	120,960	天津文物	2012.05.11
18世纪 祖师	高13cm	72,800	天津文物	2012.05.11
18世纪 尊胜佛母	高17cm	87,360	天津文物	2012.05.11
18世纪 尊胜佛母	高17cm	80,640	天津文物	2012.11.09
18世纪至19世纪 六臂大黑天	高12.3cm	57,500	北京翰海	2012.12.21
18世纪/19世纪 大同光明佛	高17.6cm	71,300	北京翰海	2012.09.28
18世纪/19世纪 六臂大黑天	高12.3cm	57,500	北京翰海	2012.12.21
18至19世纪 无量寿佛	高87cm	460,000	北京翰海	2012.12.09
19世纪 祈生如来	高64cm	483,000	北京翰海	2012.12.09
19世纪 铜鎏金大威德像	高20.5cm	230,000	北京东正	2012.05.11
民国 铜错银观音立像	高48cm	138,000	北京保利	2012.10.25
民国 铜嵌银观音立像	高165cm	103,500	上海嘉泰	2012.06.23
释迦摩尼	高23cm	564,420	中联国际	2012.10.02
释迦摩尼佛像	高32cm	287,500	凤凰拍卖	2012.12.16
天保金佛	高7.9cm	2,070,000	中国嘉德	2012.05.12
铜地藏王菩萨像	高43cm	55,200	中贸圣佳	2012.03.04
铜鎏金大成就佛	高26.5cm	57,500	北京翰海	2012.06.29
铜鎏金佛像	高39.6cm	3,552,810	澳门中信	2012.06.03
铜鎏金佛像	高37cm	345,000	北京翰海	2012.06.29
铜鎏金无量寿佛	高43cm	92,000	北京保利	2012.10.25
铜鎏金银身上师像	高25cm	161,000	中贸圣佳	2012.03.04
铜释迦牟尼坐像	高30.5cm	50,400	云南典藏	2012.05.27
铜胎鎏金珐琅佛手	长13cm	345,000	北京翰海	2012.12.21
韦陀造像	高43cm	112,700	凤凰拍卖	2012.12.16
阿难佛造像	高17cm	89,700	凤凰拍卖	2012.12.16
佛像家饰		71,300	北京艺融	2012.11.19
佛像家饰		69,000	北京艺融	2012.11.19
张华造铜佛	高9.1cm	460,000	中国嘉德	2012.05.12
唐卡				
元代 财宝天王唐卡	长119cm	2,875,000	北京翰海	2012.12.09
12世纪至13世纪 两祖师唐卡	长39cm	345,000	北京翰海	2012.12.09
16世纪至17世纪 第一世夏玛巴唐卡	长84cm	402,500	北京翰海	2012.12.09

2012杂项拍卖成交汇总

(成交价RMB：5万元以上)

拍品名称	物品尺寸	成交价RMB	拍卖公司	拍卖日期
16世纪至17世纪 宇妥 云丹贡布唐卡	长84.5cm	241,500	北京翰海	2012.12.09
清 唐卡绿度母	长68cm	207,000	北京保利	2012.06.05
清 文武百尊中阴救度唐卡(两件)	长69cm×2	51,750	中贸圣佳	2012.03.04
清18世纪/19世纪 释迦牟尼佛坐像唐卡	长83.2cm	132,925	香港苏富比	2012.10.09
18世纪 藏医度量唐卡(三幅)	长76cm	2,990,000	北京翰海	2012.09.28
18世纪 大威德金刚唐卡	长134cm	103,500	北京翰海	2012.12.09
18世纪 噶当派祖师唐卡	长70.5cm	172,500	北京翰海	2012.12.09
18世纪 救八难绿度母唐卡	长163cm	138,000	北京翰海	2012.12.09
18世纪 莲花生大士 日光大师 忿怒金刚	尺寸不一	713,000	北京翰海	2012.05.27
18世纪 绿度母唐卡	长102cm	230,000	北京翰海	2012.12.09
18世纪 弥勒佛唐卡	长165cm	368,000	北京翰海	2012.12.09
18世纪 胜乐金刚唐卡	长185cm	3,220,000	北京翰海	2012.09.28
18世纪 释迦牟尼唐卡	长66cm	103,500	北京翰海	2012.12.09
18世纪 四世班禅罗桑却吉坚赞唐卡	长54cm	218,500	北京翰海	2012.12.09
18世纪 仲敦巴唐卡	长40cm	1,495,000	北京翰海	2012.12.09
18世纪至19世纪 大威德金刚唐卡	长59cm	138,000	北京翰海	2012.12.09
19世纪 释迦牟尼说法像唐卡	长102cm	138,000	北京翰海	2012.05.27
广目天王唐卡	长61cm	230,000	北京翰海	2012.09.28
尖措 唐卡	长100cm	112,000	北京荣宝	2012.03.11
六臂大黑天唐卡	长61cm	230,000	北京翰海	2012.09.28
密宗唐卡文书	长200cm	287,500	北京保利	2012.06.05
唐卡	长71cm	184,000	北京保利	2012.04.23
唐卡	144cm×87cm	57,500	北京保利	2012.06.05
唐卡 财宝天王	70cm×54cm	97,750	北京保利	2012.08.12
唐卡(如来)	75cm×62cm	230,000	北京保利	2012.04.23
佚名 百度母	68cm×48cm	138,000	北京保利	2012.01.10
佚名 胜乐金刚	85cm×61cm	207,000	北京保利	2012.01.10
佚名 唐卡	69cm×48cm	92,000	北京保利	2012.01.10
佚名 唐卡	81cm×62cm	92,000	北京保利	2012.01.10
佚名 唐卡	64cm×45cm	73,600	北京保利	2012.01.10
佚名 唐卡	95cm×59cm	57,500	北京保利	2012.01.09
佚名 唐卡	42cm×33cm	51,750	北京保利	2012.01.10
佚名 唐卡	73cm×51cm	78,200	北京保利	2012.12.05
2011年 曲智、扎西尖措 阿弥陀佛的极乐世界	126cm×89cm	4,485,000	北京保利	2012.12.03
文房用品				
笔杆				
宋 剔红笔	长22.2cm	386,175	香港苏富比	2012.04.04
明 万历御制 龙凤金漆笔	长24cm	4,485,000	中国嘉德	2012.05.12
明万历 描金填彩漆绘花鸟毛笔	笔杆长18.7cm	92,000	西泠拍卖	2012.12.28
明万历 犀角笔	长20cm	56,442	澳门恆瑞	2012.10.02
明万历 紫檀雕螭龙纹毛笔	长28.5cm	94,300	中国嘉德	2012.05.14
明中期 雕漆松下高士笔	长25.5cm	230,000	北京保利	2012.06.06
明嘉靖 剔红雕漆高士、山水纹饰漆笔	长15.3cm×2	130,975	香港邦瀚斯	2012.11.24
明嘉靖 剔红松竹梅纹笔	长23cm	276,000	北京保利	2012.06.05
明晚期 剔红龙纹毛笔	长26.1cm	57,500	中国嘉德	2012.05.14
清乾隆 詹成圭制竹刻诗文笔(四支)	长23.5cm	115,000	北京保利	2012.06.06
清中期 白玉万寿无疆毛笔	长24.5cm	195,500	北京翰海	2012.05.25
清道光 皮球花纹抓笔成对	长9cm	69,000	中国嘉德	2012.05.14
清兰蕊式竹管毛笔(一套十六支)	长27.5cm	195,500	西泠拍卖	2012.12.28
清 御制竹嵌黄杨毛笔 (二支)	长28.3cm	57,500	上海大众	2012.08.04
清 竹镶宝石象牙毛笔		356,500	广东益诚	2012.01.08
清 紫檀笔 (两支)	长27cm；长28cm	69,000	北京保利	2012.12.06
任堇叔自用毛笔	尺寸不一	126,500	西泠拍卖	2012.07.07
胜大庄精制“大千居士选用寸楷”笔、“一号如意”笔 (二支)		126,500	中国嘉德	2012.10.30

拍品名称	物品尺寸	成交价RMB	拍卖公司	拍卖日期
“艺坛主盟”高诚堂、玉川堂特选牛耳毫笔及大千用笔 (21支)		1,035,000	中国嘉德	2012.10.30
“艺坛主盟”玉川堂特制牛耳毫笔及大千用笔 (22支)		529,000	中国嘉德	2012.10.30
京料龙纹象牙毛笔		69,000	广东益诚	2012.01.08
意大利万特佳Montegrappa浮雕黄金墨水笔		101,200	中国嘉德	2012.05.13
笔筒				
明 黄花梨笔海	高25cm	425,500	北京传是	2012.05.19
清乾隆 洒金铜拐子龙纹笔筒连水丞	高14.3cm	772,853	纽约佳士得	2012.03.22
清道光 翡翠笔筒	高10.5cm	1,161,500	荣宝斋(上海)	2012.06.17
清晚期 玉成窑竹节笔筒及三足水盂	直径7.5cm	598,000	中国嘉德	2012.10.30
笔搁				
元至明初 云龙鎏金笔格	长21.3cm	1,150,000	中国嘉德	2012.05.12
明 铜九峰笔架山	长20.4cm	126,500	北京永乐	2012.12.15
明 铜双龙笔架	长16.5cm	57,500	北京保利	2012.08.11
明 铜运财童子笔架	长8cm	86,250	北京匡时	2012.06.04
明末/清中期 沉香木花卉纹笔搁	长14cm	220,815	纽约佳士得	2012.03.22
清 紫檀大笔海	长24cm	437,000	朵云轩	2012.12.29
清 伯元款松花石明峰笔山	长21cm	69,000	上海嘉泰	2012.06.23
清 巧色玛瑙猴戏笔搁		138,000	上海嘉泰	2012.10.25
清 秋厥雕喜鹊登梅笔架	长11.5cm	138,000	上海大众	2012.08.04
清 水晶雕九如笔架	长14cm	92,000	西泠拍卖	2012.07.07
清18世纪 紫檀木雕「石山」笔搁	长17.9cm	63,625	伦敦苏富比	2012.05.16
清嘉庆/道光 杨凤年制紫砂山子笔架	长9.5cm	74,750	北京中汉	2012.10.30
铜制山形笔架	长23cm	149,500	中国嘉德	2012.10.30
朱可心制梅段笔架	长12.3cm	80,500	北京中汉	2012.10.30
笔掭				
明嘉靖 紫檀嵌百宝胡人戏狮笔掭	高10.5cm	934,960	香港邦瀚斯	2012.11.24
清 沉香雕荷蟹笔掭	宽12.5cm	115,000	北京保利	2012.04.21
清 澄泥石榴笔掭	长8.5cm	51,261	纽约佳士得	2012.03.22
清 黄杨木雕灵芝形笔掭	高6.6cm；	57,500	西泠拍卖	2012.07.07
清 紫檀嵌百宝花蝶纹笔掭	长8.2cm	690,000	上海大众	2012.08.04
清嘉庆/道光 杨彭年制段泥树桩笔掭	宽11.2cm	63,250	北京诚轩	2012.05.13
清18世纪/19世纪 绿料仿碧玉桃形盖盒配随形碧玺笔掭	长7.9cm	1,264,955	纽约佳士得	2012.03.22
臂搁				
明 留青刻山水人物竹书臂搁	长18.5cm	172,500	上海崇源	2012.10.19
明 王仁刻留青山水竹书臂搁	长19cm	172,500	上海崇源	2012.10.19
明万历 李流芳竹刻诗文秘搁	高39cm	172,500	上海大众	2012.08.04
清初 竹雕钟馗秘搁	高24cm	126,500	上海大众	2012.08.04
清乾隆 雕漆百子龙灯臂阁	高19cm	55,614	香港富得	2012.12.26
清乾隆 汪启淑刻竹诗文臂搁	长20cm	138,000	北京保利	2012.06.06
清乾隆 王子章留青竹刻题字臂搁	长20cm	112,884	澳门恆瑞	2012.10.02
清乾隆 周芷岩制竹刻山水长题臂搁	长22cm	1,058,000	北京保利	2012.06.05
清乾隆 雕漆百子龙灯臂阁	高19cm	55,614	香港富得	2012.12.26
清中期 黄杨木雕达摩渡江臂搁	长22.6cm	94,300	中国嘉德	2012.05.14
清中期 梅花诗文臂搁	长26cm	126,500	中国嘉德	2012.05.14
清中期 竹雕留青臂搁	长21cm	111,228	保利香港	2012.11.25
清中期 竹雕诗文臂搁	长21.5cm	97,750	北京歌德	2012.12.01
清道光 方絜雕奎星戏斗图竹臂搁	长23.8cm	69,000	北京诚轩	2012.10.28
清 沉香臂搁	18cm×5cm	86,250	北京容海	2012.01.09
清 蒋廷锡款竹雕丛竹诗文臂搁	长29.5cm	126,500	西泠拍卖	2012.07.07
清 时大经刻松菊人物秘搁	高31.8cm	172,500	上海大众	2012.08.04
清 杨龙石阳刻棕竹高士图秘搁	高24cm	74,750	上海大众	2012.08.04
清 竹刻诗文臂搁	长44.5cm	115,000	朵云轩	2012.12.29
清 竹雕臂搁 (四件)	尺寸不一	69,000	中国嘉德	2012.05.14
清 竹留青山水诗文臂搁	长19.2cm	184,000	中国嘉德	2012.06.16

拍品名称	物品尺寸	成交价RMB	拍卖公司	拍卖日期
清 紫檀雕梅花诗文臂格	高19cm	138,000	北京翰海	2012.12.09
清 紫檀雕松树纹随形臂格	长20.5cm	138,000	北京翰海	2012.12.09
清19世纪象牙雕婴戏图臂搁(一对)	长17.5cm	69,149	伦敦苏富比	2012.11.07
清19世纪初 木雕琴式臂搁	长28.5cm	111,788	香港苏富比	2012.04.04
清光绪7年 金士恒书法竹臂搁及椰壳水呈	长19.3cm	138,000	中国嘉德	2012.10.30
清末象牙浮雕「松干双蝉」臂搁	长26cm	193,088	香港苏富比	2012.04.04
民国 江寒汀画盛丙云制花鸟纹竹臂搁	长25.3cm	161,000	北京保利	2012.12.06
"白士风"刻竹留青山水纹臂搁	长27.1cm	92,000	荣宝斋(上海)	2012.06.17
"白士风"款竹刻种松皆作老龙鳞臂搁	长21.8cm	74,750	荣宝斋(上海)	2012.06.17
王威 携琴仕女臂搁	长31.5cm	57,500	朵云轩	2012.07.22
盒				
宋-元 雕漆云纹笔墨砚盒(一套)	长26cm	483,000	北京保利	2012.06.06
明 鸡翅木文具盒	长25.5cm	63,250	荣宝斋(上海)	2012.06.17
明或更早 青玉螭纹印盒	长5cm	172,500	北京保利	2012.10.24
明嘉靖 雕漆胡人献宝花鸟印章盒	长13.5cm	172,500	北京保利	2012.06.06
明末/清初 局部鎏金铜松鼠葡萄纹印盒	长5.9cm	100,750	香港佳士得	2012.11.28
明晚期 紫檀错银丝百宝嵌花鸟纹文具盒	长26.9cm	920,000	中国嘉德	2012.05.14
明万历 程君房制「大国香」龙纹墨及红漆龙纹墨盒	长18.3cm	1,610,000	北京保利	2012.06.05
清早期 红寿山石雕螭龙纹圆形印盒	直径7cm	230,000	北京保利	2012.06.07
清早期 紫泥龙纹印盒	直径8cm	63,250	北京保利	2012.12.06
清早期 紫檀大漆花鸟纹文具盒承盘	长51.6cm	287,500	中国嘉德	2012.05.14
清康熙 豇豆红印盒	直径7.3cm	460,000	上海道明	2012.06.29
清乾隆 黄料印盒	直径6.7cm	71,300	北京翰海	2012.12.09
清乾隆 刻山水纹松花砚盒	长13.3cm	230,000	荣宝斋(上海)	2012.06.17
清乾隆 葡萄紫料印盒	直径7.5cm	552,000	北京翰海	2012.05.27
清乾隆 珊瑚红地仿木纹釉印泥盒	直径7cm	103,500	北京东正	2012.10.31
清乾隆 铜鎏金刻喜上眉梢图印泥盒	长6cm	57,500	北京永乐	2012.12.15
清乾隆 铜鎏金狮子穿花海棠印泥盒	长7cm	115,000	北京传是	2012.07.08
清乾隆 铜胎掐丝珐琅缠枝莲纹小印泥盒	直径7cm	253,000	北京永乐	2012.06.05
清乾隆 御制西湖名胜图诗锦墨一套十锭配御制黑漆嵌螺钿长方盖盒	长34.1cm	157,725	纽约佳士得	2012.03.22
清乾隆 紫檀"文渊阁宝"龙云印玺盒	长21cm	345,000	上海嘉泰	2012.06.23
清 翠雕牧牛印盒(一对)	直径5.5cm	299,000	北京保利	2012.10.24
清 翡翠盖盒并太狮少狮钮方章	尺寸不一	51,750	北京匡时	2012.12.05
清 黄花梨印章盒	长21.6cm	126,500	荣宝斋(上海)	2012.06.17
清 漆嵌竹黄文具盒	长34.5cm	287,500	北京翰海	2012.12.09
清 寿山石布袋和尚印泥盒	直径7.7cm	55,200	中国嘉德	2012.05.14
清 寿山石雕印盒	长14.5cm	86,250	荣宝斋(上海)	2012.06.17
清 竹根雕葫芦形砚盒	高6cm	345,000	西泠拍卖	2012.07.07
清 紫檀木雕西园雅集文具盒	长21.6cm	402,500	西泠拍卖	2012.12.28
清 紫檀雕龙纹印玺盒	长17cm	109,250	上海嘉泰	2012.10.25
清 紫檀福寿文玩盒	长27cm	51,750	北京保利	2012.04.23
清18世纪／19世纪 白瓷浮雕缠枝牡丹纹印泥盖盒	长6.8cm	60,975	香港苏富比	2012.04.04
清道光 黄花梨狮子戏球印盒	长9.9cm	59,800	中国嘉德	2012.05.14
清光绪 黄釉暗刻花卉纹小印盒	直径3.6cm	82,800	北京中汉	2012.10.30
清中期 蓝料印盒	直径6.5cm	92,000	北京翰海	2012.12.09
清同治 墨彩刻梅石纹印盒	长9cm	69,000	云南典藏	2012.12.16
齐白石铭蟋蟀纹铜墨盒	直径9.5cm	379,500	上海工美	2012.08.18
白铜刻人物书法墨盒(十件)		103,500	朵云轩	2012.07.11

拍品名称	物品尺寸	成交价RMB	拍卖公司	拍卖日期
白铜刻山水花卉墨盒(十件)		80,500	朵云轩	2012.07.11
端石雕龙门鲤鱼图印泥盒	长6cm	57,500	北京永乐	2012.06.05
珐琅彩人物印盒	直径7cm	138,000	北京翰海	2012.06.29
唐云自用核桃形紫砂印泥盒	长4.7cm	230,000	上海工美	2012.08.18
墨床				
清乾隆 掐丝珐琅莲纹墨床	宽5.2cm	161,200	香港佳士得	2012.11.28
清乾隆 寿山石雕福寿纹墨床	长12.3cm	51,750	北京东正	2012.10.31
清 紫檀嵌银丝瘿木面墨床	长9.5cm	97,750	北京保利	2012.04.21
清 王梅邻竹刻山水人物墨床	尺寸不一	57,500	上海大众	2012.08.04
清 沉香木雕福寿云纹墨床	长8.7cm	184,000	西泠拍卖	2012.07.07
砚屏				
明 红木嵌白玉龙纹砚屏	高19cm	115,000	北京保利	2012.04.22
明 葡萄花卉彩漆笔屏	高16.2cm	1,955,000	中国嘉德	2012.05.12
清康熙 紫檀框掐丝珐琅山水楼阁砚屏(一对)	高17cm	1,112,280	保利香港	2012.11.25
清乾隆 紫檀大漆小砚屏	高26cm	80,500	荣宝斋(上海)	2012.06.17
清乾隆 御题诗紫檀嵌玉转心砚屏	高21.6cm	920,000	西泠拍卖	2012.12.28
清中期 紫檀嵌云石砚屏	高23cm	69,000	南京嘉信	2012.06.24
清 百宝嵌小砚屏	高27.5cm	69,000	北京传是	2012.07.08
清 碧玉雕醉仙图砚屏	高17cm	57,500	中贸圣佳	2012.07.22
清松花江石山水御题诗文巧雕砚屏	高28cm	920,000	北京翰海	2012.12.08
清 紫檀嵌白玉砚屏	高28.8cm	138,000	荣宝斋(上海)	2012.06.17
清 紫檀嵌玉云龙诗文砚屏	高31.7cm	69,000	中国嘉德	2012.09.16
清18世纪／19世纪 大理石天然泼墨「秋山如笑」山水图砚屏	高71.5cm	81,300	香港苏富比	2012.04.04
穆文镌观保与砚斋小楷砚屏	长26.8cm	322,000	北京盘古	2012.11.30
民国 金丝楠木刻诗文砚屏	高11cm	97,750	上海大众	2012.08.04
水丞(水呈)				
明 沉香木梅花纹随形水呈	长11cm	149,500	中国嘉德	2012.05.14
明末/清中期 御制铜胎手卷式水丞	宽7cm	157,725	纽约佳士得	2012.03.22
清早期 沈存周制刻字锡瓜形水丞	高8.5cm	322,000	北京保利	2012.12.06
清乾隆 豆青釉莲蓬水呈	高5.2cm	92,000	中国嘉德	2012.06.16
清乾隆 蓝料磨棱水丞	直径7.5cm	57,500	北京歌德	2012.06.03
清乾隆 御制翡翠雕辟邪水丞	长38.2cm	49,450,000	北京保利	2012.12.05
清 陈曼生制 阿曼陀室钧釉水丞	直径8.4cm	805,000	中国嘉德	2012.05.12
清 纯金嵌宝桃形水丞	长11cm	218,500	太平洋	2012.06.16
清 蓝料水呈	高6.7cm	57,500	北京翰海	2012.05.27
清 掐丝珐琅缠枝花卉水呈	高3.5cm	92,000	北京翰海	2012.05.27
清 朱泥掺砂梨皮螭龙抱水丞	直径9.8cm	1,186,980	香港邦瀚斯	2012.05.27
清 紫砂泥绘山水水丞	宽13.5cm	69,000	北京保利	2012.06.06
清18世纪 琥珀雕灵芝水丞	长7.9cm	173,498	纽约佳士得	2012.03.22
清18世纪 宜兴紫砂螭龙纹水丞	长8.5cm	1,869,900	香港苏富比	2012.04.04
清18世纪 宜兴紫砂鸭形水丞	长13.3cm	1,681,349	纽约佳士得	2012.03.22
清18世纪／19世纪 琥珀雕花鸟纹水丞	长9.5cm	236,588	纽约佳士得	2012.03.22
宜兴段泥式水丞	长10.2cm	2,438,429	纽约佳士得	2012.03.22
宜兴莲瓣式水丞	长14cm	3,195,509	纽约佳士得	2012.03.22
紫砂春笋水丞	长23cm	89,600	中鸿信	2012.03.18
水滴				
明 青铜「卧牛」水滴	长8.8cm	142,275	香港苏富比	2012.04.04
明 铜鎏金兔水滴	高7.8cm	322,000	上海大众	2012.08.04
明 铜童子牧牛水滴	长8cm	115,000	北京匡时	2012.06.04
明代以前 铜瑞兽砚滴	长17cm	747,500	古天一	2012.12.02
明治时期(1868-1912)三足分福形纯银水注	高19cm	460,000	上海宝龙	2012.06.26
清 竹雕壶形水滴	宽8.2cm	224,250	中国嘉德	2012.10.29
清 竹雕壶形砚滴	长9.3cm×2	203,250	香港邦瀚斯	2012.05.27
段泥枇杷及芒果水滴	长9.7cm×4	203,250	香港邦瀚斯	2012.05.27
犀角雕玉米水滴	长15cm	517,500	广东益诚	2012.01.08
水盂				
晚商 青铜饕餮纹盂	直径24cm	2,059,889	纽约佳士得	2012.03.22
明 竹根雕古松水盂	宽6cm	166,842	保利香港	2012.11.25

2012杂项拍卖成交汇总

(成交价RMB：5万元以上)

拍品名称	物品尺寸	成交价RMB	拍卖公司	拍卖日期
明晚期 岩耕制紫檀嵌百宝错金银盂	直径5.9cm	126,500	中国嘉德	2012.05.14
清康熙 沉香随形水盂	宽7cm	184,000	北京保利	2012.04.21
清康熙 模印葫芦六楞「莲托万寿」水盂	长8cm	426,012	香港苏富比	2012.04.04
清康熙青花釉里红山水高士水盂	直径14cm	184,000	北京保利	2012.12.07
清雍正 虎骨制水盂笔添	直径8cm	61,146	澳门恆瑞	2012.10.02
清乾隆 仿生海螺形水盂	长9.5cm	126,500	上海大众	2012.08.04
清乾隆 茶绿色料水盂	宽5cm	185,380	保利香港	2012.11.25
清乾隆 段泥桃核式水盂	长10.3cm×2	172,763	香港邦瀚斯	2012.05.27
清乾隆 仿古铜珐琅描金如意纹水盂	直径7cm	139,035	保利香港	2012.11.25
清乾隆 苏米斋珍藏匏制大水盂	直径19.6cm	138,000	中国嘉德	2012.05.14
清 "乾隆年制"款琥珀料画珐琅水盂	高6.4cm	437,000	荣宝斋(上海)	2012.06.17
清 沉香雕桃形水盂	长9cm	92,000	上海大众	2012.08.04
清 沉香木雕仙人乘槎水盂	长18cm	145,600	北京荣宝	2012.11.25
清 段泥掺砂仿古水盂	直径7.4cm	406,500	香港邦瀚斯	2012.05.27
清 翡翠连年有余水盂	直径5.5cm	150,000	隆荣国际	2012.07.27
清 旧玉雕四象水盂	高4.2cm	138,000	北京保利	2012.12.06
清 乾隆款蓝料水盂	长8cm	57,500	西泠拍卖	2012.07.07
清 铜瑞兽水盂	宽16.4cm	59,800	中国嘉德	2012.10.29
清 铜胎掐丝珐琅太白尊式水盂	直径7cm	109,250	西泠拍卖	2012.12.28
清 竹雕梅椿图水盂	长7cm	115,000	上海大众	2012.08.04
清 紫泥掺沙仿古方盂	直径8.5cm	406,500	香港邦瀚斯	2012.05.27
清 玛瑙海螺水盂	长5.8cm	57,500	西泠拍卖	2012.12.28
清 琥珀水盂	长6cm	92,000	朵云轩	2012.12.29
清代 象牙雕庭院人物承盂	高5cm	97,750	古天一	2012.12.02
黄杨木雕灵芝水盂	长7cm	80,500	上海驰翰	2012.04.27
民国 段泥蜗牛爬海螺水盂	长12.8cm	203,250	香港邦瀚斯	2012.05.27
王翔 段泥水盂	长17.5cm	51,750	北京翰海	2012.05.26
王翔 東云水盂	高16.5cm	74,750	北京翰海	2012.12.08
叶海林 盘龙水盂		60,000	上海驰翰	2012.10.10
笔洗				
明 角雕荷花小洗	宽9.5cm	414,000	北京保利	2012.06.07
明 银由洗子	高5.7cm	368,000	上海大众	2012.08.04
明 龙泉窑折沿洗	10.5cm	184,000	朵云轩	2012.12.29
明17世纪 犀角浮雕双叶「螳螂」图洗	长12.2cm	1,047,040	香港苏富比	2012.10.09
17世纪 竹根雕梅花图洗	长10.2cm	69,988	伦敦苏富比	2012.05.16
清早期 御制竹根雕海棠式洗	宽11.2cm	120,900	香港邦瀚斯	2012.11.24
清康熙 陈鸣远制紫砂荷花水洗	长9cm	207,000	文津阁	2012.06.01
清康熙 陈鸣远制紫砂莲蓬水洗	直径7cm	419,750	文津阁	2012.06.01
清康熙 豇豆红釉水洗	直径11.5cm	115,000	中国嘉德	2012.10.29
清雍正 洋彩仿木釉绳纹洗	直径35cm	5,520,000	北京保利	2012.06.05
清乾隆 霁蓝描金缠枝洗	直径7cm	57,500	中贸圣佳	2012.07.22
清乾隆 掐丝珐琅夔龙纹三足洗	直径44.8cm	1,552,500	北京保利	2012.12.05
清乾隆 铜胎画北京珐琅开光式「西洋人物」图三足洗	直径	1,783,240	香港苏富比	2012.10.09
清乾隆 铜胎画珐琅皮球花纹海棠洗	长16.1cm	94,300	北京中汉	2012.03.27
清嘉庆/道光 杨彭年制梅段笔洗	长16.8cm	253,000	北京中汉	2012.10.30
清中期 茶叶末釉花口小洗	直径10.1cm	51,750	北京中汉	2012.10.30
清中期 翡翠雕花果大洗	长21cm	287,500	北京保利	2012.06.07
清中期 黄芙蓉鹅形水洗	长15cm	184,000	北京翰海	2012.12.09
清中期 紫檀雕荷叶洗	长10.3cm	57,500	北京翰海	2012.05.27
清同治 玉成窑南田寿平款洗净铅华紫泥粉段泥水洗	长19cm	379,500	西泠拍卖	2012.12.29
清 陈鸣远款青灰砂桃形笔洗	宽11cm	287,500	中国嘉德	2012.10.30
清 陈鸣远制仿生竹笋形水洗	8cm×23cm	55,200	北京九歌	2012.06.29
清 端石徐扬刻方形洗	18.6cm×18.6cm	161,000	北京翰海	2012.05.27
清 翡翠雕事事如意葵口洗	长14.5cm	207,000	上海大众	2012.08.04
清 黄地料彩龙纹洗	直径11cm	63,250	北京保利	2012.10.23
清 玛瑙洗子	长13cm	92,000	朵云轩	2012.12.29
清 玛瑙水洗一件、茶叶末釉瓷笔架一件、瓷印章一件	尺寸不一	184,000	中国嘉德	2012.05.14
清 奇楠沉香雕灵芝双蝠洗	长13cm	327,750	上海嘉泰	2012.10.26
清 紫檀水洗	口径11cm	55,200	广东益诚	2012.01.08
清17世纪/18世纪 犀角叶形洗	长11.1cm	403,000	香港佳士得	2012.11.28
清18世纪 / 19世纪 黄杨木灵芝式笔洗	长9cm	141,953	纽约佳士得	2012.03.22
清晚期 申锡制水洗	宽8.5cm	115,000	上海宝龙	2012.06.26
裴石民 松段水洗	宽19.7cm	55,200	上海宝龙	2012.06.26
近代 朱可心制紫砂栗形洗	长8cm	172,500	文津阁	2012.06.01
民国 汪少平 张沛轩合作粉彩山水鱼藻纹笔洗	直径13.8cm	55,200	北京保利	2012.12.06
谭泉海 诗文笔洗	直径16cm	69,000	中国嘉德	2012.10.30
朱可心《梅花笔洗》	长22cm	63,250	长风拍卖	2012.09.17
纸镇				
东汉 铜镶嵌红绿玛瑙熊形镇	高10cm	1,112,280	大唐国际	2012.11.24
元至明初 花间行龙鎏金文镇	直径6.6cm	345,000	中国嘉德	2012.05.12
明 铜雕童子镇	宽8.5cm	69,000	北京保利	2012.12.06
明 铜胡人洗象镇纸	长6.5cm	207,000	北京匡时	2012.06.04
明 铜鎏金虎形文镇	长8cm	63,250	上海大众	2012.08.04
明 铜鎏金嵌贝壳纸镇	长9cm	69,000	中国嘉德	2012.06.16
明 铜马上封侯镇纸	长7cm	92,000	北京匡时	2012.06.04
明 铜四喜童子镇纸	长8cm	195,500	北京匡时	2012.06.04
明 铜羊纸镇	长8cm	57,500	北京翰海	2012.12.09
明16世纪 / 17世纪 青铜「卧马」镇纸	长7.9cm	203,250	香港苏富比	2012.04.04
明末 铜鎏金天禄纸镇	高6.7cm	130,975	香港邦瀚斯	2012.11.24
明末/清中期 玉髓雕祥云地卧龙镇纸或笔搁	长9.7cm	86,749	纽约佳士得	2012.03.22
明末清初 白玉双兽镇纸	长9.5cm	69,000	北京保利	2012.01.07
明-清 铜各式纸镇(一套)	尺寸不一	92,000	北京传是	2012.07.08
明早期 铜鎏金麒麟镇纸	长8.2cm	575,000	北京匡时	2012.06.04
清康熙 黄寿山螭龙海兽镇	长8.3cm	575,000	北京保利	2012.06.05
清乾隆 鎏金铜龙钮铜胎掐丝珐琅「暗八仙」纹长方镇尺	长28cm	50,290	伦敦苏富比	2012.11.07
清中期 黄杨木雕诗文镇纸(一对)	长32cm	69,000	北京保利	2012.12.06
清中期 掐丝珐琅花蝶纸镇	高11.3cm	57,500	北京翰海	2012.12.09
清中期 掐丝珐琅龙纹纸镇	高11.9cm	92,000	北京翰海	2012.12.09
清中期 铜鎏金胡人骑象纸镇	长8.9cm	57,500	北京永乐	2012.12.15
清中期 紫檀竹纹镇尺	长25cm	66,700	中国嘉德	2012.03.26
清中期 贴黄嵌玉镇纸	长23.8cm	218,500	朵云轩	2012.12.29
清道光 黄杨木雕梅屏赞压尺	长30cm	69,000	北京诚轩	2012.05.13
清 杜士元制沉香木对蟹纸镇	长14.7cm	345,000	北京保利	2012.12.06
清 黄花梨刻诗文镇尺	长50cm	212,750	上海大众	2012.08.04
清 黄铜卧狗镇纸	高3.8cm	69,000	西泠拍卖	2012.07.07
清 黄玉螭纹镇纸	长15.8cm	195,500	荣宝斋(上海)	2012.06.17
清 青白玉雕金蟾百子镇	长7.5cm	57,500	北京保利	2012.06.07
清 松树形铜纸镇	长15.5cm	69,000	北京传是	2012.12.16
清 铜平错金银瑞兽镇	高3.5cm	138,000	上海嘉泰	2012.06.23
清 铜童子卧叶镇纸	长10.7cm	80,500	北京保利	2012.12.06
清 紫檀纸镇		356,500	广东益诚	2012.01.08
清19世纪 犀角纸镇把玩件	高6cm；直径9cm	291,617	澳门恆瑞	2012.10.02
民国 紫砂加彩一鸣惊人纸镇	长11cm	51,750	北京保利	2012.12.06
民国初 "于硕"款象牙微雕金刚经镇纸	长21cm	414,000	古天一	2012.12.02
黄花梨尺	高94cm	69,000	北京歌德	2012.06.03
江晓 放下即是镇纸	长7.1cm	230,000	福建东南	2012.05.20
坑头天蓝冻石太狮少狮文玩镇纸	长10cm	218,500	福建东南	2012.10.28
林元珠作芙蓉九如意镇	长9cm	69,000	上海嘉泰	2012.10.25
邱启敬 碧玉竹蛇镇纸		92,000	西泠拍卖	2012.07.07
宋-明 铜鎏金骆驼纸镇	高4.5cm	86,250	上海大众	2012.08.04

拍品名称	物品尺寸	成交价RMB	拍卖公司	拍卖日期
姚华铭 天赐长年铜镇纸	长16.6cm	97,750	上海工美	2012.08.18
张瑞图款紫檀诗文镇尺	长38cm	77,050	文津阁	2012.06.01
砚台				
汉 建宁元年砖蓟砚	长16.5cm	184,000	西泠拍卖	2012.07.07
南宋 钟形抄手歙砚	长23.5cm	126,500	西泠拍卖	2012.07.07
宋 银星歙砚	长30cm	299,000	荣宝斋(上海)	2012.09.09
宋 荷蟹三足歙砚	长20.5cm	149,500	西泠拍卖	2012.07.07
宋 半边岩高眼海水异兽纹端砚	长14.1cm	172,500	荣宝斋(上海)	2012.09.09
元 赵孟頫铭汉瓦砚	长15.2cm	103,500	荣宝斋(上海)	2012.06.17
元 歙石龙珠砚	宽30.5cm	57,500	中国嘉德	2012.10.29
元 鹅形三足罗纹歙砚	长24cm	51,750	西泠拍卖	2012.07.07
元至明 元至桂馥铭 大龙尾砚	长38.9cm	1,552,500	中国嘉德	2012.05.12
明早期 太史砚	长26.7cm	92,000	中国嘉德	2012.05.14
明晚期 黄宗羲铭端石断碑砚	长16cm	782,000	文津阁	2012.06.01
明末清初 砖砚	长16.5cm	97,750	上海大众	2012.08.05
明末清初 朱彝尊制御用“神龙下窥”砚	长37cm	2,016,000	蚨第雅	2012.08.19
明末 文彭铭诗文砚	直径12cm	169,326	澳门恒瑞	2012.10.02
明隆庆端石梅花铭文砚(阮氏清玩)	长17.5cm	218,500	北京保利	2012.06.06
明 半边岩抄手砚	长24.8cm	69,000	荣宝斋(上海)	2012.09.09
明 沂翁铭汉瓦砚	长22cm	51,750	荣宝斋(上海)	2012.09.09
明 怀珠洮河砚	长13cm	80,500	荣宝斋(上海)	2012.09.09
明 白端抄手砚	长26.5cm	161,000	安华白云	2012.06.08
明 宝颜堂款绞泥紫砂砚台	长23.2cm	126,500	西泠拍卖	2012.12.29
明 曹羲铭端石景田砚	长11.5cm	230,000	文津阁	2012.06.01
明 抄手端砚	长17.2cm	69,000	西泠拍卖	2012.12.29
明 陈焕、段玉裁铭淌池端砚	长29cm	55,200	西泠拍卖	2012.07.07
明 端石天然砚	长18cm	63,250	北京歌德	2012.06.03
明 鹅形歙砚	长19.4cm	74,750	西泠拍卖	2012.07.07
明 方以智铭歙石砚	长26.3cm	322,000	西泠拍卖	2012.12.29
明 龟阜斋藏“荷中君子”砚	长29cm	212,750	上海嘉泰	2012.10.26
明 海水龙纹戏珠云纹翠眼端砚	长21.5cm	230,000	北京保利	2012.12.06
明 荷叶形歙砚	长31.5cmcm	69,000	西泠拍卖	2012.07.07
明 红澄泥童子牧牛砚	长14cm	115,000	北京歌德	2012.06.03
明 绿端兰亭雅集砚	长27.7cm	92,000	荣宝斋(上海)	2012.06.17
明 绿端兰庭砚	长26.8cm	172,500	荣宝斋(上海)	2012.09.09
明 蓬莱砚	长29.5cm	71,300	北京歌德	2012.06.03
明 十八罗汉绿端砚	长20.7cm	207,000	中国嘉德	2012.05.14
明 石雕云龙纹方形砚	长28cm	66,700	北京翰海	2012.03.23
明 松竹梅端砚	长25cm	51,750	北京歌德	2012.06.03
明 太史式抄手端砚	长25cm	55,200	西泠拍卖	2012.07.07
明 太史式罗纹抄手歙砚	长25.2cm	80,500	西泠拍卖	2012.07.07
明 文徵明款端石随形砚	长11.7cm	184,000	北京保利	2012.06.06
明 歙石梅纹抄手砚	长21cm	253,000	北京歌德	2012.06.03
明 雁形歙砚	长26.5cm	51,750	凤凰拍卖	2012.12.16
明 友石生款抄手端砚	长22.7cm	66,700	凤凰拍卖	2012.12.16
明 湛若水铭归去来图方形端砚	长9.9cm	69,000	西泠拍卖	2012.07.07
明 祝枝山款素池歙砚	长17.7cm	345,000	中国嘉德	2012.05.14
清初 竹节水坑端砚	长20.2cm	64,400	北京歌德	2012.06.03
清初 兰亭序诗文澄泥砚	长22cm	345,000	北京翰海	2012.05.27
清初 澄泥砚	直径18.7cm	322,000	北京翰海	2012.05.27
清早期 王岫君制端石随形砚	长19.5cm	345,000	北京保利	2012.06.06
清早期 椭圆砚配紫檀雕松竹梅盒	长14cm	103,500	北京保利	2012.12.06
清早期 高凤翰款端石砚台	长12.3cm	126,500	中国嘉德	2012.05.14
清早期 凤纹端砚	长20cm	57,500	中国嘉德	2012.05.14
清早期 端石雕洛神图砚	长16cm	120,497	保利香港	2012.11.25
清早期 端石雕九芝图随形砚	长13cm	115,000	北京诚轩	2012.05.13
清康熙 御制松花石双螭砚	长7.9cm	1,092,500	北京保利	2012.12.05
清康熙 御铭太平九如松花石砚	长12.8cm	172,500	西泠拍卖	2012.07.07
清康熙 御铭青莲松花石砚	长14.5cm	179,200	天津文物	2012.05.11
清康熙 御铭缠枝纹松花石砚	长15.6cm	322,000	西泠拍卖	2012.07.07
清康熙 吴昌硕藏韦斋铭云纹端砚	长17.5cm	402,500	北京翰海	2012.12.09
清康熙 松花石蝉形砚	长10.5cm	115,000	北京传是	2012.12.16
清康熙 蝉形御题松花砚	长9.5cm	92,000	北京翰海	2012.12.09
清康熙-乾隆 西洞神品龙纹端砚	长15.5cm	345,000	北京保利	2012.12.06
清康熙 御铭如意纹松花砚	长16.4cm	86,250	西泠拍卖	2012.12.29
清雍正 御制羽觞形松花石砚、夔龙纹松花石砚盒	长10.3cm	1,610,000	北京保利	2012.06.05
清雍正 余甸铭黄任藏古式澄泥砚	长16cm	345,000	北京保利	2012.12.06
清雍正 鹦鹉玻璃砚	长10.5cm	201,600	天津文物	2012.11.09
清雍正 螭龙纹松花石长方砚	长12.6cm	172,500	北京翰海	2012.12.09
清雍正 仿宋官窑蟾砚	直径13.5cm	218,500	西泠拍卖	2012.12.28
清乾隆 御制歙石乾隆御铭仿汉石渠阁瓦砚	长17cm×3	151,125	香港邦瀚斯	2012.11.24
清乾隆 御制松花石砚	长8cm	552,000	上海大众	2012.08.04
清乾隆 御制松花石雕龙纹砚配双兔呈祥盖盒	长6.4cm；长7.2cm	2,287,013	纽约佳士得	2012.03.22
清乾隆 御铭仿宋天成风字澄泥砚	长11.3cm	3,335,000	西泠拍卖	2012.07.07
清乾隆 于敏中书乾隆御铭螭纹尼山石砚	长18cm	460,000	北京保利	2012.06.05
清乾隆 犀皮漆盒葫芦形漆砂砚	长17.7cm	138,000	北京翰海	2012.12.09
清乾隆 翁方纲铭黄宗炎刻山水人物端砚	长23.2cm	63,250	北京保利	2012.12.06
清乾隆 松花石御题诗文砚	直径10cm	220,000	隆荣国际	2012.07.27
清乾隆 松花石兽面纹砚	长13.5cm	414,000	北京传是	2012.12.16
清乾隆 松花石龙凤双鹅砚	长11.7cm	943,000	北京保利	2012.06.05
清乾隆 乾隆御题松花江砚	长15.2cm	287,500	北京翰海	2012.12.09
清乾隆 夔龙纹白端砚	长18cm	57,500	荣宝斋(上海)	2012.09.09
清乾隆 红丝石雕九宫八卦图方砚	长14.62cm	69,000	北京诚轩	2012.05.13
清乾隆 顾二娘制端砚	直径5cm	560,000	辽宁中正	2012.01.08
清乾隆 仿唐观象歙砚	长14.5cm	149,500	北京保利	2012.06.06
清乾隆 仿唐八棱澄泥砚	长10cm	80,500	北京保利	2012.06.06
清乾隆 仿宋德寿殿犀纹紫砂砚	长14.4cm	575,000	北京保利	2012.12.05
清乾隆 仿宋德寿殿犀文澄泥砚	长14cm	313,600	天津文物	2012.05.11
清乾隆 端石长方板砚	长27.5cm	172,500	中国嘉德	2012.05.14
清乾隆 澄泥井渠神品砚	长15cm	230,000	凤凰拍卖	2012.12.16
清乾隆 澄泥“仿唐观象砚”	宽14.5cm	230,000	北京保利	2012.08.11
清乾隆 “海天出月”歙砚	长14cm	92,000	北京传是	2012.12.16
清乾隆 初彭龄款仿汉瓦当青花砚	直径15.5cm	299,000	西泠拍卖	2012.12.28
清乾隆 南天麒麟恩泽民间端砚	长28.5cm	185,380	澳门中信	2012.12.28
清乾隆 御铭仿汉未央砖海天初月砚	长14.3cm	161,000	西泠拍卖	2012.12.29
清乾隆 御铭仿汉未央砖海天初月砚	长14.5cm	69,000	西泠拍卖	2012.12.29
清乾隆 御铭仿唐观象砚	长14.3cm	115,000	西泠拍卖	2012.12.29
清中期 洮砚	长13cm	115,000	凤凰拍卖	2012.12.16
清中期 卢葵生制百宝嵌漆砂砚	长13cm	460,000	北京保利	2012.06.05
清中期 龙纹端砚 (一对)	长19.5cm	60,975	香港邦瀚斯	2012.05.27
清中期 计芬、琴峰(翟继昌)铭端石砚	长14.5cm	92,000	北京保利	2012.06.06
清中期 吉曼铭平板端砚	长19.5cm	120,750	北京保利	2012.12.06
清中期 黄花梨砚盒连砚	长21.5cm	382,850	香港佳士得	2012.11.28
清中期 白端雕洋犬纹砚	长8.8cm	161,000	北京保利	2012.06.06
清嘉庆 包世臣铭张镠书篆藏长乐未央澄泥砚	直径15.3cm	74,750	北京保利	2012.12.06
清道光 题字端砚	长15cm	191,425	香港佳士得	2012.11.28
清道光 端石龙纹砚	长23cm	230,000	文津阁	2012.06.01
清咸丰 六舟铭汉砖砚	长13.8cm	172,500	北京保利	2012.06.06
清同治 邱钦制萧芷南铭黄西园刻澄泥砚	长16.3cm	322,000	北京保利	2012.12.07
清同治 费以耕书胡镢刻张子祥像端砚	长21.1cm	63,250	北京保利	2012.12.06
清光绪 杨靖铭云纹双面端砚	长15.8cm	115,000	北京保利	2012.12.06
清晚期 端石刻三友图砚	长29cm	90,675	香港邦瀚斯	2012.11.24
清晚期 端石雕承龙砚	长24cm	101,200	北京永乐	2012.12.15
清代 紫檀嵌螺钿百宝朱砂砚	长8cm	379,500	古天一	2012.12.02

2012杂项拍卖成交汇总

(成交价RMB：5万元以上)

拍品名称	物品尺寸	成交价RMB	拍卖公司	拍卖日期
清18世纪／19世纪 端石浅浮雕「苍松图」砚　连题铭木盒	长14.5cm	484,548	香港苏富比	2012.04.04
清18世纪/19世纪 端石雕「百梅唫馆图」砚	长39cm	659,291	纽约佳士得	2012.03.22
清18世纪 白玉「太平有象」图墨砚	长16.5cm	684,605	伦敦苏富比	2012.05.16
清17世纪至19世纪 端石「玉带」纹砚	长14.2cm	304,875	香港苏富比	2012.04.04
清 爱新觉罗溥儒铭回纹诗鼓形端砚	直径17.5cm	368,000	北京保利	2012.06.05
清 鹌鹑形端砚	长19.3cm	63,250	西泠拍卖	2012.12.29
清 八棱海八怪端砚	长13cm	82,800	北京歌德	2012.06.03
清 八棱铭文澄泥砚	直径15.4cm	51,750	北京容海	2012.03.26
清 芭蕉纹随形端砚	长21.2cm	69,000	上海工美	2012.08.18
清 半边岩蓬莱砚	长23.2cm	86,250	荣宝斋(上海)	2012.09.09
清 宝瓶纹红丝砚	长16.5cm	51,750	中国嘉德	2012.05.14
清 报春图留皮带眼端砚	长21cm	63,250	北京保利	2012.12.06
清 波萝漆砚	直径11cm	69,000	北京保利	2012.08.11
清 蔡春帆藏 罗传球、林鸿年、祁贡铭大西洞砚板	长17.4cm	368,000	西泠拍卖	2012.12.29
清 岑仲陶藏长方淌池端砚	长16cm	109,250	西泠拍卖	2012.12.29
清 长方夔龙纹端砚	长18.8cm	51,750	西泠拍卖	2012.12.29
清 长方门字端砚	长17.1cm	92,000	西泠拍卖	2012.12.29
清 长方形平板端砚	长16.8cm	126,500	上海工美	2012.08.18
清 成亲王款蕉叶对砚	长25.5cm	161,000	北京歌德	2012.12.01
清 程嗣立铭野凫闲浴端砚	长14cm	57,500	西泠拍卖	2012.07.07
清 澄泥雕罗汉诗文淌池砚	长25cm	63,250	上海大众	2012.08.04
清 澄泥雕淌池砚	长11cm	184,000	上海大众	2012.08.05
清 大西洞松竹梅纹端砚	长30cm	264,500	荣宝斋(上海)	2012.09.09
清 大西洞五福端砚	长19cm	253,000	西泠拍卖	2012.12.29
清 雕龙纹钟形端砚	长16.6cm	115,000	北京翰海	2012.05.27
清 丁云鹏款云龙纹端砚	长23.2cm	51,750	中国嘉德	2012.10.29
清 董洵铭莫友芝藏端砚	长16cm	299,000	北京保利	2012.12.06
清 端石"洪福齐天"云池砚	长24cm	80,500	北京歌德	2012.06.03
清 端石雕凤凰寿桃砚	长17cm	71,300	北京永乐	2012.12.15
清 端石雕灵芝砚	长15cm	55,200	上海大众	2012.08.04
清 端石雕瑞兽纹砚	长13cm	74,750	北京永乐	2012.12.15
清 端石雕诗文琴形砚	长19cm	690,000	北京歌德	2012.12.01
清 端石雕云蝠纹火眼砚	长25cm	115,000	北京歌德	2012.06.03
清 端石雕云蝠纹砚	长27.2cm	63,250	北京保利	2012.12.06
清 端石雕竹节双螭诗文砚	长14cm	230,000	上海大众	2012.08.04
清 端石老坑原盒风字砚	长15.5cm	161,000	北京歌德	2012.12.01
清 端石龙纹砚	长21cm	57,500	北京歌德	2012.12.01
清 端石麻子坑蚌仙祥龙砚	长23cm	115,000	中国嘉德	2012.10.29
清 端石铭文砚	高19.2cm	97,750	北京歌德	2012.06.03
清 端石松树纹砚	长16cm	51,750	北京保利	2012.10.25
清 端石随形诗文砚	长17.8cm	59,800	中国嘉德	2012.10.29
清 端石玉堂砚	长26cm	368,000	文津阁	2012.06.01
清 端石玉兔朝元砚	直径10.4cm	105,800	中国嘉德	2012.09.16
清 端石云蝠诗文砚	长16.5cm	172,500	北京传是	2012.12.16
清 端石云纹砚	直径8.8cm	667,000	文津阁	2012.06.01
清 端石制旭日风字形砚	长17.5cm	74,750	北京保利	2012.06.06
清 端石钟形砚	长11cm	51,750	北京歌德	2012.06.03
清 端砚	长19cm	92,000	北京保利	2012.10.25
清 断碑随形如意纹砚	长8.8cm	115,000	北京保利	2012.12.06
清 法式善铭虫蛀仔石端砚	长20cm	115,000	北京保利	2012.06.06
清 仿宋卢雁镜端砚	直径12.5cm	63,250	北京保利	2012.12.06
清 仿宋天成风字砚	宽10.8cm	78,200	中国嘉德	2012.10.29
清 仿宋玉兔朝元歙砚	直径10.4cm	57,500	西泠拍卖	2012.07.07
清 凤凰端砚	长15.3cm	51,750	北京保利	2012.12.06
清 福禄圭璧端砚	长47.5cm	57,500	西泠拍卖	2012.12.29
清 福寿康宁贡砚	长14.5cm	280,000	天津文物	2012.11.09
清 福寿松花石砚	长18.5cm	103,500	北京容海	2012.03.26
清 福星高照端砚	长15.1cm	69,000	西泠拍卖	2012.12.29
清 黻文红丝砚	长15cm	149,500	北京保利	2012.06.06
清 高凤翰铭子孙万代端砚	长18.5cm	138,000	北京保利	2012.12.07
清 古钟纹松花石砚	长9.5cm	92,000	朵云轩	2012.07.11
清 顾二娘制绿端白菜砚	长8.5cm	80,500	上海大众	2012.08.04
清 瓜蝶纹红丝砚	长9.5cm	92,000	西泠拍卖	2012.07.07
清 瓜纹端砚	长14cm	57,500	西泠拍卖	2012.07.07
清 广玉铭蕉叶端砚	长18.2cm	138,000	西泠拍卖	2012.12.29
清 桂馥铭梅纹端砚	长15cm	276,000	西泠拍卖	2012.07.07
清 郭沔、郭如丹书铭端石砚	长14.5cm	80,500	北京保利	2012.12.06
清 海兽纹端砚	长17.5cm	402,500	北京翰海	2012.05.27
清 何正簏铭琴式端砚	长14cm	69,000	西泠拍卖	2012.07.07
清 黄花梨大砚	长30cm	92,000	凤凰拍卖	2012.12.16
清 黄任藏双燕纹端砚	长17.6cm	74,750	西泠拍卖	2012.12.29
清 黄任款松纹端砚	长22cm	80,500	西泠拍卖	2012.07.07
清 黄任铭月池随形端砚	长11.8cm	103,500	西泠拍卖	2012.12.29
清 黄莘田藏芭蕉纹端砚	长16cm	112,000	天津文物	2012.11.09
清 黄易款端石福禄灵芝纹砚	长20cm	126,500	中国嘉德	2012.09.16
清 惠栋藏蕉叶随形双面端砚	长18.5cm	69,000	西泠拍卖	2012.12.29
清 计芬藏云纹端砚	长21.2cm	74,750	西泠拍卖	2012.12.29
清 纪晓岚铭 紫云砚	长12.8cm	5,865,000	中国嘉德	2012.05.12
清 蕉叶白平板端砚	长22cm	86,250	西泠拍卖	2012.07.07
清 蕉叶端砚	长16.8cm	89,700	西泠拍卖	2012.07.07
清 蕉叶纹端砚	宽21.5cm	69,000	中国嘉德	2012.10.29
清 金农刻仕女诗文端砚	长16.7cm	264,500	上海大众	2012.08.04
清 静怡轩仿宋玉兔朝元松花砚	直径10.6cm	103,500	西泠拍卖	2012.12.29
清 瞿子冶制雪竹绿端砚	长13.9cm	437,000	中国嘉德	2012.05.12
清 康熙松花石瓶形砚	长14cm	95,400	天津文物	2012.11.09
清 康熙御制 松花石凤池砚	长10.6cm	2,300,000	中国嘉德	2012.05.12
清 绛丝盒端砚	长18cm	86,250	北京容海	2012.03.26
清 孔广陶藏金蟾云纹端砚	长11.8cm	69,000	中国嘉德	2012.05.14
清 兰亭修契端砚	长25.5cm	97,750	西泠拍卖	2012.12.29
清 老坑博古砚	长16.6cm	115,000	安华白云	2012.06.08
清 老坑瓜果砚	长11cm	184,000	安华白云	2012.06.08
清 老坑海龙吐珠砚	长16cm	103,500	安华白云	2012.06.08
清 老坑平板端砚	长19cm	51,750	西泠拍卖	2012.07.07
清 老坑五宝汉古砚	长29cm	977,500	安华白云	2012.06.08
清 老坑鱼化龙砚	长13.2cm	80,500	安华白云	2012.06.08
清 莲叶纹端砚	长12.2cm	92,000	北京保利	2012.12.06
清 林佶铭瓜瓞绵绵端砚	长11.5cm	195,500	西泠拍卖	2012.12.29
清 灵芝如意纹端砚	长12.7cm	92,000	西泠拍卖	2012.12.29
清 刘德六藏鹅形澄泥砚	长19cm	64,960	天津文物	2012.05.11
清 龙纹长方歙砚	长39.2cm	51,750	北京保利	2012.12.06
清 卢栋制龙凤图漆砂砚	长7.5cm	112,000	天津文物	2012.11.09
清 卢葵生款百宝嵌漆盒漆砂砚	长15cm	207,000	中国嘉德	2012.05.14
清 卢葵生制嵌百宝漆砂砚	长13cm	379,500	北京保利	2012.06.06
清 卢葵生制淌池漆砂砚	长9.5cm	310,500	西泠拍卖	2012.07.07
清 陆绍曾铭云纹端砚	长15cm	57,500	北京保利	2012.06.06
清 陆增祥藏汉"常宜子孙"砖砚	长32.5cm	172,500	西泠拍卖	2012.07.07
清 陆增祥铭梁普通元年砖砚	长36cm	460,000	西泠拍卖	2012.07.07
清 鹿山款三狮戏球砚	长17.5cm	115,000	中国嘉德	2012.09.16
清 鹿纹钟形鳝鱼黄澄泥砚	长16.7cm	97,750	西泠拍卖	2012.12.29
清 绿端海屋添筹砚	长25.5cm	207,000	北京保利	2012.06.06
清 罗纹锦地歙砚	长17cm	55,200	中国嘉德	2012.10.29
清 麻子坑平板端砚	长15cm	55,200	西泠拍卖	2012.07.07
清 南唐老玩金星歙砚	长17.2cm	109,250	北京保利	2012.06.06
清 尼山石五岳山形图砚	长13.8cm	55,200	中国嘉德	2012.10.29
清 潘振节画、胡镢刻雅道人小像老坑端砚	长12.6cm	322,000	西泠拍卖	2012.07.07
清 平安如意端砚	长18cm	64,400	荣宝斋(上海)	2012.06.17
清 平板端砚	长20cm	55,200	北京保利	2012.12.06
清 祁隽藻、薛笃弼铭海水龙纹大端砚	长29cm	115,000	中国嘉德	2012.05.14

拍品名称	物品尺寸	成交价RMB	拍卖公司	拍卖日期
清 乾隆金砖砚		207,000	北京歌德	2012.06.03
清 乾隆松花石雕灵芝纹砚	宽9.5cm	280,485	香港今是	2012.06.02
清 乾隆御题松花云日砚	长9cm	86,250	上海嘉泰	2012.06.23
清 乾隆御制 金星歙石砚	长15.3cm	862,500	中国嘉德	2012.05.12
清 琴峰外史款端石云龙纹砚	长30cm	94,300	中国嘉德	2012.12.17
清 邱启寿制太平有象大西洞端砚	长12.1cm	287,500	西泠拍卖	2012.12.29
清 任伯年铭端溪方砚	长13cm	103,500	北京保利	2012.12.06
清 任淇刻祝枝山书法端砚	长19.3cm	86,250	荣宝斋(上海)	2012.06.17
清 日月合璧端砚	长20cm	92,000	西泠拍卖	2012.07.07
清 汝奇制随形端砚	长22.5cm	322,000	西泠拍卖	2012.12.29
清 阮元铭端砚	长16cm	57,500	凤凰拍卖	2012.12.16
清 三羊开泰博古图端砚	长15.6cm	57,500	中国嘉德	2012.05.14
清 山水仔石端砚	长22.5cm	69,000	西泠拍卖	2012.12.29
清 善伯铭圭形端砚	长13.5cm	57,500	上海大众	2012.08.05
清 邵志纯铭文端砚	长17cm	322,000	凤凰拍卖	2012.12.16
清 沈嘉林刻端石荔枝纹砚	长13.5cm	149,500	北京永乐	2012.12.15
清 沈石友藏金俊明吴昌硕款端石长方砚	长19.5cm	57,500	中国嘉德	2012.12.17
清 沈友石藏吴昌硕铭赵古泥刻端石砚板	长22cm	747,500	荣宝斋(上海)	2012.06.17
清 石鼓砚 (十方一组)	宽7cm	92,000	北京保利	2012.04.21
清 书卷式澄泥砚	长13.4cm	80,500	西泠拍卖	2012.07.07
清 双龙戏珠纹大西洞端砚	长21cm	53,760	天津文物	2012.05.11
清 水归洞平板端砚	长10cm	66,700	西泠拍卖	2012.12.29
清 松花石暖砚	长13.3cm	51,750	中国嘉德	2012.10.29
清 松花石竹篾砚	直径10.5cm	63,250	中国嘉德	2012.09.16
清 随形端砚	长17.5cm	59,800	西泠拍卖	2012.07.07
清 随形端砚	长16.6cm	57,500	北京保利	2012.12.06
清 随形仔端砚	长15cm	86,250	上海大众	2012.08.04
清 岁寒三友端砚	长26cm	74,750	西泠拍卖	2012.12.29
清 孙僘铭圭璧纹端砚	长16cm	56,000	天津文物	2012.11.09
清 太白醉酒随形端砚	长16.3cm	97,750	西泠拍卖	2012.07.07
清 太平有象白端砚	长14cm	74,750	西泠拍卖	2012.12.29
清 太平有象红丝石砚	长27cm	63,250	北京保利	2012.12.07
清 淌池刻诗文歙砚	长31.5cm	103,500	上海大众	2012.08.05
清 陶元藻铭四水归源端砚	长19.5cm	184,000	西泠拍卖	2012.12.29
清 天然魁星影石小砚	长5.3cm	805,000	中国嘉德	2012.05.12
清 天然随形端砚	长21.2cm	109,250	北京保利	2012.12.06
清 鼍矶石瓶形砚	长17cm	69,000	北京保利	2012.06.06
清 万寿祺、赵之琛铭长方端砚	长15.9cm	517,500	西泠拍卖	2012.12.29
清 汪恭制紫砂砚	直径14.7cm	105,800	文津阁	2012.06.01
清 汪向叔藏海天旭日两面砚	长21.3cm	80,500	中国嘉德	2012.10.29
清 汪鋆铭凤纹竹节双面澄泥砚		155,250	西泠拍卖	2012.07.07
清 翁方纲铭坑仔抄手砚	长24.7cm	80,500	安华白云	2012.06.08
清 吴琛刻铭端砚	长22cm	51,750	中贸圣佳	2012.07.22
清 吴大澂铭菊花石砚	长29cm	184,000	西泠拍卖	2012.12.29
清 吴定铭阮性山书虾头红桃形澄泥砚	长11.1cm	51,750	西泠拍卖	2012.07.07
清 吴云藏毫荃端砚	长17.3cm	69,000	中国嘉德	2012.05.14
清 五蝠佛手形端砚	长19cm	63,250	中国嘉德	2012.05.14
清 五蝠捧寿纹钟形端砚	长14cm	80,500	西泠拍卖	2012.07.07
清 歙石荷叶形砚	长18cm	69,000	北京歌德	2012.06.03
清 歙石壶形砚	长17.5cm	72,450	北京歌德	2012.06.03
清 歙石井字砚	长29cm	437,000	北京歌德	2012.06.03
清 献亭款老坑砚	长11.5cm	57,500	中国嘉德	2012.10.29
清 祥云纹端砚	长11.3cm	89,700	中国嘉德	2012.05.14
清 谢道承铭瑞芝绿端砚	长17cm	126,500	西泠拍卖	2012.07.07
清 岫君款留耕端砚	长17.5cm	115,000	西泠拍卖	2012.12.29
清 虚斋铭长方门字端砚	长15.5cm	63,250	西泠拍卖	2012.12.29
清 徐渭仁款大西洞端砚	长17.5cm	103,500	荣宝斋(上海)	2012.06.17
清 徐渭仁制曹秋舫藏龙凤纹双面端砚	长14.5cm	86,250	北京保利	2012.06.06
清 旭日星云纹端砚	长22.8cm	82,800	西泠拍卖	2012.07.07
清 扬法款端石岁寒三友图砚	长15.7cm	138,000	中国嘉德	2012.09.16
清 杨霈铭方形绿端砚	长10.3cm	97,750	西泠拍卖	2012.12.29
清 杨澥铭荷叶形端砚	长13.7cm	184,000	西泠拍卖	2012.12.29
清 姚汝锟制云纹端砚	长8.8cm	51,750	西泠拍卖	2012.12.29
清 伊秉绶铭鸿爪轩行匣砚	长6.8cm	138,000	西泠拍卖	2012.12.29
清 有凤来仪端砚	长14.2cm	105,800	中国嘉德	2012.10.29
清 余甸款端石渔翁图砚	长21cm	71,300	中国嘉德	2012.12.17
清 与天无极瓦砚	直径16.5cm	57,500	中国嘉德	2012.05.14
清 御铭仿古石渠澄泥砚	长12.5cm	667,000	北京保利	2012.12.05
清 御铭仿古石渠澄泥砚	长12.5cm	517,500	中国嘉德	2012.05.14
清 御铭仿宋德寿殿犀纹砚	长13.5cm	92,000	西泠拍卖	2012.07.07
清 御铭仿唐观象歙砚	长14.5cm	161,000	西泠拍卖	2012.07.07
清 御题诗文松花砚	长15.7cm	109,250	中贸圣佳	2012.03.04
清 袁枚藏古木紫芝纹端砚	长13.3cm	241,500	西泠拍卖	2012.12.29
清 云蝠捧寿、螭龙双面端砚	长17.7cm	63,250	北京保利	2012.12.06
清 云蝠纹老坑对砚	长13.5cm×2	195,500	西泠拍卖	2012.12.29
清 云蝠纹随形端砚	长25cm	86,250	西泠拍卖	2012.07.07
清 云龙纹端砚	长35cm	172,500	上海崇源	2012.10.19
清 云龙纹端砚	长20cm	66,700	荣宝斋(上海)	2012.06.17
清 云龙纹老坑端砚	长19.2cm	74,750	西泠拍卖	2012.12.29
清 云龙纹随形端砚	长19.8cm	126,500	西泠拍卖	2012.12.29
清 云龙纹随形端砚	长23.5cm	103,500	西泠拍卖	2012.12.29
清 云荪款澄泥古币形砚	长10.6cm	161,000	北京保利	2012.06.06
清 云纹长方端砚	长15.7cm	55,200	北京翰海	2012.12.09
清 云纹麻子坑端砚	长16cm	74,750	西泠拍卖	2012.07.07
清 云纹鸲鹆眼随形端砚	长16cm	109,250	西泠拍卖	2012.07.07
清 云纹随形端砚	长20cm	63,250	西泠拍卖	2012.07.07
清 芸叶盦藏随形端砚	长21cm	287,500	西泠拍卖	2012.12.29
清 张廷济铭晋"太宁元"砖砚	长14.2cm	552,000	西泠拍卖	2012.07.07
清 张廷济铭书函澄泥砚	长19.4cm	149,500	北京保利	2012.12.07
清 张之洞铭海屋添筹图端砚	长20.5cm	112,000	天津文物	2012.05.11
清 张子祥、何绍基刻端砚	长16.5cm	92,000	北京保利	2012.12.06
清 郑板桥铭卧牛端砚	长19.7cm	69,000	北京保利	2012.12.07
清 钟形端砚	长11.3cm	149,500	西泠拍卖	2012.12.29
清 朱为弼铭蟾戏云水砚	长17cm	74,750	上海嘉泰	2012.10.26
清 朱旭款铜镜形龙纹端砚	直径7.5cm	103,500	西泠拍卖	2012.12.29
清 朱彝尊款端石海水龙纹砚	长16cm	101,200	中国嘉德	2012.12.17
清 朱彝尊铭星藻端砚	长17.4cm	97,750	上海工美	2012.08.18
清 竹节端砚	长20cm	51,750	凤凰拍卖	2012.12.16
清 竹节式端砚	长17.7cm	59,800	北京翰海	2012.05.27
清 竹节随行端砚	长15.7cm	184,000	北京翰海	2012.05.27
清 竹节形端砚	长11cm	92,000	西泠拍卖	2012.12.29
清 "恽寿平"铭天然石渠砚	长18cm	94,300	北京歌德	2012.06.03
清 "龙丁"铭蕉叶纹端砚	长18.6cm	74,750	荣宝斋(上海)	2012.06.17
清 "李裕"款大西洞端砚	宽16.5cm	172,500	上海崇源	2012.10.19
清 金农款梅花诗纹随形端砚	长27.5cm	517,500	荣宝斋(上海)	2012.09.09
清 大西洞蕉叶纹随形端砚	长13.3cm	92,000	荣宝斋(上海)	2012.09.09
清 长方红丝砚	长30.5cm	92,000	荣宝斋(上海)	2012.09.09
清 八方瘿木盒端砚	直径23.4cm	103,500	荣宝斋(上海)	2012.09.09
乾隆款松花砚	长14.7cm	172,500	北京盘古	2012.11.30
铭文砚	长24.8cm	95,760	琴岛荣德	2012.05.27
民国 于非闇铭竹节端砚	长14.5cm	156,800	天津文物	2012.05.11
民国 唐云画徐素白刻蕉叶纹端砚	长14.2cm	63,250	荣宝斋(上海)	2012.06.17
民国 溥儒铭水岩端砚	长21cm	97,750	上海大众	2012.08.05
民国 何许人绘瓷砚、王琦绘仕女插屏 (一组两件)	砚长9.8cm	1,633,000	中国嘉德	2012.10.29
民国 端石琴形砚	长23cm	66,700	北京歌德	2012.06.03
民国 端石浮雕龙纹砚	长70cm	92,000	太平洋	2012.06.16
民国 澄泥竹纹砚	长19cm	63,250	北京永乐	2012.12.15
「山高月小」端砚	长12.2cm	102,521	纽约佳士得	2012.03.22
1980年代文物商店旧藏"兰亭序"精制澄泥砚	长21.9cm	69,000	上海泓盛	2012.06.18
长方形澄泥砚	长17cm	69,000	上海工美	2012.12.24

2012杂项拍卖成交汇总

(成交价RMB：5万元以上)

拍品名称	物品尺寸	成交价RMB	拍卖公司	拍卖日期
陈佩秋题龚展制鹅形砚	长12.7cm	57,500	荣宝斋(上海)	2012.09.09
澄泥仿未央宫瓦砚	长15cm	59,800	北京歌德	2012.12.01
大西洞平板端砚	长16.6cm	230,000	上海工美	2012.12.24
都冰如藏多子多福端砚	长14.7cm	109,250	西泠拍卖	2012.12.29
方朔绿端龙砚	长18.3cm	90,850	南京经典	2012.07.15
仿宋抄手端砚	长15.2cm	56,000	中鸿信	2012.03.18
近代 朱梅邨铭华阳鹤寿端砚	长20.5cm	74,750	北京保利	2012.06.06
坑仔平板端砚	长27cm	55,000	上海驰翰	2012.10.10
老坑大西洞仔石江寒汀自用随形端砚	长15.5cm	287,500	上海工美	2012.08.18
李苦禅款老坑端砚	长20.4cm	207,000	荣宝斋(上海)	2012.09.09
卢葵生 漆砂砚	直径10.5cm	178,250	上海工美	2012.12.24
陆俨少画、徐孝穆刻老坑端砚	长19cm	207,000	西泠拍卖	2012.07.07
陆俨少绘、白书章刻随形歙砚	长28cm	322,000	西泠拍卖	2012.07.07
梅花砚	直径16.5cm	57,500	西泠拍卖	2012.07.07
平板老坑端砚	长23.7cm	51,750	西泠拍卖	2012.12.29
任伯年藏何震铭云纹西洞砚	长21cm	230,000	西泠拍卖	2012.07.07
任伯年藏吉宜子孙砖砚	长16cm	115,000	西泠拍卖	2012.07.07
任伯年藏云龙纹端砚	长23cm	138,000	西泠拍卖	2012.07.07
四灵盖三足砂石砚	直径12.7cm	287,500	西泠拍卖	2012.07.07
随形葡萄纹端砚	长13cm	66,700	上海工美	2012.03.04
太平呈祥纹随形端砚	长29.5cm	253,000	上海工美	2012.08.18
唐云画沈觉初刻端砚并盒	长16.8cm	92,000	荣宝斋(上海)	2012.06.17
唐云绘、沈觉初刻眉纹歙砚	长28.5cm	92,000	西泠拍卖	2012.07.07
陶昌鹏"雨后春笋"石刻端溪砚	长18.8cm	57,500	朵云轩	2012.07.22
瓦砚	长14.8cm	391,000	中国嘉德	2012.10.30
汪福庆 庙前青歙砚	直径10cm	66,700	上海工美	2012.12.24
王褆铭春溪鱼乐纹澄泥砚	长23.5cm	161,000	西泠拍卖	2012.07.07
王褆缩刻石鼓文端砚	长14.9cm	667,000	西泠拍卖	2012.12.29
吴湖帆铭、黄敦良书、吴朴刻孙鸿士填词砚	长15cm	345,000	西泠拍卖	2012.12.29
余集款歙砚	长17.5cm	55,200	南京经典	2012.07.15
圆形石渠端砚	直径9.3cm	55,200	上海工美	2012.08.18
袁枚铭松花石套砚	长15cm	63,250	上海嘉泰	2012.10.25
袁思亮铭、陈曾寿书、陈巨来刻程颂万自用端砚	长19.2cm	368,000	西泠拍卖	2012.12.29
钟形端砚	长18cm	57,500	上海工美	2012.03.04
紫檀嵌银丝携带砚	长10.5cm	86,250	上海工美	2012.12.24
当代 张得一制端石山水四方砚	长7.5cm	69,000	中国嘉德	2012.10.29
当代 张得一制梅花诗文砚	长17cm	80,500	中国嘉德	2012.05.14
当代 张得一制松花石诗文砚	长17.5cm	172,500	中国嘉德	2012.10.29
印 章				
辽 铸金瑞兽钮后司之印	高2.6cm	322,000	中贸圣佳	2012.07.22
明永乐 牙雕法轮钮方印玺	高4.5cm	943,080	香港苏富比	2012.04.04
明嘉靖 文彭刻印章	高3.5cm	172,500	文津阁	2012.06.01
明 何震刻寿山章	高2cm	276,000	朵云轩	2012.07.11
明 铜银鎏金龙钮梵文方印	高5.5cm	172,500	北京保利	2012.12.05
明 顾苓作寿山石麒麟钮闲章	高6.5cm	92,000	西泠拍卖	2012.12.28
明末/清初 白芙蓉石龙纹方印	高2.4cm	173,498	纽约佳士得	2012.03.22
明-清 各类寿山石、鸡血石印章(九枚)	尺寸不一	218,500	上海大众	2012.08.04
清初 田黄雕瑞兽纽方章	高5.5cm	161,000	北京东正	2012.10.31
清初 田黄雕狮钮章	高4cm	552,000	北京东正	2012.10.31
清初 田黄雕兽钮章	高4.3cm	322,000	北京东正	2012.05.11
清初 田黄一路连科方章	高4.2cm	517,500	北京翰海	2012.12.09
清早期 "癸卯和斋"款田黄六面方章	高6.6cm	1,853,800	保利香港	2012.11.25
清早期 蜜蜡雕卧马钮章	宽4.3cm	126,500	北京保利	2012.06.06
清早期 尚均款白芙蓉覆斗博古钮方章	高4.2cm	172,500	北京保利	2012.06.06
清早期 田黄扁方章	高3.8cm	402,500	北京诚轩	2012.05.13
清早期 田黄瑞兽纽印章	高3.5cm	920,000	北京保利	2012.04.21
清早期 田黄素方章(一对)	高5.8cm×2	10,465,000	北京匡时	2012.12.05
清早期 王光烈藏翁方纲邀桂馥为孔继榕制田黄随形方章	高6.7cm	9,315,000	北京匡时	2012.12.05
清康熙 沧门制田黄龙凤纹对章	高7.2cm；高7cm	7,820,000	北京东正	2012.05.11
清康熙 董沧门刻狮纹四方章	高11cm	517,500	北京保利	2012.12.06
清康熙 封锡璋制竹根雕瑞兽钮圆章	高5.2cm	370,760	保利香港	2012.11.25
清康熙 尚均制鱼瑙冻"千古一学"羊钮章	高8cm	138,000	北京东正	2012.05.11
清康熙 杨玉璇制兽钮田黄章	高4.5cm	2,530,000	北京东正	2012.05.11
清雍正 瑶典制田黄方章	高5.5cm	2,070,000	北京东正	2012.10.31
清乾隆 纪晓岚自用竹雕螭龙纹印章(一套三方)	尺寸不一	138,000	上海大众	2012.08.04
清乾隆 南红玛瑙盘螭方章	高4.2cm	161,000	北京保利	2012.06.07
清乾隆 瑞兽钮"曾经我眼即我有"印田黄方章	高4.5cm	1,380,000	北京保利	2012.04.21
清乾隆 寿山石雕九龙钮"諴亲王宝"玺	高8.8cm	9,775,000	北京匡时	2012.06.04
清乾隆 田黄"皇六子书画印"方章	高3.6cm	4,025,000	北京保利	2012.06.05
清乾隆 田黄章	高6.4cm	2,162,580	香港佳士得	2012.05.30
清代 西藏鎏金官印	通高17cm	598,000	中国嘉德	2012.05.18
清道光 严坤刻田黄瑞兽钮闲章		109,250	上海嘉泰	2012.10.26
清道光 宜兴紫砂龟钮方印	长4.8cm	141,953	纽约佳士得	2012.03.22
清嘉庆 青田石方章(二件)	尺寸不一	69,000	北京翰海	2012.12.09
清嘉庆 寿山石兽钮章	高7cm	78,200	中国嘉德	2012.06.16
清同治 黄芙蓉山水薄意章	高6.4cm	86,250	北京保利	2012.06.06
清咸丰 寿山田黄石雕双螭龙钮引首章	高3.2cm	460,000	北京匡时	2012.06.04
清咸丰 铜官印	高9.3cm	51,750	北京翰海	2012.05.27
清中期 "龙石"款龙凤纹薄意随形"家在春山之麓"田黄章	高6.5cm	782,000	北京保利	2012.04.21
清中期 "诗舲"款芦根章	高6cm	166,842	保利香港	2012.11.25
清中期 白田夔凤平钮方章(一对)	高4.7cm	345,000	上海嘉泰	2012.06.23
清中期 翡翠瑞兽纽印章(一对)	高6.1cm	2,595,320	保利香港	2012.11.25
清中期 胡人洗象铜方印	高7cm	126,500	北京保利	2012.06.06
清中期 黄寿山狮钮方章	高5.5cm	230,000	北京保利	2012.06.06
清中期 寿山田黄浅浮雕太少狮钮方章	高4.1cm	920,000	北京匡时	2012.06.04
清中期田黄薄意花卉纹方章(二件)	高7.9cm	1,380,000	北京翰海	2012.12.09
清中期 田黄雕苍龙教子长方印	高6.6cm	1,265,000	北京翰海	2012.05.26
清中期 田黄雕螭龙钮章	高2.5cm	828,000	北京东正	2012.10.31
清中期 田黄雕松下饮茗纹方章	高5.5cm	575,000	北京东正	2012.10.31
清中期 田黄雕云龙纹随形章	高7.9cm	483,000	北京翰海	2012.05.26
清中期 犀角雕交龙钮玺	高6cm	376,280	澳门恆瑞	2012.10.02
清-民国 田黄雕龙钮等印章(五件一组)	尺寸不一	460,000	上海大众	2012.08.04
清 徐三庚刻任伯年寿山石自用印	高3cm	287,500	西泠拍卖	2012.07.07
清 徐三庚刻寿山石任伯年自用印	高5cm	368,000	西泠拍卖	2012.07.07
清 徐三庚刻寿山石任伯年自用印	高3.1cm	184,000	西泠拍卖	2012.07.07
清 "白山"款"如此至宝"印田黄平顶素章	高6.5cm	172,500	北京保利	2012.04.21
清 "花好月圆人寿"黄寿山随形兽钮章	高5.5cm	230,000	北京保利	2012.04.21
清 "脚踏实地""以笔墨为游戏"田黄双面印	高2cm	172,500	北京保利	2012.04.21
清 "瑶华道人"印	高6cm	69,000	北京保利	2012.04.21
清 1748年作 高凤翰刻木闲章	高5cm	51,750	西泠拍卖	2012.07.07
清 1854年作 钱松刻昌化石王金铦自用印章	高7cm	1,437,500	西泠拍卖	2012.07.07
清 白瓷布袋和尚印章	高5.8cm	103,500	上海道明	2012.06.29
清 白芙蓉博古方章	高4.2cm	138,000	北京保利	2012.06.06
清 白芙蓉康熙龙钮印	高3.5cm	414,000	上海嘉泰	2012.10.25

拍品名称	物品尺寸	成交价RMB	拍卖公司	拍卖日期
清 白芙蓉六世班禅罗桑华封印	高9cm	230,000	上海嘉泰	2012.03.11
清 蟾钮田黄石袁廷梼收藏章	高3.8cm	1,035,000	西泠拍卖	2012.07.07
清 昌化鸡血石方章(一对)	高3.4cm×2	195,500	中国嘉德	2012.05.14
清 昌化鸡血石方章(一对)	高9cm×2	63,250	中国嘉德	2012.05.14
清 昌化鸡血闲章(二方)	高8.8cm×2	690,000	朵云轩	2012.12.29
清 陈曼生篆刻闲章	高4.5cm	57,500	朵云轩	2012.12.29
清 楚石印章(一对)	高15cm；高14cm	437,000	广东益诚	2012.01.08
清 纯银海水云龙印玺	13×12cm	575,000	上海嘉泰	2012.10.25
清 翠雕兽钮印章(五件)	尺寸不一	69,000	北京保利	2012.01.07
清 达受刻寿山石自用印	高3.2cm	126,500	西泠拍卖	2012.12.28
清 达受自用寿山石双面印	高4.2cm	460,000	西泠拍卖	2012.07.07
清 翡翠印材	高13.2cm	57,500	北京翰海	2012.05.26
清 封门水藓花闲章	高5.5cm	83,950	朵云轩	2012.12.29
清 芙蓉石“知足长乐”随形印	高5cm	109,250	荣宝斋(上海)	2012.06.17
清 芙蓉石龟钮印章	高6.4cm	103,500	文津阁	2012.06.01
清 高山双狮钮闲章	高6cm	55,200	朵云轩	2012.12.29
清 垢道人款篆刻闲章	高4.5cm	55,200	朵云轩	2012.07.11
清 古兽钮“竹窗花雨”田黄章	高5cm	207,000	北京保利	2012.04.21
清 桂馥刻寿山石山水薄意章	高6cm	80,500	西泠拍卖	2012.07.07
清 何昆玉刻田黄冻石古兽钮方章	高5cm	5,290,000	西泠拍卖	2012.12.28
清 胡镢1902年刻寿山连江黄对章	高7.8cm×2	115,000	西泠拍卖	2012.12.28
清 胡镢刻寿山石章	高3.3cm	299,000	西泠拍卖	2012.12.28
清 胡镢刻寿山石自用印	高2.7cm	115,000	西泠拍卖	2012.12.28
清 黄士陵 1883年作 刻许镛自用青田石章	高5.1cm	483,000	西泠拍卖	2012.12.28
清 黄士陵刻青田石闲章	高4.7cm	540,500	西泠拍卖	2012.12.28
清 黄士陵刻青田石羊复礼收藏印	高3.2cm	402,500	西泠拍卖	2012.12.28
清 黄士陵刻寿山石章	高3.8cm	644,000	西泠拍卖	2012.12.28
清 黄寿山薄意云龙纹方章	高5.2cm	63,250	北京保利	2012.12.07
清 黄寿山石龙钮方章	高6.1cm	5,232,500	北京保利	2012.06.05
清 黄易1779年刻青田石章	高3.8cm	2,242,500	西泠拍卖	2012.12.28
清 黄钥刻田黄冻石素章	高2.5cm	2,185,000	西泠拍卖	2012.07.07
清 鸡血石章料	高8.7cm	57,500	中贸圣佳	2012.07.22
清 鸡血印章	高10cm	100,000	隆荣国际	2012.07.27
清 将军洞白芙蓉花卉钮章	高7cm	92,000	朵云轩	2012.12.29
清 将军洞芙蓉双螭钮闲章	高5.8cm	287,500	朵云轩	2012.07.11
清 将军洞芙蓉闲章	高8.3cm	86,250	朵云轩	2012.07.11
清 桔红田黄雕薄意山水人物扁方章	长4cm	172,500	上海大众	2012.08.04
清 潘西凤刻木章	高5cm	149,500	西泠拍卖	2012.12.28
清 齐帝化款田黄狮钮印章	高5cm	112,700	北京九歌	2012.06.29
清 钱松 1858年 刻青田石陈光煦自用印	高2.5cm	322,000	西泠拍卖	2012.07.07
清 钱松1829年刻青田石杨疋南自用印	高5.1cm	862,500	西泠拍卖	2012.12.28
清 钱松1852年刻青田石汪士骧自用印	高5.4cm	828,000	西泠拍卖	2012.07.07
清 钱松1855年刻楚石杨岘自用印	高3.2cm	1,207,500	西泠拍卖	2012.12.28
清 钱松1856年作青田石范守和自用印	高4.7cm	690,000	西泠拍卖	2012.12.28
清 钱松1858年刻青田石章	高3.8cm	172,500	西泠拍卖	2012.12.28
清 钱松刻青田石陈杰自用印	高4.8cm	598,000	西泠拍卖	2012.07.07
清 钱松刻青田石闵钊自用印	高6.3cm	517,500	西泠拍卖	2012.12.28
清 钱松刻寿山石丁文蔚自用印	高2.6cm	368,000	西泠拍卖	2012.12.28
清 清田黄印章	高4.8cm	437,000	凤凰拍卖	2012.12.16
清 瑞兽钮“学于古训”印田黄长方章	高5.8cm	690,000	北京保利	2012.04.21
清 沈铨自用田黄石螭钮章	高3.9cm	1,380,000	西泠拍卖	2012.07.07
清 石、竹、水晶等材质印章(十八件)	尺寸不一	368,000	中国嘉德	2012.05.14
清 寿山旧章(八方)	尺寸不一	57,500	朵云轩	2012.12.29
清 寿山品种石旧章(三方)	尺寸不一	98,900	朵云轩	2012.12.29
清 寿山石狮钮玺(二件)	高34cm	690,000	北京翰海	2012.12.08
清 寿山石印章	高12cm	172,500	广东益诚	2012.01.08
清 寿山田黄石雕狮钮方章	高3.1cm	552,000	北京匡时	2012.06.04
清 兽钮“道素之门”田黄章	高4.5cm	69,000	北京保利	2012.04.21
清 田黄薄意雕山水人物印章	宽5cm	138,000	上海崇源	2012.10.19
清 田黄薄意雕携琴访友图印章	高5cm	920,000	上海崇源	2012.10.19
清 田黄薄意寒枝云纹椭圆形印	高4cm	161,000	上海大众	2012.08.04
清 田黄薄意山水纹扁方章	高6.5cm	920,000	北京匡时	2012.12.05
清 田黄薄意山水纹章	高6.1cm	138,000	中国嘉德	2012.09.17
清 田黄雕薄意荷花竹叶印章(三件一组)	尺寸不一	207,000	上海大众	2012.08.04
清 田黄雕寿山福海纹方章	高5.5cm	1,552,500	北京东正	2012.10.31
清 田黄雕兽钮纹方章	高3.7cm	92,000	上海大众	2012.08.04
清 田黄雕松鼠葡萄纹章	高4.3cm	115,000	上海大众	2012.08.04
清 田黄雕卧鹿钮长方玺	高7cm	4,924,360	香港苏富比	2012.10.09
清 田黄雕竹节闲章	高2.7cm	57,500	上海大众	2012.08.04
清 田黄冻石瑞兽钮方章	高4.1cm	690,000	西泠拍卖	2012.12.28
清 田黄方章	高4.3cm	1,150,000	北京东正	2012.10.31
清 田黄方章	高6.5cm	920,000	上海崇源	2012.10.19
清 田黄方章	高7cm	920,000	上海崇源	2012.10.19
清 田黄浮雕螭龙纹对章	高8cm×2	2,990,000	北京匡时	2012.06.04
清 田黄各式印章(一组十三件)	尺寸不一	598,000	北京匡时	2012.12.05
清 田黄金包银方章	长3cm	230,000	上海大众	2012.08.04
清 田黄梅花随形章	高4.8cm	172,500	北京翰海	2012.12.09
清 田黄铭文随形章	长7cm	575,000	北京保利	2012.04.21
清 田黄瑞兽钮方章	高2.9cm	425,500	上海大众	2012.08.04
清 田黄石扁方素章	高5.4cm	2,300,000	西泠拍卖	2012.12.28
清 田黄石古兽钮陆恩卿收藏印	高5.2cm	3,852,500	西泠拍卖	2012.12.28
清 田黄石花鸟纹薄意章(二方)	尺寸不一	598,000	西泠拍卖	2012.12.28
清 田黄石角端钮扁方章	高5.8cm	2,415,000	西泠拍卖	2012.07.07
清 田黄石角端钮椭圆章	高2.5cm	276,000	西泠拍卖	2012.12.28
清 田黄石秋菊舞蝶薄意椭圆章	高7.9cm	6,900,000	西泠拍卖	2012.12.28
清 田黄石瑞兽钮扁章	高4.3cm	1,092,500	西泠拍卖	2012.07.07
清 田黄石瑞兽钮方章	高5cm	1,380,000	西泠拍卖	2012.07.07
清 田黄石瑞兽钮方章	高4.8cm	575,000	西泠拍卖	2012.07.07
清 田黄石素章	高6.1cm	55,200	西泠拍卖	2012.12.28
清 田黄石太狮少狮钮方章	高5.2cm	1,725,000	西泠拍卖	2012.07.07
清 田黄石章(二方)	尺寸不一	1,955,000	西泠拍卖	2012.12.28
清 田黄石章(五方)	尺寸不一	2,070,000	西泠拍卖	2012.07.07
清 田黄寿山石印章(一盒)		345,000	上海道明	2012.06.29
清 田黄兽钮长方章	高5.3cm	2,070,000	北京翰海	2012.12.08
清 田黄素方章	高7cm	9,200,000	北京匡时	2012.06.04
清 田黄素方章	高2.3cm	230,000	北京匡时	2012.12.05
清 田黄随形薄意浅刻梅花诗文闲章	高5cm	1,380,000	上海大众	2012.08.04
清 田黄随形章	通高4cm	414,000	朵云轩	2012.12.29
清 田黄乌鸦皮云纹印章	高3.8cm	97,750	上海崇源	2012.10.19
清 田黄小长方章	长4cm	552,000	北京保利	2012.04.21
清 田黄云螭长方章	高4.4cm	747,500	北京保利	2012.06.06
清 田黄云龙随形章	高7.1cm	1,725,000	北京翰海	2012.12.08
清 田黄竹节章	高3.6cm	172,500	北京保利	2012.12.06
清 王杰人篆刻闲章	高4.5cm	172,500	朵云轩	2012.07.11
清 吴咨刻寿山牛角冻石博古钮章	高6cm	80,500	西泠拍卖	2012.12.28
清 吴咨刻田黄“养一斋”印章	高4cm	63,250	北京保利	2012.01.07
清 徐坚薄意田黄石印章	高6.2cm	920,000	中贸圣佳	2012.07.22
清 徐三庚 1868年作 刻寿山石任伯年自用印	高5cm	322,000	西泠拍卖	2012.07.07
清 徐三庚 1883、1877年刻孙云成自用印(四方)	尺寸不一	253,000	西泠拍卖	2012.07.07
清 徐三庚、徐新周、濮森、汪洛年、张越丞、益田香远刻杨守敬自用印及藏印(二十五方)	尺寸不一	1,610,000	西泠拍卖	2012.07.07
清 徐三庚刻寿山白芙蓉石章	高5.5cm	115,000	西泠拍卖	2012.07.07

2012杂项拍卖成交汇总

(成交价RMB：5万元以上)

拍品名称	物品尺寸	成交价RMB	拍卖公司	拍卖日期
清 徐三庚刻寿山石任伯年自用印	高4.2cm	552,000	西泠拍卖	2012.07.07
清 徐三庚刻寿山石章	高4cm	69,000	西泠拍卖	2012.12.28
清 徐三庚刻寿山石章	高4.4cm	51,750	西泠拍卖	2012.12.28
清 徐三庚篆刻白芙蓉章	高4.8cm	287,500	朵云轩	2012.07.11
清 徐三庚篆刻闲章	高4.3cm	782,000	朵云轩	2012.07.11
清 徐三庚篆刻闲章	高6.2cm	51,750	朵云轩	2012.07.11
清 严坤1844年刻昌化石云蝠纹薄意闲章	高6.8cm	80,500	西泠拍卖	2012.12.28
清 羊脂白芙蓉双螭钮章	高7.3cm	80,500	朵云轩	2012.12.29
清 杨玉璇雕瑞兽钮章	高4.8cm	287,500	朵云轩	2012.12.29
清 玉龙纽、兽纽印章(五件)	尺寸不一	138,000	北京保利	2012.01.07
清 曾国藩田黄自用印	高4cm	1,610,000	朵云轩	2012.07.11
清 赵次闲篆刻章	高1.9cm	86,250	朵云轩	2012.07.11
清 赵穆 1891年刻龚照瑗自用印	高10.8cm	74,750	西泠拍卖	2012.07.07
清 赵叔孺田黄兽纽章		92,000	上海嘉泰	2012.10.26
清 赵之琛1808年刻青田石章	高5.3cm	253,000	西泠拍卖	2012.12.28
清 赵之琛1820年刻寿山石闲章	高6.2cm	425,500	西泠拍卖	2012.12.28
清 赵之琛1821年刻青田石闲章	高5.9cm	414,000	西泠拍卖	2012.07.07
清 赵之琛1823年刻青田石闲章	高3.2cm	287,500	西泠拍卖	2012.12.28
清 赵之琛1839年刻青田石陈观酉自用印	高5.6cm	207,000	西泠拍卖	2012.12.28
清 赵之琛1807年刻青田石章	高6.6cm	437,000	西泠拍卖	2012.12.28
清赵之琛刻青田石余集自用闲章	高5.5cm	184,000	西泠拍卖	2012.12.28
清 赵之琛刻兽钮寿山石杜煦自用印	高7.5cm	184,000	西泠拍卖	2012.07.07
清 赵之琛青田石对章	高3.3cm×2	632,500	西泠拍卖	2012.12.28
清 紫檀印匣	高15.5cm	184,000	中国嘉德	2012.06.16
17世纪/18世纪 竹雕「幽松钮」方印(一对)	高5.5cm	562,445	伦敦苏富比	2012.05.16
清18世纪 田黄方印(二枚)	长17.7cm	1,273,480	香港佳士得	2012.11.28
清18世纪 田黄仿古「夔龙」纹长方玺	高5.6cm	4,237,240	香港苏富比	2012.10.09
清18世纪 田黄狮钮方印	高4.7cm	2,143,960	香港佳士得	2012.11.28
清19世纪 田黄「山水人物」图方玺	高5.9cm	306,750	香港苏富比	2012.10.09
民国 白芙蓉螭龙钮章	高3.8cm	195,500	北京保利	2012.06.06
民国 陈半丁制寿山石平钮章	高4.6cm	632,500	北京保利	2012.06.05
民国 陈巨来白芙蓉对章	高5.3cm	161,000	北京保利	2012.12.06
民国 陈巨来白芙蓉章	高5cm	172,500	北京保利	2012.06.06
民国 陈巨来红花芙蓉太狮少狮章	高6.9cm	51,750	北京保利	2012.12.06
民国 陈巨来刻寿山黄高山冻薄意章	高6.5cm	51,750	北京保利	2012.12.07
民国 邓散木篆刻单晓天用印	高2.6cm	115,000	朵云轩	2012.07.11
民国 芙蓉双狮钮章	高3.5cm	69,000	北京保利	2012.06.06
民国 高式熊刻"家住大江南北"黄寿山狮钮方章	高4.8cm	69,000	北京保利	2012.04.21
民国 鸡血石雕交龙钮方章	高3.7cm	805,000	北京保利	2012.06.05
民国 金银田雕螭龙纹对章	高5.5cm；高5.3cm	1,035,000	北京东正	2012.10.31
民国 林清卿雕人物薄意章	高9cm	218,500	朵云轩	2012.07.11
民国 林清卿制海水纹田黄章	高4.8cm	2,127,500	北京东正	2012.05.11
民国 楼辛壶刻黄寿山随形"杏花春雨"章	高5cm	57,500	北京保利	2012.04.21
民国 尼姑楼博古钮章	高7.3cm	172,500	朵云轩	2012.07.11
民国 潘主兰刻三色冻狮戏钮章	高7.2cm	69,000	上海嘉泰	2012.06.23
民国 齐白石刻半山芙蓉博古钮章	高6.2cm	56,000	天津文物	2012.11.09
民国 齐白石刻寿山石龙钮印章	高11cm	200,000	隆荣国际	2012.07.27
民国 沈惠刻林思进田黄圆雕山水自用印	高5.9cm	632,500	北京保利	2012.12.05
民国 寿山薄意山水方章(三方)	尺寸不一	69,000	朵云轩	2012.07.11
民国 唐醉石刻寿山大洞高山八仙钮巨印对章	高22cm	80,500	北京保利	2012.12.07
民国 田黄雕梅花薄意方章	高4.8cm	713,000	北京保利	2012.06.05

拍品名称	物品尺寸	成交价RMB	拍卖公司	拍卖日期
民国 田黄雕山水人物薄意章	长5.2cm	1,035,000	北京保利	2012.12.06
民国 田黄雕山水人物纹方章	高7.6cm	3,680,000	北京东正	2012.10.31
民国 田黄雕云蝠纹随形方章(一对)	尺寸不一	172,500	上海大众	2012.08.04
民国 王福庵刻红花芙蓉太狮少狮钮章	高10cm	56,000	天津文物	2012.05.11
民国 王个簃 林散之刻白芙蓉诗文花卉印章	高19cm	299,000	北京九歌	2012.06.29
民国 吴昌硕铭象钮方章	高5.4cm	138,000	北京匡时	2012.12.05
民国 吴昌硕制鸡血方章	高4.2cm	172,500	北京保利	2012.06.06
民国 吴昌硕制田黄懿翁方章	高6.5cm	7,820,000	北京东正	2012.10.31
民国 徐星州作白芙蓉狮钮方印	高12cm	120,900	香港佳士得	2012.11.28
民国 张大千、钱松岩篆刻合璧山水诗文印章	高28cm	2,185,000	北京九歌	2012.06.29
民国 张之英藏各式印章(一套四十方)	尺寸不一	897,000	北京保利	2012.12.06
民国 赵叔孺篆刻闲章	高7.5cm	109,250	朵云轩	2012.07.11
民国 迷翠寮云纹薄意章	高5.8cm	115,000	朵云轩	2012.12.29
民国 齐白石篆刻闲章	高6.5cm	80,500	朵云轩	2012.12.29
20世纪 黄尝铭制芙蓉石雕猪钮方章	高6cm	172,500	北京东正	2012.10.31
20世纪 林东制田黄雕游龙纹方章	长5cm	1,610,000	北京东正	2012.10.31
鳌龙送福 寿山田黄石龙钮方章	高4cm	287,500	中国嘉德	2012.05.14
鳌龙戏金泉 寿山田黄石方章		7,015,000	中国嘉德	2012.05.14
鳌龙戏水 寿山芙蓉石钮章	高13.2cm	57,500	中国嘉德	2012.05.14
鳌龙戏水 寿山田黄石钮章	高3.5cm	97,750	中国嘉德	2012.10.30
巴林豆青底鸡血对章	高8.1cm	253,000	朵云轩	2012.12.29
巴林鸡血石方章(八件)	尺寸不一	78,200	中国嘉德	2012.10.30
巴林鸡血石方章(六件)	尺寸不一	89,700	中国嘉德	2012.10.30
巴林鸡血石方章(七件)	尺寸不一	287,500	中国嘉德	2012.10.30
巴林鸡血石方章(四件)	尺寸不一	287,500	中国嘉德	2012.10.30
巴林鸡血石方章(五件)	尺寸不一	69,000	中国嘉德	2012.10.30
巴林鸡血石方章、巴林鸡血石兽钮对章(三件)	尺寸不一	94,300	中国嘉德	2012.10.30
巴林鸡血石兽钮方章	高7.7cm	115,000	中国嘉德	2012.10.30
巴林鸡血石素方章一对/狮钮章两件	尺寸不一	103,500	中国嘉德	2012.05.14
巴林鸡血石章(三十件)	尺寸不一	86,250	中国嘉德	2012.10.30
巴林鸡血石章(四件)	尺寸不一	63,250	中国嘉德	2012.05.14
巴林石方章(一对)	高14.8cm	112,700	中国嘉德	2012.10.30
巴林石龙钮方章	高13.2cm	59,800	中国嘉德	2012.10.30
巴林石狮钮方章	高11cm	92,000	中国嘉德	2012.10.30
白芙蓉石素面印章	高8cm	50,000	隆荣国际	2012.07.27
白荔枝薄意龙纹长方章	高11.4cm	184,000	北京保利	2012.06.06
白田石苍龙教子钮扁章	高8cm	241,500	西泠拍卖	2012.07.07
冰糯种满绿印章(一对)	高7.5cm	138,000	北京艺融	2012.11.19
冰糖地古兽钮长方章	高11cm	402,500	北京保利	2012.06.06
冰糖地荔枝洞印章	高8.8cm	166,750	北京九歌	2012.06.29
蔡谨士刻田黄石凤钮椭圆章	高7.5cm	862,500	西泠拍卖	2012.12.28
蔡照印章(一枚)	高10.4cm	74,750	荣宝斋(上海)	2012.06.17
昌化大红袍鸡血素章	高7.5cm	287,500	朵云轩	2012.12.29
昌化大红袍鸡血素章	高7cm	230,000	朵云轩	2012.12.29
昌化冻地鸡血石章(四方)	尺寸不一	55,200	西泠拍卖	2012.07.07
昌化黄冻地大红袍鸡血石素方章	高8.2cm	207,000	西泠拍卖	2012.12.28
昌化鸡血对章	高11cm×2	57,500	朵云轩	2012.12.29
昌化鸡血石大方章	高15cm	402,500	西泠拍卖	2012.07.07
昌化鸡血石对章	高13cm	143,750	南京经典	2012.01.08
昌化鸡血石对章	尺寸不一	82,800	中国嘉德	2012.05.14
昌化鸡血石对章	高10.3cm×2	207,000	西泠拍卖	2012.07.07
昌化鸡血石对章	高7.9cm×2	97,750	中国嘉德	2012.10.30
昌化鸡血石方钮	高13cm	230,000	南京经典	2012.01.08
昌化鸡血石方钮	高9.2cm	92,000	南京经典	2012.01.08
昌化鸡血石方章	高8.8cm	977,500	南京经典	2012.01.08
昌化鸡血石方章	高8.5cm	218,500	南京经典	2012.01.08

拍品名称	物品尺寸	成交价RMB	拍卖公司	拍卖日期
昌化鸡血石方章	高11.3cm	218,500	南京经典	2012.01.08
昌化鸡血石方章	高11.8cm	149,500	南京经典	2012.01.08
昌化鸡血石方章	高9.5cm	115,000	南京经典	2012.01.08
昌化鸡血石方章	高6.5cm	57,500	中国嘉德	2012.05.14
昌化鸡血石方章	高12.5cm	51,750	中国嘉德	2012.05.14
昌化鸡血石方章	高7cm	322,000	中国嘉德	2012.10.30
昌化鸡血石方章	高5.6cm	172,500	中国嘉德	2012.10.30
昌化鸡血石方章	高9cm	103,500	朵云轩	2012.12.29
昌化鸡血石方章(八件)	尺寸不一	78,200	中国嘉德	2012.10.30
昌化鸡血石方章(六方)	尺寸不一	51,750	中国嘉德	2012.05.14
昌化鸡血石方章(六件)	尺寸不一	97,750	中国嘉德	2012.05.14
昌化鸡血石方章(三件)	尺寸不一	368,000	中国嘉德	2012.05.14
昌化鸡血石方章(三件)	尺寸不一	368,000	中国嘉德	2012.10.30
昌化鸡血石方章(十件)	尺寸不一	89,700	中国嘉德	2012.10.30
昌化鸡血石方章(十六件)	尺寸不一	80,500	中国嘉德	2012.10.30
昌化鸡血石方章(十四件)	尺寸不一	483,000	中国嘉德	2012.05.14
昌化鸡血石方章(四件)	尺寸不一	74,750	中国嘉德	2012.10.30
昌化鸡血石方章(五件)	尺寸不一	69,000	中国嘉德	2012.05.14
昌化鸡血石联章(一组九件)	尺寸不一	356,500	南京经典	2012.01.08
昌化鸡血石龙钮对章	高10.7cm×2	103,500	西泠拍卖	2012.07.07
昌化鸡血石罗汉钮章	高9.5cm	115,000	西泠拍卖	2012.07.07
昌化鸡血石山水薄意章(二方)	尺寸不一	287,500	西泠拍卖	2012.07.07
昌化鸡血石素方章	高6.5cm	80,500	西泠拍卖	2012.07.07
昌化鸡血石素方章	高7.4cm	51,750	西泠拍卖	2012.12.28
昌化鸡血石素章(六方)	尺寸不一	115,000	西泠拍卖	2012.07.07
昌化鸡血石素章(三方)	尺寸不一	74,750	西泠拍卖	2012.07.07
昌化鸡血石印章	高7.5cm	126,500	北京九歌	2012.06.29
昌化鸡血石章(三方)	尺寸不一	529,000	西泠拍卖	2012.07.07
昌化鸡血石章(三方)	尺寸不一	57,500	西泠拍卖	2012.07.07
昌化鸡血石组合章(一对三单方共五件)	尺寸不一	391,000	南京经典	2012.01.08
昌化金砂地鸡血石对章	高14.5cm	402,500	南京经典	2012.01.08
昌化刘关张鸡血石对章	高12.7cm×2	575,000	西泠拍卖	2012.07.07
昌化刘关张鸡血石素方章	高14.2cm	230,000	西泠拍卖	2012.07.07
昌化牛角地鸡血石章(二方)	尺寸不一	57,500	西泠拍卖	2012.07.07
昌化牛角冻地鸡血石素方章	高8.5cm	103,500	西泠拍卖	2012.12.28
昌化牛角冻鸡血石方章	高8.2cm	57,500	南京经典	2012.01.08
昌化牛角冻鸡血石方章(一组三件)	尺寸不一	74,750	南京经典	2012.01.08
昌化藕粉地鸡血石圆章	高5.1cm	57,500	西泠拍卖	2012.07.07
昌化藕粉冻鸡血方章	高6.3cm	207,000	朵云轩	2012.12.29
昌化小红袍鸡血石章	高5.1cm	138,000	西泠拍卖	2012.07.07
昌化云彩鸡血石方章	高10cm	690,000	南京经典	2012.01.08
陈宝琛 1951年藏寿山连江黄石，吴朴刻王季淑自用印	高7.9cm	103,500	西泠拍卖	2012.07.07
陈达字芙蓉石《邻霄》山水椭圆章	高9.6cm	115,000	福建东南	2012.10.28
陈达字汶洋石博古环钮文字章	高10.1cm	161,000	福建东南	2012.10.28
陈达作芙蓉石《美意延年》文字对章	高6.4cm	241,500	福建东南	2012.10.28
陈鸿寿、孙星衍、江尊、钱善扬、王个簃、白蕉等名家印章共一百零二枚	尺寸不一	93,495	香港普艺	2012.03.31
陈巨来 1933年刻寿山石孙璞自用印	高6.3cm	103,500	西泠拍卖	2012.07.07
陈巨来 1936年刻寿山芙蓉石闲章(二方)	尺寸不一	92,000	西泠拍卖	2012.12.28
陈巨来1942年刻昌化鸡血石闲章	高4.6cm	57,500	西泠拍卖	2012.12.28
陈巨来 1943年刻寿山芙蓉石双狮钮闲章	高5.5cm	109,250	西泠拍卖	2012.12.28
陈巨来 1954、1963年作 刻寿山芙蓉石徐伯郊自用印(三方)	尺寸不一	322,000	西泠拍卖	2012.07.07
陈巨来、方介堪、黄高年刻寿山石、青田石郑爰居自用印(一组六方)	尺寸不一	69,000	西泠拍卖	2012.12.28
陈巨来1927年刻寿山石吴湖帆自用闲章	高6.2cm	529,000	西泠拍卖	2012.07.07
陈巨来1934年刻寿山石孙璞自用印	高4.4cm	184,000	西泠拍卖	2012.07.07
陈巨来1945年刻寿山石闲章	高5.1cm	161,000	西泠拍卖	2012.07.07
陈巨来1949年刻寿山石博古钮对章	高4cm×2	126,500	西泠拍卖	2012.07.07
陈巨来等1954年刻寿山芙蓉石古兽徐伯郊自用印(九方)	尺寸不一	1,092,500	西泠拍卖	2012.07.07
陈巨来等刻青田石等孙璞自用印(四方)	尺寸不一	51,750	西泠拍卖	2012.07.07
陈巨来等刻孙璞用印(七方)	尺寸不一	57,500	朵云轩	2012.12.29
陈巨来刻 青田石方章	高5.7cm	103,500	中国嘉德	2012.10.30
陈巨来刻 青田石方章	高4.5cm	92,000	中国嘉德	2012.10.30
陈巨来刻 寿山芙蓉石印章	高5.3cm	82,800	中国嘉德	2012.05.14
陈巨来刻 寿山田黄石薄意印章	高3.7cm	161,000	中国嘉德	2012.05.14
陈巨来刻 寿山云纹芙蓉石印章	高8cm	224,250	中国嘉德	2012.05.14
陈巨来刻昌化鸡血石印章	高7.5cm	89,700	中国嘉德	2012.05.14
陈巨来刻坑头黄冻螭钮章	长2.2cm	299,000	北京保利	2012.06.06
陈巨来刻青田石孙璞自用印	高4cm	74,750	西泠拍卖	2012.07.07
陈巨来刻寿山、青田石任堇自用印(三方)	尺寸不一	69,000	西泠拍卖	2012.07.07
陈巨来刻寿山白芙蓉石卧兽钮章	高5.6cm	92,000	西泠拍卖	2012.12.28
陈巨来刻寿山石梅花薄意章	高8cm	253,000	西泠拍卖	2012.07.07
陈巨来刻寿山石孙璞自用印	高5.3cm	402,500	西泠拍卖	2012.07.07
陈巨来刻寿山石孙璞自用印	高3.1cm	63,250	西泠拍卖	2012.07.07
陈巨来刻寿山桃花芙蓉石章(二方)	尺寸不一	63,250	西泠拍卖	2012.07.07
陈巨来作芙蓉石仿古扁章	高5cm	184,000	北京匡时	2012.06.04
陈巨来作桃花芙蓉兽钮方章	高9cm	66,700	北京匡时	2012.06.04
陈身道篆刻闲章	高5.8cm	57,500	朵云轩	2012.12.28
陈师曾 1916年刻寿山石赑屃钮姚华自用印	高6.7cm	230,000	西泠拍卖	2012.12.28
陈师曾刻 寿山石兽钮方章	高4.5cm	59,800	中国嘉德	2012.10.30
陈师曾刻寿山白芙蓉石章	高3.1cm	184,000	西泠拍卖	2012.07.07
陈豫钟、杨澥、赵峙琛、释达受、邓傅密、释见初等名家石印章(三十七枚)	高2-7cm	92,690	香港普艺	2012.11.24
陈子奋 1968年刻寿山石罗汉薄意章	高5.4cm	92,000	西泠拍卖	2012.12.28
陈子奋1968年刻寿山石双螭钮章	高4.3cm	74,750	西泠拍卖	2012.12.28
陈子奋1963年刻寿山石章	高7.4cm	207,000	西泠拍卖	2012.07.07
陈子奋刻 寿山石对章	高8.5cm×2	80,500	中国嘉德	2012.10.30
陈子奋刻寿山石闲章	高2.8cm	253,000	西泠拍卖	2012.07.07
晨祥款善伯奇冻石阴阳罗汉钮印章	高17.2cm	92,000	荣宝斋(上海)	2012.09.09
程东海 高山水冻朱砂巧雕三阳开泰方章	高8.0cm	80,000	上海驰翰	2012.10.10
程十发绘、白书章刻 紫砂水盂	高7.6cm	63,250	上海工美	2012.08.18
程庭鹭、黄学圯、陈鸿寿、钱善扬、贺天健、唐云等名家印章(共六十枚)	尺寸不一	88,426	香港普艺	2012.10.06
炽甹刻田黄石瑞兽钮章	高4.5cm	805,000	西泠拍卖	2012.12.28
仇垲、程庭鹭印章(二枚)	尺寸不一	51,750	荣宝斋(上海)	2012.06.17
褚德彝刻寿山杜陵石山水薄意奚旭自用印	高5cm	74,750	西泠拍卖	2012.07.07
春江水暖 寿山田黄石薄意扁章	高6.4cm	115,000	中国嘉德	2012.05.14
春江水暖 寿山田黄石薄意随形章	高3.5cm	57,500	中国嘉德	2012.10.30
崔子玉座佑铭品种石印章(一套共二十一件)	尺寸不一	126,500	中国嘉德	2012.05.14
大山晶石佛手印章	高7cm	50,000	隆荣国际	2012.07.27

2012杂项拍卖成交汇总

(成交价RMB：5万元以上)

拍品名称	物品尺寸	成交价RMB	拍卖公司	拍卖日期
邓尔雅 1913年作 刻青田石章	高3.7cm	63,250	西泠拍卖	2012.12.28
邓散木 1931年刻青田石对章	高6.1cm×2	74,750	西泠拍卖	2012.12.28
邓散木1963年刻寿山石闲章(二方)	尺寸不一	80,500	西泠拍卖	2012.07.07
邓散木、韩登安、钱瘦铁等六家刻石章(十一方)	尺寸不一	82,800	上海工美	2012.12.24
邓散木1941年、1962年作 刻寿山石章(二方)	尺寸不一	63,250	西泠拍卖	2012.07.07
丁敬、黄易、赵之琛印章(三枚)	尺寸不一	74,750	荣宝斋(上海)	2012.06.17
丁敬款印章	高3.8cm	69,000	中国嘉德	2012.05.14
都成坑石龙腾四海对章	高8.9cm	115,000	福建东南	2012.10.28
杜陵盘螭钮扁方章	高9.2cm	138,000	北京保利	2012.06.06
杜陵石薄意大吉图随形章	高5.5cm	69,000	中国嘉德	2012.12.17
顿立夫 1922、1923年刻青田石闲章(二方)	尺寸不一	126,500	西泠拍卖	2012.07.07
顿立夫刻 坑头冻尚钧款夔龙纹博古钮印章	高4.3cm	57,500	中国嘉德	2012.05.14
二号矿石素方章	高12.1cm	195,500	福建东南	2012.05.20
方传鑫篆刻闲章	高20cm	97,750	朵云轩	2012.12.28
方介堪 1943年刻青田封门青石双面印	高8.2cm	51,750	西泠拍卖	2012.12.28
方介堪 1946年刻青田金玉冻石薄意龙钮章	高8.9cm	86,250	西泠拍卖	2012.07.07
方介堪1947年刻青田石闲章(一对)	高6.3cm×2	74,750	西泠拍卖	2012.07.07
方介堪 1961年刻青田石对章	高11cm×2	92,000	西泠拍卖	2012.07.07
方介堪 1963年刻寿山石孙正刚自用印(二方)	尺寸不一	69,000	西泠拍卖	2012.12.28
方介堪、吴朴 1950年刻寿山石章	尺寸不一	74,750	西泠拍卖	2012.07.07
方介堪刻 方章	高7.1cm	80,500	中国嘉德	2012.10.30
方介堪刻寿山石汪亚尘自用对章	高6.1cm×2	109,250	西泠拍卖	2012.12.28
方介堪刻寿山石闲章	高3cm	69,000	西泠拍卖	2012.12.28
方介堪刻寿山石张目寒自用印	高6.2cm	149,500	西泠拍卖	2012.07.07
方介堪为张大千刻“大风堂”方章	高2.2cm	253,000	北京保利	2012.12.06
方介堪印章(五枚)	尺寸不一	86,250	荣宝斋(上海)	2012.06.17
方介堪篆刻闲章	高5.3cm	149,500	朵云轩	2012.07.11
方去疾刻 青田石方章	高4.5cm	57,500	中国嘉德	2012.10.30
方去疾刻封门青“千年之印”印章(二方)	高8.0cm	69,000	上海崇源	2012.10.19
翡翠 印章 一对		50,375	香港邦瀚斯	2012.11.23
翡翠“狮子印章”吊坠		259,532	香港富得	2012.11.25
翡翠雕龙印章	高20.3cm	161,000	中贸圣佳	2012.03.04
冯康侯 1938年刻寿山芙蓉石字母钮章	高6.8cm	109,250	西泠拍卖	2012.07.07
冯力远 1963年刻寿山杜陵石云纹薄意章	高5.3cm	51,750	西泠拍卖	2012.12.28
冯师韩印章(一枚)	高7cm	92,000	荣宝斋(上海)	2012.06.17
冯志杰 双狮戏珠随形章	高3cm	402,500	福建东南	2012.05.20
冯志霖 瓜鼠方章	高8.6cm	103,500	福建东南	2012.05.20
芙蓉“母子情深”长方章	高10.5cm	115,000	北京保利	2012.06.06
芙蓉石博古对章	高7.8cm	109,250	福建东南	2012.10.28
芙蓉石马钮套章	尺寸不一	414,000	福建东南	2012.10.28
芙蓉石母子情钮印章	高10cm	50,000	隆荣国际	2012.07.27
芙蓉石双龙对玺	高5.2cm	287,500	福建东南	2012.10.28
芙蓉石素章	高8.4cm	184,000	福建东南	2012.10.28
芙蓉石素章	高7.7cm	184,000	福建东南	2012.10.28
芙蓉石印章(二枚)	尺寸不一	63,250	荣宝斋(上海)	2012.06.17
芙蓉石袁慧敏篆刻闲章	高4.5cm	57,500	朵云轩	2012.07.11
符骥良 2008年作 硃印泥		51,750	朵云轩	2012.07.22
福至眼前 寿山田黄石薄意方章	高2.5cm	207,000	中国嘉德	2012.05.14
傅抱石微刻方章	高4cm	2,817,500	中国嘉德	2012.10.30
高山桃花薄意长方章	高7.9cm	74,750	北京保利	2012.12.07
高山桃花洞石双螭钮方章	高11.4cm	264,500	福建东南	2012.05.20
高式熊 刻寿山石闲章(四方)	尺寸不一	103,500	西泠拍卖	2012.07.07
高邕、王禔、吴朴堂、陈半丁刻印章(四件)	尺寸不一	78,200	中国嘉德	2012.10.30
葛洪 云龙章		380,000	上海驰翰	2012.10.10
各类石章(一组二十方)	尺寸不一	72,450	西泠拍卖	2012.12.28
各色芙蓉套章(十方)	尺寸不一	69,000	朵云轩	2012.07.11
各式寿山、田黄章(一组六方)	尺寸不一	138,000	北京保利	2012.12.07
各式寿山石、田黄石薄意随形章(一组十三件)	尺寸不一	138,000	北京保利	2012.12.07
郭功森 太狮少狮钮章	高10cm	4,370,000	福建静轩	2012.07.05
郭功森雕兽钮扁方章	高5.8cm	55,200	朵云轩	2012.07.11
郭开贞田黄兽钮私印	高3.2cm	80,500	上海嘉泰	2012.10.25
郭懋介作高山石达摩人物钮章	高8.4cm	115,000	福建东南	2012.10.28
郭尚先、邓石如、释见初印章(三枚)	尺寸不一	55,200	荣宝斋(上海)	2012.06.17
郭祥忍雕螭钮扁方章	高5.3cm	69,000	朵云轩	2012.12.29
郭祥忍作芙蓉晶石瑞兽钮章	高8.7cm	805,000	福建东南	2012.10.28
郭祥雄作高山石龙钮方章	高4.6cm	103,500	福建东南	2012.10.28
郭祥雄作高山石龙钮椭圆章	高5cm	172,500	福建东南	2012.10.28
郭祥雄作旗降石三螭钮章	高8.8cm	103,500	福建东南	2012.10.28
郭卓怀 渔樵耕读薄意随形章	高4.6cm	253,000	福建东南	2012.05.20
韩登安 1949年刻寿山、青田石闲章(三方)	尺寸不一	97,750	西泠拍卖	2012.07.07
韩登安1960年刻寿山石章(四方)	尺寸不一	80,500	西泠拍卖	2012.07.07
韩登安刻 青田花乳石印章	高5.4cm	57,500	中国嘉德	2012.05.14
韩登安刻 寿山芙蓉石兽钮方章	高5.5cm	207,000	中国嘉德	2012.10.30
韩登安刻昌化石闲章(二方)	尺寸不一	63,250	西泠拍卖	2012.12.28
韩登安刻寿山石对章	高3.8cm×2	115,000	西泠拍卖	2012.07.07
韩天衡 芙蓉石印章	高5cm	66,700	上海驰翰	2012.04.27
韩天衡 芙蓉寿山山水人物薄意章	高5.8cm	62,000	上海驰翰	2012.10.10
韩天衡 寿山雕石狮钮方章	高9.0cm	60,000	上海驰翰	2012.10.10
韩天衡为陆俨少制印(十一方)	尺寸不一	575,000	北京匡时	2012.12.06
韩天衡篆刻对章	高6cm×2	86,250	朵云轩	2012.07.11
韩天衡篆刻闲章	高4.5cm	345,000	朵云轩	2012.07.11
何昆玉刻 寿山芙蓉石羊钮方章(一对)	高3.7cm×2	57,500	中国嘉德	2012.10.30
亨颐等 1940年刻青田、寿山石自用印章(二方)	尺寸不一	120,750	西泠拍卖	2012.12.28
红黄芙蓉狮钮方章	高7.3cm	598,000	北京保利	2012.06.06
鲎箕田薄意花鸟山水大随形章(二方)	尺寸不一	391,000	北京保利	2012.06.06
鲎箕田山水薄意章	高7cm	138,000	朵云轩	2012.12.29
胡镢、朱复戡刻青田、寿山石章(三方)	尺寸不一	69,000	西泠拍卖	2012.07.07
胡镢刻芙蓉石象钮陈汉第自用章	高4.8cm	218,500	西泠拍卖	2012.07.07
胡镢刻青田石任伯年自用印	高3.5cm	161,000	西泠拍卖	2012.07.07
黄芙蓉石端兽钮方章		57,500	西泠拍卖	2012.07.07
黄芙蓉石古兽钮章	高9cm	92,000	西泠拍卖	2012.07.07
黄建林作汶洋石螭龙献瑞钮章	高10.5cm	287,500	福建东南	2012.10.28
黄牧甫刻 寿山石印章	高4.5cm	402,500	中国嘉德	2012.10.30
黄色巴林兽钮章(一对)	高15cm×2	155,250	北京九歌	2012.06.29
黄少牧 1916年刻寿山红花芙蓉石徐森玉自用印	高6cm	97,750	西泠拍卖	2012.07.07
黄汶洋螭虎穿环扁方章	高7.1cm	149,500	北京保利	2012.06.06
黄学圯、钱松、赵穆、江尊、王福厂、王个簃等名家印章(共四十六枚)	尺寸不一	93,495	香港普艺	2012.05.26
黄易、奚冈、陈豫钟、钱松印章(四枚)	尺寸不一	55,200	荣宝斋(上海)	2012.06.17
黄易印章(一枚)	高4cm	51,750	荣宝斋(上海)	2012.06.17
鸡血石印章	高10cm	805,000	北京九歌	2012.06.29
鸡血石印章	高4cm	463,450	澳门中信	2012.12.28
鸡血圆素章	高6cm	63,250	朵云轩	2012.12.29
吉田松荫藏田黄山水薄意方章	高8cm	207,000	上海嘉泰	2012.10.26

拍品名称	物品尺寸	成交价RMB	拍卖公司	拍卖日期
纪大复1800年刻寿山石白芙蓉石章	高4.7cm	55,200	西泠拍卖	2012.07.07
江秀影作田黄石羲之爱鹅薄意章	高2.2cm	253,000	西泠拍卖	2012.12.28
将军洞芙蓉石博古覆斗钮方章	高6.3cm	115,000	福建东南	2012.10.28
蒋仁印章(一枚)	高6.1cm	109,250	荣宝斋(上海)	2012.06.17
节节高升 寿山芙蓉石方章	高9cm	63,250	中国嘉德	2012.10.30
结晶芙蓉古兽钮扁方章	高6.4cm	115,000	北京保利	2012.06.06
金城 1914年刻寿山白芙蓉石貔貅钮世续自用对章	高5.5cm×2	276,000	西泠拍卖	2012.12.28
近代 黄高山狮钮三排章	尺寸不一	92,000	朵云轩	2012.07.11
近代 齐白石铭“洗尽余俗”印石	高3.5cm	207,000	文津阁	2012.06.01
近代 齐白石篆刻青田石闲章	高6.3cm	287,500	朵云轩	2012.07.11
近代 齐白石篆刻闲章	高7cm	1,092,500	朵云轩	2012.07.11
近代 田黄薄意“云深不知处”随形章	高6.3cm	1,058,000	北京匡时	2012.12.05
近代 田黄薄意雕山水纹章	高4.1cm	80,500	北京匡时	2012.12.05
近现代 陈巨来篆刻对章	高8.3cm×2	57,500	朵云轩	2012.12.29
近现代 陈巨来篆刻闲章	高7.2cm	69,000	朵云轩	2012.07.11
近现代 陈巨来篆刻闲章(二方)	尺寸不一	92,000	朵云轩	2012.07.11
近现代 方介堪篆刻闲章	高6.8cm	126,500	朵云轩	2012.07.11
近现代 方介堪篆刻闲章	高6.8cm	92,000	朵云轩	2012.12.29
近现代 钱瘦铁篆刻闲章(二方)	高4.6cm×2	97,750	朵云轩	2012.12.29
旧藏田黄刻双龙戏水方章	高6.7cm	63,577	香港淳浩	2012.03.31
旧田黄素方章	高6cm	3,136,000	福建国石	2012.05.13
瞿利军 螭龙钮 白玉印		115,000	西泠拍卖	2012.07.07
刻神龙龟寿田黄随形章	高5.5cm	83,186	香港淳浩	2012.07.28
夔龙螭钮扁章	高5.1cm	184,000	福建东南	2012.05.20
来楚生1953年刻孔雀绿石瓦钮闲章	高5.7cm	126,500	西泠拍卖	2012.07.07
蓝星青田石素章(四方)	尺寸不一	80,500	西泠拍卖	2012.07.07
老寿山芙蓉石印章(十八件)	尺寸不一	126,500	中国嘉德	2012.10.30
老性芙蓉“太平赐福”长方章	高9.8cm	184,000	北京保利	2012.06.06
李曲斋刻溥心畬自用印	高3.6cm	57,500	西泠拍卖	2012.12.28
李叔同、于非闇印章(三枚)	尺寸不一	63,250	荣宝斋(上海)	2012.06.17
李燕生刻田黄石薄意章	高4.7cm	299,000	西泠拍卖	2012.07.07
荔枝洞石螭虎钮方章	高8.9cm	103,500	福建东南	2012.10.28
荔枝洞石古兽钮方章	高10.5cm	264,500	福建东南	2012.05.20
荔枝洞石母子情方章	高8.4cm	138,000	福建东南	2012.10.28
荔枝洞石麒麟送经方章	高10.6cm	253,000	福建东南	2012.10.28
荔枝洞石双龙戏珠方章	高11cm	138,000	福建东南	2012.10.28
荔枝洞石太平有象扁章	高8.2cm	109,250	福建东南	2012.10.28
荔枝洞兽钮章(三方)	尺寸不一	92,000	朵云轩	2012.12.29
林碧英作善伯洞石瓜钮方章	高11.3cm	218,500	福建东南	2012.10.28
林东作四股四高山石《和合二仙》钮章	高8.5cm	161,000	福建东南	2012.10.28
林发述/林文举作田黄石刘海戏蟾随形章	高4.6cm	1,495,000	福建东南	2012.10.28
林亨云作焓红石《寒天双霸》方章	高11.2cm	345,000	福建东南	2012.10.28
林其俤 秋山行旅图章	高5.8cm	690,000	福建东南	2012.05.20
林其俤、林文举作田黄石瑶池祝寿薄意章	高4.2cm	287,500	西泠拍卖	2012.07.07
林其俤作寿山善伯石花鸟薄意章	高14cm	69,000	西泠拍卖	2012.12.28
林清卿作都成坑石《木芙蓉、秋海棠》薄意对章	高7.8cm	345,000	福建东南	2012.10.28
林清卿作寿山鹿目田石寻梅薄意随形章	高6.1cm	437,000	西泠拍卖	2012.12.28
林清卿作田黄石柳鹅薄意章	高5.2cm	1,150,000	西泠拍卖	2012.07.07
林荣基作田黄石梅竹双清薄意随形章	高4.5cm	155,250	西泠拍卖	2012.07.07
林文举 薄意雕田黄“策杖携行同舟共济”随形章		2,127,500	上海工美	2012.08.18
林文举 薄意雕田黄“福寿无量”随形章		4,485,000	上海工美	2012.08.18

拍品名称	物品尺寸	成交价RMB	拍卖公司	拍卖日期
林文举 薄意雕田黄“深山访友”随形章		977,500	上海工美	2012.08.18
林文举、石秀作田黄石薄意章(二方)	尺寸不一	126,500	西泠拍卖	2012.07.07
林文举雕荷塘清趣薄意章	高11.5cm	184,000	朵云轩	2012.12.29
林文举雕花卉薄意章	高9cm	276,000	朵云轩	2012.12.29
林文举雕三色荔枝蝶恋花薄意章	高7.2cm	207,000	朵云轩	2012.12.29
林文举雕寿山荔枝冻石云纹薄意章	高6.2cm	80,500	西泠拍卖	2012.07.07
林文举雕岁朝清供薄意章	高8.9cm	126,500	朵云轩	2012.12.29
林文举雕一枝独秀薄意章	高4.5cm	69,000	朵云轩	2012.12.29
林文举刻 田黄留皮巧雕山石松泉随形章	高5.5cm	402,500	上海大众	2012.08.04
林文举作高山石《秋声》薄意方章	高9.3	218,500	福建东南	2012.10.28
林文举作荔枝洞石《赏竹》、《赏梅》、《爱菊》薄意套章	尺寸不一	3,795,000	福建东南	2012.10.28
林文举作荔枝洞石《桃源洞天》薄意方章	高8.6cm	368,000	福建东南	2012.10.28
林文举作寿山芙蓉石荷塘薄意章	高10.5cm	103,500	西泠拍卖	2012.12.28
林文举作寿山芙蓉石桃源洞天薄意章	高6.5cm	57,500	西泠拍卖	2012.12.28
林文举作寿山高山朱砂石争春薄意章	高9.9cm	51,750	西泠拍卖	2012.12.28
林文举作寿山石梦笔生花薄意章	高13.2cm	126,500	西泠拍卖	2012.07.07
林文举作水洞高山石《艳阳天》薄意方章	高7.9cm	115,000	福建东南	2012.10.28
林文举作四股高山石《携琴访友》薄意方章	高8.4cm	138,000	福建东南	2012.10.28
林文举作田黄石薄意随形章	高2.8cm	368,000	西泠拍卖	2012.07.07
林文举作田黄石刘海戏蟾薄意随形章	高4.3cm	184,000	西泠拍卖	2012.12.28
林文举作田黄石山行薄意章	高5cm	368,000	西泠拍卖	2012.07.07
林文举作田黄石燕归薄意章	高3.7cm	253,000	西泠拍卖	2012.12.28
林文举作田黄石夜游赤壁薄意随形章	高4.7cm	402,500	西泠拍卖	2012.07.07
林云曦作芙蓉石花卉薄意章	高5.3cm	109,250	福建东南	2012.10.28
刘传斌作田黄石喜上眉梢薄意章	高2.1cm	80,500	西泠拍卖	2012.12.28
刘东作田黄石童子钮随形章	高4.2cm	632,500	西泠拍卖	2012.12.28
刘海戏金蟾钮田黄章	高4.7cm	103,500	朵云轩	2012.12.29
刘明亮作荔枝洞石《月下独酌》文字方章	高11.2cm	460,000	福建东南	2012.10.28
刘一闻 蓝带青田篆刻闲章	高10.2cm	57,500	朵云轩	2012.07.11
刘一闻篆刻闲章	高13cm×2	184,000	朵云轩	2012.07.11
刘一闻篆刻闲章	高7.5cm	74,750	朵云轩	2012.07.11
刘一闻篆刻闲章	高9.1cm	92,000	朵云轩	2012.12.28
刘一闻篆刻闲章	高6cm	55,200	朵云轩	2012.12.28
陆泰、任伯年等 1868年刻任伯年自用印(三方)	尺寸不一	322,000	西泠拍卖	2012.07.07
马衡刻 寿山都灵石印章	高4.4cm	59,800	中国嘉德	2012.05.14
马子恺 2011年刻昌化牛角冻石闲章	高10.4cm	86,250	西泠拍卖	2012.07.07
马子恺刻寿山石瑞兽钮章	高5.6cm	103,500	西泠拍卖	2012.12.28
茆帆刻寿山石福禄寿钮章	高7cm	86,250	西泠拍卖	2012.07.07
茆帆刻寿山石三多钮章	高6.7cm	86,250	西泠拍卖	2012.12.28
闵澐、吴允楷等刻任伯年自用印(六方)	尺寸不一	230,000	西泠拍卖	2012.07.07
潘惊石 结晶性芙蓉古兽椭圆章	高8.8cm	896,000	上海阳浩	2012.07.15
潘惊石作芙蓉石睡狸方章	高7.2cm	172,500	福建东南	2012.10.28
潘惊石作善伯洞石《瑞兽戏子图》方章	高11.9cm	402,500	福建东南	2012.10.28
潘惊石作汶洋石瑞兽钮椭圆章	高6.1cm	207,000	福建东南	2012.10.28
潘泗生 荔枝洞石独钓寒江雪方章	高7.3cm	109,250	福建东南	2012.05.20

2012杂项拍卖成交汇总

(成交价RMB：5万元以上)

拍品名称	物品尺寸	成交价RMB	拍卖公司	拍卖日期
品种石方章(五件)	尺寸不一	172,500	中国嘉德	2012.05.14
品种石套章(五十二件套)	尺寸不一	126,500	福建东南	2012.10.28
戚叔玉刻田黄石自用两面印	高3.5cm	1,495,000	西泠拍卖	2012.07.07
齐白石 1934年作 欣欣然也	高4cm	218,500	北京匡时	2012.06.05
齐白石 1935年作 梦未留香石室却留香	高4.9cm	207,000	北京匡时	2012.06.05
齐白石 1935年作 一夜吹香过石桥	高8.2cm	230,000	北京匡时	2012.06.05
齐白石 芙蓉石“刚健笃实辉光”狮钮章	高4.5cm	598,000	北京保利	2012.12.06
齐白石 寿山红花芙蓉石少卿内史章	高5cm	488,750	北京匡时	2012.06.05
齐白石 寿山石“虎威上将军”狮钮章	高5.2cm	414,000	北京保利	2012.12.06
齐白石 寿山石“仲珊”“曹锟之印”狮钮对章	高6.4cm	483,000	北京保利	2012.12.06
齐白石 心印(白文)	高2.5cm	172,500	上海天衡	2012.12.26
齐白石 雅翁大利章	高2.6cm	59,800	北京匡时	2012.06.05
齐白石1934年刻寿山芙蓉石兽钮闲章	高6cm	172,500	西泠拍卖	2012.07.07
齐白石1935年 青田石双面印	高6cm	920,000	北京匡时	2012.06.05
齐白石1936年刻寿山芙蓉石螭钮章	高7cm	230,000	西泠拍卖	2012.07.07
齐白石1953年刻寿山芙蓉石古兽钮章	高5cm	184,000	西泠拍卖	2012.07.07
齐白石刻 方章	高4.8cm	172,500	中国嘉德	2012.10.30
齐白石刻 方章	高5.8cm	1,552,500	中国嘉德	2012.05.14
齐白石刻 青田石方章	高4.8cm	379,500	中国嘉德	2012.05.14
齐白石刻 青田石封门青印章	高5.9cm	414,000	中国嘉德	2012.05.14
齐白石刻 石方章	高13.6cm	667,000	中国嘉德	2012.10.30
齐白石刻 寿山芙蓉石兽钮印章	高6.8cm	207,000	中国嘉德	2012.05.14
齐白石刻 寿山石印章	高7.3cm	805,000	中国嘉德	2012.10.30
齐白石刻 寿山石印章	高6.3cm	287,500	中国嘉德	2012.10.30
齐白石刻高山石博古钮对章	高7.8cm	69,000	北京保利	2012.12.07
齐白石刻古兽钮芙蓉石章	高4.9cm	57,500	西泠拍卖	2012.07.07
齐白石刻齐良已用印章(十一枚一组)	尺寸不一	667,000	荣宝斋(上海)	2012.06.17
齐白石刻寿山冻“德居士”印章	高4.5cm	172,500	上海崇源	2012.10.19
齐白石刻寿山高山石严家淦自用印(三方)	尺寸不一	575,000	西泠拍卖	2012.07.07
齐白石刻寿山石闲章	高6.9cm	402,500	西泠拍卖	2012.07.07
齐白石刻寿山石闲章	高7.6cm	195,500	西泠拍卖	2012.12.28
齐白石刻兽钮方章	高5cm	63,250	北京匡时	2012.12.05
齐白石刻孙正刚自用寿山石对章	高8.3cm×2	195,500	西泠拍卖	2012.12.28
齐白石刻印章	高3.1cm	230,000	中国嘉德	2012.05.14
齐白石印章(一枚)	高7cm	747,500	荣宝斋(上海)	2012.06.17
齐白石印章(一枚)	高6.7cm	483,000	荣宝斋(上海)	2012.06.17
齐白石印章(一枚)	高7.7cm	172,500	荣宝斋(上海)	2012.06.17
齐白石印章(一枚)	高6.8cm	109,250	荣宝斋(上海)	2012.06.17
齐白石印章(一枚)	高6.1cm	109,250	荣宝斋(上海)	2012.06.17
齐白石制芙蓉石荷花钮章	高3.8cm	57,500	北京保利	2012.06.06
齐白石篆刻闲章	高5.7cm	345,000	朵云轩	2012.07.11
齐白石篆刻闲章	高5cm	149,500	朵云轩	2012.07.11
齐白石作张道藩自用印等(二方)	尺寸不一	103,500	西泠拍卖	2012.12.28
齐白石 清白家风(白文)	高5.1cm	437,000	上海天衡	2012.12.26
齐白石 1937年作 云隐(朱文)	高4.8cm	402,500	上海天衡	2012.12.26
齐白石 墨池清兴(白文)	高7cm	379,500	上海天衡	2012.12.26
齐白石 杨粲三(白文)	高5.1cm	299,000	上海天衡	2012.12.26
齐白石 万花如海(白文)	高5cm	287,500	上海天衡	2012.12.26
齐白石 闲瞑楼(朱文)	高7cm	230,000	上海天衡	2012.12.26
齐白石 天衣无缝(朱文)	高5.8cm	230,000	上海天衡	2012.12.26
齐白石 遣兴(朱文)	高6.2cm	172,500	上海天衡	2012.12.26
齐白石 花草神仙(白文)	高5cm	172,500	上海天衡	2012.12.26
齐白石 天隐居士(朱文)	高5.5cm	172,500	上海天衡	2012.12.26

拍品名称	物品尺寸	成交价RMB	拍卖公司	拍卖日期
旗降石薄意方章	高9.1cm	126,500	福建东南	2012.10.28
钱瘦铁 1945年刻寿山芙蓉石兽钮章	高3.9cm	264,500	西泠拍卖	2012.07.07
钱瘦铁刻红花芙蓉石螭龙钮方章	高5.9cm	94,300	中国嘉德	2012.05.14
钱瘦铁刻鸡血石闲章	高8.5cm	126,500	西泠拍卖	2012.07.07
钱瘦铁刻两面印	高3.3cm	172,500	西泠拍卖	2012.07.07
钱松刻 辽东石方章	高6.6cm	1,058,000	中国嘉德	2012.10.30
钱松刻寿山石薄意山水方章(两件)	高5.4cm；高5.2cm	3,565,000	中国嘉德	2012.05.14
钱松印章(一枚)	高8cm	92,000	荣宝斋(上海)	2012.06.17
乾隆 高山冻兽钮闲章	高4cm	92,000	朵云轩	2012.12.29
巧色芙蓉螭龙纹方章	高6.2cm	86,250	北京保利	2012.06.06
巧色荔枝洞狮钮章	高6.2cm	69,000	朵云轩	2012.07.11
青田封门青薄意方章	高15cm	51,750	上海工美	2012.08.18
青田封门青刘海戏金蟾钮方章(二方)	尺寸不一	690,000	西泠拍卖	2012.07.07
青田封门青石钮章(一组三方)	尺寸不一	57,500	西泠拍卖	2012.07.07
青田封门青石钮章(一组十方)	尺寸不一	155,250	西泠拍卖	2012.07.07
青田封门青套章	尺寸不一	109,250	上海工美	2012.08.18
秋江挂帆 寿山田黄石薄意随形章	高5.5cm	690,000	中国嘉德	2012.10.30
全家福 寿山旗降石白熊方章	高14.5cm	66,700	中国嘉德	2012.05.14
人生如意 昌化鸡血石方章	高7cm	126,500	中国嘉德	2012.05.14
任伯年1877年作自用印(四方)	尺寸不一	230,000	西泠拍卖	2012.07.07
任伯年1881年自刻对章	高6.6cm×2	1,322,500	西泠拍卖	2012.07.07
任伯年1881年作自用青田石双面印	高6.1cm	379,500	西泠拍卖	2012.07.07
任堇等刻任堇、任霞自用印(十四方)	尺寸不一	74,750	西泠拍卖	2012.07.07
任堇等刻任堇自用印(九方)	尺寸不一	63,250	西泠拍卖	2012.07.07
三色荔枝冻犀牛望月钮章	高7.5cm	184,000	上海驰翰	2012.04.27
沙孟海、白蕉印章(五枚)	尺寸不一	55,200	荣宝斋(上海)	2012.06.17
沙孟海1924年刻寿山石任堇自用对章	高3.4cm×2	632,500	西泠拍卖	2012.07.07
山村遥望 寿山田黄石薄意随形章	高4.3cm	609,500	中国嘉德	2012.10.30
山间唱晚 寿山田黄石薄意章	高2.9cm	78,200	中国嘉德	2012.05.14
善伯洞石螭钮方章	高6.3cm	126,500	福建东南	2012.10.28
善伯洞石独钓薄意方章	高9cm	115,000	福建东南	2012.10.28
善伯洞石古兽方章	高9.5cmcm	109,250	福建东南	2012.05.20
尚均款寿山芙蓉石丹凤钮章	高5.7cm	109,250	西泠拍卖	2012.07.07
深山访贤 寿山田黄石薄意随形章	高3cm	92,000	中国嘉德	2012.10.30
石癫作田黄石牧羊童钮章	高3.2cm	483,000	西泠拍卖	2012.07.07
石卿刻杜陵石随形“莲荫泛舟”章	高3.5cm	57,500	北京保利	2012.04.21
石秀作寿山黄白芙蓉石东坡像薄意章	高11.2cm	69,000	西泠拍卖	2012.07.07
石秀作寿山黄芙蓉石耄耋薄意章	高10.7cm	69,000	西泠拍卖	2012.07.07
石秀作田黄石荷塘清趣薄意章	高3.2cm	517,500	西泠拍卖	2012.07.07
石秀作田黄石画龙点睛薄意方章	高5.5cm	805,000	西泠拍卖	2012.07.07
石秀作田黄银包金云龙纹扁章	高3.6cm	103,500	西泠拍卖	2012.07.07
守默莽篆刻徐渭仁用印	高7.2cm	80,500	朵云轩	2012.12.29
寿山、昌化、青田石素章(一组十五方)	尺寸不一	103,500	西泠拍卖	2012.07.07
寿山白芙蓉石螭兽钮章	高3.4cm	86,250	西泠拍卖	2012.07.07
寿山白芙蓉石凤纹博古钮对章	高9.8cm×2	71,300	西泠拍卖	2012.12.28
寿山白芙蓉石马钮章	高6.5cm	109,250	西泠拍卖	2012.07.07
寿山白芙蓉石鸟钮扁章	高7.4cm	57,500	西泠拍卖	2012.07.07
寿山白芙蓉石三羊开泰钮章	高6cm	63,250	西泠拍卖	2012.07.07
寿山白芙蓉石双螭钮章	高5.7cm	51,750	西泠拍卖	2012.12.28
寿山冰糖地荔枝冻石子母狮钮章	高10.1cm	943,000	西泠拍卖	2012.07.07
寿山薄意山水印章	高7cm	100,000	隆荣国际	2012.07.27
寿山冻石瑞兽印章	高4.5cm	55,614	澳门中信	2012.12.28
寿山芙蓉、汶洋石十二生肖钮章(十二件)	尺寸不一	184,000	中国嘉德	2012.10.30

拍品名称	物品尺寸	成交价RMB	拍卖公司	拍卖日期
寿山芙蓉石、汶洋石龙、凤钮方章(四件)	尺寸不一	71,300	中国嘉德	2012.10.30
寿山芙蓉石、玉印等(十一方)	尺寸不一	80,500	西泠拍卖	2012.07.07
寿山芙蓉石方章	高8.3cm	82,800	中国嘉德	2012.10.30
寿山芙蓉石方章(三件)	尺寸不一	51,750	中国嘉德	2012.10.30
寿山芙蓉石方章(十三件)	尺寸不一	86,250	中国嘉德	2012.10.30
寿山芙蓉石方章(五对)	尺寸不一	69,000	中国嘉德	2012.05.14
寿山芙蓉石方章(五件)	尺寸不一	59,800	中国嘉德	2012.05.14
寿山芙蓉石古兽钮扁方章	高9.5cm	115,000	西泠拍卖	2012.07.07
寿山芙蓉石古兽钮章	高6cm	103,500	西泠拍卖	2012.07.07
寿山芙蓉石古兽钮章	高9.5cm	97,750	西泠拍卖	2012.07.07
寿山芙蓉石古兽钮章(二方)	尺寸不一	86,250	西泠拍卖	2012.07.07
寿山芙蓉石古兽钮章(三方)	尺寸不一	115,000	西泠拍卖	2012.07.07
寿山芙蓉石鹿钮章	高4.3cm	57,500	西泠拍卖	2012.12.28
寿山芙蓉石钮章(二十件)	尺寸不一	94,300	中国嘉德	2012.10.30
寿山芙蓉石人物钮方章	高15.8cm	69,000	中国嘉德	2012.10.30
寿山芙蓉石瑞兽钮方章(三件)	尺寸不一	69,000	中国嘉德	2012.10.30
寿山芙蓉石瑞兽钮章(九件)	尺寸不一	74,750	中国嘉德	2012.10.30
寿山芙蓉石狮钮方章(一对)	边长5.4cm×2	69,000	中国嘉德	2012.05.14
寿山芙蓉石狮钮章	高11.2cm	322,000	西泠拍卖	2012.07.07
寿山芙蓉石十二生肖钮章(十二件)	尺寸不一	149,500	中国嘉德	2012.10.30
寿山芙蓉石兽钮方章	高10.3cm	57,500	中国嘉德	2012.10.30
寿山芙蓉石兽钮方章	高9.1cm	51,750	中国嘉德	2012.10.30
寿山芙蓉石兽钮方章(八件)	尺寸不一	63,250	中国嘉德	2012.10.30
寿山芙蓉石兽钮方章(两件)	尺寸不一	94,300	中国嘉德	2012.10.30
寿山芙蓉石兽钮方章(两件)	尺寸不一	71,300	中国嘉德	2012.10.30
寿山芙蓉石兽钮方章(五件)	尺寸不一	71,300	中国嘉德	2012.10.30
寿山芙蓉石兽钮方章(一对)	高8.8cm×2	78,200	中国嘉德	2012.05.14
寿山芙蓉石兽钮印章(二十一件)	尺寸不一	89,700	中国嘉德	2012.10.30
寿山芙蓉石兽钮章(九方)	尺寸不一	97,750	西泠拍卖	2012.07.07
寿山芙蓉石双龙薄意扁章	高14cm	69,000	西泠拍卖	2012.07.07
寿山芙蓉石椭圆章(三件)	尺寸不一	69,000	中国嘉德	2012.10.30
寿山芙蓉石章(七件)	尺寸不一	55,200	中国嘉德	2012.05.14
寿山芙蓉石章(一组八方)	尺寸不一	92,000	西泠拍卖	2012.07.07
寿山芙蓉石子母狮钮章	高6.6cm	69,000	西泠拍卖	2012.07.07
寿山芙蓉章(十方)	尺寸不一	92,000	西泠拍卖	2012.07.07
寿山芙蓉章等(一组十六方)	尺寸不一	51,750	西泠拍卖	2012.07.07
寿山高山石薄意对章	高8.5cm×2	126,500	中国嘉德	2012.10.30
寿山高山石薄意人物方章(一对)	高7.6cm×2	149,500	中国嘉德	2012.10.30
寿山高山石方章(两件)	尺寸不一	51,750	中国嘉德	2012.10.30
寿山高山石环冻方章	高10.6cm	69,000	中国嘉德	2012.10.30
寿山高山石瑞兽钮方章	高7.8cm	143,750	西泠拍卖	2012.12.28
寿山高山石素方章(一对)	高8.1cm×2	71,300	中国嘉德	2012.05.14
寿山高山朱砂石素方章	高8.9cm	115,000	西泠拍卖	2012.12.28
寿山红花芙蓉石螭钮章	高6.3cm	172,500	西泠拍卖	2012.12.28
寿山红花芙蓉石俏色马钮章	高7.4cm	69,000	西泠拍卖	2012.12.28
寿山花田黄印章	高7cm	322,000	荣宝斋(上海)	2012.09.09
寿山黄芙蓉石雕童子洗象钮章	高9.2cm	109,250	西泠拍卖	2012.07.07
寿山黄芙蓉石兽钮章	高4.4cm	69,000	西泠拍卖	2012.12.28
寿山结晶芙蓉石椭圆章	高5.2cm	57,500	西泠拍卖	2012.12.28
寿山李红善伯博古钮方章	高9.7cm	138,000	上海工美	2012.08.18
寿山荔枝 高山 旗降石章(十件)	尺寸不一	57,500	中国嘉德	2012.05.14
寿山荔枝冻薄意雕方章(二方)	尺寸不一	92,000	上海工美	2012.08.18
寿山荔枝冻石赑屃钮方章	高10cm	322,000	西泠拍卖	2012.07.07
寿山荔枝冻石博古钮章	高4.8cm	57,500	西泠拍卖	2012.07.07
寿山荔枝冻石博古钮章	高10.3cm	92,000	西泠拍卖	2012.12.28
寿山荔枝冻石古兽钮章	高13cm	212,750	西泠拍卖	2012.12.28
寿山荔枝冻石瑞兽钮章	高9.7cm	184,000	西泠拍卖	2012.12.28
寿山荔枝冻石兽钮章	高16cm	460,000	西泠拍卖	2012.07.07
寿山荔枝冻石渔翁钮印章	高10.4cm	149,500	荣宝斋(上海)	2012.09.09
寿山荔枝冻太狮少狮钮方章	高12.8cm	69,000	上海工美	2012.08.18
寿山荔枝冻章(四方)	尺寸不一	81,650	西泠拍卖	2012.12.28
寿山荔枝石、高山石章(二十一件)	尺寸不一	82,800	中国嘉德	2012.10.30
寿山荔枝石方章(三件)	尺寸不一	71,300	中国嘉德	2012.10.30
寿山荔枝石兽钮方章(二件)	尺寸不一	51,750	中国嘉德	2012.05.14
寿山玛瑙水晶冻罗汉钮方章	高6.4cm	59,800	中国嘉德	2012.10.30
寿山牛角冻石古琴钮印章	高6.5cm	69,000	中国嘉德	2012.05.14
寿山品种钮章(十件)	尺寸不一	55,200	中国嘉德	2012.10.30
寿山品种石印章(二十八件)	尺寸不一	78,200	中国嘉德	2012.05.14
寿山品种石章(四十八件)	尺寸不一	138,000	中国嘉德	2012.10.30
寿山品种石章(四十件)	尺寸不一	115,000	中国嘉德	2012.05.14
寿山旗降 善伯 杜陵石章(八件)	尺寸不一	55,200	中国嘉德	2012.05.14
寿山旗降石银包金薄意山水章(二件)	高7.4cm；高4.3cm	218,500	中国嘉德	2012.10.30
寿山巧色老性芙蓉印章	高12.8cm	97,750	荣宝斋(上海)	2012.09.09
寿山青芙蓉石龙吐珠钮印章	高9.6cm	92,000	荣宝斋(上海)	2012.09.09
寿山三色荔枝冻石古兽钮章	高10.3cm	80,500	西泠拍卖	2012.07.07
寿山善伯洞石五狮戏球钮章	高13.4cm	51,750	西泠拍卖	2012.07.07
寿山善伯石人物、夔龙钮方章(两件)	尺寸不一	115,000	中国嘉德	2012.10.30
寿山石、昌化石章(二对)	尺寸不一	172,500	西泠拍卖	2012.07.07
寿山石等印章(三方)	尺寸不一	161,000	广东益诚	2012.01.08
寿山石方章	高6cm	437,000	中国嘉德	2012.10.30
寿山石牧童向晚薄意天然章	高7cm	51,928	香港富得	2012.07.06
寿山石钮章(十五方)	尺寸不一	97,750	西泠拍卖	2012.07.07
寿山石三友图方才	高6cm	51,928	香港富得	2012.07.06
寿山石狮头印章	高13.5cm	333,684	澳门中信	2012.12.28
寿山石兽钮印章(七件)	尺寸不一	126,500	中国嘉德	2012.10.30
寿山石水洞桃花方章(两件)	尺寸不一	78,200	中国嘉德	2012.10.30
寿山石水洞桃花方章(两件)	尺寸不一	57,500	中国嘉德	2012.10.30
寿山石渔樵耕读薄意章	高4.9cm	105,800	西泠拍卖	2012.07.07
寿山水洞石人面桃花薄意章	高10.3cm	63,250	西泠拍卖	2012.07.07
寿山水洞朱砂石双螭钮章	高5.5cm	69,000	西泠拍卖	2012.07.07
寿山田黄、芙蓉、昌化、青田、广东绿等印章(六盒八十六方)	尺寸不一	281,750	西泠拍卖	2012.12.28
寿山田黄石薄意螭龙钮章	高5.8cm	1,437,500	中国嘉德	2012.05.14
寿山田黄石薄意人物、花鸟方章(两件)	尺寸不一	172,500	中国嘉德	2012.10.30
寿山田黄石薄意山水、云纹章(三件)	尺寸不一	161,000	中国嘉德	2012.10.30
寿山田黄石薄意山水方章	高4.2cm	345,000	中国嘉德	2012.05.14
寿山田黄石薄意松石随形章	高4.5cm	184,000	中国嘉德	2012.10.30
寿山田黄石薄意竹云随形章	高4.2cm	241,500	中国嘉德	2012.10.30
寿山田黄石兽钮方章	高3.7cm	253,000	中国嘉德	2012.10.30
寿山田黄石兽钮方章(两件)	尺寸不一	690,000	中国嘉德	2012.10.30
寿山田黄石卧牛钮方章(两件)	尺寸不一	115,000	中国嘉德	2012.10.30
寿山田黄石乌鸦皮薄意螭龙纹方章	高3.5cm	126,500	中国嘉德	2012.10.30
寿山汶洋石福寿、如意钮章(两件)	尺寸不一	172,500	中国嘉德	2012.10.30
寿山汶洋石兽钮、博古钮印章(七件)	尺寸不一	82,800	中国嘉德	2012.10.30
寿石工藏黄士陵刻黄寿山兽钮章(两方)	尺寸不一	414,000	中国嘉德	2012.12.17
寿石工藏桃花冻方章 鸡血石方章各一方	尺寸不一	63,250	中国嘉德	2012.12.17
寿石工藏吴昌硕刻寿山石章	高2.2cm	299,000	中国嘉德	2012.12.17
寿石工刻寿山白芙蓉石凤钮董寿平自用印	高5.6cm	218,500	西泠拍卖	2012.12.28
寿石工自用鸡血石章(十一方)	尺寸不一	207,000	中国嘉德	2012.12.17
寿石工自用田白薄意龙纹章	高5.4cm	71,300	中国嘉德	2012.12.17
兽钮方章	高9.5cm	138,000	福建东南	2012.05.20
双铰螭钮方章	高11.3cm	172,500	福建东南	2012.05.20
水洞高山人物对章	高8cm×2	69,000	朵云轩	2012.12.29
水洞高山三狮钮章	高8cm	92,000	朵云轩	2012.07.11
水洞高山石古兽对章	高10cm	149,500	福建东南	2012.05.20
水洞高山石夔龙纹钮方章	高11.2cm	109,250	福建东南	2012.05.20

2012杂项拍卖成交汇总

(成交价RMB：5万元以上)

拍品名称	物品尺寸	成交价RMB	拍卖公司	拍卖日期
水洞高山石素方章	高8cm	517,500	福建东南	2012.05.20
水洞高山石素章	高11.5cm	345,000	福建东南	2012.10.28
水洞高山石套章(八件套)	尺寸不一	138,000	福建东南	2012.10.28
水洞高山兽钮扁方章	高8cm	74,750	朵云轩	2012.07.11
水洞朱砂瑞兽钮长方章	高×9cm	805,000	上海驰翰	2012.04.27
孙慰祖篆刻大松石闲章	高6.7cm	149,500	朵云轩	2012.07.11
孙慰祖篆刻青田紫檀冻闲章	高6.7cm	138,000	朵云轩	2012.07.11
孙慰祖篆刻闲章	高6.6cm	172,500	朵云轩	2012.07.11
孙慰祖篆刻闲章	高7cm	138,000	朵云轩	2012.12.28
孙慰祖篆刻闲章	高6cm	138,000	朵云轩	2012.12.28
孙慰祖篆刻闲章	高2.5cm	109,250	朵云轩	2012.12.28
太白醉酒 寿山老坑善伯石钮方章	高12.7cm	66,700	中国嘉德	2012.05.14
谭锡瓒刻印章	高5.9cm	80,500	中国嘉德	2012.05.14
唐醉石、李尹桑、陶寿伯、董石良、茅大容刻寿山、青田石章(五方)	尺寸不一	57,500	西泠拍卖	2012.07.07
唐醉石、吴朴堂刻寿山石闲章(二方)	尺寸不一	69,000	西泠拍卖	2012.12.28
桃花芙蓉兽钮扁方章	高3.8cm	86,250	朵云轩	2012.07.11
桃花源 寿山荔枝石薄意随形章	高8.5cm	138,000	中国嘉德	2012.05.14
天伦之乐 寿山老坑善伯石钮方章	高10.5cm	66,700	中国嘉德	2012.05.14
天然翡翠双连章	尺寸不一	92,000	北京翰海	2012.05.26
田黄薄意花蝶随形章	高4cm	322,000	北京保利	2012.06.06
田黄薄意花卉纹章	长3.2cm	138,000	中国嘉德	2012.03.26
田黄薄意梅花扁方章	高3.1cm	80,500	北京保利	2012.12.07
田黄薄意梅花随形钮长方章	高4.8cm	57,500	北京保利	2012.10.25
田黄薄意山水人物纹章	高4.3cm	109,250	中国嘉德	2012.03.26
田黄薄意松下高士长方章	高5.1cm	184,000	北京保利	2012.06.06
田黄薄意套章	尺寸不一	149,500	福建东南	2012.05.20
田黄薄意章(三方)	尺寸不一	57,500	朵云轩	2012.12.29
田黄螭钮方章	高5.9cm	1,150,000	福建东南	2012.05.20
田黄螭钮方章	高3.5cm	241,500	福建东南	2012.05.20
田黄螭钮方章		55,200	上海嘉泰	2012.06.23
田黄方章	高4.8cm	69,000	中国嘉德	2012.06.16
田黄古兽方章	高5.1cm	57,500	北京保利	2012.12.07
田黄黄金黄薄意山水章	长4.6cm	92,000	北京保利	2012.12.06
田黄刻云龙钮方章	高6.6cm	70,121	香港淳浩	2012.03.31
田黄留皮薄意"赤壁夜游"长方章	高6.2cm	4,370,000	北京保利	2012.06.06
田黄留皮薄意螭龙随形章	高5cm	80,500	北京保利	2012.04.23
田黄留皮薄意山水人物随形章	长4.5cm	747,500	北京保利	2012.12.07
田黄梅花薄意章	高4cm	138,000	朵云轩	2012.07.11
田黄牧牛薄意随形章	高2.8cm	517,500	福建东南	2012.05.20
田黄平头章	高2.6cm	71,300	中国嘉德	2012.06.16
田黄瑞兽钮扁方章	高3.3cm	57,500	西泠拍卖	2012.12.28
田黄瑞兽印章		908,362	澳门中信	2012.12.28
田黄狮钮章(二方)	尺寸不一	126,500	北京保利	2012.06.06
田黄石《深山访友》薄意章	高4.1cm	103,500	福建东南	2012.10.28
田黄石薄意随形章(五件)	尺寸不一	89,700	西泠拍卖	2012.12.28
田黄石螭钮方章	高3.2cm	115,000	西泠拍卖	2012.07.07
田黄石春山佳趣薄意随形章	高7.6cm	575,000	西泠拍卖	2012.07.07
田黄石各类钮章(一组六方)	尺寸不一	80,500	西泠拍卖	2012.07.07
田黄石古兽钮扁章	高3.5cm	74,750	西泠拍卖	2012.07.07
田黄石古兽钮椭圆章	高3.7cm	437,000	西泠拍卖	2012.07.07
田黄石古兽钮椭圆章	高3.7cm	126,500	西泠拍卖	2012.07.07
田黄石古兽钮章	高3.8cm	57,500	西泠拍卖	2012.12.28
田黄石古兽章	高5.2cm	322,000	福建东南	2012.10.28
田黄石降龙伏虎罗汉薄意章	高5cm	460,000	西泠拍卖	2012.07.07
田黄石九螭献宝章	高6cm	10,350,000	福建东南	2012.10.28
田黄石鹿衔灵芝纹薄意随形章	高5.1cm	86,250	西泠拍卖	2012.12.28
田黄石罗汉薄意随形章	高3.9cm	161,000	西泠拍卖	2012.07.07
田黄石牛钮方章	高3.6cm	218,500	西泠拍卖	2012.07.07
田黄石瑞兽钮扁章	高4.2cm	529,000	西泠拍卖	2012.07.07

拍品名称	物品尺寸	成交价RMB	拍卖公司	拍卖日期
田黄石瑞兽钮方章	高3.2cm	63,250	西泠拍卖	2012.12.28
田黄石瑞兽钮方章(三件)	尺寸不一	69,000	中国嘉德	2012.05.14
田黄石山水薄意章	高4cm	97,750	西泠拍卖	2012.07.07
田黄石山水人物薄意随形章	高3.9cm	172,500	西泠拍卖	2012.07.07
田黄石双螭瓦钮方章	高4.7cm	138,000	西泠拍卖	2012.07.07
田黄石松鹤延年薄意随形章	高4.3cm	322,000	西泠拍卖	2012.07.07
田黄石松下高士薄意薄意章	高6.1cm	460,000	西泠拍卖	2012.12.28
田黄石松下高士薄意随形章	高6.2cm	161,000	西泠拍卖	2012.07.07
田黄石松荫高士薄意随形章	高3.4cm	92,000	西泠拍卖	2012.07.07
田黄石随形章(一组六件)	尺寸不一	86,250	西泠拍卖	2012.12.28
田黄石随形章(一组七件)	尺寸不一	138,000	西泠拍卖	2012.12.28
田黄石童子献寿钮章	高4.1cm	69,000	西泠拍卖	2012.12.28
田黄石印章(一组八方)	尺寸不一	287,500	西泠拍卖	2012.07.07
田黄石印章、摆件(一组四方)	尺寸不一	103,500	西泠拍卖	2012.07.07
田黄石云水纹薄意随形章	高3.3cm	230,000	西泠拍卖	2012.12.28
田黄石章(二方)	尺寸不一	78,200	西泠拍卖	2012.12.28
田黄石章(三方)	尺寸不一	51,750	西泠拍卖	2012.12.28
田黄石章(一组九方)	尺寸不一	218,500	西泠拍卖	2012.12.28
田黄石竹林高士薄意章	高4.5cm	126,500	西泠拍卖	2012.12.28
田黄兽钮扁方章	高3.4cm	345,000	朵云轩	2012.07.11
田黄兽钮方章	高3.6cm	103,500	北京匡时	2012.12.05
田黄五松庄印章	高3.9cm	230,000	广东衡益	2012.03.04
田黄戏珠龙钮随形章	高5.3cm	115,000	北京保利	2012.10.25
田黄小素章(三方一组)	尺寸不一	97,750	北京保利	2012.06.06
田黄夜游赤壁随形章	高4.3cm	287,500	福建东南	2012.05.20
田黄印章	高3.3cm	185,380	澳门中信	2012.12.28
田黄云纹印章		103,500	上海嘉泰	2012.10.25
田黄子母狮钮章	高3cm	126,500	上海嘉泰	2012.06.23
铜狮钮嵌铁藏印	长5.2cm	55,200	中贸圣佳	2012.07.22
铜印(六方)	尺寸不一	86,250	西泠拍卖	2012.12.28
童昌龄印章(一枚)	高13cm	86,250	荣宝斋(上海)	2012.06.17
童大年 1913年刻寿山连江黄石张钧衡收藏章	高8cm	230,000	西泠拍卖	2012.12.28
童大年刻 寿山善伯石印章	高7.5cm	55,200	中国嘉德	2012.05.14
童大年刻寿山石马钮闲章	高5.5cm	51,750	西泠拍卖	2012.07.07
童大年印章(二枚)	尺寸不一	51,750	荣宝斋(上海)	2012.06.17
童衍方篆刻闲章	高5.7cm	218,500	朵云轩	2012.07.11
童衍方篆刻闲章	高5.5cm	92,000	朵云轩	2012.07.11
童衍方篆刻闲章	高4.3cm	345,000	朵云轩	2012.12.28
童衍方篆刻闲章	高5.5cm	74,750	朵云轩	2012.12.28
汪关印章(一枚)	高5.4cm	86,250	荣宝斋(上海)	2012.06.17
汪世杰作田黄冻石渔歌唱晚薄意章	高4.2cm	690,000	西泠拍卖	2012.07.07
王北岳 1996年刻寿山善伯石赑屃钮方章	高4.7cm	86,250	西泠拍卖	2012.07.07
王斌刻巴林石瑞兽钮章	高6.7cm	89,700	西泠拍卖	2012.07.07
王斌刻寿山石山水薄意章	高9.5cm	86,250	西泠拍卖	2012.12.28
王聪刻白芙蓉兽钮方章	高5.7cm	69,000	上海嘉泰	2012.06.23
王大炘刻 平头方章	高4.2cm	126,500	中国嘉德	2012.05.14
王大炘印章(一枚)	高6.5cm	55,200	荣宝斋(上海)	2012.06.17
王福厂刻唐云自用印(一对)	高6.5cm	63,250	北京保利	2012.01.07
王鲲徙自用象钮田黄方章	高2cm	207,000	福建东南	2012.05.20
王禔刻 寿山芙蓉石狮钮方章	高6.8cm	57,500	中国嘉德	2012.05.14
王禔刻 寿山田黄石竹节章	高3.5cm	195,500	中国嘉德	2012.10.30
王禔刻 五福临门鹿目薄意方章	高5.1cm	74,750	中国嘉德	2012.05.14
王恕、季盘、赵引之、凌九等刻任伯年自用印(九方)	尺寸不一	51,750	西泠拍卖	2012.07.07
王一帆作高山玛瑙洞石《赤壁夜游》椭圆章	高7.6cm	161,000	福建东南	2012.10.28
王应绶、孙均、李嘉福、陈祖望、高邕、陈克恕等名家印章(共六十枚)	尺寸不一	60,205	香港普艺	2012.10.06

拍品名称	物品尺寸	成交价RMB	拍卖公司	拍卖日期
王禔 1913年刻寿山石童子洗象钮对章	高9.7cm×2	138,000	西泠拍卖	2012.12.28
王禔 1913年刻寿山石章(四方)	尺寸不一	51,750	西泠拍卖	2012.12.28
王禔 1931年刻青田石闲章	高3.6cm	78,200	西泠拍卖	2012.12.28
王禔 1942年刻寿山白芙蓉石童子洗象钮闲章	高4.8cm	51,750	西泠拍卖	2012.12.28
王禔 1943年刻寿山月尾紫石瓦钮闲章	高4cm	92,000	西泠拍卖	2012.07.07
王禔 1944年刻昌化鸡血石对章	高9.6cm×2	92,000	西泠拍卖	2012.07.07
王禔1907年刻寿山石薄意自用闲章	高5.8cm	115,000	西泠拍卖	2012.07.07
王禔1930年刻青田石闲章	高6.4cm	345,000	西泠拍卖	2012.07.07
王禔1939年刻青田石章	高7cm	78,200	西泠拍卖	2012.07.07
王禔跋，明 青田石五面印章	高2.9cm	172,500	西泠拍卖	2012.12.28
王禔刻寿山芙蓉石章	高4.5cm	51,750	西泠拍卖	2012.07.07
王禔刻兽钮对章	尺寸不一	57,500	中国嘉德	2012.05.14
王壮为1982年刻山水薄意田黄石闲章	高5.5cm	632,500	西泠拍卖	2012.07.07
文鼎、吴文铸印章(三枚)	尺寸不一	59,800	荣宝斋(上海)	2012.06.17
文彭制 三桥款印章	高8.3cm	103,500	北京九歌	2012.06.29
汶洋石鹿钮日字章	高6cm	195,500	福建东南	2012.10.28
汶洋石母子情钮章	高7.9cm	172,500	福建东南	2012.10.28
翁大年、严坤、姜炜、来楚生、蒋仁、戴熙等名家印章(共六十枚)	尺寸不一	50,798	香港普艺	2012.10.06
卧冰救子 寿山旗降石方章	高10.1cm	149,500	中国嘉德	2012.05.14
乌鸦皮田黄薄意雕“红楼梦”故事随形大章	高11.2cm	5,060,000	北京保利	2012.06.06
乌鸦皮田黄螭龙钮长方章	高5cm	402,500	北京保利	2012.06.06
乌鸦皮田黄石螭虎钮章	高4.5cm	345,000	福建东南	2012.10.28
乌鸦皮田黄石螭钮方章	高3.3cm	483,000	西泠拍卖	2012.12.28
乌鸦皮田黄石青竹薄意方章	高5.4cm	1,840,000	西泠拍卖	2012.12.28
吴昌硕 1913年作 刻寿山石刘泽源自用印(五方)	尺寸不一	690,000	西泠拍卖	2012.12.28
吴昌硕 寿山石“悔盦”长方章	高9.3cm	287,500	北京保利	2012.12.06
吴昌硕 寿山石“竹千蕙百庐”方章	高5.8cm	977,500	北京保利	2012.12.06
吴昌硕 印章“孟黉”	高7.8cm	368,000	北京匡时	2012.12.05
吴昌硕 印章“瘦沈”	高4.3cm	747,500	北京匡时	2012.12.05
吴昌硕1887年刻青田石吴伯滔自用对章	高6.3cm×2	655,500	西泠拍卖	2012.07.07
吴昌硕1895年刻青田石任霞自用印	高5cm	230,000	西泠拍卖	2012.07.07
吴昌硕1898年 印章“胡钦之印”、“胡德斋”	高5.6cm×2	667,000	北京匡时	2012.12.05
吴昌硕1899年 朱文印“书窟”	高5cm	345,000	北京匡时	2012.12.05
吴昌硕刻 长方章	高6.2cm	1,380,000	中国嘉德	2012.10.30
吴昌硕刻 青田石方章	高7cm	667,000	中国嘉德	2012.05.14
吴昌硕刻 青田石方章	高4.3cm	299,000	中国嘉德	2012.05.14
吴昌硕刻 青田石方章	高6.2cm	713,000	中国嘉德	2012.10.30
吴昌硕刻 青田石方章	高4.6cm	575,000	中国嘉德	2012.10.30
吴昌硕刻 青田石方章	高6.2cm	345,000	中国嘉德	2012.10.30
吴昌硕刻 寿山芙蓉石方章	高5.3cm	368,000	中国嘉德	2012.05.14
吴昌硕刻 寿山石素方章	高6.3cm	747,500	中国嘉德	2012.05.14
吴昌硕刻 寿山石云纹薄意方章	高7cm	598,000	中国嘉德	2012.05.14
吴昌硕刻芙蓉石方章	高4.3cm	2,012,500	中国嘉德	2012.05.14
吴昌硕刻寿山芙蓉石马钮方章	高6cm	1,012,000	中国嘉德	2012.05.14
吴昌硕刻寿山石任霞自用对章	高2.6cm×2	230,000	西泠拍卖	2012.07.07
吴昌硕刻寿山石任霞自用印	高4cm	517,500	西泠拍卖	2012.07.07
吴昌硕刻寿山石印章	高6.2cm	115,000	中国嘉德	2012.10.30
吴昌硕刻寿山石章	高7.5cm	862,500	西泠拍卖	2012.12.28
吴昌硕刻象骨任伯年自用双联章	高2.4cm×2	862,500	西泠拍卖	2012.07.07
吴昌硕印章(三枚)	尺寸不一	55,200	荣宝斋(上海)	2012.06.17
吴朴 1943年刻青田石闲章	高5.9cm	103,500	西泠拍卖	2012.07.07
吴朴刻寿山、青田石章(四方)	尺寸不一	63,250	西泠拍卖	2012.07.07
吴让之刻 方章	高6.1cm	402,500	中国嘉德	2012.10.30
吴让之刻印章	高3.7cm	828,000	中国嘉德	2012.05.14
吴讓之刻 寿山芙蓉石兽钮对章	高6.5cm×2	3,450,000	中国嘉德	2012.10.30
吴颐人篆刻巴林石闲章	高19.5cm	126,500	朵云轩	2012.07.11
吴颐人篆刻巴林石闲章	高19cm	126,500	朵云轩	2012.07.11
吴颐人篆刻巴林石闲章	高19cm	126,500	朵云轩	2012.07.11
吴颐人篆刻闲章	高7.8cm	184,000	朵云轩	2012.12.28
吴隐刻 寿山石方章	高7.3cm	115,000	中国嘉德	2012.10.30
吴隐刻寿山石闲章	高7cm	74,750	西泠拍卖	2012.07.07
吴子建篆刻闲章	高7.8cm	149,500	朵云轩	2012.07.11
吴子建篆刻闲章	高5.5cm	55,200	朵云轩	2012.07.11
吴子建篆刻闲章	高5cm	69,000	朵云轩	2012.12.28
五彩芙蓉石龙凤钮章	高9.3cm	1,120,000	福建国石	2012.05.13
五福来朝 寿山尼姑寮石薄意方章	高10.1cm	172,500	中国嘉德	2012.10.30
奚冈、蒋仁印章(三枚)	尺寸不一	57,500	荣宝斋(上海)	2012.06.17
犀角印章		2,760,000	广东益诚	2012.01.08
戏狮 巴林石钮方章(两件)	尺寸不一	55,200	中国嘉德	2012.05.14
现代 齐白石刻艾叶绿印章	高6cm	126,500	上海大众	2012.08.04
现代 田黄“山水人物”无形章	高5.6cm	218,500	凤凰拍卖	2012.12.16
徐庆华篆刻闲章	高6cm	115,000	朵云轩	2012.12.28
徐庆华篆刻闲章	高5cm	80,500	朵云轩	2012.12.28
徐三庚、王冰铁、徐新周、吴昌硕刻印章(四件)	尺寸不一	862,500	中国嘉德	2012.05.14
徐三庚刻 青田石方章	高6cm	207,000	中国嘉德	2012.10.30
徐三庚刻 青田石方章	高6.8cm	103,500	中国嘉德	2012.10.30
徐三庚刻 寿山高山石牧牛钮方章	高3.2cm	747,500	中国嘉德	2012.10.30
徐三庚刻寿山石闲章	高5cm	276,000	西泠拍卖	2012.07.07
徐三庚印章(三枚)	尺寸不一	55,200	荣宝斋(上海)	2012.06.17
徐三庚印章(一枚)	高5.2cm	437,000	荣宝斋(上海)	2012.06.17
徐三庚篆刻黄杜陵闲章	高4.6cm	414,000	朵云轩	2012.12.29
徐世章藏黄金黄田黄石扁章	高5.6cm	3,795,000	西泠拍卖	2012.07.07
徐世章自用印章(九件)	尺寸不一	287,500	中国嘉德	2012.10.30
徐云叔篆刻巴林冻闲章	高6.6cm	253,000	朵云轩	2012.07.11
徐之麀篆刻闲章	高8cm	63,250	朵云轩	2012.07.11
许宝骙自用寿山石博古钮对章	高6.2cm×2	51,750	西泠拍卖	2012.07.07
严坤 1892年刻寿山白芙蓉石章	高3.5cm	55,200	西泠拍卖	2012.07.07
羊钮章	高9.3cm	172,500	福建东南	2012.05.20
杨传烈 瓷白芙蓉问鼎九连章	尺寸不一	51,750	北京保利	2012.12.07
杨传烈“杨传烈”款瓷白芙蓉石“一言九鼎”九方套章	尺寸不一	103,500	北京保利	2012.06.06
杨兴泰刻 寿山石方章	高4cm	82,800	中国嘉德	2012.10.30
姚仲炬 汶洋石罗汉洗象方章	高11.2cm	109,250	福建东南	2012.05.20
叶潞渊等刻青田石印章(共十件)		57,500	中国嘉德	2012.05.14
叶潞渊刻田黄石山水薄意章	高5cm	184,000	西泠拍卖	2012.12.28
叶为铭刻 青田石印章	高3.4cm	80,500	中国嘉德	2012.05.14
一刀刻 瑞兽 巴林石方章(三件)	尺寸不一	55,200	中国嘉德	2012.05.14
一品清莲 寿山芙蓉石章(两件)	尺寸不一	69,000	中国嘉德	2012.05.14
忆梅庵藏印(三方)	尺寸不一	149,500	中国嘉德	2012.10.30
忆梅庵藏印(五方)	尺寸不一	103,500	中国嘉德	2012.10.30
忆梅庵藏印章(三方)	尺寸不一	230,000	中国嘉德	2012.10.30
益田香远刻 昌化鸡血石印印(共四件)	尺寸不一	57,500	中国嘉德	2012.05.14
银包金田黄薄意山水方章	高4cm	56,420	香港华辉	2012.11.23
银包金田黄石山水人物薄意章	高4.3cm	161,000	西泠拍卖	2012.07.07
印章 1931年刻 1936年刻 齐白石印章(三方)	尺寸不一	603,750	北京匡时	2012.12.06
印章(黄花梨原盒)李宗瀚印章(一套九枚)		322,000	凤凰拍卖	2012.12.16
攸嘉等 1881年刻任伯年自用印(二方)	尺寸不一	63,250	西泠拍卖	2012.07.07
余任天1949年刻寿山石章(三方)	尺寸不一	69,000	西泠拍卖	2012.07.07

2012杂项拍卖成交汇总

(成交价RMB：5万元以上)

拍品名称	物品尺寸	成交价RMB	拍卖公司	拍卖日期
郁达夫刻黄仲琴自用印	高2.4cm	230,000	西泠拍卖	2012.12.28
圆山大迁刻 印章	高2.5cm	55,200	中国嘉德	2012.05.14
袁慧敏篆刻闲章	高6.8cm	63,250	朵云轩	2012.12.28
袁慧敏篆刻闲章	高5.8cm	55,200	朵云轩	2012.12.28
月照山居 寿山杜陵石薄意长方章	高8.6cm	92,000	中国嘉德	2012.05.14
詹可树作荔枝冻石《红楼梦》人物薄意对章	高15.5cm	552,000	西泠拍卖	2012.12.28
张充和藏寿山白芙蓉石螭钮章	高6.3cm	138,000	西泠拍卖	2012.12.28
张大千私印(五方)	尺寸不一	299,000	北京保利	2012.12.06
张文康刻青田石“顺其自然”“闻鸡起舞”印章(二方)	尺寸不一	94,300	上海崇源	2012.10.19
张燕昌、严冠、陈鸿寿、张开福、丁佛言、乔大壮等名家石印章(三十五枚)	尺寸不一	59,322	香港普艺	2012.11.24
昭和 足达畴邨篆刻闲章	高8.5cm	55,200	朵云轩	2012.07.11
赵古泥、赵林刻寿山石孙祖同等用印(二方)	尺寸不一	178,250	西泠拍卖	2012.12.28
赵古泥自用青田石两面印	高3.5cm	57,500	西泠拍卖	2012.07.07
赵叔孺1934年刻寿山石蝉钮闲章	高2.8cm	97,750	西泠拍卖	2012.07.07
赵叔孺(款)刻田黄石印章(二方)	尺寸不一	207,000	上海工美	2012.08.18
赵叔孺1939年刻寿山石林今雪自用印	高3.8cm	126,500	西泠拍卖	2012.07.07
赵叔孺等刻田黄石奚旭自用印等(三方)	尺寸不一	287,500	西泠拍卖	2012.07.07
赵叔孺刻寿山芙蓉石花卉钮方章	高6cm	69,000	中国嘉德	2012.05.14
赵叔孺刻 寿山石凤钮方章	高3.8cm	149,500	中国嘉德	2012.10.30
赵叔孺刻 兽纽椭圆章	高4.7cm	71,300	中国嘉德	2012.10.30
赵叔孺刻寿山石马钮章	高5.3cm	63,250	西泠拍卖	2012.07.07
赵叔孺刻寿山水洞桃花石王祖锡自用对章	高6.2cm	115,000	西泠拍卖	2012.07.07
赵之琛刻 青田石印章	高5cm	517,500	中国嘉德	2012.05.14
赵之琛刻 寿山芙蓉石兽纽方章	高4.5cm	80,500	中国嘉德	2012.05.14
赵之琛刻青田石章	高2.5cm	368,000	西泠拍卖	2012.12.28
赵之琛刻寿山杜陵石对章	高4.6cm×2	55,200	西泠拍卖	2012.12.28
赵之琛印章(五枚)	尺寸不一	55,200	荣宝斋(上海)	2012.06.17
赵之谦刻 方章	高4.8cm	1,897,500	中国嘉德	2012.10.30
赵之谦刻 青田石方章	高3.2cm	632,500	中国嘉德	2012.10.30
赵之谦印章(二枚)	尺寸不一	51,750	荣宝斋(上海)	2012.06.17
赵之谦自用木印	高7.3cm	138,000	西泠拍卖	2012.07.07
郑仁蛟 都成坑石螭虎对章	高9.7cm	103,500	福建东南	2012.05.20
郑世斌刻薄意山水人物田黄章	高7.2cm	2,760,000	上海大众	2012.08.04
郑颖芝 高山水洞桃花雕古兽方章	高9.5cm	170,000	上海驰翰	2012.10.10
郑幼林作田黄石竹节章	高5.3cm	109,250	西泠拍卖	2012.12.28
郑则评作田黄石鳌龙戏珠随形章	高2.8cm	103,500	福建东南	2012.10.28
郑则评作田黄石卧读南华薄意章	高5cm	5,635,000	西泠拍卖	2012.07.07
支慈厂、刘源沂等刻寿山石章(七方)	尺寸不一	51,750	西泠拍卖	2012.12.28
钟权刻芙蓉石山水薄意章	高6.5cm	51,750	西泠拍卖	2012.07.07
钟以敬 1902、1914年刻青田石章(七方)	尺寸不一	138,000	西泠拍卖	2012.07.07
钟以敬 1902年刻寿山石章(四方)	尺寸不一	57,500	西泠拍卖	2012.12.28
钟以敬刻昌化鸡血石任伯年自用对章	高6.4cm×2	126,500	西泠拍卖	2012.07.07
周承德刻 白芙蓉夔龙纹博古钮闲章	高2.9cm×2	172,500	中国嘉德	2012.10.30
周芬印章(一枚)	高9.6cm	51,750	荣宝斋(上海)	2012.06.17
朱复戡 1931年刻昌化石张鲁盦自用印(二方)	尺寸不一	161,000	西泠拍卖	2012.12.28
朱复戡刻 寿山石龟钮印章	高3cm	63,250	中国嘉德	2012.05.14
朱砂高山金蟾钮长方章	高9.8cm	74,750	北京保利	2012.06.06
竹根方章	高4.1cm	69,000	中国嘉德	2012.10.30
邹作志 牛气冲天 青花印章		172,500	西泠拍卖	2012.12.29
醉卧林间 田黄薄意随形章	高3.8cm	86,250	中国嘉德	2012.05.14

拍品名称	物品尺寸	成交价RMB	拍卖公司	拍卖日期
醉卧仙人 寿山汶洋石方章	高8.9cm	105,800	中国嘉德	2012.05.14
左平款寿山红石印章	高17cm(连座)	86,250	荣宝斋(上海)	2012.09.09
左一刀款水洞寿山石印章	高15.8cm	126,500	荣宝斋(上海)	2012.09.09
墨				
明万历 方于鲁制龙凤呈祥墨	高7.2cm	161,000	北京诚轩	2012.10.28
明万历 吴申伯制梧竹居墨	高8.4cm	103,500	北京诚轩	2012.10.28
明万历 吴申伯制五牛图墨	长8.9cm	201,250	北京诚轩	2012.10.28
明万历 朱一涵制龙纹诗文墨	长9cm	149,500	北京保利	2012.06.06
明隆庆 朱砂龙墨	长7cm	63,250	北京保利	2012.12.06
明 “桑林鸿渐” 款六方墨	长8cm	103,500	北京保利	2012.12.06
明 “子瞻” 作狮子戏球墨	直径7.5cm	69,000	北京保利	2012.12.06
明 程伯祥制龙纹圆饼形墨	直径5cm	115,000	北京保利	2012.12.06
明 方于鲁款龙生“九子”墨	长9.8cm	92,000	北京保利	2012.12.06
明 方于鲁制“太平有象”图墨	直径9.1cm	1,265,000	北京保利	2012.12.06
明 墨砖	长25cm	138,000	北京保利	2012.12.06
明崇祯 玉堂柱石图墨	长12.5cm	80,500	中国嘉德	2012.10.29
明末 方于鲁制加彩“补衮”墨	直径6.6cm	172,500	北京保利	2012.12.06
明晚期 玄龙焕墨	长8cm	59,800	北京诚轩	2012.10.28
清早期 百子图墨	直径13cm	57,500	北京保利	2012.06.06
清乾隆 暗刻填金「山水楼阁」图八角墨(一对)	长7cm	139,975	伦敦苏富比	2012.05.16
清乾隆 描金云海纹朱砂墨	长36.5cm	179,960	澳门龙禧	2012.01.08
清乾隆 墨(一套)	长8cm	56,442	澳门恆瑞	2012.10.02
清乾隆 骑犊归来墨	长33.7cm	161,964	澳门龙禧	2012.01.08
清乾隆 瓦形山水人物墨(一方)	长14cm	138,000	中国嘉德	2012.05.14
清乾隆30年(1765) 御制「关槐山水」诗图圆墨	直径14cm	221,650	香港佳士得	2012.11.28
清嘉庆 御园图集锦墨	长12.3cm	201,500	香港佳士得	2012.11.28
清道光 菊花纹墨(十二方)	长7.8cm	55,200	中国嘉德	2012.12.17
清晚期 耕织图墨(二十四方一套)	尺寸不一	161,000	北京保利	2012.06.06
乾隆御制诗墨	长12.8cm	57,500	上海工美	2012.08.18
清 “云霞绚彩” 彩墨(十方)	长7.5cm	57,500	中国嘉德	2012.12.17
清 道光墨锭	直径14cm	230,000	北京容海	2012.03.26
清 各式墨三十二方	尺寸不一	63,250	朵云轩	2012.07.11
清 黄山图墨(九件)	长9cm	55,200	上海嘉泰	2012.10.26
清 黄山图墨(十八方)	长7.5cm	55,200	中国嘉德	2012.06.16
清 黄山图墨(十六方)	长9cm	105,800	中国嘉德	2012.09.16
清 乾隆御制 紫阁铭勋墨	直径6.9cm	230,000	中国嘉德	2012.05.12
清 新安大好山水墨(十六锭)	墨长8.6cm	69,000	西泠拍卖	2012.07.07
清 胡开文款彩色套墨	尺寸不一	74,750	西泠拍卖	2012.12.28
汪近圣 黄山图墨(十八锭)	长7.2cm	207,000	上海工美	2012.08.18
砚墨朱砂墨(一组)	尺寸不一	322,000	中国嘉德	2012.10.30
竹林七贤明古墨	长21.5cm	161,000	安华白云	2012.06.08
程君房 百子图墨	直径12.4cm	57,500	上海工美	2012.08.18
纸张				
清乾隆 贡纸(一组二十封)	长70cm	74,750	荣宝斋(上海)	2012.06.17
民国 汪六吉四尺宣纸一刀100张		69,000	上海大众	2012.08.05
蓝地描金山水纸	156.5cm×35.7cm×2	92,000	文博苑	2012.05.15
其他文房用品				
清早期 黄花梨文具箱	宽54cm	460,000	北京保利	2012.04.21
清早期 长方倭角铺砂文房盒	长23cm	138,000	上海大众	2012.08.04
清乾隆 紫檀夔龙文具盘	长36cm	230,000	北京保利	2012.04.21
清乾隆 铜烧蓝填金八宝纹玉柄修纸刀	长33cm	161,000	北京匡时	2012.12.05
清中期 紫檀嵌瘿木文具箱	长36.4cm	126,500	北京保利	2012.06.06
清中期 黄花梨提携式文具箱	33cm×27cm×38cm	89,700	北京永乐	2012.06.05
清代 文房四宝		7,198,400	澳门龙禧	2012.01.08
清18世纪/19世纪 端石刻文「平心研」	长21.7cm	194,275	香港苏富比	2012.10.09
清 紫檀文具箱	高38.5cm	103,500	北京歌德	2012.06.03

拍品名称	物品尺寸	成交价RMB	拍卖公司	拍卖日期
清 张宗祥题张上慧款各式文房(七件)	尺寸不一	172,500	中国嘉德	2012.09.16
清 湘妃竹藤编文房箱	长34cm	55,200	上海大众	2012.08.04
清 铜制文房用具(一组五件)	尺寸不一	58,240	北京荣宝	2012.03.10
清 掐丝珐琅文房(一组)	尺寸不一	55,200	太平洋	2012.06.16
清 集珍萃花墨一套四层(十六锭)	尺寸不一	80,500	北京九歌	2012.06.29
清 各质文房用具(一套)	尺寸不一	126,500	北京保利	2012.04.23
施南池藏文房(一组)	尺寸不一	126,500	荣宝斋(上海)	2012.06.17
文房(一组七件)	尺寸不一	61,600	北京荣宝	2012.11.25
当代 李文骏(b.1950)刻石(十五方)	尺寸不一	690,000	上海崇源	2012.10.19
钱币邮品				
铜币				
"安阳之大刀"背"草"五字刀	长18.35cm	149,500	中国嘉德	2012.05.19
"安周"小型平肩空首布	长7.06cm	230,000	北京翰海	2012.04.19
"百涅"大型锐角布	长7.3cm	345,000	中国嘉德	2012.05.19
"半寰"圜钱对读	直径2.84cm	105,800	中国嘉德	2012.05.19
"半新"圜钱左读	通长3.19cm	51,750	中国嘉德	2012.05.19
"差布五百"不通顶版	长4.41cm	63,250	中国嘉德	2012.05.19
"道光"宝源局"雕母"	直径2.52cm	402,500	北京翰海	2012.04.19
"得壹""顺天"一对		78,200	北京翰海	2012.04.19
"得壹""顺天"一对		69,000	北京翰海	2012.04.19
"第布八百"通顶版	长5.51cm	63,250	中国嘉德	2012.05.19
"第四"酒令筹	直径3.96cm	71,300	中国嘉德	2012.05.19
"第五"酒令筹	直径3.97cm	74,750	中国嘉德	2012.05.19
"分布"桥裆布	长5.99cm	66,700	中国嘉德	2012.05.19
"福如东海"大型标准母钱	直径6.05cm	55,200	北京翰海	2012.04.19
"高"大型平肩弧裆空首布	长9.6cm	71,300	中国嘉德	2012.05.19
"固"大型平肩弧裆空首布	长9.7cm	59,800	中国嘉德	2012.05.19
"货泉"铜母范背"大有万余"	通长12.42cm	138,000	中国嘉德	2012.05.19
"即墨之法化"五字刀		92,000	北京翰海	2012.04.19
"离石"大型圆足布	长7.78cm	253,000	中国嘉德	2012.05.19
"离石"小型圆足布	长5.3cm	138,000	中国嘉德	2012.05.19
"梁充釿五二十当""梁充釿百当"桥裆布一组两枚	尺寸不一	78,200	中国嘉德	2012.05.19
"南"字大型耸肩空首布	长14.5cm	322,000	北京翰海	2012.04.19
"齐之大刀"背"上"四字刀	长18.49cm	105,800	中国嘉德	2012.05.19
"山阳"大型桥足布	长6.2.5cm	126,500	北京翰海	2012.04.19
"西周"圜钱	直径2.75cm	92,000	中国嘉德	2012.05.19
"咸通玄宝"	直径2.31cm	51,750	中国嘉德	2012.05.19
"行"背"公刀"三字大型针首刀	长15.2.2cm	66,700	中国嘉德	2012.05.19
"雍正"早期宝泉局"雕母"	直径3.10cm	92,000	北京翰海	2012.04.19
"中布六百"不通顶版	长4.5.6cm	74,750	中国嘉德	2012.05.19
"中泉三十"	直径2.15cm	59,800	中国嘉德	2012.05.19
"壮泉四十"	直径2.3cm	230,000	中国嘉德	2012.05.19
"壮泉四十"	直径2.35cm	82,800	中国嘉德	2012.05.19
战国时期赵国铸"晋化"直刀一枚	高9.75cm	310,500	北京诚轩	2012.11.25
战国时期齐国"齐之法化"四字刀一枚	高18.8cm	63,250	北京诚轩	2012.11.25
战国时期"下阳"背"十七两"大型三孔布一枚	高7.35cm	3,680,000	北京诚轩	2012.11.25
战国·王畿"东周"圜钱	直径2.8cm	71,300	中国嘉德	2012.11.26
战国·韩"百涅"大型锐角布	通长7.17cm	103,500	中国嘉德	2012.11.26
战国·楚"桡比釿四"背"一傎三新傎"小布	通长5.39cm	184,000	中国嘉德	2012.11.26
战国 尖足布一组		425,500	北京翰海	2012.04.19
西汉"第一宝"酒令筹钱	直径4.08cm	57,500	中国嘉德	2012.11.26
汉 大泉五十铜母范		189,750	朵云轩	2012.12.30
新莽时期"大泉五十"背"日利万年"钱范一件	直径6.95cm	51,750	北京诚轩	2012.11.25
新莽"一刀平五千"	通长7.29cm	149,500	中国嘉德	2012.11.26

拍品名称	物品尺寸	成交价RMB	拍卖公司	拍卖日期
王莽 幺"泉十一""中泉三十"		195,500	北京翰海	2012.04.19
王莽"契刀五百"极品三枚		103,500	北京翰海	2012.04.19
泰和重宝一枚	直径4.4cm	69,000	北京保利	2012.06.04
唐·史思明大型鎏金"顺天元宝"	直径3.91cm	126,500	中国嘉德	2012.11.26
五代十国·马殷鎏金"天策府宝"	直径4.32cm	299,000	中国嘉德	2012.11.26
宋早期 符文方型钱牌	长6.37cm	71,300	北京翰海	2012.04.19
北宋 篆书"重和通宝"	直径2.57cm	51,750	中国嘉德	2012.11.26
北宋 折二正样"靖康通宝"	直径2.96cm	1,058,000	中国嘉德	2012.11.26
北宋"绍圣元宝"折三篆书铁母	直径3.45cm	69,000	中国嘉德	2012.11.26
北宋"大观通宝"折三铁母	直径3.35cm	57,500	中国嘉德	2012.11.26
宋"大观通宝"大钱(试铸币)一枚		172,500	朵云轩	2012.12.30
南宋绍兴通宝(仿瘦金书折十)大钱	直径4.5cm	66,700	西泠拍卖	2012.07.07
南宋 隆兴元宝(小平)	直径3.6cm	172,500	西泠拍卖	2012.07.07
南朝·刘子业"两铢"	直径1.83cm	59,800	中国嘉德	2012.11.26
元 折三"至正通宝"背"寅"	直径3.3cm	55,200	中国嘉德	2012.11.26
元 汉文折三"大德通宝"	直径2.96cm	94,300	中国嘉德	2012.11.26
元"至大通宝"折二	直径2.86cm	97,750	中国嘉德	2012.05.19
元"穆清铜宝"皇家供养钱一枚		483,000	朵云轩	2012.12.30
元 至正之宝铜钱(背吉权钞伍钱)		63,250	西泠拍卖	2012.12.28
金"阜昌重宝"楷书	直径3.48cm	51,750	中国嘉德	2012.05.19
明 天启通宝(背十一两星月)	直径5cm	103,500	西泠拍卖	2012.07.07
明"天启通宝"背"密十一两"	直径4.84cm	80,500	中国嘉德	2012.05.19
清浙江省造光绪元宝当十白铜试样合背(双面龙)一枚		138,000	上海崇源	2012.10.18
清代宝源局"道光通宝"小平雕母一枚	直径2.1cm	82,800	北京诚轩	2012.11.25
清代安徽省造光绪元宝每元当制钱十文中心方孔铜元一枚		632,500	上海崇源	2012.10.18
清 诗文花钱	直径5.47cm	51,750	中国嘉德	2012.05.19
清"宣统通宝"背"宝泉"小平雕母	直径1.95cm	690,000	中国嘉德	2012.05.19
清"咸丰元宝"背"宝泉当千"尔宝版样钱	直径6.29cm	862,500	中国嘉德	2012.11.26
清"咸丰元宝"背"宝泉当千"	直径6.38cm	155,250	中国嘉德	2012.05.19
清"咸丰元宝"背"宝泉当百"母钱	直径5.42cm	115,000	中国嘉德	2012.11.26
清"咸丰元宝"背"宝德当百"	直径5.09cm	59,800	中国嘉德	2012.11.26
清"万寿无疆"背"大雅"大型祝寿宫钱	直径6.38cm	287,500	中国嘉德	2012.11.26
清"同治重宝"背"宝源当十"母钱	直径3.2cm	51,750	中国嘉德	2012.05.19
清"同治重宝"背"宝源当十"雕母	直径3.23cm	103,500	中国嘉德	2012.05.19
清"同治通宝"背"天下太平"	直径4.35cm	82,800	中国嘉德	2012.05.19
清"太平重宝"背"宝陕钱局"开炉钱	直径5.29cm	51,750	中国嘉德	2012.11.26
清"顺治通宝"背上"新"	直径2.37cm	55,200	中国嘉德	2012.05.19
清"乾隆通宝"背"天下太平"	直径3.71cm	57,500	中国嘉德	2012.05.19
清"祺祥重宝"背"宝源当十"	直径3.64cm	471,500	中国嘉德	2012.05.19
清"祺祥重宝"背"宝源当十"	直径3.55cm	59,800	中国嘉德	2012.11.26
清"嘉庆通宝"背"天下太平"	直径3.57cm	63,250	中国嘉德	2012.05.19
清"嘉庆通宝"背"宝桂"试铸母钱	直径2.94cm	115,000	中国嘉德	2012.11.26
清"光绪重宝"背"宝泉当十"雕母	直径3.28cm	253,000	中国嘉德	2012.05.19
清"光绪通宝"背"天下太平"小字版	直径4.71cm	69,000	中国嘉德	2012.05.19
清"光绪通宝"背"天下太平"大字版宫钱样钱	直径4.69cm	161,000	中国嘉德	2012.11.26
清"光绪通宝"背"天下太平"大字版	直径4.76cm	69,000	中国嘉德	2012.05.19

2012杂项拍卖成交汇总

(成交价RMB：5万元以上)

拍品名称	物品尺寸	成交价RMB	拍卖公司	拍卖日期
清"光绪通宝"背"宝泉"小平雕母	直径2.42cm	517,500	中国嘉德	2012.05.19
清"光绪通宝"背"宝沽"小平机制	直径2.2cm	227,700	中国嘉德	2012.05.19
清"道光通宝"背"宝源"小平雕母	直径2.53cm	402,500	中国嘉德	2012.11.26
清"道光通宝"背"宝泉"小平大样母钱	直径2.88cm	57,500	中国嘉德	2012.05.19
清"崇德汗钱"	直径3.18cm	80,500	中国嘉德	2012.05.19
清"同治重宝"背"宝伊当四"(黄铜)一枚		172,500	朵云轩	2012.12.30
清 光绪通宝宫钱(背八卦图)		57,500	西泠拍卖	2012.12.28
清 光绪万年花钱(背双福)		92,000	西泠拍卖	2012.12.28
大康四年铜钱		741,520	澳门中信	2012.12.28
大清铜币(汴)己酉 当制钱二十文		278,070	澳门中信	2012.12.28
光绪元宝四川省造铜币		926,900	澳门中信	2012.12.28
光绪元宝四川省造铜币		556,140	澳门中信	2012.12.28
己酉大清铜币中心汴字当制钱五文一枚		713,000	北京保利	2012.12.02
己酉大清铜币中心汴字当制钱二文一枚		575,000	北京保利	2012.12.02
己酉大清铜币中心汴字当制钱二十文一枚		575,000	北京保利	2012.12.02
癸卯(1903年)奉天省造光绪元宝二十文铜币		120,750	中国嘉德	2012.11.27
广东省造光绪元宝库平"一钱四分六厘"一枚		66,700	上海泓盛	2012.06.18
光绪通宝机制小钱六枚		184,000	北京保利	2012.12.02
光绪天下太平宫钱	直径4.60cm	103,500	北京翰海	2012.04.19
光绪三十一年(1905年)广东钱局光绪元宝壹元	八五成新	51,750	中国嘉德	2012.05.17
光绪三十四年(1908年)信义储蓄银行当拾铜圆壹佰枚	八成新	57,500	上海泓盛	2012.03.30
己酉(1909年)宣统年造度支部大清铜币二十文		69,000	中国嘉德	2012.05.20
己酉(1909年)宣统年造大清铜币二十文		103,500	中国嘉德	2012.05.20
民国元年(1912年)安徽中华银行安徽通用铜元壹百枚	八成新	195,500	上海泓盛	2012.03.30
民国时期袁世凯像背嘉禾图共和纪念十文铜币一枚 钱币		97,750	北京诚轩	2012.05.18
民国三十八年上海中央造币厂嘉禾图"金圆"币试铸样币壹钱一枚		57,500	北京诚轩	2012.11.25
民国六年(1917年)黑龙江省官银分号卜魁铜元贰佰枚		552,000	中国嘉德	2012.11.26
民国二十五年嘉禾壹分铜质样币一枚 钱币		207,000	北京诚轩	2012.05.18
民国 中华民国三年袁世凯侧面像鹰洋边壹圆银模红铜质样币	直径3.8cm	218,500	西泠拍卖	2012.07.07
1903-05年户部光绪元宝二十文铜币		230,000	中国嘉德	2012.05.20
1903年癸卯奉天省造光绪元宝二十文黄铜币一枚		71,300	北京诚轩	2012.11.25
1904年左右"山东"光绪元宝十文铜币一枚 钱币		55,200	北京诚轩	2012.05.18
1905年广西省造光绪元宝飞龙十文铜币样币一枚 钱币	品相极佳	368,000	北京诚轩	2012.05.18
1905年乙巳江南省造光绪元宝十文铜币一枚 钱币		101,200	北京诚轩	2012.05.18
1905年乙巳江南省造光绪元宝十文铜币一枚 钱币		86,250	北京诚轩	2012.05.18
1906年户部丙午大清铜币中心"浙"二十文一枚 钱币		59,800	北京诚轩	2012.05.18
1910年宣统年造大清铜币一分一枚		80,500	北京诚轩	2012.11.25
1912年壬子江西省造大汉铜币十文一枚 钱币		66,700	北京诚轩	2012.05.18
1980年长城币一盒二十五套		105,800	上海泓盛	2012.06.18
1980年中国奥林匹克委员会铜币一百五十枚	直径2.3cm	89,700	上海泓盛	2012.06.18
1980年中国人民银行发行纪念精铸套币一组二十五套		143,750	中国嘉德	2012.05.20
1983年150元面值中国珍稀动物一东北虎金币铜样一枚		1,150,000	朵云轩	2012.12.30
1985年12.7g熊猫精制铜币	直径3.2cm	287,500	上海泓盛	2012.06.18
1986丙寅虎年1/4盎司200元面值铂币加厚铜样一枚		1,518,000	朵云轩	2012.12.30
宝泉局咸丰元宝星月当千一枚	直径6.0cm	103,500	北京保利	2012.06.04
丙午(1906年)光绪年造户部大清铜币二十文		241,500	中国嘉德	2012.05.20
布型花钱一组八枚		51,750	中国嘉德	2012.05.19
大德通宝	直径32.1cm；高2.7cm	278,070	澳门中信	2012.12.28
官考平肩空首布一枚	直径7.0cm	172,500	北京保利	2012.06.04
河南财政部平市官钱局当拾铜圆壹百枚	七五成新	57,500	中国嘉德	2012.05.16
皇佑元宝小平一枚		437,000	北京保利	2012.06.04
尖首卤刀一枚	直径11.7cm	138,000	北京保利	2012.06.04
节墨之法化五字刀一枚		94,300	北京保利	2012.12.02
楷书 泰和通宝 折五试铸	直径3.23cm	448,500	北京翰海	2012.04.19
涞水系原始大刀	长18.47cm	51,750	中国嘉德	2012.05.19
难得一见	直径3.77cm	55,200	北京翰海	2012.04.19
齐明刀背莒冶□□一枚	直径13.6cm	92,000	北京保利	2012.06.04
祺祥通宝 宝泉局小平	直径2.63cm	161,000	北京翰海	2012.04.19
邵也平肩空首布一枚	高7.0cm	172,500	北京保利	2012.06.04
徐天启 折三特大样	直径3.48cm	82,800	北京翰海	2012.04.19
宣统己酉中心"汴"一文黄铜样币一枚，存世仅二枚		1,840,000	上海崇源	2012.10.18
宣统三年大清铜币二十文试铸样币一枚 钱币		94,300	北京诚轩	2012.05.18
宣统三年大清铜币二十文样币一枚		59,800	北京保利	2012.12.02
政和通宝 铁母	直径3.30cm	57,500	北京翰海	2012.04.19
政和通宝 篆书小平铁母	直径2.55cm	115,000	北京翰海	2012.04.19
篆书 皇昌重宝 折五	直径3.42cm	57,500	北京翰海	2012.04.19
篆书 泰和重宝 四品一套(带盒)		172,500	北京翰海	2012.04.19
左"蔺"圜钱	直径3.65cm	57,500	中国嘉德	2012.05.19
金币				
战国 楚国郢爰单枚金块	长5.6cm	55,200	西泠拍卖	2012.07.07
战国 楚国郢爰双联金块	长9.2cm	138,000	西泠拍卖	2012.07.07
西汉 纯金饼	重247.9g	80,500	北京翰海	2012.04.19
西汉 金饼	直径6.38cm	184,000	中国嘉德	2012.11.26
宋代"刘顺造"金条	重37.3g	57,500	北京翰海	2012.04.19
宋代"刘顺造 陈二郎 陈二郎 十分金"一两金条一组四枚		138,000	北京翰海	2012.04.19
宋代"相五郎 重贰拾五两 十分金"六排戳记二十五两金铤	重930.2g	1,725,000	北京翰海	2012.04.19
北宋"淳化元宝"背佛像金质供养钱	直径2.38cm	345,000	中国嘉德	2012.11.26
北宋"淳化元宝"佛像金质皇家供养钱一枚		575,000	朵云轩	2012.12.30
南宋 陈二郎款十分金一两金铤(铁线巷)		97,750	西泠拍卖	2012.12.28

拍品名称	物品尺寸	成交价RMB	拍卖公司	拍卖日期
南宋 陈二郎款十分金一两金铤(铁线巷)		55,200	西泠拍卖	2012.12.28
南宋 陈二郎款十分金一两金叶子(铁线巷)		92,000	西泠拍卖	2012.12.28
南宋 陈二郎款十分金一两金叶子(铁线巷)		92,000	西泠拍卖	2012.12.28
南宋 高直铺款一两金叶子(市西坊北)		149,500	西泠拍卖	2012.12.28
南宋 郭顺记款十分金一两金叶子(保佑坊南)		161,000	西泠拍卖	2012.12.28
南宋 许三郎铺款十分金一两金叶子(官巷前街)		161,000	西泠拍卖	2012.12.28
南宋 周五郎铺款十分金一两金叶子(天水桥南)		149,500	西泠拍卖	2012.12.28
南宋"保佑坊南 郭顺记"一两金叶子	重37g	103,500	中国嘉德	2012.05.19
南宋"官巷前街 许三郎铺"一两金叶子	重35.8g	126,500	中国嘉德	2012.05.19
南宋"铁线巷 陈二郎 十分金"金叶子一枚 钱币	重37.5g	57,500	北京诚轩	2012.05.18
辽、宋、元金币一套(13枚)		8,321,055	澳门中信	2012.06.03
明"万寿圣节"背"福寿齐天"宫廷赏赐金钱	直径2.87cm	69,000	中国嘉德	2012.11.26
清代 乾隆年间十两金条一枚	重367.3g	322,000	中国嘉德	2012.11.26
清 义记金钱铜钱一组三枚		57,500	西泠拍卖	2012.12.28
清约1750年 金元宝	长5.6cm	495,357	伦敦苏富比	2012.11.07
清约1750年 金元宝	长7.9cm	251,450	伦敦苏富比	2012.11.07
四十年代民国中央银行储备金伍两金条一枚		80,500	上海崇源	2012.10.18
光绪丙午年造大清金币库平一两金质样币	直径3.8cm	552,000	西泠拍卖	2012.07.07
光绪丁未年造大清金币库平一两金质样币	直径3.8cm	552,000	西泠拍卖	2012.07.07
民国 张作霖中华民国十六年伍拾圆纯金硬币	直径2.8cm	3,304,600	香港邦瀚斯	2012.11.24
民国 中央造币厂五两金条	重156g	80,500	中国嘉德	2012.11.26
民国"宝生银行"一两 贰两金锭各一枚		63,250	北京翰海	2012.04.19
民国十两布币图金厂条	重310.8g	287,500	北京翰海	2012.04.19
民国时期"昆明荣泰"五两金条一枚 钱币	重187.3g	115,000	北京诚轩	2012.05.18
民国时期中央造币厂孙中山像布图十两厂条一枚 钱币	重313.6g	195,500	北京诚轩	2012.05.18
民国时期中央造币厂孙中山像布图五两厂条一枚	重160.2g	89,700	北京诚轩	2012.11.25
民国五两中央造币厂金条一组五枚		747,500	北京翰海	2012.04.19
民国早期俄华道胜银行库平足色金壹两一枚		115,000	北京保利	2012.06.05
"金饼"	重251g	161,000	中国嘉德	2012.05.19
"涅金"大型锐角布	通长7.50cm	69,000	北京翰海	2012.04.19
1896年福建官局造光绪元宝库平一钱四分四厘银模金质样币一枚、银模铜质样币一枚，共二枚	直径2.4cm	69,000	西泠拍卖	2012.07.07
1903年四川省造卢比银模金质样币一枚、银模铜质样币一枚，共二枚	直径3.4cm	63,250	西泠拍卖	2012.07.07
1924年中华民国执政纪念币段祺瑞像银模金质样币	直径3.9cm	172,500	西泠拍卖	2012.07.07
1979年1/2盎司国际儿童年金币国际套装一套十二枚	直径2.7cm	69,000	上海泓盛	2012.06.18
1984-1993年1/3盎司中国杰出历史人物金币全套共十枚		115,000	上海泓盛	2012.06.18
1987年5盎司熊猫精制金币	直径6.0cm	89,700	上海泓盛	2012.06.18
1987年中日友好熊猫童童金章一套二枚		82,800	上海泓盛	2012.06.18
1988年5盎司熊猫金币	直径6.0cm	82,800	上海泓盛	2012.06.18
1990年2盎司龙凤金银币一套二枚	直径4.0cm	78,200	上海泓盛	2012.06.18
1992年1盎司古代科技发明发现(第一组)金币一套五枚	直径3.2cm	253,000	上海泓盛	2012.06.18
1993年1/2盎司中国古代科技发明发现金币第二组一套五枚		138,000	朵云轩	2012.12.30
1993年1/3盎司中国杰出历史人物(第十组)金币	直径2.3cm	50,600	上海泓盛	2012.06.18
1993年-2004年梅花形生肖金币一套十二枚	直径2.7cm	253,000	上海泓盛	2012.06.18
1993年中国人民银行发行"拥有一片故土"中国名胜精制纪念金币一套五枚		57,500	中国嘉德	2012.05.20
1994、1995、1997年1/2盎司中国近代名画系列十二边形金币		103,500	朵云轩	2012.12.30
1994年婴戏图海外版金银套装		115,000	朵云轩	2012.12.30
1995年、1997年1/10盎司传统文化(第一、第二组)金币二套共十枚	直径1.8cm	97,750	上海泓盛	2012.06.18
1995年1盎司精制熊猫金币一枚		97,750	朵云轩	2012.12.30
1995年1盎司麒麟金币一枚		74,750	朵云轩	2012.12.30
1995年熊猫双金属5盎司金+2盎司银纪念币一枚		299,000	朵云轩	2012.12.30
1996年1/4盎司麒麟铂币一枚		92,000	朵云轩	2012.12.30
1997-2008年十二生肖普制金银套币二套共二十四枚	直径4.0cm	57,500	上海泓盛	2012.06.18
1997年1/10盎司熊猫普制铂币	直径1.8cm	50,600	上海泓盛	2012.06.18
1998年5盎司迎春图(第二组)金币	直径6cm	1,840,000	上海泓盛	2012.06.18
1998年普制熊猫金币套装五枚		109,250	朵云轩	2012.12.30
1999年近代国画大师张大千金币十枚	1.9cm×2.9cm	276,000	上海泓盛	2012.06.18
2000年熊猫普制金币一套五枚	直径3.2cm	253,000	上海泓盛	2012.06.18
2004年5盎司邓小平诞辰一百周年金币	直径6.0cm	184,000	上海泓盛	2012.06.18
香港1000圆精装版生肖纪念金币十枚		71,755	香港拍得高	2012.06.16
中华民国八年造袁世凯贰拾圆金币		57,500	朵云轩	2012.12.30
中华民国共和纪念币袁世凯像签字版银模金质样币	直径3.8cm	1,610,000	西泠拍卖	2012.07.07
中华民国共和纪念币袁世凯像壹圆银模金质样币	直径3.9cm	276,000	西泠拍卖	2012.07.07
中华民国九年袁世凯全侧像壹圆银模金质样币	直径3.9cm	172,500	西泠拍卖	2012.07.07
中华民国三年袁世凯全侧像壹圆签字版银模金质样币	直径4.4cm	862,500	西泠拍卖	2012.07.07
中华民国三年袁世凯全侧像壹圆银币金质样币	直径3.8cm	172,500	西泠拍卖	2012.07.07
中华民国十年袁世凯全侧像壹圆银模金质样币	直径3.9cm	161,000	西泠拍卖	2012.07.07
银币				
唐代 五十两船形银铤	重2000g	494,500	中国嘉德	2012.05.19
唐代 无文二十五两船型银铤	重1013g	57,500	中国嘉德	2012.11.26
南宋"京销铤银 陈铺"六排戳二十五两银铤	重925g	80,500	中国嘉德	2012.11.26
南宋"京销铤银"六排戳十二两半银铤	重424g	55,200	中国嘉德	2012.11.26
南宋"霸北街东"六排戳十二两半银铤一枚	重433.9g	64,400	北京诚轩	2012.11.25
南宋"道州马司银"五十两银铤	重1989.6g	575,000	北京翰海	2012.04.19
南宋"静江府"五十两银铤	重1977.8g	690,000	北京翰海	2012.04.19

2012杂项拍卖成交汇总

(成交价RMB：5万元以上)

拍品名称	物品尺寸	成交价RMB	拍卖公司	拍卖日期
南宋“跨漕桥北 拾贰两半”六排戳银铤一枚 钱币	重448.3g	78,200	北京诚轩	2012.05.18
南宋“泉州免丁”五十两银铤	重1894.9g	713,000	北京翰海	2012.04.19
南宋“铁线巷 陈二郎 重贰拾伍两”六排戳银铤一枚	重930.7g	126,500	北京诚轩	2012.11.25
南宋“永州淮西银”二十五两银铤	重999.9g	345,000	北京翰海	2012.04.19
南宋 南宋二十五两银铤		264,500	西泠拍卖	2012.12.28
南宋 姚七郎匠款六排戳贰拾伍两银铤(霸东街南)		253,000	西泠拍卖	2012.12.28
南宋 赵宅渗银款六排戳壹拾贰两半京销铤银		112,700	西泠拍卖	2012.12.28
金代“解盐使司”五十两银铤	重1987g	460,000	中国嘉德	2012.05.19
明代四川“崇祯蜀王府”五十两银锭	重1850.9g	138,000	北京翰海	2012.04.19
明代四川“得胜州京饷”五十两银锭	重1853.7g	92,000	北京翰海	2012.04.19
明代四川“彭县边粮银”五十两银锭	重1853.8g	92,000	北京翰海	2012.04.19
明代四川“十六年助捐银”五十两银锭	重1829.1g	207,000	北京翰海	2012.04.19
明代四川“四川崇十四年助捐银”五十两银锭	重1843.2g	218,500	北京翰海	2012.04.19
明末“西王赏功”方孔银质样钱一枚	直径5.0cm	230,000	北京诚轩	2012.11.25
“明大顺二年”款银锭	重1839g	126,500	北京匡德	2012.06.05
“平阳路”五十两银锭一枚		448,500	上海崇源	2012.10.18
“万历四十六年”款银锭	重1862g	161,000	北京匡德	2012.06.05
清顺治/康熙河北阴刻“长芦 伍拾两 杨文英”盐税大锭一枚 钱币	重1871.9g	264,500	北京诚轩	2012.05.18
清 “咸丰元宝”背“宝迪当八十”	直径5.12cm	105,800	中国嘉德	2012.11.26
清 “咸丰重宝”背“宝苏当十”手雕银质鎏金花钱	直径4.06cm	51,750	中国嘉德	2012.05.19
清 云南“雷庆泰号正月纹银至腊月纹银”五两纪月牌坊锭一套十二枚	长5.5cm	115,000	北京永乐	2012.12.15
清“安定县 刘五才”五两槽锭一枚		69,000	上海崇源	2012.10.18
清“宁夏胡珍”五两陕漕形银锭一枚		71,300	上海崇源	2012.10.18
清 江阴县五十两银锭	长13cm	230,000	西泠拍卖	2012.07.07
清 同丰银局五十两银锭		149,500	西泠拍卖	2012.07.07
清 “咸丰元宝”背“宝陕当五百”(带官戳)一枚		51,750	朵云轩	2012.12.30
清 光绪三十年(1904年)湖北省造大清银币库平壹两(大字版)		437,000	西泠拍卖	2012.12.28
清 光绪三十年(1904年)湖北省造大清银币库平壹两(小字版)		1,035,000	西泠拍卖	2012.12.28
清 湖南“星沙省”五十两银锭		161,000	西泠拍卖	2012.12.28
清 山东“东海关”五十两银锭		207,000	西泠拍卖	2012.12.28
清 山东“东海关”五十两银锭		126,500	西泠拍卖	2012.12.28
清代“江滩关”十两银锭	重326g	57,500	中国嘉德	2012.05.19
清代“宣统二年 裕隆号 十足纹银”五十两私锭	重1795g	74,750	中国嘉德	2012.05.19
清代 安徽“光绪年月 休宁县 汪馥昌”五十两银锭	重1873g	172,500	中国嘉德	2012.11.26
清代 福建“南靖县 十年六月 潘敦仁”三排戳十两银锭	重403g	74,750	中国嘉德	2012.11.26
清代 宫廷铸八宝赏赐银锭	重37g	51,750	中国嘉德	2012.05.19
清代 贵州“思州府”单排戳五两银锭	重160g	51,750	中国嘉德	2012.05.19
清代 河北“蔚州 福顺长 光绪年月”五十两银锭	重1882g	94,300	中国嘉德	2012.11.26
清代 河南“允兴银局 光绪年月”五十两银锭	重1859g	115,000	中国嘉德	2012.11.26
清代 黑龙江“光绪年傅□造 卜魁省同生号 长记”五十两大翅银锭	重1942g	155,250	中国嘉德	2012.11.26
清代 湖北“当阳县 光绪五年 五月 公济益”五十两银锭	重1866g	299,000	中国嘉德	2012.11.26
清代 吉林“匠高明 光绪三十一年 宽城同顺成”五十两大翅银锭	重1913g	94,300	中国嘉德	2012.11.26
清代 吉林“匠高明 光绪三十一年 宽城同顺成”五十两大翅银锭	重1865g	92,000	中国嘉德	2012.05.19
清代 江西“万年县 光绪贰拾陆年腊月 伍拾两祥泰银”五十两方锭	重1887g	230,000	中国嘉德	2012.11.26
清代 山东“东海关 宣统年月 匠鲁协中”五十两银锭	重1851g	253,000	中国嘉德	2012.11.26
清代 山西“祁县 许世成 同治年月”五十两银锭	重1846g	143,750	中国嘉德	2012.11.26
清代 山西“太谷县 聚生魁 光绪年和月”五十两银锭	重1848g	149,500	中国嘉德	2012.11.26
清代 山西“咸丰年月 祁县 匠余成”五十两银锭	重1880g	97,750	中国嘉德	2012.05.19
清代 山西“宣统年元月 太谷县 诚源胜”五十两银锭	重1882g	109,250	中国嘉德	2012.11.26
清代 陕西“凤宝土厘”五两槽锭	重135g	126,500	中国嘉德	2012.05.19
清代 陕西“富平差徭”五两单槽锭	重159g	69,000	中国嘉德	2012.05.19
清代 上海“萃源”五十两银锭	重1834g	103,500	中国嘉德	2012.11.26
清代 上海“协泰丰”五十两银锭	重1835g	101,200	中国嘉德	2012.11.26
清代 西北地区“江西 光绪四年 乾泰银炉”五十两银锭	重1818g	80,500	中国嘉德	2012.11.26
清代 新疆“道验”五十两银锭	重1828g	101,200	中国嘉德	2012.05.19
清代 云南“永昌”三排戳五十两银锭	重1825g	82,800	中国嘉德	2012.11.26
清代 云南“永成记足银”四排戳五十两银锭	重1782g	57,500	中国嘉德	2012.11.26
清代“光绪年月 长芦 炉匠谢□兰 银匠沈秉光”十二两马蹄锭一枚	重446.7g	69,000	北京诚轩	2012.11.25
清代“光绪年月 光绪年月”双排戳五十两银锭一枚	重1871.8g	138,000	北京诚轩	2012.11.25
清代“湖北厘金”“官钱局”“光绪二十五年”“九月”四戳五十两银锭一枚	重1860g	345,000	上海泓盛	2012.06.18
清代“江汉关”“光绪拾七年”“協成号匠王松”五十两银锭一枚	重1870g	517,500	上海泓盛	2012.06.18
清代“西安省城 庆义公号 足色宝”五十两银锭一枚	重1856.7g	402,500	北京诚轩	2012.11.25
清代安徽“光绪年月 六安州 张復兴”五十两银锭一枚	重1869.0g	172,500	北京诚轩	2012.11.25
清代安徽“省号舒富润”五十两银锭一枚 钱币	重1873.8g	172,500	北京诚轩	2012.05.18
清代安徽“咸丰年月 南陵县 郑祥兴”五十两银锭一枚 钱币	重1875.2g	97,750	北京诚轩	2012.05.18
清代称银砝码壹分至伍拾两全套二十七枚 钱币		50,600	北京诚轩	2012.05.18
清代道光年台湾府铸库平七二寿星银饼一枚		89,700	北京诚轩	2012.11.25
清代东北“宣统年月日造 江省天成银号”五十大翅宝一枚	重1832.3g	115,000	北京诚轩	2012.11.25

拍品名称	物品尺寸	成交价RMB	拍卖公司	拍卖日期
清代福建“二十五年六月 南安县 谢澷泉”十两圆锭一枚 钱币	重366.3g	103,500	北京诚轩	2012.05.18
清代广东“乾隆五十一年 八月 广府万记 南海”十两砝码锭一枚 钱币	重368.7g	115,000	北京诚轩	2012.05.18
清代贵州“思州府 地丁银”三戳十两圆锭一枚 钱币	重389.9g	230,000	北京诚轩	2012.05.18
清代河北“道光三年十一月”“成安县”“匠巨成”五十两银锭一枚	重1880g	92,000	上海泓盛	2012.06.18
清代河北“光绪年 蔚州 永隆昌”五十两银锭一枚 钱币	重1875.9g	105,800	北京诚轩	2012.05.18
清代河北“光绪年月 蔚州县 恒盛裕”五十两银锭一枚	重1872g	71,300	北京保利	2012.06.04
清代河北“民国十一年 长生官银楼”五十两银锭一枚 钱币	重1781.1g	92,000	北京诚轩	2012.05.18
清代河南“光绪年月 滑县 刘公”五十两银锭一枚	重1871.6g	92,000	北京诚轩	2012.11.25
清代河南“汝阳县 徐才”五十两银锭	重1874.8g	138,000	北京翰海	2012.04.19
清代河南“汤阴县 赵三合 光绪年月”五十两银锭	重1872.6g	92,000	北京翰海	2012.04.19
清代湖北“光绪二十五年”“湖北盐厘局”五十两银锭一枚	重1720g	345,000	上海泓盛	2012.06.18
清代湖北“光绪三十年 十月 牙厘总局 官钱局”五十两银锭一枚		575,000	上海崇源	2012.10.18
清代湖北“光绪五年月 江汉关 乾裕号匠蔡春”五十两银锭一枚 钱币	重1857.6g	575,000	北京诚轩	2012.05.18
清代湖北“湖北盐课”双排戳河南锭型湖北五十两银锭一枚		103,500	上海崇源	2012.10.18
清代湖北“江汉关 光绪九年 有成号匠罗芝”五十两银锭	重1868.3g	471,500	北京翰海	2012.04.19
清代湖北“同治八年 十二月 湖北厘金 官钱局”五十两银锭一枚	重1820.8g	287,500	北京诚轩	2012.11.25
清代湖南“光绪十八年”“光绪十八年”“湖南省”“傅聚顺”五十两龟宝银锭一枚	重1860g	690,000	上海泓盛	2012.06.18
清代吉林“光绪三十一年 匠高明 宽城同顺成”五十两大翅宝一枚 钱币	重1911.3g	253,000	北京诚轩	2012.05.18
清代吉林“光绪三十一年 匠高明 宽城同顺成”五十两大翅宝一枚 钱币	重1868.2g	138,000	北京诚轩	2012.05.18
清代吉林“光绪三十一年”“匠高明”“宽城同顺城”五十两大翅膀锭一枚	重1890g	92,000	上海泓盛	2012.06.18
清代吉林“光绪三十一年”“宽城同顺成”“匠高明”“辛未”五十两大翅宝银锭一枚	重1910g	92,000	上海泓盛	2012.06.18
清代吉林“光绪三十一年匠高明 宽城同顺成”五十两大翅宝一枚 钱币	重1905.2g	86,250	北京诚轩	2012.05.18
清代吉林“宣统年月日 宽城福兴义 黄锡三”五十两大翅宝一枚 钱币	重1917.6g	184,000	北京诚轩	2012.05.18
清代江苏“八年五月 震泽县 孟龙茔陈功”阴刻五十两银锭一枚	重1875g	172,500	北京保利	2012.06.04
清代江西“光绪廿六年 伍月 伍拾两 万载县 匠刘春”五十两方宝一枚 钱币	重1878.1g	368,000	北京诚轩	2012.05.18

拍品名称	物品尺寸	成交价RMB	拍卖公司	拍卖日期
清代江西“光绪叁拾壹年正月 万安县 江西官银号伍拾两”方宝一枚	重1878.9g	345,000	北京诚轩	2012.11.25
清代江西“同治年月 高安县 伍拾两正 厚生”方宝一枚	重1901.8g	402,500	北京诚轩	2012.11.25
清代李鸿章像北洋天津银号库平足银拾两银票一枚		89,700	北京诚轩	2012.05.19
清代辽宁“光绪二十七年 营口大盛”五十两银锭一枚 钱币	重1910.2g	92,000	北京诚轩	2012.05.18
清代山东“德顺炉”五十两银锭	重1863.8g	155,250	北京翰海	2012.04.19
清代山东“德州 光绪年月 隆聚银炉”五十两银锭	重1867.4g	264,500	北京翰海	2012.04.19
清代山东“东海关 光绪年”五十两银锭一枚		138,000	上海崇源	2012.10.18
清代山东“东海关 光绪年月 匠鲁协中”五十两银锭	重1859.7g	368,000	北京翰海	2012.04.19
清代山东“东海关 光绪年月 匠鲁协中”五十两银锭	重1864.8g	230,000	北京翰海	2012.04.19
清代山东“恩县 宣统年月 宣统年月”五十两银锭	重1880.8g	149,500	北京翰海	2012.04.19
清代山东“光绪年月 堂邑县 银匠张方”五十两银锭一枚 钱币	重1892.9g	161,000	北京诚轩	2012.05.18
清代山东“历城县 同昌银炉”五十两银锭一枚 钱币	重1837g	287,500	北京诚轩	2012.05.18
清代山东“历城县 同兴银炉 同兴银炉”五十两银锭	重1840.1g	126,500	北京翰海	2012.04.19
清代山东“聊城县 光绪年月 银匠王文”十两银锭	重379.3g	51,750	北京翰海	2012.04.19
清代山东“仁记炉”五十两银锭一枚 钱币	重1918.5g	101,200	北京诚轩	2012.05.18
清代山东“日照县 光绪年月 元升银炉”五十两银锭	重1884.8g	322,000	北京翰海	2012.04.19
清代山东“瑞盛炉”五十两吉语锭	重1830.2g	109,250	北京翰海	2012.04.19
清代山东“山东盐课 李东裕”十两银锭	重368.0g	63,250	北京翰海	2012.04.19
清代山东“滕县 匠同利元 匠同利元”五十两银锭	重1879.1g	126,500	北京翰海	2012.04.19
清代山东“武城县 宣统年月 银匠张玉”五十两银锭	重1869.8g	172,500	北京翰海	2012.04.19
清代山东“祥记 年月年月 年月年月”五十两银锭	重1846.7g	92,000	北京翰海	2012.04.19
清代山西“道光年月”“太谷县王呈”五十两银锭一枚	重1870g	161,000	上海泓盛	2012.06.18
清代山西“道光三年五月 兴县梁润宇”五十两银锭一枚 钱币	重1884.5g	132,250	北京诚轩	2012.05.18
清代山西“光绪年 长治县 秦□彩”五十两银锭一枚	重1868g	184,000	北京保利	2012.06.04
清代山西“交城 安建平 同治年月”五十两银锭	重1835.6g	230,000	北京翰海	2012.04.19
清代山西“平定州 张丕善 宣统元年月”五十两银锭	重1877.5g	172,500	北京翰海	2012.04.19
清代山西“祁县 武培芳 同治镜宝年图案月”五十两银锭	重1846.4g	138,000	北京翰海	2012.04.19
清代山西“太谷县 成就号 道光年月”五十两银锭	重1866.8g	115,000	北京翰海	2012.04.19
清代山西“太谷县 谦源胜 光绪□年元月”五十两银锭	重1869.9g	115,000	北京翰海	2012.04.19
清代山西“孝义县 白如雪 光绪年月日”五十两银锭	重1857.9g	161,000	北京翰海	2012.04.19
清代山西“宣统年月”“祁县”“义聚号”“镜宝”五十两银锭一枚	重1850g	71,300	上海泓盛	2012.06.18

拍品名称	物品尺寸	成交价RMB	拍卖公司	拍卖日期
清代陕西“潼关厅”五两漕锭一枚		86,250	上海崇源	2012.10.18
清代上海“福禄寿喜景福上”十两吉语银锭	重312.3g	97,750	北京翰海	2012.04.19
清代上海“勤泰慎记”五十两银锭	重1844.5g	82,800	北京翰海	2012.04.19
清代四川“光绪二十五年 江津县 匠兴顺源”三戳十两圆锭一枚 钱币	重383.1g	57,500	北京诚轩	2012.05.18
清代四川“嘉定府”十两砝码锭一枚 钱币	重352g	155,250	北京诚轩	2012.05.18
清代四川“宣统元年 罗裕川亨井研票厘”三戳十两圆锭一枚		57,500	北京保利	2012.06.04
清代云南“匠孙起耀”三戳十二两大槽锭一枚 钱币	重442.3g	59,800	北京诚轩	2012.05.18
清代云南“雷庆泰号 正月纹银至腊月纹银”五两记月牌坊锭一套12枚	重2040g	207,000	上海泓盛	2012.06.18
清代云南“周宝铨”五两牌坊银锭12枚		172,500	北京翰海	2012.04.19
清代中原地区“招财童子至 利市仙官来 一本万利”五十两开炉吉语银锭一枚 钱币	重1829.5g	437,000	北京诚轩	2012.05.18
清光绪五年五月 湖北当阳县公济益伍十両银锭一枚	重1860g	112,700	北京永乐	2012.06.05
清光绪五年五月 湖北谷城县公济益伍十両银锭一枚	重1876g	112,700	北京永乐	2012.06.05
清江南省造己亥光绪元宝库平七钱二分银币一枚		80,500	上海崇源	2012.10.18
清江南省造己亥光绪元宝库平七钱二分银币一枚		63,250	上海崇源	2012.10.18
清江南省造无纪年光绪元宝库平七钱二分银币一枚		57,500	上海崇源	2012.10.18
清江南省造戊戌光绪元宝库平七钱二分银币一枚		414,000	上海崇源	2012.10.18
清江南省造辛丑光绪元宝库平七钱二分银币一枚		71,300	上海崇源	2012.10.18
清江南省造乙巳光绪元宝库平七钱二分银币一枚		126,500	上海崇源	2012.10.18
清江西“光绪二十六年腊月 万安县伍拾两郭同福”方型银锭一枚		379,500	上海崇源	2012.10.18
清末民初 如意结纹一两银锭	重37g	59,800	中国嘉德	2012.11.26
清末民初江西“吉安永记银局”双戳五十两银锭一枚 钱币	重1879.1g	172,500	北京诚轩	2012.05.18
清末民初上海“道胜信记 伍伍”五十两夷场新一枚	重1829.1g	184,000	北京诚轩	2012.11.25
清末民初上海“方记 三”五十两夷场新一枚 钱币	重1825.5g	89,700	北京诚轩	2012.05.18
清末民初上海“勤□泰 伍伍”五十两夷场新一枚 钱币	重1823g	74,750	北京诚轩	2012.05.18
清末民初上海“同久”、“玖”五十两夷场新一枚	重1826.7g	86,250	北京诚轩	2012.11.25
清末明初上海“联源 八 增贵”五十两夷场新一枚 钱币	重1826.3g	89,700	北京诚轩	2012.05.18
清同治 山西五十两银锭	重1855g	172,500	上海嘉泰	2012.06.23
清中期江西“信丰县 嘉庆拾六年玖月 伍拾两匠江”五十两银锭	重1881.4g	598,000	北京翰海	2012.04.19
1878年香港上海汇理银行(英商汇丰银行)上海纹银壹两		80,500	上海泓盛	2012.06.16
1890年广东省造光绪元宝库平七钱二分银币样币一枚 钱币		460,000	北京诚轩	2012.05.18
1891年广东省造光绪元宝七钱二分银币(LM133)		78,200	中国嘉德	2012.05.20
1893年台省制造光绪元宝库平七分二厘银币一枚 钱币		59,800	北京诚轩	2012.05.18
1897年江南省造光绪元宝七钱二分银币(LM210A)		333,500	中国嘉德	2012.05.20
1897年江南省造光绪元宝七钱二分银币(LM210A)		63,250	中国嘉德	2012.05.20
1897年江南省造光绪元宝七钱二分银币(LM210B)		69,000	中国嘉德	2012.11.27
1897年江南省造光绪元宝三分六厘银质样币(LM214)		218,500	中国嘉德	2012.11.27
1898年无纪年吉林省造光绪元宝库平七钱二分银币一枚		92,000	北京诚轩	2012.11.25
1898年戊戌江南省造光绪元宝库平七钱二分银币一枚		69,000	北京诚轩	2012.11.25
1898年戊戌江南省造光绪元宝库平一钱四分四厘银币一枚 钱币		103,500	北京诚轩	2012.05.18
1900年庚子京局制造光绪元宝库平一钱四分四厘银币样币一枚	重5.8g	368,000	北京诚轩	2012.11.25
1903年癸卯奉天省造光绪元宝库平七钱二分银币一枚 钱币		109,250	北京诚轩	2012.05.18
1903年癸卯奉天省造光绪元宝库平七钱二分银币一枚 钱币		75,900	北京诚轩	2012.05.18
1904年甲辰江南省造光绪元宝库平七钱二分银币一枚		57,500	北京诚轩	2012.11.25
1905年新疆省造饷银五钱银币一枚		94,300	北京诚轩	2012.11.25
1905年新疆省造饷银五钱银币一枚 钱币		126,500	北京诚轩	2012.05.18
1905年新疆省造饷银一两银币一枚 钱币		97,750	北京诚轩	2012.05.18
1905年乙巳吉林省造光绪元宝库平七钱二分银币一枚 钱币		115,000	北京诚轩	2012.05.18
1906年丙午吉林省造光绪元宝库平七钱二分银币一枚 钱币		149,500	北京诚轩	2012.05.18
1906年湖南阜南官局省平足纹壹两银币(LM386)		55,200	中国嘉德	2012.05.20
1906年户部丙午大清银币“中”字伍钱样币一枚		322,000	北京诚轩	2012.11.25
1906年户部丙午大清银币“中”字壹钱样币一枚		138,000	北京诚轩	2012.11.25
1906年户部丙午大清银币“中”字壹钱一枚 钱币		59,800	北京诚轩	2012.05.18
1907年德华银行京平足银伍两		105,800	上海泓盛	2012.03.29
1907年丁未大清银币壹圆样币一枚		207,000	北京诚轩	2012.11.25
1907年丁未大清银币壹圆样币一枚		78,200	北京诚轩	2012.11.25
1907年新疆省造喀什大清银币湘平壹两一枚 钱币		74,750	北京诚轩	2012.05.18
1908年造币总厂光绪元宝库平七钱二分银币一枚 钱币		82,800	北京诚轩	2012.05.18
1909年广东省造宣统元宝库平七钱二分银币一枚 钱币		59,800	北京诚轩	2012.05.18
1909年广东省造宣统元宝库平七钱二分银币一枚 钱币		57,500	北京诚轩	2012.05.18
1910年新疆省造饷银五钱银币一枚 钱币		89,700	北京诚轩	2012.05.18
1910年新疆省造饷银五钱银币一枚 钱币		74,750	北京诚轩	2012.05.18
1911年新版云南省造光绪元宝库平七钱二分银币一枚		57,500	北京诚轩	2012.11.25
北洋天津银号李鸿章像库平足银拾两		80,500	中国嘉德	2012.05.17

拍品名称	物品尺寸	成交价RMB	拍卖公司	拍卖日期
北洋天津银号李鸿章像库平足银拾两		69,000	中国嘉德	2012.11.27
北洋天津银号李鸿章像库平足银伍两		57,500	中国嘉德	2012.05.17
丙午(1906年)户部大清银币“中”字五钱银质样币(LM17)		172,500	中国嘉德	2012.11.27
丙午(1906年)户部大清银币“中”字伍钱银质样币(LM17)		149,500	中国嘉德	2012.05.20
丙午(1906年)户部大清银币“中”字壹两银质样币(LM16)		598,000	中国嘉德	2012.11.27
丙午(1906年)户部大清银币“中”字壹两银质样币(LM16)		391,000	中国嘉德	2012.05.20
大清一两军响币	直径4.4cm	141,105	中联国际	2012.10.02
丁未(1907年)大清银币壹圆、伍角、贰角、壹角银质样币各一枚		287,500	中国嘉德	2012.11.27
丁未(1907年)大清银币壹圆银质样币(LM20)		138,000	中国嘉德	2012.05.20
丁未(1907年)吉林省造光绪元宝七钱二分银币(LM567)		59,800	中国嘉德	2012.05.20
丁未大清银币贰角面错配宣统年造铜元部颁龙面银币样币一枚		897,000	上海崇源	2012.10.18
奉天省造光绪元宝(癸卯)库平七钱二分一枚		51,750	上海泓盛	2012.06.18
庚子(1900年)京局制造光绪元宝一钱四分四厘银质样币(LM8)		241,500	中国嘉德	2012.05.20
光绪丙午年造李鸿章像北洋经武银号库平足银叁两银票样票一枚		460,000	北京诚轩	2012.05.19
光绪丙午年造李鸿章像北洋经武银号库平足银伍两银票样票一枚		575,000	北京诚轩	2012.05.19
光绪丙午年造李鸿章像北洋经武银号库平足银壹两银票样票一枚		897,000	北京诚轩	2012.05.19
光绪二十二年北洋机械局造壹圆银币一枚		105,800	上海崇源	2012.10.18
光绪二十九年北洋造光绪元宝库平七钱二分一枚		63,250	上海泓盛	2012.06.18
光绪二十九年北洋造光绪元宝库平七钱二分银币一枚 钱币		57,500	北京诚轩	2012.05.18
光绪二十九年户部光绪元宝库平五分银币样币一枚		69,000	北京诚轩	2012.11.25
光绪二十九年户部光绪元宝库平一钱银质样币一枚 钱币		69,000	北京诚轩	2012.05.18
光绪二十四年北洋机器局造光绪元宝库平七钱二分银币一枚		63,250	北京诚轩	2012.11.25
光绪二十四年奉天机器局造壹圆银币一枚 钱币		97,750	北京诚轩	2012.05.18
光绪二十四年奉天机器局造壹圆银币一枚 钱币		82,800	北京诚轩	2012.05.18
光绪二十五年(1899)湖北银元局光绪元宝银元壹大元		78,200	中国嘉德	2012.11.27
光绪二十五年北洋造光绪元宝库平七钱二分银币一枚 钱币		80,500	北京诚轩	2012.05.18
光绪二十五年湖北银元局银元票壹大元一枚		115,000	北京保利	2012.12.02
光绪年造造币总厂光绪元宝库平七钱二分一枚		89,700	上海泓盛	2012.06.18
光绪卅四年(1908年)吉林官钱局银元票龙洋壹元		1,035,000	上海泓盛	2012.03.30
光绪三十二年户部丙午大清银币“中”字壹两样币一枚 钱币		322,000	北京诚轩	2012.05.18
光绪三十年(1904年)湖北官钱局银元壹大元		66,700	中国嘉德	2012.05.17
光绪三十年(1904年)湖北省造大清银币一两(LM180)		322,000	中国嘉德	2012.05.20
光绪三十年(1904年)湖北省造大清银币壹两(LM180)		184,000	中国嘉德	2012.11.27
光绪三十年(1904年)湖北省造大清银币壹两(LM180)		115,000	中国嘉德	2012.11.27
光绪三十年(1904年)湖北省造大清银币壹两(LM180)		94,300	中国嘉德	2012.11.27
光绪三十年湖北省造大清银币库平一两一枚		115,000	上海泓盛	2012.06.18
光绪三十年湖北省造大清银币库平一两一枚		82,800	北京诚轩	2012.11.25
光绪三十年湖北省造大清银币库平一两一枚		63,250	上海泓盛	2012.06.18
光绪三十年湖北省造大清银币库平一两一枚 钱币		253,000	北京诚轩	2012.05.18
光绪三十年湖北省造大清银币库平一两一枚 钱币		161,000	北京诚轩	2012.05.18
光绪三十年湖北省造大清银币库平一两一枚 钱币		103,500	北京诚轩	2012.05.18
光绪三十年湖北省造大清银币双龙一两一枚		276,000	上海泓盛	2012.06.18
光绪三十三年(1907年)广东钱局光绪元宝银币图案伍元		172,500	中国嘉德	2012.11.27
光绪三十三年(1907年)华商上海信成银行上海通用银元伍元		51,750	中国嘉德	2012.05.17
光绪三十四年北洋造光绪元宝库平七钱二分银币一枚		264,500	北京诚轩	2012.11.25
光绪三十四年北洋造光绪元宝库平七钱二分银币一枚 钱币		54,050	北京诚轩	2012.05.18
光绪叁拾年(1904年)江省广信公司银元钱贰吊		138,000	上海泓盛	2012.06.17
癸卯(1903年)奉天省造光绪元宝七钱二分银币(LM483)		66,700	中国嘉德	2012.11.27
河北“民国十一年 长生官银楼”五十两银锭一枚	重1798.2g	138,000	北京诚轩	2012.11.25
河北“民国十一年 永和官银炉”五十两银锭一枚	重1794.4g	126,500	北京诚轩	2012.11.25
吉林造光绪元宝(戊申)库平三钱六分银币一枚		126,500	上海泓盛	2012.06.18
甲辰(1904年)江南省造光绪元宝七钱二分银币(LM257)		80,500	中国嘉德	2012.11.27
甲辰(1904年)江南省造光绪元宝七钱二分银币(LM259)		207,000	中国嘉德	2012.11.27
江南省造光绪元宝(戊戌)库平七钱二分一枚		92,000	上海泓盛	2012.06.18
江南省造光绪元宝(乙巳)库平七钱二分一枚		89,700	上海泓盛	2012.06.18
江南省造光绪元宝库平七钱二分银币一枚		172,500	上海泓盛	2012.06.18
戊申(1908年)吉林省造光绪元宝三钱六分银币(LM577)		101,200	中国嘉德	2012.05.20
戊戌(1898年)江南省造光绪元宝七钱二分银币(LM217)		172,500	中国嘉德	2012.11.27
咸丰六年(1896年)上海县号商郁森盛足纹银饼背朱源裕监倾曹平实重壹两银匠丰年造银币		138,000	中国嘉德	2012.11.27
新疆“民国年月 锡盛银局 道验”三戳五十两银锭一枚	重1717.7g	184,000	北京诚轩	2012.11.25
新疆“民国壬戌年”“新疆伊宁”“玉甡祥银局”五十两银锭一枚	重1820g	138,000	上海泓盛	2012.06.18

2012杂项拍卖成交汇总

(成交价RMB：5万元以上)

拍品名称	物品尺寸	成交价RMB	拍卖公司	拍卖日期
宣统年造大清银币"$1"壹圆样币一枚		322,000	北京诚轩	2012.11.25
宣统年造大清银币壹角一枚		89,700	北京诚轩	2012.11.25
宣统年造大清银币壹圆一枚		195,500	上海泓盛	2012.06.18
宣统年造大清银币壹圆一枚 钱币		97,750	北京诚轩	2012.05.18
宣统三年(1911年)大清银币壹圆(LM37)		86,250	中国嘉德	2012.11.27
宣统三年(1911年)大清银币壹圆(LM37)		57,500	中国嘉德	2012.11.27
宣统三年(1911年)大清银币壹圆银质样币(LM31)		345,000	中国嘉德	2012.11.27
宣统三年大清银币"长须龙"版壹圆银币样币一枚 钱币		1,150,000	北京诚轩	2012.05.18
宣统三年大清银币壹圆一枚 钱币		101,200	北京诚轩	2012.05.18
宣统三年大清银币壹圆一枚 钱币		80,500	北京诚轩	2012.05.18
宣统三年大清银币壹圆一枚 钱币		59,800	北京诚轩	2012.05.18
宣统元年(1909年)上海四明银行上海通用银元贰圆		86,250	中国嘉德	2012.11.27
宣统元年(1909年)上海四明银行上海通用银元拾圆		126,500	中国嘉德	2012.05.17
1995年5盎司龙舟图银币一枚		55,200	朵云轩	2012.12.30
1997年5盎司齐白石银币一枚		55,200	朵云轩	2012.12.30
大清银币丁未壹圆		259,532	澳门中信	2012.12.28
大清银币福建七钱二分		2,966,080	澳门中信	2012.12.28
大清银币光绪元宝安徽库平七钱二分(四枚套)		1,668,420	澳门中信	2012.12.28
大清银币光绪元宝广东省造库平重一两		2,780,700	澳门中信	2012.12.28
大清银币宣统三年 五角 二枚换一圆		556,140	澳门中信	2012.12.28
大清银币宣统三年(长须龙)一圆		2,966,080	澳门中信	2012.12.28
大清银币宣统三年(长须龙)壹圆		1,853,800	澳门中信	2012.12.28
大清银币宣统三年(大尾龙)		1,668,420	澳门中信	2012.12.28
大清银币宣统三年(短须龙)		1,668,420	澳门中信	2012.12.28
大清银币宣统元宝庚戌春季云南造七钱二分		3,244,150	澳门中信	2012.12.28
光绪元宝京局制造 庚子库平七钱二分(一对)		1,483,040	澳门中信	2012.12.28
民国"和盛官银局"五十两银锭		57,500	西泠拍卖	2012.12.28
民国 四川西昌双排戳十两银锭一组(永裕楼、永丰楼、永兴楼、永福楼)		69,000	西泠拍卖	2012.12.28
民国"京都 民国二十年 天福记□号"五十两银锭	重1671g	112,700	中国嘉德	2012.11.26
民国 吉林"杨晓山 民国年月 长春益发银行"五十两大翅银锭	重1916g	414,000	中国嘉德	2012.05.19
民国 吉林"张相国 民国年月日 长春鸿兴金店"五十两大翅银锭	重1914g	161,000	中国嘉德	2012.05.19
民国 山西"民国年月 平遥县 德蔚隆"五十两银锭	重1881g	207,000	中国嘉德	2012.05.19
民国 山西"民国年月 榆次县 □兴光"五十两银锭	重1872g	115,000	中国嘉德	2012.11.26
民国 陕西"解县财政科"五两槽锭	重130g	69,000	中国嘉德	2012.11.26
民国 新疆"新疆伊宁 玉甡祥银局 民国壬戌年"五十两银锭	重1712g	115,000	中国嘉德	2012.05.19
民国 新疆"伊宁 民国年月 玉泰银局"五十两银锭	重1855g	112,700	中国嘉德	2012.11.26
民国八年(1919年)袁世凯像壹圆银币(LM76)		55,200	中国嘉德	2012.11.27
民国二年(1913年)中国银行兑换券黄帝像伍拾圆样本券		112,700	上海泓盛	2012.03.29

拍品名称	物品尺寸	成交价RMB	拍卖公司	拍卖日期
民国二年交通银行美钞版银元票壹圆一枚		55,200	北京诚轩	2012.05.19
民国二年交通银行美钞版银元票壹圆一枚		51,750	北京诚轩	2012.05.19
民国二十五年孙中山像背帆船壹圆小型银币样币一枚	直径3.18cm	517,500	北京诚轩	2012.11.25
民国二十一年孙中山像背帆船三鸟壹圆银币一枚		89,700	北京诚轩	2012.11.25
民国二十一年孙中山像背帆船三鸟壹圆银币一枚		63,250	北京诚轩	2012.11.25
民国二十一年孙中山像背帆船三鸟壹圆银币一枚 钱币		69,000	北京诚轩	2012.05.18
民国河南"宋兴长记 民国年月"五十两银锭	重1857.9g	115,000	北京翰海	2012.04.19
民国河南"中华民国 镇平县征收处"五十两银锭	重1873.4g	977,500	北京翰海	2012.04.19
民国甲子年(1924) 河南"民国甲子年 林盛官钱局"五十两银锭	重1600g	101,200	中国嘉德	2012.05.19
民国九年(1920年)袁世凯像壹圆银币(LM77)		149,500	中国嘉德	2012.11.27
民国九年袁世凯像贰角银币一枚 钱币		63,250	北京诚轩	2012.05.18
民国三年(1914年)袁世凯像甘肃壹圆银币(LM617)		66,700	中国嘉德	2012.05.20
民国三年(1914年)袁世凯像甘肃壹圆银币(LM617)		63,250	中国嘉德	2012.05.20
民国三年(1914年)袁世凯像壹圆银质样币(LM67)		57,500	中国嘉德	2012.05.20
民国三年(1914年)袁世凯像中圆银币(LM64)		94,300	中国嘉德	2012.05.20
民国三年袁世凯像"L.GIORGI"签字版中圆银币样币一枚		138,000	北京诚轩	2012.11.25
民国三年袁世凯像"甘肃"壹圆银币一枚		63,250	上海泓盛	2012.06.18
民国三年袁世凯像"七分面"壹圆银币一枚 钱币		368,000	北京诚轩	2012.05.18
民国三年袁世凯像壹圆银币一枚		50,600	上海崇源	2012.10.18
民国三年袁世凯像中圆银币一枚		126,500	上海泓盛	2012.06.18
民国三十八年(1949年)青海实业银行银币贰角		59,800	上海泓盛	2012.03.29
民国三十八年贵州省造"竹子"壹圆银币一枚		264,500	上海崇源	2012.10.18
民国三十七年蒋中正侧面像伍角银币一枚		161,000	北京诚轩	2012.11.25
民国山东"济宁州 民国年月 民国年月"五十两银锭	重1852.7g	149,500	北京翰海	2012.04.19
民国山西"晋忻 官银号 民国年十二月"五十两银锭	重1883.0g	345,000	北京翰海	2012.04.19
民国十八年孙中山像背三帆船奥地利版壹圆银币样币一枚 钱币		78,200	北京诚轩	2012.05.18
民国十八年孙中山像背三帆船美国版壹圆银币样币一枚 钱币		82,800	北京诚轩	2012.05.18
民国十八年孙中山像背三帆船日本版壹圆银币样币一枚 钱币		57,500	北京诚轩	2012.05.18
民国十八年孙中山像背三帆船壹圆银质样币一枚		74,750	上海泓盛	2012.06.18
民国十八年孙中山像背三帆船壹圆银质样币一枚		74,750	上海泓盛	2012.06.18
民国十八年孙中山像背三帆船英国版壹圆银币样币一枚		86,250	北京诚轩	2012.11.25
民国十八年孙中山像背三帆船英国版壹圆银币样币一枚		69,000	北京诚轩	2012.11.25

拍品名称	物品尺寸	成交价RMB	拍卖公司	拍卖日期
民国十八年孙中山像背三帆船英国版壹圆银币样币一枚 钱币		66,700	北京诚轩	2012.05.18
民国十二年(1923年)龙凤壹圆银质样币(LM80)		69,000	中国嘉德	2012.05.20
民国十二年(1923年)龙凤壹圆银质样币(LM81)		253,000	中国嘉德	2012.05.20
民国十二年(1923年)龙凤壹圆银质样币(LM81)		172,500	中国嘉德	2012.11.27
民国十二年(1923年)龙凤壹圆银质样币(LM81)		149,500	中国嘉德	2012.11.27
民国十二年(1923年)龙凤壹圆银质样币(LM81)		138,000	中国嘉德	2012.11.27
民国十二年(1923年)龙凤壹圆银质样币(LM81)		94,300	中国嘉德	2012.11.27
民国十二年(1923年)龙凤壹圆银质样币(LM81)		86,250	中国嘉德	2012.05.20
民国十二年(1923年)龙凤壹圆银质样币(LM81)		57,500	中国嘉德	2012.11.27
民国十二年龙凤背嘉禾壹圆银币一枚		345,000	上海崇源	2012.10.18
民国十二年龙凤壹圆小字银币一枚		86,250	上海崇源	2012.10.18
民国十二年龙凤壹圆银币一枚		218,500	北京诚轩	2012.11.25
民国十二年龙凤壹圆银币一枚		105,800	北京诚轩	2012.11.25
民国十二年龙凤壹圆银币一枚		57,500	北京诚轩	2012.11.25
民国十二年龙凤壹圆银币一枚钱币		276,000	北京诚轩	2012.05.18
民国十二年龙凤壹圆银币一枚钱币		120,750	北京诚轩	2012.05.18
民国十二年造“龙凤”壹圆银币一枚		115,000	上海泓盛	2012.06.18
民国十二年造“龙凤”壹圆银币一枚		63,250	上海泓盛	2012.06.18
民国十六年孙中山像陵墓壹圆银币一枚		57,500	北京诚轩	2012.11.25
民国十年(1921年)徐世昌像同登仁寿纪念银币(LM864)		69,000	中国嘉德	2012.11.27
民国十年广西省造壹毫银币样币一枚 钱币		82,800	北京诚轩	2012.05.18
民国十年徐世昌像仁寿同登纪念银币一枚 钱币		69,000	北京诚轩	2012.05.18
民国十年袁世凯像壹圆银币一枚 钱币		97,750	北京诚轩	2012.05.18
民国十年袁世凯像壹圆银币一枚 钱币		57,500	北京诚轩	2012.05.18
民国十七年(1928年)贵州省政府造壹圆银币(LM610)		172,500	中国嘉德	2012.05.20
民国十七年(1928年)孙中山像甘肃壹圆银币(LM618)		172,500	中国嘉德	2012.05.20
民国十七年甘肃省造孙中山像壹圆银币一枚		126,500	北京诚轩	2012.11.25
民国十七年贵州省政府造壹圆银币一枚		92,000	上海崇源	2012.10.18
民国十七年贵州银币壹圆一枚		172,500	上海崇源	2012.10.18
民国十一年湖南省宪成立纪念壹圆银币一枚 钱币		115,000	北京诚轩	2012.05.18
民国时期“上海 增记 肆”五十两夷场新一枚	重1827.5g	115,000	北京诚轩	2012.11.25
民国时期中央造币厂孙中山像布图五两厂条一枚 钱币		103,500	北京诚轩	2012.05.18
民国新疆“伊宁 玉泰银局 民国年月”五十两银锭	重1795.6g	181,700	北京翰海	2012.04.19
民国元年军政府造四川银币贰角一枚 钱币		51,750	北京诚轩	2012.05.18

拍品名称	物品尺寸	成交价RMB	拍卖公司	拍卖日期
民国元年黎元洪像戴帽开国纪念壹圆银币一枚		138,000	上海泓盛	2012.06.18
民国元年黎元洪像无帽开国纪念壹圆银币一枚		78,200	上海泓盛	2012.06.18
1912年戴帽黎元洪像开国纪念壹圆银币一枚		66,700	上海崇源	2012.10.18
1912年黎元洪像(戴帽)中华民国开国纪念币壹圆银币(LM43)		112,700	中国嘉德	2012.11.27
1912年黎元洪像(无帽)中华民国开国纪念币壹圆银币(LM45)		80,500	中国嘉德	2012.11.27
1912年黎元洪像(无帽)中华民国开国纪念币壹圆银币(LM45)		55,200	中国嘉德	2012.11.27
1912年黎元洪像戴帽开国纪念壹圆银币一枚		89,700	北京诚轩	2012.11.25
1912年黎元洪像无帽开国纪念壹圆银币一枚		52,900	北京诚轩	2012.11.25
1912年黎元洪像无帽开国纪念壹圆银币一枚 钱币		74,750	北京诚轩	2012.05.18
1912年孙中山像开国纪念壹圆银币一枚		62,100	北京诚轩	2012.11.25
1914年袁世凯像共和纪念壹圆“L.GIORGI”签字版银币一枚		103,500	北京诚轩	2012.11.25
1914年袁世凯像共和纪念壹圆“L.GIORGI”签字版银币一枚 钱币		82,800	北京诚轩	2012.05.18
1914年袁世凯像共和纪念壹圆银币样币一枚		172,500	上海崇源	2012.10.18
1914年袁世凯像共和纪念壹圆银币一枚		402,500	北京诚轩	2012.11.25
1914年袁世凯像共和纪念壹圆银币一枚		149,500	上海崇源	2012.10.18
1914年袁世凯像共和纪念壹圆银币一枚		57,500	北京诚轩	2012.11.25
1914年袁世凯像共和纪念壹圆银币一枚 钱币		115,000	北京诚轩	2012.05.18
1914年袁世凯像共和纪念壹圆银币一枚 钱币		80,500	北京诚轩	2012.05.18
1914年袁世凯像共和纪念壹圆银币一枚 钱币		71,300	北京诚轩	2012.05.18
1914年袁世凯像共和纪念壹圆银币一枚 钱币		55,200	北京诚轩	2012.05.18
1916年湖南洪宪元年开国纪念中华银币壹角一枚 钱币		184,000	北京诚轩	2012.05.18
1916年唐继尧正面像拥护共和纪念三钱六分银币一枚 钱币		51,750	北京诚轩	2012.05.18
1916年袁世凯像中华帝国洪宪纪元飞龙银币一枚		161,000	上海泓盛	2012.06.18
1916年袁世凯像中华帝国洪宪纪元飞龙银币一枚		149,500	北京诚轩	2012.11.25
1916年袁世凯像中华帝国洪宪纪元飞龙银币一枚		92,000	北京诚轩	2012.11.25
1916年袁世凯像中华帝国洪宪纪元飞龙银币一枚		81,650	上海泓盛	2012.06.18
1916年袁世凯像中华帝国洪宪纪元飞龙银币一枚 钱币		149,500	北京诚轩	2012.05.18
1921年徐世昌像仁寿同登银币一枚		126,500	上海崇源	2012.10.18
1923年曹锟文装像宪法成立纪念银币一枚		138,000	上海泓盛	2012.06.18
1923年曹锟武装像宪法成立纪念银币一枚		57,500	北京诚轩	2012.11.25
1924年段祺瑞像执政纪念银币一枚		105,800	上海崇源	2012.10.18

2012杂项拍卖成交汇总

(成交价RMB：5万元以上)

拍品名称	物品尺寸	成交价RMB	拍卖公司	拍卖日期
1924年段祺瑞像中华民国执政纪念币银币(LM865)		51,750	中国嘉德	2012.11.27
1927年孙中山像开国纪念壹圆银币一枚		94,300	北京诚轩	2012.11.25
1927年孙中山像开国纪念壹圆银币一枚 钱币		55,200	北京诚轩	2012.05.18
1932年造全世界无产阶级联合起来呵壹圆银币一枚		310,500	上海崇源	2012.10.18
1934年川陕省造币厂造中华苏维埃共和国壹圆银币一枚		60,950	北京诚轩	2012.11.25
1934年川陕省造中华苏维埃共和国川陕省造币厂造壹圆银币一枚 钱币		59,800	北京诚轩	2012.05.18
1949年新疆造币厂铸壹圆银币一枚 钱币		71,300	北京诚轩	2012.05.18
1992年1公斤生肖发行12周年银币俗称大转盘(八波纹轻喷砂版)	直径120cm	414,000	上海泓盛	2012.06.18
1992年中国人民银行发行中国壬申(猴)年生肖精制纪念银币	重12盎司	55,200	中国嘉德	2012.05.20
1994年12盎司古代名画系列冬日婴戏图银币	直径8.0cm	115,000	上海泓盛	2012.06.18
1994年12盎司中国古代名画系列冬日婴戏图银币	直径8.0cm	149,500	上海泓盛	2012.06.18
1994年5盎司中国古代名画系列冬日婴戏图银币	直径7.0cm	109,250	上海泓盛	2012.06.18
1994年5盎司中国-新加坡友好银币	直径7.0cm	105,800	上海泓盛	2012.06.18
1995-1997年22g丝绸之路(1-3组)银币三套共十二枚		69,000	上海泓盛	2012.06.18
1995年20盎司麒麟银币	直径10.0cm	138,000	上海泓盛	2012.06.18
1995年中国人民银行发行中国乙亥(猪)年生肖精制纪念银币	重5盎司	74,750	中国嘉德	2012.05.20
1995年5盎司龙舟图银币一枚		55,200	朵云轩	2012.12.30
1996年12盎司丙子鼠年生肖精制银币	直径8.0cm	57,500	上海泓盛	2012.06.18
1996年12盎司丙子鼠年生肖银币	直径8.0cm	55,200	上海泓盛	2012.06.18
1996年12盎司熊猫银币	直径8.0cm	64,400	上海泓盛	2012.06.18
1997年5盎司齐白石银币一枚		55,200	朵云轩	2012.12.30
1998年5盎司迎春图银币	直径7.0cm	51,750	上海泓盛	2012.06.18
1999年12盎司已卯兔年生肖银币	直径8.0cm	80,500	上海泓盛	2012.06.18
上海“泰丰亨记”“上海”“柒”五十两银锭一枚	重1830g	66,700	上海泓盛	2012.06.18
内蒙“民国年月 西包镇 德兴号 郭起富 足色”五十两银锭一枚	重1875.3g	184,000	北京诚轩	2012.11.25
平江县苏维埃一元币	直径4.5cm	84,663	中联国际	2012.10.02
银币一组二枚		82,800	中国嘉德	2012.05.20
中华民国三年袁世凯半侧像壹圆银质样币	直径3.8cm	97,750	西泠拍卖	2012.07.07
中华民国十五年版张作霖陆海军大元帅纪念币银质样币	直径3.8cm	1,610,000	西泠拍卖	2012.07.07
美国贸易银圆 一套四枚		92,690	澳门中信	2012.12.28
袁世凯银币一套		556,140	澳门中信	2012.12.28
中华民国二十四年孙中山帆船壹圆银币		6,024,850	澳门中信	2012.12.28
中华民国十二年造一元龙凤银币		166,842	澳门中信	2012.12.28
纸币				
元代 至元通行宝钞贰贯		253,000	上海泓盛	2012.03.30
洪武年大明宝钞壹贯	八成新	69,000	上海泓盛	2012.03.29
洪武年大明宝钞壹贯	八成新	138,000	上海泓盛	2012.03.30
大明通行宝钞壹贯	22.3cm×34.2cm	55,200	中国嘉德	2012.11.27
大明通行宝钞壹贯	22.4cm×34.5cm	51,750	中国嘉德	2012.05.17
大清光绪叁拾壹年(1905年)江南裕宁官银钱局银元钞票壹圆	八成新	172,500	上海泓盛	2012.06.17

拍品名称	物品尺寸	成交价RMB	拍卖公司	拍卖日期
大清宣统元年(1909年)扬州和大银行伍圆	七五成新	218,500	上海泓盛	2012.03.29
光绪丁未年(1907年)安徽裕皖官钱局伍圆	九成新	59,800	上海泓盛	2012.03.29
光绪丁未年(1907年)安徽裕皖官钱局伍圆	九成新	59,800	上海泓盛	2012.03.29
光绪丁酉年(1897年)湖北官钱局九八制钱壹千文		575,000	上海泓盛	2012.03.29
光绪二十九年(1903年)江南裕苏官银钱局伍佰文		63,250	中国嘉德	2012.11.27
光绪二十四年中国通商银行上海通用银圆票伍拾圆样票一枚		149,500	北京诚轩	2012.11.24
光绪二十五年湖北银元局光绪元宝银元票壹大元一枚	七五成新	161,000	北京诚轩	2012.05.19
光绪二十一年(1895年)护理台南府正堂忠台南官银票“手写体”拾大员		51,750	中国嘉德	2012.11.27
光绪二十一年崇文门外木厂胡同西口内路北新泰厚钱庄贰百两银票一枚		51,750	北京诚轩	2012.11.24
光绪年(上海)交通银行本票	八五成新	57,500	上海泓盛	2012.03.29
光绪三十二年陈夔龙像江苏裕苏官银钱局通用钞票鹰元壹圆一枚		287,500	北京保利	2012.12.02
光绪三十二年大清户部银行兑换券伍圆样票一枚		230,000	北京诚轩	2012.05.19
光绪三十年(1904年)江省广信公司卜魁贰吊		299,000	中国嘉德	2012.11.26
光绪三十年(1904年)江省广信公司卜魁叁吊		460,000	中国嘉德	2012.11.26
光绪三十年(1904年)江省广信公司卜魁壹吊		172,500	中国嘉德	2012.11.26
光绪三十年河南豫泉官银号银圆票壹圆一枚		724,500	北京保利	2012.12.02
光绪三十三年(1907年)大清银行兑换券改大汉银行暂行军用手票伍圆		402,500	中国嘉德	2012.05.16
光绪三十三年(1907年)广东钱局伍圆	七五至八成新	92,000	上海泓盛	2012.06.17
光绪三十三年(1907年)华商上海信成银行拾圆	九六成新	55,200	上海泓盛	2012.03.30
光绪三十三年(1907年)江南裕宁官银钱局银元钞票伍圆	八成新	80,500	上海泓盛	2012.06.16
光绪三十四年(1908年)湖北官钱局九八制钱壹串文	九八成新	138,000	上海泓盛	2012.06.16
光绪三十四年(1908年)江北清江浦衡丰钱庄票壹百枚		74,750	中国嘉德	2012.11.27
光绪三十四年湖北官钱局九八制钱票壹串文一枚		101,200	北京保利	2012.12.02
光绪戊申年(1908年)新疆官钱总局红钱肆百文	七五成新	195,500	中国嘉德	2012.05.17
清代户部钱帖一组二枚		55,200	中国嘉德	2012.05.16
清代户部乾丰官号钱帖一组四枚	七五成新	74,750	中国嘉德	2012.05.17
清代钱帖一组三枚		184,000	中国嘉德	2012.05.17
清代天贞银钱号钱贴大型、小型各一枚	12.8cm×17.4cm; 7.4cm×17.0cm	230,000	中国嘉德	2012.11.27
清末北洋天津银号李鸿章像银两票壹两 叁两 伍两 拾两一套四枚		333,500	北京保利	2012.12.02
山东烟台顺泰号汇兑钱庄壹圆		57,500	中国嘉德	2012.11.27
上海和嘛银行纸币共4枚大全套		287,500	上海泓盛	2012.06.17
坦桑尼亚纪念钞$2000六十枚连体样票	全新	402,500	中国嘉德	2012.05.16
咸丰八年(1858)大清宝钞百千文	14.5cm×27.4cm	184,000	中国嘉德	2012.11.26
咸丰八年(1858)大清宝钞伍拾千文	14.6cm×27.8cm	74,750	中国嘉德	2012.11.26

拍品名称	物品尺寸	成交价RMB	拍卖公司	拍卖日期
咸丰八年(1858年)大清宝钞百千文	14.2cm×27.7cm	138,000	中国嘉德	2012.05.17
咸丰八年(1858年)大清宝钞伍拾千文	14.6cm×27.8cm	69,000	中国嘉德	2012.11.27
咸丰八年(1858年)大清宝钞伍拾千文	14.5cm×27.6cm	66,700	中国嘉德	2012.05.17
咸丰八年(1858年)大清宝钞伍拾千文	14.6cm×27.8cm	57,500	中国嘉德	2012.11.27
咸丰八年(1858年)永丰官局壹千文	七五成新	299,000	中国嘉德	2012.05.16
咸丰六年大清宝钞拾千文一枚		55,200	北京诚轩	2012.05.19
咸丰六年大清宝钞伍百文一枚		66,700	北京诚轩	2012.05.19
咸丰六年大清宝钞伍百文一枚		63,250	北京诚轩	2012.05.19
咸丰六年户部官票伍两一枚	八五成新	51,750	北京保利	2012.06.05
咸丰陆年(1856年)大清宝钞伍百文		92,000	上海泓盛	2012.03.30
咸丰七年(1857年)大清宝钞贰千文	13.6cm×24.2cm	63,250	中国嘉德	2012.11.27
咸丰七年(1857年)户部官票伍两	14.5cm×24.5cm	89,700	中国嘉德	2012.05.16
咸丰七年(1857年)户部官票伍两		82,800	上海泓盛	2012.06.17
咸丰七年大清宝钞百千文一枚		161,000	北京保利	2012.12.02
咸丰七年户部官票伍两一枚	九五成新	82,800	北京保利	2012.06.05
咸丰七年户部官票伍两一枚	九五成新	80,500	北京保利	2012.06.05
咸丰七年户部官票伍两一枚		71,300	北京保利	2012.12.02
咸丰七年户部官票伍两一枚		69,000	北京保利	2012.12.02
咸丰七年户部官票伍两一枚		66,700	北京保利	2012.12.02
咸丰三年(1853年)户部官票拾两	19.6cm×32.3cm	51,750	中国嘉德	2012.11.27
咸丰三年户部官票拾两一枚		57,500	北京保利	2012.06.05
咸丰叁年(1853年)户部官票手写体壹两		230,000	上海泓盛	2012.06.17
咸丰叁年(1853年)户部官票壹两		138,000	上海泓盛	2012.03.29
咸丰四年(1854年)大清宝钞壹千伍百文 咸丰六年(1856年)大清宝钞拾千文 咸丰七年(1857年)大清宝钞伍百文 壹千文 咸丰八年(1858年)大清宝钞贰千文		82,800	中国嘉德	2012.05.16
咸丰四年(1854年)户部官票叁两		57,500	上海泓盛	2012.03.29
咸丰四年(1854年)户部官票伍两	15.2cm×24.5cm	115,000	中国嘉德	2012.05.16
咸丰四年(1854年)户部官票伍两		82,800	上海泓盛	2012.03.29
咸丰四年(1854年)户部官票伍拾两	17.6cm×29.9cm	207,000	中国嘉德	2012.05.16
咸丰四年(1854年)户部官票伍拾两	17.9cm×30.6cm	184,000	中国嘉德	2012.05.16
咸丰四年(1854年)户部官票伍拾两	17.9cm×30.6cm	115,000	中国嘉德	2012.05.16
咸丰四年(1854年)户部官票伍拾两	19.1cm×31.1cm	115,000	中国嘉德	2012.05.17
咸丰四年(1854年)户部官票伍拾两	17.6cm×30.6cm	92,000	中国嘉德	2012.11.27
咸丰四年户部官票伍拾两一枚	八五成新	184,000	北京诚轩	2012.05.19
咸丰五年(1855年)户部官票叁两	14.9cm×25.2cm	57,500	中国嘉德	2012.05.17
咸丰五年(1855年)户部官票伍两	15.3cm×24.7cm	69,000	中国嘉德	2012.11.27
咸丰五年(1855年)户部官票伍两		63,250	上海泓盛	2012.06.16
咸丰五年户部官票伍两一枚	七五成新	103,500	北京诚轩	2012.05.19
咸丰五年户部官票伍拾两一枚	六成新	149,500	北京诚轩	2012.05.19
宣统二年(1910年)陕西大清银行兑换银票平足纹银壹百两		379,500	中国嘉德	2012.11.27
宣统年大清银行兑换券改民国元年中国银行李鸿章像壹圆	七五成新	112,700	中国嘉德	2012.05.17
宣统元年(1909年)大清银行兑换券李鸿章像拾圆样本券	全新	105,800	上海泓盛	2012.06.17
宣统元年(1909年)大清银行兑换券李鸿章像伍圆样本券	全新	63,250	上海泓盛	2012.06.17
宣统元年大清银行兑换券改中国银行兑换券李鸿章像壹圆一枚	七五成新	97,750	北京保利	2012.06.05
宣统元年李鸿章像大清银行兑换券改民国元年中国银行兑换券拾圆一枚		368,000	北京保利	2012.06.05
宣统元年新疆伊犁官钱总局制钱票贰千文一枚	七五成新	368,000	北京诚轩	2012.05.19
康德元年(1934年)满洲帝国政府五厘公债证书第二次伍拾圆、壹百元、壹千圆、壹万圆	九成新	69,000	上海泓盛	2012.03.29
民国八年(1919年)吉林方正满蒙殖业银行拾吊		92,000	中国嘉德	2012.11.26

拍品名称	物品尺寸	成交价RMB	拍卖公司	拍卖日期
民国二年(1913年)交通银行北京拾圆	八成新	92,000	中国嘉德	2012.05.16
民国二年(1913年)交通银行北京伍拾圆	八成新	161,000	中国嘉德	2012.05.16
民国二年(1913年)交通银行北京伍圆	七五成新	86,250	中国嘉德	2012.05.16
民国二年(1913年)交通银行烟台壹圆	八五成新	86,250	中国嘉德	2012.05.16
民国二年(1913年)浙江地方银行伍圆样票		94,300	中国嘉德	2012.11.27
民国二年六月(1913年)浙江地方银行拾圆		483,000	上海泓盛	2012.06.16
民国二十八年(1939年)中国银行廖仲恺像壹圆		172,500	上海泓盛	2012.06.16
民国二十八年(1939年)中国银行廖仲恺像壹圆、伍圆、拾圆共3枚全套样本券	全新	105,800	上海泓盛	2012.06.16
民国二十六年(1937年)兴县农民银行贰角		66,700	中国嘉德	2012.11.26
民国二十七年(1938年)上党银号贰角伍分		132,250	中国嘉德	2012.11.26
民国二十七年(1938年)中国联合准备银行纸币一组七枚		51,750	中国嘉德	2012.11.27
民国二十三年(1934年)中国银行“牛耕田”天津壹圆	八五成新	82,800	中国嘉德	2012.05.17
民国二十四年(1935年)青海财政厅维持券壹圆、伍圆、拾圆共3枚全套	九八成新	138,000	上海泓盛	2012.03.29
民国二十四年青海财政厅维持券拾圆一枚	九五成新	57,500	北京诚轩	2012.05.19
民国二十五年(1936年)中央银行“红牌坊”壹圆	八五成新	55,200	中国嘉德	2012.05.16
民国二十五年中央银行法币券壹圆一枚	九五成新	80,500	北京保利	2012.06.05
民国华北银行纸币一组二十二枚	七成至全新	126,500	中国嘉德	2012.05.16
民国九年(1920年)上海永亨银行兑换券壹圆 伍圆 拾圆样票各一枚		51,750	中国嘉德	2012.05.17
民国九年(1920年)直隶省银行天津伍圆	八成新	55,200	中国嘉德	2012.05.16
民国九年(1920年)中国通商银行财神图壹两、伍两、拾两共3枚全套	九成新	92,000	上海泓盛	2012.06.16
民国九年(1920年)中华汇业银行伍拾圆、壹百圆样票各一枚		51,750	中国嘉德	2012.11.26
民国九年(1920年)中华懋业银行第二版棕色伍圆	八成新	138,000	上海泓盛	2012.06.17
民国九年(1920年)中华懋业银行第一版黑色拾圆	七五成新	207,000	上海泓盛	2012.06.17
民国九年(1920年)中华懋业银行第一版黑色壹圆		57,500	上海泓盛	2012.06.17
民国七年(1918年)黑龙江官银号卜魁江钱叁拾贰吊		86,250	中国嘉德	2012.11.26
民国三年(1914年)交通银行汉口壹圆	八五成新	59,800	中国嘉德	2012.05.16
民国三年(1914年)交通银行壹圆、伍圆、拾圆、伍拾圆、壹百圆共5枚大全套	九八成新	126,500	上海泓盛	2012.03.29
民国三年(1914年)交通银行棕色壹圆、黑色伍圆、绿色拾圆共3枚全套	七成新	94,300	上海泓盛	2012.03.29
民国三年(1914年)中国银行袁世凯像拾圆		66,700	中国嘉德	2012.11.27

2012杂项拍卖成交汇总

(成交价RMB：5万元以上)

拍品名称	物品尺寸	成交价RMB	拍卖公司	拍卖日期
民国三年中国银行袁世凯像美钞版国币券拾圆一枚		69,000	北京诚轩	2012.11.24
民国三十三年(1944年)北海银行本票贰拾伍圆		69,000	中国嘉德	2012.11.26
民国三十三年(1944年)北海银行胶东伍拾圆	八成新	55,200	中国嘉德	2012.05.17
民国三十三年(1944年)北海银行胶东伍拾圆	八成新	51,750	中国嘉德	2012.05.17
民国三十四年(1945年)中央储备银行拾万圆	九成新	63,250	中国嘉德	2012.05.17
民国三十四年(1945年)中央银行台湾流通券壹佰圆	九五成新	78,200	上海泓盛	2012.03.30
民国三十四年(1945年)中央银行越南流通券伍拾圆	八五成新	92,000	上海泓盛	2012.06.16
民国三十四年大江银行纸币直式贰拾圆一枚		51,750	北京诚轩	2012.11.24
民国三十五年(1946年)嫩江省银行伍拾圆	七成新	57,500	中国嘉德	2012.05.17
民国十二年(1923年)热河兴业银行天津壹圆、伍圆、拾圆样票各一枚		82,800	中国嘉德	2012.11.26
民国十二年(1923年)中法振业银行壹圆、伍圆、拾圆样本券共3枚全套	九六成新	71,300	上海泓盛	2012.06.17
民国十二年(1923年)中央银行壹百圆		172,500	中国嘉德	2012.11.27
民国十九年(1930年)河北银行北平壹圆 伍圆 拾圆各一枚		59,800	中国嘉德	2012.05.16
民国十年(1921年)中南银行壹圆、伍圆、拾圆、伍拾圆、壹百圆共5枚大全套	九六成新	172,500	上海泓盛	2012.06.16
民国十年(1921年)中南银行壹圆、伍圆、拾圆、伍拾圆、壹百圆样本券大全套	九八至全新	94,300	上海泓盛	2012.06.16
民国十年中意合办震义银行国币券壹百圆一枚		57,500	北京诚轩	2012.11.24
民国十七年(1928年)绥远平市官钱局绥远纸币一组二枚		86,250	中国嘉德	2012.11.26
民国十七年(1928年)中央银行上海伍拾圆	九成新	59,800	上海泓盛	2012.03.30
民国十七年(1928年)中央银行上海壹百圆	八成新	57,500	上海泓盛	2012.03.30
民国十三年(1924年)青岛地方银行伍拾圆票样	九成新	322,000	上海泓盛	2012.03.29
民国十三年(1924年)香港国民商业储蓄银行伍拾圆、壹佰圆共2枚不同	九成新	149,500	上海泓盛	2012.06.16
民国十四年(1925年)四明银行壹圆、伍圆、拾圆	九成至全新	172,500	上海泓盛	2012.03.30
民国十四年(1925年)绥远平市官钱局归绥壹圆、伍圆、拾圆各一枚		59,800	中国嘉德	2012.11.26
民国十四年(1925年)绥远平市官钱局绥远伍圆样票		51,750	中国嘉德	2012.11.26
民国时期蒙疆银行纸币壹圆 伍圆 拾圆 壹百圆正 反单面样票四组	九五成至全新	55,200	北京诚轩	2012.05.19
民国时期无年份保商银行壹圆样票一枚		57,500	北京诚轩	2012.11.24
民国四年交通银行小洋券拾角一枚	八成新	86,250	北京诚轩	2012.05.19
民国元年(1912年)大清银行兑换券改中国银行壹圆		82,800	上海泓盛	2012.06.17
民国元年(1912年)交通银行北京壹圆	七五成新	253,000	中国嘉德	2012.05.16

拍品名称	物品尺寸	成交价RMB	拍卖公司	拍卖日期
民国元年(1912年)交通银行拾圆	七成新	63,250	中国嘉德	2012.05.16
民国元年(1912年)皖芜军政分府理财部军用钞票壹圆	八五成新	97,750	中国嘉德	2012.05.16
民国元年(1912年)中国银行兑换券黄帝像拾圆	八成新	149,500	上海泓盛	2012.03.29
民国元年(1912年)中国银行兑换券黄帝像伍圆		322,000	上海泓盛	2012.06.16
民国元年(1912年)中国银行兑换券黄帝像伍圆	九七成新	73,600	上海泓盛	2012.06.16
民国元年(1912年)中国银行兑换券黄帝像伍圆	八成新	63,250	上海泓盛	2012.03.29
民国元年(1912年)中华民国军用钞票伍元		414,000	中国嘉德	2012.11.27
民国元年交通银行五色旗图银圆票拾圆样票一枚		207,000	北京诚轩	2012.11.24
华俄道胜银行天津改哈尔滨伍拾圆	九八成新	51,750	中国嘉德	2012.05.16
冀东银行拾圆	八五成新	368,000	中国嘉德	2012.05.16
冀东银行伍圆样票		80,500	中国嘉德	2012.11.27
(澳门)大西洋国海外汇理银行1919年壹佰圆		230,000	上海泓盛	2012.03.29
"珠重一两十四"环钱	直径4.0cm	126,500	北京翰海	2012.04.19
1902年开平矿务有限公司壹元、五元、拾元、贰拾元共4枚大全套	八成新	82,800	上海泓盛	2012.03.29
1907年德华银行贰拾伍圆样本券	九五成新	253,000	上海泓盛	2012.03.30
1907年德华银行伍拾圆样本券	九五成新	253,000	上海泓盛	2012.03.30
1908年华比银行鹰洋(Mexican Dollars)拾圆		59,800	上海泓盛	2012.03.29
1909年广东沙面万国宝通银行广东沙面样票一组三枚		184,000	中国嘉德	2012.11.27
1910年华俄道胜银行壹百圆纸币二枚连号	九五成新	71,300	北京诚轩	2012.05.19
1912年大汉银行军用票晋省通用壹角		51,750	中国嘉德	2012.11.27
1914年德华银行上海贰佰圆	九五成新	287,500	中国嘉德	2012.05.16
1914年中法实业银行北京样票一组四枚	九五成至全新	207,000	中国嘉德	2012.05.17
1914年中法实业银行伍拾圆样本券	全新	74,750	上海泓盛	2012.06.16
1918年美国友华银行上海伍圆流通正票	八五成新	80,500	北京保利	2012.06.05
1919年上海美丰银行上海拾圆流通正票	九三成新	80,500	北京保利	2012.06.05
1921年华比银行天津样票一组三枚		51,750	中国嘉德	2012.05.17
1921年英商香港上海汇丰银行汉口样票一组四枚		63,250	中国嘉德	2012.11.27
1922年香港上海汇丰银行拾圆纸币一枚	九成新	57,500	北京诚轩	2012.05.19
1924年英商香港上海汇丰银行上海拾圆		63,250	中国嘉德	2012.11.27
1948年第一版人民币伍拾圆"驴子与矿车"一枚	全新	51,750	北京诚轩	2012.05.19
1948年第一版人民币狭长版壹仟圆"双马耕地"二枚连号	九成新	51,750	北京诚轩	2012.05.19
1948至1951年第一版人民币六十枚大全套	八五成新	4,025,000	北京诚轩	2012.05.19
1948至1951年第一版人民币六十枚大全套(仅缺瞻德城)		4,025,000	中国嘉德	2012.05.16
1948至1951年第一版人民币一百二十枚多品种大全集		3,795,000	北京诚轩	2012.11.24

拍品名称	物品尺寸	成交价RMB	拍卖公司	拍卖日期
1948至1953年第一版人民币收藏集一册		402,500	北京诚轩	2012.05.19
1948至1953年第一版人民币样票一册		101,200	北京诚轩	2012.05.19
1948至1953年第一版人民币样票一册		63,250	北京诚轩	2012.05.19
1949年第一版人民币伍仟圆“牧羊”一枚		57,500	北京诚轩	2012.11.24
1949年第一版人民币伍拾圆“红火车”一枚		51,750	北京诚轩	2012.11.24
1949年第一版人民币伍圆“水牛”二枚连号	九成新	71,300	北京诚轩	2012.05.19
1949年第一版人民币壹佰圆“大帆船”一枚	九八成新	92,000	北京诚轩	2012.05.19
1949年第一版人民币壹佰圆“大帆船”一枚	九五成新	92,000	北京诚轩	2012.05.19
1949年第一版人民币壹佰圆“大帆船”一枚		78,200	北京诚轩	2012.11.24
1949年第一版人民币壹佰圆“大帆船”一枚		63,250	北京诚轩	2012.11.24
1949年第一版人民币壹佰圆“大帆船”正面单面样票一枚		92,000	北京诚轩	2012.11.24
1949年第一版人民币壹佰圆北海角楼一枚 长距粗字	九七成新	172,500	北京保利	2012.06.05
1949年新疆省银行陆拾亿圆	九七成新	64,400	上海泓盛	2012.06.16
1949年新疆省银行省票陆拾亿圆一枚	九五成新	57,500	北京诚轩	2012.05.19
1951年第一版人民币伍佰圆“瞻德城”正反单面样票各一枚	九五成新	379,500	北京诚轩	2012.05.19
1951年第一版人民币伍仟圆“蒙古包”一枚		598,000	北京诚轩	2012.05.19
1951年第一版人民币伍仟圆“蒙古包”正、反单面样票各一枚		161,000	北京诚轩	2012.11.24
1951年第一版人民币壹万圆“骆驼队”一枚		276,000	北京诚轩	2012.11.24
1953年第二版人民币拾圆一枚	九五成新	253,000	北京诚轩	2012.05.19
1953年第二版人民币拾圆一枚		230,000	北京诚轩	2012.11.24
1953年第二版人民币拾圆一枚	八八成新	172,500	北京诚轩	2012.05.19
1953年第二版人民币拾圆一枚	八成新	149,500	北京诚轩	2012.05.19
1953年第二版人民币拾圆一枚	七成新	92,000	北京诚轩	2012.05.19
1953至1956年第二版人民币十七枚全套		230,000	北京诚轩	2012.05.19
1953至1956年第二版人民币十五枚全套		299,000	北京诚轩	2012.11.24
1953至1956年第二版人民币样票十二枚全套		184,000	北京诚轩	2012.11.24
1953至1956年第二版人民币样票十三枚全套		149,500	北京诚轩	2012.05.19
1956年第二版人民币伍圆十枚连号		207,000	北京诚轩	2012.11.24
1962年第三版人民币壹角“背绿水印”六枚		218,500	北京诚轩	2012.05.19
1980年第四版人民币样票全套九枚	九八成至全新	149,500	北京诚轩	2012.05.19
1999年中国人民银行庆祝中华人民共和国成立50周年伍拾圆二百四十五枚	全新	66,700	中国嘉德	2012.05.16
2000年斐济纪念钞$2二十枚连体票五张	全新	78,200	中国嘉德	2012.05.16
2008年中国银行发行澳门元连体钞二张	全新	402,500	中国嘉德	2012.05.16
第二版人民币1953年大拾圆	全新	276,000	上海泓盛	2012.03.29
第二版人民币1953年大拾圆	九八成新	264,500	上海泓盛	2012.03.30
第二版人民币1953年叁圆	全新	55,200	上海泓盛	2012.03.29
第二版人民币1953年伍圆	全新	57,500	上海泓盛	2012.03.29
第二版人民币1956年伍圆“海鸥水印”共6枚连号	全新	103,500	上海泓盛	2012.06.17
第二版人民币黑壹圆五十枚连号		115,000	北京保利	2012.12.02
第二版人民币全套十三枚全		138,000	中国嘉德	2012.11.27
第二版人民币叁圆二枚连号		74,750	中国嘉德	2012.05.17
第二版人民币拾圆	九五成新	241,500	中国嘉德	2012.05.17
第二版人民币拾圆	八成新	161,000	中国嘉德	2012.05.16
第二版人民币拾圆	七成新	74,750	中国嘉德	2012.05.16
第二版人民币拾圆样票	九成新	80,500	中国嘉德	2012.05.17
第二版人民币伍角百枚连号	九八成至全新	97,750	中国嘉德	2012.05.16
第二版人民币伍角百枚连号		55,200	中国嘉德	2012.11.27
第二版人民币一组十三枚		172,500	中国嘉德	2012.11.27
第二版人民币壹角一百枚		71,300	中国嘉德	2012.11.27
第二套人民币大拾圆	长8.5cm；宽8.5cm	230,000	西泠拍卖	2012.07.07
第三版人民币1960年壹角十枚连号	九五成新	63,250	中国嘉德	2012.05.17
第三版人民币1965年拾圆原封共100枚连号	全新	57,500	上海泓盛	2012.03.30
第三版人民币不同版式共27枚大全套	九八至全新	92,000	上海泓盛	2012.03.30
第三版人民币贰角百枚连号二组	全新	112,700	中国嘉德	2012.05.16
第三版人民币贰角百枚连号十组	全新	207,000	中国嘉德	2012.05.16
第三版人民币贰角一千枚连号		78,200	中国嘉德	2012.05.16
第三版人民币拾圆百枚连号	全新	89,700	中国嘉德	2012.05.16
第三版人民币拾圆百枚连号		57,500	中国嘉德	2012.11.27
第三版人民币拾圆五枚连号十组	九五成至全新	126,500	中国嘉德	2012.05.16
第三版人民币伍角百枚连号二组	全新	195,500	中国嘉德	2012.05.16
第三版人民币壹角百枚连号二组	全新	78,200	中国嘉德	2012.05.16
第三版人民币壹角背绿水印三枚连号	八五成新	103,500	中国嘉德	2012.05.16
第四套人民币1980年壹角、贰角、伍角、壹圆、贰圆、伍圆、拾圆整版连体钞		241,500	中国嘉德	2012.11.27
第一版人民币“大帆船”壹佰圆	九七成新	103,500	上海泓盛	2012.03.29
第一版人民币“大帆船”壹佰圆	全新	89,700	上海泓盛	2012.06.16
第一版人民币“蓝北海桥”壹佰圆	九五成新	57,500	上海泓盛	2012.03.30
第一版人民币“排云殿”贰佰圆	八五成新	78,200	上海泓盛	2012.03.29
第一版人民币“收割机”伍佰圆共20枚连号	九八成新	57,500	上海泓盛	2012.06.17
第一版人民币“收割机”伍佰圆共35枚连号	九八至全新	138,000	上海泓盛	2012.03.30
第一版人民币“狭长版双马耕地”壹仟圆	九成新	55,200	上海泓盛	2012.06.16
第一版人民币“狭长版双马耕地”壹仟圆	九七成新	51,750	上海泓盛	2012.03.29
第一版人民币1951年蒙文版“蒙古包”伍仟元	九成新	782,000	上海泓盛	2012.06.16
第一版人民币1951年蒙文版“蒙古包”伍仟元	八成新	517,500	上海泓盛	2012.06.17
第一版人民币1951年蒙文版“牧马图”壹万圆	九成新	2,990,000	上海泓盛	2012.03.29
第一版人民币1951年蒙文版“牧马图”壹万圆	七五成新	1,127,000	上海泓盛	2012.03.30
第一版人民币1951年蒙文版“牧马图”壹万圆票样，正背共2枚	九八成新	287,500	上海泓盛	2012.06.17
第一版人民币1951年维文版“马饮水”壹仟圆	八成新	103,500	上海泓盛	2012.06.17
第一版人民币伍佰圆瞻德城	九五成新	655,500	中国嘉德	2012.05.17

2012杂项拍卖成交汇总

(成交价RMB：5万元以上)

拍品名称	物品尺寸	成交价RMB	拍卖公司	拍卖日期
第一版人民币伍仟圆"蒙古包"正、反单面样票各一枚		138,000	北京诚轩	2012.11.24
第一版人民币伍仟圆牧羊	九五成新	172,500	中国嘉德	2012.05.17
第一版人民币伍拾圆火车大桥二枚	八五成新	94,300	中国嘉德	2012.05.17
第一版人民币伍万圆收割机	九五成新	138,000	中国嘉德	2012.05.17
第一版人民币伍万圆新华门	九五成新	92,000	中国嘉德	2012.05.17
第一版人民币伍圆蓝工厂样票一套二枚		448,500	北京保利	2012.12.02
第一版人民币伍圆水牛单正面样票	九五成新	57,500	中国嘉德	2012.05.17
第一版人民币样票收藏一册		230,000	中国嘉德	2012.11.27
第一版人民币壹佰圆帆船	九八成新	103,500	中国嘉德	2012.05.17
第一版人民币壹佰圆帆船	九五成新	86,250	中国嘉德	2012.05.17
第一版人民币壹仟圆马饮水	九五成新	253,000	中国嘉德	2012.05.17
第一版人民币壹万圆骆驼队		287,500	中国嘉德	2012.11.27
第一版人民币壹万圆骆驼队	八五成新	276,000	中国嘉德	2012.05.17
第一版人民币壹万圆骆驼队		92,000	中国嘉德	2012.05.17
第三版人民币一组六百枚		71,300	西泠拍卖	2012.12.28
第二版人民币一组六十九枚		103,500	西泠拍卖	2012.12.28
第一版人民币一组三十六枚		230,000	西泠拍卖	2012.12.28
第三版人民币枣红壹角十枚连号		80,500	西泠拍卖	2012.12.28
第三版人民币枣红壹角一组九十六枚连号		690,000	西泠拍卖	2012.12.28
红色政权货币		3,565,000	朵云轩	2012.12.30
东方汇理银行1907年蓝色壹百元	七五成新	86,250	上海泓盛	2012.03.30
昭和十二年(1937年)大日本帝国政府军用手票拾钱、五拾钱、壹圆、五圆、拾圆共5枚全套		51,750	上海泓盛	2012.03.30
浙江省造光绪元宝库平三钱六分一枚		126,500	上海泓盛	2012.06.18
纪念币、证章				
清代御赐双龙宝星勋章正章、副章各一件		89,700	中国嘉德	2012.11.27
(北洋政府时代)黑龙江督军鲍纪念章1枚		59,800	上海泓盛	2012.03.29
1912年黎元洪像(戴帽)中华民国开国纪念币壹圆银币(LM43)		78,200	中国嘉德	2012.05.20
1914年袁世凯像共和纪念币壹圆一枚		207,000	上海泓盛	2012.06.18
1914年袁世凯像中华民国共和纪念币壹圆银质样币(LM859)		172,500	中国嘉德	2012.05.20
1916年袁世凯像中华帝国洪宪纪元飞龙纪念银章(LM942)		149,500	中国嘉德	2012.11.27
1924年段祺瑞像中华民国执政纪念银模金铸币(LM1097)		115,000	中国嘉德	2012.05.20
1993年5盎司珍稀动物纪念币棕熊银币一枚	直径7.0cm	89,700	上海泓盛	2012.06.18
民国十年(1921年)徐世昌仁寿同登纪念币(LM864)		161,000	中国嘉德	2012.05.20
民国十年(1921年)徐世昌仁寿同登纪念币(LM864)		55,200	中国嘉德	2012.05.20
辛未(羊年)铂金纪念币一枚	1盎司	63,250	北京翰海	2012.04.19
中华民国十年九月徐世昌"仁寿同登"纪念币一枚		184,000	上海泓盛	2012.06.18
中华民国十七年张作霖大元帅纪念币		2,780,700	澳门中信	2012.12.28
邮票				
《纪念国际足联100周年》官方邮集二册《2006德国世界杯》国际足联官方邮集一册		230,000	北京保利	2012.12.02
《全国解放战争时期区票概貌》获奖邮集一部		112,700	上海泓盛	2012.06.16

拍品名称	物品尺寸	成交价RMB	拍卖公司	拍卖日期
○ 1897年红印花加盖暂作邮票大字4分二十五枚全格		908,500	北京诚轩	2012.11.26
○ 1953年纪20"伟大的苏联十月革命三十五周年纪念"撤销发行邮票四枚全		92,000	北京诚轩	2012.11.26
○ 1953年纪20"伟大的苏联十月革命三十五周年纪念"撤销发行邮票四枚全		86,250	北京诚轩	2012.11.26
○ 1956年特15首都名胜天安门图"放光芒"撤销发行邮票信销票一枚		632,500	北京诚轩	2012.11.26
○ 慈禧寿辰小字改值邮票10分/12分银十六方连		69,000	中国嘉德	2012.05.21
○ 慈禧寿辰小字改值邮票10分/9分银二十方连		69,000	中国嘉德	2012.05.21
○ 全国山河一片红邮票(撤消发行)一枚		345,000	中国嘉德	2012.05.21
○ 全国山河一片红邮票(撤销发行)一枚		529,000	中国嘉德	2012.11.28
○ "全国山河一片红"(撤消发行)信销票一枚		345,000	朵云轩	2012.12.30
★ (1992-1)壬申年(猴)第二轮生肖邮票三十二枚全张五百张原包二全		172,500	中国嘉德	2012.05.21
★ (2004-1)甲申年(猴)第三轮生肖邮票二十四枚全张二百张原包		276,000	中国嘉德	2012.05.21
★ (2004-1)甲申年(猴)第三轮生肖邮票六枚小版张二百张原包		112,700	中国嘉德	2012.05.21
★ (2004-1)甲申年(猴)小版邮票二百枚原包		69,000	中国嘉德	2012.11.28
★ 1914-1919年北京一版帆船邮票二十二枚全		59,800	北京诚轩	2012.11.26
★ 1946年苏皖边区第一版毛泽东像邮票十枚		89,700	北京诚轩	2012.11.26
★ 1949年广西郁林加盖"暂作银元"改值邮票壹分、五分各一枚(Chan S157、S160)		57,500	北京诚轩	2012.11.26
★ 1950年改3邮票十四枚全三十套		80,500	北京诚轩	2012.11.26
★ 1950年普2邮票4000元四方连		161,000	北京诚轩	2012.11.26
★ 1953年纪20"伟大的苏联十月革命三十五周年纪念"撤销发行邮票四枚全		299,000	北京诚轩	2012.11.26
★ 1953年纪20"伟大的苏联十月革命三十五周年纪念"撤销发行邮票四枚全		172,500	北京诚轩	2012.11.26
★ 1974-1982年J、T邮票及小型张大全套		59,800	中国嘉德	2012.11.28
★ 1974-1991年JT邮票及小型张大全套		57,500	中国嘉德	2012.11.28
★ T46庚申年(猴)八方连		103,500	中国嘉德	2012.05.21
★ T46庚申年(猴)十四方连		149,500	中国嘉德	2012.11.28
★ T46庚申年(猴)至T159(羊)第一轮生肖邮票四方连十二全		51,750	中国嘉德	2012.05.21
★ 编号(1-6)智取威虎山一百套		103,500	中国嘉德	2012.05.21
★ 编号(53)---(56)白毛女邮票五十枚全张四全		71,300	中国嘉德	2012.11.28
★ 编号(8)---(11)巴黎公社五十枚全张四全		138,000	中国嘉德	2012.11.28
★ 纪71开国大典四方连		82,800	中国嘉德	2012.05.21
★ 清代第二次快信邮票四联全		69,000	中国嘉德	2012.11.28
★ 全国山河一片红(撤销发行)邮票四方连		4,600,000	中国嘉德	2012.11.28
★ 特15首都名胜七十枚全张五全		97,750	中国嘉德	2012.05.21

拍品名称	物品尺寸	成交价RMB	拍卖公司	拍卖日期
★ 特70登山五十枚全张二套		55,200	中国嘉德	2012.05.21
★ 文12毛主席去安源二十五枚全张		151,800	中国嘉德	2012.05.21
★ 文2“蓝天”邮票二十八枚全张		71,300	中国嘉德	2012.11.28
★ 文2“毛主席大招手”邮票二十八枚全张		69,000	中国嘉德	2012.11.28
★ 文2毛主席和林彪站像邮票二十八枚全张		92,000	中国嘉德	2012.11.28
★ 文2毛主席和林彪站像邮票二十八枚全张		80,500	中国嘉德	2012.11.28
★ 文2毛主席和林彪坐像邮票二十八枚全张		161,000	中国嘉德	2012.11.28
★ 文7“西风”十方连		57,500	中国嘉德	2012.05.21
★ 文革邮票大全套		72,450	中国嘉德	2012.05.21
★ 无产阶级文化大革命的全面胜利万岁(俗称“大一片红”)未发行邮票一枚		7,302,500	中国嘉德	2012.05.21
★ 1894年莫伦道夫版慈禧寿辰纪念邮票新九枚全		52,900	朵云轩	2012.12.30
★ 1914-1919年北京一版帆船邮票新二十二枚全		51,750	朵云轩	2012.12.30
★ 包东1包裹印纸(东北贴用)有齿、无齿新七枚全		178,250	朵云轩	2012.12.30
★ 红印花加盖暂作邮票当5元新一枚		931,500	朵云轩	2012.12.30
★○ 清代外国在华邮局邮票系列收藏集一册		55,200	北京诚轩	2012.11.26
★○ 文革邮票大全套		63,250	中国嘉德	2012.11.28
★○清代工部书信馆、商埠邮票系列收藏集一册		109,250	北京诚轩	2012.05.20
★○清代外国在华邮局邮票系列收藏集一册		155,250	北京诚轩	2012.05.20
★★ 1964年特63“殷代铜器”邮票八枚全五十套		69,000	北京诚轩	2012.11.26
★★ 1967年文2邮票8分“毛主席是世界人民心中的红太阳”二十五枚全张		62,100	北京诚轩	2012.11.26
★★ 1980-1991年第一轮生肖邮票八十枚全张十二件		989,000	北京诚轩	2012.11.26
★★ 1878年大龙薄纸邮票1分银二十五枚全张新一件		598,000	朵云轩	2012.12.30
★★ 1949年华东区基数邮票加盖“华东邮政”改值包裹印纸一百枚版票新四全		138,000	朵云轩	2012.12.30
★★ 1953年紫军邮邮票四方连新一件		241,500	朵云轩	2012.12.30
★★ 纪94梅兰芳舞台艺术无齿票新八枚全		71,300	朵云轩	2012.12.30
★★ 文3《延安讲话》二十五周年“三行半”五十枚版票新一件		94,300	朵云轩	2012.12.30
★★ 文3《延安讲话》二十五周年“四行半”五十枚版票新一件		264,500	朵云轩	2012.12.30
★★1882年大龙阔边邮票三枚全		57,500	北京诚轩	2012.05.20
★★1909年宣统纪念邮票三枚全一百套		69,000	北京诚轩	2012.05.20
★★1963年特57“黄山风景”邮票十六枚全四方连		92,000	北京诚轩	2012.05.20
★★1966年纪122“鲁迅”邮票三枚全三十套		178,250	北京诚轩	2012.05.20
★★1967年文2邮票全套四方连		103,500	北京诚轩	2012.05.20
★★1967年文3邮票三枚全九套		75,900	北京诚轩	2012.05.20
★★1967年文7邮票“清平乐 会昌”横双连		80,500	北京诚轩	2012.05.20
★★1967年文8邮票十一枚连票		59,800	北京诚轩	2012.05.20
★1897年红印花加盖暂作邮票大字4分横四连		57,500	北京诚轩	2012.05.20
★1897年红印花加盖暂作邮票大字当壹圆一枚		71,300	北京诚轩	2012.05.20
★1949年上海三一版未发行飞雁图基数邮票50分一枚		92,000	北京诚轩	2012.05.20
★1950-1963年纪、特邮票收藏集二册		64,400	北京诚轩	2012.05.20
★1953年纪20(4-2)“伟大的苏联十月革命三十五周年纪念”撤销发行邮票一枚		51,750	北京诚轩	2012.05.20
1884-2010年澳门邮票邮票全集一部		105,800	上海泓盛	2012.06.16
1897-1912年石印蟠龙、伦敦版蟠龙、加字蟠龙半分到贰圆旧票邮戳集一部，共1110枚		63,250	上海泓盛	2012.06.16
1897年慈寿初版壹分银加盖暂作洋银壹分倒盖旧票一枚		59,800	上海泓盛	2012.06.16
1897年红印花加盖小字当肆分邮票新票一枚		287,500	北京保利	2012.06.05
1953年纪20伟大的苏联十月革命三十五周年纪念邮票旧票四枚全套(撤销发行)		149,500	上海泓盛	2012.06.16
1962年纪94B梅兰芳舞台艺术无齿票新票全套		51,750	上海泓盛	2012.06.16
1962年纪94B梅兰芳舞台艺术无齿新票全套四方连带厂铭		391,000	上海泓盛	2012.06.16
1962年纪94M梅兰芳舞台艺术小型张盖销一枚		57,500	上海泓盛	2012.06.16
1967年文1战无不胜的毛泽东思想万岁新票全套10套		632,500	上海泓盛	2012.06.16
1968年全国山河一片红(俗称“小一片红”)旧票一枚		241,500	北京保利	2012.06.05
1968年文14撤销发行全国山河一片红一枚		460,000	上海泓盛	2012.06.16
1969年文16钢琴伴唱红灯记样票全张70枚整版		69,000	上海泓盛	2012.06.16
1973年N53-56编号白毛女新票全套50套整版		86,250	上海泓盛	2012.06.16
COL《解放区邮票选》邮集一部		724,500	中国嘉德	2012.11.28
COL 1874年-1981年匈牙利邮票收藏集一册二千二百余枚		66,700	北京诚轩	2012.11.26
COL 1888年至1895年早期台湾邮票邮集一部		149,500	北京诚轩	2012.11.26
COL 1925-1971年《东南亚侨批》邮集一部		57,500	北京诚轩	2012.11.26
COL 1949-1966年纪、特邮票二册		92,000	中国嘉德	2012.05.21
COL 1974-1982年J、T邮票全集一部		69,000	北京诚轩	2012.05.20
COL 1974-1998年J、T邮票及小型张新大全套		86,250	中国嘉德	2012.05.21
COL 编号邮票及J、T邮票一册		80,500	中国嘉德	2012.05.21
COL 新中国纪、特、文、编邮票集一部		115,000	中国嘉德	2012.11.28
COL 新中国纪、特、文、编邮票集一册		74,750	中国嘉德	2012.11.28
COL 中国各时期邮票二册		333,500	中国嘉德	2012.05.21
COL 纪特新票大全套		724,500	朵云轩	2012.12.30
COL 十二生肖版票册大全套		1,173,000	朵云轩	2012.12.30
COL 文革邮票旧票大全套		59,800	朵云轩	2012.12.30

2012杂项拍卖成交汇总

(成交价RMB：5万元以上)

拍品名称	物品尺寸	成交价RMB	拍卖公司	拍卖日期
COL 文革邮票新票大全套		172,500	朵云轩	2012.12.30
FDC 1974–1982 J、T邮票及小型张中国集邮公司发行首日封大全套		89,700	中国嘉德	2012.11.28
M/S 1958年纪47M“人民英雄纪念碑”小型张一百枚整札		207,000	北京诚轩	2012.11.26
M/S 1962年纪94M“梅兰芳舞台艺术”小型张一枚		172,500	北京诚轩	2012.11.26
M/S 1962年纪94M“梅兰芳舞台艺术”小型张一枚		103,500	北京诚轩	2012.05.20
M/S 纪94M梅兰芳舞台艺术小型张盖销票一枚		74,750	朵云轩	2012.12.30
M/S 纪94M梅兰芳舞台艺术小型张新一枚		207,000	朵云轩	2012.12.30
M/S 纪94M梅兰芳舞台艺术小型张新一枚		92,000	朵云轩	2012.12.30
PR 1953年黄军邮、紫军邮、蓝军邮无齿样票各一枚		1,725,000	中国嘉德	2012.05.21
PR 北京二版帆船4分、5分印样		55,200	中国嘉德	2012.05.21
PR 北京二版帆船无齿印样一组十三枚		172,500	中国嘉德	2012.05.21
PR 香港大东版孙中山像无齿印样一组五枚		138,000	中国嘉德	2012.05.21
S 1897年慈禧寿辰纪念邮票(改版)小型黑色子模无齿样票九枚全四方连		575,000	北京诚轩	2012.05.20
S 1897年日本版蟠龙邮票试色样票一组六枚		71,300	北京诚轩	2012.05.20
S 1912年北京邮政总局印制“大中华民国邮政”无齿样票七枚		356,500	北京诚轩	2012.05.20
S 1913年伦敦版帆船邮票半分至10元试模样票十九枚全		862,500	北京诚轩	2012.11.26
S 1916年中华帝国开国纪盛邮票邮折一件		50,600	北京诚轩	2012.05.20
S 1947年上海大东版孙中山像邮票雕刻版无面值、无齿试色样票五枚		89,700	北京诚轩	2012.05.20
S 1951年普5邮票2万元无齿试模样票四方连		74,750	北京诚轩	2012.11.26
国际足联世界杯举办国家和冠军国官方邮集一册全		586,500	北京保利	2012.12.02
纪71中华人民共和国成立十周年(第五组)四方连新一件		62,100	朵云轩	2012.12.30
清代、民国杂集一部，含新票、旧票约130枚		59,800	上海泓盛	2012.06.16
中华人民共和国老纪特邮票大全套 JT票大全套		101,200	北京保利	2012.12.02
邮品				
1930年9月8日民国加盖“限滇省发寄”七版帆船片实寄片一枚		59,800	上海泓盛	2012.06.16
1948年8月1日东北邮电管理总局发行“庆祝全国解放区职工代表大会免费邮件封”新一枚		437,000	上海泓盛	2012.06.16
1950年4月8日东北区加盖“人民邮政”邮资明信片(左侧空白无加盖)，沈阳寄长春实寄一枚		51,750	上海泓盛	2012.06.16
1950年贴纪4原版国内互寄或寄国外实寄封邮集一部，共50枚实寄封		138,000	上海泓盛	2012.06.16
1962年北京寄捷克斯洛伐克航空挂号封，贴纪94M“梅兰芳舞台艺术”小型张版芯一枚		50,600	北京诚轩	2012.11.26
C 1920年乌里雅苏台寄张家口红条封		218,500	中国嘉德	2012.11.28

拍品名称	物品尺寸	成交价RMB	拍卖公司	拍卖日期
C 1949年苏北军区寄华野军邮封		71,300	中国嘉德	2012.11.28
C 1950年齐齐哈尔寄锦州双挂号封		71,300	中国嘉德	2012.05.21
C 1968年河南信阳寄郑州封		977,500	中国嘉德	2012.11.28
C 文革全套邮票实寄封七十五件		89,700	中国嘉德	2012.11.28
C 陆俨少、谢稚柳等海派名家手迹明信片、实寄封集		115,000	朵云轩	2012.12.30
E 1884年天津寄北京大龙封		103,500	北京诚轩	2012.05.20
FDC 1957–1966年纪、特邮票中国集邮公司发行首日封大全套(不含小型张及无齿邮票首日封)		287,500	中国嘉德	2012.11.28
FDC 1962年纪94M梅兰芳舞台艺术中国集邮公司首日实寄封		253,000	中国嘉德	2012.05.21
PS 1908年江西上犹寄日本东京明信片		63,250	中国嘉德	2012.11.28
PS 1952年长春寄云南个旧挂号快递邮简		115,000	中国嘉德	2012.11.28
PS 1952年长春寄云南个旧邮简		59,800	中国嘉德	2012.11.28
PS 民国初年中华邮政2角邮资图包裹单未采用样张一件		172,500	北京诚轩	2012.05.20
民国、新中国初期邮票实寄封一册共128个		59,800	上海泓盛	2012.03.29
齐白石 致伊藤为雄明信片(四帧)	9cm×14cm×4	1,058,000	北京匡时	2012.06.05
钱币邮品其他				
汉·货泉铜母范		57,500	西泠拍卖	2012.12.28
汉 榆荚“半两”铜范	通长26.8cm	126,500	中国嘉德	2012.11.26
汉早期 五铢铜范		368,000	北京翰海	2012.04.19
西汉 “五铢”铜范	通长26.9cm	69,000	中国嘉德	2012.11.26
王莽 大泉五十铜母范		195,500	北京翰海	2012.04.19
南宋 “市西坊北 高直铺”一两金叶子	重38g	138,000	中国嘉德	2012.11.26
“大清银行开业志喜”金纸对联一幅		57,500	上海泓盛	2012.06.17
“大泉五十”铜范		63,250	中国嘉德	2012.05.19
“大泉五十”铜母范		82,800	中国嘉德	2012.05.19
“货布”铜母范		483,000	中国嘉德	2012.05.19
“货泉”铜母范		172,500	中国嘉德	2012.05.19
康熙四十三年安徽巡抚刘光美奏康熙皇帝请安折		57,500	中国嘉德	2012.11.28
★○清代、民国、新中国税票、储金票等收藏集二册		62,100	北京诚轩	2012.05.20
清 五铢泉范	长7cm	230,000	文津阁	2012.06.01
清代、民国时期杂票一组十五枚(无图)		69,000	北京诚轩	2012.11.24
清代广东地区“五子登科”、“状元及第”、“长命百岁”等花钱钱树一件	高54.5cm	63,250	北京诚轩	2012.11.25
清代广东地区“五子登科”、“状元及第”、“长命百岁”等花钱钱树一件	高54.5cm	51,750	北京诚轩	2012.11.25
清末风光、人物照片一册		55,200	中国嘉德	2012.05.21
1941年秦子帏著《中国近代货币集拓》一函十二册 邮品钱币其它		101,200	北京诚轩	2012.05.18
1969年第二版人民币未采用稿试铸样币1分、2分、5分硬分币各一枚		644,000	北京诚轩	2012.11.25
1980年装帧流通硬币套币二十五件原封整盒		78,200	北京诚轩	2012.11.25
大清银行兑换券载沣像单面试色样票一组八张		161,000	中国嘉德	2012.11.27
大清银行兑换券载沣像单正面样票一组四张	九八成至全新	120,750	中国嘉德	2012.05.16
光绪三十三年(1907年)湖北官钱总局川汉铁路鄂境股票贰拾五元		57,500	中国嘉德	2012.05.16

拍品名称	物品尺寸	成交价RMB	拍卖公司	拍卖日期
光绪三十三年(1907年)湖北官钱总局川汉铁路鄂境股票拾伍元		63,250	中国嘉德	2012.11.27
光绪三十三年(1907年)信成银行有限公司(信成商业储蓄银行)股份息折一本		82,800	上海泓盛	2012.06.16
光绪三十三年(1907年)邮传部邮政会办唐督办铁(铁良)批阅咨文一件		55,200	中国嘉德	2012.05.21
剪边“五铢”铜母范		69,000	中国嘉德	2012.05.19
民国《小校经阁金文拓本卷》十八册		71,300	中国嘉德	2012.11.26
民国廿六年(1937年)上海宁波实业银行股份有限公司股票		101,200	上海泓盛	2012.06.17
民国三十年中央银行法币券德纳罗版贰圆一枚	九五成新	51,750	北京保利	2012.06.05
民国三十四年(1945年)财政部 银行营业执照一张		57,500	上海泓盛	2012.03.29
民国十九年(1930年)绥远平市官钱局兑换券绥远壹圆、伍圆、拾圆各一枚		54,050	中国嘉德	2012.11.26
民国十三年交通银行国币券上海壹圆二枚连号	全新	126,500	北京保利	2012.06.05
民国五年(1916年)富滇银行兑换券拥护共和纪念币云南拾圆样票		184,000	中国嘉德	2012.11.27
民国五年(1916年)富滇银行兑换券拥护共和纪念币云南伍圆样票		94,300	中国嘉德	2012.11.27
民国元年(1912年)江苏财政司南京兑换处拾圆		66,700	中国嘉德	2012.11.27
民国元年黄帝像中国银行兑换券伍圆一枚		69,000	北京诚轩	2012.11.24
天运岁次乙巳年(1905年)中华民务兴利公司债券壹仟圆		586,500	中国嘉德	2012.11.27
咸丰年户部乾恒官号钱帖	12.2cm×18.3cm	356,500	中国嘉德	2012.05.17
咸丰年天元银钱号钱帖	12.4cm×17.6cm	299,000	中国嘉德	2012.05.16
咸丰年天贞银钱号钱帖		437,000	中国嘉德	2012.05.16
宣统元年(1909年)京都 厚德商业银行股分券		57,500	上海泓盛	2012.03.29
中华民国二十五年孙中山像背布图壹圆银币镍质样币一枚		402,500	上海崇源	2012.10.18
1989年5两武财神金章一枚		109,250	朵云轩	2012.12.30
中国造币公司第2版三两三长城银章(镜面版)一枚		55,200	朵云轩	2012.12.30
古籍善本				
碑帖印谱				
《慈谿张氏鲁盦印选》六册		402,500	中国嘉德	2012.10.30
《缶庐印存》印谱十六册		195,500	中国嘉德	2012.10.30
《乐只室集印》二十四册		816,500	中国嘉德	2012.05.14
《西泠印社藏徐三庚印集》二册		59,800	中国嘉德	2012.10.30
《赵撝叔印谱》八册		253,000	中国嘉德	2012.10.30
1839年作 阮福 拓虢叔大林钟拓片		57,500	西泠拍卖	2012.07.07
1939年作 邓散木 摹刻两汉官印印谱(四件)		86,250	朵云轩	2012.12.27
1939年作 丁辅之集邓石如印蜕		69,000	长风拍卖	2012.09.17
白石印章		59,800	中国嘉德	2012.05.12
宝晋斋法帖五卷(玉虹鉴真帖底本之一)		3,910,000	西泠拍卖	2012.07.07
宝砚斋印存		109,250	中国嘉德	2012.09.15
宝印斋印式等金石资料三种		63,250	北京保利	2012.12.06
碑帖书帖一批		126,500	北京保利	2012.06.02
北朝云峰石刻拓片		86,250	西泠拍卖	2012.07.07
渤海藏真帖八卷		115,000	西泠拍卖	2012.07.07
曹全碑		83,950	北京匡时	2012.06.04
曹全碑		51,750	北京匡时	2012.06.04

拍品名称	物品尺寸	成交价RMB	拍卖公司	拍卖日期
柴子英集印谱		80,500	西泠拍卖	2012.12.28
柴子英手辑印谱七种 赵之谦、吴让之等刻，柴子英辑		138,000	西泠拍卖	2012.12.28
晁弟六人买山记		55,200	北京匡时	2012.06.04
陈继儒 吴普心 等 陈继儒等题跋、吴普心旧藏 淳化阁帖		517,500	上海驰翰	2012.04.27
陈介祺藏瓦当册		212,750	朵云轩	2012.12.29
陈铭枢旧藏并题跋爨宝子碑		322,000	西泠拍卖	2012.12.28
陈元瑞 明 海宁陈元瑞摹刻 渤海藏真帖		126,500	上海驰翰	2012.04.27
程瑶田藏古泉器物拓一批		69,000	北京保利	2012.06.02
初出土北魏高贞碑		805,000	泰和嘉成	2012.11.18
褚遂良雁塔圣教序		105,800	中国嘉德	2012.10.31
淳化阁帖		74,750	朵云轩	2012.12.29
爨宝子碑		1,104,000	北京匡时	2012.06.04
瘗鹤铭五石拓本		115,000	北京匡时	2012.06.04
定武兰亭帖		86,250	朵云轩	2012.07.12
董其昌论碑帖		350,000	上海驰翰	2012.10.27
二十八印人画像石拓本		86,250	西泠拍卖	2012.07.07
方鼎录、周季木旧藏嘉定瞿氏藏器拓本		138,000	西泠拍卖	2012.12.28
缶庐印存初二三四集		149,500	朵云轩	2012.12.29
缶庐印存初集、二、三集、缶庐印集		103,500	朵云轩	2012.07.11
伏庐考藏鉨印 陈汉弟辑		86,250	西泠拍卖	2012.12.28
符骥良手拓黄牧甫印谱 黄牧甫刻		120,750	西泠拍卖	2012.12.28
簠斋彝器拓本		1,840,000	中国嘉德	2012.10.31
姑冯彝器		69,000	北京匡时	2012.06.04
古今名人印谱		195,500	朵云轩	2012.12.29
古今名人印谱 柴子英辑		103,500	西泠拍卖	2012.12.28
古铜戈拓本		402,500	中国嘉德	2012.10.31
广武将军碑		92,000	北京保利	2012.12.06
郭宗泰 辑 种榆仙馆印谱		92,000	中国嘉德	2012.03.24
海内孤本《北魏王子晋碑》		3,047,500	西泠拍卖	2012.12.28
汉衡方碑等五种		138,000	北京匡时	2012.12.06
汉君车马画像		345,000	中国嘉德	2012.03.24
汉三老讳字忌日记		575,000	中国嘉德	2012.05.12
汉三阙(嵩岳太室 少室石阙铭 岳母庙阙铭)		80,500	北京匡时	2012.06.04
汉沈君阙全拓		69,000	中国嘉德	2012.09.15
汉石经残字		55,200	朵云轩	2012.12.29
汉宛令李孟初碑		74,750	朵云轩	2012.12.29
汉益州太守北海相景君铭并阴		59,800	北京匡时	2012.06.04
汉中全套		69,000	朵云轩	2012.12.29
杭郡印辑		50,600	朵云轩	2012.12.29
赫连泉馆古印存正续编		74,750	朵云轩	2012.12.29
胡石查所藏金石文字		51,750	北京保利	2012.06.02
华岳庙 华岳庙汉残石拓片		74,750	上海工美	2012.03.04
黄庭经		368,000	中国嘉德	2012.10.31
吉金合璧		69,000	北京匡时	2012.06.04
吉金图		94,300	北京匡时	2012.06.04
吉金斋藏印稿本		57,500	朵云轩	2012.12.29
甲骨文拓片		71,300	中国嘉德	2012.09.15
绛帖颜平原书		230,000	中国嘉德	2012.10.31
金文集拓		71,300	中国嘉德	2012.03.24
晋铜鼓斋印存		264,500	朵云轩	2012.12.29
旧拓 兰亭绛帖 1册		345,000	上海工美	2012.03.04
旧拓 玉版十三行		368,000	上海道明	2012.10.25
旧拓兰亭九种		3,335,000	上海工美	2012.03.04
旧砚拓		66,700	朵云轩	2012.12.29
旧砚拓本		74,750	朵云轩	2012.12.29
快雪堂法书		322,000	北京匡时	2012.06.04
李翕西狭颂		59,800	北京匡时	2012.06.04

2012杂项拍卖成交汇总

(成交价RMB：5万元以上)

拍品名称	物品尺寸	成交价RMB	拍卖公司	拍卖日期
梁诗正 蒋溥 清 梁诗正、蒋溥等纂 御刻三希堂法帖		172,500	上海驰翰	2012.04.27
梁萧景石柱题额		71,300	北京匡时	2012.06.04
刘半农墓志等		66,700	中国嘉德	2012.03.24
毛公鼎		598,000	北京匡时	2012.06.04
毛公鼎		253,000	北京匡时	2012.06.04
梦坡室藏砚拓本		138,000	西泠拍卖	2012.07.07
民国《钦定西清砚谱》两函		57,500	北京保利	2012.12.06
明清名人刻印汇存		1,058,000	中国嘉德	2012.05.12
墨池堂选帖五卷		80,500	北京保利	2012.12.06
墨盒拓本		287,500	朵云轩	2012.12.29
南京出土晋代墓志四种		172,500	朵云轩	2012.12.29
南京出土六朝墓志		94,300	北京匡时	2012.06.04
平远山房法帖六卷		74,750	西泠拍卖	2012.07.07
泼墨斋法书十卷		97,750	西泠拍卖	2012.07.07
溥儒手绘笺纸并题藏器物拓		759,000	北京保利	2012.06.02
溥儒书画用印集扇		63,250	中国嘉德	2012.09.15
齐鲁古印攈 续齐鲁古印攈		402,500	朵云轩	2012.12.29
齐妙法莲华经摩崖		51,750	北京匡时	2012.06.04
钱叔盖印存		57,500	朵云轩	2012.07.11
钦定西清砚谱二十四卷 民国二十三年(1934)商务印书馆影文渊阁本		51,750	西泠拍卖	2012.07.07
秦汉石刻拓本22种		57,500	西泠拍卖	2012.07.07
秦汉玉印册		126,500	西泠拍卖	2012.12.28
秦琅琊刻石		92,000	北京匡时	2012.06.04
秦权拓		230,000	中国嘉德	2012.05.12
秦瓦沼垒		58,650	北京匡时	2012.06.04
秦文锦旧藏、秦淦题签碑拓三种		115,000	西泠拍卖	2012.07.07
秦诏瓦量残字册		63,250	北京匡时	2012.06.04
清 拓本(三幅)		480,376	香港佳士得	2012.11.26
清丁丙辑 西泠四家印谱(齐燕铭藏本)		74,750	北京保利	2012.12.07
清何绍基辑 吟莲馆印存		149,500	北京保利	2012.12.06
裘柱常旧藏碑帖、墓志等拓片一组		207,000	西泠拍卖	2012.07.07
泉唐丁氏八家印选		322,000	上海工美	2012.12.24
任氏旧藏碑帖 (一组)		74,750	西泠拍卖	2012.07.07
阮元、罗振玉题宋拓郭氏家庙碑		126,500	西泠拍卖	2012.07.07
散木道人印稿 邓散木刻，柴子英辑		172,500	西泠拍卖	2012.12.28
散氏盘		89,700	北京匡时	2012.06.04
商丘陈其年先生填词图		71,300	北京匡时	2012.06.04
沈鹏、于志学 汉画像石拓片		132,250	上海嘉禾	2012.06.24
沈氏研林 民国十二年(1923)拓本		74,750	西泠拍卖	2012.07.07
十钟山房印举		1,955,000	朵云轩	2012.12.29
石鼓文		149,500	北京匡时	2012.06.04
石鼓文附音训		115,000	中国嘉德	2012.03.24
石门刻石等一批		69,000	北京保利	2012.06.02
石门颂		224,250	北京匡时	2012.06.04
史晨前后碑		172,500	中国嘉德	2012.10.31
适庐 簠斋、丁氏、赵叔孺等旧藏古器物影拓一批		126,500	北京保利	2012.06.02
蜀中七汉阙旧拓本		74,750	朵云轩	2012.12.29
漱芳书屋集古印谱四卷		82,800	朵云轩	2012.12.29
双虞壶斋金文集		57,500	西泠拍卖	2012.12.28
双虞壶斋印存		149,500	朵云轩	2012.12.29
宋宁州刺史爨龙颜碑		59,800	北京匡时	2012.06.04
宋拓晋唐小楷四种		138,000	西泠拍卖	2012.12.28
苏东坡 黄州词翰拓本		53,760	上海国拍	2012.12.07
隋宝梁经石刻		322,000	北京匡时	2012.06.04
隋董美人墓志		287,500	中国嘉德	2012.09.15
泰山经石峪金刚经		138,000	上海工美	2012.08.18
唐纪泰山铭		92,000	北京匡时	2012.06.04
唐晋祠铭		105,800	北京匡时	2012.06.04
唐麓山寺碑		322,000	中国嘉德	2012.10.31
唐铁弥勒像颂碑		632,500	朵云轩	2012.07.12
唐王居士砖塔铭		126,500	北京匡时	2012.06.04
唐王居士砖塔铭		66,700	北京匡时	2012.06.04
唐王居士砖塔铭明拓三石本		57,500	上海工美	2012.12.24
唐颜鲁公争座位帖		59,800	中国嘉德	2012.10.31
唐虞恭公碑		51,750	朵云轩	2012.12.29
唐云麾将军碑		57,500	中国嘉德	2012.09.15
题宋拓云麾将军碑		172,500	北京保利	2012.06.02
未虚室印赏		63,250	朵云轩	2012.12.29
魏马鸣寺根法师碑		189,750	北京匡时	2012.06.04
魏齐周隋历代墓志集		69,000	北京匡时	2012.06.04
魏宣示表 晋洛神赋十三行合册		184,000	中国嘉德	2012.03.24
翁大年 杨澥 徐渭仁 叶昌炽 吴昌硕 等 汉建昭雁足灯拓本并跋卷		1,610,000	北京诚轩	2012.05.14
吴昌硕 题吴砖拓片		322,000	西泠拍卖	2012.12.31
吴大澂 题周人钟拓本		184,000	西泠拍卖	2012.12.30
吴大澄、王大炘批陈介祺旧藏古封泥拓本		1,092,500	西泠拍卖	2012.07.07
吴待秋旧藏金石碑拓一批		230,000	北京保利	2012.06.02
吴湖帆、冯超然等题王居士砖塔铭集拓		460,000	西泠拍卖	2012.12.28
吴让之 印谱		115,000	太平洋	2012.06.16
吴天发神谶碑		57,500	北京匡时	2012.06.04
吴隐辑 遯盦秦汉古铜印谱		69,000	北京保利	2012.12.06
吴云、张祖翼旧藏诸名家题明拓天发神谶碑		1,058,000	西泠拍卖	2012.07.07
五峰仙馆所藏风满楼集帖		115,000	北京传是	2012.05.16
武梁祠拓片		345,000	中国嘉德	2012.10.30
西泠八家印谱不分卷		92,000	上海工美	2012.12.24
西泠四家印谱 丁敬、黄易、蒋仁、奚岗等刻		115,000	西泠拍卖	2012.12.28
戏鱼堂法帖		345,000	北京翰海	2012.12.08
贤良方正残石		71,300	北京匡时	2012.06.04
谢国桢旧藏，张廷济、徐同柏等题跋嘉兴四桥拓本四种		598,000	西泠拍卖	2012.07.07
谢国桢旧藏龙门二十品		172,500	西泠拍卖	2012.07.07
续齐鲁古印攈十六卷		172,500	上海工美	2012.08.18
薛汾阴石淙诗		86,250	西泠拍卖	2012.07.07
颜鲁公争坐位帖		57,500	朵云轩	2012.12.29
颜真卿 宋 东方先生画赞		115,000	北京容海	2012.01.09
杨守敬旧藏秦泰山刻石廿九字本		138,000	西泠拍卖	2012.12.28
杨岘、罗振玉旧藏魏孔羡碑拓本		218,500	西泠拍卖	2012.12.28
杨岘旧藏张迁碑		57,500	西泠拍卖	2012.12.28
姚华 海西古刻拓片		172,500	北京传是	2012.05.16
姚华藏潍县陈氏藏经钟墨本拓		55,200	北京保利	2012.06.02
姚虞琴题梅竹双清博古图		51,750	西泠拍卖	2012.07.07
乙瑛碑		69,000	北京保利	2012.06.02
佚名 砚拓		80,500	北京保利	2012.04.22
峄山碑		112,700	北京翰海	2012.12.08
玉版十三行		71,300	上海工美	2012.08.18
玉虹鉴真帖二十六卷		103,500	西泠拍卖	2012.07.07
御刻三希堂石渠宝笈法帖		115,000	朵云轩	2012.12.29
御刻三希堂石渠宝笈法帖三十二卷		287,500	中国嘉德	2012.05.12
元 拓本金普照寺碑		741,520	香港佳士得	2012.11.26
云峰山北朝摩崖石刻三十一种		63,250	上海工美	2012.08.18
云峰山刻石三十八种		138,000	中国嘉德	2012.10.31
造像砖塔铭文石刻等一批		74,750	北京保利	2012.06.02
张寿残碑 韩仁碑 吴葛祚碑		63,250	北京匡时	2012.06.04
昭陵六骏		414,000	朵云轩	2012.12.29

拍品名称	物品尺寸	成交价RMB	拍卖公司	拍卖日期
赵撝叔印谱初集 赵之谦刻，丁仁、吴隐辑		69,000	西泠拍卖	2012.12.28
赵朴初 行书题碑拓		172,500	北京保利	2012.04.21
赵之谦 手拓印谱		184,000	太平洋	2012.06.16
赵之谦刻印 王福厂旧藏赵之谦印谱		483,000	西泠拍卖	2012.07.07
中岳崇高灵庙碑		126,500	北京匡时	2012.06.04
周散氏盘铭		57,500	中国嘉德	2012.09.15
周石鼓文附乾隆间题墨拓一纸		51,750	中国嘉德	2012.09.15
历代刻本				
《白香山诗集》		78,200	北京传是	2012.12.17
《任湘浦列仙酒牌》、《任渭长剑侠像传》、《秦汉金篆八种放大本》、《宋黄庭坚书松风阁诗》		138,000	北京保利	2012.01.10
《文物》及《考古》杂志(1972–2011年)共886册		50,900	伦敦苏富比	2012.05.16
《竹间喰榭集十卷》全套书板附蓝印校改本(民国)徐行恭撰		368,000	西泠拍卖	2012.12.28
1797年伦敦原版初印《英使谒见乾隆纪实》(英文版)硬皮精装本一套3册全		78,200	上海泓盛	2012.06.18
1848年原版《共产党宣言》一册全		920,000	上海泓盛	2012.06.18
1867年伦敦原版初印《中国古代宫廷纹饰集锦》豪华精装本一册(黄兴毛笔签名本)		149,500	上海泓盛	2012.06.18
1877年巴黎原版初印《中国古典艺术装饰纹案》豪华精装本一册(马衡毛笔签名本并署篆书一篇)		69,000	上海泓盛	2012.06.18
1881年巴黎原版初印《中国瓷器》豪华精装本一册		59,800	上海泓盛	2012.06.18
1904年纽约原版初印《塔佛特私人收藏之中国瓷器》豪华精装本(签名本)一册(世界级孤本)		71,300	上海泓盛	2012.06.18
白居易撰、汪立名编订 白香山诗长庆集二十卷、后集十七卷、别集一卷、补遗二卷		471,500	北京匡时	2012.12.06
白石印草		72,450	凤凰拍卖	2012.12.16
悲盦剩墨十集		86,250	西泠拍卖	2012.07.07
北平荣宝斋诗笺谱		78,200	北京保利	2012.12.06
北平荣宝斋诗笺谱		69,000	北京保利	2012.12.07
北平荣宝斋诗笺谱		59,800	中国嘉德	2012.05.12
北齐颜之推撰 颜氏家训二卷(清朱轼批校傅增湘藏本)		287,500	北京保利	2012.12.07
北周庾信撰 庾开府集二卷		63,250	北京保利	2012.12.07
滨虹草堂藏古鉨印、滨虹集印		69,000	西泠拍卖	2012.07.07
驳吕留良四书讲义		287,500	北京歌德	2012.12.01
驳吕留良四书讲义八卷(清)朱轼等撰		92,000	西泠拍卖	2012.12.28
曹一士 陆凤池 曹锡珪 著 四焉斋文集八卷诗集六卷 梯仙阁馀课一卷 拂珠楼偶抄上下卷		105,800	中国嘉德	2012.05.12
岑嘉州集八卷		322,000	中国嘉德	2012.05.12
查慎行补注 初白庵苏诗补注四十九卷		184,000	北京匡时	2012.12.06
常璩 著 华阳国志十二卷		66,700	中国嘉德	2012.09.15
常熟杨无恙著 无恙初稿		69,000	北京保利	2012.06.02
陈宝 编 大藏一览集十卷		59,800	中国嘉德	2012.05.12
陈检讨集十二卷 陈检讨诗钞十卷 陈检讨词钞十二卷(清)陈维崧撰		57,500	西泠拍卖	2012.12.28
陈老莲博古牌		55,200	中国嘉德	2012.09.15
陈撰 撰 玉几山房吟卷		241,500	中国嘉德	2012.09.15
程冲斗 著 少林棍法阐宗三卷		414,000	中国嘉德	2012.10.31

拍品名称	物品尺寸	成交价RMB	拍卖公司	拍卖日期
楚宝四十卷外篇五卷		101,200	北京翰海	2012.12.08
楚辞十卷		770,500	北京翰海	2012.12.08
春秋繁露十七卷		69,000	西泠拍卖	2012.07.07
春秋经传集解三十卷		690,000	北京翰海	2012.05.25
春秋左传杜注三十卷		74,750	西泠拍卖	2012.07.07
崔鸿 撰 十六国春秋(一百卷)		115,000	中国嘉德	2012.03.24
大般若波罗蜜多经卷第二百四十		230,000	上海工美	2012.08.18
大般若波罗蜜经卷第二百二十三		402,500	上海工美	2012.12.24
大宝积经卷第五十一		517,500	上海工美	2012.08.18
大方便佛报恩经七卷		80,500	中国嘉德	2012.09.15
大威德陀罗尼经卷第四 北宋崇宁藏		333,500	北京翰海	2012.05.25
大正14年(1926)东京帝国大学出版社珂罗版精印《古文书时代鉴》《古文书时代鉴 续编》大型活页画册一组四函全		71,300	上海泓盛	2012.06.18
第一奇书一百回		172,500	中国嘉德	2012.05.12
点石斋画报		172,500	朵云轩	2012.12.29
东林十八高贤传		57,500	中国嘉德	2012.09.15
董解西厢记		322,000	北京翰海	2012.12.08
独学卢初稿十一卷(清)石韫玉撰		69,000	西泠拍卖	2012.12.28
杜工部集二十卷		63,250	朵云轩	2012.07.12
杜子美七言律		92,000	朵云轩	2012.12.29
二百兰亭斋古印■藏六卷		55,200	北京翰海	2012.05.25
二十四史		172,500	中国嘉德	2012.03.24
二十四史		63,250	中国嘉德	2012.03.24
二十一史论赞三十六卷		71,300	上海工美	2012.08.18
法海等集 六祖坛经		82,800	中国嘉德	2012.05.12
房玄龄注 梅士享诠叙 诠叙管子成书十五卷卷首一卷		149,500	中国嘉德	2012.05.12
冯云鹏 冯云鹓 辑 金石索		69,000	中国嘉德	2012.03.24
傅玉露 等修 西湖志(四十八卷)		94,300	中国嘉德	2012.03.24
覆宋本庄子注疏		69,000	北京保利	2012.12.07
高启著 陈邦瞻校 王汝淳校 重刻高太史大全集十八卷		115,000	中国嘉德	2012.05.12
古今医统		115,000	凤凰拍卖	2012.12.16
古诗归十五卷		483,000	中国嘉德	2012.05.12
顾起纶 辑 国雅二十卷 续四卷 国雅品一卷		690,000	中国嘉德	2012.03.24
管仲 房玄龄 撰 注释 管子(二十四卷)		92,000	中国嘉德	2012.03.24
管子二十四卷		86,250	西泠拍卖	2012.07.07
贵州刘世珩辑 暖红室汇刻传剧		529,000	北京保利	2012.12.06
海浮冯先生词稿四卷		97,750	北京翰海	2012.12.08
韩非子二十卷		74,750	北京保利	2012.12.07
韩文公文抄		483,000	北京歌德	2012.12.01
韩婴 汉 诗外传十卷 撰		517,500	中国嘉德	2012.10.28
汉高诱撰 战国策三十三卷		184,000	北京保利	2012.12.07
汉刘安撰、高诱注 淮南洪烈解二十一卷		276,000	北京保利	2012.06.02
汉刘向撰、明汪口增辑、仇英绘图 列女传十六卷		299,000	北京保利	2012.06.02
汉书评林一百卷		55,200	上海工美	2012.08.18
汉书一百卷		230,000	北京翰海	2012.05.25
汉司马迁撰 史记一百三十卷		172,500	北京保利	2012.06.02
汉司马迁撰 史记一百三十卷		86,250	北京保利	2012.12.07
汉铜印丛十二卷		138,000	上海工美	2012.12.24
汉扬雄撰 新纂门目五臣音注扬子法言十卷		92,000	北京保利	2012.12.07

2012杂项拍卖成交汇总

(成交价RMB：5万元以上)

拍品名称	物品尺寸	成交价RMB	拍卖公司	拍卖日期
汉扬雄撰、晋李轨、唐柳宗元、宋宋咸、吴秘、司马光注纂图互注扬子法言十卷		63,250	北京保利	2012.12.07
汉杨雄撰 新纂门目五臣音注扬子法言十卷		103,500	北京保利	2012.12.07
汉杨雄撰、晋李轨、唐柳宗元、宋宋咸、吴秘、司马光著 新纂门目五臣音注杨子法言十卷		69,000	北京保利	2012.12.07
何之硕批 巴黎茶花女遗事(法)小仲马原著，王寿昌口述，林纾笔译		161,000	西泠拍卖	2012.12.28
红楼梦图咏		77,050	凤凰拍卖	2012.12.16
洪武正韵十六卷		230,000	中国嘉德	2012.05.12
鸿雪因缘图记		345,000	中国嘉德	2012.05.12
后汉书一百二十卷(南朝)范晔撰，(唐)李贤注，(明)陈祖苞订		69,000	西泠拍卖	2012.12.28
后山诗注十二卷		75,900	朵云轩	2012.07.12
胡安国 传 春秋胡传三十卷		89,700	中国嘉德	2012.09.15
胡涛 著 古欢堂诗集四卷		55,200	中国嘉德	2012.05.12
胡正言 编 十竹斋笺谱		66,700	中国嘉德	2012.05.12
胡正言 编 十竹斋笺谱		59,800	中国嘉德	2012.05.12
皇朝类苑七十八卷		161,000	中国嘉德	2012.05.12
黄宾虹《宾虹藏印二集》批校本		483,000	西泠拍卖	2012.12.31
黄裳题跋西泠六家印存六卷		149,500	上海工美	2012.12.24
黄绶芙 谭钟岳 撰 绘 峨山图志(二卷)		74,750	中国嘉德	2012.03.24
晦庵先生朱文公文集存二卷		540,500	上海工美	2012.12.24
晦庵先生朱文公文集第三十二卷		506,000	北京歌德	2012.12.01
慧日永明寺主智觉禅师延寿集宗镜录卷第七十一全		1,242,000	北京保利	2012.12.07
集古印谱六卷		287,500	上海工美	2012.08.18
集千家杜工部诗集二十卷		517,500	北京翰海	2012.12.08
监本春秋谷梁注疏		322,000	北京翰海	2012.05.25
践阼篇集解		57,500	北京翰海	2012.05.25
江宁县志		2,760,000	凤凰拍卖	2012.12.16
姜白石诗词合集十五卷		138,000	西泠拍卖	2012.07.07
姜夔 撰 白石诗集		51,750	中国嘉德	2012.10.31
焦山鼎铭考附鼎铭拓片		69,000	上海工美	2012.12.24
芥子园画传二集、三集		63,250	北京保利	2012.06.02
金石苑不分卷		69,000	北京歌德	2012.12.01
金元好问辑 中州集十卷卷首一卷		74,750	北京保利	2012.12.06
金元好问撰 遗山先生诗集二十卷		86,250	北京保利	2012.06.02
锦绣万花谷后集四十卷		115,000	北京歌德	2012.12.01
锦绣万花谷前集四十卷 后集四十卷 续集四十卷		1,897,500	中国嘉德	2012.05.12
锦绣万花谷前集四十卷后集四十卷续集四十卷		828,000	上海工美	2012.08.18
晋郭象注、宋林希逸口义、宋刘辰翁点校、明王世贞评点、明陈仁锡批注 南华经十六卷		609,500	北京保利	2012.12.07
晋郭象注、宋林希逸口义、宋刘辰翁点校、明王世贞评点、明陈仁锡批注 南华经十六卷		230,000	北京保利	2012.12.07
晋书南北史等正史七种		86,250	上海工美	2012.08.18
经进东坡文集事略等三种(宋)苏轼等撰，郎晔注，(民国)罗振常辑佚		63,250	西泠拍卖	2012.12.28
经史证类大观本草三十一卷		82,800	北京翰海	2012.12.08
九经同函		57,500	北京保利	2012.12.07
旧唐书二百卷		51,750	上海工美	2012.08.18
康海 著 对山集十九卷		483,000	中国嘉德	2012.05.12
孔丛子三卷		115,000	西泠拍卖	2012.07.07
困学纪闻等六种		55,200	上海工美	2012.08.18

拍品名称	物品尺寸	成交价RMB	拍卖公司	拍卖日期
乐府诗集一百卷		63,250	朵云轩	2012.07.12
类笺唐王右丞诗集十卷		460,000	中国嘉德	2012.10.31
李白 撰 李翰林集三十卷		51,750	中国嘉德	2012.09.15
李壁笺 注 王荆文公诗五十卷		69,000	中国嘉德	2012.05.12
李光地 等辑 御纂周易折中二十二卷卷首一卷		333,500	中国嘉德	2012.09.15
李光暎 撰 观妙斋藏金石文考略十六卷		230,000	中国嘉德	2012.05.12
李翰林集三十卷 杜工部集五十卷 外集一卷 文集二卷		437,000	中国嘉德	2012.10.31
李贺 撰 李贺歌诗编四卷 集外诗一卷		149,500	中国嘉德	2012.03.24
李贺歌诗编 附集外诗		59,800	北京歌德	2012.12.01
李诫 撰 营造法式三十四卷		253,000	中国嘉德	2012.10.31
李诫编修营造法式三十四卷附录一卷		2,185,000	中国嘉德	2012.05.12
李明仲营造法式		632,500	朵云轩	2012.12.29
李兆洛辑 骈体文钞三十一卷		172,500	北京匡时	2012.12.06
历史感应统纪四卷		56,350	凤凰拍卖	2012.12.16
隶释二十七卷 隶续二十一卷		132,250	中国嘉德	2012.09.15
联新事备诗学大成二卷		138,000	凤凰拍卖	2012.12.16
梁释僧佑集 弘明集十四卷存第一、第十二、第十四卷全		1,725,000	北京保利	2012.12.07
梁萧统辑、明张凤翼纂注 文选十二卷		63,250	北京保利	2012.12.07
梁萧统辑、明邹思明删订 文选尤十四卷		494,500	北京保利	2012.06.02
梁萧统辑、唐李善、吕延济、刘良、张铣、吕向等、李周翰注 六臣注文选六十卷		460,000	北京保利	2012.12.07
梁萧统辑、唐李善、吕延济等注 六臣注文选六十卷		517,500	北京保利	2012.12.07
梁昭明太子撰、唐五臣注、唐李善著 六家文选六十卷		575,000	北京保利	2012.12.07
梁昭明文选二十四卷		57,500	上海工美	2012.12.24
两汉策要十二卷		379,500	上海工美	2012.08.18
聊斋志异注十六卷 补遗十六卷		55,200	西泠拍卖	2012.07.07
列子冲虚真经		276,000	凤凰拍卖	2012.12.16
林葆恒辑 闽词征六卷		63,250	北京保利	2012.12.06
刘承干旧藏《路史》等五十八种		59,800	上海工美	2012.08.18
刘履芬影写明贤尺牍		97,750	西泠拍卖	2012.12.28
刘宋王义庆撰、梁刘孝标注、明何良俊增补 世说新语补二十卷附释名说一卷		218,500	北京保利	2012.12.07
刘向 编集 屈子离骚		86,250	中国嘉德	2012.03.24
刘勰 撰 刘子文心雕龙上下卷		322,000	中国嘉德	2012.03.24
六朝四家全集等八种		55,200	上海工美	2012.08.18
六臣注文选		74,750	凤凰拍卖	2012.12.16
六家文选六十卷(梁)萧统辑，(唐)李善等注		920,000	西泠拍卖	2012.12.28
六家文选三十三卷		402,500	凤凰拍卖	2012.12.16
龙川略志六卷 龙川别志四卷		69,000	西泠拍卖	2012.07.07
龙榆生旧藏《施注苏诗》(宋)苏轼撰，施元之注，(清)宋荦、邵长蘅等补注		105,800	西泠拍卖	2012.12.28
鲁公文集十五卷		92,000	上海工美	2012.12.24
鲁迅 郑振铎 编 北平笺谱		977,500	中国嘉德	2012.05.12
鲁迅 郑振铎 编 北平笺谱		460,000	中国嘉德	2012.05.12
陆润庠等撰 钦定书经图说五十卷		195,500	中国嘉德	2012.09.15
陆玄宇 辑 仙机武库		138,000	中国嘉德	2012.03.24
陆游 撰 剑南诗稿八十五卷		552,000	中国嘉德	2012.05.12
吕抚 辑 精订纲鉴廿一史通俗衍义二十六卷		690,000	中国嘉德	2012.05.12

拍品名称	物品尺寸	成交价RMB	拍卖公司	拍卖日期
吕氏春秋二十六卷		517,500	中国嘉德	2012.05.12
洛阳伽蓝记四卷		230,000	北京翰海	2012.05.25
满文御纂性理精义		207,000	中国嘉德	2012.05.12
毛一鹭 汇编 范忠宣公集十卷		184,000	中国嘉德	2012.05.12
眉山苏辙注道德经四卷考异一卷		368,000	中国嘉德	2012.03.24
梅村家藏稿五十卷		140,300	北京翰海	2012.12.08
梅景画笈上下册		218,500	长风拍卖	2012.09.17
民国郭葆昌辑 校注项氏历代名瓷图谱		78,200	北京保利	2012.12.06
民国郭葆昌辑 校注项氏历代名瓷图谱		57,500	北京保利	2012.12.06
民国徐世昌纂录 明清八家文抄		80,500	北京保利	2012.06.02
名山胜境		63,250	中国嘉德	2012.09.15
明方于鲁撰 方氏墨谱六卷		690,000	北京保利	2012.12.07
明顾高棅撰 唐诗品汇九十卷拾遗十卷		218,500	北京保利	2012.06.02
明郭明龙评、陶石篑解 解庄十二卷		310,500	北京保利	2012.12.07
明郭正域批点 考工记二卷		74,750	北京保利	2012.12.07
明郭正域批点 三经评注		437,000	北京保利	2012.12.07
明何良俊编 孙王倡和不分卷		80,500	北京保利	2012.12.07
明洪应明撰 洪氏仙佛奇踪八卷		63,250	北京保利	2012.12.06
明刻套色西厢记图册		51,750	朵云轩	2012.07.12
明乐韶凤、宋濂等撰 洪武正韵十六卷		172,500	北京保利	2012.12.07
明李东阳、刘机撰 历代通鉴纂要九十二卷(存卷二十一)		109,250	北京保利	2012.12.07
明李东阳、刘机撰 历代通鉴纂要九十二卷(存卷十一、卷三十一、卷三十七)		92,000	北京保利	2012.12.07
明李载贽撰 藏书六十八卷		105,800	北京保利	2012.12.07
明梁辰鱼撰 江东白苧集二卷续二卷		51,750	北京保利	2012.06.02
明梁袠辑 印隽四卷		80,500	西泠拍卖	2012.07.07
明凌蒙初辑 圣门传诗嫡冢十六卷申公诗说一卷		80,500	北京保利	2012.12.07
明刘士鏻辑、闵无颇闵昭明集评 文致不分卷		460,000	北京保利	2012.12.07
明闵于忱辑 孙子参同五卷		115,000	北京保利	2012.12.07
明彭大翼撰 山堂肆考角集四十八卷		57,500	北京保利	2012.06.02
明丘浚辑、毕懋康订、佘自强校 文公家礼仪节八卷		57,500	北京保利	2012.12.07
明诗别裁集十二卷		161,000	上海工美	2012.12.24
明孙矿批点 春秋左传十五卷		253,000	北京保利	2012.12.07
明汤显祖撰 玉茗堂还魂记二卷		172,500	北京保利	2012.12.07
明汤显祖撰、臧懋循订 邯郸记二卷		126,500	北京保利	2012.12.07
明陶宗仪编 说郛一百二十卷		78,200	北京保利	2012.12.07
明王守仁撰 阳明先生别录十卷		828,000	北京保利	2012.12.07
明王廷相撰 王氏家藏集卷二十五至卷二十七		51,750	北京保利	2012.12.07
明王廷相撰 王氏家藏集卷十五至卷二十		94,300	北京保利	2012.12.07
明吴继仕编 七经图七卷		805,000	北京保利	2012.12.07
明吴讷编集 文章辨体五十卷总论一卷		483,000	北京保利	2012.12.07
明项笃寿辑 前四史论赞		115,000	北京保利	2012.12.07
明项笃寿辑 五史论赞		218,500	北京保利	2012.12.07
明徐渭杂花图卷		103,500	朵云轩	2012.07.12
明许自昌辑 李杜全集四十七卷		1,035,000	北京保利	2012.12.07
明阎鹤洲辑 新刊道书全集		51,750	北京保利	2012.12.07
明杨继洲辑 针灸大成十卷		172,500	北京保利	2012.12.07
明杨升庵评点 草堂诗余五卷		345,000	北京保利	2012.12.07
明俞安期撰 唐类函二百卷目录二卷		89,700	北京保利	2012.12.07
明张光启撰 资治通鉴节要续编(存卷十三全)		92,000	北京保利	2012.12.07
明张汝霖撰 易经澹窝因指八卷		460,000	北京保利	2012.12.07
明郑晓撰 吾学篇六十九卷		322,000	北京保利	2012.12.07
明朱载堉撰 律吕精义内篇十卷外篇十卷		115,000	北京保利	2012.12.06
穆天子传六卷		109,250	北京翰海	2012.05.25
内庭工程做法八卷		63,250	中国嘉德	2012.05.12
南朝梁刘勰撰、明杨慎、曹学佺等批点 刘子文心雕龙二卷		517,500	北京保利	2012.12.07
南华真经十卷(晋)郭象注，(唐)陆德明音义		69,000	西泠拍卖	2012.12.28
南画大成		89,700	北京保利	2012.12.06
南唐书十八卷 音释一卷		51,750	西泠拍卖	2012.07.07
倪元璐 撰 儿易内仪六卷 外仪十五卷		55,200	中国嘉德	2012.03.24
欧阳文忠公全集一百二十七卷		442,750	凤凰拍卖	2012.12.16
平津馆丛书三十二种		437,000	北京翰海	2012.12.08
前汉书		207,000	朵云轩	2012.12.29
前四史		57,500	西泠拍卖	2012.07.07
钱录		103,500	北京歌德	2012.12.01
乾隆御书大悲心陀罗尼经		218,500	中国嘉德	2012.09.15
钦定春秋左传读本三十卷		57,500	北京保利	2012.12.06
钦定佩文斋书画谱一百卷		124,200	北京歌德	2012.12.01
钦定全唐文		66,700	北京歌德	2012.12.01
钦定四库全书二十四史		138,000	北京保利	2012.06.02
钦定字学要览		207,000	北京歌德	2012.12.01
秦淮八艳图咏		69,000	北京保利	2012.06.02
清阿桂等纂 钦定盛京通志一百三十卷卷首一卷		80,500	北京保利	2012.06.02
清曹寅等奉旨编纂 御制全唐诗九百卷		69,000	北京保利	2012.12.07
清曹寅等辑 全唐诗九百卷		92,000	北京保利	2012.06.02
清代学者像传		92,000	北京保利	2012.06.02
清冯云鹏、冯云鹓等辑 金石索十二卷		80,500	北京保利	2012.06.02
清冯云鹏、冯云鹓等辑 金石索十二卷		80,500	北京保利	2012.12.07
清冯云鹏、冯云鹓等辑 金石索十二卷		69,000	北京保利	2012.06.02
清福临撰 御制资政要览三卷		69,000	北京保利	2012.12.07
清改琦绘 红楼梦图咏		92,000	北京保利	2012.12.06
清高宗弘历撰、蒋溥等编 御制诗初集四十四卷目录四卷		460,000	北京保利	2012.06.02
清宫珍宝皕美图		103,500	北京保利	2012.06.02
清宫珍宝皕美图		51,750	北京保利	2012.12.07
清胡正言辑 十竹斋画谱八种		59,800	北京保利	2012.12.07
清黄增禄撰 拜石词(黄增禄稿本)		322,000	北京保利	2012.12.07
清嘉庆帝撰 御制诗初集四十八卷目录六卷		437,000	北京保利	2012.12.07
清康有为撰 孔子改制考二十一卷		92,000	北京保利	2012.12.07
清孔毓圻修、金居敬等纂 幸鲁盛典四十卷		126,500	北京保利	2012.12.07
清黎庶昌辑 古逸丛书		253,000	北京保利	2012.12.07
清李光地等纂 御纂周易折中二十二卷卷首一卷		97,750	北京保利	2012.12.07
清李光地等纂修 御纂性理精义十二卷		63,250	北京保利	2012.12.06
清梁诗正、蒋溥等 编修 铜版西清古鉴四十卷附钱录十六卷		276,000	北京保利	2012.12.07

2012杂项拍卖成交汇总

(成交价RMB：5万元以上)

拍品名称	物品尺寸	成交价RMB	拍卖公司	拍卖日期
清麟庆撰、汪春泉等绘图 鸿雪因缘图记三集		517,500	北京保利	2012.06.02
清卢见曾辑 金石三例十五卷		103,500	北京保利	2012.12.07
清陆润庠等撰 钦定书经图说五十卷		276,000	北京保利	2012.12.07
清陆润庠等撰 钦定书经图说五十卷		115,000	北京保利	2012.06.02
清末民国间出版古代近现代名家珂罗版画册五十一册		55,200	朵云轩	2012.07.11
清纳兰性德辑 通志堂经解		241,500	北京保利	2012.12.06
清秦恩复辑 唐人三家集二十六卷		74,750	北京保利	2012.12.07
清沈德潜撰 沈归愚诗文全集		80,500	北京保利	2012.12.07
清圣祖玄烨辑 御选唐诗三十二卷目录三卷		345,000	北京保利	2012.12.06
清圣祖玄烨撰 御制文集四十卷总目五卷		483,000	北京保利	2012.12.07
清世祖福林撰 御制资政要览三卷附后序一卷		230,000	北京保利	2012.12.06
清世祖撰 御制资政要览三卷		287,500	北京保利	2012.12.07
清孙枝蔚撰 溉堂前集九卷后集六卷续集六卷溉堂文集五卷诗余二卷		138,000	北京保利	2012.12.07
清王鸣盛撰 蛾术编八十二卷		92,000	北京保利	2012.12.07
清王顼龄等撰 钦定书经传说汇纂二十一卷首二卷书序一卷		241,500	北京保利	2012.12.07
清王掞等撰 钦定春秋传说汇纂三十八卷卷首二卷		402,500	北京保利	2012.12.07
清王原祁等校刊 万寿盛典图		575,000	北京保利	2012.12.06
清吴式芬撰 攈古录金文三卷		63,250	北京保利	2012.06.02
清许梿辑 六朝文絜四卷		138,000	北京保利	2012.12.07
清扬州使院刻本五种		230,000	北京保利	2012.12.06
清印光任、张汝霖辑 澳门记略二卷首一卷末一卷		86,250	北京保利	2012.12.07
清允礼辑 古文约选不分卷		230,000	北京保利	2012.12.07
清赵之谦篆 观自得斋印集		71,300	北京保利	2012.12.07
清中期嘉庆版木板水印《十竹斋画谱》一函7册全		66,700	上海泓盛	2012.06.18
(清)黄牧甫刻印黟山人黄牧甫印存		63,250	西泠拍卖	2012.07.07
秋明室杂诗		57,500	北京保利	2012.06.02
全唐诗九百卷(清)曹寅、彭定求等奉敕编纂		241,500	西泠拍卖	2012.12.28
日知录集释三十二卷刊误二卷续刊误二卷		57,500	朵云轩	2012.12.29
阮亨 撰 广陵名胜图		94,300	中国嘉德	2012.10.31
阮逸 注 文中子中说十卷		138,000	中国嘉德	2012.09.15
三古图四十二卷		195,500	西泠拍卖	2012.07.07
三家诗遗说考等六种		74,750	北京匡时	2012.12.06
三苏先生文粹七十卷		667,000	中国嘉德	2012.05.12
三苏先生文粹七十卷		322,000	北京翰海	2012.05.25
桑调元 著 泰山集上中下卷		57,500	中国嘉德	2012.05.12
商浚 辑 稗海		310,500	中国嘉德	2012.03.24
上谕内阁一百五十九卷		92,000	北京歌德	2012.12.01
尚书古文疏证八卷		57,500	上海工美	2012.08.18
尚书集注音疏十二卷末一卷外编一卷		552,000	上海工美	2012.08.18
涉园墨萃		299,000	北京保利	2012.12.06
涉园墨萃		253,000	北京保利	2012.06.02
沈括 撰 梦溪笔谈二十六卷		82,800	中国嘉德	2012.10.31
沈枢 撰 题宋版通鉴总类		13,800,000	中国嘉德	2012.10.31
审音鉴古录不分卷		109,250	西泠拍卖	2012.12.28
盛明杂剧初、二集六十卷		322,000	上海工美	2012.12.24
盛明杂剧三编三十四卷		172,500	上海工美	2012.12.24
诗补传三十卷		57,500	凤凰拍卖	2012.12.16
诗传大全纲领一卷 图一卷		74,750	西泠拍卖	2012.07.07
施注苏诗四十二卷 东坡年谱一卷 王注正伪一卷 总目二卷 续补遗总目一卷 续补遗二卷(宋)苏轼撰，施元之注，(清)宋荦、邵长蘅等补注		69,000	西泠拍卖	2012.12.28
十三经注疏礼记		322,000	北京歌德	2012.12.01
十三经注疏三百三十三卷附校勘记		74,750	上海工美	2012.08.18
十洲记等		59,800	中国嘉德	2012.03.24
十竹斋笺谱		74,750	中国嘉德	2012.05.12
十竹斋书画谱		115,000	朵云轩	2012.07.12
史记		517,500	北京歌德	2012.12.01
史记前后汉书三国演义等史书小说七种		94,300	上海工美	2012.08.18
史记一百三十卷附方望溪平点史记四卷		172,500	北京保利	2012.12.06
事闻类聚 后录十四卷 新集十一卷 续集十卷 别录十一卷 外录五卷 遗录七卷		69,000	北京歌德	2012.12.01
释不空 译 大乘瑜伽金刚性海曼殊室利千臂千钵大教王经(十卷)		80,500	中国嘉德	2012.03.24
释普济 五灯会元 存卷六至十卷撰		10,120,000	中国嘉德	2012.10.28
双虞壶斋印存		552,000	北京翰海	2012.05.25
四部丛刊零种一批		63,250	北京保利	2012.12.06
四印斋所刻词		207,000	北京保利	2012.06.02
四印斋所刻词等二种		80,500	北京匡时	2012.12.06
四印斋所刻词等四种		736,000	北京匡时	2012.12.06
松石山房印谱六卷后集八卷		51,750	上海工美	2012.08.18
松雪斋集十卷 外集一卷(元)赵孟頫撰		71,300	西泠拍卖	2012.12.28
松雪斋全集十卷		161,000	北京翰海	2012.12.08
宋鲍彪校注、元吴师道重校、明穆文熙编 战国策十卷		172,500	北京保利	2012.12.07
宋郭祥正撰 青山集三十卷		138,000	北京保利	2012.12.07
宋何梦桂撰 潜斋先生文集十一卷目录二卷		55,200	北京保利	2012.12.07
宋洪迈辑 南朝史精语十卷		437,000	北京保利	2012.06.02
宋胡继宗辑、明陈玩直注 书言故事大全十二卷		322,000	北京保利	2012.06.02
宋画精华		63,250	北京保利	2012.12.06
宋黄庭坚著 山谷诗集注二十卷、山谷外集诗注十七卷、山谷别集二卷		59,800	北京保利	2012.12.07
宋计敏夫辑、明毛晋订 唐诗纪事八十一卷		287,500	北京保利	2012.12.07
宋骏业 王原祁 冷枚等绘 朱圭刻 万寿盛典图		3,220,000	中国嘉德	2012.09.15
宋龙大渊等纂 古玉图谱三十二卷		92,000	北京保利	2012.12.07
宋陆九渊撰、明杨秀编 象山先生全集三十六卷		713,000	北京保利	2012.12.07
宋吕大临撰 泊如斋重修考古图十卷		575,000	北京保利	2012.12.07
宋名臣言行录七十五卷		103,500	上海工美	2012.08.18
宋欧阳修撰、明茅坤评 欧阳文忠公文钞十卷		460,000	北京保利	2012.12.07
宋邵雍撰 伊川击壤集二十卷集		575,000	北京保利	2012.12.07
宋史		345,000	北京歌德	2012.12.01
宋史 四百九十六卷		333,500	北京翰海	2012.12.08
宋史崧音释 黄帝素问灵枢经十二卷		97,750	北京保利	2012.12.07
宋释普济撰 五灯会元二十卷		69,000	北京保利	2012.06.02
宋书 五代史 读史兵略		51,750	上海工美	2012.08.18

拍品名称	物品尺寸	成交价RMB	拍卖公司	拍卖日期
宋苏轼传 易传八卷附王辅嗣论易一卷		253,000	北京保利	2012.12.07
宋苏轼撰 东坡先生易传九卷		184,000	北京保利	2012.12.07
宋苏轼撰 栾城集五十卷		207,000	北京保利	2012.06.02
宋苏轼撰 重刊明成化本东坡七集		230,000	北京保利	2012.12.07
宋王安石撰 新刻临川王介甫先生诗文集一百卷		66,700	北京保利	2012.12.07
宋王黼等辑 三古图四十二卷		161,000	北京保利	2012.12.07
宋王黼等撰 泊如斋重修宣和博古图录三十卷		63,250	北京保利	2012.12.07
宋文鉴一百五十卷目三卷		368,000	上海工美	2012.12.24
宋徐铉撰 徐公文集三十卷		80,500	北京保利	2012.12.07
宋徐铉撰 徐公文集三十卷		55,200	北京保利	2012.12.07
宋尤袤撰 全唐诗话六卷		138,000	北京保利	2012.12.07
宋袁枢撰 通鉴纪事本末存卷三十七全		517,500	北京保利	2012.12.07
宋曾巩撰 南丰先生元丰类稿五十卷续附一卷		632,500	北京保利	2012.12.07
宋曾巩撰 南丰先生元丰类稿五十卷续附一卷		230,000	北京保利	2012.12.07
宋章如愚辑 群书考索前集六十六卷		517,500	北京保利	2012.06.02
宋真德秀汇集、明丘浚撰 大学衍义四十三卷、大学衍义补一百六十卷卷首一卷		57,500	北京保利	2012.12.07
宋周密撰 草窗韵语六稿		172,500	北京保利	2012.12.07
宋朱申注释、明顾梧芳校正 春秋左传详节句解三十五卷		184,000	北京保利	2012.12.07
宋朱熹撰 晦庵先生朱文公文集一百卷目录二卷续集十一卷别集十卷(存卷第二)		172,500	北京保利	2012.12.07
宋祝穆辑、元富大用辑、元祝渊辑 新编古今事文类聚前集六十卷、后集五十卷、续集二十八卷、别集三十二卷、新集三十六卷外集十五卷、遗集十五卷		287,500	北京保利	2012.12.07
苏米志林不分卷		345,000	北京翰海	2012.05.25
苏轼 撰 栾城集		253,000	中国嘉德	2012.05.12
隋陆法言 巨宋广韵五卷		34,500,000	北京保利	2012.12.07
隋王通撰、宋阮逸注 中说十卷		172,500	北京保利	2012.12.07
孙承泽 撰 庚子销夏记八卷		74,750	中国嘉德	2012.09.15
孙绍远 编辑 声画集八卷		109,250	中国嘉德	2012.10.31
孙岳颁 等 清 孙岳颁等纂辑 佩文斋书画谱一百卷		126,500	上海驰翰	2012.04.27
太平御览一千卷		437,000	北京翰海	2012.12.08
谭元春 撰 新刻谭友夏合集二十三卷		63,250	中国嘉德	2012.05.12
唐杜甫撰 杜工部草堂诗笺四十卷外集一卷补遗十卷目录二卷		74,750	北京保利	2012.12.07
唐杜佑撰 通典零册		149,500	北京保利	2012.06.02
唐高适撰 高常侍集十卷		103,500	北京保利	2012.12.07
唐韩愈撰 韩文四十卷外集十卷		230,000	北京保利	2012.12.07
唐李白撰 李太白文集三十卷		310,500	北京保利	2012.06.02
唐李白撰 李太白文集三十卷		230,000	北京保利	2012.12.07
唐李白撰 李太白文集三十卷		69,000	北京保利	2012.06.02
唐李白撰 李太白文集三十卷		66,700	北京保利	2012.12.07
唐李白撰、宋杨齐贤集注、元萧士赟补注 分类补注李太白诗二十五卷		575,000	北京保利	2012.12.07
唐李商隐撰、清姚培谦笺注 李义山诗集十六卷		94,300	北京保利	2012.12.07
唐卢重元注 列子八卷		109,250	北京保利	2012.06.02
唐陆龟蒙撰 笠泽丛书四卷补遗一卷续补遗一卷		287,500	北京保利	2012.12.07

拍品名称	物品尺寸	成交价RMB	拍卖公司	拍卖日期
唐陆宣公翰苑集二十四卷		276,000	凤凰拍卖	2012.12.16
唐女郎四家传		112,700	中国嘉德	2012.05.12
唐女郎鱼玄机诗集一卷		57,500	上海工美	2012.12.24
唐三藏法师玄奘译 大般若波罗蜜多经卷第二百二十		57,500	北京保利	2012.12.06
唐诗画谱不分卷		89,700	中国嘉德	2012.05.12
唐顺之 著 荆川文集十八卷		1,035,000	中国嘉德	2012.05.12
唐孙位高逸图卷		115,000	朵云轩	2012.07.12
唐魏征等撰 隋书八十五卷		57,500	北京保利	2012.12.07
唐寅 撰 六如居士全集		92,000	中国嘉德	2012.05.12
陶靖节集十卷总论一卷		105,800	北京翰海	2012.12.08
天文大成管窥辑要八十卷		55,200	上海工美	2012.12.24
天延阁后集五卷		69,000	上海工美	2012.12.24
天隐子遗稿十七卷(明)严果撰		57,500	西泠拍卖	2012.12.28
铁华馆丛书(清)蒋凤藻辑		71,300	西泠拍卖	2012.12.28
通鉴纲目卷五十		138,000	凤凰拍卖	2012.12.16
通鉴纪事本末四十二卷		184,000	西泠拍卖	2012.07.07
万民英 明 万民英著 三命通会十二卷		51,750	上海驰翰	2012.04.27
王黼 等撰至大重修宣和博古图录		172,500	中国嘉德	2012.09.15
王驾吾批校庄子内篇注四卷(明)释德清注		63,250	西泠拍卖	2012.12.28
王维撰 顾起经编 唐王右丞文集四卷		126,500	中国嘉德	2012.05.12
王志坚 论次 四六法海十二卷		103,500	中国嘉德	2012.10.31
渭南文集五十卷		207,000	凤凰拍卖	2012.12.16
魏王肃注 孔子家语十卷		97,750	北京保利	2012.12.07
文献通考三百四十八卷附考证三卷		2,702,500	上海工美	2012.12.24
文心雕龙十卷		57,500	北京保利	2012.06.02
乌青镇志四十四卷首一卷		92,000	西泠拍卖	2012.07.07
吴管 编 增订古今逸史五十五种二百二十三卷		218,500	中国嘉德	2012.09.15
吴湖帆批校四印斋所刻词十一种		310,500	上海工美	2012.12.24
吴湖帆题识梅花喜神谱		218,500	上海工美	2012.08.18
吴韦昭注 国语二十一卷		207,000	北京保利	2012.12.07
吴文英 撰 梦窗丁丙稿		57,500	中国嘉德	2012.10.31
吴钺 辑 惠山听松庵竹垆图咏		207,000	中国嘉德	2012.03.24
武进陶氏涉园续刊景宋金元明本词		690,000	北京保利	2012.06.02
西湖拾遗四十八卷		80,500	北京保利	2012.06.02
西湖志四十八卷		172,500	西泠拍卖	2012.12.28
西湖志纂十五卷卷首一卷		69,000	朵云轩	2012.07.12
喜咏轩丛书丙编		126,500	北京保利	2012.12.06
咸陟堂文初集二十五卷二集八卷赋一卷 诗初集十七卷二集六卷		64,400	上海工美	2012.12.24
校注项氏历代名瓷图谱(民国)郭宝昌校注，(美洲)福开森参订		63,250	西泠拍卖	2012.12.28
谢包京 著 两雁山人集十卷		103,500	中国嘉德	2012.05.12
新刊补注铜人腧穴针灸图经五卷		92,000	中国嘉德	2012.05.12
新刊篇韵贯珠集八卷		86,250	北京翰海	2012.05.25
新刻金瓶梅词话一百回		322,000	中国嘉德	2012.05.12
性理大全五十二卷		109,250	北京翰海	2012.12.08
绣刻演剧(十本)		138,000	中国嘉德	2012.03.24
徐光启 著 农政全书六十卷		138,000	中国嘉德	2012.05.12
徐树穀 注 庚开府哀江南赋注		345,000	中国嘉德	2012.05.12
徐无党 注 五代史		71,300	中国嘉德	2012.03.24
许修直旧藏古欢堂集二十二卷		51,750	西泠拍卖	2012.07.07
逊志斋集		138,000	凤凰拍卖	2012.12.16
阎锡山伯川先生言论杂编等八种		69,000	北京歌德	2012.12.01
杨沂孙批校汉书存五卷		69,000	西泠拍卖	2012.12.28
养正图解不分卷 附御题养正图诗 御制养正图赞(明)焦竑撰		276,000	西泠拍卖	2012.12.28

2012杂项拍卖成交汇总

(成交价RMB：5万元以上)

拍品名称	物品尺寸	成交价RMB	拍卖公司	拍卖日期
姚宽 撰 西溪丛语上下卷		287,500	中国嘉德	2012.05.12
姚秦鸠摩罗什译、明成祖朱棣注 金刚般若波罗蜜经一卷		287,500	北京保利	2012.12.07
姚秦三藏法师鸠摩罗什译、宋宝觉圆明禅师惠洪论、无尽居士张商英附论 妙法莲华经合论七卷		230,000	北京保利	2012.12.07
尹尔韬 孙担峯 徽言秘旨订		74,750	中国嘉德	2012.10.31
印典八卷首一卷		54,050	上海工美	2012.12.24
营造法式三十四卷 附录一卷(宋)李诫编修		126,500	西泠拍卖	2012.12.28
影宋绍熙本坡门酬唱二十三卷		69,000	北京保利	2012.12.07
于阗国三藏沙门实义难陀译 大方广佛华严经		345,000	北京保利	2012.12.06
娱园丛刻、榆园丛刻等八种书		69,000	北京匡时	2012.12.06
渔洋山人精华录十卷		63,250	上海工美	2012.08.18
渔洋诗集二十二卷		66,700	凤凰拍卖	2012.12.16
御定历代题画诗类一百二十卷		92,000	西泠拍卖	2012.07.07
御批资治通鉴全书五十九卷		149,500	北京歌德	2012.12.01
御制古文渊鉴六十四卷		1,092,500	北京翰海	2012.12.08
御制律吕正义后编		55,200	西泠拍卖	2012.07.07
御制律吕正义上编二卷 下编二卷 续编一卷		55,200	西泠拍卖	2012.12.28
御制诗初集四十八卷		149,500	西泠拍卖	2012.07.07
御制文初集三十卷		74,750	凤凰拍卖	2012.12.16
御纂性理精义十二卷		322,000	西泠拍卖	2012.07.07
御纂周易折中二十二卷 卷首一卷		414,000	中国嘉德	2012.10.31
御纂周易折中二十二卷首一卷		69,000	上海工美	2012.12.24
渊鉴斋御纂朱子全书		920,000	泰和嘉成	2012.11.18
元 脱脱撰 宋史		78,200	上海嘉泰	2012.06.22
元 马 端 临 撰　文 献 通 考三百四十八卷		2,300,000	北京保利	2012.12.07
元王幼学撰 资治通鉴纲目集览五十九卷		356,500	北京保利	2012.12.06
元王恽撰、清李文田等补 钦定元王恽承华事略补图六卷		402,500	北京保利	2012.12.07
云笈七籤零页		55,200	北京保利	2012.06.02
曾巩 撰 南丰先生元丰类稿(五十一卷)		460,000	中国嘉德	2012.03.24
增广注释音辩唐柳先生集卷		69,000	北京歌德	2012.12.01
张埙 著 竹叶庵文集三十三卷		94,300	中国嘉德	2012.05.12
张玉书 等纂修 佩文韵府一百零六卷 拾遗一百零六卷		109,250	中国嘉德	2012.03.24
张湛 注 冲虚至德真经八卷		149,500	中国嘉德	2012.05.12
张湛 注 冲虚至德真经八卷		138,000	中国嘉德	2012.09.15
章樵 注 古文苑二十一卷		138,000	中国嘉德	2012.09.15
章氏丛书		69,000	北京歌德	2012.12.01
昭明文选六十卷文选考异十卷		78,200	上海工美	2012.08.18
赵撝叔印谱二集		74,750	上海工美	2012.12.24
贞观政要十卷		287,500	中国嘉德	2012.10.31
真德秀 撰 西山先生真文忠公集五十五卷 目录二卷		149,500	中国嘉德	2012.03.24
正法念处经卷第四十九北宋崇宁藏		287,500	北京翰海	2012.05.25
证治准绳八卷		74,750	北京翰海	2012.05.25
支那南画大成		78,200	中国嘉德	2012.03.24
知不足斋丛书全套		126,500	上海工美	2012.08.18
中国版画史图录含民国版《十竹斋笺谱》郑振铎编印		161,000	西泠拍卖	2012.12.28
中说十卷		63,250	上海工美	2012.08.18
忠义水浒全传图像		247,250	北京翰海	2012.12.08
重订唐诗别裁集等十二种		126,500	北京匡时	2012.12.06
重刊校正笠泽丛书四卷补遗一卷		287,500	中国嘉德	2012.05.12
重刻申阁老校正朱文公家礼正衡八卷(明)彭滨校补		161,000	西泠拍卖	2012.12.28
重刻西山先生真文忠公文集		207,000	凤凰拍卖	2012.12.16
重刻西山先生真文忠公文集五十五卷		172,500	中国嘉德	2012.05.12
重刻隰西草堂集十卷		218,500	北京保利	2012.06.02
重校正唐文粹		805,000	中国嘉德	2012.10.31
周立校正重编 缶鸣集十二卷		299,000	中国嘉德	2012.05.12
周氏词辨二卷		51,750	北京翰海	2012.12.08
周易传义大全二卷		57,500	凤凰拍卖	2012.12.16
周子义 等辑 子汇八种		230,000	中国嘉德	2012.03.24
朱健子 著 古今治平略三十三卷		172,500	中国嘉德	2012.05.12
朱文公校昌黎先生集四卷		241,500	凤凰拍卖	2012.12.16
朱熹集(传)诗经八卷		92,000	中国嘉德	2012.10.31
竹啸轩诗钞十八卷		51,750	上海工美	2012.08.18
竹云题跋四卷虚舟题跋十卷虚舟题跋原三卷		184,000	上海工美	2012.08.18
注解章泉涧泉二先生选唐诗五卷		1,150,000	北京翰海	2012.05.25
庄子南华真经四卷		402,500	北京保利	2012.12.06
庄子鬳斋口义十卷释音一卷		115,000	上海工美	2012.12.24
资治通鉴 附释文辩误(北宋)司马光编		109,250	西泠拍卖	2012.12.28
资治通鉴补注二百九十四卷		104,650	上海工美	2012.12.24
紫荆花馆印存一卷		80,500	上海工美	2012.12.24
写本写经				
1891年至1905年作 麦孟华 诗词稿		149,500	北京匡时	2012.12.06
1913年作 黄侃《癸丑日记》手稿		483,000	西泠拍卖	2012.07.07
1915年前作 梁启超 手书李义山七言律诗		2,300,000	北京匡时	2012.12.06
1916年作 梁启超 袁世凯之解剖		7,130,000	北京匡时	2012.12.06
1918年作 梁启超 清代学术概论讲稿		3,680,000	北京匡时	2012.12.06
1924年作 吴昌硕 行书 诗稿		690,000	西泠拍卖	2012.12.31
1926年至1946年作 梁启勋 曼殊室随笔第三集、第四集		115,000	北京匡时	2012.12.06
1932年至1937年作 梁启勋 中国韵文之变化		92,000	北京匡时	2012.12.06
1935年作 郑孝胥 罗振玉 宝熙等六家 为讷斋题诗册		207,000	西泠拍卖	2012.12.31
1943年作 楼适夷 日记《工作 生活 情绪》手稿		109,250	西泠拍卖	2012.07.07
1968年作 钱 穆《中国儒家思想》手稿		92,000	西泠拍卖	2012.07.07
1974年作；1976年作；1984年作 胡厥文 自书诗稿及临帖数种		57,500	西泠拍卖	2012.12.31
1974年作；1981年作 朱光潜等 浙江日报当代文化名人主题约稿集		57,500	西泠拍卖	2012.12.31
安吴包慎伯大令遗墨		51,750	朵云轩	2012.12.29
白石歌曲校谱 清 张文虎辑		149,500	朵云轩	2012.07.12
白愚 撰 汴围湿襟录		112,700	中国嘉德	2012.05.12
柏林中国美展筹备文献一批		310,500	北京保利	2012.06.02
北京释昙无谶译 金光明经		207,000	北京保利	2012.12.06
蔡玉卿 孝经		862,500	中国嘉德	2012.09.15
藏海居士集二卷		195,500	北京翰海	2012.05.25
曹漫之藏中外历代钱币拓片汇编		736,000	西泠拍卖	2012.12.28
柴子英《印人传校注》未刊稿、《印人传注》等手稿、工作稿、发表原件一批		109,250	西泠拍卖	2012.12.31
春秋左传节录		138,000	北京翰海	2012.05.25
辍耕录三十卷		1,092,500	北京翰海	2012.12.08
大般涅盘经卷第卌八		782,000	中国嘉德	2012.05.12
大 般 若 波 罗 蜜 多 经 第三百六十六卷		74,750	朵云轩	2012.12.29
大 般 若 波 罗 蜜 多 经 第三百六十一		92,000	朵云轩	2012.07.12

拍品名称	物品尺寸	成交价RMB	拍卖公司	拍卖日期
大藏题名录 契集题名		86,250	中国嘉德	2012.03.24
大乘密严经卷上唐-吐蕃统治敦煌时期(8–9世纪)写本		1,610,000	西泠拍卖	2012.12.28
大方便报恩经卷第五		805,000	中国嘉德	2012.05.12
大金国志四十卷 契丹国志二十七卷		218,500	中国嘉德	2012.05.12
大品经卷第十三		598,000	中国嘉德	2012.05.12
大智度论		517,500	中国嘉德	2012.05.12
道藏丛钞九种		69,000	中国嘉德	2012.05.12
丁丙手稿五种		57,500	上海工美	2012.08.18
董作宾 农学家手稿		115,000	北京匡时	2012.06.05
杜臻 撰 闽粤巡视纪略六卷		69,000	中国嘉德	2012.05.12
敦煌石室唐人写经		575,000	北京保利	2012.12.07
佛说佛名经卷第十一		1,725,000	中国嘉德	2012.10.31
关槐书御制十六罗汉赞		690,000	中国嘉德	2012.09.15
何绍基 庚戌(1850年)作 行书手稿		1,058,000	中国嘉德	2012.06.18
后秦鸠摩罗什译 妙法莲华经卷第三		115,000	北京保利	2012.12.06
后秦鸠摩罗什译 十诵律		460,000	北京保利	2012.12.07
胡骏 蒲殿俊 林思进等 致良弼有关川汉铁路文书稿本		69,000	北京传是	2012.12.17
胡适 手稿《建设时期中的根本需要及其应付方法》等30页		345,000	北京传是	2012.05.16
胡适 撰书 胡适诗稿		1,955,000	中国嘉德	2012.10.31
黄元御 撰 素问悬解十三卷		103,500	中国嘉德	2012.09.15
嘉业堂辑嘉业堂藏书楼善本书目三卷嘉业藏书楼书目		172,500	中国嘉德	2012.05.12
蒋介石 抗战时期在重庆手令		184,000	西泠拍卖	2012.07.07
蒋介石政权《关于维护钓鱼岛主权的声明》原稿(最后发表定稿)		920,000	西泠拍卖	2012.12.31
蒋中正为公平报公平晚报题词一幅		92,000	北京保利	2012.12.06
金光明最胜王经疏卷第九		690,000	北京保利	2012.12.07
精钞草窗韵语六卷		57,500	上海工美	2012.12.24
康熙诰命		115,000	中国嘉德	2012.10.31
赖少其书法“大无畏”		82,800	北京保利	2012.12.06
老子道德真经二卷 音义一卷		86,250	西泠拍卖	2012.07.07
梁鼎芬 撰书 梁鼎芬诗册		86,250	中国嘉德	2012.09.15
梁启勋 实践论释		57,500	北京匡时	2012.12.06
林长民 书 兰亭序		402,500	中国嘉德	2012.05.12
林长民 书 养生论		51,750	中国嘉德	2012.05.12
路一麟 等绘书 华山读书图等		71,300	中国嘉德	2012.10.31
莫友芝 撰书 郘亭日记		138,000	中国嘉德	2012.05.12
墨表四卷		89,700	北京翰海	2012.05.25
穆彰阿 等撰书 清代名家遗墨		59,800	中国嘉德	2012.10.31
南裓居士 校编 柳如是遗集三卷		851,000	中国嘉德	2012.05.12
南唐刘崇远撰 金华子杂编上下卷		287,500	北京保利	2012.12.07
泥金写本妙法莲华经八卷		82,800	上海工美	2012.12.24
钱 穆 董作宾 李济等六家 手稿信札		74,750	西泠拍卖	2012.07.07
钱南园书临争座位帖		207,000	北京保利	2012.06.02
钦定国史大臣列传		172,500	北京保利	2012.12.06
钦定四库全书		2,357,500	北京保利	2012.06.02
琴史六卷		63,250	北京保利	2012.12.06
清代 藏文写经		67,200	天津文物	2012.11.09
清光绪 军机总理大臣启秀日记(两册)		57,500	上海嘉泰	2012.10.25
清国史馆 编撰 钦定国史大臣列传		690,000	中国嘉德	2012.10.31
清黎简著 五百四峰堂诗稿		51,750	北京保利	2012.06.02
清杨长年著 妙香斋制艺不分卷		92,000	北京保利	2012.06.02
清仪阁题跋		55,200	北京翰海	2012.05.25
清俞正燮撰 四养斋诗稿三卷(胡适跋文)		92,000	北京保利	2012.12.07
清赵宗建、赵仲举撰旧山楼书目		63,250	北京保利	2012.12.07
秋笳余韵		207,000	北京保利	2012.12.06
全国首届文代会代表签名纪念册		1,495,000	中国嘉德	2012.05.13
沙孟海 姜西溟旧藏兰亭二種		97,750	西泠拍卖	2012.12.31
沙孟海 启功 吴长邺等六家《印人传校注》题签原稿等		97,750	西泠拍卖	2012.12.31
邵章书《云淙词学嗃矢》		115,000	北京保利	2012.06.02
邵章书《纸尾书余》		86,250	北京保利	2012.06.02
沈从文《论文盲》稿		71,300	北京保利	2012.12.06
沈兼士 撰书 沈兼士诗稿		69,000	中国嘉德	2012.10.31
沈尹默 放翁诗		66,700	中国嘉德	2012.09.15
沈尹默 秋明长短句		805,000	北京保利	2012.12.06
沈尹默 撰书《忆鲁迅》手稿		598,000	中国嘉德	2012.05.12
沈尹默自作词		63,250	北京保利	2012.12.06
诗所八卷存卷六至八		207,000	北京翰海	2012.05.25
世宗宪皇帝位前各项祭器花样尺寸绘图清册		109,250	北京保利	2012.06.02
思益梵天所问经卷第二		333,500	中国嘉德	2012.09.15
四库全书之明文海		138,000	上海工美	2012.12.24
宋魏野撰 巨鹿东观集十卷		460,000	北京保利	2012.12.07
宋周紫芝撰 太仓稊米集七十卷		115,000	北京保利	2012.12.06
孙雄 著 诗史阁笔记十二卷 续编存卷一 二 六 七		57,500	中国嘉德	2012.10.31
泰戈尔赠孙大雨手稿		356,500	上海工美	2012.12.24
唐高正臣辑 高氏三宴诗集三卷		195,500	北京保利	2012.12.07
唐人写经集锦		632,500	上海工美	2012.12.24
唐三藏法师玄奘译 大般若波罗蜜多经卷第四百四十六		86,250	北京保利	2012.06.02
唐绍仪 文稿 附杨臣彬题签一页		138,000	北京传是	2012.12.17
唐云 革命圣地速写本三本		126,500	上海工美	2012.03.04
唐云 题画诗文手稿一册		149,500	上海工美	2012.03.04
唐云 题画诗文手稿一册		109,250	上海工美	2012.03.04
唐云 题画诗文手稿一册		97,750	上海工美	2012.03.04
王世襄 撰书 中国木刻画之历史和印刷过程稿		69,000	中国嘉德	2012.10.31
王雪涛 卜算子		71,300	中国嘉德	2012.09.15
魏象枢1685年作 寒松堂全集稿本		805,000	北京匡时	2012.06.04
文清公真迹		92,000	北京翰海	2012.12.08
无量寿佛经		63,250	朵云轩	2012.12.29
吴昌硕、杨伯润、张镐等题；倪墨耕、潘振镛等绘 幽湖载月		103,500	北京保利	2012.06.02
吴光奎 陈真慧 等 书法		82,800	中国嘉德	2012.05.12
吴湖帆《丑簃书画记》稿本(唐代部份) 兰亭诗叙		483,000	西泠拍卖	2012.12.31
吴湖帆《隋董美人墓志拓本题和词》稿本		897,000	西泠拍卖	2012.12.31
写经卷		92,000	朵云轩	2012.04.13
谢无量 诗稿两通		74,750	中国嘉德	2012.05.13
许珏 许珏日记及文稿		115,000	西泠拍卖	2012.07.07
杨氏易传 二十卷		195,500	北京翰海	2012.05.25
杨维祯 著 东维子文集三十一卷		105,800	中国嘉德	2012.05.12
杨荫溥等 九国公约会议报告书等三种		74,750	西泠拍卖	2012.07.07
杨宗稷 抄 大佛顶首楞严经		59,800	中国嘉德	2012.03.24
姚茫父钞藏西厢记		126,500	北京保利	2012.06.02
姚秦鸠摩罗什译 金刚般若波罗蜜多经		3,220,000	北京保利	2012.12.07
叶圣陶 菩萨蛮		94,300	中国嘉德	2012.09.15
于非闇 十七帖		69,000	中国嘉德	2012.09.15
于非闇 陶诗		97,750	中国嘉德	2012.09.15
于莲客题画诗存		149,500	北京保利	2012.12.06
俞平伯 录盖见黔诗		74,750	中国嘉德	2012.09.15

2012杂项拍卖成交汇总

(成交价RMB：5万元以上)

拍品名称	物品尺寸	成交价RMB	拍卖公司	拍卖日期
俞平伯题赠金石经眼录不分卷(清)褚峻摹，牛运震补说		230,000	西泠拍卖	2012.12.28
元周伯琦撰 周翰林近光集三卷附扈从集一卷补遗二卷滦京杂咏二卷		690,000	北京保利	2012.12.07
袁克定 等 十九人诗词		172,500	中国嘉德	2012.09.15
增补西厢记精钞本		195,500	上海工美	2012.12.24
詹忠效 文革宣传画手稿(十二帧)		82,800	广州皇玛	2012.10.13
张伯驹 诗词		112,700	中国嘉德	2012.09.15
张伯驹先生书信手迹		92,000	北京传是	2012.12.17
张大千 书画集 (七册)		51,750	北京翰海	2012.06.28
张淮阳诗集		59,800	北京翰海	2012.05.25
张子仲 云浦图诗咏		115,000	中国嘉德	2012.10.31
章太炎先生墨宝		402,500	北京保利	2012.12.06
赵朴初 撰书 赵朴初诗稿		402,500	中国嘉德	2012.10.31
赵朴初题词		57,500	中国嘉德	2012.09.15
赵叔孺钩勒金石拓本(清)赵叔孺钩写		51,750	西泠拍卖	2012.12.28
贞居词一卷		138,000	西泠拍卖	2012.07.07
郑振铎撰书《“废纸”劫》手稿		230,000	中国嘉德	2012.05.12
郑振铎 撰书《想起和济之同志在一处的日子》手稿		82,800	中国嘉德	2012.05.12
植庵诗文稿出版底稿		86,250	西泠拍卖	2012.07.07
周作人 鲁迅 周作人撰书、鲁迅批校《日本近三十年小说之发达》手稿		1,840,000	中国嘉德	2012.05.12
周作人撰书周作人八十自嘲诗稿		287,500	中国嘉德	2012.10.31
周作人撰书周作人五十自寿诗稿		460,000	中国嘉德	2012.10.31
庄剑丞补编清远堂琴学镜明二卷		80,500	北京保利	2012.12.06
状元墨翰		92,000	中国嘉德	2012.03.24
紫檀雕云龙嵌玉“长寿佛经”		1,150,000	北京翰海	2012.12.08
近代书刊				
(台北)故宫宋瓷图录 明瓷名品图录 故宫清瓷图录		121,000	北京诚灏	2012.05.24
《悲鸿墨画选集》等徐悲鸿精品画集15本		63,250	长风拍卖	2012.09.17
《澄怀古道 黄宾虹》等黄宾虹画集 共15册		57,500	北京诚轩	2012.05.13
《东洋陶瓷大观》十二本		69,000	北京保利	2012.08.11
《傅抱石作品集》等傅抱石精品画集17本		57,500	长风拍卖	2012.09.17
《高凰翰砚史》等七套九册		57,500	北京保利	2012.12.06
《恭亲王藏品》专场拍卖图录1册		115,000	北京诚轩	2012.05.13
《古名砚》砚谱一套共五册		92,000	荣宝斋(上海)	2012.09.09
《古名砚》一套五卷		57,500	北京保利	2012.12.06
《故宫藏瓷》33册全		287,500	北京诚轩	2012.05.13
《故宫宋瓷图录》《明瓷名品图录》《故宫清瓷图录》9册全		103,500	北京诚轩	2012.05.13
《故宫文物月刊》28函336册		71,300	北京诚轩	2012.05.13
《故宫文物月刊》全套(三百五十册)		57,500	北京华辰	2012.10.31
《国泰美术馆选集》12册全		59,800	北京诚轩	2012.05.13
《弘一法师写经全集》等一组		184,000	北京匡时	2012.06.04
《湖社月刊》92期83册		78,200	北京诚轩	2012.05.13
《黄宾虹常用印集》《潘天寿常用印集》及《香雪庄藏印》共3册		74,750	北京诚轩	2012.05.13
《黄宾虹先生画集》1册		103,500	北京诚轩	2012.05.13
《李可染中国画展》等李可染精品画册12本		207,000	长风拍卖	2012.09.17
《李太白全集》		56,000	北京荣宝	2012.03.11
《林风眠画集》等林风眠精品画集14本		57,500	长风拍卖	2012.09.17
《鲁迅全集》		212,800	北京荣宝	2012.03.11

拍品名称	物品尺寸	成交价RMB	拍卖公司	拍卖日期
《毛泽东选集》(第一至第四卷)		89,600	北京荣宝	2012.03.11
《梅景画笈-倩庵画集》1册		82,800	北京诚轩	2012.05.13
《美术》杂志 419册		71,300	北京保利	2012.10.31
《名家翰墨》月刊48册全及套书专辑65册 共113册		50,000	北京匡时	2012.12.07
《明式家具研究》一函两册全		51,750	长风拍卖	2012.09.17
《南宗名画苑》(全5函25册)日本审美书院		64,960	北京荣宝	2012.03.11
《齐白石画册》1册		71,300	北京诚轩	2012.05.13
《齐白石作品集》(三册全)		92,000	北京华辰	2012.10.31
《齐白石作品集》等齐白石精品画册22册		115,000	长风拍卖	2012.09.17
《清高宗御制诗文全集》10册全		126,500	北京诚轩	2012.05.13
《泉屋清赏》及其系列书籍 共13册		94,300	北京诚轩	2012.05.13
《容斋随笔》等		134,400	北京荣宝	2012.03.11
《沈氏砚林》等63册		241,500	北京保利	2012.12.06
《石涛书画集》六册全		57,500	北京匡时	2012.06.04
《世界美术全集》36册《世界美术全集——别册》18册 共54册		71,300	北京诚轩	2012.05.13
《水浒传》		95,200	北京荣宝	2012.03.11
《宋画精华》3册全		51,750	北京诚轩	2012.05.13
《随园诗话》、《随园诗话》补遗 全上下函(1-6册)、全1函(1-10)		67,200	北京荣宝	2012.08.25
《天籁阁旧藏宋人画册》等宋元绘画精品画集6本		86,250	长风拍卖	2012.09.17
《吴昌硕集》等吴昌硕精品画册16册		69,000	长风拍卖	2012.09.17
《吴大澂古玉图考》1函4册《有竹斋藏古玉谱》1函2册 共6册		57,500	北京诚轩	2012.05.13
《徐悲鸿素描》《徐悲鸿彩墨画》《徐悲鸿油画》三册全		80,500	北京匡时	2012.06.04
《徐悲鸿遗作集》1册		101,200	北京诚轩	2012.05.13
《扬州八怪书画集》八册全		55,200	北京匡时	2012.06.04
《艺苑遗珍》5集		57,500	北京保利	2012.10.31
《有邻大观》6册全		94,300	北京诚轩	2012.05.13
《张大千40年回顾展》《张大千近作展览》及《大风堂名迹》等 共12册		71,300	北京诚轩	2012.05.13
《张大千书画集》1-7册全		126,500	北京翰海	2012.03.22
《张大千书画集》等(共7本)		56,000	北京荣宝	2012.03.11
《张大千书画集》一套《张大千作品选集》及《张大千画集》共9册		149,500	北京诚轩	2012.05.13
《张大千展览画册》等(15本)		59,800	北京华辰	2012.10.31
《中国竹刻艺术》2册全		55,200	北京诚轩	2012.05.13
《最后一个太监》连环画稿本		80,500	北京保利	2012.06.02
1911年 Edgar Gorer & J.F.Blacker著 原版初印限量编号精装伦敦版《中国瓷器与玉石》(一套两册全)		64,960	北京诚灏	2012.05.24
1911年 限量编号精装《中国瓷器与玉石》两册全		74,750	北京永乐	2012.06.05
1915年作 霍蒲孙著 中国陶瓷		57,500	北京保利	2012.12.06
1917年 纽约出版山中商会拍卖图录一册		151,125	香港佳士得	2012.11.28
1923–1991年《东方陶瓷学会会刊》1–55卷47本		74,750	长风拍卖	2012.09.17
1923–2010年《东方陶瓷学会会刊》72卷另附特别展览图录9本，研究报告6本 1977–2006年《香港东方陶瓷学会期刊》12卷		132,250	北京永乐	2012.06.05
1925年 纽约 皮面精装毛边		422,344	香港佳士得	2012.11.28

拍品名称	物品尺寸	成交价RMB	拍卖公司	拍卖日期
1931-2008年 苏富比、佳士得中国艺术品瓷杂拍卖图录五百册		322,000	中国嘉德	2012.10.29
1944年 限量精装《中国花梨家具图考》		141,050	香港佳士得	2012.11.28
1959-1964年 限量编号精装《日本搜储支那古铜精华》6册全		480,376	香港佳士得	2012.11.28
1959年 上海博物馆出版《上海博物馆藏画》一册		60,450	香港佳士得	2012.11.28
1961-1969年《故宫藏瓷》宋瓷卷十册；清瓷卷九册		63,250	中国嘉德	2012.10.29
1961-2008年 苏富比、佳士得重要收藏专场拍卖图录六十三册		184,000	中国嘉德	2012.10.29
1967～2012年作 佳士得苏富比东西方重要收藏家藏中国艺术品专场拍卖会图录105本		80,500	北京中汉	2012.10.30
1967-2010年 佳士得、苏富比重要收藏专场图录五十四册		103,500	北京永乐	2012.06.05
1967年作初版初印《齐白石画集》		51,750	北京中汉	2012.10.30
1967年作 原函精装《艺苑遗珍》七册全		86,250	北京中汉	2012.10.30
1968-1974年 限量编号精装《鲍尔珍藏中国陶瓷》四册全		74,750	北京永乐	2012.06.05
1969年作《石涛书画集》六册全		97,750	北京中汉	2012.10.30
1972～2012年作 埃斯肯纳茨中国艺术品展览图录50册		82,800	北京中汉	2012.10.30
1972～2012年作 佳士得苏富比佛造像唐卡拍卖图录92本		74,750	北京中汉	2012.10.30
1973～1980年作 原盒原函精装《宋瓷名品图录》、《明瓷名品图录》、《清瓷名品图录》三套九卷全		172,500	北京中汉	2012.10.30
1974～1978年作 限量原函精装《东洋陶瓷大观》十二册全		55,200	北京中汉	2012.10.30
1974-1976年 限量编号原函精装《古名砚》五卷全		63,250	北京永乐	2012.06.05
1974-1978年 初版限量原函精装《东洋陶瓷大观》十二册全		57,500	中国嘉德	2012.10.29
1974-1978年 限量原盒精装《东洋陶磁大观》十二册全		80,500	北京永乐	2012.06.05
1976年 限量编号原函精装《御制》签名本两册全		63,250	北京永乐	2012.06.05
1980-1982年 原函精装《东方陶瓷》十一册全		57,500	北京中汉	2012.09.18
1980-2010年《苏富比 佳士得瓷器和中国艺术品》历年图录 大套538本		667,000	长风拍卖	2012.09.17
1980-2010年《苏富比 佳士得中国书画》历年图录 大套235本		253,000	长风拍卖	2012.09.17
1980-2010年《苏富比 佳士得重要私人艺术品专场》图录 大套149本		184,000	长风拍卖	2012.09.17
1983～2010年作 《故宫文物月刊》346册		51,750	北京中汉	2012.10.30
1987～1995年作 原函精装《赛克勒博物馆藏中国青铜器》四册全		74,750	北京中汉	2012.10.30
1993～2003年作 《紫玉金砂》杂志92册		80,500	北京中汉	2012.10.30
1994-2010年 原函精装《玫茵堂收藏中国陶瓷》四卷六册全		57,500	北京永乐	2012.06.05
1996年-2011年《书画拍卖年鉴》全套16册		63,250	长风拍卖	2012.09.17
安思远所藏中国近代书画		80,500	北京保利	2012.06.02

拍品名称	物品尺寸	成交价RMB	拍卖公司	拍卖日期
班固 撰汉书一百卷		207,000	中国嘉德	2012.09.15
长江万里图		63,250	中国嘉德	2012.10.30
成都诗婢家诗(谢无量题诗本)		747,500	北京保利	2012.12.06
大成 (四十一册)		89,600	北京诚灏	2012.05.24
大风堂名迹第三、四集		74,750	中国嘉德	2012.10.30
大型豪华银盐照片集《天龙山石窟》一函		150,000	北京匡时	2012.12.07
大型珂罗版线装《支那南画大成》二十三册		80,000	北京匡时	2012.12.07
邓实 黄宾虹《神州国光集》7册		126,500	北京诚轩	2012.05.13
朵云 (一至五十册全)		67,200	北京诚灏	2012.05.24
缶翁墨戏等三种		86,250	北京保利	2012.12.06
傅抱石画集等傅抱石研究资料一组		59,800	北京匡时	2012.06.04
高岭梅《张大千画》等张大千精品书画集25本		115,000	长风拍卖	2012.09.17
故宫明瓷图录		55,200	北京保利	2012.12.06
韩熙载夜宴图		920,000	中国嘉德	2012.09.15
翰墨轩出版系列书 共162册		105,800	北京诚轩	2012.05.13
佳士得 苏富比图录 (457本)		299,000	北京东正	2012.05.11
精装《故宫藏瓷》17本		69,000	长风拍卖	2012.09.17
精装《艺苑遗珍》七册全		65,000	北京匡时	2012.12.07
精装《张大千书画集》六集		59,800	北京匡时	2012.06.04
精装《张大千书画集》一至七册全		70,000	北京匡时	2012.12.07
精装《中国竹刻艺术》上下两册全		51,750	长风拍卖	2012.09.17
精装限量版中国古典家具丛书两册		65,488	香港佳士得	2012.11.28
珂罗版线装《域外所藏中国古画集》20册		86,250	荣宝斋(上海)	2012.09.08
黎锦熙 齐良已 《齐白石作品选集》1册		55,200	北京诚轩	2012.05.13
李贺 撰 歌诗编四卷		126,500	中国嘉德	2012.09.15
李可染画集 展览图录 一组		63,250	北京匡时	2012.06.04
刘体智 辑 小校经阁金文拓本十八卷		59,800	中国嘉德	2012.09.15
陆俨少画集一组		74,750	北京匡时	2012.06.04
美术(1954-2005年456期全)		128,800	北京诚灏	2012.05.24
民国 茗壶图录		138,000	中国嘉德	2012.10.30
民国出版图录 四十一册		149,500	北京匡时	2012.06.04
民国郭葆昌辑 校注项氏历代名瓷图谱		97,750	北京保利	2012.06.02
民国珂罗版及其他文献一组		103,500	西泠拍卖	2012.07.07
齐白石画册等		57,500	中国嘉德	2012.09.15
齐白石画集及展览图录二十七种		103,500	北京匡时	2012.06.04
齐白石展等画册		62,100	朵云轩	2012.07.11
齐白石展等近现代名家展销画册		56,000	北京荣宝	2012.08.25
齐白石作品集(诗、书、画) (三册全)		84,000	北京诚灏	2012.05.24
齐白石作品集三册		63,250	朵云轩	2012.04.12
签名限量编号《沙逊藏中国象牙雕刻》3册全		112,700	北京诚轩	2012.05.13
乔治尤莫佛里斯收藏		51,750	北京翰海	2012.12.08
青山庄清赏 (六册)		51,750	北京诚灏	2012.05.24
日本《山中商会古美术展览会》重要展览画册 16册		149,500	长风拍卖	2012.09.17
日本二玄社《原色法帖选》1至35册总计35本		63,250	长风拍卖	2012.09.17
日本豪华布面精装《中国绘画总合图录》9函9册全		161,000	上海宝龙	2012.12.26
日本学研社《宋画精华》全套3函3巨册		80,500	上海宝龙	2012.12.26

2012杂项拍卖成交汇总

(成交价RMB：5万元以上)

拍品名称	物品尺寸	成交价RMB	拍卖公司	拍卖日期
日本学研社《宋画精华》三卷全		368,000	长风拍卖	2012.09.17
日本早期《有邻大观》6函6册全		115,000	上海宝龙	2012.12.26
扇面大观		92,000	北京保利	2012.12.06
扇面大观		55,200	北京保利	2012.06.02
四开特大精装《艺苑遗珍》绘画卷五册全		57,500	北京翰海	2012.03.22
苏富比 佳士得拍卖公司中国书画专场图录 四十册		55,200	北京匡时	2012.06.04
苏富比、佳士得1972年至今拍卖图录 520册		260,000	北京匡时	2012.12.07
苏富比拍卖图录96册 香港苏富比二十周年纪念专刊1册 佳士得拍卖图录93册 共190册		112,700	北京诚轩	2012.05.13
台北故宫文物月刊三百五十一本		69,000	北京保利	2012.08.11
台湾《故宫书画录》等重要古代书画著录17本		74,750	长风拍卖	2012.09.17
台湾《中国巨匠美术周刊》杂志全套150册		126,500	长风拍卖	2012.09.17
台湾出版紫砂类图录二十一种共22册		71,300	北京诚轩	2012.05.13
台湾历史博物馆《张大千书画集》全套7册		71,300	上海宝龙	2012.12.26
唐宋元明名画大观、宋元明清名画大观		55,200	北京保利	2012.12.06
文人画粹编 (二十册)		78,400	北京诚灏	2012.05.24
西方收藏及研究中国绘画作品图册集锦		80,500	北京保利	2012.12.06
西武百货名家展览画册 (十二册)		89,600	北京诚灏	2012.05.24
羲之堂出版画集 共30册		126,500	北京诚轩	2012.05.13
线装《八大山人真迹》两册		70,000	北京匡时	2012.12.07
线装《杜工部集》二十卷十册		184,000	文津阁	2012.06.01
限量1000册刷金《中国瓷器与玉石》上下两册全		115,000	北京翰海	2012.03.22
限量编号《东洋陶瓷大观》12册全		82,800	北京诚轩	2012.05.13
限量编号《中国瓷器与玉石》2册全		55,200	北京诚轩	2012.05.13
限量编号原函精装《古名砚》五卷全		80,500	长风拍卖	2012.09.17
限量编号原函精装《古名砚》五卷全		51,750	北京匡时	2012.06.04
限量出版《石涛名画谱》四册		70,000	北京匡时	2012.12.07
限量出版原函布面精装《八大山人书画集》一函两册		71,300	北京匡时	2012.06.04
限量精装《齐白石作品集》(诗书画)全套3册		63,250	上海宝龙	2012.12.26
限量原函《齐白石作品集》(诗书画)三册全		115,000	北京翰海	2012.03.22
香港《美术家》杂志全套82册		115,000	长风拍卖	2012.09.17
香港《艺苑遗珍》全套7册		52,900	上海宝龙	2012.12.26
香港出版《齐白石集》一册		100,000	北京匡时	2012.12.07
香港东方学会《张大千画集》张大千精品书画集 8本		103,500	长风拍卖	2012.09.17
香港翰墨轩出版系列书 共(113册)		55,200	北京华辰	2012.10.31
香港开发出版社《八大山人书画集》一函两册全 限量200套		69,000	长风拍卖	2012.09.17
香港开发出版社《石涛书画集》全套6册		57,500	长风拍卖	2012.09.17
香港开发出版社《艺苑遗珍》全套7册		80,500	长风拍卖	2012.09.17
谢稚柳画集(谢稚柳签赠本)		57,500	北京保利	2012.12.06
虚明轩旧藏书一组		57,500	西泠拍卖	2012.12.28
徐冰 天书		575,000	中国嘉德	2012.05.15

拍品名称	物品尺寸	成交价RMB	拍卖公司	拍卖日期
艺苑掇英80册		55,200	朵云轩	2012.04.12
艺苑遗珍 (一至七册全)		53,760	北京诚灏	2012.05.24
原函《齐白石作品集》(诗书画)三册		82,800	北京匡时	2012.06.04
原函精装《艺苑遗珍》七册全		69,000	北京匡时	2012.06.04
原函精装布面线装《有邻大观》(第一册、第二册、玄、黄、宇、宙)全、《有邻馆精华》		57,500	文津阁	2012.06.01
原函线装《白石印草》两册		402,500	文津阁	2012.06.01
原函线装《澄怀堂书画目录》全套十二册		100,000	北京匡时	2012.12.07
原函线装《美展特刊》二册全		57,500	北京匡时	2012.06.04
原函线装《御制圆明园诗》两册		161,000	文津阁	2012.06.01
原盒原函精装《宋画精华》三卷全		97,750	北京翰海	2012.03.22
原盒装小万柳堂《名人书画扇集》全套六十册		172,500	北京翰海	2012.12.20
张大千画册十一种		69,000	北京盘古	2012.11.30
张大千画集等十五种		166,750	朵云轩	2012.07.11
张大千签名题赠本《张大千四十年回顾展》1册		69,000	北京诚轩	2012.05.13
张大千书画集 (一至七册全)		95,200	北京诚灏	2012.05.24
张大千书画集等三种		57,500	上海驰翰	2012.04.27
张大千先生敦煌壁画摹本		71,300	中国嘉德	2012.10.30
张大千早期画册九册		103,500	朵云轩	2012.12.29
张大千展览等画册 (十九册)		179,200	北京诚灏	2012.05.24
折装《吴熙载印存》两册全		92,000	文津阁	2012.06.01
折装《赵伪叔印存》一册全		57,500	文津阁	2012.06.01
中国革命记三十期		51,750	上海工美	2012.12.24
重要拍卖图录及艺术刊物共267册		241,800	香港佳士得	2012.11.28
周叔弢藏拓一函六册		59,800	中国嘉德	2012.05.19
书札文牍				
《蒋家文献》系列		103,500	北京传是	2012.12.17
《时报》一日千里始编《国史》		690,000	北京匡时	2012.12.06
1735年作 清 雍正诰命		161,000	西泠拍卖	2012.12.30
1761年作 清 乾隆通政使实麟之生母诰命		172,500	西泠拍卖	2012.12.30
1878年作 赵之谦《江西通志》底稿等书札文稿册		3,335,000	西泠拍卖	2012.12.30
1897、1899年作 张之洞 吴大澂 徐郙等七家 行书 信札		178,250	西泠拍卖	2012.07.07
1906年作 俞樾 行书 信札诗稿册		86,250	西泠拍卖	2012.12.30
1919～1922年作 严复、陈夔龙 李经方信札 诗稿		460,000	西泠拍卖	2012.12.31
1942年作 沈钧儒 为褚辅成书七十寿辞		690,000	西泠拍卖	2012.12.31
1964～1966年作 潘天寿 傅抱石 吴作人等十九家 致宝古斋信札及收条		195,500	西泠拍卖	2012.07.07
1973年作 钱钟书 信札		98,560	北京荣宝	2012.11.24
1974年作 刘海粟 信札三页		100,800	北京荣宝	2012.11.24
1977年作 刘海粟 致朱复戡信札		57,500	西泠拍卖	2012.12.31
1979年作 刘海粟 信札两页		61,600	北京荣宝	2012.11.24
1980年作 刘海粟 信札四页		134,400	北京荣宝	2012.11.24
1988年作 董寿平 信函		80,500	北京保利	2012.06.04
1996年作 赵朴初 信札四页		145,600	北京荣宝	2012.11.24
哀痛国丧 整顿广智书局		414,000	北京匡时	2012.12.06
安顿好友 暗观时事		172,500	北京匡时	2012.12.06
安排三妹婚事		575,000	北京匡时	2012.12.06
北戴河返津 筹备清华新学期		172,500	北京匡时	2012.12.06
北戴河休养		207,000	北京匡时	2012.12.06
北伐与北京政局之乱		126,500	北京匡时	2012.12.06
比较中西文明 欲入美见杜威		897,000	北京匡时	2012.12.06

拍品名称	物品尺寸	成交价RMB	拍卖公司	拍卖日期
丙寅(1986)年作 赵朴初 行书信札		138,000	上海嘉禾	2012.06.24
驳《京报》论调		172,500	北京匡时	2012.12.06
蔡元培 傅增湘 陈三立 等 致柳诒征信札二十九通		345,000	北京匡时	2012.12.05
参与民初币制改革		92,000	北京匡时	2012.12.06
操心亲友前途		333,500	北京匡时	2012.12.06
操心思成工作 代选东北大学		172,500	北京匡时	2012.12.06
曹元弼 张元济 等 书札		172,500	中国嘉德	2012.03.24
查慎行 朱彝尊 等 书札		86,250	中国嘉德	2012.05.12
查士标等撰书查士标等名家书札		517,500	中国嘉德	2012.10.31
查士标 信札		56,000	广运达	2012.12.08
查士标 行书信札 (三十二通)		253,000	北京匡时	2012.06.04
查士标 撰书 查士标书札墨迹		345,000	中国嘉德	2012.10.31
长庚 有关《中俄伊犁条约》的呈书		92,000	西泠拍卖	2012.12.31
陈鸿寿 行书手札		126,500	北京歌德	2012.12.02
陈鸿寿 致瀞筠书札八通		529,000	中国嘉德	2012.10.30
陈介祺 杨翰 等 书札		115,000	中国嘉德	2012.05.12
陈立夫、高剑父、梁寒操、方治等九人国民党政要信札		115,000	北京传是	2012.12.17
陈毅 致杜冰坡信札 (一通)		207,000	北京匡时	2012.12.06
陈毅 撰书 陈毅致唐弢书札		828,000	中国嘉德	2012.05.12
陈毅 撰书 陈毅致唐弢书札		598,000	中国嘉德	2012.05.12
陈寅恪 启功 等 书札		575,000	中国嘉德	2012.03.24
陈云(著名政治家)、冰心(著名诗人)、乔羽(著名作家)、程思远(著名政治活动家)、迟浩田(中国国防部部长)、邹家华(国务院副总理)等字画一组8件		138,000	上海泓盛	2012.06.18
成立护国军军务院 广东宣布独立		368,000	北京匡时	2012.12.06
敕封贾万青之胞兄嫂诰命		69,000	北京保利	2012.06.02
筹办《国风报》操心启勋学业		345,000	北京匡时	2012.12.06
筹办讲学社		322,000	北京匡时	2012.12.06
筹备梁思成 林徽因庙见礼		920,000	北京匡时	2012.12.06
筹备梁思成 林徽因文定礼		713,000	北京匡时	2012.12.06
筹划保皇会人员安排		552,000	北京匡时	2012.12.06
筹划三妹婚事		460,000	北京匡时	2012.12.06
筹款保皇大会		575,000	北京匡时	2012.12.06
创办《国风报》宣传立宪思想		2,530,000	北京匡时	2012.12.06
崔光笏 咸丰二年诰命		92,000	上海驰翰	2012.04.27
戴季陶 致李文范信札		57,500	北京传是	2012.12.17
戴季陶 致李宗仁信札		63,250	北京传是	2012.12.17
担任财政总长 筹划金融改革		172,500	北京匡时	2012.12.06
当代书画名家书札墨迹		230,000	北京翰海	2012.05.25
等 清 赵之谦、左宗棠、翁同和、陆润庠等四十一家信札文稿		862,500	上海工美	2012.08.18
抵沪 时局锐变		287,500	北京匡时	2012.12.06
抵押通易股份 向兴业银行融资		368,000	北京匡时	2012.12.06
丁汝昌、盛宣怀、龚照瑗等 致刘含芬信札		345,000	西泠拍卖	2012.12.31
董竹君、胡春浦、邓垦、高永清(吉田东佑)、黄菊、陆俨少等钟韵明(《潜伏》中"余则成"原型之一)与中共南方局地下党等人往来信函资料一批		149,500	西泠拍卖	2012.12.31
董作宾 李济 傅斯年等 中央研究院学者往来信函手稿		322,000	西泠拍卖	2012.12.31
董作宾 李济 梁思永 傅斯年等中央研究院学者考古文献及往来信函一批		862,500	西泠拍卖	2012.07.07
董作宾 李济 梁思永等 中央研究院学者往来信函手稿		230,000	西泠拍卖	2012.12.31
董作宾 李济 夏鼐等 中央研究院学者往来信函手稿		161,000	西泠拍卖	2012.12.31
杜月笙 致顾祝同函		58,000	上海驰翰	2012.10.11

拍品名称	物品尺寸	成交价RMB	拍卖公司	拍卖日期
二马远征 冷观时事		126,500	北京匡时	2012.12.06
反对袁世凯称帝		3,565,000	北京匡时	2012.12.06
返回清华 唤起舆论		172,500	北京匡时	2012.12.06
范玑 余集 杨振麟 邵齐然 翁方纲 刘恕 陆润庠 等 清代名人信札		63,250	北京匡时	2012.12.07
方孝孺 熊廷弼 黄道周 史可法等 明朝历代名贤手札墨迹四册		985,600	琴岛荣德	2012.05.27
丰富松坡图书馆藏书		460,000	北京匡时	2012.12.06
冯玉祥 撰书 冯玉祥致唐弢书札		86,250	中国嘉德	2012.05.12
府院之争 萌避世之想		575,000	北京匡时	2012.12.06
傅抱石 黄宾虹 白蕉 余绍宋 信札四通		50,000	上海驰翰	2012.10.11
傅抱石 信札一帧		112,000	南京嘉信	2012.11.11
傅抱石 行书信札		230,000	朵云轩	2012.12.28
傅山 行书信札 (两通)		230,000	北京匡时	2012.06.04
傅斯年 致董作宾信札		299,000	西泠拍卖	2012.12.31
高二适《兰亭》论辩信札之一		155,250	南京经典	2012.01.08
高二适《柳宗元集》考证手札(5开)卷子		224,250	南京经典	2012.07.14
高二适 书札		322,000	南京经典	2012.01.08
高二适 书札		82,800	南京经典	2012.01.08
高二适 书札合卷		747,500	朵云轩	2012.07.10
高二适 信札		103,500	南京经典	2012.01.08
高二适 信札		86,250	南京经典	2012.07.14
高二适 致章士钊《柳宗元集》考证书札 (四帧)		201,250	南京经典	2012.01.08
高二适 致章士钊信札		5,635,000	南京经典	2012.01.08
关心子弟前程		172,500	北京匡时	2012.12.06
光绪 七色圣旨		115,000	中贸圣佳	2012.03.04
光绪13年(1887)杜嘎尔车林多尔济祥麟奏折一件		78,200	上海泓盛	2012.06.18
光绪四年封二品增崇父母诰封		92,000	北京歌德	2012.12.01
广西振华公司破产案		690,000	北京匡时	2012.12.06
郭沫若 信札		172,500	上海崇源	2012.10.19
郭沫若 致刘侠任信札 (一开)		115,000	南京经典	2012.01.08
郭沫若 撰书 郭沫若致唐弢书札		57,500	中国嘉德	2012.05.12
国朝名人手札 (四十开选三十)		101,200	北京保利	2012.12.06
国民党正面战场各战区司令、抗战名将、政要、抗战事件历史人物，及台湾地区各界政要往来信札三百一十六通		1,840,000	西泠拍卖	2012.07.07
海瑞 等 信札		138,000	中国嘉德	2012.06.18
海外流亡 姐弟情深		345,000	北京匡时	2012.12.06
海珠之变 益加慎重		345,000	北京匡时	2012.12.06
韩葵并 撰书 韩文懿公家书		112,700	中国嘉德	2012.10.31
何焯 罗聘 等撰书 何义门等名贤书札		57,500	中国嘉德	2012.10.31
何绍基 书札		345,000	中国嘉德	2012.05.12
何绍基 致曾国藩信札		207,000	文津阁	2012.06.01
何香凝 致仲弘同志信札 1页		172,500	北京传是	2012.05.16
弘一 致慈航居士信札		230,000	北京华辰	2012.10.31
弘一 致慈航居士信札一通		103,500	北京匡时	2012.12.05
弘一 致克定法师信札		230,000	厦门特拍	2012.08.18
弘一 致刘质平信札一通		143,360	青莲阁	2012.07.13
弘一 致尤玄父书札		322,000	上海恒利	2012.04.29
胡镬 书法诗札		92,000	北京传是	2012.05.16
胡林翼 致蒋文若信札 20页		322,000	北京传是	2012.05.16
胡适 雷震"自由中国事件"与黄少谷来往信函		253,000	西泠拍卖	2012.07.07
胡适 书法信札		56,000	辽宁建投	2012.05.27
胡适 撰书 胡适致周作人书札		126,500	中国嘉德	2012.10.31
胡适 撰书 胡适致周作人书札		126,500	中国嘉德	2012.10.31
胡小石 信札		57,500	南京经典	2012.01.08

2012杂项拍卖成交汇总

(成交价RMB：5万元以上)

拍品名称	物品尺寸	成交价RMB	拍卖公司	拍卖日期
护国运动 抵沪前夕		322,000	北京匡时	2012.12.06
护国运动途中为梁任公定制毛笔		172,500	北京匡时	2012.12.06
黄宾虹 信札		195,500	凤凰拍卖	2012.12.15
黄宾虹 致陈柱信札(十二通)		1,782,500	北京匡时	2012.06.05
黄宾虹 致女弟子朱砚因信札及画稿		552,000	西泠拍卖	2012.12.30
黄宾虹 致纫秋信札		161,000	中国嘉德	2012.10.29
黄宾虹 致汪慎生信札(三帧)		230,000	北京诚轩	2012.05.14
黄宾虹致张谷雏先生信札一通		172,500	长风拍卖	2012.09.17
黄杰 杨继曾 朱家骅 莫德惠 刘安祺 陶蓬仙 卓高煊 吕佛庭 戴仲玉 徐启明 张相 等 信札 42通		66,700	北京传是	2012.05.16
黄永玉 致宋步云信札 2页		57,500	北京传是	2012.05.16
黄钺 行书 信札册		138,000	西泠拍卖	2012.12.30
黄胄 致郭竞仁手札一通		55,200	北京保利	2012.04.21
黄胄 致唐云信札		63,250	上海工美	2012.08.18
黄胄 致詹忠效信札数封		57,500	北京保利	2012.01.10
黄胄致刘墨信札带封		80,500	北京传是	2012.12.17
家人生计安排		287,500	北京匡时	2012.12.06
坚持清华大学校董		713,000	北京匡时	2012.12.06
见罗斯福总统 谈及“禁约事”表彰《时报》“拒约事”		1,012,000	北京匡时	2012.12.06
讲学社简章		713,000	北京匡时	2012.12.06
蒋介石 宋子文等 戴季陶 致邹鲁信札		483,000	西泠拍卖	2012.12.31
蒋经国 陈立夫 彭醇士 江兆申 张群 等 信札附照片及信封 24通		368,000	北京传是	2012.05.16
蒋兆和 致詹忠效信札数封		63,250	北京保利	2012.01.10
蒋中正“有教无类”拓片一件，李登辉签名照一张，台湾政要信札一组约15件		57,500	上海泓盛	2012.06.19
蒋中正批、林祥光呈 关于国民党海军的公文		57,500	西泠拍卖	2012.12.31
蒋中正致海军总司令桂永清亲笔信札(附桂永清将军签赠照)		253,000	北京保利	2012.06.02
接待泰戈尔访华		138,000	北京匡时	2012.12.06
金农 行书信札		690,000	北京匡时	2012.12.07
金庸 信札十一页		100,800	北京荣宝	2012.11.24
经历校董风波		345,000	北京匡时	2012.12.06
经营股票债券		115,000	北京匡时	2012.12.06
瞿鸿禨请安折		63,250	北京保利	2012.06.02
开禁之议 编写《财政学》		517,500	北京匡时	2012.12.06
康有为讣告		115,000	北京匡时	2012.12.06
康有为身后事		69,000	北京匡时	2012.12.06
康有为挽联		368,000	北京匡时	2012.12.06
赖少其信札九通明信片一封		57,500	朵云轩	2012.07.12
老舍 致张默林信札		230,000	北京传是	2012.12.17
乐天知命		310,500	北京匡时	2012.12.06
离京前安排与师大事务		92,000	北京匡时	2012.12.06
离开肇庆经港返沪		172,500	北京匡时	2012.12.06
离职返津 安贫乐道		138,000	北京匡时	2012.12.06
李鸿裔 撰书 李香致顾文彬书札		149,500	中国嘉德	2012.10.31
李鸿章 寿石公等 致西斋、翰臣信札		86,250	西泠拍卖	2012.12.31
李鸿章、温忠翰致筱漪信札		115,000	北京传是	2012.12.17
李可染 信札一页		190,400	北京荣宝	2012.11.24
李可染 致詹忠效信札一通		172,500	北京保利	2012.01.10
李苦禅 书札		115,000	中国嘉德	2012.05.12
梁鼎芬 梁鼎芬信札		69,000	北京匡时	2012.12.05
梁鼎芬 书札		71,300	中国嘉德	2012.05.12
梁鼎芬 信札		50,600	北京盘古	2012.11.30
梁实秋 黄君璧 郎静山等 诗稿信札		86,250	西泠拍卖	2012.07.07
梁思成 林徽因文定礼本		3,795,000	北京匡时	2012.12.06
梁思成 林徽因在美结婚		414,000	北京匡时	2012.12.06
梁章巨 沈维■ 等撰书 梁章巨等书札		138,000	中国嘉德	2012.10.31
廖仲恺 信札		1,344,000	北京荣宝	2012.11.24
林散之 信札三通		92,000	南京经典	2012.01.08
林语堂 致景蒙信札		78,200	北京传是	2012.12.17
临碑消闲 旁观时事		287,500	北京匡时	2012.12.06
刘半农 撰书 刘半农致周作人书札		299,000	中国嘉德	2012.10.31
刘半农 撰书 刘半农致周作人书札		253,000	中国嘉德	2012.10.31
刘继卣 信札十五页		95,200	北京荣宝	2012.11.24
刘铭传 信札		138,000	文博苑	2012.05.15
柳诒征藏清道咸以来名士书札一批		126,500	北京保利	2012.12.06
楼适夷 致裘柱常信札及诗稿一批		57,500	西泠拍卖	2012.07.07
旅欧途中		138,000	北京匡时	2012.12.06
罗振玉 致宝熙书札		632,500	中国嘉德	2012.05.12
马一浮 杨樵谷 互通信札		92,000	西泠拍卖	2012.12.31
茅盾 致万如玉信札		172,500	北京华辰	2012.10.31
勉持尚志学会		92,000	北京匡时	2012.12.06
民国暗杀 师徒谣言		437,000	北京匡时	2012.12.06
民国十一年国立东南大学筹设博物馆资料一批		69,000	北京保利	2012.06.02
民国政要文士往来书札一批		86,250	北京保利	2012.06.02
明清藏书家尺牍		57,500	朵云轩	2012.07.11
莫棠 撰书 莫棠书札		184,000	中国嘉德	2012.10.31
南怀瑾 萧天石诗稿及信札		74,750	西泠拍卖	2012.07.07
南下广西 说陆荣廷举义		287,500	北京匡时	2012.12.06
南下讲学		138,000	北京匡时	2012.12.06
南行前		218,500	北京匡时	2012.12.06
倪文蔚 王文韶等 致李廷鉽信札及李廷鉽自述		109,250	西泠拍卖	2012.07.07
倪元路 手札一通		230,000	北京保利	2012.12.05
拟辞京师图书馆		402,500	北京匡时	2012.12.06
欧洲归来		92,000	北京匡时	2012.12.06
潘祖荫 等撰书 清末名贤书札		184,000	中国嘉德	2012.10.31
潘祖荫 信札册		63,250	中国嘉德	2012.06.17
彭玉麟、曾熙、徐光启 等各家信札(三十八通)		75,900	北京翰海	2012.06.28
批阅诗词 研读佛学		230,000	北京匡时	2012.12.06
溥儒 信札(二张)		60,000	上海驰翰	2012.10.11
溥儒 行书手札二帧		69,000	北京保利	2012.08.10
齐白石 1937年作 致伊藤为雄信札(五通)		828,000	北京匡时	2012.06.05
齐白石 手书告示二则		713,000	北京匡时	2012.12.05
齐白石 王雪涛 董寿平 黄胄 吴作人 等“名人”收条(共114帧)		101,200	北京旷深	2012.12.09
齐白石 信札		391,000	北京传是	2012.12.17
齐白石 致伊藤为雄信札(六通)		724,500	北京匡时	2012.06.05
齐白石 致伊藤为雄信札(六通)		713,000	北京匡时	2012.06.05
齐白石 致伊藤为雄信札(三通)		471,500	北京匡时	2012.06.05
齐白石 致伊藤为雄信札(五通)		609,500	北京匡时	2012.06.05
齐白石 致伊藤为雄信札(五通)		598,000	北京匡时	2012.06.05
齐白石 致张次溪信札(一通)		368,000	北京匡时	2012.06.05
齐白石致张信之信札		172,500	北京传是	2012.12.17
琦善 庚戌(1850)年作 道光三十年奏折		57,500	上海驰翰	2012.04.27
启功 信札一页		50,400	北京荣宝	2012.11.24
启功 致年小东信札(五通)		59,800	北京华辰	2012.10.31
启勋督办李惠仙墓之二(申请动工)		218,500	北京匡时	2012.12.06
启勋督办李惠仙墓 之三(施工)		207,000	北京匡时	2012.12.06
启勋督办李惠仙墓之一(选址规划)		184,000	北京匡时	2012.12.06
牵挂亲友		276,000	北京匡时	2012.12.06

拍品名称	物品尺寸	成交价RMB	拍卖公司	拍卖日期
钱大昕 等撰书 钱大昕等书札		138,000	中国嘉德	2012.10.31
钱学森 周建人 萧 三等九家 信札		92,000	西泠拍卖	2012.07.07
钱学森、臧克家、周建人、谢晋、魏巍、秦瘦鹃等 信札一批		97,750	西泠拍卖	2012.12.31
钱泳 徐松 等撰书 钱泳等书札		149,500	中国嘉德	2012.10.31
钱钟书 饶宗颐等 致伍蠡甫信函		74,750	西泠拍卖	2012.07.07
钱钟书 信札两页		106,400	北京荣宝	2012.11.24
钱钟书 致黄裳信札		86,250	北京传是	2012.05.16
钱钟书 撰书 钱钟书书札		94,300	中国嘉德	2012.10.31
乾隆34年(1769)护理湖南巡抚印务布政使三宝奏折一件		51,750	上海泓盛	2012.06.18
乾隆诰命		57,500	上海工美	2012.08.18
潜心词学 不作出山想		460,000	北京匡时	2012.12.06
清 乾隆五十年正月初一(1785)乾隆皇帝御太和殿，举行御极庆典大礼，所颁之满汉文写本五彩绢质诰命一轴		74,750	上海泓盛	2012.06.18
清 雍正十三年九月初三(1735)乾隆皇帝登基首日所颁发之满汉文写本五彩绢质诰命一轴		368,000	上海泓盛	2012.06.18
清查昇手书诗文册		78,200	朵云轩	2012.07.12
清代宫廷文档一组三件		59,800	上海泓盛	2012.06.18
清代宫廷文档一组三件		59,800	上海泓盛	2012.06.18
清代宫廷文档一组三件		59,800	上海泓盛	2012.06.18
清代宫廷文档一组三件		58,650	上海泓盛	2012.06.18
清代仕宦至曾国荃名人书札		57,500	上海泓盛	2012.06.23
清代诸家 信札		552,000	中国嘉德	2012.05.14
清 道光 以降状元、举人等二十六人札		92,000	北京翰海	2012.05.25
清道光九年恩封捐职布政司经历加二级叚为梁之祖父母诰命		80,500	北京保利	2012.12.06
清道光十二年苏格都兰尔诰命		138,000	中国嘉德	2012.03.24
清光绪五年恩封河南开归陈许道贵珊之妻一品夫人诰命		149,500	北京保利	2012.12.06
清嘉庆二十四年额尔景额诰命		51,750	中国嘉德	2012.03.24
清康熙年恩封盛京佐领厄克兎父母诰命		80,500	北京保利	2012.06.02
清康熙年至光绪年名人信札一批		345,000	北京保利	2012.06.02
清康熙五十二年闵兴汶诰命		71,300	中国嘉德	2012.03.24
清李眉生至潘祖荫书札		57,500	北京保利	2012.06.02
清乾隆 织锦加官封冕圣旨		265,850	香港苏富比	2012.10.09
清同治十一年恩封恩瑞父母诰命		69,000	北京保利	2012.12.06
请辞执政府币制局总裁		368,000	北京匡时	2012.12.06
琼彩楼案善后		460,000	北京匡时	2012.12.06
劝父游港		126,500	北京匡时	2012.12.06
壬午(1942)年作 弘一 行书 信札		552,000	朵云轩	2012.12.28
赛珍珠致小山いと子信札		230,000	上海嘉泰	2012.06.22
三一八惨案 清华避难		172,500	北京匡时	2012.12.06
沙孟海《印学年表》序言稿本及致柴子英信札		97,750	西泠拍卖	2012.12.31
商衍瀛*罗振玉*袁克定等信札诗文稿		115,000	北京永乐	2012.06.05
申时行 撰书 申时行书用嘉书札		575,000	中国嘉德	2012.10.31
申时行 撰书 申时行书用懋书札		805,000	中国嘉德	2012.10.31
申时行 撰书 申时行书札		920,000	中国嘉德	2012.10.31
沈从文 郭沫若等 致利瓦伊善等信札手稿一批		241,500	西泠拍卖	2012.12.31
沈从文信札一通		80,500	荣宝斋(上海)	2012.12.08
沈尹默 沈兼士 于洪起 致沈士远信札八通		82,800	北京匡时	2012.12.05
沈尹默 行书书札		56,097	香港富得	2012.04.01
沈增植 书札册		920,000	中国嘉德	2012.10.30
声援五四运动		897,000	北京匡时	2012.12.06

拍品名称	物品尺寸	成交价RMB	拍卖公司	拍卖日期
圣旨		230,000	北京保利	2012.04.23
圣旨		126,500	北京保利	2012.04.23
舒同等 致邓小平、胡锦涛等信札、题辞		80,500	西泠拍卖	2012.12.31
思顺回家省亲		184,000	北京匡时	2012.12.06
思顺随夫出使缅甸		66,700	北京匡时	2012.12.06
思顺文定礼		115,000	北京匡时	2012.12.06
思永回国		161,000	北京匡时	2012.12.06
谭瀓 赵熙 朱师辙 庄蕴宽 等 信札1册 36页		66,700	北京传是	2012.05.16
汤斌书札		57,500	北京保利	2012.12.06
唐家姻事		109,250	北京匡时	2012.12.06
唐云 信札		112,000	北京荣宝	2012.11.24
同人至戴云飘尺牍		517,500	北京保利	2012.06.02
同治12年(1874)关于布伦托海事宜密折一件		55,200	上海泓盛	2012.06.18
童大年、马公愚、朱复戡、朱屺瞻等 信札		55,200	西泠拍卖	2012.12.31
脱离进步党 梁启超脱党通告		2,070,000	北京匡时	2012.12.06
汪兆铭 等撰书 汪兆铭等人书札		230,000	中国嘉德	2012.10.31
王铎 行书书札		1,176,000	天津文物	2012.11.09
王铎　信札一通		644,000	广州皇玛	2012.10.13
王杰 手札八通		230,000	中国嘉德	2012.10.30
王闿运 等撰书 灵鹣阁书札		92,000	中国嘉德	2012.10.31
王蘧常 信扎 (八帧)		80,500	荣宝斋(上海)	2012.06.17
王蘧常 叶圣陶等 老舍 致郑逸梅、张国瀛信札		253,000	西泠拍卖	2012.12.31
王世襄、谢稚柳、裘柱常、卞孝萱等各界名人 致谢巍信札		86,250	西泠拍卖	2012.12.31
王澍 钱仪吉 郭尚先 等撰书 王澍书法 钱仪吉等书札		71,300	中国嘉德	2012.10.31
王文治 行书信札 (一通)		97,750	北京匡时	2012.06.04
王无咎 曹申吉 等撰书 王无咎等书札		89,700	中国嘉德	2012.10.31
王志瀜 撰书 顾春芳等书札		55,200	中国嘉德	2012.10.31
王穉登 手札一通		195,500	北京保利	2012.12.05
为群童讲学术流别 打好《清代学术概论》腹稿		437,000	北京匡时	2012.12.06
文徵明 手札八开册		667,000	北京保利	2012.10.29
闻梁士诒内阁倒台		97,750	北京匡时	2012.12.06
闻麦孟华去世		218,500	北京匡时	2012.12.06
闻麦孟华去世		74,750	北京匡时	2012.12.06
翁同龢 翁松禅手札		89,700	上海驰翰	2012.04.27
翁同龢 信札 (十通)		57,500	北京盘古	2012.11.30
翁同龢 行书 致眉士等信札册		207,000	西泠拍卖	2012.12.30
翁同龢 行书 致吴鸿纶信札册		74,750	西泠拍卖	2012.12.30
翁同龢书札		345,000	中国嘉德	2012.03.24
吴昌硕 1927年作 手扎 四桢		313,600	八益拍卖	2012.06.24
吴昌硕 信札		172,500	中国嘉德	2012.05.12
吴昌硕 郑文焯 吴徵 信札		69,000	西泠拍卖	2012.12.31
吴昌硕 致石船先生尺牍		92,000	北京传是	2012.05.16
吴昌硕 撰书 吴昌硕题跋		86,250	中国嘉德	2012.10.31
吴大澂 等撰书 吴大澂等书札		78,200	中国嘉德	2012.10.31
吴大澂 潘祖荫 行书 致潘观保信札册		172,500	西泠拍卖	2012.12.30
吴佩孚至李伟南先生信札		51,750	北京保利	2012.12.06
吴作人 壬戌(1982)作 书札		74,750	中国嘉德	2012.10.30
咸丰、同治以来晚清名士公文书札一批		103,500	北京保利	2012.06.02
咸丰三年奏折六封(有朱批)		69,000	北京保利	2012.06.02
现代名人信札		112,194	香港今是	2012.06.02
香港保皇 秘筹《时报》		920,000	北京匡时	2012.12.06
项元汴 手札一通		230,000	北京保利	2012.12.05

2012杂项拍卖成交汇总

(成交价RMB：5万元以上)

拍品名称	物品尺寸	成交价RMB	拍卖公司	拍卖日期
萧悉 叶恭绰 徐宗浩 余绍宋 等致汪慎生信札集册		218,500	北京诚轩	2012.05.14
协和手术		115,000	北京匡时	2012.12.06
协和手术后 赴北戴河静养		287,500	北京匡时	2012.12.06
谢铃 咸丰五年诰命		74,750	上海驰翰	2012.04.27
辛亥三杰信札		172,500	北京翰海	2012.05.25
行梁思成 林徽因文定礼		460,000	北京匡时	2012.12.06
兄弟情义		115,000	北京匡时	2012.12.06
兄妹手足		230,000	北京匡时	2012.12.06
徐悲鸿 1946年作 信札		230,000	文津阁	2012.06.01
徐悲鸿 手扎		184,000	北京保利	2012.10.31
徐悲鸿 书札		345,000	北京翰海	2012.12.07
徐悲鸿 信札一通		333,500	中国嘉德	2012.09.15
徐悲鸿 信札一通		218,500	中国嘉德	2012.09.15
徐悲鸿 致林子白信札		75,900	上海嘉泰	2012.06.22
徐悲鸿 致柳非杞信札		138,000	西泠拍卖	2012.12.31
徐悲鸿 致王少陵信札一通		92,000	北京保利	2012.01.10
徐悲鸿致李卓然信札及资料		69,000	北京传是	2012.12.17
徐乾学 吴雯 手札		126,500	中国嘉德	2012.09.17
徐世昌 信札集册		69,000	上海泓盛	2012.06.23
徐致祥 信札		92,000	上海嘉泰	2012.06.22
询问创办电力一事 欲招粤汉铁路股		287,500	北京匡时	2012.12.06
杨沂孙 撰书 杨沂孙书札		92,000	中国嘉德	2012.10.31
姚元之 行书 信札册		57,500	西泠拍卖	2012.12.30
叶德辉 撰书 叶德辉先生尺牍		172,500	中国嘉德	2012.10.31
叶恭绰、蔡元培 致俞诚之、萧友梅信札		149,500	西泠拍卖	2012.12.31
叶恭绰、陈树人 分致李宗仁及张善孖、黄宾虹、张大千信札		63,250	西泠拍卖	2012.12.31
叶圣陶 茅盾 信札 2页		80,500	北京传是	2012.05.16
叶圣陶 致箇云信札		51,750	北京传是	2012.12.17
伊秉绶 汤贻汾 宋葆淳 温训 黄玉衡 卢宣旬 谢玉汉 简厥良 赵均 郭琦 徐宝善 等 致张维屏信札册		218,500	北京匡时	2012.12.07
议论时局 谋划启勋生活		126,500	北京匡时	2012.12.06
佚名 1860年作 咸丰诰命		74,750	中国嘉德	2012.03.26
友情责任		287,500	北京匡时	2012.12.06
友人被捕 拒加平和会		172,500	北京匡时	2012.12.06
友人往还 谋划诸事		345,000	北京匡时	2012.12.06
有关太平天国文献信札资料		69,000	北京传是	2012.12.17
于希宁 信札		56,000	广运达	2012.12.08
于右任 董作宾等 致田曼诗信札等		80,500	西泠拍卖	2012.12.31
于右任 张维翰等 "台湾诗坛"社员往来及社长于右任相关文稿		74,750	西泠拍卖	2012.07.07
俞樾 陈三立 等 书札		86,250	中国嘉德	2012.05.12
俞樾 撰书 俞曲园书札		207,000	中国嘉德	2012.10.31
俞樾、曾国藩、李鸿章、端方、傅增湘、樊增祥、荣禄等晚清名士书札		230,000	北京保利	2012.06.02
玉衡表叔返粤		172,500	北京匡时	2012.12.06
欲创办华墨银行		782,000	北京匡时	2012.12.06
欲辞北京图书馆 范静生接手		172,500	北京匡时	2012.12.06
袁世凯 行书信札		322,000	上海天衡	2012.07.11
在杭考察 积极联络		92,000	北京匡时	2012.12.06
在沪筹划滇 黔 桂举义		368,000	北京匡时	2012.12.06
曾国藩 致申夫仁弟信札		95,000	上海驰翰	2012.10.11
曾国藩 致倭仁信札		644,000	北京匡时	2012.06.04
曾国藩 致右坪札十四通		575,000	中国嘉德	2012.05.14
曾国藩致右坪信札		115,000	上海工美	2012.08.18
詹忠效 连环画《弧光闪闪》原稿		69,000	北京保利	2012.01.10
张大千 1972年作 书札		690,000	中国嘉德	2012.10.30
张大千 1972年作 书札		391,000	中国嘉德	2012.10.30

拍品名称	物品尺寸	成交价RMB	拍卖公司	拍卖日期
张大千 壬子(1972年)作 书札		172,500	中国嘉德	2012.10.30
张大千 书札		667,000	中国嘉德	2012.10.30
张大千 书札		575,000	中国嘉德	2012.10.30
张大千 书札		368,000	中国嘉德	2012.10.30
张大千 书札		253,000	中国嘉德	2012.10.30
张大千 书札		241,500	中国嘉德	2012.10.30
张大千 书札		94,300	中国嘉德	2012.10.30
张大千 信札 (两帧)		57,500	北京保利	2012.12.04
张大千 行书信札		71,300	上海泓盛	2012.06.19
张大千 致汪慎生信札 (八帧)		333,500	北京诚轩	2012.05.14
张大千 致张目寒信札		207,000	北京保利	2012.06.04
张大千 致仲恒信札		658,490	中国嘉德	2012.10.07
张大千 致子衡书札 (一通)		138,000	北京匡时	2012.12.06
张大千致王文卓信札一通		138,000	上海工美	2012.08.18
张大千致张目寒信札		69,000	北京传是	2012.12.17
张澜 书信		2,966,080	澳门中信	2012.12.28
张师诚 等 名贤手札 (二十四页)		71,300	北京翰海	2012.12.20
张廷济 致俨斋、一山札十通		264,500	中国嘉德	2012.10.30
张问陶 撰书 船山书札		97,750	中国嘉德	2012.10.31
张学良致易培基信札带封		126,500	北京传是	2012.12.17
张之洞 等 书札		483,000	中国嘉德	2012.09.15
章太炎 1921年作 致张继信札 (八帧)		109,250	北京诚轩	2012.05.14
章太炎 1921年作 致张继信札 (十一帧)		57,500	北京诚轩	2012.10.30
章太炎 等 1912年作 信札、委任状一通四十帧		230,000	北京保利	2012.01.10
章太炎致易寅邨先生信札4通9页		195,500	北京传是	2012.05.16
章太炎 撰书 章太炎先生与朱逷先先生书		207,000	中国嘉德	2012.10.31
赵秉钧 致颜韵伯书札		92,000	中国嘉德	2012.05.12
赵孟頫 (传) 信札十通		2,990,000	中国嘉德	2012.06.18
赵孟頫 (款) 信札一通		862,500	中国嘉德	2012.06.18
赵朴初 致陈从周手札一通		55,200	北京保利	2012.10.31
赵朴初 撰书 赵朴初致唐弢书札		322,000	中国嘉德	2012.05.12
赵少昂、容漱石 松雀图 ·致吴朝枢信札 (二帧)		138,000	西泠拍卖	2012.12.30
赵之谦 信札九通		1,207,500	中国嘉德	2012.05.14
赵之谦 行书 致镕斋信札		184,000	西泠拍卖	2012.12.30
赵之谦 致文翁信札 (三通)		69,000	北京匡时	2012.12.07
振兴民族企业		92,000	北京匡时	2012.12.06
郑逸梅、张默君等 书法信札		57,500	北京传是	2012.12.17
致岑春煊宣示反袁决心		828,000	北京匡时	2012.12.06
致书冯国璋商榷国事大计		828,000	北京匡时	2012.12.06
致书孙传芳 营救熊育锡		460,000	北京匡时	2012.12.06
中行改革受阻 萌生退意		92,000	北京匡时	2012.12.06
周建勋 奏折		69,000	北京匡时	2012.12.07
周天球 等 国朝名贤手札册		57,500	北京保利	2012.01.09
周作人 致徐祖正信札		74,750	北京传是	2012.12.17
周作人 致张次溪信札		55,200	北京传是	2012.12.17
周作人撰书周作人致鲍耀明书札		4,427,500	中国嘉德	2012.10.31
朱奎 致鹿村先生札		1,725,000	中国嘉德	2012.05.14
朱奎 致鹿村先生札		920,000	中国嘉德	2012.05.14
朱廉 光绪五年诰命		80,500	上海驰翰	2012.04.27
竺可桢、俞智炜等学者手札十一页		55,200	北京保利	2012.06.02
主持编纂中国图书大辞典		126,500	北京匡时	2012.12.06
主事司法储才馆 之二(章程纷更)		287,500	北京匡时	2012.12.06
主事司法储才馆 之六(预备递交辞函)		287,500	北京匡时	2012.12.06
主事司法储才馆 之七(安排辞职前的事务)		368,000	北京匡时	2012.12.06
主事司法储才馆 之三(决计隐退)		230,000	北京匡时	2012.12.06

拍品名称	物品尺寸	成交价RMB	拍卖公司	拍卖日期
主事司法储才馆之四(法权讨论会)		103,500	北京匡时	2012.12.06
主事司法储才馆 之五(旁观时局)		287,500	北京匡时	2012.12.06
主事司法储才馆 之一(章程初定)		287,500	北京匡时	2012.12.06
祝允明 (款) 奏疏稿二札		172,500	中国嘉德	2012.03.26
著述过勤 读书不辍		287,500	北京匡时	2012.12.06
专研书法 收藏古籍		287,500	北京匡时	2012.12.06
专研书法 收藏古籍		172,500	北京匡时	2012.12.06
转方记存款 思顺代为经营		172,500	北京匡时	2012.12.06
撰写《国史》		690,000	北京匡时	2012.12.06
追查琼彩楼案 惩办谭张孝		345,000	北京匡时	2012.12.06
追思罗瘿公		115,000	北京匡时	2012.12.06
准备赴欧考察		230,000	北京匡时	2012.12.06
邹鲁信札		57,500	北京传是	2012.12.17
邹鲁致易培基信札		78,200	北京传是	2012.12.17
邹鲁致易培基信札		63,250	北京传是	2012.12.17
醉心碑拓 溥泉之交		345,000	北京匡时	2012.12.06
左宗棠 李鸿章 致沈葆桢信札 7页		97,750	北京传是	2012.05.16
作诗《不敢再来行》谴责袁世凯		1,782,500	北京匡时	2012.12.06
印刷文物				
北京荣宝斋诗笺谱		63,250	上海工美	2012.08.18
范曾 范曾人物印刷限量版(十幅)		69,000	上海崇源	2012.05.04
各式书画用陈纸		220,000	北京匡时	2012.12.07
画禅室随笔四卷		63,250	朵云轩	2012.07.12
宁海张氏宗谱		86,250	西泠拍卖	2012.07.07
荣宝斋贡纸等5套		184,000	荣宝斋(上海)	2012.09.08
荣宝斋贡纸等8套		97,750	荣宝斋(上海)	2012.12.08
吴待秋珍藏笺纸一批		92,000	北京保利	2012.12.06
张伯英 中堂 对联		230,000	中国嘉德	2012.09.15
舆图照片				
1860-1880年作 弥尔顿 米勒、达顿和麦克尔斯、阿芳等 北京、广州等地风景民俗相册(39张)		115,000	北京华辰	2012.10.31
1870-1880年作 格里菲斯、威廉桑德斯 香港、上海风景民俗相册(26张)		161,000	北京华辰	2012.10.31
1870-1890年作 阿芳等 中国等地风景民俗相册(132张)		172,500	北京华辰	2012.10.31
1880—1910清季名人原版蛋白老照片一组28件		106,950	上海泓盛	2012.06.18
1894-1895年作 仙台写真馆 征清实况写真帖(35张)		63,250	北京华辰	2012.10.31
1900年作 佚名 广州沙面岛全景(4张)		63,250	北京华辰	2012.10.31
1900年作 佚名 北京城景一组(8张)		57,500	北京华辰	2012.10.31
1910年作 杭州二我轩照相馆赠美国实业团杭州风景册一本二十五张		57,500	北京保利	2012.12.06
1920年代作 杭州就是我照相馆西湖风景册一本四十八张		80,500	北京保利	2012.12.06
1920年作 二我轩照相馆 西湖风景相册(48张)		71,300	北京华辰	2012.10.31
1930-1970年作 吴印咸、侯波等染印法毛泽东主席彩色照片一组(18张)		161,000	北京华辰	2012.10.31
1930年作 佚名 民国上海生活相册(372张)		402,500	北京华辰	2012.10.31
1935年作 佚名 北京风景民俗相册(172张)		59,800	北京华辰	2012.10.31
1938年作 读卖新闻社 支那事变写真帖(50张)		55,200	北京华辰	2012.10.31
1940-1950年作 梁思成、刘敦桢等 中国营造学社考察古建筑照片集(948张)		690,000	北京华辰	2012.10.31

拍品名称	物品尺寸	成交价RMB	拍卖公司	拍卖日期
1945-1947年作 王开照相馆 上海轮渡影集一组(60张)		115,000	北京华辰	2012.10.31
1945-1947年作 佚名 二野四兵团照片(96张)		115,000	北京华辰	2012.10.31
1954年作 佚名 第一届全国人大代表大会上海代表团代表合影		89,700	北京华辰	2012.10.31
1966年作 翁乃强 回放之十五		57,500	北京华辰	2012.10.31
1966年作 翁乃强 回放之一		345,000	北京华辰	2012.10.31
1967年作 侯波、吕厚民等“毛主席是我们心中的红太阳”样片及展览照片一组(93张)		69,000	北京华辰	2012.10.31
1968年作 吴印咸、吕厚民等 毛主席展览照片一组(37张)		69,000	北京华辰	2012.10.31
2010年作 程玉扬 晒佛		172,500	北京华辰	2012.10.31
Ernst boerschmann 著 中国建筑摄影全集		172,500	中国嘉德	2012.10.31
大清国台湾府海陆布防全图		172,500	北京保利	2012.06.02
地舆图		115,000	中国嘉德	2012.10.31
恭亲王奕欣 老照片一帧		112,700	北京传是	2012.12.17
胡适 题赠董作宾照片及中央研究员藏胡适相簿数种		276,000	西泠拍卖	2012.12.31
讲和纪念最新世界地图		92,000	北京翰海	2012.05.25
蒋介石、宋美龄、于右任、连 战等台湾地区政要签名照片五十五帧		402,500	西泠拍卖	2012.07.07
联合国秘书长安南 柬埔寨元首西哈努克 古巴总统卡斯特罗 法国元首希拉克 等十八位 曾任或在任各国政要签名函及签名照		207,000	西泠拍卖	2012.12.31
梁思成 林徽音 等摄制 梁思成、林徽因等摄中国营造学社考察古建筑照片集		4,025,000	中国嘉德	2012.10.31
梁思成 林徽音 等摄制 梁思成考察汉墓石阙照片		74,750	中国嘉德	2012.10.31
毛泽东签名照片(红色铅笔墨后填)		1,725,000	西泠拍卖	2012.07.07
清 样式雷制崇陵图		71,300	北京中汉	2012.10.30
清 样式雷制团河行宫图		71,300	北京中汉	2012.10.30
外滩黄浦江等照片		92,000	上海工美	2012.08.18
伊东忠太 著 支那建筑装饰		218,500	中国嘉德	2012.10.31
张大千 题赠照片		132,250	西泠拍卖	2012.12.31
张大千自题与毕加索合影两张		51,750	北京保利	2012.01.10
张遇乙 辑绘 皇朝舆地全图		59,800	中国嘉德	2012.05.12
古籍善本其他				
1938年作；1939年作 闻一多 陈寅恪 朱自清 吴宓 钱穆 蒋梦麟 罗常培 汤用彤 吴晗 威廉 燕卜荪 西南联大师生致容琬诗文册		3,450,000	西泠拍卖	2012.12.31
1942年作 薛岳 赠王宠惠第三次长沙会战战利品		368,000	西泠拍卖	2012.12.31
蔡廷锴、李济深、黄精一等 中国民主促进会及民主联军资料一批		437,000	西泠拍卖	2012.12.31
过云楼藏古籍善本一百七十九种 (一百七十九种选三十)		216,200,000	北京匡时	2012.06.04
京报		66,700	中国嘉德	2012.03.24
李家驹 撰 李家驹殿试卷		69,000	中国嘉德	2012.10.31
民国时期金梅生(民国月历牌画家、上海人民美术出版社特约年画家)画稿一张；另附中国著名画家陆雪侪(师从徐咏青)画稿一册		57,500	上海泓盛	2012.06.18
藏酒				
大飞天茅台1983年 12瓶	540ml/瓶	345,000	南京经典	2012.07.15
大飞天牌贵州茅台酒 (1978年-1982年) 6瓶	540ml/瓶	126,500	西泠拍卖	2012.07.07

2012杂项拍卖成交汇总

(成交价RMB：5万元以上)

拍品名称	物品尺寸	成交价RMB	拍卖公司	拍卖日期
地方国营茅台酒(1982年—1986年) 4瓶	540ml/瓶	103,500	南京经典	2012.01.08
地方国营茅台酒(1983年-1986年) 8瓶	540ml/瓶	149,500	南京经典	2012.01.08
飞天茅台(1975年-1986年) 10瓶	270ml/瓶	92,000	南京经典	2012.07.15
飞天茅台80年代末 20瓶	375ml/瓶	138,000	南京经典	2012.07.15
飞天茅台酒(1965年—1966年) 1瓶	913g	138,000	南京经典	2012.01.08
飞天茅台酒(1982年—1984年) 8瓶	540ml/瓶	161,000	南京经典	2012.01.08
飞天茅台酒(80年代末) 12瓶	500ml/瓶	161,000	南京经典	2012.01.08
飞天茅台酒1966年 1瓶	755g	87,400	南京经典	2012.01.08
飞天牌贵州茅台酒(1980年-1984年)6瓶	500ml/瓶	69,000	西泠拍卖	2012.07.07
飞天牌贵州茅台酒(1980年-1985年) 30瓶	540ml/瓶	575,000	西泠拍卖	2012.07.07
飞天牌贵州茅台酒(1990-1992年) 12瓶 53°	200ml/瓶	63,250	北京保利	2012.01.07
飞天牌贵州茅台酒(1990年-1992年)30瓶	200ml/瓶	80,500	西泠拍卖	2012.07.07
飞天牌贵州茅台酒(1995年-1996年)30瓶	500ml/瓶	161,000	西泠拍卖	2012.07.07
飞天牌贵州茅台酒(1995年-1996年)30瓶	500ml/瓶	149,500	西泠拍卖	2012.07.07
飞天牌贵州茅台酒(60年代末期)1瓶	545ml	109,250	西泠拍卖	2012.07.07
贵州茅台酒(15年陈酿)(2000年-2001年)6瓶 53°	500ml/瓶	51,750	北京保利	2012.06.03
贵州茅台酒(1988年-1989年) 6瓶 约54°	500ml/瓶	51,750	北京保利	2012.01.07
贵州茅台酒(1991年-1992年) 30瓶 53°	500ml/瓶	207,000	北京保利	2012.01.07
贵州茅台酒(1997年-1998年) 30瓶	500ml/瓶	126,500	北京保利	2012.06.03
贵州茅台酒(1998年-2000年) 30瓶 53°	500ml/瓶	149,500	北京保利	2012.01.07
贵州茅台酒(1999年-2000年) 30瓶	500ml/瓶	126,500	北京保利	2012.06.03
贵州茅台酒(30年陈酿)(1998年-2000年)6瓶	500ml/瓶	92,000	北京保利	2012.06.03
贵州茅台酒(50年陈酿)(1999年-2001年)6瓶	500ml/瓶	161,000	北京保利	2012.06.03
贵州茅台酒(澳门回归纪念)1瓶	500ml	51,750	北京传是	2012.05.17
贵州茅台酒(陈年飞天牌)(1995年—1997年)2瓶	500ml/瓶	57,500	北京传是	2012.05.17
贵州茅台酒(大飞天)(1978年-1985年)6瓶 53°	540ml/瓶	115,000	北京保利	2012.06.03
贵州茅台酒(地方国营)1985年 6瓶	540ml/瓶	138,000	北京保利	2012.06.03
贵州茅台酒(飞天牌 五星牌)(1990年—1992年)15瓶	500ml/瓶	92,000	北京传是	2012.05.17
贵州茅台酒(飞天牌 五星牌)(1993年—1994年)15瓶	500ml/瓶	86,250	北京传是	2012.05.17
贵州茅台酒(飞天牌 五星牌)(1995年—1996年)15瓶	500ml/瓶	80,500	北京传是	2012.05.17
贵州茅台酒(飞天牌 五星牌)1999年 30瓶	500ml/瓶	126,500	北京传是	2012.05.17
贵州茅台酒(飞天牌 五星牌)2000年 30瓶	500ml/瓶	126,500	北京传是	2012.05.17
贵州茅台酒(飞天牌 五星牌)2001年 20瓶	500ml/瓶	69,000	北京传是	2012.05.17
贵州茅台酒(飞天牌 五星牌)2002年 20瓶	500ml/瓶	63,250	北京传是	2012.05.17
贵州茅台酒(飞天牌 五星牌)2003年 20瓶	500ml/瓶	63,250	北京传是	2012.05.17
贵州茅台酒(飞天牌)(1977年—1982年)10瓶	270ml/瓶	74,750	北京传是	2012.05.17
贵州茅台酒(飞天牌)(1977年—1982年)6瓶	540ml/瓶	115,000	北京传是	2012.05.17

拍品名称	物品尺寸	成交价RMB	拍卖公司	拍卖日期
贵州茅台酒(飞天牌)(1982年—1984年)6瓶	540ml/瓶	115,000	北京传是	2012.05.17
贵州茅台酒(飞天牌)(1984年—1986年)10瓶	270ml/瓶	69,000	北京传是	2012.05.17
贵州茅台酒(飞天牌)(1985年—1989年)10瓶	500ml/瓶	126,500	北京传是	2012.05.17
贵州茅台酒(飞天牌)(80年代) 20瓶 53°	540ml/瓶	644,000	北京歌德	2012.06.03
贵州茅台酒(飞天牌)1966年 1瓶	540ml	92,000	北京传是	2012.05.17
贵州茅台酒(飞天牌)1994年 15瓶	375ml/瓶	66,700	北京传是	2012.05.17
贵州茅台酒(飞天牌)80年代 15瓶 53°	540ml/瓶	494,500	北京歌德	2012.06.03
贵州茅台酒(飞天牌五星牌)1997年 30瓶	500ml/瓶	138,000	北京传是	2012.05.17
贵州茅台酒(国庆50周年盛典茅台纪念酒)1999年 1瓶	500ml	103,500	北京传是	2012.05.17
贵州茅台酒(国庆50周年盛典茅台纪念酒)1999年 6瓶	540ml/瓶	138,000	北京传是	2012.05.17
贵州茅台酒(黄酱)(1982-1983年) 2瓶	540ml/瓶	149,500	北京保利	2012.06.03
贵州茅台酒(酱茅)(1985年-1986年)6瓶 约54°	540ml/瓶	287,500	北京保利	2012.06.03
贵州茅台酒(葵花牌)70年代初 2瓶		57,500	北京传是	2012.05.17
贵州茅台酒(铁盖茅台)(1987年-1988年)30瓶	540ml/瓶	322,000	北京保利	2012.06.03
贵州茅台酒(铁盖茅台)(1993年-1994年)30瓶	540ml/瓶	172,500	北京保利	2012.06.03
贵州茅台酒(铁盖茅台)(1995年-1996年)30瓶	500ml/瓶	149,500	北京保利	2012.06.03
贵州茅台酒(铁盖茅台)1987年 6瓶 54°	500ml/瓶	80,500	北京保利	2012.06.03
贵州茅台酒(铁盖茅台)1988年 6瓶 53°	500ml/瓶	74,750	北京保利	2012.06.03
贵州茅台酒(铁盖茅台)1990年 6瓶	500ml/瓶	51,750	北京保利	2012.06.03
贵州茅台酒(五星)(1983-1986年)6瓶	540ml/瓶	115,000	北京传是	2012.05.17
贵州茅台酒(五星黄酱)1982年 1瓶	540ml/瓶	69,000	北京传是	2012.05.17
贵州茅台酒(五星牌) 80年代初期 100瓶	540ml/瓶	4,945,000	北京歌德	2012.06.03
贵州茅台酒(五星牌)(1983年-1986年) 6瓶	540ml/瓶	126,500	北京传是	2012.05.17
贵州茅台酒(五星牌)(1983年-1986年)12瓶 53°	540ml/瓶	391,000	北京歌德	2012.06.03
贵州茅台酒(五星牌)(1983年—1986年)2瓶 53°	540ml/瓶	69,000	北京歌德	2012.06.03
贵州茅台酒(五星牌)(1983年-1986年)30瓶 53°	540ml/瓶	1,069,500	北京歌德	2012.06.03
贵州茅台酒(五星牌)(1983年-1986年)4瓶 53°	540ml/瓶	138,000	北京歌德	2012.06.03
贵州茅台酒(五星牌)(1983年-1986年)50瓶 53°	540ml/瓶	2,070,000	北京歌德	2012.06.03
贵州茅台酒(五星牌)(1987年-1990年)4瓶 53°	500ml/瓶	89,700	北京歌德	2012.06.03
贵州茅台酒(五星牌)(80年代初期) 20瓶 53°	540ml/瓶	828,000	北京歌德	2012.06.03
贵州茅台酒(五星牌)(80年代初期) 50瓶 53°	540ml/瓶	2,530,000	北京歌德	2012.06.03
贵州茅台酒(五星牌)(80年代中期) 3瓶 53°	540ml/瓶	230,000	北京歌德	2012.06.03
贵州茅台酒(五星牌)1985年 6瓶	540ml/瓶	115,000	北京传是	2012.05.17
贵州茅台酒(五星牌)80年代初 6瓶	540ml/瓶	138,000	北京传是	2012.05.17
贵州茅台酒(五星牌)80年代初期 10瓶 53°	540ml/瓶	471,500	北京歌德	2012.06.03

拍品名称	物品尺寸	成交价RMB	拍卖公司	拍卖日期
贵州茅台酒(五星牌)80年代初期4瓶 53°	540ml/瓶	155,250	北京歌德	2012.06.03
贵州茅台酒(香港回归纪念)1997年 12瓶	500ml/瓶	943,000	北京传是	2012.05.17
贵州茅台酒(一七〇四)(80年代末期) 2瓶 53°	500ml/瓶	69,000	北京歌德	2012.06.03
贵州茅台酒(约1978-1985年)飞天牌 6瓶	540ml/瓶	138,000	北京保利	2012.01.07
贵州茅台酒(约1980-1985年)飞天牌 6瓶	270ml/瓶	57,500	北京保利	2012.01.07
贵州茅台酒(珍品飞天牌)(1993年—1994年)10瓶	500ml/瓶	74,750	北京传是	2012.05.17
贵州茅台酒(珍品飞天牌)(1995年—1996年)10瓶	500ml/瓶	74,750	北京传是	2012.05.17
贵州茅台酒(珍品飞天牌)(1999年—2000年)10瓶	500ml/瓶	51,750	北京传是	2012.05.17
贵州茅台酒1974年 1瓶 53°	540ml	63,250	北京保利	2012.06.03
贵州茅台酒1999年 12瓶	500ml/瓶	51,750	北京保利	2012.06.03
贵州茅台酒2000年 30瓶 53°	500ml/瓶	149,500	北京保利	2012.01.07
贵州茅台酒三十年陈酿(1999年-2001年)6瓶	500ml/瓶	92,000	西泠拍卖	2012.07.07
贵州茅台酒五十年陈酿(1998年-2001年) 6瓶	500ml/瓶	166,750	西泠拍卖	2012.07.07
汉帝茅台酒1992年 53° 1瓶	500ml	8,970,000	北京保利	2012.06.03
黄酱茅台 (1983年-1986年)1瓶	540ml	69,000	南京经典	2012.07.15
黄釉大飞天茅台酒(1983年) 1瓶	540ml	115,000	西泠拍卖	2012.07.07
黄釉酱瓶飞天茅台酒 (1983年—1986年)1瓶	540ml	162,150	南京经典	2012.01.08
黄釉酱瓶茅台酒 (1983年—1986年)1瓶	540ml	74,750	南京经典	2012.01.08
酒贵州茅台酒(五星牌)(1987年-1989年)10瓶	500ml/瓶	89,700	北京传是	2012.05.17
酒贵州茅台酒(珍品飞天牌)(1990年—1992年)10瓶	500ml/瓶	74,750	北京传是	2012.05.17
葵花茅台 1974年 2瓶	540ml/瓶	57,500	南京经典	2012.07.15
葵花茅台 1978年 2瓶	540ml/瓶	69,000	南京经典	2012.07.15
葵花茅台(1974年-1978年) 2瓶	540ml/瓶	57,500	南京经典	2012.07.15
葵花茅台酒 1978年 2瓶	540ml/瓶	75,900	南京经典	2012.01.08
葵花茅台酒 1978年 2瓶	270ml/瓶	57,500	南京经典	2012.01.08
葵花牌贵州茅台酒(1973年11月)1瓶	540ml	92,000	西泠拍卖	2012.07.07
葵花牌贵州茅台酒(1975年2月)1瓶	540ml	74,750	西泠拍卖	2012.07.07
葵花牌贵州茅台酒(1978年-1979年)2瓶	540ml/瓶	74,750	西泠拍卖	2012.07.07
葵花牌贵州茅台酒(60年代—70年代) 2瓶	540ml	115,000	上海宝龙	2012.06.26
葵花牌贵州茅台酒(三大葵花)70年代 2瓶	540ml/瓶	161,000	上海宝龙	2012.06.26
葵花牌贵州茅台酒(小葵花)(70年代-80年代) 4瓶	270ml/瓶	92,000	上海宝龙	2012.06.26
葵花牌贵州茅台酒(小葵花)(70年代-80年代) 6瓶	270ml/瓶	92,000	上海宝龙	2012.06.26
葵花牌贵州茅台酒(约1967年) 1瓶	270ml	575,000	西泠拍卖	2012.07.07
葵花牌贵州茅台酒(约1968年-1974年) 1瓶	545ml	212,750	西泠拍卖	2012.07.07
葵花牌贵州茅台酒(约1972年) 1瓶	540ml	92,000	西泠拍卖	2012.07.07
茅台酒礼盒(50年陈酿)2011年 3瓶	500ml/瓶	71,300	上海宝龙	2012.06.26
内销黄釉土陶瓶茅台酒1960年 1瓶 53°	540ml	402,500	上海宝龙	2012.06.26
三大革命 茅台酒(1977年—1980年)4瓶	540ml/瓶	103,500	南京经典	2012.01.08
三大革命 茅台酒1973年 2瓶	540ml/瓶	51,750	南京经典	2012.01.08
三大革命 茅台酒1979年 2瓶	540ml/瓶	60,950	南京经典	2012.01.08

拍品名称	物品尺寸	成交价RMB	拍卖公司	拍卖日期
三大革命 茅台酒1979年 4瓶	540ml/瓶	88,550	南京经典	2012.01.08
三大革命 茅台酒1982年	540ml/瓶	80,500	南京经典	2012.01.08
特供五星牌贵州茅台酒(黄酱)80年代 1瓶 53°	540ml	63,250	上海宝龙	2012.06.26
特供五星牌贵州茅台酒(酱茅)80年代 1瓶 53°	540ml	80,500	上海宝龙	2012.06.26
特供五星牌贵州茅台酒(酱茅)80年代 2瓶 53°	540ml	138,000	上海宝龙	2012.06.26
铁盖 茅台1987年 12瓶	500ml/瓶	190,900	南京经典	2012.01.08
铁盖 茅台酒(1987年—1989年)12瓶	500ml/瓶	161,000	南京经典	2012.01.08
铁盖 茅台酒1986年 12瓶	500ml/瓶	299,000	南京经典	2012.01.08
铁盖 茅台酒1988年 12瓶	500ml/瓶	197,800	南京经典	2012.01.08
土陶瓶茅台1960年 1瓶	540ml	322,000	南京经典	2012.07.15
五星牌、飞天牌贵州茅台酒(1979年-1986年)30瓶	540ml/瓶	552,000	西泠拍卖	2012.07.07
五星牌、飞天牌贵州茅台酒(1990年-1992年)30瓶	500ml/瓶	207,000	西泠拍卖	2012.07.07
五星牌、飞天牌贵州茅台酒(1993年-1994年) 30瓶	500ml/瓶	161,000	西泠拍卖	2012.07.07
五星牌、飞天牌贵州茅台酒(1995年-1996年)30瓶	500ml/瓶	138,000	西泠拍卖	2012.07.07
五星牌矮口木塞白瓷瓶贵州茅台酒1966年 1瓶 53°	540ml	92,000	上海宝龙	2012.06.26
五星牌矮口木塞青釉土陶瓶贵州茅台酒 70年代 1瓶	540ml/瓶	126,500	上海宝龙	2012.06.26
五星牌出口白瓷瓶贵州茅台酒50年代末 1瓶 53°	540ml	552,000	上海宝龙	2012.06.26
五星牌贵州茅台酒(1983年)6瓶	540ml/瓶	115,000	西泠拍卖	2012.07.07
五星牌贵州茅台酒(1983年-1985年)6瓶	270ml/瓶	57,500	西泠拍卖	2012.07.07
五星牌贵州茅台酒(1983年-1986年) 30瓶	540ml/瓶	621,000	西泠拍卖	2012.07.07
五星牌贵州茅台酒(1983年-1986年) 6瓶	540ml/瓶	126,500	西泠拍卖	2012.07.07
五星牌贵州茅台酒(1983年-1986年)30瓶	540ml/瓶	552,000	西泠拍卖	2012.07.07
五星牌贵州茅台酒(1987年-1988年)30瓶	500ml/瓶	333,500	西泠拍卖	2012.07.07
五星牌贵州茅台酒(1987年-1990年) 30瓶 53°	540ml/瓶	287,500	北京保利	2012.01.07
五星牌贵州茅台酒(1987年-1990年)30瓶	500ml/瓶	287,500	西泠拍卖	2012.07.07
五星牌贵州茅台酒(1989年-1990年)30瓶	500ml/瓶	310,500	西泠拍卖	2012.07.07
五星牌贵州茅台酒(1991年-1992年)30瓶	500ml/瓶	253,000	西泠拍卖	2012.07.07
五星牌贵州茅台酒(1995年-1996年)30瓶	500ml/瓶	172,500	西泠拍卖	2012.07.07
五星牌贵州茅台酒(1997年3月)12瓶	500ml/瓶	63,250	西泠拍卖	2012.07.07
五星牌贵州茅台酒(地方国营)(1983年-1986年)12瓶 约54°	540ml/瓶	264,500	北京保利	2012.01.07
五星牌贵州茅台酒(地方国营)1986年 6瓶	540ml/瓶	126,500	北京保利	2012.01.07
五星牌贵州茅台酒(地方国营)80年代 10瓶	540ml/瓶	195,500	上海宝龙	2012.06.26
五星牌贵州茅台酒(黄茅)(1983年-1984年)2瓶	540ml/瓶	155,250	西泠拍卖	2012.07.07
五星牌贵州茅台酒(黄茅、酱茅)(1983年-1986年)4瓶	540ml/瓶	195,500	西泠拍卖	2012.07.07
五星牌贵州茅台酒(酱茅)(约1984年-1986年)6瓶	540ml/瓶	304,750	西泠拍卖	2012.07.07

2012杂项拍卖成交汇总

(成交价RMB：5万元以上)

拍品名称	物品尺寸	成交价RMB	拍卖公司	拍卖日期
五星牌贵州茅台酒(三大革命)(1979年–1982年)6瓶	540ml/瓶	138,000	西泠拍卖	2012.07.07
五星牌贵州茅台酒(三大革命)(70年代—80年代)2瓶	540ml/瓶	51,750	上海宝龙	2012.06.26
五星牌贵州茅台酒(三大革命)(70年代—80年代)6瓶	540ml/瓶	138,000	上海宝龙	2012.06.26
五星牌贵州茅台酒(土陶瓶)(1960年1月)1瓶	540ml	402,500	西泠拍卖	2012.07.07
五星牌贵州茅台酒(约1972年、1977年)2瓶	540ml/瓶	57,500	西泠拍卖	2012.07.07
五星牌贵州茅台酒(约1985年–1986年)(酱茅)2瓶	540ml/瓶	103,500	西泠拍卖	2012.07.07
五星牌贵州茅台酒1959年 1瓶约54°	约837g	483,000	北京保利	2012.06.03
五星牌贵州茅台酒1972年 1瓶约54°	约961g	115,000	北京保利	2012.06.03
五星牌贵州茅台酒1986年 6瓶	540ml/瓶	126,500	西泠拍卖	2012.07.07
五星牌贵州茅台酒1987年 6瓶	500ml/瓶	69,000	西泠拍卖	2012.07.07
五星牌贵州茅台酒1987年6瓶54°	500ml/瓶	57,500	北京保利	2012.01.07
五星牌贵州茅台酒1989年 6瓶	500ml/瓶	63,250	西泠拍卖	2012.07.07
五星牌茅台酒(1968年12月)(木塞黄釉瓶)1瓶	540ml	126,500	西泠拍卖	2012.07.07
五星牌内销黄釉土陶瓶茅台酒58年 1瓶 53°	540ml	322,000	上海宝龙	2012.06.26
白皮茅台 1996年产 10瓶		71,300	长风拍卖	2012.09.17
白皮茅台 1997年产 10瓶		71,300	长风拍卖	2012.09.17
白皮茅台 1999年产 10瓶		62,100	长风拍卖	2012.09.17
大飞天贵州茅台酒(1983年–1985年)6瓶		126,500	北京保利	2012.12.04
地方国营贵州茅台酒 1983年		138,000	北京保利	2012.12.04
地方国营贵州茅台酒 1985年 6瓶		132,250	北京保利	2012.12.04
地方国营贵州茅台酒 1986年 6瓶		132,250	北京保利	2012.12.04
地方国营茅台 (1983年–1986年)(五瓶)		86,250	长风拍卖	2012.09.17
地方国营茅台 (1984年–1985年)(四瓶)		89,700	长风拍卖	2012.09.17
地方国营茅台(全棉纸)(1983年–1986年) (三瓶)		63,250	长风拍卖	2012.09.17
地方国营茅台(全棉纸)(1983年–1986年)(四瓶)		126,500	长风拍卖	2012.09.17
飞天茅台 1992年产 6瓶	375ml/瓶	55,200	长风拍卖	2012.09.17
飞天茅台 80年代初产 4瓶		92,000	长风拍卖	2012.09.17
飞天茅台 90年代产 12瓶	200ml/瓶	57,500	长风拍卖	2012.09.17
飞天牌贵州茅台酒(1993年–1996年)30瓶	500ml/瓶	189,750	北京保利	2012.12.04
飞天牌贵州茅台酒(1997年–1998年)30瓶	500ml/瓶	161,000	北京保利	2012.12.04
飞天牌贵州茅台酒(1999年–2000年)30瓶	500ml/瓶	149,500	北京保利	2012.12.04
贵州茅台酒 1999年 12瓶		72,450	北京保利	2012.12.04
贵州茅台酒(1997年–2000年)30瓶	500ml/瓶	143,750	北京保利	2012.12.04
贵州茅台酒(1999年–2000年)30瓶	500ml/瓶	143,750	北京保利	2012.12.04
贵州茅台酒(30年陈酿) (1998年–2000年)6瓶	500ml/瓶	89,700	北京保利	2012.12.04
贵州茅台酒(50年陈酿)2003年 6瓶	500ml/瓶	161,000	北京保利	2012.12.04
贵州茅台酒(50年陈酿)(1999年–2001年)6瓶	500ml/瓶	166,750	北京保利	2012.12.04
贵州茅台酒(黄釉大飞天)1983年1瓶		126,500	北京保利	2012.12.04
贵州茅台酒(黄釉瓶酱茅)(1982年–1983年)2瓶		155,250	北京保利	2012.12.04
贵州茅台酒(酱茅)(1985年–1986年)6瓶		920,000	北京保利	2012.12.04

拍品名称	物品尺寸	成交价RMB	拍卖公司	拍卖日期
贵州茅台酒(铁盖茅台) 1988年 6瓶	500ml/瓶	69,000	北京保利	2012.12.04
贵州茅台酒(铁盖茅台) 1990年 6瓶	500ml/瓶	51,750	北京保利	2012.12.04
贵州茅台酒(铁盖茅台)(1989年–1990年)		287,500	北京保利	2012.12.04
贵州茅台酒(铁盖茅台)(1990年–1992年)30瓶	200ml/瓶	92,000	北京保利	2012.12.04
贵州茅台酒(铁盖茅台)(1993年–1994年)30瓶	500ml/瓶	189,750	北京保利	2012.12.04
贵州茅台酒(铁盖茅台)(1995年–1996年)30瓶	500ml/瓶	166,750	北京保利	2012.12.04
贵州茅台酒(珍品) (1991年–1992年) 6瓶	500ml/瓶	51,750	北京保利	2012.12.04
酱色茅台 (1985年–1986年)2瓶		103,500	长风拍卖	2012.09.17
酱色茅台 (1985年–1986年)2瓶		86,250	长风拍卖	2012.09.17
葵花茅台 (70年代初)1瓶		109,250	长风拍卖	2012.09.17
葵花牌贵州茅台酒 80年代初 2瓶		74,750	北京保利	2012.12.04
葵花牌茅台酒 70年代初 1瓶		92,000	北京保利	2012.12.04
三大革命贵州茅台酒 (1979年–1980年)6瓶		172,500	北京保利	2012.12.04
三大革命茅台(1978年–1983年)3瓶		63,250	长风拍卖	2012.09.17
三大革命茅台 1981年 4瓶		109,250	长风拍卖	2012.09.17
五星茅台 (1987年–1990年)10瓶		87,400	长风拍卖	2012.09.17
五星茅台 1988年产 6瓶		69,000	长风拍卖	2012.09.17
五星牌贵州茅台酒 1991年 6瓶	500ml/瓶	50,600	北京保利	2012.12.04
五星牌贵州茅台酒(1991年–1992年)30瓶	500ml/瓶	218,500	北京保利	2012.12.04
五星牌贵州茅台酒(1993年–1996年)30瓶	500ml/瓶	178,250	北京保利	2012.12.04
五星牌贵州茅台酒(1997年`–1998年)30瓶	500ml/瓶	143,750	北京保利	2012.12.04
五星牌贵州茅台酒(酱釉) 1968年1瓶		126,500	北京保利	2012.12.04
珍品茅台90年代 8瓶	500ml/瓶	57,500	南京经典	2012.07.15
酱茅(1982年–1986年) 4瓶	500ml/瓶	161,000	南京经典	2012.07.15
长江大桥五粮液(1977年–1980年) 6瓶 约60°	540ml/瓶	59,800	北京保利	2012.01.07
塑盖五粮液80年代 12瓶	500ml/瓶	55,200	南京经典	2012.07.15
长城牌五粮液(1993年–1995年)30瓶	500ml/瓶	69,000	西泠拍卖	2012.07.07
长城牌五粮液(1993年–1995年)30瓶	500ml/瓶	81,650	北京保利	2012.12.04
长城牌五粮液(1993年–1997年)30瓶	500ml/瓶	63,250	西泠拍卖	2012.07.07
长城牌五粮液(1996年–1997年)30瓶	500ml/瓶	66,700	西泠拍卖	2012.07.07
长江大桥牌五粮液(1977年–1979年)6瓶	540ml/瓶	86,250	西泠拍卖	2012.07.07
红旗牌五粮液 1971年产 1瓶	重871g	161,000	长风拍卖	2012.09.17
交杯牌等五粮液(1984年–1993年)30瓶	500ml/瓶	161,000	北京保利	2012.12.04
交杯牌五粮液(1971年9月) 1瓶	540ml	80,500	西泠拍卖	2012.07.07
交杯牌五粮液(1981年–1986年)12瓶	500ml/瓶	92,000	西泠拍卖	2012.07.07
交杯牌五粮液(圆鼓瓶)(1981年–1986年)30瓶	540ml/瓶	172,500	西泠拍卖	2012.07.07
双环牌五粮液 1990年产 10瓶		69,000	长风拍卖	2012.09.17
五粮液(1985年–1990年)80瓶	540ml/瓶	402,500	西泠拍卖	2012.07.07
五粮液(1993年–1995年) 30瓶	500ml/瓶	69,000	北京保利	2012.06.03
五粮液(出口日本)(1988年—1989年)10瓶		97,750	长风拍卖	2012.09.17
五粮液(对称标)(1989年—1990年)10瓶		74,750	长风拍卖	2012.09.17
五粮液(红旗牌)1971年 60° 1瓶	500ml	115,000	北京歌德	2012.06.03

拍品名称	物品尺寸	成交价RMB	拍卖公司	拍卖日期
五粮液(交杯牌)(1982年-1986年)30瓶 约60°	约540ml/瓶	184,000	北京保利	2012.06.03
五粮液(交杯牌)1965年 1瓶	500ml	345,000	北京歌德	2012.06.03
五粮液(交杯牌)1968年 1瓶	500ml	115,000	北京歌德	2012.06.03
五粮液(交杯牌)80年代 15瓶	500ml/瓶	126,500	北京歌德	2012.06.03
五粮液(交杯牌、优质牌)(1985年－1992年) 20瓶	500ml/瓶	109,250	北京歌德	2012.06.03
五粮液(优质牌)(80年代末至90年代初) 10瓶	500ml/瓶	64,400	北京歌德	2012.06.03
五粮液(圆鼓瓶)(1984-1993年)30瓶 52° -60°	540ml/瓶	172,500	北京保利	2012.01.07
五粮液(圆鼓瓶)(1987年-1993年)30瓶 52° /60°	540ml/瓶	115,000	北京保利	2012.06.03
五粮液(圆鼓瓶)(1988年-1990年)12瓶 52° /60°	540ml/瓶	57,500	北京保利	2012.06.03
五粮液1985年 20瓶	540ml/瓶	178,250	北京歌德	2012.06.03
五粮液1992年 40瓶	500ml/瓶	304,750	北京歌德	2012.06.03
五粮液72° 封坛酒青花坛	6 L	216,200	中贸圣佳	2012.07.22
五粮液80年代 12瓶	500ml/瓶	55,200	南京经典	2012.07.15
五粮液单环牌 1991年产 12瓶		69,000	长风拍卖	2012.09.17
五粮液单环牌 1992年 12瓶		65,550	长风拍卖	2012.09.17
优质牌五粮液(1985年-1987年)12瓶	540ml/瓶	80,500	西泠拍卖	2012.07.07
优质牌五粮液(1985年-1989年)12瓶	540ml/瓶	74,750	西泠拍卖	2012.07.07
优质牌五粮液(1988年-1990年)12瓶	540ml/瓶	69,000	西泠拍卖	2012.07.07
优质牌五粮液(1991年-1993年)12瓶	500ml/瓶	55,200	西泠拍卖	2012.07.07
优质牌五粮液(圆鼓瓶)(1987年-1993年) 30瓶	500ml/瓶	149,500	西泠拍卖	2012.07.07
优质牌五粮液(圆鼓瓶)(1987年-1993年)30瓶	500ml/瓶	161,000	西泠拍卖	2012.07.07
优质五粮液(1998年-2000年) 30瓶	500ml/瓶	57,500	北京保利	2012.01.07
优质五粮液80年代 12瓶	500ml/瓶	55,200	南京经典	2012.07.15
圆鼓瓶五粮液(1985年-1988年)12瓶	540ml/瓶	71,300	北京保利	2012.12.04
圆鼓瓶五粮液(1987年-1992年)30瓶	500ml/瓶	143,750	北京保利	2012.12.04
圆鼓瓶五粮液(1988年-1990年)12瓶	540ml/瓶	64,400	北京保利	2012.12.04
圆鼓瓶五粮液(1990年-1993年)30瓶	500ml/瓶	132,250	北京保利	2012.12.04
董酒(白标塑盖)80年代 20瓶 60°		80,500	上海宝龙	2012.06.26
董酒(董牌)(1991年－1993年)30瓶 59°	500ml/瓶	63,250	北京歌德	2012.06.03
董酒(董牌)1992年 24瓶 59°	500ml/瓶	55,200	北京歌德	2012.06.03
董酒(董牌)1993年 24瓶 59°	500ml/瓶	57,500	北京歌德	2012.06.03
董酒(董牌)80年代末 20瓶 59°	500ml/瓶	92,000	北京歌德	2012.06.03
董酒(红城牌)1967年 1瓶 59°	500ml/瓶	1,173,000	北京歌德	2012.06.03
董酒--1981年千斤原封原坛原浆		6,095,000	北京歌德	2012.06.03
1993年红标董酒 (24瓶)	500ml/瓶	52,900	北京保利	2012.12.04
郎酒(郎牌)(1993年－1996年) 50瓶	500ml/瓶	71,300	北京歌德	2012.06.03
郎酒(郎牌)1997年 48瓶	500ml/瓶	59,800	北京歌德	2012.06.03
郎酒(郎泉牌)80年代 20瓶	540ml/瓶	92,000	北京歌德	2012.06.03
泸州老窖特曲(泸州牌)90年代40瓶	500ml/瓶	57,500	北京歌德	2012.06.03
泸州老窖特曲(泸州牌)90年代40瓶	500ml/瓶	74,750	北京歌德	2012.06.03
泸州老窖特曲(泸州牌)80年代40瓶	250ml/瓶	57,500	北京歌德	2012.06.03
泸州老窖特曲(工农牌)70年代末至80年代初 9瓶 60°	500ml/瓶	82,800	北京歌德	2012.06.03
泸州老窖特曲(工农牌)80年代 10瓶	500ml/瓶	66,700	北京歌德	2012.06.03
1989年泸州老窖老酒 (两坛)	重175kg；重182kg	2,599,000	北京歌德	2012.12.02

拍品名称	物品尺寸	成交价RMB	拍卖公司	拍卖日期
1984年泸州老窖老酒 (两坛)	重186kg；重187kg	3,093,500	北京歌德	2012.12.02
1979年泸州老窖老酒 (两坛)	重186kg；重208kg	4,715,000	北京歌德	2012.12.02
1963年泸州老窖老酒 (两坛)	重176kg；重187kg	6,440,000	北京歌德	2012.12.02
1952年泸州老窖老酒 (两坛)	重185kg；重198kg	10,350,000	北京歌德	2012.12.02
1988年泸州老窖特曲 (20瓶)	550ml/瓶	63,250	北京保利	2012.12.04
西凤酒(凤凰牌)(80年代中)20瓶	500ml/瓶	57,500	北京歌德	2012.06.03
习水大曲(习水牌、二郎滩牌)80年代 16瓶	500ml/瓶	80,500	北京歌德	2012.06.03
60年代产红卫牌习水大曲 1瓶		172,500	长风拍卖	2012.09.17
鸭溪窖(鸭溪牌)1985年 20瓶	500ml/瓶	57,500	北京歌德	2012.06.03
中国名酒纪念珍藏2009年 17瓶		57,500	北京歌德	2012.06.03
竹叶青(古井亭牌)80年代 45° 30瓶	500ml/瓶	71,300	北京歌德	2012.06.03
剑南春 80年代末 24瓶 52°		57,500	北京歌德	2012.06.03
1996-1998年莲花瓶剑南春 (24瓶)	500ml/瓶	63,250	北京保利	2012.12.04
1990-1994年莲花瓶剑南春 (30瓶)	500ml/瓶	52,900	北京保利	2012.12.04
古井亭牌汾酒80年代末 20瓶 60°	500ml/瓶	51,750	北京歌德	2012.06.03
古井亭牌汾酒(1991年－1994年)50瓶 60°	500ml/瓶	69,000	北京歌德	2012.06.03
古井亭牌汾酒(1987年之前)30瓶 60°	500ml/瓶	86,250	北京歌德	2012.06.03
汾酒组合(80年代) 120瓶	500ml/瓶	138,000	西泠拍卖	2012.07.07
汾酒组合(90年代) 100瓶	500ml/瓶	86,250	西泠拍卖	2012.07.07
1986年汾酒 (24瓶)	540ml/瓶	59,800	北京保利	2012.12.04
1992年汾酒 (40瓶)	500ml/瓶	57,500	北京保利	2012.12.04
1958年产古井贡酒 (一瓶)	877g	356,500	长风拍卖	2012.09.17
西凤酒(80年代-90年代)30瓶		69,000	西泠拍卖	2012.07.07
八大名酒 8瓶		103,500	上海宝龙	2012.06.26
洋河大曲1991年 48° 57瓶		71,300	南京经典	2012.01.08
洋河普曲80年代 约55° 74瓶	500ml/瓶	65,550	南京经典	2012.07.15
80年代八大名酒 16瓶		89,700	北京保利	2012.12.04
80-90年代同仁堂如意长生酒48瓶		57,500	北京保利	2012.12.04
2002年-2012年景芝十年原浆酒 1瓶		109,250	北京保利	2012.12.04
中国名酒纪念珍藏酒 17瓶		64,400	北京保利	2012.12.04
中国名酒纪念珍藏酒 17瓶		65,550	北京保利	2012.12.04
1992年、1995年总统赠酒 2瓶		184,000	北京保利	2012.12.04
陆军总司令部赠酒 4瓶		112,700	北京保利	2012.12.04
公卖局仿故宫瓷瓶系列 15瓶		66,700	北京保利	2012.12.04
民国裕源泰高粱酒 50% 1瓶	235g	87,400	西泠拍卖	2012.07.07
日本 龙文堂造金银镶嵌葡萄栗鼠银嘴铁壶	带把高29.5cm	74,750	西泠拍卖	2012.07.07
蒙哈榭 1999 2瓶	750ML/瓶	71,300	北京歌德	2012.06.02
圣维旺 2006 6瓶	750ML/瓶	50,600	北京歌德	2012.06.02
美国哈兰园 1997 6瓶	750ML/瓶	57,500	北京歌德	2012.06.02
依瑟索 1993 12瓶	750ML/瓶	101,200	北京歌德	2012.06.02
奥比昂 1982 12瓶	750ML/瓶	98,900	北京歌德	2012.06.02
白马 1990 8瓶	750ML/瓶	80,500	北京歌德	2012.06.02
白马 2000 6瓶	1500ML/瓶	109,250	北京歌德	2012.06.02
白马1953 12瓶	750ML	90,850	北京歌德	2012.06.02
白马1955 12瓶		65,550	北京歌德	2012.06.02
柏图斯 1986 Petrus 1瓶	6000ML	149,500	北京歌德	2012.06.02
柏图斯 1989 Petrus Pomerol 12瓶	750ML/瓶	195,500	北京歌德	2012.06.02
柏图斯 2003 Petrus Pomerol12瓶	750ML/瓶	201,250	北京歌德	2012.06.02
波尔多九大名庄套 2005 9瓶	750ML/瓶	103,500	北京歌德	2012.06.02
波尔多九大名庄套 2006 9瓶	750ML/瓶	74,750	北京歌德	2012.06.02
波尔多七大名庄套 1982 7瓶	750ML/瓶	109,250	北京歌德	2012.06.02
英国格兰菲迪1961 1瓶 43.8°		112,700	北京歌德	2012.06.02
英国格兰菲迪40年年份纪念酒(2009年)1瓶 46.6°		55,200	北京歌德	2012.06.02

2012杂项拍卖成交汇总

(成交价RMB：5万元以上)

拍品名称	物品尺寸	成交价RMB	拍卖公司	拍卖日期
英国格兰菲迪50年年份纪念酒(2011年)1瓶 46°		184,000	北京歌德	2012.06.02
拉菲1893 1瓶	750ml	75,900	北京歌德	2012.06.02
拉菲 1894 1瓶	750ML/瓶	97,750	北京歌德	2012.06.02
拉菲 1961-2008 48瓶	750ML/瓶	575,000	北京歌德	2012.06.02
拉菲 1973 12瓶	750ML/瓶	92,000	北京歌德	2012.06.02
拉菲 1975 12瓶	750ML/瓶	82,800	北京歌德	2012.06.02
拉菲 1979 3瓶	3000ML	82,800	北京歌德	2012.06.02
拉菲 1982 12瓶	750ML/瓶	483,000	北京歌德	2012.06.02
拉菲 1982 12瓶	750ML/瓶	477,250	北京歌德	2012.06.02
拉菲 1986 5瓶	750ML/瓶	83,950	北京歌德	2012.06.02
拉菲 1988 12瓶	750ML/瓶	100,050	北京歌德	2012.06.02
拉菲 1989 12瓶	750ML/瓶	102,350	北京歌德	2012.06.02
拉菲 1993 12瓶	750ML/瓶	109,250	北京歌德	2012.06.02
拉菲 1999 4瓶	1500ML/瓶	66,700	北京歌德	2012.06.02
拉菲 1999 12瓶	750ML	103,500	北京歌德	2012.06.02
拉菲 2000 12瓶	750ML/瓶	230,000	北京歌德	2012.06.02
拉菲 2000 6瓶	1500ML/瓶	224,250	北京歌德	2012.06.02
拉菲 2000 12瓶	750ML/瓶	218,500	北京歌德	2012.06.02
拉菲 2001 12瓶	750ML/瓶	109,250	北京歌德	2012.06.02
拉菲 2002 12瓶	750ML/瓶	103,500	北京歌德	2012.06.02
拉菲 2003 5瓶	1500ML/瓶	110,400	北京歌德	2012.06.02
拉菲 2004 12瓶	750ML/瓶	102,350	北京歌德	2012.06.02
拉菲 2008 6瓶	750ML/瓶	57,500	北京歌德	2012.06.02
拉菲(新头)1982 6瓶	750ML/瓶	253,000	北京歌德	2012.06.02
拉菲1943 12瓶	750ml/瓶	123,050	北京歌德	2012.06.02
拉菲1952 12瓶	750ml/瓶	113,850	北京歌德	2012.06.02
拉菲1953 12瓶	750ml/瓶	253,000	北京歌德	2012.06.02
拉菲1955 12瓶	750ml/瓶	92,000	北京歌德	2012.06.02
拉菲1955 6瓶	1500ml/瓶	227,700	北京歌德	2012.06.02
拉菲珍宝 2000 12瓶	750ML/瓶	53,820	北京歌德	2012.06.02
拉塔希 1962 1瓶	750ML/瓶	92,000	北京歌德	2012.06.02
拉图 1964-2008 45瓶	750ML/瓶	414,000	北京歌德	2012.06.02
拉图 1983 12瓶	750ML/瓶	57,500	北京歌德	2012.06.02
拉图 1994 24瓶	750ML/瓶	97,750	北京歌德	2012.06.02
拉图 1996 12瓶	750ML/瓶	110,400	北京歌德	2012.06.02
拉图 1996 12瓶	750ML/瓶	78,200	北京歌德	2012.06.02
拉图 1997 24瓶	750ML/瓶	82,800	北京歌德	2012.06.02
拉图1952 12瓶	750ml/瓶	60,950	北京歌德	2012.06.02
拉图1952 6瓶		74,750	北京歌德	2012.06.02
法国第二代路易十三 70年代	700ml/瓶	63,250	南京经典	2012.01.08
白头路易十三 70年代 2瓶	700ml/瓶	57,500	南京经典	2012.07.15
法国路易十三 70年代 2瓶	700ml/瓶	63,250	南京经典	2012.01.08
法国路易十三 70年代 4瓶	700ml/瓶	115,000	南京经典	2012.01.08
法国路易十三 80年代 4瓶	700ml/瓶	117,300	南京经典	2012.01.08
法国第一代路易十三(50年代末)2瓶	700ml/瓶	82,800	南京经典	2012.01.08
法国路易十三黑珍珠(2011年) 1瓶 40°		184,000	北京歌德	2012.06.02
罗曼尼康帝 1972 1瓶	1500ML	112,700	北京歌德	2012.06.02
罗曼尼康帝 1973 1瓶	750ML/瓶	82,800	北京歌德	2012.06.02
罗曼尼康帝 1981 1瓶	750ML/瓶	87,400	北京歌德	2012.06.02
罗曼尼康帝 1989 1瓶	750ml	69,000	北京歌德	2012.06.02
罗曼尼康帝 2003 1瓶	750ML	101,200	北京歌德	2012.06.02
罗曼尼康帝 2008 3瓶	750ML/瓶	272,550	北京歌德	2012.06.02
罗曼尼康帝套组 1985 12瓶	750ML/瓶	408,250	北京歌德	2012.06.02
罗曼尼康帝套组 1988 12瓶	750ML/瓶	293,250	北京歌德	2012.06.02
罗曼尼康帝套组 1990 12瓶	750ML/瓶	540,500	北京歌德	2012.06.02
罗曼尼康帝套组 1991 12瓶	750ML/瓶	256,450	北京歌德	2012.06.02
罗曼尼康帝套组 1995 12瓶	750ML/瓶	281,750	北京歌德	2012.06.02
罗曼尼康帝套组 1995 12瓶	750ML/瓶	287,500	北京歌德	2012.06.02
罗曼尼康帝套组 1996 12瓶	750ML/瓶	299,000	北京歌德	2012.06.02
罗曼尼康帝套组 1996 12瓶	750ML/瓶	299,000	北京歌德	2012.06.02

拍品名称	物品尺寸	成交价RMB	拍卖公司	拍卖日期
罗曼尼康帝套组 1999 12瓶	750ML/瓶	385,250	北京歌德	2012.06.02
罗曼尼康帝套组 1999 12瓶	750ML/瓶	408,250	北京歌德	2012.06.02
罗曼尼康帝套组 2001 12瓶	750ML/瓶	230,000	北京歌德	2012.06.02
马爹利(水晶)干邑(70年代-80年代) 2瓶	700ml/瓶	69,000	上海宝龙	2012.06.26
长颈马爹利干邑30年代 12瓶	700ml/瓶	230,000	上海宝龙	2012.06.26
法国马爹利三星(MARTELL)12瓶	700ml/瓶	115,000	北京传是	2012.05.17
法国50年代马爹利银带 1瓶 40°		80,500	北京歌德	2012.06.02
玛歌 1982 6瓶	750ML/瓶	52,900	北京歌德	2012.06.02
玛歌 1982 1瓶	6000ML	88,550	北京歌德	2012.06.02
玛歌 1986 12瓶	750ML/瓶	69,000	北京歌德	2012.06.02
玛歌 1986 12瓶	750ML/瓶	69,000	北京歌德	2012.06.02
玛歌 1995 12瓶	750ML/瓶	55,200	北京歌德	2012.06.02
玛歌 1996 12 瓶	750ML/瓶	109,250	北京歌德	2012.06.02
木桐1945 拉菲1959 拉图1961 柏翠1982 奥比昂1989 玛歌1990 白马2000 欧颂2003	750ml/瓶 × 8	287,500	北京歌德	2012.06.02
木桐 1853 1瓶	750ML/瓶	51,750	北京歌德	2012.06.02
木桐 1945 1瓶	750ML/瓶	143,750	北京歌德	2012.06.02
木桐 1970 12瓶	750ML/瓶	57,500	北京歌德	2012.06.02
木桐 1982 12瓶	750ML/瓶	138,000	北京歌德	2012.06.02
木桐 1986 12瓶	750ML/瓶	115,000	北京歌德	2012.06.02
木桐 2000 12瓶	750ML/瓶	134,550	北京歌德	2012.06.02
木桐 2000 6瓶	1500ML/瓶	138,000	北京歌德	2012.06.02
木桐 2002 12瓶	750ML/瓶	51,750	北京歌德	2012.06.02
欧颂 2000 12瓶	750ML/瓶	172,500	北京歌德	2012.06.02
欧颂 200512瓶	750ML/瓶	184,000	北京歌德	2012.06.02
白头路易十三 2瓶		89,700	长风拍卖	2012.09.17
白头路易十三 2瓶		86,250	长风拍卖	2012.09.17
白头路易十三 2瓶		86,250	长风拍卖	2012.09.17
白头路易十三 2瓶		92,000	长风拍卖	2012.09.17
轩尼诗XO 8瓶		57,500	长风拍卖	2012.09.17
法国人头马白头路易十三(50年代末至60年代)3瓶 40°		120,750	北京歌德	2012.06.02
法国人头马藤框未知年白头路易十三(50年代)1瓶 40°		57,500	北京歌德	2012.06.02
人头马白头路易十三 50年代末期至60年代 2瓶	700ml/瓶	69,000	北京传是	2012.05.17
人头马白头路易十三60年代 2瓶	700ml/瓶	69,000	北京传是	2012.05.17
人头马纪念酒 1974 6瓶	750ml/瓶	90,850	北京歌德	2012.06.02
人头马路易十三 珍藏组合(80年代、90年代、21世纪)3盒	700ml	57,500	上海宝龙	2012.06.26
人头马路易十三干邑(20世纪60年代)	2瓶	103,500	上海宝龙	2012.06.26
人头马路易十三干邑(20世纪60年代)	2瓶	57,500	上海宝龙	2012.06.26
人头马路易十三干邑(20世纪60年代)	2瓶	97,750	上海宝龙	2012.06.26
轩尼诗(三星)干邑 5瓶		51,750	上海宝龙	2012.06.26
轩尼诗X.O(HENESSY X.O) 6瓶		55,200	北京传是	2012.05.17
李奇堡 1985 3瓶	750ML/瓶	69,000	北京歌德	2012.06.02
古堡 达索2001年 60瓶	60瓶	69,000	中贸圣佳	2012.07.22
拉富2002年 120瓶	120瓶	78,200	中贸圣佳	2012.07.22
伯瑞香槟1947 7瓶	1500ml/瓶	52,900	北京歌德	2012.06.02
法拉宾水晶干邑1888 1瓶	750ml	63,250	北京歌德	2012.06.02
费迪克奈堡1870 1瓶	750ml	63,250	北京歌德	2012.06.02
基督之泪1897 1瓶	750ML	113,850	北京歌德	2012.06.02
金玫瑰1945 12瓶	750ml/瓶	92,000	北京歌德	2012.06.02
克罗夫特年份波特1945 12瓶	750ml/瓶	57,500	北京歌德	2012.06.02
库克香槟1966 2瓶	1500ml/瓶	75,900	北京歌德	2012.06.02
拿破仑干邑1811 1瓶	750ML	92,000	北京歌德	2012.06.02
锡拉库斯酒1850 1瓶	750ML	172,500	北京歌德	2012.06.02
祖科葡萄酒1865 1瓶	750ML	92,000	北京歌德	2012.06.02

拍品名称	物品尺寸	成交价RMB	拍卖公司	拍卖日期
各种瓷瓶洋酒(70年代—90年代)33瓶	700ml/瓶	115,000	北京传是	2012.05.17
参茸药酒(同仁牌)1993年 24瓶	315ml/瓶	57,500	北京歌德	2012.06.03
如意长生酒(同仁牌)80年代 48瓶	350ml/瓶	59,800	北京歌德	2012.06.03
如意长生酒(同仁牌)80年代 48瓶	350ml/瓶	63,250	北京歌德	2012.06.03
同仁堂养生品一组(2瓶和1盒10丸)		103,500	北京歌德	2012.06.03
琼浆(宝塔牌)1992年 5瓶	504ml/瓶	63,250	北京歌德	2012.06.03
琼浆(宝塔牌)1992年 5瓶	504ml/瓶	57,500	北京歌德	2012.06.03
琼浆(同仁堂牌)1994 20瓶		218,500	北京歌德	2012.06.03
茶品				
清 煎茶器一套及金片	尺寸不一	92,000	中国嘉德	2012.05.13
1920-1930年 鸿泰昌圆茶	2800克	448,000	北京荣宝	2012.03.10
1989年 财运亨通砖	4000克	112,000	北京荣宝	2012.03.10
50年代末 绿印圆茶	371克	89,600	北京荣宝	2012.03.10
60年代 兰香散茶	322克	56,000	北京荣宝	2012.03.10
60年代 七子铁饼	2400克	280,000	北京荣宝	2012.08.26
70年代 鼎兴号	400克	76,160	北京荣宝	2012.08.26
70年代 野生乔木茶	200克	53,760	北京荣宝	2012.08.26
皇家御贡普洱金丹 (五坛)		10,752,000	宁波富邦	2012.09.27
皇家御贡普洱金丹 (五坛)		10,976,000	宁波富邦	2012.09.27
金瓜贡茶 (一百二十五块)		2,016,000	宁波富邦	2012.09.27
金瓜贡茶 (一百块)		2,016,000	宁波富邦	2012.09.27
清朝御贡武夷大红袍 (三坛)		8,960,000	宁波富邦	2012.09.27
清朝御贡武夷大红袍 (三坛)		9,856,000	宁波富邦	2012.09.27
清朝御贡武夷大红袍 (五坛)		5,376,000	宁波富邦	2012.09.27
清朝御贡武夷大红袍 (五坛)		6,160,000	宁波富邦	2012.09.27
台湾老茶 (四坛)	48000克	6,944,000	宁波富邦	2012.09.27
台湾老茶 (四坛)		7,168,000	宁波富邦	2012.09.27
文革时期 同兴散茶	71克	56,000	北京荣宝	2012.03.10
赵李桥砖茶 (两块)	24cm×19cm×2	86,015	澳门中信	2012.06.03
珍希藻香普洱茯茶金砖 (一百二十五块)		2,800,000	宁波富邦	2012.09.27
珍稀桂花香普洱金砖 (一百块)		1,232,000	宁波富邦	2012.09.27
珍稀龙眼香普洱金砖 (一百二十五块)		1,792,000	宁波富邦	2012.09.27
珍稀龙眼香普洱金砖 (一百块)		1,232,000	宁波富邦	2012.09.27
珍稀藻香普洱茯茶金砖 (五十块)		1,232,000	宁波富邦	2012.09.27
珍稀藻香普洱茯茶金砖 (一百块)		2,016,000	宁波富邦	2012.09.27
兵器及刀剑饰				
清乾隆 御制金桃皮鞘[天字十七号][宝腾]腰刀	刀长87.7cm	48,300,000	中国嘉德	2012.10.29
清乾隆 左旋螺	长15cm	69,000	北京保利	2012.01.07
清 沙鱼皮鞘七星宝剑		57,500	广东益诚	2012.01.08
清 沙鱼皮鞘士卫刀		402,500	广东益诚	2012.01.08
清 铜雕人物鞘宝剑	长99cm	74,750	北京保利	2012.04.23
清 玉柄金鞘短剑	长24.8cm	207,000	荣宝斋(上海)	2012.06.17
清乾隆 铜錾花玉柄嵌象牙腰刀	尺寸不一	287,500	北京匡时	2012.12.05
1957年 王叔铭赠丁宁上将礼剑	长84cm	322,000	上海嘉泰	2012.03.11
泛铜光竹节把剑	长51.8cm	80,500	北京匡德	2012.06.05
家族刀 (三件)		69,000	北京翰海	2012.06.29
冷光竹节把剑	长56.8cm	94,300	北京匡德	2012.06.05
日本古刀末波平作	长100cm	78,200	北京保利	2012.08.11
日本武士刀 (一组)	尺寸不一	161,000	北京保利	2012.08.11
十八般兵器	尺寸不一	69,000	中国嘉德	2012.06.16
泰刀 (一套三把)	尺寸不一	94,300	中国嘉德	2012.12.17
铜鎏金鲨鱼皮嵌宝石大阅刀	长97cm	345,000	北京翰海	2012.06.29
御太刀	长90.5cm	230,000	中贸圣佳	2012.07.22
工艺品其他				
元代 虎头军令牌	高15.3cm	16,829,100	澳门中信	2012.06.03
辽代 辽代贴身令牌	高12.7cm	9,162,510	澳门中信	2012.06.03
明 缠枝莲纹委角方盘	14.7cm	101,625	香港苏富比	2012.04.04
清初 漆云石围棋 (二盒)	高8cm	115,000	北京翰海	2012.05.27
清乾隆 仿雕漆珊瑚红地描金瑞蝠「穿云游龙」纹冠架	高26.5cm	1,539,725	伦敦苏富比	2012.05.16

拍品名称	物品尺寸	成交价RMB	拍卖公司	拍卖日期
清 荷花等残件 (四件)	尺寸不一	97,750	上海大众	2012.08.04
清 越南黄土沉卧兔坠		69,000	上海嘉泰	2012.06.23
清 陈鸣远"载之寿"活颈龟	长19cm	115,000	上海嘉泰	2012.06.23
清 杜陵嵌宝托钵罗汉像	高14.5cm	57,500	上海嘉泰	2012.06.23
清 沉香山子、铜炉香具、承盘 (一套)	尺寸不一	184,000	西泠拍卖	2012.07.07
19世纪 鳄鱼皮箱子	长83cm	92,000	上海大众	2012.08.04
局方至宝丹(京药牌) 2盒20丸		207,000	北京歌德	2012.06.03
局方至宝丹(京药牌)2盒20丸		230,000	北京歌德	2012.06.03
野山参	长40cm	230,000	上海大众	2012.08.04
野山参	长38cm	138,000	上海大众	2012.08.04
十二眼天珠	长6.25cm	18,400,000	北京翰海	2012.05.27
莲花天珠 (一对)	长2.1cm；长2.15cm	8,050,000	北京翰海	2012.05.27
金刚佛眼三眼天珠	长5.66cm；直径1.3cm	6,325,000	北京翰海	2012.05.27
诛法六眼		5,750,000	北京翰海	2012.05.27
1930年作 英国皇家卫队盔甲	尺寸不一	97,750	中贸圣佳	2012.03.04
1930年作 英国皇家卫队盔甲	尺寸不一	97,750	中贸圣佳	2012.03.04
板绫	长75cm	92,000	中国嘉德	2012.03.25
意大利 著名大师纯手工制作玻璃鎏金酒具 (一套)		69,440	北京荣宝	2012.03.10
德国制鸟鸣八音盒	长10.6cm	184,000	中国嘉德	2012.05.13
天地天珠	长2.52cm	207,000	北京翰海	2012.05.27
两眼天珠	长2.59cm	138,000	北京翰海	2012.05.27
两眼天珠	长2.68cm	149,500	北京翰海	2012.05.27
如意两眼天珠	长3.19cm	184,000	北京翰海	2012.05.27
如意两眼天珠	长3.48cm	230,000	北京翰海	2012.05.27
彩虹两眼天珠	长4.29cm	2,530,000	北京翰海	2012.05.27
金刚三眼天珠	长1.71cm	230,000	北京翰海	2012.05.27
虎牙天珠	长2.24cm	115,000	北京翰海	2012.05.27
达洛双虎纹天珠	长1.95cm	402,500	北京翰海	2012.05.27
达洛双虎纹天珠	长2.11cm	402,500	北京翰海	2012.05.27
彩虹天珠	长1.71cm	3,680,000	北京翰海	2012.05.27
莲花宝瓶天珠	长2.0cm	4,025,000	北京翰海	2012.05.27
天地眼中眼天珠	长3.55cm	920,000	北京翰海	2012.05.27
天地眼中眼天珠	长3.7cm	1,265,000	北京翰海	2012.05.27
天地佛眼眼中眼天珠	长4.61cm	747,500	北京翰海	2012.05.27
天地星辰眼中眼天珠	长3.49cm	920,000	北京翰海	2012.05.27
金刚佛眼四眼天珠	长4.51cm	1,265,000	北京翰海	2012.05.27
如意四眼天珠	长3.91cm	1,955,000	北京翰海	2012.05.27
多杰金刚杵六眼天珠	长3.36cm	1,725,000	北京翰海	2012.05.27
六眼天珠	长4.15cm	3,680,000	北京翰海	2012.05.27
双线金刚六眼天珠	长5.2cm	3,105,000	北京翰海	2012.05.27
S班(S Bang)手工制作光面随形烟斗	长12.3cm	72,800	北京荣宝	2012.06.24
S班(S Bang)手工制作随形星期斗 (一组七支)	尺寸不一	212,800	北京荣宝	2012.06.24
杰斯 库努维奇 手工制作光面、喷砂河豚斗 (各一支)	尺寸不一	100,800	北京荣宝	2012.06.24
杰斯 库努维奇 手工制作加拿大式烟斗	长13.5cm	67,200	北京荣宝	2012.06.24
拉尔斯 依瓦森与其女娜娜 依瓦森手工制作随形斗 (各一支)	长15.2cm	179,200	北京荣宝	2012.06.24
泰迪 克努森 手工制作海蜗牛型烟斗	长18cm	201,600	北京荣宝	2012.06.24
泰迪 克努森 手工制作石楠根星期斗 (一套七支)	尺寸不一	1,568,000	北京荣宝	2012.06.24
安娜 朱莉 手工制作玫瑰型烟斗 (两把)	尺寸不一	201,600	北京荣宝	2012.06.24
安娜 朱莉 手工制作烟斗 (一对)	尺寸不一	145,600	北京荣宝	2012.06.24
安娜 朱莉 手工制作烟斗	长13cm	123,200	北京荣宝	2012.06.24
登喜路喷砂18K金防风盖烟斗	长16.2cm	106,400	北京荣宝	2012.06.24
登喜路光面14K金防风盖烟斗	长16.7cm	106,400	北京荣宝	2012.06.24

2012杂项拍卖成交汇总

(成交价RMB：5万元以上)

拍品名称	物品尺寸	成交价RMB	拍卖公司	拍卖日期
核雕、玉、铜印(钱币、剑首各一)(六方)	尺寸不一	115,000	西泠拍卖	2012.07.07
Terni	225cm×72cm	112,700	北京保利	2012.06.03
2011年作 三毒 贪 嗔 痴	长80cm	218,500	北京翰海	2012.09.28
限量版宾利欧陆飞驰轿车		6,900,000	北京艺融	2012.11.19
爱马仕 birkin灰色皮包		184,000	北京艺融	2012.11.19
爱马仕birkin 棕粉间色皮包		287,500	北京艺融	2012.11.19
爱马仕橙红皮包		115,000	北京艺融	2012.11.19
爱马仕birkin绿色鳄鱼皮包		667,000	北京艺融	2012.11.19
爱马仕birkin 橙色皮包		161,000	北京艺融	2012.11.19
爱马仕birkin黑色皮包		149,500	北京艺融	2012.11.19
潜真子伏羲式琴	长118cm	3,450,000	北京匡时	2012.12.05
土瓶	高17cm	57,500	北京匡时	2012.12.05
2012年作 田家青 龙韵—中国壬辰年特别纪念钢琴	274cm×157cm×110cm	6,900,000	中国嘉德	2012.10.31
1880年 ROBERT FORGAN ST.ANDREWS 木质长鼻1号杆	长118cm	89,600	北京荣宝	2012.11.25
泰迪 克努森 手工制作光面烟斗		201,600	北京荣宝	2012.11.25
泰迪 克努森手工制作火山型烟斗		134,400	北京荣宝	2012.11.25
汤姆 艾尔唐 制作光面烟斗、青特 拉斯姆森 制作喷砂烟斗		168,000	北京荣宝	2012.11.25
安娜 朱莉 手工制作烟斗		89,600	北京荣宝	2012.11.25
泰迪 克努森 手工制作光面烟斗		280,000	北京荣宝	2012.11.25
泰迪 克努森 手工制作光面烟斗		201,600	北京荣宝	2012.11.25
泰迪 克努森 手工制作光面烟斗		89,600	北京荣宝	2012.11.25
天然黑珊瑚珠编牛皮女式提包	21cm×24cm×8cm	89,600	北京荣宝	2012.11.25
约1900年制 普雷耶 "公主" 鎏金彩绘三角钢琴	琴长180cm	3,737,500	北京保利	2012.12.04
徕卡 I		6,012,760	香港邦瀚斯	2012.11.23
徕卡250GG		109,250	北京保利	2012.12.05
徕卡M4-2		74,750	北京保利	2012.12.05
徕卡M1		172,500	北京保利	2012.12.05
徕卡MP		115,000	北京保利	2012.12.05
哈苏镜头一组(HASSELBALD)		120,750	北京保利	2012.12.05
徕卡M9		230,000	北京保利	2012.12.05
徕卡(LEICA)S2 PACK		138,000	北京保利	2012.12.05
徕卡M3		115,000	北京保利	2012.12.05
徕卡IIIg瑞典三冠版机身 机身编号988013		299,000	北京保利	2012.12.05
徕卡M2机身 机身编号948682		51,750	北京保利	2012.12.05
徕卡M2机身配有马达一套 机身编号1130069		218,500	北京保利	2012.12.05
徕卡M2-R和M3两架相机一组 M2-R机身编号1248654 M3机身编号1072299		66,700	北京保利	2012.12.05
徕卡M6 TTL配镜头一套 机身编号2500988		66,700	北京保利	2012.12.05
徕卡M6-A机身 机身编号0000011		161,000	北京保利	2012.12.05
徕卡M8原型机 机身编号000037		89,700	北京保利	2012.12.05
徕卡M9 Foto Hobby Rahn限量版全新套装 机身编号3903203		86,250	北京保利	2012.12.05
全新徕卡索米拉克斯M型(SUMMILUX)镜头 21mm/F1.4 镜头编号4148844		51,750	北京保利	2012.12.05
徕卡索米拉克斯M型(SUMMILUX-M)双非球面镜头35mm/F1.4 镜头编号3460073		126,500	北京保利	2012.12.05
徕卡索米拉克斯R型(SUMMILUX-R)试制版镜头35mm/F1.4 镜头编号0001309		86,250	北京保利	2012.12.05
徕卡KE-7A军用版相机套装 机身编号1294795		172,500	北京保利	2012.12.05
24K黄金纪念版徕卡 R3 ELECTRONIC 机身编号1524064		55,200	北京保利	2012.12.05
24K黄金版徕卡R4 机身编号1652120		55,200	北京保利	2012.12.05
徕卡M6和R6纪念款机身一组 M6机身编号1757500* R6机身编号1750000		977,500	北京保利	2012.12.05
劳斯莱斯 20世纪20年代代表作 深海洋绿色"银色魅影"		977,500	北京保利	2012.12.05
蛇皮	长1000cm	1,035,000	凤凰拍卖	2012.12.16
汉 建宁元年马蓟	长16cm	138,000	西泠拍卖	2012.12.29
明永乐砖 (一对)	长53cm	805,000	西泠拍卖	2012.07.07
明 永乐砖		483,000	西泠拍卖	2012.12.29
明 正德砖	长67cm	184,000	西泠拍卖	2012.12.29
明 嘉靖砖	长53cm	184,000	西泠拍卖	2012.12.29
明嘉靖砖	长68.5cm	322,000	西泠拍卖	2012.07.07
明嘉靖砖	长68cm	287,500	西泠拍卖	2012.07.07
明万历砖	长68cm	172,500	西泠拍卖	2012.07.07
明万历砖	长59cm	161,000	西泠拍卖	2012.07.07
清雍正砖	长58cm	138,000	西泠拍卖	2012.12.29
明天启砖	长68cm	138,000	西泠拍卖	2012.12.29
明万历砖	长58cm	138,000	西泠拍卖	2012.12.29
明倪元璐篆额阮大铖撰文姜逢元书万历砖	长70cm	552,000	西泠拍卖	2012.12.29
明天启砖	长69cm	126,500	西泠拍卖	2012.12.29
明天启砖	长68cm	92,000	西泠拍卖	2012.12.29
清顺治砖	长58cm	115,000	西泠拍卖	2012.12.29
清康熙砖	长58.5cm	172,500	西泠拍卖	2012.07.07
清雍正砖	长67cm	149,500	西泠拍卖	2012.07.07
清雍正砖	长58cm	138,000	西泠拍卖	2012.07.07
清乾隆砖	长63cm	120,750	西泠拍卖	2012.12.29
清乾隆砖	长73.5cm	112,700	西泠拍卖	2012.12.29
清乾隆砖	长57cm	63,250	西泠拍卖	2012.07.07
清嘉庆砖	长65cm	63,250	西泠拍卖	2012.12.29
清嘉庆砖	长65cm	55,200	西泠拍卖	2012.12.29
清道光砖	长65cm	74,750	西泠拍卖	2012.07.07
清道光砖	长64.5cm	51,750	西泠拍卖	2012.07.07
清光绪砖	长72.5cm	57,500	西泠拍卖	2012.07.07